高等院校经管类创新应用精品教材

项目管理

Project Management

主　编：颜明健
副主编：张菊香
编著者：王国彦　张　蕊
　　　　蔡少茹

厦门大学出版社　国家一级出版社
XIAMEN UNIVERSITY PRESS　全国百佳图书出版单位

前 言

项目管理成为一门专门的科学,其历史并不长,从第一个专业性国际组织国际项目管理协会(International Project Management Association,简称IPMA)1965年成立,美国项目管理协会(Project Management Institute,简称PMI)1969年成立,至今都还不到50年的岁月。但是,经此近50年各方的耕耘与努力,目前国际相关专业人士对项目管理的重要性及其基本概念已有了初步共识,世界各国各种项目管理专业性组织如学会(协会)、从本科到博士生的专业学位培养、相关培训教育机构、咨询服务和研究与开发机构等,如雨后春笋般欣欣向荣,竞相成长,多年来持续迅猛发展之势头。

更确切地说,项目管理概念的产生已经有近80年了,开始的目的是解决国家的国防工程和其他大型工程建设的项目预算、规划和管理等方面的问题。随后,项目管理受到世人的重视,前述两大协会的成立,以及随后各国相继成立的项目管理协会,使项目管理在许多国家得到迅速发展;诸多超大型项目管理的成功经验以及成功方法的不断积累,项目管理的应用从传统的军事、航天逐渐拓展到各个领域,成为现代管理领域里不可或缺的重要工具,也成就了现代项目管理的知识体系和职业专业化的逐步成形。

项目管理是一种对资源进行管理、分配和调度的过程,通过这个过程,我们能够高效地实现某个给定的目标。可以说,任何一个领域都能见到项目管理的身影。一个项目可以非常简单,也可以非常复杂,如筹办一次运动会、举办一个培训班(小的具体任务),又如城市建设项目、系列技术改造项目(大的系列任务)。作为一种科学管理方法,项目管理特别适用于那些责任重大、关系复杂、时间紧迫、资源有限的一次性任务。

如今,项目管理已经成为了一门单独的学科,并且还牵涉到从商学到工程学的一系列其他学科。项目管理技术在许多领域得到了广泛应用,其中包括建筑管理、银行业、制造业、工程管理、营销、卫生保健服务系统、运输业、R&D以及公共服务等。

由于经济和社会的全球化,项目和项目管理出现在一些新行业和应用领域中。David L. Pells指出这些新领域包括纳米技术、全球变暖和气候控制、太空中的人类、未来能源以及未来城市(都市重建)、应急响应和重建(尤其是与自然灾害和气候相关的紧急事件)、环境修复和地球管理(包括两极地区和海底)、国际贸易和经济关系、维和与国际安全等,以及与现代生活更加息息相关的其他方面。可见全球对更高质量、更专业化项目管理之高度需求,实在是不言而喻的趋势与事实!

本书主要根据美国项目管理协会项目管理知识体系PMBOK所制定的项目管理的九大知识领域组织编写。本书是一本项目管理导论教材,能够帮助读者初步了解项目管理的理论体系以及项目管理的基本应用环节,对项目管理知识体系、理论、方法和应用进行了全面论述。全书共分十二章,包括项目与项目管理概述、项目启动与评估、项目组织管理、项目范围管理、项目时间管理、项目成本管理、项目质量管理、项目风险管理、项目人力资源管理、项目沟通管理、项目采购管理、项目结束等。

本书可作为工程管理专业及项目管理相关专业本科学生的教材,也可作为项目管理人员和工程技术人员必备的参考书;此外,也可供给所有大学生及有兴趣的人员自学之用,毕竟,项目管理正是要让我们学习一种做事情的方法,掌握一些项目管理的思想、方法和工具,学会一种基本的项目管理工具,使我们的职业道路多一种能力,多一项基本技能。

本书在编写方面体现的主要特色:

一、全书编写力求深入浅出,简单易懂,条理清楚扼要,重点突出明确。

二、高效有序引导学习。每章开始以"本章学习要点"、"开篇案例"引导学习目标,其间穿插"知识链接"或"案例链接",每章后有"本章提要"、"关键概念",再以"思考习题"、"案例分析"与"技能实训"终结,使学习者按部就班地理解相关知识点及综合运用技能,更适合自学者自学参考。

本书的编著者是厦门大学嘉庚学院管理学院的优秀教师群,他们是——

副主编:张菊香(毕业论文召集人,核心骨干教师,负责编写第2、第7、第11、第12章)

编著者:

王国彦(教师科研召集人,核心骨干教师,负责编写第3、第6、第9、第10章)

张 蕊(实践教学召集人,核心骨干教师,负责编写第1、第4、第8章)

蔡少茹(实践教学召集人,核心骨干教师,负责编写第5章)

本书的完成不仅是他们多年辛勤努力教学与科研的成果,更是众人精诚团结、众志成城的具体呈现。特别要感谢张菊香老师在研拟编写基本知识框架和整合编者的工作上,蔡少茹老师在最后校对及润笔工作上,付出了大量的心血;另外,张彩霞老师在整个编写的进度里,承接了许多细琐文书编写和联系协调的工作;还有厦门大学出版社的眭蔚,自始至终真诚全力的支持与协助,本书才得以顺利完成。当然,也要由衷地感谢本书所参考所有相关文献的专家前辈们,他们的指引与努力让我们更坚定地完成工作。

项目管理已经成为21世纪适应新经济时代最具生命力的学科与管理工具之一,举凡项目管理的工具、技术、行业、标准、资质、软件开发等内容,无不以多面向、多层次的节奏快速发展进步!由于编者们才疏学浅,疏漏之处在所难免,敬请各方先进贤达不吝批评指正。(我们会提供给采用本书的教师一套自制的课程PPT,我们的邮箱是 mnmdep@xujc.com)

厦门大学嘉庚学院管理学院　颜明健

2014.8

目 录

第1章 项目与项目管理概述 ... 1
1.1 项目的概念与特性 ... 3
1.1.1 项目的定义 ... 3
1.1.2 项目的特性 ... 5
1.2 项目过程和阶段 ... 6
1.2.1 项目阶段及项目阶段的工作内容 ... 7
1.2.2 定义阶段的工作 ... 9
1.2.3 规划阶段的工作 ... 12
1.2.4 执行阶段的工作 ... 12
1.2.5 收尾阶段的工作 ... 13
1.3 项目生命周期 ... 14
1.3.1 项目生命周期的定义 ... 14
1.3.2 项目生命周期的特点 ... 15
1.4 项目管理的概念与内涵 ... 16
1.4.1 项目管理定义 ... 17
1.4.2 项目管理的基本特性 ... 18
1.4.3 项目管理的内容 ... 19
1.5 项目管理过程 ... 20
1.5.1 项目的管理过程 ... 21
1.5.2 项目管理具体过程之间的关系 ... 22
1.6 现代项目管理的发展历程 ... 23
1.6.1 项目管理的发展历史 ... 23
1.6.2 项目管理的现状及发展 ... 26
1.7 现代项目管理知识体系及其内涵 ... 28
1.7.1 现代项目管理知识体系及其构成 ... 28
1.7.2 项目管理中的一般管理知识 ... 29

第2章 项目启动与评估 ... 35
2.1 项目构思 ... 37
2.1.1 需求识别 ... 37

  2.1.2 项目识别 ·· 41
  2.1.3 项目构思 ·· 42
  2.1.4 项目选定 ·· 45
 2.2 项目启动 ·· 47
  2.2.1 项目发起 ·· 47
  2.2.2 项目核准和立项 ··· 47
  2.2.3 项目启动 ·· 48
  2.2.4 明确项目要求 ··· 50
  2.2.5 项目管理手册 ··· 51
 2.3 项目可行性研究 ··· 52
  2.3.1 可行性研究概述 ··· 52
  2.3.2 可行性研究的产生与发展 ·· 54
  2.3.3 可行性研究的内容 ··· 55
  2.3.4 可行性研究的程序与报告 ·· 67
  2.3.5 可行性研究报告的结构 ··· 68
  2.3.6 可行性研究与项目评估的关系 ··· 72
 2.4 项目评估 ·· 74
  2.4.1 项目评估概述 ··· 74
  2.4.2 项目评估的内容 ··· 75
  2.4.3 项目评估原则与程序 ··· 78

第3章 项目组织管理 ·· 87
 3.1 项目关系人的管理 ·· 89
  3.1.1 项目关系人分析的目的 ·· 90
  3.1.2 项目关系人的分析步骤 ·· 91
 3.2 项目组织结构的选择 ··· 94
  3.2.1 项目组织的结构 ··· 94
  3.2.2 职能型组织 ··· 95
  3.2.3 项目型组织 ··· 96
  3.2.4 矩阵型组织 ··· 97
 3.3 项目团队的组建 ·· 101
  3.3.1 项目技术师 ·· 101
  3.3.2 合约管理者 ·· 101
  3.3.3 项目规划及控制者 ··· 102
  3.3.4 项目会计师 ·· 102
  3.3.5 联络者 ·· 102
  3.3.6 生产协调者 ·· 102
  3.3.7 现场管理者 ·· 102
  3.3.8 质量管理者 ·· 102
  3.3.9 职能部门技术代表 ··· 102

3.3.10 项目助理 …………………………………………………………… 102
　　3.3.11 职能经理 …………………………………………………………… 103
　　3.3.12 项目功能领袖与工作包监督者 …………………………………… 103
　　3.3.13 项目赞助者 ………………………………………………………… 103
　　3.3.14 其他项目关系人 …………………………………………………… 104
　3.4 项目经理与领导力 ………………………………………………………… 104
　　3.4.1 项目经理的角色 ……………………………………………………… 104
　　3.4.2 项目经理的工作责任 ………………………………………………… 105
　　3.4.3 项目类型的选择 ……………………………………………………… 105
　　3.4.4 项目经理相应的领导力 ……………………………………………… 106
　3.5 项目管理办公室 …………………………………………………………… 106

第4章　项目范围管理 …………………………………………………………… 111
　4.1 项目范围管理概论 ………………………………………………………… 113
　　4.1.1 项目范围 ……………………………………………………………… 113
　　4.1.2 项目范围管理 ………………………………………………………… 114
　4.2 项目范围规划 ……………………………………………………………… 115
　　4.2.1 项目范围说明书 ……………………………………………………… 115
　　4.2.2 范围管理计划 ………………………………………………………… 118
　4.3 项目范围的定义 …………………………………………………………… 120
　　4.3.1 工作分解结构的含义 ………………………………………………… 120
　　4.3.2 工作分解结构图 ……………………………………………………… 121
　　4.3.3 工作分解结构的作用 ………………………………………………… 122
　　4.3.4 工作分解结构的方法 ………………………………………………… 123
　　4.3.5 项目工作分解的步骤 ………………………………………………… 124
　4.4 项目范围的确认 …………………………………………………………… 124
　　4.4.1 项目范围确认的概念 ………………………………………………… 124
　　4.4.2 项目范围确认的依据 ………………………………………………… 126
　　4.4.3 项目范围确认的工具 ………………………………………………… 126
　　4.4.4 项目范围确认的结果 ………………………………………………… 127
　4.5 项目范围的控制 …………………………………………………………… 128
　　4.5.1 项目范围变更的原因分析 …………………………………………… 128
　　4.5.2 项目范围变更控制的依据 …………………………………………… 129
　　4.5.3 项目范围变更控制的工具和技术 …………………………………… 129
　　4.5.4 项目范围变更控制的结果 …………………………………………… 130

第5章　项目时间管理 …………………………………………………………… 133
　5.1 项目时间管理概述 ………………………………………………………… 135
　　5.1.1 时间与时间管理 ……………………………………………………… 135
　　5.1.2 项目时间与项目时间管理 …………………………………………… 136
　　5.1.3 项目管理软件 ………………………………………………………… 137

5.2 规划进度管理 ……………………………………………………………… 139
5.2.1 规划进度管理:输入 ……………………………………………… 139
5.2.2 规划进度管理:工具与技术 ………………………………………… 139
5.2.3 规划进度管理:输出 ……………………………………………… 140
5.3 项目活动定义 …………………………………………………………… 141
5.3.1 定义活动:输入 ………………………………………………… 141
5.3.2 定义活动:工具与技术 ………………………………………… 142
5.3.3 定义活动:输出 ………………………………………………… 143
5.4 项目活动排序 …………………………………………………………… 147
5.4.1 项目活动的分类 ………………………………………………… 147
5.4.2 排列活动顺序的输入、工具与技术和输出 …………………… 148
5.5 项目活动资源估算 ……………………………………………………… 155
5.5.1 估算活动资源:输入 …………………………………………… 155
5.5.2 估算活动资源:工具与技术 …………………………………… 156
5.5.3 估算活动资源:输出 …………………………………………… 157
5.5.4 估算活动资源与项目时间管理 ………………………………… 157
5.6 项目活动持续时间估算 ………………………………………………… 158
5.6.1 估算活动持续时间:输入 ……………………………………… 158
5.6.2 估算活动持续时间:工具与技术 ……………………………… 159
5.6.3 估算活动持续时间:输出 ……………………………………… 161
5.6.4 项目活动持续时间与网络图 …………………………………… 162
5.7 制定项目进度计划 ……………………………………………………… 166
5.7.1 制定项目进度计划:输入 ……………………………………… 167
5.7.2 制定项目进度计划:工具与技术 ……………………………… 168
5.7.3 制定项目进度计划:输出 ……………………………………… 170
5.8 项目进度控制 …………………………………………………………… 172
5.8.1 控制进度:输入 ………………………………………………… 174
5.8.2 控制进度:工具与技术 ………………………………………… 174
5.8.3 控制进度:输出 ………………………………………………… 177

第6章 项目成本管理 ……………………………………………………… 181
6.1 项目成本概述 …………………………………………………………… 184
6.1.1 项目成本的类别 ………………………………………………… 184
6.1.2 成本扩大化与估计错误的原因 ………………………………… 184
6.1.3 成本估计方法 …………………………………………………… 186
6.2 项目成本估计的程序 …………………………………………………… 187
6.2.1 将工作任务与成本分类 ………………………………………… 187
6.2.2 采用适当的估计技术 …………………………………………… 187
6.2.3 进行细部估计 …………………………………………………… 188
6.2.4 调和估计 ………………………………………………………… 188

6.2.5 降低成本 …………………………………………………………… 189
　6.3 项目成本会计及管理信息系统 ………………………………………… 189
　6.4 管制账户规划与预算编列 ……………………………………………… 190
　　6.4.1 如何形成管制账户 …………………………………………………… 190
　　6.4.2 成本汇总 ……………………………………………………………… 191

第7章 项目质量管理 ……………………………………………………… 197
　7.1 项目质量管理概述 ……………………………………………………… 199
　　7.1.1 质量的含义 …………………………………………………………… 199
　　7.1.2 质量管理的含义 ……………………………………………………… 199
　　7.1.3 项目质量管理含义 …………………………………………………… 200
　7.2 项目质量规划 …………………………………………………………… 201
　　7.2.1 项目质量规划概述 …………………………………………………… 201
　　7.2.2 项目质量规划的工具和方法 ………………………………………… 204
　7.3 项目质量保证 …………………………………………………………… 212
　　7.3.1 项目质量保证概述 …………………………………………………… 212
　　7.3.2 项目质量保证的工具和方法 ………………………………………… 215
　　7.3.3 项目质量保证的结果 ………………………………………………… 222
　7.4 项目质量控制 …………………………………………………………… 222
　　7.4.1 项目质量控制 ………………………………………………………… 222
　　7.4.2 项目质量控制的工具和方法 ………………………………………… 224
　　7.4.3 项目质量控制的结果 ………………………………………………… 233

第8章 项目风险管理 ……………………………………………………… 239
　8.1 项目风险和项目风险管理 ……………………………………………… 241
　　8.1.1 风险 …………………………………………………………………… 241
　　8.1.2 项目风险 ……………………………………………………………… 242
　　8.1.3 项目风险管理 ………………………………………………………… 245
　8.2 项目风险管理规划 ……………………………………………………… 247
　　8.2.1 项目风险管理规划概述 ……………………………………………… 247
　　8.2.2 项目风险管理规划的流程 …………………………………………… 247
　　8.2.3 项目风险管理规划的依据 …………………………………………… 249
　　8.2.4 项目风险管理规划的工具和方法 …………………………………… 249
　　8.2.5 项目风险管理规划的结果 …………………………………………… 250
　8.3 项目风险识别 …………………………………………………………… 251
　　8.3.1 项目风险识别的概念和内容 ………………………………………… 251
　　8.3.2 项目风险识别的依据 ………………………………………………… 252
　　8.3.3 项目风险识别的方法 ………………………………………………… 253
　　8.3.4 项目风险识别的结果 ………………………………………………… 254
　8.4 项目风险评估 …………………………………………………………… 255
　　8.4.1 概述 …………………………………………………………………… 255

8.4.2 项目风险评估的流程 ………………………………………………… 255
　　8.4.3 项目风险评估的依据 ………………………………………………… 256
　　8.4.4 项目风险评估的工具和方法 ………………………………………… 256
　　8.4.5 项目风险评估的结果 ………………………………………………… 258
　8.5 项目风险应对 ……………………………………………………………… 258
　　8.5.1 风险应对计划编制的依据 …………………………………………… 258
　　8.5.2 项目风险应对的方法 ………………………………………………… 259
　　8.5.3 风险应对的策略 ……………………………………………………… 261
　8.6 项目风险监控 ……………………………………………………………… 263
　　8.6.1 项目风险监控的概念 ………………………………………………… 263
　　8.6.2 项目风险监控的目标和依据 ………………………………………… 264
　　8.6.3 项目风险监控的步骤与内容 ………………………………………… 264
　　8.6.4 项目风险监控技术与工具 …………………………………………… 266

第9章　项目人力资源管理 ……………………………………………………… 271
　9.1 项目人力资源管理的概念 ………………………………………………… 274
　　9.1.1 项目人力资源管理确立的相互依赖元素 …………………………… 274
　　9.1.2 将项目和人力流程相连接的工作流程 ……………………………… 275
　　9.1.3 项目人力资源管理系统的功能 ……………………………………… 275
　　9.1.4 项目人力资源管理的重要性 ………………………………………… 276
　9.2 项目人力资源规划 ………………………………………………………… 276
　　9.2.1 人力资源管理的主要过程 …………………………………………… 276
　　9.2.2 协作人力资源计划的力量 …………………………………………… 280
　9.3 项目人力资源的招聘 ……………………………………………………… 281
　　9.3.1 项目人员招聘工作的意义 …………………………………………… 282
　　9.3.2 影响项目人员招聘活动的因素 ……………………………………… 283
　　9.3.3 招聘工作与项目人力资源管理其他活动的关系 …………………… 284
　　9.3.4 招聘工作的程序 ……………………………………………………… 284
　　9.3.5 内部招聘的来源 ……………………………………………………… 286
　　9.3.6 内部招聘的方法 ……………………………………………………… 287
　　9.3.7 外部招聘的来源 ……………………………………………………… 287
　　9.3.8 招聘信息的发布 ……………………………………………………… 288
　9.4 项目人力资源的培训 ……………………………………………………… 288
　　9.4.1 项目员工培训和开发的概念 ………………………………………… 288
　　9.4.2 项目员工培训的目的 ………………………………………………… 288
　　9.4.3 项目员工培训的方案设计 …………………………………………… 289
　　9.4.4 项目员工培训方案的实施 …………………………………………… 290
　9.5 项目人力资源的绩效管理 ………………………………………………… 291
　　9.5.1 绩效管理的意义 ……………………………………………………… 291
　　9.5.2 绩效管理的过程 ……………………………………………………… 291

9.6 项目人力资源的开发 …………………………………………… 294
　9.6.1 项目人力资源开发的需求分析 …………………………… 294
　9.6.2 项目人力资源素质开发 …………………………………… 295

第10章 项目沟通管理 …………………………………………… 299

10.1 项目沟通管理 …………………………………………………… 300
　10.1.1 全面认识沟通 ……………………………………………… 301
　10.1.2 项目沟通的类型 …………………………………………… 302

10.2 项目沟通的特征 ………………………………………………… 304
　10.2.1 项目群体的沟通 …………………………………………… 304
　10.2.2 项目团队沟通 ……………………………………………… 305

10.3 项目沟通计划的实施 …………………………………………… 307
　10.3.1 沟通的作用 ………………………………………………… 307
　10.3.2 项目沟通管理及沟通管理计划 …………………………… 307
　10.3.3 沟通的重要性 ……………………………………………… 308
　10.3.4 项目沟通计划编制 ………………………………………… 310
　10.3.5 沟通计划的结果 …………………………………………… 310
　10.3.6 绩效报告 …………………………………………………… 311
　10.3.7 管理收尾 …………………………………………………… 311
　10.3.8 信息化时代项目沟通的计划 ……………………………… 311

10.4 项目沟通方法与技巧 …………………………………………… 312
　10.4.1 长话短说 …………………………………………………… 312
　10.4.2 好的说话方式 ……………………………………………… 313
　10.4.3 高效的说话方式 …………………………………………… 314
　10.4.4 令人生厌的说话方式 ……………………………………… 314

10.5 项目信息管理 …………………………………………………… 315
　10.5.1 项目信息收集 ……………………………………………… 315
　10.5.2 项目信息的加工 …………………………………………… 316
　10.5.3 项目信息传递 ……………………………………………… 316

第11章 项目采购管理 …………………………………………… 319

11.1 项目采购管理概述 ……………………………………………… 321
　11.1.1 项目采购管理的含义 ……………………………………… 321
　11.1.2 项目采购的分类 …………………………………………… 321
　11.1.3 项目采购的原则 …………………………………………… 325
　11.1.4 项目采购管理的一般过程 ………………………………… 326
　11.1.5 项目采购的重要性 ………………………………………… 327

11.2 项目采购计划的制定 …………………………………………… 328
　11.2.1 项目采购计划制定的过程 ………………………………… 328
　11.2.2 项目采购规划的依据 ……………………………………… 330
　11.2.3 制定项目采购计划的工具和方法 ………………………… 331

11.2.4 项目采购计划的编制成果 …… 335
11.3 项目采购计划的实施 …… 338
　11.3.1 项目所需资源的采购计划实施 …… 338
　11.3.2 项目所需劳务的采购计划实施 …… 342
　11.3.3 项目采购合同订立方法 …… 348
11.4 项目合同履约管理 …… 351
　11.4.1 项目合同的履行 …… 351
　11.4.2 项目合同的变更和解除 …… 351
　11.4.3 项目合同纠纷的解决方式 …… 353
　11.4.4 索赔 …… 355
11.5 项目采购收尾 …… 357
　11.5.1 项目采购收尾的含义 …… 357
　11.5.2 项目采购收尾的工具和方法 …… 358
　11.5.3 项目采购收尾的结果 …… 358

第12章 项目结束 …… 363

12.1 项目结束概述 …… 364
　12.1.1 项目结束概述 …… 364
　12.1.2 正常结束(竣工) …… 365
　12.1.3 非正常终止(下马) …… 365
12.2 项目验收 …… 366
　12.2.1 项目验收概述 …… 366
　12.2.2 项目验收的范围、方法和结果 …… 368
　12.2.3 项目验收的标准及依据 …… 370
　12.2.4 项目验收的组织和程序 …… 371
　12.2.5 项目质量验收 …… 372
　12.2.6 项目文件验收 …… 375
12.3 项目决算与审计 …… 376
　12.3.1 项目决算 …… 376
　12.3.2 项目审计 …… 377
　12.3.3 项目的竣工审计 …… 378
12.4 项目交接与清算 …… 380
　12.4.1 项目交接 …… 380
　12.4.2 项目清算 …… 382
12.5 项目后评价 …… 383
　12.5.1 项目后评价概述 …… 383
　12.5.2 项目后评价的主要内容 …… 385
　12.5.3 项目后评价的程序 …… 387
　12.5.4 项目后评价报告 …… 390

第 1 章
项目与项目管理概述

本章学习要点:

1. 理解并掌握项目与项目管理的基本概念和学科定位;

2. 对项目管理知识体系的基本构成有全面的了解;

3. 对项目适用领域和项目管理的意义和重要性有理性认识;

4. 在了解项目运行价值的基础上,领会项目管理理论的基本构架。

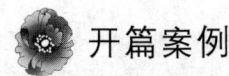 **开篇案例**

西蒙公司失去合同

1988年，西蒙工程公司赢得了能源部的一个大合同。该合同为期5年，每年1 500万美元。到1993年，西蒙工程公司的年销售额已达到2 500万美元，其中主要的合同都来源于能源部，只有一些小合同是和其他客户签订的。

公司和能源部签订的大合同在1993年期满后可以续签。但能源部的人曾经明确指出，尽管他们对西蒙工程公司的技术方面非常满意，但接下来的合同也必须通过竞标来取得。1993年10月，能源部准备签订一个每年1 000万美元的5年合同。1993年6月，西蒙工程公司收到了发标的请求。这个发标的技术要求对公司来说不是个问题。就技术方面，任何人都不会产生疑问，西蒙工程公司会赢得合同。比较麻烦的问题是，在发标中能源部对西蒙工程公司怎样管理这个每年1 000万美元的项目以及项目管理系统如何运行都有单独的要求，公司必须给出完整、详细的描述。

当西蒙工程公司在1988年赢得标书的时候，能源部对项目管理没有要求。所有的项目都是由生产线经理来领导，项目依赖于传统的组织结构来完成。1993年7月，西蒙工程公司聘请了咨询顾问来培训整个组织的项目管理。在竞标书制作阶段，咨询顾问和竞标小组紧密合作，一起研究怎样才能达到能源部的项目管理要求。竞标书在8月的第2个星期制作完毕，送到了能源部。1993年9月，能源部对西蒙工程公司的所有问题都作了回答。

1993年10月，公司收到通知，他们没有赢得合同。在合同发布会上，能源部表示他们对西蒙的项目管理系统没有信心，因此西蒙工程公司不能再续签合同。

不难看出，忽视项目管理是西蒙工程公司失去合同的主要原因，尽管公司在技术方面不成问题，并且已经和能源部签订过合同。标书评价委员会认为项目管理技能和技术能力是同等重要的，他们要求投标人对项目的目标以及如何来达到这个目标要有清晰、明确的计划。西蒙公司若想在今后避免这种情况发生，就必须引入项目管理的概念，建立相应的组织结构来运作。

资料来源：纪燕萍等.中外项目管理案例.上海：上海邮电出版社，2002

项目是人们用来改变世界的一种主要方式。不管目标是分裂原子、挖掘穿越英吉利海峡的隧道、筹备奥运会，还是开发一种新软件，要成功完成这些任务的方式是相同的：通过项目管理。项目管理已经成为一种最受组织欢迎的工具，通过项目管理，组织、公众或个人可以改善内部经营，快速响应外部机遇，取得技术突破，改进新产品开发，从而有力地对商业环境中出现的各种机遇进行管理。

美国项目管理专业资质认证委员会主席 Paul Grace 说过，在当今社会中，一切都是项目，一切也将成为项目。不管是日常工作，还是茶余饭后，人们谈论最多的事情也是各种各样的项目。项目对社会、对企业、对个人的意义都是非常重要的，所以项目经理被视为未来二十年的黄金职业也不无道理。

首先,项目是解决社会供需矛盾的主要手段。需求与供给的矛盾是社会与经济发展的动力,而解决这一矛盾的策略之一是扩大需求,如商家促销、政府鼓励个人贷款消费、鼓励社会投资、加大政府投资等都属于扩大需求,这类策略是我国目前为促进社会发展而采取的主要策略;另一个策略就是改善供给,改善供给需要企业不断推陈出新,推出个性化服务和产品,降低产品价格,增加产品功能,而这类策略的采用,就要求政府和企业不断启动、完成新项目,这也向项目管理提出了新的要求和挑战。

其次,项目是知识转化为生产力的重要途径,是知识经济的一个主要业务手段。知识经济可以理解为把知识转化为效益的经济。知识产生新的创意,形成新的科研成果,新的科研成果需要通过一个项目的启动、策划、实施、经营才能最终变为财富;否则,知识永远是躺在书本上的白纸黑字。因此,从知识到效益的转化要依赖于项目来实现,企业买专利、搞发明创造,最终都需要通过项目实现利润。

最后,项目是实现企业发展战略的载体。企业的使命、企业的愿景、企业的战略目标都需要通过一个个成功的项目来具体实现。成功的项目不但能够实现企业的发展目标和利润,扩大企业的规模,而且能够强化企业的品牌效应,锻炼企业的研发团队,留住企业的人才。

1.1 项目的概念与特性

在项目管理中,项目的概念比通常意义上的概念更广。例如,北京的奥运会、上海的世博会、三峡工程等大型建设项目,以及开发新产品等小型工作,都是项目。项目的多寡实际上反映了企业现状及发展前景,一个没有项目的企业,是不可能获得发展的。现代社会的项目往往是和创新、发明、创造相联系的。如果企业不求上进,不努力求得发展,那么它面临的只有倒闭和死亡。

1.1.1 项目的定义

人类的各类活动可以归纳为两个方面:一是人们经常提到的项目,它是经过对项目主体的可行性研究并慎重考虑后所决策的行动过程。这个阶段所做的工作是按照既定的目标所进行的一系列活动,而这个目标又可以分为项目的功能性目标和限制性目标。所谓功能性目标即项目未来所达到的功能属性,如发电厂能发电、大坝能防洪、公路能行车等;而限制性目标实际上是指资源限制。另一方面是运行,指项目管理结束后项目的运转或运行过程。其特点是可以周而复始地重复。需要注意是有些活动未必有运行阶段,这是由于项目的一次性特点所决定的,如生日晚会、大型文艺演出、奥运会等。由此可以看出,项目与运行是两个界限分明的不同阶段,其活动过程的特点、管理内容及要求也就有所不同。

> **案例链接**
>
> 为了更清楚地了解项目的定义及特征,首先看一些项目的范例:
>
> 一家软件开发企业应邀对一种现有的数据系统做出修正,以便用户能够直接使用恢复数据来准备报告,从而无须把它转录到一种文字处理系统中。这个任务可能要求对该数据库和该文字处理系统有一定的理解,会见并观察用户,建立规格,编写并测试编码,安装新版软件以及提供培训和文档。
>
> 一家公司的销售部门可能被要求为一种新产品投放市场做准备。这项任务包括市场调查、策划和实施广告活动、组织促销活动和媒体发布以及与批发商和零售商保持联络。
>
> 为了在某个国家的贫困地区发展商业和创造就业机会,一家建筑商可能要求在被弃的土地上修建道路和一些规模较小的工厂设施。这项任务可能会包括测量土地、推倒院墙、清理碎石、移植树木、平整场地、设计并修建进入通道、修建地基以及建造该项目计划要求的建筑物。

项目和项目工作往往要与过程进行对比:过程描述的是一个组织的一般日常活动,而项目往往被用来描述发生在日常工作之外的事情。当然,在某些领域,如建筑、研究和软件设计,一般的日常工作就是实施"项目"。那么什么是项目呢?

关于项目,目前存在多种定义:

1. PMI 认为,项目是一种被承办的、目的在于创造某种独特产品或服务的临时性的努力。

2. Joan Knutson Ira Bits 认为,项目是为达到某个目标而精心组织的某个过程,该目标起初只有抽象的开始、抽象的结束和抽象的移交物。

3. R.J.格雷厄姆认为,项目是为了达到特定目标而调集到一起的资源组合。它与常规任务之间的主要区别在于:项目通常只做一次;项目是一项独特的工作努力,即按某种规范及应用标准导入或生产某种新产品或提供某项新服务。这种工作努力应该在限定的时间、人力资源及资产等前提下完成。

4. 德国的 DIN69901 认为,项目是具有以下条件的任何活动和任务的序列:

- 具有预定的目标;
- 具有时间、人员及资金等条件限制;
- 具有专门的组织。

5. J.R.Meredith 和 S.J.Mantel 认为,项目是由一些独特的、复杂的和相关的活动所组成的一个序列,它有一个必须在特定时间内、预算之内及根据规范完成的目的及目标。

项目是为完成某一独特的产品或服务而实施的彼此相互关联的一次性任务或活动过程。通过项目的实施,最终要达到预计的目的。项目可以在组织的所有层次上进行,它可能仅涉及一个人,也可能涉及成千上万的人,如参加阿波罗登月计划的有四十多万人。完成一个项目所需要的时间可能只有几十分钟,也可能长达十几年。项目费用少则不足百元,多则可达数千亿。总之,项目普遍存在于人们的生产和生活之中,遍布各行各业的每一个企事业单位、政府机构和社会团体。

综上所述,可以把项目定义为:项目是一个组织为实现自己既定的目标,在一定的时间、人员和其他资源的约束条件下所开展的一种有一定独特性的、一次性的工作。

1.1.2 项目的特性

要认识项目的本质不但需要知道其定义,而且需要知道它所具有的特性。不同组织或不同专业领域的项目虽千差万别且各有特性,但项目的共同特性可以概括为如下几个方面:

1. 目标性

每个项目都必须有明确的可度量的目标,而不是模糊的目标。当项目目标实现了,项目也就结束了。项目团队绝不会致力于正在进行的没有确定目标的工作。目标,也就是可交付成果,定义了项目和项目团队的特点。实施项目是为了产生有形的结果,比如新产品或者服务。不论是修建一座桥,实施一项新的应收款系统,还是赢得总统选举,目标必须是明确的,而项目工作必须是为实现这个既定目标而开展的。

2. 独特性

指项目目标、项目产出物和项目工作等与其他项目或项目产品与服务相比而具有的独特之处,实际上任何一个项目的目标、产出物和工作在某些方面总是有别于其他项目的,每个项目都会在某些方面是全新的和独特的。例如,明星们请设计师设计和制作一件新的礼服,每件礼服的款式都是唯一的。

3. 一次性

指每个项目都有自己的起点与终点,并且每个项目必须是有始有终的。项目的一次性与一个项目持续时间的长短无关,不管项目持续多长时间都必须是有始有终的。

4. 制约性

指每个项目都在一定程度上受项目所处客观环境和各种资源的制约,项目客观条件和资源制约可以涉及项目各个方面和项目所需的各种资源。例如,项目的开始日期和结束日期必须符合时间要求,完成一个项目需要多种资源,包括人员、硬件和软件等。一所房屋的建造就需要各种人力资源和物力资源。

5. 风险性

指项目各种条件和环境的发展变化以及人们认识的有限性而使项目后果出现非预期的损失或收益的可能性。由于项目的各种资源条件和环境因素会有各种不同的情况发生(不确定性),所以当对项目有利情况发生时项目就有可能获得非预期的收益,而当对项目不利情况发生时项目就有可能会遭受非预期的损失。

项目除了具有上述特征外,还有一些其他特征,包括项目的创新性、项目的过程性等,项目的这些特征是相互联系、相互影响和共同作用的。例如,正是因为项目的创新性引发了项目的风险性,而项目风险性又与项目的独特性、制约性和一次性紧密相关。

不同于熟知的组织活动,项目往往是不具有重复性的流程。大多数公司的传统模式是要不断执行一系列活动。比如,零售服装公司要购买、存储以及销售服装;钢铁公司则要预订原材料、炼钢、运输成品,然后再循环该过程。考察这些活动的性质,容易发现它们都是以流程为导向的,也就是说,只需要以原有的方式尽可能有效地完成工作。如果对流程理解得比较好,组织就会寻求更好更有效的方式来完成相同的基本任务。项目是离散的活动,因此与重复性相悖,是运作于正式渠道之外的一次性活动。它将具有不同职能专业知识的成员集中起来，并在不确定的情况下运作，通常还会对企业的常规活动造成冲击。由于项目具有一次性，所以它并不遵循操作的常规标准，它以不同的方式来处理事务，因此也会常常展现一些更新更好的处理事务的方式。表1-1列出了基于项目的工作与传统的基于流程的活动的一些区别。需要反复强调的是，项目打破了组织标准的基于流程的操作方式。

表1-1 流程和项目的区别

流程	项目
重复流程或产品	新流程或产品
几个目标	一个目标
持续进行	一次性——有限的生命周期
同一部门的人员	不同部门的人员
利用已有的系统来整合资源	为了整合资源而创建系统
绩效、成本和进度的确定性较大	绩效、成本和进度的不确定性较大
直线集权型企业组织的一部分	跨越多个直线集权型企业组织
保护已建立的惯例	改变已有的惯例
维持现状	推翻现状

> **案例链接**
>
> 以苹果公司开发便携式MP3播放器iPod为例，该款播放器与苹果公司的流行站点iTune整合在一起，从而可以方便地存储并播放下载的音乐。由于将音乐共享到互联网以供下载这种方式很受欢迎，苹果公司认识到了MP3的市场潜力。公司希望利用客户对MP3播放器的需求，同时对非法音乐下载给予合法化的选择。自产品投放以来，消费者购买的iPod播放器已经超过了1.7亿台，从苹果公司的iTunes网站上下载的歌曲超过了50亿首。事实上，iTunes已经成为美国第二大音乐零售商，仅次于沃尔玛。

1.2 项目过程和阶段

现代项目管理理论认为，任何项目都是由两个过程构成的，一是项目实现过程，二是项目管理过程。所以，现代项目管理特别强调对于项目过程和项目阶段的管理。现代项目管理不但要求将整个项目实施工作和项目管理工作看成是一个完整的过程，而且要求将项目各个阶段的计划、实施、控制等具体管理活动也看成是项目管理的一系列具体工作过程。项目管理特别关注按照面向过程管理的方法去开展项目全过程的管理。另外，项目管理还将整个项目的实现过程和管理过程以及其中所包括的各个阶段看成是一个整体，并将这一分阶段的项目过程称为项目生命周期。

现代项目管理要求根据具体项目所属专业领域的特性和项目实现过程的具体情况，以及项目面临的各种限制条件,将一个具体项目划分成若干个便于管理的项目阶段,以便人们能够分阶段做好项目的管理。现代项目管理的目标是要在生成项目产出物(成果)的过程中,通过开展项目管理的过程去保障项目目标的实现。ISO组织有关项目阶段和项目过程的定义说:"一个项目是一个过程,该过程可以划分为许多互相依赖的子过程。项目以一种有序的和循序渐进的方法实施,在完成项目过程中需要将项目过程划分为一系列的阶段。对负责项目的组织来说,'划分阶段'提供了一种监控目标实施绩效和评定相关风险的办法。项目过程可以被划分为两类,一个是项目管理过程,一个是项目的实现过程——这个过程仅仅与项目产出物的设计、生产和验证等活动有关。"

1.2.1 项目阶段及项目阶段的工作内容

项目整个生命周期是按顺序排列而有时又相互交叉的各阶段的集合,表现了项目管理的逻辑性。典型的生命周期分为四个阶段:定义阶段、规划阶段、执行阶段和收尾阶段,项目各时期的工作任务、资源需求、管理重点等是不同的,各阶段项目管理的主要内容见表1-2。

表1-2 项目生命周期各阶段项目管理的主要内容

定义阶段	规划阶段	执行阶段	收尾阶段
明确需求,策划项目	确定项目主要成员	建立项目组织	完成项目产品
调查研究,收集数据	项目产品范围界定	项目沟通渠道	评价与验收
提出项目建议书	实施方案研究	项目激励机制	项目评价
可行性研究	质量标准确定	建立项目工作包	文档总结
明确合作关系	资源保证	建立项目信息控制系统	资源关闭
确定风险等级	环境保证	执行工作分解结构各工作	解散项目组
拟定战略方案	项目预算制定	获得订购物品及服务	
资源估算	项目程序制定	项目控制	
	风险评估	制定赶工计划	

1. 定义阶段

项目的发起是为了满足某种需求或解决某种问题,项目生命周期的第一阶段就是涉及对这些需求或问题的识别、发现和确认,并进而提出解决方案的过程。这一阶段的主要工作包括需求识别、项目论证、可行性分析与研究、解决方案建议书的准备以及组建项目团队。

例如,一家建筑公司从当地的媒体上了解到,一个住宅小区的建设项目正在进行公开招标,于是便与业主进行了联络,以了解业主对小区建设的具体要求,包括建筑工程量的规模、设计风格、材料选取要求、时间进度、功能要求等。该公司收集了业主的一些资料,了解了当地政府的政策及总体规划,并对小区建设过程中可能出现的风险以及成本、效益进行了分析研究,最后决定准备建议书去投标,争取该建设项目。所有这些都属于定义阶段的工作。

2. 规划阶段

项目生命周期的第二阶段就是提出满足需求、解决问题的方案。这时候,项目组织会在第一阶段可行性研究的基础上,针对客户的需求,提出具体的解决问题的方案,并详细估计所需资源的种类、数量以及所需花费的时间和成本。这一阶段的主要工作包括目标确定、范围界定、工作分解、工作排序、成本估计、人员分工、资源计划、质量保证以及风险识别。

例如，上面举例中的建筑公司经过分析与酝酿，对住宅小区建设所需的资源、业主的建设要求以及项目的时间进度等进行了充分的计划与设计，提出了小区施工的进度安排、人员配备、质量保证、成本预算等方案，并形成了一份详细的项目计划书，提交给业主，去争取业主的确认和同意。这些都属于第二阶段的工作。

3. 执行阶段

项目生命周期的第三阶段是具体实施解决方案。这一阶段包括为项目制定详细的计划，然后执行计划以实现项目目标。该阶段的主要内容包括实施计划、招标采购、跟踪进展、控制变更、解决问题以及履行合同。

在上面的小区建设项目中，如果项目建议书得到业主的认可，就可以由瓦工、木匠、电工、油漆工以及预算编制、质量控制、安全检查等人员组成项目团队，在项目经理的领导下，按照项目建议书的计划进行工程施工活动，并保证所有的活动按照设计的质量要求，在预算范围内按时完成，使客户满意。

4. 收尾阶段

项目生命周期的第四阶段是移交项目结果和评估项目绩效的过程。在移交之前，要检查、测试项目的结果是否满足客户的要求，确保客户能接受项目的产品服务，还要进行绩效评估和经验总结，以便为今后执行相似项目积累经验。这一阶段的主要工作包括范围确认、质量验收、费用决算与审计、资料整理与归档以及移交与评价。

在上例中，当小区建设施工完毕后，项目小组还要确定一下所有应完成的工作都完成了没有；盖好的住宅是否满足客户的质量要求；客户接收、签字了吗？所有的款项是否已经交付结清？所有的发票是否已经偿付？项目做完了，取得了哪些成功的经验，可以推广到其他项目中去吗？又吸取了哪些失败的教训，应在今后的项目中怎样避免？这些都属于终止阶段的工作。

> **案例链接**
>
> #### 南风商用车生产线扩建项目的过程
>
> 2008年8月1日，南风商用车总装配厂决定实施重型车装配线改造项目，计划投资7 000万元，工期10个月。2009年6月，建成了产能、质量、成本和信息化等各项指标优良的生产线，顺利实现投产。项目经历了如下几个阶段。
>
> (1) 项目论证与可行性研究。项目团队经过5个月的努力，从南风公司发展定位、市场需求预测、技术方案、资金需求、安全与环境保护等多方面进行了论证，撰写了项目可行性研究报告。经过三次专家组审议，公司管理层多次会议讨论，最后确定拆除一条旧生产线，上马全自动生产线。公司市场部预测商用车销售市场将在2009年夏季回暖，为了获得最佳市场业绩，建议新生产线在旺季到来前建成投产，公司为项目建设确定了10个月的工期。

(2) 初步设计阶段。公司组建了项目团队，任命了项目负责人，项目团队确定了装配线应达到的基本要求：国内第一的品质、工艺先进、物流高效、信息化程度高、安全环保、成本较低等，从这几个方面对项目进行分解，设定细化的指标，进一步组织专业人员完成初步设计。为了控制设计进度和质量，采取周例会、日总结等方法进行监控。

(3) 规划阶段。初步设计完在后，将工程总承包给专业设计院。由于设计院参与了初步设计，对项目情况熟悉，设计阶段进展顺利。安全评价与环境评价同步进行，争取了时间。

(4) 施工阶段。采取日例会和日通报方式，严格控制施工进度。设计变更和工程变更严格按照流程审批，快速处理，不影响工期。现场反馈变更需求后，立即组织专家组和设计师现场办公，调整方案后立即确定。施工中根据实际情况优化网络计划，多个承包商交叉作业但不干扰。特殊情况下适时调整作业过程，如施工中遇到政府召开文化艺术节，禁止拉土车上路，项目管理方立即调整计划，将土建工作暂缓，安排其他项目活动施工。

(5) 多种方法控制项目成本和质量。项目实施过程中，钢材等价格上涨，项目成本压力增加。项目组根据现场情况变更了电路设计，将拆除的变压器、电缆全部利用上，减少新设备采购支出。对需要采购的材料和设备，通过公开招标方式获得最优的价格。对各个阶段完成的指标和支持方案进行评审，确保项目质量达到设计要求。生产线竣工投产后，商用车市场骤然升温，为夺取经济复苏后的市场起到了关键作用。

资料来源：陈关聚.项目管理.北京：中国人民大学出版社，2011

1.2.2 定义阶段的工作

项目定义阶段的主要工作包括下列几个方面：

1. 分析和识别项目的机遇与需求

现代项目管理认为，项目是将人们的设想(idea)变为现实的一项根本手段。人类在生产活动、经济和社会活动中会遇到各种各样的问题，从而产生出各种各样的设想、主意、建议和计划。人们要想将这些设想、主意、建议和计划变为现实，首先要将这些设想、主意、建议和计划所要解决的问题，以及所面临的机遇和所能满足的需求识别出来，并予以定义清楚。因此，在项目定义与决策阶段，人们首要的任务是识别出项目的机遇和对于项目的基本需求。这一方面要做的主要工作有：

(1) 发现问题并提出设想

首先要找出为解决什么样问题而需要开展一个具体项目。通常，要找的这类问题都是限制一个企业或组织生存与发展的关键性问题或瓶颈性问题。这种问题的存在是开展一个项目的基本前提和必要条件，所以现代项目管理将"发现问题"作为一个项目的最初起点。当然，在发现问题的基础上还需要进一步分析问题并找出解决问题的办法，即提出项目的基本设想。

(2) 分析机遇和条件

在发现问题并提出了解决问题设想的基础上，还需要分析和识别是否存在能够解决问题、实现设想，从而使企业或组织获得发展的具体机遇和条件。这需要进行包括企业或组织自身的内部条件分析及有关企业外部环境条件和机遇的分析与研究。任何一个项目都必须作项目的机遇和条件分析。

(3)分析需求并提出项目提案

在分析了机遇和条件以后,还需要进一步分析项目(设想)在满足企业或组织需求方面的情况,即项目能够在多大程度上解决组织所面临的问题。例如,开发一个企业所需的管理信息系统项目,就要分析这一系统在多大程度上能够满足企业管理与决策的信息需要。如果这一项目能够满足组织的基本信息需求并解决组织所存在的信息管理问题,就可着手提出这一项目的提案或项目建议书了。

2. 给出项目提案或项目建议书

项目定义与决策阶段的第二项任务是给出项目的提案或项目建议书。项目提案和项目建议书的作用和内容基本是相同的,一般国外习惯使用项目提案的说法,而我国习惯于使用项目建议书的说法。通常一个项目提案或项目建议书应该包括的内容如下:

(1)项目的目标

在项目提案或项目建议书中,首先要明确定义项目所要达到的目标。这些目标包括两大类:一类是项目产出物所要达到的目标要求,如项目产出物的质量、数量等;另一类是有关项目工作的目标要求,如项目的范围、工期、成本等。项目提案或项目建议书定义的项目目标要达到具体、可行、能够度量、便于检查和表达简洁等方面的要求。

(2)项目任务和范围

在项目目标确定以后,还需要根据项目目标界定项目的任务和项目的范围。这包括阐明和界定出项目要解决的具体问题、要满足的具体需求、项目的主要任务和最终成果形式与内容,以及实现项目目标所需要开展的主要工作和活动等。项目提案或项目建议给出的项目任务和范围要达到表述明确、切实必要、有相应的资源保障和有一定的弹性等要求。

(3)项目工作和项目产出物的具体要求

在项目提案或项目建议书编制中,还需要以项目目标为依据,进一步规定和描述对于项目工作和项目产出物的具体要求。这包括:具体给出度量项目工作的任务、绩效、质量、经济效益等方面的指标,如项目工期、成本和工作质量的度量指标;度量项目产出物的数量、质量、科技水平、经济技术效果等方面的具体指标,如信息系统开发项目的系统功能、信息处理速度、可扩展性等度量指标。项目提案或项目建议书中有关项目工作和项目产出物的具体规定和要求一般应该是切实可行和能够度量的,因为这些指标是最终检验项目工作和项目产出物的标准。

3. 开展项目可行性研究并作出项目决策

项目管理要求对任何项目都要进行可行性研究,只是不同项目的可行性研究所要求的研究深度、内容和复杂程度不同而已。不同国家对于项目可行性研究的要求有所不同,但是一般项目可行研究的主要内容和工作如下:

(1)初步可行性研究

这一工作的内容主要是分析和研究项目提案或项目建议书所提出的项目必要性、合理性、风险性和可行性,以及分析和评价项目提案或项目建议书中所得出的各种结论,从而作出项目是否立项的初始决策(这里的初始决策是指对于某事物的首次决策)。通常,这一步的可行性分析涉及多方面的内容,包括项目的技术可行性、经济可行性、运营可行性、环境可行性和综合可行性等。其中,项目的技术可行性分析是针对项目所采用技术手段和项目产出物的技术要求等方面所进行的可行性分析与评价;项目的经济可行性分析是对项目工作的经济投入与产出,及项目产出物的技术经济效果等方面的分析和评价;项目的运营可行性分析是对项目所需的各种条件和项目产出物投入运营后所需的各种支持条件的分析与评价;项目的环境可行性分析是对项目给环境带来的各种影响以及这些影响对于自然环境和人文环境可能造成的变化和后果的分析;项目的综合可行性分析是将前面给出的四个单项可行性分析综合在一起而给出的项目可行性分析与评价。项目可行性分析的目的包括两个方面:其一是确定项目是否可行,从而得出项目是否立项的结论;其二是确定项目各个备选方案的优先序列,并确定哪个备选方案最好。项目的初步可行性分析一般只给出项目是否可行和是否需要立项的决策,所以它是一种过渡性的工作。这项工作有时甚至可以放在项目提案或项目建议书阶段完成,而有时则可以与项目详细可行性分析合并进行。

(2)详细可行性研究

这一工作的内容是在初步可行性研究的基础上,进一步详细地研究项目的可行性,分析项目的技术可行性、经济可行性、运营可行性和环境可行性以及项目的不确定性和各种风险,然后分析和确定项目各方面的可行性、项目对环境的影响以及各个项目备选方案的优劣等。项目的详细可行性分析一般要比初步可行性分析更详细和复杂。例如,在详细可行性分析阶段,一个项目的经济可行性分析就需要分别进行财务评价和国民经济评价这两个方面的分析。其中,项目财务评价是从企业的角度,按照国家现行财政制度和价格体系去分析和评价项目的财务效益,分析和评估项目的财务可行性,并且从企业利益的角度出发去决定项目是否可行。项目的财务评价中各项财务评价指标从不同角度分析和评价一个项目的财务可行性。例如,最主要的静态评价指标与动态评价指标就是分别从考虑和不考虑货币时间价值的角度所开展的两种不同的项目财务评价。一般认为,项目的财务评价对于企业是非常重要的,但是对国家、社会和国民经济考虑不多,所以项目还要从国家利益的角度进行国民经济评价。国民经济评价是按照全社会资源合理配置的原则,从国家整体的角度考察项目的效益、费用和经济效果。这需要运用影子价格、影子工资、影子汇率、社会折现率等经济评价方法和参数,去分析项目对国民经济的贡献,从而对项目的经济可行性作出客观的评价。国家规定,对于大中型项目必须开展国民经济评价,一个大中型项目只有国民经济评价达到可行标准方能获得国家的批准。

(3)项目可行性分析报告的审批

项目可行性报告一般是由项目提出者、项目业主或项目的主管者自行或委托项目管理咨询单位完成的。项目的可行性分析与研究者必须对研究的真实性、准确性和可靠性负责。同时,项目的可行性分析报告还必须经过决策机构的审批,对于影响国计民生或与社区利益关系重大的项目还必须报送主管部门或国家机关、国务院审批。项目可行性分析报告审批的过程是一个项目最终决策的过程。不管项目可行性分析报告是否通过审批,这一过程的终结才是项目决策阶段的完成。项目可行性报告一旦获得审批,这一文件就成为今后项目投资决策的依据、项目设计的依据、项目资金筹措和资源配备的依据、项目实施的依据和指导文件,以及项目实施完成并投入运营以后所作评估的依据。

如果项目可行性报告未能获得批准,一般会采取终止项目或者修订项目及其可行性报告的做法。

1.2.3 规划阶段的工作

项目规划阶段所要做的工作主要包括下列几个方面:

1. 项目集成计划的制定

项目集成计划的制定是对项目总体工作的一种计划安排,是对于各种专项计划的一种集成。项目集成计划制定工作的结果是得到一份指导整个项目实施和控制、协调统一的计划文件。项目集成计划的作用是:指导整个项目的实施和控制,协调各专项计划与工作,协调和促进利益相关者之间的沟通,界定项目的工作内容、范围和时间,提供绩效度量和项目控制的标准与基线等。

2. 项目专项计划的制定

项目专项计划的制定是对项目各方面具体工作的一种计划安排,是根据项目各种不同的目标而制定的各种专业工作或者专项工作的计划。项目专项计划制定工作的结果是得到一系列指导项目各专业和专项任务实施、控制与协调的计划文件。项目专项计划的作用:指导项目某个专业或专项工作的实施与控制,协调专业工作或专项工作各个方面的利益和沟通,明确和界定项目的专业或专项工作的内容、范围和时间,提供度量专业或专项工作绩效和项目控制的标准和基准等。

3. 项目产出物的设计和规定

项目产出物的设计和规定工作包括对于项目产出物的技术设计、实施方案设计、技术规范要求设计等方面的工作。这些工作对项目产出物从技术方面、质量方面、数量方面、经济方面等作出了全面的要求和规定。实际上,在对项目产出物作出设计和规定的同时,也需要对项目各阶段和各方面所需开展的工作作出相应的规定和要求,所以可以说这是一项有关项目产出物和项目工作的全面设计和规定的工作。

4. 项目工作的对外发包与合同订立

当一个项目的工作需要使用外部承包商和供应商的时候,在项目计划和设计阶段通常还会包括对外发包和合同订立工作。这项工作也属于计划安排的范畴,所以被划分在这一阶段。这项工作一般包括承接发包标书的制定、发标、招标、评标、中标和签订承包合同等内容。外包的项目工作可以多种多样,一个项目可以是全部外包,可以是部分外包。项目工作外包的形式也多种多样,可以是总承包、分包、包工包料、只包工不包料等。

1.2.4 执行阶段的工作

在项目的执行阶段,主要的工作是项目产出物的生产和这种生产过程的管理与控制,即项目的实施和管理控制工作。其中,项目的实施及其管理工作还可以进一步划分成一系列具体的实施阶段;项目的控制工作又可以进一步划分成对于项目工期、成本、质量等不同方面的控制工作。因为这一阶段是整个项目产出物的生产与形成阶段,所以这一阶段的工作与项目产出物所涉及的专业领域有关。例如,项目的产出物若是一栋建筑物,它的实施、管理与控制工作就包括从土建、安装一直到建成这一全过程的实施、管理与控制工作;而若项目的产出物是一项科研成果,它的实施、管理与控制工作就包括从项目立项以后,到项目成果鉴定这一整个过程的实施、管理与控制工作。项目实施与控制阶段的主要工作包括下述几个方面：

1. 项目控制标准的制定

项目控制标准的制定是项目实施与控制阶段的首要任务,是整个项目实施与控制阶段所需各种管理依据和基准的制定工作。项目控制标准的制定包括对项目进度控制、成本控制、质量控制等项目成功关键要素控制标准的制定和与项目专业特性有关的一些具体控制标准的制定。例如,建筑项目的安全控制标准、科研项目的阶段成果控制标准等。

2. 项目实施工作的开展

项目实施与控制阶段最主要的工作是项目的实施工作,即项目产出物的生产或形成工作。这一工作在每个项目中都有不同的内容,需要开展各种不同的作业。例如,建设一栋教学楼的项目与研制一项新产品的项目,它们的实施作业与活动就完全不同;即使建设同样设计的两栋楼,不同的施工地点、施工时间和施工队伍,它们的实施作业与活动也会有所不同。

3. 项目实施中的指挥、调度与协调

在项目实施与控制阶段项目产出物生产作业与活动中,项目的管理者必须通过指挥、调度和协调等管理工作,使整个实施作业与活动能够处于一种有序的状态,并且使整个项目的实施在一种资源能够合理配置的状态下开展。项目实施中的指挥、调度和协调工作既涉及对项目实施任务的指挥调度,又涉及对项目团队关系的协调和对项目资源的调配。

4. 项目实施工作的绩效度量与报告

在项目的实施工作中,必须定期对项目实施工作的绩效进行度量与报告。项目实施绩效度量是将实施工作的实际结果与项目控制标准进行对照和比较的工作;项目实施绩效度量报告工作是对照项目控制标准,统计、分析和报告项目实施实际情况的工作。通常项目实施阶段的这两方面工作给出了项目实施情况与项目标准之间的偏差、造成偏差的原因和纠偏的各种措施等。

5. 项目实施中的纠偏行动

项目实施与控制工作中最重要的管理工作是采取各种纠偏行动,即采取各种行动去纠正项目实施中出现的各种偏差,使项目实施工作保持有序和处于受控状态。这些纠偏措施有些是针对人员组织与管理的,有些是针对资源配置与管理的,有些是针对过程和方法的改进与提高的,等等。在项目实施与控制阶段,实施纠偏措施是制止偏差、消除问题与错误的具体管理行动。

1.2.5 收尾阶段的工作

整个项目工作的最后一个阶段是项目的收尾阶段。在项目的收尾阶段,人们要开展两个方面的工作。其一,由项目团队或项目组织开展的项目完工的工作,即全面检验项目工作和项目产出物,对照项目定义与决策阶段和项目计划与设计阶段所提出的项目目标和各种要求,确认项目是否达到目标或要求的工作;当发现项目存在问题或缺陷时,开展相应的返工与整改工作,使项目最终达到目标和要求。其二,由项目团队或项目组织向项目业主/用户进行验收和移交工作。在移交过程中,当项目业主/用户对项目工作和项目产出物提出整改要求时,项目团队则需要采取行动满足这类要求或予以拒绝,直至项目的业主/用户最终接受项目的工作和成果。

1. 项目的完工工作

项目的完工工作主要包括各项工作的完结和项目涉及的各种分包或供货等合同的终结两个方面的工作。不管是由项目业主自行完成的项目实施工作，还是总包或分包出去由其他组织完成的项目实施工作，都需要对完成的实施工作进行全面的检查及整改，并最终完结工作。对于在实施工作中又分包出去的工作，还需要按照合同进行完工和验收工作。最终，项目组织应该将这两部分进行汇总，以完成整个项目的完工工作。

2. 项目的交付工作

项目的交付工作涉及两个方面：其一是项目产出物的实物验收与交付工作，其二是项目产出物的产权或所有权交付工作。对于项目产出物的验收与交付工作，通常会涉及对项目产出物的全面验收检查，针对问题的整改、纠正和项目产出物的交付。当然，不同的项目产出物会有不同形式的项目交付工作。例如，住宅建设项目的验收和交付与软件开发项目的验收与交付工作的内容就完全不同，前者是对于建筑物实物的验收和移交；后者是软件功能的验收移交，因为后者交付的实物（软盘或光盘）只是软件的载体而已。对于项目产出物的产权或所有权的交付工作，通常会涉及不同的所有权和使用权的交付，以及相应文件的签署。例如，对于一个委托的软件开发项目产出物所有权的交付，一般只是软件使用权的交付或专用权的交付，但不涉及软件知识产权的交付，一般软件的源代码是不交付给委托开发方的。

1.3　项目生命周期

1.3.1　项目生命周期的定义

项目生命周期是项目运动规律的总概括。长期以来，人们发现，项目虽然是一次性的，但在国民经济活动中，项目又是层出不穷，并且项目之间是交错运转的。项目运动的这种单体的独立性和群体的交叉性使新项目不断产生。项目生命周期是指任何一个项目按照自身运动的客观规律，从项目设想立项，直到竣工投产，收回投资达到预期目标的过程。这一过程中的每一阶段都会引发下一阶段，最后一个阶段又会引起新项目的设想，并进而选定新的项目。这样，一个项目的完结过程，往往又是另一个新项目过程的开始。我们把项目按过程每循环一次的现象，称为投资项目生命周期，简称为项目生命周期。

然而，人们必须严格区分两个完全不同的项目生命周期的概念，即项目生命周期和项目全生命周期的概念。项目全生命周期的概念最早由英国皇家特许测量师协会给出，这一定义的具体表述是："项目全生命周期包括整个项目的建造阶段、运营阶段和清理阶段。项目建造、运营和清理阶段还可以进一步划分为更详细的阶段，这些阶段构成了一个项目的全生命周期。"由此可以看出，项目全生命周期包括一般意义上的项目生命周期（即项目的建造周期）、项目的运营期和清除期三个部分，一般说的项目生命周期只是这种项目全生命周期中的项目建造或开发阶段，具体可用图 1-1 表示。

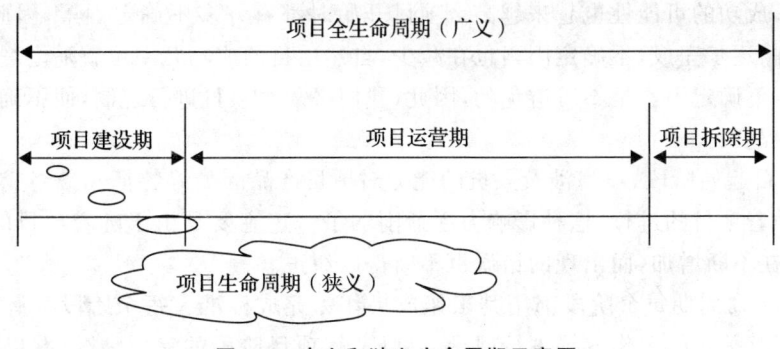

图 1-1　广义和狭义生命周期示意图

> **案例链接**
>
> 试想在课堂上我们被分配写学期论文的任务。采取的第一步是理解作业的要求——老师要我们做什么，报告要有多长，要求多少文献，格式上有什么要求，等等。一旦弄清楚了作业的要求，下一步我们就可以开始拟定一个计划，即如何在规定的时间内完成这个项目。我们可以大致估计一下做这项研究需要多长时间，完成初稿、校对到完成终稿要花多长时间，并利用这些信息开始创建报告各部分的初步里程碑。下一步就可以执行计划，到图书馆或者互联网上查找资料，拟出报告的大纲，完成初稿，等等。我们的目标是尽我们最大努力按时完成作业。最后，交完报告，将参考资料存档或者丢弃，归还图书馆的书籍，松了一口气，等待成绩。
>
> 这个例子虽然比较简单，却是项目生命周期的一个有效的例证。在这个例子中，项目的目标是在规定的时间内按规定的要求完成学期论文并交给老师。

1.3.2　项目生命周期的特点

项目生命周期确定了项目的开端和结束。例如，当一个组织看到了一次机遇，它通常会做一次可行性研究，以便决定是否应该就此设立一个项目。对项目生命周期的设定会明确这次可行性研究是应该作为项目的第一个阶段，还是作为一个独立的项目。

大多数项目生命周期确定的阶段的前后顺序通常会涉及一些技术转移或转让的，比如设计要求、操作安排、生产设计。在下阶段工作开始前，通常需要验收现阶段的工作成果。但是，有时候后继阶段也会在它的前一阶段工作成果通过验收之前就开始了。当然要在由此所引起的风险是在可接受的范围之内时才可以这样做。这种阶段的重叠在实践中常常被叫"快速跟进"。

大多数项目生命周期具有以下共同的特点：

1. 各阶段顺序排列并以某种形式的技术信息传递或移交界定。
2. 对成本和工作人员的需求最初比较少，在向后发展过程中需求越来越多，当项目要结束时又会剧烈地减少。在项目生命周期开始时，会对项目方案进行选择，随着项目的启动运行，投入的人力物力会随之增加，然后费用和人力再下降，直到项目的结束。
3. 在项目开始时，成功的概率是最低的，而风险和不确定性是最高的。随着项目逐步地向前发展,成功的可能性也越来越高。项目开始时都有许多不确定因素,因此风险最高。但随着项目的逐步完成,不确定因素也在减少,自然项目的成功几率也就随之增大了。在项目的进行中,不确定因素是不可避免的,因此,我们必须对项目进行控制,使不确定因素小到可以接受的程度。

4. 在项目起始阶段,项目涉及人员的能力对项目产品的最终特征和最终成本的影响力是最大的,随着项目的进行,这种影响力逐渐削弱了。这主要是由于随着项目的逐步发展,投入的成本在不断增加,而出现的错误也不断得以纠正。

5. 项目生命周期每个阶段都用其工作成果作为完成标准。每个阶段都有其主要的工作任务,对于其关键的工作成果进行回顾,可以了解项目阶段的完成情况,并以此决定是否该进入下一阶段。

1.4 项目管理的概念与内涵

1943年英美联军舰队在大西洋受到德军舰艇袭击,受到重创。随后盟军请教某数学家,数学家利用概率论提出了一个新的舰队通行方案,使得盟军舰队被炸率由原来的25%下降到1%。

由案例可以看出,一个成功的项目可以起到很大的作用。一个数学家可以抵10个师的兵力。

虽然近年来很多公司对项目狂热追捧,但需要指出的是,使项目成为独特事务的因素实际上也是造成其实施困难的原因。项目的成功绝不是一蹴而就的,其中部分原因是在为适应项目体系而进行变革时,很多大公司都遇到了根深蒂固的反对。事实上,并不是所有的项目都能够取得成功。美国Standish集团在1994年对8 400余个项目的研究表明:

——16%的项目实现了其目标;

——50%的项目需要补救;

——34%的项目彻底失败。

J.D.Frame博士于1997年,对438位项目工作人员进行了调查,结果表明项目失败的比例也非常高。

大多数项目的问题来源于以下四个方面的原因之一:组织方面出现问题;对需求缺乏控制;缺乏计划和控制;项目执行方面与项目估算方面存在问题。因此,只有重视加强项目管理,项目才能够成功。

> **案例链接**
>
> ### 项目管理方法在北京奥运会的运用
>
> 2008年北京奥运会使用37个比赛场馆和76个训练场地,还新建了国际会议中心、数字北京大厦、奥运村、媒体村和奥林匹克公园等一系列设施;北京奥运会共设28个比赛项目、302个小项,200余个国家和地区10 500名运动员参加比赛。如此纷繁的工作怎样才能有条不紊地进行?

> 北京奥组委在国际奥委会的建议下，采用项目管理科学方法统筹奥运会筹办工作，使奥运会的筹备工作得以顺利进行。将项目管理的理论和方法运用于大型公共活动，这在我国是第一次；如此完整、系统地把项目管理方法应用到奥运会的筹备工作当中，这在历届奥运会中也是第一次。奥组委总体策划部对奥运会项目管理的成功经验进行了如下总结：
>
> 1．奥运会项目特点和目标分解
>
> 奥运会是一个超大规模、涉及子项目种类繁多、各子项目间关联紧密、项目关系人众多的组合项目。项目的目标也是多维的，"有特色、高水平"是一个综合评价标准。总体策划部将这个目标进行分解，落实到具体工作上，表现在以下几个方面：确保奥运会各项工作如期完成；确保统筹管理工作的高效；确保各项资源得到有效整合；确保监控工作有力度、有效果；确保奥运会筹办顺利开展。
>
> 2．北京奥运会项目管理信息系统
>
> 奥运会项目管理信息系统（PMIS）是基于 P3E/C 规划和应用的，对项目进度进行全程管理和控制。PMIS 打破原来职能部门的管理模式所形成的信息孤岛，为项目管理各个层次的人员提供了沟通工具和交流平台，有助于项目信息清晰准确地传播。这对于顺利推行项目管理，并为奥运会保驾护航具有至关重要的作用。
>
> 3．北京奥运会项目群整合管理体系
>
> 奥组委在多个项目实践中，逐步形成"驭时多项目整合管理体系"。运用该体系可以建立项目化运作方式，以进度管理为核心，详细分解工作过程，明确协作接口，落实工作职责，合理安排进度。每一次循环包括实施准备、编制计划、可视化整合、统筹优化、跟踪监控五个过程，一个完整的计划需要经过多个周期的完善充实。该体系经奥运会大量项目的实践验证，具有较高的推广价值。

1.4.1 项目管理定义

项目管理是使用各种管理方法、技术和知识为实现项目目标而对项目各项活动所开展的管理工作。

项目管理的六要素：工作范围、时间、组织、成本、质量、客户满意度。在满足客户需要和期望基础上，在实现范围、时间、组织、成本、质量的各种要求中取得平衡。

1．项目管理是一种管理方法体系

项目管理是一种已被公认的管理模式，从 20 世纪 50 年代末、60 年代初诞生至今，一直就是一种管理项目的科学方法，但并不是唯一的方法，更不是一次任意的管理过程。在项目管理诞生之前，人们用其他方法管理了无数的项目。就是在今天，也有无数的项目并没有采用项目管理的方法体系对它们进行管理。项目管理是在长期实践和研究的基础上总结形成的理论方法，应用项目管理，必须按照其方法体系的基本要求去做；不按其模式管理项目，虽不能否认是管理项目，但不能算是真正采用了项目管理。

项目管理作为一种管理方法体系，在不同国家、不同行业以及它自身的不同发展阶段，无论是在结构、内容上，还是在技术、手段上都有一定的区别，但它最基本的方面，即上述定义中所规定的那些内容则始终如一，相对固定，且已成为一种公认的专业知识。

2. **项目管理的对象、目的**

项目管理的对象是项目,即一系列的临时任务。"一系列"在此有着独特的含义,它强调项目管理的对象——项目是由一系列任务组成的整体系统,而不是这个整体的一个或几个部分。其目的是通过运用科学的项目管理技术,更好地实现项目目标。不能把项目管理的对象与企业管理的对象混为一谈,项目只是企业庞大系统的一部分;也不能把企业管理的目的当成项目管理的目的,企业管理的目的是多方面的,而项目管理的主要目的是实现项目的预定目标。

3. **项目管理的任务、职能**

项目管理的职能与其他管理的职能是完全一致的,即对组织的资源进行计划、协调、指挥、控制。资源是指项目所在的组织中可得知、为项目所需要的那些资源,包括人员、资金、技术、设备等。在项目管理中,时间是一种特殊资源,项目管理的任务是对项目及其资源的计划、组织、协调、控制。切记,不能将项目管理的任务与项目本身的任务相混淆。

4. **项目管理运用系统理论与思想**

项目在实施过程中,实现项目目标的责任和权力往往被集中到一个人(项目经理)或一个小组身上。由于项目任务分别是由不同的人执行的,因而项目管理要求把这些任务和人员集中到一起,把它们当作一个整体对待,最终实现整体目标。因此,要以系统的观点来管理项目。

5. **项目管理职能主要是由项目经理执行的**

在一般规模的项目中,项目管理由项目经理带领少量专职项目管理人员完成,项目组织中的其他人员,包括技术与非技术人员负责完成项目任务,并接受管理。如果项目规模很小,那么项目组织内可以只有一个专职管理人员,即项目经理。对于大项目,项目管理的基本权力和责任仍属于项目经理,只是更多的具体工作会分给其他管理人员,项目组织内的专职管理队伍也会更大,甚至组成一个与完成项目任务的人员相对分离的项目管理机构。

1.4.2 项目管理的基本特性

为了更好地认识项目管理,除了上述项目管理的定义以外,还需要深入探讨有关项目管理的基本特性。现代项目管理认为,项目管理的基本特性主要包括以下几个方面。

1. **普遍性**

项目作为一种创新活动普遍存在于我们的工作和生活中,项目的普遍性导致项目管理也具有普遍性。在日常生活中,小到个人的婚礼,大到三峡工程都是项目,都需要项目管理。

2. **目的性**

项目管理具有目的性,它的根本目的是满足或超越项目利益相关者对项目的需求与期望。项目利益相关者是指一个项目的所有相关者,包括一个项目的业主和用户、项目的承包商或实施者、项目的供应商、项目的设计者或研制者、项目所在的社区、项目的政府管辖部门等。

3. **独特性**

项目管理与一般的生产、服务的运营管理不同,也和常规的行政管理不同,虽然会使用某些一般管理的原理和方法,但是具有自己独特的管理对象、管理活动和管理方法与工具,是一种完全不同的管理活动。

4. 集成性

项目管理的集成性是指在项目的管理中必须根据具体项目各要素或各专业之间的配置关系做好集成性的管理，而不能孤立地开展项目各个专项或专业的独立管理。项目管理的集成性也是相对于运营管理的职能性而言的。在一般运营管理之中，分别有生产管理、质量管理、成本管理、供应管理、市场营销管理等各种各样的专业管理，它们是针对一个企业或组织的不同生产、经营活动所开展的管理。这种专业管理是由一般运营的重复性和相对确定性、运营管理的详细分工而形成的。但是，项目管理主要是管理的集成性。虽然项目管理也有一定的分工要求，但是项目管理要求充分强调管理的集成性。

5. 创新性

项目管理的创新性不仅指项目管理是对创新的管理，还指任何一个项目的管理都没有一成不变的模式和方法，都要通过管理创新去实现对项目的有效管理。创新总带有探索性，会有较高的失败率，有时为了加快进度和提高成功的概率，需要有多个试验方案并进。例如，在新产品、新技术开发项目中，为了提高新产品、新技术的质量水平，希望新构思越多越好，然后再进行严格的审查、筛选和淘汰，以确保最终产品和技术的优良性能或质量。而筛选淘汰下来的方案也并不是完全没有用的，它们可以成为企业内部的技术储备，这种储备越多，企业越能应对外界条件的变化，越具有应变能力。

1.4.3 项目管理的内容

项目管理的内容是相当广泛的。就其过程来讲，可以分成如下几个方面的内容。

1. 项目定义

经理们的首要任务之一就是定义现职范围内要做的工作。在项目管理中，也是如此。对于项目经理，项目定义往往是项目管理过程最初的也是十分重要的一个阶段。因为此时，项目管理的要求者(项目发起人或项目客户)与项目经理就项目的一些重要方面已达成一致。任何好的项目定义都需回答好以下5个重要问题：

- 被提出的问题或机会是什么？
- 项目的目的是什么？
- 为实现这一目的，有哪些目标是必要的？
- 如果项目已成功，将如何确认？
- 是否存在可能影响成功的假设、风险、障碍？

定义阶段还需要确立项目的范围，由于种种原因，项目的范围会发生变更——有时会达到项目经理无法接受的地步，我们把这些变更称为"范围蠕变"，这也正是当今组织的一种生存方式。它是项目经理的"天敌"，但如果希望项目成功的话，又必须有效地对待它。项目经理必须针对项目因变更而产生的其他方案和结果而对范围变化做出反应，好的项目经理会有一套正式的变更管理程序。

2. 项目计划

项目计划是绝对必要的，它不仅是告诉我们如何做工作的路标，而且也是一种制定决策的工具。一个完整的计划会清楚地说明将要做什么，如何去做，由谁来做，在何时做，将在什么地方做，将需要什么资源。项目计划将指出宣布项目完成和成功必须满足哪些标准。

3. 项目执行

项目执行计划包括几个方面,除了组织人员,还包括确定完成计划规定工作所需资源（人力、材料和资金）,根据进度计划安排工作人员完成他们各自的任务,安排活动的开始与结束时间。

4. 项目控制

作为计划过程一部分的初始进度计划已建立,它规定了将要做什么,何时做,谁去做以及希望交付什么结果等事项。无论项目班子在计划时如何投入,项目工作也不会完全按照计划进行,而且有时进度计划会落空,这就是项目管理的现实。在任何情况下,项目经理都必须用一套监督系统来不间断地监督项目的进展或其不足,这个监督系统不仅对项目执行计划的实际情况进行汇总,而且对项目未来加以预测并重新调整计划,对可能的问题做出预警。问题修正程序和一套正式的变更管理程序是有效项目控制的基础。

5. 项目结束

结束阶段是非常重要的,但它经常被管理者忽略,人们总是急于继续下一个项目。在每个项目结束的时候,都有几个问题需要回答:

- 项目是像它的要求者所要求的那样做的吗？
- 项目是像项目经理要求的那样做的吗？
- 项目班子是根据计划完成项目的吗？
- 获得了哪些有助于今后项目的信息？
- 项目管理方法起到怎样的作用？项目班子合作得怎样？

因此,结束阶段需要对所做的工作进行评估并为今后的项目提供历史信息。由于这一阶段的工作被认为会多出一笔间接费用,因而易被跳过。

综上所述,项目管理被认为是一种建立在公认的管理原理基础上的方法和技术,用于计划、估算和控制项目活动,并根据规范,在预算之内按时实现项目的最终结果。

1.5 项目管理过程

现代项目管理理论认为,任何项目都是由一系列的项目阶段所构成的一个完整过程（或叫全过程）,而各个项目阶段又是由一系列具体活动所构成的具体工作过程。此处所谓的过程,是指能够生成具体结果（或叫可度量结果）的一系列活动的组合。一个项目的过程又分成两种类型,其一是项目的实现过程,指人们为创造项目的产出物而开展的各种业务活动所构成的整个过程（一般也将此简称为项目过程）;其二是项目的管理过程,指在项目实现过程中,人们开展项目的计划、决策、组织、协调、沟通、激励和控制等方面活动所构成的过程。在大多数情况下,不同项目的实现过程需要有不同的项目管理过程,但是本章所要讨论的是适用于大多数项目的一般性项目的管理过程。在一个项目的过程中,项目管理过程和项目实现过程从时间上是相互交叉和重叠的,从作用上是相互制约和相互影响的。例如,如果对一个项目范围界定得不清楚,项目的计划和控制就很难开展。

1.5.1 项目的管理过程

项目管理过程是由一系列项目管理子过程构成的,而每个项目管理子过程又是由一系列项目管理具体活动构成的。实际上一个项目全过程的管理就是一个完整的项目管理过程。同样,对于项目阶段的管理也是一个项目管理过程,这种项目管理过程由5种不同的项目管理子过程构成。

1. 项目管理过程内涵

(1)起始过程

在项目管理过程循环中首要的管理子过程是项目或项目阶段的起始过程,这是由一系列决策活动构成的管理子过程。它所包含的活动有:决策一个项目或项目阶段起始与否,或是否继续一个项目或项目阶段,定义项目或项目阶段的工作与活动等。只有由此做出起始或继续项目或项目阶段的决策,后续的项目业务和项目管理子过程才能够开展。

(2)计划过程

当上述起始过程决定要开展或继续项目或项目阶段时,项目管理过程就进入了项目管理计划子过程了。此时的管理活动主要有:拟定和编制项目或项目阶段目标、任务、方案、资源、成本预算等各项计划的活动,包括项目应急措施的计划活动等。所以这是由一系列计划管理活动所构成的项目管理子过程,此后人们才能开展后续项目管理子过程。

(3)执行过程

在上述过程制定出各种计划以后,就可以开展执行过程了。这一管理子过程的主要工作有:组织和协调各种资源去实施项目,组织和协调各项项目任务与工作,激励项目团队去完成既定的项目工作计划并最终生成合格的项目产出物等。这是由一系列项目组织和执行活动构成的管理子过程,同时还要为计划子过程和控制子过程提供各种反馈信息。

(4)控制过程

在项目或项目阶段的实施中人们还必须开展项目管理的控制子过程,这是使整个项目的实施工作处于受控状态的管理子过程。这一过程所包含的管理活动有:制定控制标准,监督和度量项目工作的实际情况,分析项目和项目工作的差异与问题,提出并采取纠偏措施等工作。这一项目管理子过程也要为计划子过程和执行子过程提供各种反馈信息。

(5)结束过程

项目或项目阶段的结束子过程包括的管理活动主要有:制定项目或项目阶段的终结以及移交与接收条件,完成项目或项目阶段成果的管理终结和相关合同的终结以及产出物的移交,从而使项目或项目阶段得以顺利结束。这是由一系列项目文档化工作和验收性与移交性工作所构成的项目管理子过程,同时也是项目的下个阶段起始过程的前期工作和信息提供者。

2. 过程之间的联系

管理过程不是独立的一次性事件,它们是贯穿于项目的每个阶段,按一定顺序发生,工作强度有所变化,并互有重叠的活动。项目生命周期的诸阶段可以看作是大的管理过程,阶段之间和过程之间相互联系。起始过程接受上一个阶段交付的成果,经研究,确认下一阶段可以开始,并提出对下一阶段要求的说明;计划过程根据起始提出的要求,制定计划文件作

21

为执行过程的依据;执行过程要定期编制执行进展报告,并指出执行结果与计划的偏差;控制过程根据执行报告制定控制措施,为重新计划过程提供依据。因此计划—执行—控制三个过程往往要周而复始循环多次,直到实现该阶段起始过程提出的要求,才能使结束过程顺利完成,为下阶段准备好可交付的成果。这样一环扣一环的机制将各子过程和项目各阶段结合为整体,所以又叫作整体化过程。

3. 过程的可交付成果

两个过程的交接都应有可交付的成果,切不可草草收兵,匆匆过场。可交付成果可以是书面文件、图片资料和样品、实物等。例如,项目起始阶段以项目创意过程开始,写出项目创意报告;当该创意报告得到有关方面的首肯后,就可以进入下一个过程,编制项目建议书;若该建议取得多方支持,就又可开始一个新的过程,执行建议书的建议进行可行性研究。

可交付成果的重要性表现为两个方面:一方面,项目是一次性的、渐进的动态过程,是一个整体,后面的管理过程都是前面过程的延续,对前面过程的不正确记载、说明和评价,都会在后面过程造成差错;另一方面,由于项目组织和人员的临时性,人员往往有变动,后面介入的人员只能依靠前面过程的可交付成果开展工作。因此,要求每个过程的可交付成果都应完整,包括一切必要的信息。

1.5.2 项目管理具体过程之间的关系

一个项目管理过程循环中的五个具体管理过程之间具有特定的关系。首先,它们之间是一种前后衔接的关系。各项目管理具体过程都有自己的输入和输出,这些输入和输出就是各个具体管理过程之间的相互关联要素。一个项目管理具体过程的输出(结果)可以是另一个项目管理具体过程的输入(条件),所以各个项目管理具体过程之间都有相应的文件和信息传递。这些具体过程之间的输入与输出有的时候是单向的,有的时候是双向循环的。例如,一个项目管理过程循环中的计划过程,首先要为下一步的组织过程和控制过程提供项目计划信息,随后又从组织过程和控制过程中获得各种新的情况以便更新和修订计划。

同时,一个项目管理过程循环中各个管理具体过程之间的关系,在时间上也并不完全是哪种一个过程完成以后另一个过程才能够开始的关系,一个管理过程循环中的各个管理具体过程在时间上会有不同程度的交叉和重叠。

另外,各个项目管理具体过程之间的相互作用和相互影响还会跨越不同的两个项目阶段。换句话说,不同项目阶段的管理过程循环之间也有相互作用的关系,这种关系主要表现在前一个项目阶段的结束过程会对下一个项目阶段的起始过程发生作用。通常,一个项目阶段结束过程的输出就是下一个项目阶段起始过程的输入。例如,项目设计阶段的结束过程可以输出一份项目产出物的设计方案和项目产出物的规定与要求,这些都是项目设计阶段的结束过程的输出,而它们同时是项目实施阶段起始过程所接受的输入。

最后,在项目管理过程循环中,起始过程和结束过程是两个非常关键的管理具体过程。在每个项目阶段的实现过程尚未开始之前,项目管理的起始过程首先开始,它的作用就是正确地作出一个项目阶段是否应该开始的决策。当一个项目阶段的目标已经无法实现(如,由于各种天灾人祸使得一个项目阶段的目标无法实现),或者一个项目阶段的目标虽然能够实现但是这种目标已经不能够满足人们的需要(如,由于人们的需要发生了变化或转移)时,就可以在这个项目阶段的起始阶段作出决策,终止这个项目阶段或整个项目,即不再"起始"这一项目阶段,而是中止、搁置或终结这个项目阶段或者整个项目。相反,项目管理过程循环中结束过程的关键工作是作出一个项目阶段是否结束的决策,这包括项目阶段工作的结束、契约与合同关系的结束(如,项目分包合同的结束)和管理工作的结束等方面的决策。这种决策是在确认一个项目阶段的任务已经成功完成和项目阶段目标已经实现的基础上作出的。

1.6 现代项目管理的发展历程

1.6.1 项目管理的发展历史

尽管人类的项目管理实践可以追溯到几千年前,但是将项目管理作为一门科学进行分析研究的历史并不长,从1965年第一个专业性国际项目管理组织——国际项目管理协会(IPMP)的成立算起,至今不过50年的时间。近50年来,尤其是20世纪80年代以来,项目管理学科有了很大发展。

1. 传统项目管理阶段

项目管理有着悠久的历史,人类在生产、生活中,不断地实践着各种各样的项目管理经验,特别是一些巨大的工程建设项目的实施,无不闪烁着项目管理的光彩和智慧,如中国的长城、都江堰、埃及的金字塔,古罗马的水渠的建设。其他一些有说服力的特别事件有:

- 1917年,亨利·甘特发明了著名的甘特图,使项目经理按日历制作任务图表,用于日常工作安排。
- 1957年,杜邦公司将关键路径法(CPM)应用于设备维修,使维修停工时间由125小时锐减为7小时。
- 1958年,在北极星导弹设计中,应用计划评审技术(PERT),将项目任务之间的关系模型化,使设计完成时间缩短了2年。
- 20世纪60年代著名的阿波罗登月计划,采用了网络计划技术,使此耗资300亿美元、2万家企业参加、40万人参与的项目顺利完成。

传统的项目和项目管理起源于国防、建筑业。从20世纪40年代中期到60年代,主要是应用于国防工程建设和民用工程建设。传统项目管理方法主要是致力于项目预算、规划和为达到特定目标而借用一些运营管理的方法,在相对较小的范围内所开展的一种管理活动。

从20世纪60年代起,建立了两大国际性项目管理协会:

- 1965年第一个国际项目管理协会(International Project Management Association,IPMA)在瑞士洛桑成立。
- 1969年美国项目管理协会(Project Management Institute,PMI)成立。

之后,各国相继成立了项目管理协办会,为推动项目管理的发展发挥了积极的作用,作出了卓越的贡献。

2. 现代项目管理阶段

进入20世纪80年代后,项目管理进入了现代项目管理阶段。项目管理的应用领域在这一阶段也迅速扩展到社会生产与生活的各个领域,项目管理更加面向市场和竞争,更加注重人的因素,注重顾客,注重柔性管理,并且在企业的战略发展和日常经营中的作用也越来越重要。例如,美国路易斯维化工厂将生产流程分解,节省成本38%。

随着信息产业的发展,信息业管理日益呈现动态、不确定、不可简单重复、灵活的特点,美国学者研究表明,IT项目有30%~45%在完成前就失败了。在所有的项目中,一半以上都超出预算和进度的180%或更多,失败和超支加在一起的成本总计达数十亿美元。尽管使用的工具和方法在不断改进,失败仍在继续出现。美国《计算机世界》(Computer World)公布了针对项目管理过程缺少什么的调查结果如下:

项目办公室——42%;
集成方法——41%;
培训和辅导——38%;
政策和程序——35%;
实施计划——23%。

由此可见,传统的管理方法"失灵"了。

项目管理在更新决策者和管理者的观念,应对激烈的市场竞争,判断一个项目或方案的可行性,选择最佳方案,在有限的时间内用有限的资源去完成特定的任务,提高工作人员的工作效率等方面有着广泛和独特的作用。

1976年,PMI在蒙特利尔会议后开始制定项目管理的标准,形成项目管理职业的雏形。

1984年,美国项目管理协会推出《项目管理知识体系》PMBOK(Project Management Body of Knowledge)和基于PMBOK的项目管理专业证书PMPC(Project Management Professional Certification)两项创新。从此,世界各国的项目管理培训计划和资质考试试题都来源于PMBOK所提供的基础知识。

PMBOK于1997年被国际标准化组织(ISO)纳入国际标准化体系,成为ISO-9000家族系列中的一员,即ISO-10006《项目管理指南》。由此,项目经理的从业资质在全球150个国家得到承认。在所有认证考试中,PMP是第一个获得ISO-10006国际质量认证的资质考试。现在,全世界130多个国家和地区设立了认证考试机构。

今天,项目已经成了社会创造精神财富、物质财富和社会福利的主要方式,所以现代项目管理也就成了发展最快和使用最为广泛的管理领域之一。

项目管理第一个成功的案例是美国研制原子弹的曼哈顿工程。从此之后,美国政府财政支出项目开始遵循项目管理规范进行操作,如航天飞机开发计划、国防订货、高速公路工程以及人口普查工程等。为了竞标获得政府的合同,一些企业逐渐接受了项目管理规范,使项目管理理念开始与企业管理理论产生了融合。

企业界最先接受项目管理规范的是建筑项目。最初项目管理的许多工具,如甘特图、箭线图等,都是针对土建工程的特点开发的。20世纪80年代之后,项目管理理念逐渐渗透到制造业项目、服务业项目、IT业项目以及科研项目等。IT产业的诞生将诸多计算机软件工具引入了项目管理,极大地提高了项目管理的量化水平,最终形成了完整的项目管理知识体系,并出现了专为项目管理而开发的计算机工具软件。

3. 我国项目管理的应用

我国最早的大型项目可以追溯到2 000多年前的万里长城,但是真正称得上中国项管理的里程碑的,是著名科学家华罗庚教授和钱学森教授分别倡导的统筹法和系统工程。

华罗庚教授于 1964 年倡导并开始推广"统筹法"(Overall Planning Method)。1965 年,华罗庚著的《统筹方法平话及其补充》出版,该书的核心是提出了一套较系统的、适合我国国情的项目管理方法,包括调查研究、绘制箭头图、找主要矛盾线以及在设定目标条件下优化资源配置等。1964 年,华罗庚带领中国科技大学的教师和学生到西南三线建设工地推广应用统筹法,在修铁路、架桥梁、挖隧道等工程项目管理上取得了成功。20 世纪 80 年代,一些国外专家和从国外回国的中国学者在中国介绍和推行项目管理知识。例如,美国专家 John Bing 曾经在原国家经贸委大连管理干部培训中心讲授项目管理课程,后又在天津大学举办了项目管理讲座;同济大学丁士昭教授于 1982 年回国后积极宣传项目管理,1983 年,在中国建筑学会建筑经济学术委员会举办的项目管理学习班上讲授项目管理方法等。

1983 年,鲁布革水电站工程项目的实施,是项目管理进入中国的第一个成功案例。

> **案例链接**
>
> ## 鲁布革水电站工程项目的实施
>
> 鲁布革水电站位于云南罗平县和贵州兴义市交界处黄泥河下游的深山峡谷中,这里河流密布,水流湍急,落差较大。我国利用世界银行贷款,通过国际竞争性招标,于 1990 年建成了装机容量为 60 万千瓦的水电站。
>
> 以往,我国对这类建设项目的传统管理方法往往是由政府主管部门组建项目指挥部,采用超经济手段调集资源,以群众大运动式的人海战术突击会战。因此,鲁布革水电站工程也不例外。
>
> 1977 年,水电部着手进行鲁布革水电站的建设,水电十四局开始修路,进行施工准备。但由于资金缺乏,工程一直未能正式开工,每年国家拨给工程局的少量资金大部分用来维持施工队伍,准备工进展缓慢,前后拖延了 7 年之久。到了 1983 年,水电部决定利用世界银行贷款,使工程出现转机。鲁布革向世界银行申请贷款总额度为 1.454 亿美元。根据世界银行的要求,鲁布革将引水系统工程进行国际竞争性招标,最终日本大成公司中标。
>
> 日本大成公司派出 30 人组成项目管理班子,施工人员是我国水电十四局的 500 名职工。日本仅以 30 多人的队伍有条不紊地指挥着几百人的建设大军,协调着上亿元的资源和资金。施工现场也存在明显的不同,我国通常的施工现场要穿雨鞋才能进入,而由日本管理的现场穿皮鞋即可进入,而且不会有任何污泥,现场很干净、整齐,有条不紊。
>
> 最后,工程严格按照预算成本和质量标准提前完成。1984 年 11 月 24 日引水系统工程正式开工,1985 年 11 月截流,1988 年 7 月大成公司承担的引水系统工程全部完工,1988 年底第一台机组发电,1990 年电站全部竣工。
>
> 招标过程:

> 标底:成本 14 958 万元,工期 1 579 天。
> 日本大成公司投标 8 463 万元(比标底低43%),工期 1 545 天,中标。
> 实际结果:造价 8 974.8 万元,为标底的 60%,工期 1 423 天,为标底的 90.1%。
> 质量:达到合同规定的要求。
>
> 鲁布革水电站工程施工节省工程成本,保证工程质量,特别是提前竣工的事实,使人们从根本上改变了水电站工程"工期马拉松,投资无底洞"的固有看法。鲁布革井井有条的施工管理和人们习惯的"走进大工地,脚踩人民币"的印象形成强烈对比。从对比中人们认识到,并不是大型工程建设项目注定要拖工期、超概算,而是因为缺乏良好体制和科学的管理。大型工程项目施工要降低造价、缩短工期、保证质量是人们多年追求的目标,现在鲁布革做到了。人们开始认真了解和学习国外在市场经济条件下实行的项目管理的机制、规则、程序和方法。
>
> 鲁布革冲击波及全国,人们在经历改革阵痛的同时,通过对比和思考,看到了比先进的施工机械更重要的东西!很多人开始反思在计划经济体制下建设管理体制的弊端,探求"工期马拉松,投资无底洞"的真正症结所在。
>
> 资料来源:杨宝玲,栾志强.现代项目管理.北京:中国人民公安大学出版社,2009

1991年,我国成立了中国项目管理研究委员会 PMRC(Project Management Research Committee,China),这是中国唯一的一个全国性跨行业项目管理学术组织,会员分布在全国 30 个省、市、自治区,行业覆盖了航空航天、信息技术、冶金、煤炭、水利、建工、造船、石化、矿产、机电、兵器、教育及政府部门。

PMRC 在推进我国项目管理专业化与国际化方面起了积极的作用:建立了中国项目管理知识体系,引进了国际项目管理专业资质认证 IPMP;代表中国加入了国际项目管理协会 IPMA,成为其会员国组织;PMRC 的目标是致力于中国项目管理的专业化和国际化发展。

2000年,美国项目管理协会 PMI 的项目管理专业人员(PMP)认证进入我国。

1999年,由国家外国专家局(国务院智力引进办公室)与美国项目管理协会合作将项目管理知识体系的培训、认证引进中国,如今已陆续在全国 24 个主要城市开设了项目管理资质考试点,每年春夏秋冬共有四次考试。2000 年 6 月,中国首次 PMP 考试仅有 60 多人参加,到目前为止已有近万人通过考试。考试题为中英文双语试卷,200 道多重选择题,在 4 个小时内答对 137 道题为及格。通过项目管理资格考试者,将获得项目管理师的资质(Project Manager,即项目经理)。

2001年下半年,国际项目管理协会的国际项目管理专业资质认证进入我国,在北京、上海、西安、深圳四城市开展了首次全国性的 IPMA 认证。

1.6.2 项目管理的现状及发展

1. 项目管理的现状

随着学术研究的发展,项目管理理论和方法趋向成熟。在许多国家,项目理已经成为一门多维度、多层次的综合性交叉学科,项目管理的范畴也发展为全寿命管理。具体来说,当代的项目管理已发展成为一门独立的学科、一个热门专业和一种职业。

(1)一门学科。在项目管理中广泛应用了工业工程、系统工程、决策分析、计算机技术和软件工程理论等,现已发展成为一门综合性的交叉学科。突出表现为世界各国正在广泛开展"项目管理知识体系"的研究,侧重于项目管理的理论、模式、过程、方法和技术的研究,并不断在管理实践中吸取管理经验。已经有美国、英国、法国、德国、中国、澳大利亚等数十个国家建立了各自国家的项目管理知识体系,并且人们正在提出和探讨全球性项目管理知识体系的概念。

(2)一个专业。项目管理已经成为一个专业体系,在大学设置了"项目管理"专业,可授予学士、硕士和博士学位。例如,天津大学早在1988年就出版了《工程建设项目管理》一书,并开设了"项目管理"课程;20世纪90年代初,复旦大学管理学院开设了"项目管理"课程;1993年,西北工业大学在系统工程硕士专业设立了项目管理研究方向;北京大学、清华大学、中国科学院等一些重点院校相继将项目管理纳入了管理硕士学位序列。

(3)一种职业。项目管理发展的另一个突出表现是职业项目经理人的出现,特别是在欧美发达国家,职业项目经理已经成为人才争夺的热点。在中国,鲁布革水电站项目管理的成功,使中国人看到了在管理中蕴藏的巨大效益,此后项目管理规范开始在一系列与国际接轨的项目中推行,如广东的沙角电站、大亚湾核电站、宝钢二期工程等。然而,在这些项目的进程中暴露的问题表明,仅仅引进先进的管理理念和规范并不足以使科学管理发挥应有的效益,项目经理人才的短缺成为制约我国管理水平提高的最大瓶颈。

因此,项目管理专业资质认证正逐渐在中国兴起。权威机构指出,"项目管理将成为21世纪最具有前景的黄金职业"。

2. 国际项目管理的发展原因及趋向

(1)项目管理快速发展的原因

项目管理快速发展的原因主要有:①在信息社会和知识经济之中创造社会财富和福利的途径已经逐步转向了以项目开发和项目实施活动为主的模式。②组织工作和经营环境发展变化加快,出现了大量的例外情况需要处理,例外管理需要采用项目管理的方法。③各种创新(技术、组织和制度等)工作成了人们工作中的主要内容,创新工作都是项目,需要项目管理。

(2)国际项目管理发展的三个新趋向

一是项目管理的全球化。主要表现在国际间的项目合作日益增多,国际化的专业活动日益频繁,项目管理专业方面的信息国际共享。市场经济发展是一个优胜劣汰、资源不断优化组合的过程。项目管理的最大特点是把资源最佳地组合到各种项目中,减少管理链与管理环节,集中优秀的专业管理人员,采用先进科学的方法,真正体现风险与效益、责任与权力、过程与结果的统一,用低成本、高品质满足业主或用户的需求。只有通过项目国际化合作、资源共享,才能实现真正意义的资源优化。

二是项目管理的多元化。人类社会的大部分活动都可以按项目来运作,所以当今的项目管理已经深入到各个行业,以不同的类型和规模出现。行业领域项目类型的多样性导致了各种各样的项目管理方法。项目管理技术的运用范围越来越广,促进了项目管理的多元化发展。

三是项目管理的专业化。这主要体现在如下三个方面:①PMBOK的不断发展和完善。例如,美国项目管理协会自1984年提出它的PMBOK以来,数易其稿。②学历教育和非学历教育竞相发展,已经形成了多层次的教育体系。③项目与项目管理学科的探索及专业化项目咨询机构出现。同时,项目管理的专业化发展使得项目经理的职业化发展成为一种发展趋向。项目管理的职业化发展使得项目管理人员在职业生涯的规划中,可以将自己的一生定位在管理大大小小的项目中,从一个小的项目经理逐渐成长为一个大的项目经理,而不是最终脱离项目去担任职能部门的经理。

3. 项目管理发展的热点

有人认为 21 世纪是项目管理大有可为的世纪,项目管理在各个领域得以广泛运用,促使项目管理的发展出现三大热点:①证书热。证书制首先是美国项目管理协会在 PMBOK 的基础上发展起来的,它代表了一种专业的权威机构对项目管理人员的资质认可。从 1984 年开始申报考试的 50 多人,到现在每年申报考试的几万人,申请者来自世界许多国家。②培训热。由于项目管理从业人员日益增多,项目管理培训需求急剧增长,世界各地的院校、专业学术团体、专业培训机构及咨询公司等,纷纷推出可满足各种层次需求的培训计划和培训方案。目前,全世界有数十万人参加项目管理培训。③软件热。在项目管理竞争激烈的情况下,加之项目管理日益复杂,面对大量信息、数据需要动态管理,要提高项目管理水平和项目管理效率,就必须使用先进的项目管理方法和工具。1996 年,美国项目管理协会对项目管理软件进行测评时,涉及 63 个商品化软件。在我国,项目管理软件的应用范围已经相当广泛。

可见,现代项目管理的发展之快,已经超出了我们的想象。美国《财富》杂志曾预言项目管理将是 21 世纪的首选职业,是很有道理的。

1.7 现代项目管理知识体系及其内涵

现代项目管理的内容可以从两个已有的项目管理知识体系中发现。目前,国际上两大项目管理知识体系分别是以欧洲国家为主的体系——国际项目管理协会(IPMA)和以美国为主的体系——美国项目管理协会(PMI)。在过去的 30 多年中,它们都做出了卓有成效的工作,为推动现代项目管理发挥了积极作用。

成立于 1969 年的美国项目管理协会是全球最大的由研究人员、学者、顾问和管理人员组成的项目管理专业组织,现在已经有 50 多万名会员和证书持有人。它卓有成效的贡献是编写了《项目管理知识体系》(PMBOK)。

所谓现代项目管理的知识体系是指在现代项目管理中所要使用的各种知识、理论、方法和工具及其之间的相互关系等知识的总称。现代项目管理知识体系包括许多方面的内容,这些内容可以按多种方式去组织,从而构成一套完整的项目管理知识体系。

1.7.1 现代项目管理知识体系及其构成

按照 PMI 提出的现代项目管理知识体系(PMBOK)的划分方法,现代项目管理知识体系主要包括九个方面,各个部分的内容分别介绍如下:

1. 项目范围管理

项目范围管理是为了成功完成项目,对项目的工作内容进行控制的管理过程。它包括启动过程、范围计划、范围界定、范围核实和范围变更控制等。

2. 项目时间管理

项目时间管理是为了确保项目最终按时完成所实施的一系列管理过程。它包括具体活动界定、活动排序、时间估计、进度安排及时间控制等工作。

3. 项目成本管理

项目成本管理是为了保证完成项目的实际成本,使费用不超过预算成本所实施的管理过程。它包括资源的配置、成本和费用的预算以及费用的控制等工作。

4. 项目质量管理

项目质量管理是为了确保项目达到客户所规定的质量要求所实施的一系列管理过程。它包括质量规划、控制和保证等工作。

5. 项目人力资源管理

项目人力资源管理是为了保证所有项目利益相关者的能力和积极性都得到最有效的发挥和利用所实施的一系列管理措施。它包括组织的规划、团队的建设、人员的选聘和项目的班子建设等工作。

6. 项目沟通管理

项目沟通管理是为了确保项目信息的合理收集和传输所实施的一系列措施。它包括沟通规划、信息传输和进度报告等工作。

7. 项目风险管理

项目风险管理是在项目过程中对项目的不确定性以及由此而可能造成的项目损失与机遇的一种项目专项管理。这是一种为确保项目成功而开展的识别项目风险、度量项目风险和应对项目风险的项目专项管理工作。

8. 项目采购管理

项目采购管理又称为项目资源获得的管理,这是为了从项目实施组织之外获得所需资源或服务所实施的一系列管理措施。它包括采购计划、采购与征购、资源的选择和合同的管理等工作。

9. 项目集成管理

项目集成管理是在项目管理过程中为确保各种项目工作能够很好地协调与配合而开展的一种整体性、综合性和集成性的项目管理工作。这种项目集成管理与一般的项目系统管理有所不同,它是一种基于项目各个要素的严格配置关系的一种项目系统管理。

1.7.2 项目管理中的一般管理知识

现代项目管理所需的许多知识是独特的,或者说基本上是独特的。例如,项目工期管理与计划管理中的关键路径分析和工作结构分解方法等都是专门用于项目管理的。但是,现代项目管理的知识体系还包括许多其他方面的知识,或者说与其他方面的知识是相互关联的。与项目管理知识体系关联最紧密的是一般管理知识和项目所涉及的具体专业领域知识。

与现代项目管理知识关联的两方面知识的主要内容如下:

1. 一般管理知识

一般管理知识体系的主要内容包括:

第一，对于企业资源的管理知识。包括企业人力资源管理、财务管理、设备与固定资产管理、信息资源管理、供应与存货管理等方面的内容。

第二，一般管理中的专业性管理知识。包括企业信息系统的管理、产品与服务质量的管理、企业物流管理、企业形象管理等方面的内容。

第三，对于企业运营过程的管理知识。包括企业运营的计划管理、组织管理、决策、领导和管理控制等方面的内容。

这里我们主要对企业运营管理的知识作一个简单的介绍：

(1) 计划管理知识。计划管理是一般管理中的首要职能，因为任何一项有关组织的工作都必须从计划管理开始。实际上，没有计划管理，任何有组织的活动都失去了管理的依据，都无法很好地开展，就更别说完成计划任务和实现工作目标了，因为没有计划管理就没有计划和目标。中国有一句格言："凡事预则立，不预则废。""预"就是计划管理，由此可见计划管理的重要性。

计划管理的主要作用是制定各种各样的计划和安排，从大政方针性的战略计划一直到一般工作的作业计划的制定。计划管理的另一项作用是对既定计划的调整和修订，这是在各种环境和条件发生变化的情况下，或工作目标发生变化的时候所开展的一项计划管理工作。不管是计划制定还是计划修订，这些计划管理工作以及它所生成的计划管理文件通常有如下作用：是管理者进行指挥和协调的依据，是管理者开展管理控制的基准，是降低不确定性的手段，是提高效率和效益的工具，同时也是激励人员士气的武器。

计划管理是一项非常重要的管理职能，不管是一般运营管理，还是项目管理，计划管理是首要的和必不可少的，只是一般运营管理和项目管理的计划管理在原理、方法和指导思想等方面有所不同而已。其中，有许多一般运营管理中所使用的原理、方法和指导思想是可以在项目管理中使用的。

(2) 组织管理知识。在一般管理中，组织管理同样是一项重要的管理职能，它的主要职能包括：分工和部门化的职能（将组织的任务按一定的标志分工后，再按一定准则将有共性的工作组合在一起，从而构建承担相同任务的组织部门）；确定和安排一个组织中的责、权、利关系（这种责、权关系使组织的每个部门和岗位都有明确的权力和责任，使整个组织有明确的上下级负责关系和指挥命令体系）；构建组织的分工协作体系（将一个组织集成为一个有机的整体）；组织能力的培养（提升一个组织的整体能力）。

组织管理的主要作用是使一群毫无关联的个体组织成为一个有机的整体，使这些个体能够通过组织管理构建的组织系统去实现既定的组织目标和使命，同时使组织的每个个体能够受益。组织管理的另一个职能是分配和协调组织的权力与责任，从而形成组织的指挥与命令系统和权力体系。这既包括各个部门的权力和责任的分配与协调，也包括各个管理岗位的责任与权力的分配与协调。另外，组织管理还具有促进和实施组织变革的作用，这可以使一个组织保持活力，积极适应环境变化，保持高效率。

(3) 领导知识。领导同样是一般管理中的一项非常重要的管理职能。关于领导的概念历来有许多不同的解释。传统管理认为，领导是指由组织赋予一个人权力以率领其部下去实现组织既定目标的管理工作。现代管理认为，领导是一种行为和过程，是运用各种组织赋予的职权和个人拥有的影响权等方面的权力，去影响他人的行为，为实现组织目标服务的管理行为和过程。

领导的主要管理工作内容包括:为被领导者指明方向和任务,这既包括为组织指明未来的远景和为此所需要采用的战略,也包括为被领导者指明方向和日常工作任务;运用权力影响他人行为的工作,包括如何组织和协调全体人员的行动,如何将组织的目标、远景、任务等传达给组织成员,使他们能够共同合作并为实现组织的目标和远景而工作;运用各种方式方法去激励自己的下属,这既包括运用身先士卒的方法去激励士气,也包括运用各种激励手段去促进人们的工作和提高工作绩效。

(4)管理控制知识。管理控制在一般管理中与计划管理知识、组织管理知识和领导知识一起构成了管理的基本职能。管理控制知识中最主要的内容是对照管理控制标准找出组织实际工作中的问题和原因,然后采取纠偏措施,从而使组织工作能够按计划进行,并最终实现组织目标。

管理控制的主要作用是:限制工作偏差的积累,从而避免给组织造成严重的问题和损失;适应环境和条件的变化,在实际环境和条件发生变化时,通过管理控制可以设法改进实际工作和设法调整计划与修订目标去适应环境的变化;降低成本和提高绩效,管理控制通过各种专项和集成的控制措施去实现这一目标;使组织工作处于受控状态,通过全面的管理控制使组织处于一种有序和受控的状态,而不出现失控的情况。

2. 项目所属专业领域的专业知识

这是指与具体项目所涉及的专业领域有关的各种专业知识。项目所涉及的专业知识通常包括下列三个方面:

(1)专业技术知识。这是指项目所涉及的具体专业领域中的专业技术知识。例如,软件开发项目中的计算机编程技术、新药研制项目中的药物毒理和病理知识、建筑工程项目中的结构设计和施工技术知识等。

(2)专业管理知识。这是指项目所涉及的具体专业领域中的专业管理知识。例如,政府性项目中涉及的政府财政拨款等行政管理方面的知识、科技开发项目中的国家或企业的科技政策方面的知识等。

(3)专门行业知识。这是指项目所涉及的具体产业领域中的一些专门的知识。例如,汽车行业项目中的相关行业知识(相关的能源消耗、环境保护知识等)、化工行业项目中的相关行业知识(相关的流程工业和上、下游行业的知识等)、金融行业项目中的相关行业知识(相关的保险、信托、证券行业知识等)。

本章提要

项目是指一系列独特的、复杂的并相互关联的活动,这些活动有着一个明确的目标或目的,必须在特定的时间、预算、资源限定内,依据规范完成。项目的特性是一次性和时限性、独特性和唯一性、目标的确定性、活动的整体性与范围性、组织的临时性和开放性,以及成果的不可挽回性。

项目团队是临时性的,项目结束之后它的使命也宣告结束。项目有时只涉及一个组织的某一部分,有时则可能需要跨越好几个组织。

项目管理就是为了满足甚至超越项目涉及人员对项目的需求和期望而将理论知识、技能、工具和技巧应用到项目的活动中去。它的内容涉及项目范围管理、成本管理、质量管理、风险管理、时间管理、人力资源管理、采购管理、沟通管理、集成管理等方面。

项目管理中许多知识都是独一无二的,与其他管理方式相比有其独特之处。项目管理知识体系与一般管理知识体系在许多领域是互相交叠而关联紧密的。

关键概念

- 项目管理(project management)
- 项目阶段(project stage)
- 项目管理过程(project management process)
- 项目生命周期(project life cycle)
- 项目管理知识体系(project management body of knowledge,PMBOK)

思考习题

1. 什么是项目?
2. 什么是项目管理?项目管理有哪些特点?
3. 什么是项目生命周期?
4. 项目管理过程有哪些?
5. 项目管理过程有哪些阶段,每个阶段的典型活动是什么?
6. 项目管理包含哪些知识领域?

案例分析

米格科技有限公司

米格科技有限公司是设计和制造汽车零部件的公司。多年来公司占有稳定的市场份额,有少量但忠诚的顾客群和比较看好的发展环境。尽管年销售额增长较慢,但近年来也突破了3亿美元。米格科技的产品因其几乎不需要更新或每年重新设计而大受欢迎。市场的稳定性,加上产品的一致性,使得米格科技年需求预测非常准确,能依赖产品投放期较长的生产过程,并可以专注于内部效率。

随着北美自由贸易协定和其他国际贸易条款的出现,米格科技感觉到了来自世界上其他汽车配件供应商的竞争,这些公司本部设在国内。公司面临着之前没有经历过的状况:必须以客户为中心并更快地向市场提供新产品。面对这些巨大的商业挑战,三年前米格科技的高层管理决定将公司变革为基于项目的组织。

尽管这个转变很艰难,但公司也从中获得了很大的收益。例如,高级管理层决定产品更新频率必须更快,要达到这一目标意味着每年要重新设计并使用新技术,也就是说要在企业操作方面做出创新性的改变。为了实现上述调整并满足保持市场竞争优势的要求,公司成立了专门的项目团队,该团队成员来自公司各条产品线。

同时,米格科技还想要保持其内部操作的效率,因此项目团队引入新产品时必须严格控制成本和时间进度。最后公司精心组建了研发团队,该研发团队负责寻找技术变革的道路并使公司在5~10年内沿着这条路走下去。如今米格科技的项目运作团队不仅要管理当前产品线,还要通过应用研究寻求长期盈利。

米格科技已经找到了应对项目管理挑战的策略。首先,员工在重新考虑其分配时间和资源的方式。另外,虽然企业新项目的成功率仍然低于项目管理期望的目标,但高级管理层认为,项目管理带来了挑战,也为企业带来了在全球竞争环境中超越竞争者所必需的竞争优势。米格科技的一位主管认为:"项目管理绝不是取得成功的法宝,但是它让我们开始思考应该如何操作,结果就是我们正在用更快的方式去做更明智的事情。"

问题:
1. 项目管理给米格公司带来的行业竞争优势是什么?
2. 在本例中,引导企业相信项目管理会改善其运作过程的市场因素有哪些?

技能实训

实训以小组为单位,5~6人组成小组,小组成员确定后,选取一个项目为研究对象,在学完每章内容后,对所选定的项目按照每章的要求完成。

(1) 每个小组要求以电子文档的方式提交每一章所要求的小组作业,在作业上注明小组编号,并注明小组成员的分工。

(2) 按照每一章小组作业的要求,以 Microsoft Project 或其他项目管理软件完成项目的相关范围管理、时间管理、成本管理、人力资源管理等章节的内容。

(3) 小组作业持续到本课程结束。

参考文献

[1] 殷焕武,周中华等. 项目管理导论[M]. 北京:机械工业出版社,2009.
[2] 纪燕萍. 中外项目管理案例[M]. 北京:人民邮电出版社,2002.
[3] 宋伟. 项目管理概论[M]. 北京:机械工业出版社,2007.
[4] 屠梅曾. 项目管理[M]. 上海:格致出版社,2008.
[5] 梅雷迪思,曼特尔著,戚安邦等译. 项目管理:管理新视角[M]. 北京:中国人民大学出版社,2010.
[6] 蒋景楠,陆雷,火方华. 项目管理理论与实务[M]. 上海:华东理工大学出版社,2012.
[7] 张炳达,刘敏. 现代项目管理实务[M]. 上海:立信会计出版社,2007.
[8] 戚安邦. 项目管理学[M]. 北京:科学出版社,2012.
[9] 陈关聚. 项目管理[M]. 北京:中国人民大学出版社,2011.
[10] 刘常宝. 项目管理理论与实务[M]. 北京:机械工业出版社,2012.
[11] 杰弗里·K.宾图著,鲁耀斌,赵玲译. 项目管理[M]. 北京:机械工业出版社,2010.
[12] 杨宝玲,栾志强. 现代项目管理[M]. 北京:中国人民公安大学出版社,2009.

第 2 章
项目启动与评估

本章学习要点：

1. 了解项目启动的程序；

2. 理解项目构思的过程和方法；

3. 掌握需求建议书的概念及内容；

4. 掌握项目的可行性研究的主要内容；

5. 熟悉编制一份完整的可行性研究报告；

6. 理解项目评估的内容、项目评估的方法与程序。

项目管理

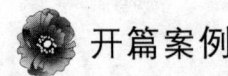 开篇案例

瑞康公司的新型阀门开发计划

瑞康公司是生产用于工业水槽的水阀门的制造型企业,其产品主要用于建筑行业。现在,瑞康公司计划开发一种新型阀门,以进入空间更大、利润更为丰厚的市场。瑞康公司新型阀门计划的目标是设计和生产比竞争对手质量更高、成本更低的新型阀门。

考虑到公司的具体情况,瑞康公司决定实施开发和设计外包,于是它准备了一份需求建议书,包括下列目标和客户需求:

(1)产品目标:创新设计出比竞争对手更好的阀门产品,并在价格上具有竞争力,产品附加值高。

(2)市场需求:①容易安装;②不会堵塞;③操作噪声小;④在压力发生变化时能保持水位;⑤水位容易设定,高度可以调节。

瑞康公司将RFP发给了四家公司,并最终选择了伟邦公司作为产品开发商,其重要的原因是该公司的投标价格最低。伟邦公司的项目申请书主要是由其市场部的人员编写的。该公司在阀门设计方面没有太多的经验。其销售团队把这次中标看作是一个赢得与主要设备供应商合作,获得较大利润的良好机会。市场部根据以前完成项目的计划标准任务和工作包来估计该项目的进度和成本。

伟邦公司设计团队由一个经验丰富的工程师费先生领导,还包括另外两名工程师和两名设计师。费先生在仔细研究了市场和项目计划之后认为,原先对项目的投资估计过低,于是他不得不对项目进度和费用安排进行重新计划。

由于前期工作过于粗糙,在项目实施的过程中不得不多次改变设计思想、工作任务和工期安排。伟邦公司发现,要实现瑞康公司产品开发低成本、高性能的目标实在是太困难了。伟邦公司已经为该项目花费了超过预算四倍的费用,因此不得不要求瑞康公司也追加投资。

此外,该项目进展困难的另外一个原因是两个公司对于原先的交付物存在异议。例如,两家公司对于产品原型的要求和交付时间存在分歧。为了达到瑞康公司对原型的要求,伟邦公司不得不追加时间和经费。交付时间被拖延,伟邦公司不得不交叉工作,在原型还没有完成时就开始准备生产样品了。这样做的结果是完成的原型无法生产,既浪费了金钱,又浪费了时间。

最后,伟邦公司确实完成了一个真正具有创新意义的阀门,但是生产这种产品的成本太高,这使得瑞康公司追加的投资超过预算至少50%以上。

虽然新阀门的研发工作已经完成了90%,瑞康公司还是终止了与伟邦公司的合同,决定自己来完成剩余的10%工作。但是,工作的艰巨是瑞康公司没有想到的:虽然花费的时间和经费是预算的两倍,却仍然没能生产出一个产品出来。因为,即使完成这个产品的开发,由于其高昂的开发和制造成本,产品的价格也绝对没有市场竞争力。

资料来源:张卓.项目管理.北京:科学出版社,2007,51

问题：
1. 这个项目出现了什么问题？其主要的原因是什么？
2. 如果您是瑞康公司的项目发起人，将如何组织这个项目？

2.1 项目构思

2.1.1 需求识别

1. 需求的产生

项目来源于社会经济生活中的各种需求和有待解决的问题。项目绝非是自发产生的，而是受各种需求所驱使的，需求是项目产生的基本前提。

需求是在一定的社会历史条件下，随着经济的发展而必须解决的迫切的问题。人类文明的不断发展史也是人类需求不断发展的历史。随着社会经济的逐步发展，人民生活水平和质量不断提高，人们的需求日益增长，从最初简单的衣食住行逐步发展为现代越来越丰富和多元化的需求。为了满足人们日益增长的各种需求，各种各样的项目便应运而生。

例如，20 世纪 80 年代初，随着我国改革开放和国民经济的发展，人民收入水平大幅提高，人们对日常生活和文化生活的需求逐步增长，大批彩电、电冰箱和洗衣机等家电项目应运而生。随着家用电器的普及和经济的快速发展，我国对电力的需求急剧增长，中央和一些地方政府陆续提出和建成了许多电厂项目，从一定程度上满足了国民生产和人民生活的需要。20 世纪 90 年代，随着我国工业化进程和城市化进程的加快，造成了城市人口的急剧增长，出现了住房紧张、交通拥挤、水源短缺、垃圾积压和污水横流等问题，造成人们的居住和工作环境不断恶化。要改善城市环境，就要实施许多项目，如城市垃圾和污水处理项目、住宅区建设项目、旧城区改造项目、城市轨道交通项目、自来水厂项目等。21 世纪初，我国的经济进入了新的快速增长阶段，能源成为这一阶段制约国民经济发展的"瓶颈"。为此，我国很多地方开发了包括核能、光能、风能、水能、热能在内的多种能源项目，兴建了许多热电厂、水电站、核电站，实施了"西气东输"、电网改造等工程，大大地缓解了能源紧张的矛盾。另外，随着轿车逐步进入寻常百姓家，城市交通面临巨大压力。许多城市实施了包括地下、路缘、高架在内的立体化的交通建设项目，以满足城市交通的需求。可见，任何项目都来自社会经济发展和人民生活的各种需求。

通常，需求可以划分为公共需求和私人需求。前者需要依靠公共项目的投资予以解决，后者则一般由私人主体进行投资加以解决。

(1) 公共需求和公共项目

公共需求是指人们对公共物品的需求，它一般是由政府或社会提供的产品。公共物品具有两个主要特征：非排他性和非竞争性。公共物品的非排他性是指每一个人在使用公共物品时都是一个"免费搭车人"(free-rider)。例如，公共场所的免费电梯、市政公路、免费公园、城市绿化等，谁也无法拒绝消费者的使用和享受。

商品的竞争性与消费商品所增加的成本有关。通常，当人们增加消费一个单位商品时，生产者就需要增加一个单位的成本。但是有的物品不具备这种特性。例如，电视台发布天气预报的成本与观众的多少关系不大。如果在增加消费一个单位商品时社会所需要增加的成本为零，或者每增加一个消费者的消费社会所需要增加的成本为零时，则称该商品为非竞争性商品。

公共项目起源于公共需求。公共项目又称为公共工程或公用事业项目，主要是指由政府为社会、国家和公众利益而投资兴办的非营利性项目，包括交通运输、邮电、水利等生产性基础设施建设项目，教育、科学、卫生、体育、气象等社会性基础设施建设项目，以及城市交通、能源动力、城市绿化等公用事业项目。

随着我国经济的不断发展和社会主义市场经济的逐步建立，人们对公共物品的需求呈现出快速增长的趋势，因而，社会对公共项目的投资力度也日益增长。由于经济体制的改革，公共项目逐步由过去的政府统一投资和管理改变为政府、社会团体、企业乃至私人等多元投资和管理。不过，在对公共项目投资和管理中，政府仍然发挥着主导作用。

(2) 私人需求和私人项目

与公共需求相对应的是私人需求。私人需求的主体主要是个人、家庭、社会团体、组织、企业、事业单位等。在现实社会经济生活中，私人需求大量存在，小到举行一次私人聚会，大到投资一家公司，组建一个企业集团。其目的、规模和成本开支各不相同。一般来说，私人需求通过私人投资项目来满足，而且其产出具有明显的排他性和竞争性。

2. 需求识别

需求的识别是项目生命周期的开始阶段的最初工作(图 2-1)。它从识别需求、问题和机会开始，以需求建议书的发布作为结束的标志。客户识别需求、问题和机会，是为了以更好的方式去设计和实施项目，使自己的期望和目标能以更好的方式来实现。因为只有需求清晰明了，承约商才能准确地把握自己的目的，才能规划出合适的项目，才能最大限度地增加客户的收益，满足客户的需求。

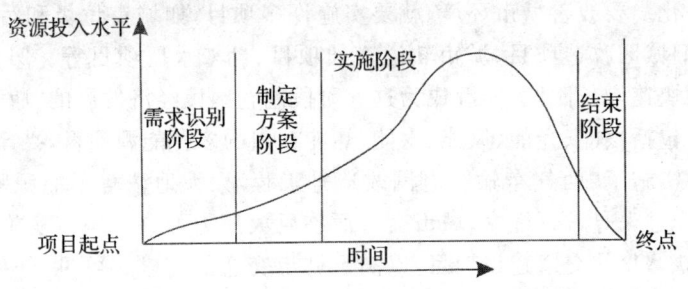

图 2-1 项目生命周期的第一阶段——识别需求

需求识别是一个过程，需求产生之时就是开始识别需求之时。需求识别就是将客户产生的需求概念化、具体化，确定客户到底需要什么样的产品或服务来满足自己，最后用需求建议书表达出来。一般，需求识别包含提出需求、确认需求、表达需求、建立功能要求和确定技术要求等几个阶段。需求的提出最初只是一个模糊的概念，它必须通过收集大量的相关资料，进行调查研究，确定需要的是怎样一个产品或服务，并充分考虑现实的约束和限制。这是一个认识逐步深化和清晰的过程，它开始于业务化和用户化的语言描述，结束于专业化和技术化的需求描述。一旦确定了需求和机会，确定项目将会获得大量的收益，就可以开始准备需求建议书了。

举一个需求识别的典型例子。假如你感到居住多年的房屋已经显得陈旧,希望将房屋重新装修一番,此时你的需求便告产生,但此时的需求尚处于一种模糊的状态,因为能满足这一愿望的还是一个较大的范围,装修的风格有多种多样,所需花费也大相径庭。为此你需要收集相关信息,进行调查研究,并积极同有关的装修公司接触。在这一期间,你可能走亲访友,现场观看他们房子的装修风格和了解他们的费用支出,也有可能调查一下市场,了解有关装修材料的种类和价格,还可能尝试性地与装修公司洽谈,征询他们的意见。总之,你需要做许多工作,以便识别自己的需求,决定意愿的费用支出,确定自己的装修风格和式样。当这些工作结束时,需求产生之时的那种模糊想法已经清晰,你所期望的装修风格或式样已经基本确定。最后,你便可以把自己所确定的想法、要求以及费用支出等明确地写进需求建议书。

需求识别的过程和方法对项目与项目管理是非常重要的。准确识别需求不但可以避免投资的盲目性,而且为承约商准确选择项目奠定了基础。

3. 需求建议书

需求建议书(requirement for payment,RFP)是从客户的角度出发,全面、详细地向承约商或项目团队描述客户已经识别的确定的需求,以及为满足这些需求应做哪些准备工作。首先,必须明确需求建议书是由客户向承约商或项目团队发出的;其次,需求建议书阐明的是为满足客户已经识别的需求所做的工作。一份良好的 RFP 能够让承约商或项目团队完全了解客户的需要,使承约商或项目团队准确把握客户所预期的产品或服务的内容和形式,以及对项目的要求、期望的目标、客户的供应条款、付款方式、契约形式、项目时间等,这样,承约商或项目团队才能根据这份需求建议书进行项目识别、项目构思,编写出一份让顾客满意的项目申请书。

例如,上述房屋装修的例子中,客户仅仅向承约商项目团队提交一份简单的房屋装修的申请是不够的,房屋装修只是客户的一种愿望,并不能使承约商或项目团队清楚地了解客户的具体要求,如客户所希望实现的房屋功能、整体风格等,也不知道客户能够接受的费用预算,这样,承约商或项目团队就不能提供一份详细的项目申请书和项目规划。所以,需求建议书应当尽可能全面、明确和详细。

当然,并不是所有的情况下都要准备一份正式的需求建议书,如单位内部开发项目时。而外部顾客为了向承约商或项目团队准确地表达自己的需求,有必要准备一份详细、全面、准确的需求建议书。一般来说,一份完善的需求建议书应该包含以下的内容:

(1)工作表述。工作表述必须说明项目的工作范围,概括客户要求承约商或项目团队执行的主要任务或工作单元。

(2)要求。客户要求就是客户需要承约商或项目团队通过执行项目能够给自己提供令人满意的交付物。

(3)交付物。对交付物进行详细的说明,包括交付物的大小、数量、颜色、重量、速度等物理参数和操作参数。

(4)提供条款。包括客户向承约商或项目团队提供目前的产品或服务的详细资料,以及在此基础上的统计资料等。

(5)需求方法。承约商或项目团队必须在执行工作以前,获得客户对于实施方式的认同。

(6) 合同类型。合同必须以一个商定的价格,向提供满足需求建议书要求工作的承约商或项目团队付款。

(7) 到期日。规定承约商或项目团队交付项目申请书的最终日期。

(8) 时间进度表。包括客户确定承约商或项目团队的日期、项目完成的期限和所有交付物提供给客户的限期。

(9) 付款方式。规定客户以何种方式付款给承约商或项目团队,如分期付款、一次性付款或其他方式等。

(10) 交付物的评价标准。项目实施的最终目的是使客户满意,因此,客户对交付物的评价标准是需求建议书的重要内容。

(11) 申请内容。承约商或项目团队的项目申请书至少要包括以下的内容:①方法。承约商或项目团队对项目实施的方法进行详细叙述,包括每一个任务及完成的方式的详细描述。②交付物。承约商对要提供的交付物的详细描述。③进度计划。列出条形图或网络图表,列出每周要执行的详细任务的时间表,以便在要求完成日期内能够完成项目。④经验。简要叙述承约商或项目团队近期内所完成的相似的项目,包括客户姓名、地址和电话号码等。⑤人事安排。列出项目组人员的名单和详细的简历,以及在类似项目中的成功经历。⑥成本。说明总的固定成本,并通过详细的工作时间分解和每个被指派于项目的员工的小时成本费用来验证。此外,所有直接费用也应逐条列出。

(12) 投标事项。大型项目的客户大多是采用招标、投标的方式选择承约商。一般是从若干个投标方案或项目申请书中选择适合的,这就需要在需求建议书中说明有关投标、招标的内容,及招标的最后期限等。

(13) 投标方案的评价标准。一般是评价各个承约商的项目申请书,从中选择一家来执行项目。评价项目申请书是以一定的权重与各项指标(如方法、技术力量和技术方案、类似项目经历、成本、进度计划等)的实际评价值相乘求和得出整个申请书的评价成果。

表 2-1 是一份"A 大学教学办公楼建设项目的需求建议书"样本。

表 2-1　A 大学教学办公楼建设项目的需求建议书

需求单位:A 大学向具有建设部建筑一级认证企业的承约商征求教学办公大楼建设。
项目目标:建筑面积 12 000 平方米,高 6 层框架结构的教学办公大楼。
1. 工作表述
　　承约商将执行下列任务:
　　(1) 地基处理;
　　(2) 主体框架工程建设;
　　(3) 建筑设备安装;
　　(4) 装修工程。
2. 要求
　　承约商应根据国家标准建设,负责过类似项目的组织管理工作。
3. 交付物
　　(1) 符合国家建设标准的教学办公大楼;
　　(2) 施工竣工图纸及相关资料;
　　(3) 提供施工计划和施工方案。

续表

4. A 大学提供的条款

A 大学将向承约商提供教学办公大楼的总体设计图及施工图纸。

5. 需求方法

承约商在大楼的施工之前,必须获得 A 大学对施工方案及施工进度安排的认可。

6. 合同类型

合同以一个商定的价格向承约商付款,采用交钥匙工程的管理模式。

7. 到期日

承约商必须最迟在 2013 年 9 月 28 日以前向 A 大学提交 5 份项目申请书备份。

8. 时间表

A 大学希望在 2013 年 12 月 30 日前选中一家承约商。项目需要完成的工期是 12 个月,从 2014 年 1 月 1 日至 12 月 31 日,所有的交付物必须不迟于 2014 年 12 月 31 日提供给 A 大学。

9. 付款方式

当合同签订之后,预付工程总款额的 20%;当项目完成了 1/2 时,再付工程总款额的 40%;当项目完成之后,并经 A 大学验收合格,所有支付物均已移交后,支付剩余的 40% 余款。

10. 申请书内容

承约商的申请至少必须包括如下内容:

(1) 方法。承约商能清晰地理解需求建议书,理解什么是被期望达到的要求;而且要详细描述承约商领导项目的方法,要求对每个任务以及任务如何完成进行详细描述。

(2) 交付物。承约商要提供关于交付物的详细描述。

(3) 进度计划。列出甘特图或网络图表,列出每月要执行的详细任务的时间表,以便在要求的项目完成日期内能够完成项目。

(4) 经验。叙述承约商最近已经执行的项目,包括客户名称、地址和电话号码。

(5) 人事安排。列出将被指定为项目主要负责人的姓名和详细简历,以及他们在类似项目中的成绩。

(6) 成本。必须说明总成本构成,并提供一份项目的预算清单。必须说明总固定成本,并通过一份详细的工作时间分解和每个被指派于项目的员工的小时成本费用来验证。此外,所有的直接费用也应逐项列出。

11. 申请书评价标准

A 大学将按照以下的标准来评价所有承约商的申请书:

(1) 方案(30%)。承约商提出的大楼建设方案。

(2) 经验(30%)。被指定执行此项目的承约商和主要负责人执行类似项目的经验。

(3) 成本(30%)。承约商申请书中所列成本支出的合理性。

(4) 进度计划(10%)。为了要在项目完成之日期内或在此日期之前完成项目,承约商应提供施工计划安排,并进行详细全面的说明。

2.1.2 项目识别

当客户向承约商发送需求建议书之后,项目识别活动就开始了。尽管客户在需求建议书中明确地表达自己的期望,但这种表述仍是一个概念上的目标,而且实现这个目标的途径或方式可能不止一个,即满足客户的特定需求常常可以通过不同的项目来实现。例如,当客户已识别的需求是解决家庭洗浴问题时,承约商可能的备选项目有安装电热水器、安装太阳能装置、安装煤气热水装置等。项目识别就是要从可能的备选项目中选择一个项目来满足已识别的客户需求。

因此,项目识别就是针对客户已识别的需求,承约商从备选的项目方案中选择出一种最能够满足顾客需求的项目的过程。项目识别与需求识别的本质区别在于两种识别的行为主体不同,项目识别的行为主体是承约商或项目团队,需求识别的行为主体是顾客。

在项目识别中,应注意以下问题:

1. 以满足客户需求为目标。承约商或项目团队工作都应以客户为中心,任何项目方案的确定都要以满足客户需求为前提。

2. 充分考虑项目方案的技术经济可行性。一是项目方案在技术上可以达到满足客户需求的目标;二是要满足客户成本预算约束,不能通过增加预算的办法来盲目追求提高效率;三是要注重项目建成后的运行成本,确保经济地满足客户需求。

3. 注重对相关限制条件的识别。项目识别的过程中不仅仅是提出目的和目标,也要对相关的限制条件进行识别。很多项目失败的原因就是因为管理者有意或无意地忽视了这些限制条件。制约因素多种多样,如地理、气候、自然资源、人文环境、政治体制、法律规定、技术能力、人力资源、时间期限等。所有这些都有可能制约和限制项目的实现。脱离制约和限制条件而谈论项目的前景是没有意义的。

在许多情况下,需求识别和项目识别总是相互交融、相互作用的。客户往往在产生需求之初就和承约商接触联系。他们向承约商了解各种可能的备选方案的优点、缺点及技术经济性,逐步完善自己的需求。承约商也需要密切与客户的联系,帮助客户识别需求,同时也使自己能够准确地把握客户的期望,有针对性地提出满足需求的解决方案,从而在众多参与竞争的承约商中脱颖而出。

2.1.3 项目构思

1. 项目构思的含义

项目构思又称为项目创意,是承约商或项目团队为了满足客户的需求,在需求建议书所规定的条件下,为实现客户预定的目标所作的设想。项目构思是一个思维的过程,承约商或项目团队通过该过程对未来项目的目标、功能、范围以及项目涉及的主要因素和大体轮廓进行设想与初步界定。

项目构思又是一个创造性的探索过程,它通过对各种可能的项目方案的调查研究、对比分析、综合判断,提出富有创新性的项目建议。这需要构思者具有像艺术家那样的激情和灵感。比如深圳的"锦绣中华"公园,虽然深圳作为一座新兴城市无法拥有中华五千年璀璨历史和960万平方公里的锦绣河山,但一个公园却可以使深圳居民享受中华的美景,这正是项目构思的魅力。

项目构思是未来项目规划的基础,直接影响到整个项目的成功与否。其中,客户需求是项目构思的源泉,要实现的目标是项目构思的方向,客户满意是项目创新的关键。

一般,项目构思需要考虑的内容包括:项目的投资背景及意义,项目投资方向和目标,项目投资的功能及价值,项目的市场前景及开发的潜力,项目建设环境和辅助配套条件,项目的成本及资源约束,项目所涉及的技术和工艺,项目资金的筹措及调配计划,项目运营后预期的经济效益,项目运营后社会、经济、环境的整体效益,项目投资的风险及化解方法,项目的实施及其管理等。

2. 项目构思的过程

一个令客户满意的项目构思不是一蹴而就的,而是一个逐渐发展和完善的思维过程。一般,项目构思分为三个阶段,即准备阶段、酝酿阶段和完善阶段。

(1) 准备阶段

项目构思的准备阶段就是对项目构思进行一系列的准备工作的时期,一般包括四个方面的具体内容:一是确定项目构思的性质和范围;二是通过详细的调查,收集项目构思所需的资料和信息;三是对于收集来的资料和信息进行初步的整理工作;四是研究资料和信息,通过分类、组合、演绎、归纳、分析等多种方法,从所收集的资料和信息中找出有用的信息资源。

(2) 酝酿阶段

项目构思的酝酿阶段一般包括潜伏过程、创意出现、构思诞生三个过程。潜伏过程就是把所获得的资料和信息与需要进行构思的项目联系起来,进行全面系统的比较分析。创意出现就是在大量的思维过程中产生与项目相关的一些独特新意,它是构思的雏形阶段,是不完全、不成熟或不全面的想法或构思。它也可以看作是以大脑中的信息、知识和智力为基础,通过综合、类比、借鉴、推理而得出某些想法和构思的逻辑思维过程。只不过在这一逻辑思维中,有关项目构思的某些细节还不十分清晰,有时有关项目的一些想法或构思只是灵机一闪,往往不能被人的意识所捕捉。因此,创意出现是项目构思者有意识活动中逻辑思维和非逻辑思维的一种结果。构思诞生就是通过多次、多种创意的出现和反复思考形成了项目的初步轮廓,并用语言、文字、图形等可记录的方式明确表现出来的结果。酝酿阶段是进一步进行项目构思的切入点,也是整个项目规划的基础。在这一阶段能否捕捉到思维过程中随机出现的独特创意是非常重要的,因为这个独特的创意往往会成为决定整个项目的未来蓝图的关键。

(3) 完善阶段

项目构思的完善阶段就是从项目构思诞生到项目构思完善的过程,包括发展、评估、定型三个阶段。发展是对诞生的构思进行进一步分析和设计,对构思的内涵和外延进行进一步补充和完善的活动。评估是对诞生的项目构思进行分析评价或者是对多个构思方案进行比较筛选的活动。定型是在发展和评估的基础上对项目构思做进一步的调查、分析和研究,看其是否使客户满意,是否符合实际情况,是否能获得预期的经济效益,资源是否充足,成本是否合理,并在此基础上,把项目的构思具体细化为可操作的项目方案。在项目构思完善的过程中,问题被逐一解决,缺陷被逐步改进,直到产生令人满意的项目方案为止。

项目构思所包含的以上三个阶段,是一个渐进的、环环相扣的发展过程。为了达到预定的目标,每一个阶段都要认真对待、扎实工作,才能为一个卓越的项目奠定坚实基础。

3. 项目构思的方法

项目构思是一种创造性的思维活动,没有固定的方法、模式可循,需要针对具体的项目进行具体的分析,从而产生特有的构思。项目管理者们经过长期的实践总结出以下常用的方法可供借鉴。

(1) 项目混合法

项目混合法分为两种形式,一种是项目组合法,另一种是项目复合法。项目组合法就是把两个或两个以上的项目相加,形成新的项目。这是项目构思常采用的一种最简单的方法。项目复合法就是将两个或两个以上的项目,根据需求复合成一个新的项目。项目组合法与项目复合法的不同之处如表 2-2 所示。

表 2-2　项目组合法与项目复合法的区别

方法	特点	举例
项目组合法	组合后的项目仍然基本保留原有项目各自的性质	组合家具、组合音箱、组合机床等不改变原先单独各自的性质,只是将其简单组合,产生功能更为完善、具有更大价值的新产品
项目复合法	复合的后的项目变成与原项目性质完全不同的新项目	高效复合化肥,它改变原有化肥的物理化学性质,成为一种新的化肥

（2）比较分析法

比较分析法是通过对已经掌握或熟悉的项目(既可以是成功的项目也可以是失败的项目)进行横向或纵向的比较分析,从而发现新的项目投资机会。这种方法需要对项目进行内涵和外延的深入思考和研究,因而需要掌握大量的信息和资料,同时还需要项目策划者具有一定的思维深度,因此这种方法比组合法和复合法要复杂。

例如,在某地一条热闹的商业街上,一家餐饮集团发现该街道上没有几家餐厅,而且这些餐厅的收益都不是太理想。经过详细分析每家餐厅的食物质量、进货渠道、价格定位、就餐环境、经营管理状况等情况,这家餐饮集团发现,这几家餐厅有的是食物质量不理想,有的是进货成本过高,有的是价格定位不合理,有的就餐环境不理想,有的服务质量较差,有的促销宣传不够,有的内部管理混乱,导致各家餐厅的效益不理想。但只要针对上述问题进行改进,并做到经营有特色,发挥规模效益,就可能取得理想的收益。于是,该集团公司把这条街上所有的餐厅都承租下来,经过半年的调整运作,已大有改善,如今这条街道已成为当地一个著名的商贸、餐饮中心。

（3）集体创造法

集体创造法,顾名思义就是集思广益,通过集体的力量共同创造。一个成功的项目构思所涉及的问题、因素、领域众多,需要大量的信息、丰富的知识和多层次的思维。光靠个人往往是很难完成一个项目的构思的,只有发挥集体的力量,共同创造,取长补短,相互激发,才能获得完善的项目构思方案。集体创造法一般有以下四种方法：

①头脑风暴法。头脑风暴法是一种多人集思广益的创造构思方法,一般需要召集较多的人,分成小组,一组以 6～12 人为佳,进行开放式的讨论与畅谈。讨论与畅谈需要遵循以下两个原则：一是自由表达,禁止评论,即参与者应畅所欲言地表达自己的想法,其他人不得打断,并暂时不做出任何评价；二是归纳总结,综合评价,即对各人提出的大量想法和设想进行认真的归纳和总结,从中找出有价值和新颖的构思,并通过综合评价找出最有价值和最切合实际的构思。

②逆向头脑风暴法。逆向头脑风暴法是假设已有的构思不是最理想的方案,存在着或多或少、这方面和那方面的缺陷,需要加以改善。这种方法是针对构思中的不足加以讨论、

解决,不是进行新的项目构思,常用于项目构思方案的调整、修正和完善。

③多学科法。多学科法根据构思项目的性质和特征,选择相关各学科的专家来进行共同的研究和讨论。由于一些大中型项目的技术性很强,涉及领域较多,在项目的构思阶段就有必要组织多学科的专家共同研究,才能顾及项目所涵盖的方方面面,做到取长补短、尽善尽美。一般,与项目相关的专家包含各专业的技术专家、营销专家、投资分析专家、金融专家、环保专家、投资决策者、执行经理人、行业负责人等,同时必须请外部的专家担任小组的组长,负责归纳整理小组成员的意见,并进行总结,提出建设性意见等。

④集体问卷法。集体问卷法是以问卷的形式,让每一位参与者解答项目构思相关的主要问题,提出自己的看法、设想,并且在一定时间内将问卷收回,进行统一的整理、归纳和总结,再提交集体讨论会做进一步的研究、讨论、比较和筛选,并最终形成一致的项目构思。

(4)创新法

在以上几种较为传统的方法的基础上,人们又研究出以下几种项目构思的新方法:

①信息整合法。信息整合法是将所有能够获得的信息进行整理后,把不同性质的信息进行穿插、整合,创造出新的构思。如同边缘动物、植物杂交,会培育出优良的下一代一样,信息交融也会得到令人意外的构思效果。例如,某企业掌握了人们日益注意自身保健和食品需求不断增加的两种信息,并将这两种不同信息进行整合后,研制出一种具有医药疗效的食品,推向市场后备受消费者的欢迎。

②逆向创新法。逆向创新法,顾名思义,就是反"顺向思维"其道而行之,具有其独特性,往往能够获得独特的效果。例如,商品的传统定价方法是以质定价,有一家企业生产出口羊毛衫,质量不错但价格低廉,销路却不好,原因在于一种"便宜无好货"的思维定式。于是该企业采取逆向定价的开发方针,先定较高的价,再设法去开发与价格相匹配的高质量产品,结果销路大增,取得了良好的经济效益。

③发散创新法。发散创新法是从某一研究和思考的对象出发,充分展开想象思维,从一点联想到多点,在对比联想、接近联想和相似联想的广阔领域中充分扩展思维,从而形成项目构思的扇形格式,产生由此及彼的多项创新思维。例如,美国纽约港口的自由女神像翻新时形成了约 200 吨废料,有人从综合利用出发联想到多种废物利用的途径,巧妙地将废铜皮铸成纪念币,把废铅、废铝做成纪念尺,把水泥碎块、朽木装进透明小盒作为纪念品供人选购,从而变废为宝,从一堆垃圾中获得了良好的经济效益。这就是发散创新法带来的创新效果。

2.1.4 项目选定

项目选定就是从已形成的备选项目方案中选择投入少、收益大,并且切实可行的、最能够满足客户需要的方案。评价项目方案的标准主要有成本、收益、风险、时间、可行性和客户满意度等。项目选定包括机会研究、项目选择和完成项目申请书等工作。

1. 机会研究

项目选定是项目可行性研究的过程。可行性研究是指根据目前的个人、组织和社会的状况与能力,对拟实施项目在满足需求上是否有效(适用性)、技术上是否可行(可能性、先进性、风险性)、经济上是否有利可图(合理性、盈利性)所进行的综合分析和全面科学评价的技术经济研究活动。在可行性研究中,市场需求是基础,实现技术是手段,经济效益是核心。

可行性研究一般分为机会研究、初步可行性研究、详细可行性研究、最后决策和评价报告等阶段。机会研究是可行性研究的第一步,通常发生在项目识别和构思阶段。它通过对自然资源、社会和市场的调查和预测来确定项目,选择最有利的项目投资机会。

机会研究可以分为一般机会研究和项目机会研究。一般机会研究主要包括地区研究(人口、地理、政治、经济、自然环境等)、行业研究(生产力布局、供需关系、主要竞争者等)和资源研究(储备、分布和限制条件等),目的是识别投资机会,把握投资方向。项目机会研究则侧重对特定项目的市场需求、外部环境(国家政策、产业竞争结构等)和项目承办者的优劣势进行分析,最终确定最佳的投资项目方案。

可行性研究可以由项目识别者自己实施,也可以委托他人或者两方各做一部分来完成。

2. 项目选择

社会的某种需求可以由多种不同的项目来满足。例如,解决城市交通拥挤的问题可以通过扩建道路、发展地铁和建设高架轨道交通等项目来完成。另外,当个人或组织识别了多个项目而可以利用的资源又有限时,必须要对拟实施的项目及其方案进行选择。

项目选择要综合考虑政治、经济、文化、环境、技术、财务、物资、人力资源、组织结构和风俗等多种因素,权衡必要和可能两个方面,对备选的项目进行筛选。应尽可能地选择那些投入小、收益大的项目进行进一步的研究,进而付诸实践,筛选掉那些希望不大或效益低下的项目,避免在以后阶段的大量人力和财力的浪费。

比如,一家制造企业可以借助评估、选择技术,确定在部件组装流程中使用哪一种设备;电视台可以选择在每周日晚八点播放哪一部连续剧;建筑公司可以在一组投标项目中做最佳的选择;医院可以为新建的就诊楼确定精神病科、整形外科、产科和其他科室床位的最佳分布组合等。

3. 项目申请书

在仔细研究需求建议书、进行项目识别并选定项目方案之后,承约商需要对是否投标进行选择。选择时应充分考虑项目与本企业任务的一致性、扩展业务的机会、面临的竞争与风险、各种资源的可得性和客户的声誉等因素。如果决定投标,则需要精心准备一份项目申请书。

项目申请书在招标条件下又称为投标书,它是一份向客户宣传自己能胜任项目的营销性文件。因此,准备一份富有竞争力的项目申请书的要点是:准确理解和把握客户的需求,能执行所申请的项目,证明自己是最佳承约商,能在规定的预算和进度计划约束下完成项目,能使客户的价值最大化,让客户满意。

项目申请书一般包含三部分的内容,即技术、管理和成本。如果是一份复杂的项目申请书,这三个部分可能独立成册。

(1)技术部分。技术部分的目的是使客户认识到承约商理解需求或问题,并能够提供风险最低且收益最大的解决方案。该部分的内容应包括:理解需求或问题,提出方法或解决方案以及客户收益等。

(2)管理部分。管理部分的目的是使客户确信承约商能够很好地完成项目所提出的任务,并获得预期的效果。该部分的内容应包括工作任务描述、交付物、项目进度计划、项目组织、相关经验、设备和工具等。

(3)成本部分。成本部分的目的是使客户确信承约商提出的项目价格是现实的、合理的。一般,项目的成本要素包括劳动力成本、原材料成本、分包商和顾问费用、设备设施租金、差旅费、文件费用、企业管理费、物价上涨、意外开支准备金、赏金或利润等。承约商在确定项目定价时既要充分考虑成本预算的可信度和可能面临的风险,又要考虑客户的预算和可能面临的价格竞争。

2.2 项目启动

承约商中标之后,客户的需求已由一个"模糊"的目标变成一个具体的可以执行的项目方案,即一个清晰的既定目标,剩下的工作就是如何通过项目规划、项目执行来实现这个既定目标。在这之前还需要做如下的准备工作,以便将项目真正启动起来。

2.2.1 项目发起

项目选定之后,还要有一个发起过程,才能使项目正式行动起来。所谓项目发起,就是让项目利益相关方认识项目的必要性,使其根据自己的义务投入人力、物力、财力等。一般,项目发起过程本身也需要投入各种资源。

通常,充当项目发起人的是项目客户或承约商,也可以是其他项目利益相关者。项目发起人可以来自政府或民间。例如,长江三峡水利枢纽工程的发起人是国务院,京九铁路的发起人是铁道部,而北京恒基中心房地产开发项目的发起人是香港恒基集团。

在许多情况下,项目发起人并不自己实施项目,而是将其委托给他人。这时候项目发起人就是项目委托人,即把项目交给项目管理团队的个人或组织。项目委托人可以来自项目所在组织的内部,也可以来自外部。

有时一些小型项目,特别是民间项目,没有正式的、单独的发起过程。例如,民营企业内部职工自发组成产品开发小组进行新产品研制项目或工艺改进项目等,一般没有正式的发起过程。

现代的一些项目,特别是一些建设项目,技术复杂,项目周期长,需要巨额的资金和大量的人力物力,单靠项目发起单位一家之力是无法完成的。此时,项目发起单位必须宣传、说服和动员社会上的有关力量,包括政府等,给予支持。在发起一个项目,寻求他人支持时,通常要有书面材料交给潜在的支持者或参与者,使其明白项目的必要性和可能性。这种书面材料称为项目发起文件。

2.2.2 项目核准和立项

一般,小型项目,特别是私人项目,只要合法、可行,不必经过有关部门的批准就可以实施,但是对于一些大型项目,特别是需要由政府投资的公益性项目和基础性项目,还需要申报到有关部门进行审查、批准之后才能启动。这种由项目实施组织最高决策者或主管部门正式承认项目的必要性,并把完成项目所需的全部权力交给项目管理团队的过程称为项核准。

当项目的实施关系到当地或整个国民经济和社会发展时,还需要上报到相应各级政府的发展与改革委员会审批,重大项目需要报国务院审批,通过之后列入当地或国家的社会经济发展规划或基本建设规划。上述这一过程称为项目立项。

2.2.3 项目启动

1. 项目启动条件

项目启动就是项目经理组建项目团队,并开始执行项目具体工作的过程。项目启动应至少满足以下条件:

(1)项目进行了充分的可行性研究,并且结果表明项目可行;
(2)项目申请书得到了上级有关部门的核准;
(3)资源配置基本就绪。

2. 项目启动过程

(1)项目启动过程的目标

①在已确认的项目范围边界上明确项目的整体框架;
②成立项目的临时性组织,并将其融入项目所在单位;
③形成项目的决策机制;
④建立项目的沟通机制(包括项目与单位、项目之间、项目和环境等);
⑤形成管理项目复杂性和动态性的合适计划;
⑥逐步形成项目的特定文化。

(2)项目启动过程

正式的项目启动过程如表 2-3 所示。

表 2-3 项目启动过程和职责分配

活动 \ 职责	项目业主/内部发起人	项目经理	项目核心团队	项目团队	项目团队成员	项目顾问	外部利益相关者	项目文件
1. 计划项目启动								
任命项目经理和选择项目核心团队	R							
检查项目任务和项目前阶段结果		R						
选择交流方式		R						
选择项目组成员		R						
确定项目文件方法和形式		R						
接受项目任务	C	R						(1)
2. 准备项目启动								

续表

职责＼活动	项目业主／内部发起人	项目经理	项目核心团队	项目团队	项目团队成员	项目顾问	外部利益相关者	项目文件
雇用项目顾问(可选)			R					
准备项目启动的交流活动			R			C		
邀请参加者		R						
获得项目建设许可证	C		R			C		
制定项目启动计划、组织和宣传草案			R	C		C	C	
完成项目启动的交流文件			R			C	C	
3. 实施项目启动								
分发项目启动文件		R						
实施项目启动文件	C					C	C	
签发项目启动文件	R	C						
4. 项目启动后续工作								
完成项目启动过程文件			R			C		
与项目业主签署有关协议	C	R						(2)
项目营销和宣传	C				R	C		
分发项目管理文件	C	R					C	

注：R——负责人；C——合作者。
(1) 项目经理接受项目发起人的任务。
(2) 就项目管理文件和项目启动与项目发起人达成一致。

可见，项目启动过程分为四个阶段：计划、准备、实施和后续阶段。

计划阶段的核心工作是任命项目经理和项目核心团队。一般，项目经理在接受委托或委任时，需要明确四件事情，即资金、权限、要求和时间。在资金方面，就是要明确委托人有无足够的资金用于项目，并支付项目经理和项目团队成员的工资；在权限方面，就是查明委托人有无足够的权限保证项目顺利进行，以及委托人授予自己的权限是否能够保证项目的顺利实施；在要求方面，就是要明确委托人对项目、项目经理和项目团队的要求；在时间方面，就是要正式确定项目的启动时间和完成时间，以及在时间上的奖惩措施。如果项目委托人或发起人无法就上述问题做出明确的回答，则不要急着接受委托。如果是项目经理和项目管理班子自己选定和发起的项目，项目经理也应明确和落实资金、权限、要求和时间。一般，任何项目均应当尽可能早地选定项目经理，并将其委派到项目上去。

准备阶段的核心任务是获得项目建设的许可证书。项目许可证书就是正式承认项目的文件。该文件通常由项目实施组织的高层管理者或者项目的主管部门颁发。项目许可证书颁发者的地位视项目的具体情况而定。项目许可证书赋予了项目经理或项目管理班子将资源用于项目活动的权力。

实施阶段的核心是项目启动的交流和信息的发布。该阶段应把项目启动的信息有效地发布给项目的利益相关者,并对项目的实施进行有效的沟通。同时,项目团队,特别是项目核心团队对项目的宗旨、基本目标、初步安排要做到心中有数,明确自己的具体职责。有时,一些项目还需要有一个正式的项目启动仪式,让公众了解到项目的正式开始。只有项目正式启动,有关项目的账户才正式启用,一切与项目有关的资源调配才合法有效。

项目启动的后续工作是指项目启动后紧接着需要开展的工作,其核心是完成所有与项目启动有关文件资料的整理;与项目发起人签署有关项目运作的文件,获得承诺的授权;颁布项目管理文件,如项目管理手册等。有时,一些项目还需要进行广泛的宣传和营销,以便项目利益相关者及时了解项目的意义和进展。

2.2.4 明确项目要求

项目有多个方面,如范围、费用、时间、质量、风险、人力资源、沟通、采购等,可以把这些不确定的方面称为项目变数、项目变量或项目参数。

项目经理在接受委托之后,准备启动项目之前,必须弄清项目委托人对各项目变数的要求。项目发起人或委托人对项目的许多方面往往并不清楚,比如,要达到什么目标、需要投入多少资源、要求在什么时候完成、要求达到什么样的质量,一般只有一个模糊的概念。如果项目发起人或委托人由多人或多个组织构成,问题可能更加严重。他们对于项目的目的、内容、范围和行动方案的认识在大多数情况下并不一致,各有各的想法,各有各的期望,而这些想法和期望常常是彼此冲突、相互矛盾。因此,项目经理的一项重要工作就是要负责统一各方的认识。只有在项目各相关方的认识和意见基本统一的前提下,项目才能启动。如果各方的意见无法统一而勉强启动项目,必然会给项目后期工作带来巨大的麻烦,项目失败的可能性会因此而增大。

要为项目以后的进展铺平道路,项目团队在项目启动前,一定要进行下面的工作:

(1)项目经理和项目管理班子必须花费足够的时间对项目进行研究、讨论和分析。必要时,还要研究以前类似的项目是怎样组织的,采取了什么样的做法。也要研究过去的哪些经验可以用于进行本项目的规划过程。对项目进行研究、讨论和分析的目的就是保证项目沿着正确的方向前进,不走弯路、错路。

(2)如果在研究、讨论和分析项目之后,认为已经明确了项目大局,制一份"项目界定"文件,初步明确项目的内容和范围。项目界定可以在项目以后的进展过程中随着对项目认识的深入、获得越来越多的资料数据以及经验进行补充和修改。详细的项目界定一般在项目的范围规划时进行。

(3)在项目界定的基础上说明项目要取得什么样的最终结果,实现什么样的目标。

(4)将项目的最终结果区分为哪些是必须取得的,哪些是最好能够取得的。只有实现了必须要实现的目标,项目才能算是成功。最好能够实现的目标若实现不了,不会影响项目的成功;如果实现了,则是锦上添花。

(5)目标确定之后,就要制定实现目标的手段和行动路线或策略。一定要针对项目的具体情况提出实现项目目标的策略。制定策略,也要调动项目管理班子全体成员,以及其他有关人员的积极性,充分利用他们的智慧。在这方面,也可以使用上面介绍过的头脑风暴法等。

(6)策略提出之后,要经过评价。评价项目策略的准则应当是现实、可行,反映出项目的终极目标。通过评价选取最优或满意的行动路线,即项目策略。

2.2.5 项目管理手册

在项目启动阶段,确定项目管理的各个事项对于今后项目各项活动的有序开展是非常重要的。通常,可以用项目管理手册(表2-4)来规范项目管理的各项工作。

表 2-4 项目管理手册

项目管理手册目录
1. 项目合作
1.1 应该做的事项列表
2. 项目启动
2.1 项目组织和文化
2.1.1 项目任务
2.1.2 项目沟通机制
2.1.3 项目职责分配矩阵
2.2 项目状况
2.2.1 项目前和项目后阶段
2.2.2 项目环境图
2.2.3 项目环境关系
2.2.4 项目营销和宣传
2.3 项目规划
2.3.1 项目目标
2.3.2 项目工作规范
2.3.3 项目里程碑
2.3.4 项目进度计划
2.3.5 项目费用计划
2.3.6 项目人力资源
2.4 项目风险分析
2.4.1 项目风险分析
2.4.2 项目方案
2.4.3 项目备选计划
3. 项目控制
3.1 项目进展报告
3.2 项目控制会议
4. 项目结束或终止
4.1 项目结束报告
4.2 项目终止报告

2.3 项目可行性研究

2.3.1 可行性研究概述

1. 可行性研究的含义

可行性研究是在投资项目拟建之前,通过对与项目有关的市场、资源、工程技术、经济和社会等方面的问题进行全面分析、论证和评价,从而确定项目是否可行或选择最佳实施方案的一项工作。可行性研究在国外已被广泛采用,其理论和方法也日臻完善,我国于20世纪70年代末期到80年代初,摒弃了前苏联的技术经济分析方法,在投资项目决策中引入西方的可行性研究方法。

2. 可行性研究的阶段划分

国外大型投资项目的可行性研究一般包括投资机会研究、初步可行性研究和详细可行性研究三个阶段,只是在提法上有一定的区别,并没有实质的不同。下面介绍的是经济发达国家可行性研究的阶段划分。

(1) 投资机会研究阶段

投资机会研究亦称投资鉴定,亦即寻求最佳投资机会的活动。投资机会研究可分为一般机会研究和具体机会研究。一般机会研究又可划分为三种:一是地区研究,旨在通过研究某一地区自然地理状况、在国民经济体系中的地位以及自身的优劣势来寻求投资机会;二是部门(或行业)研究,旨在分析某一部门(行业)由于技术进步、国内外市场变化而出现的新的发展和投资机会;三是以资源为基础的研究,旨在分析由于自然资源的开发和综合利用而出现的投资机会。在进行一般机会研究时,可参考国内外同类项目、同类地区和同类投资环境的成功案例。在发展中国家,一般机会研究通常由政府部门或专门机构进行,作为中央政府制定国民经济长远发展规划的依据。

根据一般机会研究的结论,当某项目具有投资条件时,就可进行具体机会研究,即具体研究某一项目得以成立的可能性,将项目设想转变为投资建议。

机会研究是可行性研究的第一阶段,如果机会研究的结论表明投资项目是可行的,则可进入下一阶段进行更深一步的研究。机会研究是比较粗略的,投资费用和生产成本一般根据同类项目加以推算,误差要求一般约为±30%,研究费用一般约占总投资额的0.2%~1.0%,时间一般为1~3个月。

(2) 初步可行性研究阶段

初步可行性研究亦称预可行性研究,是指在机会研究的基础上,对项目可行与否所作的较为详细的分析论证。初步可行性研究是介于机会研究与详细可行性研究之间的一个中间阶段,起着承上启下的作用。对于大型复杂项目而言,是一个不可缺少的阶段。一般来讲,详细可行性研究需要收集大量的基础资料,花费较长的时间,支出较多的费用,因此,在此之前进行项目初步可行性研究是十分必要和科学的。初步可行性研究与详细可行性研究相比,除研究的深度与准确度有差异外,其内容是大致相同的。初步可行性研究得出的投资额误差要求一般约为±20%,研究费用一般约占总投资额的0.25%~1.5%,时间一般为4~6

个月。

(3) 详细可行性研究阶段

详细可行性研究亦称为最终可行性研究,它是投资决策的重要阶段。在该阶段,要全面分析项目的全部组成部分和可能遇到的各种问题,并最终形成可行性研究的书面成果——《可行性研究报告》。详细可行性研究得出的投资额误差要求一般约为±10%,研究费用一般占总投资额的1.0%~3.0%(小型项目)或0.2%~1.0%(大型项目),时间一般为8~10个月或更长。

此外,对某些特定的大型的复杂项目,还要进行辅助研究。辅助研究亦称为功能研究,是指对项目某一个或几个方面的关键问题进行的专门研究。辅助研究并不是一个独立的阶段,而是作为初步可行性研究和详细可行性研究的一部分。辅助研究一般包括以下几类:产品市场研究;原材料和其他投入物研究;实验室和中间试验研究;厂址选择研究;规模经济研究;设备选择研究等。

3. 可行性研究的原则

(1) 科学性原则

这是可行性研究工作必须遵循的最基本的原则。遵循这一原则,要做到:

①树立科学的态度。要按客观规律办事,不能凭主观臆断,也不能盲目听从长官意志。

②运用科学的方法。运用科学方法研究项目的各个因素,包括科学的信息收集、分析和鉴别技术,以确保它们真实和可靠;科学的分析、比较和决策技术,要求每一项技术与经济的决定要有科学的依据,是经过认真的分析、计算而得出的。

(2) 客观性原则

就是要坚持从实际出发、实事求是的原则。任何项目的可行性研究都应根据项目要求与具体条件进行分析论证而得出可行或不可行的结论。

①正确认识项目的各种建设条件。项目条件是一种客观存在,研究工作应该从实际出发,尽量排除主观臆断。

②实事求是地运用客观的资料做出符合科学的决定和结论。

③可行性研究报告和结论必须符合客观逻辑,不能掺杂任何主观成分。

(3) 公正性原则

可行性研究应站在公正的立场上,不偏不倚。既不能根据可行性论证委托单位要求对项目做出不符合实际的评价,也不能唯长官意志办事,有意弄虚作假。应该把国家和人民的利益放在首位,综合考虑项目利益相关者的各方利益,不存偏私之心,不为利益或压力所动。实际上,只要能够坚持科学性与客观性原则,就能够保证可行性研究工作的正确和公正,为项目的投资决策提供可靠的依据。

4. 可行性研究的作用

可行性研究的最终成果是可行性研究报告,它是投资者在前期准备工作阶段的纲领性文件,是进行其他各项投资准备工作的主要依据。对投资者而言,可行性研究有如下作用。

(1) 为投资者进行投资决策提供依据

进行可行性研究是投资者在投资前期的重要工作,投资者需要委托有资历的、有信誉的投资咨询机构,在充分调研和分析论证的基础上,编制可行性研究报告,并以可行性研究的结论作为其投资决策的主要依据。

(2) 为投资项目贷款提供依据

无论是国外，还是国内的银行和其他金融机构在受理项目贷款申请时，首先要求申请者提供可行性研究报告，然后对其进行全面细致的审查和分析论证，在此基础上编制项目评估报告，评估报告的结论是银行确定贷款与否的重要依据。世界银行等国际金融机构也都将提交可行性研究报告作为申请贷款的先决条件。

(3) 为商务谈判和签订有关合同或协议提供依据

有些项目可能需要引进技术和进口设备，如与外商谈判时，要以可行性研究报告的有关内容（如设备选型、生产能力、技术先进程度等）为依据。在可行性研究报告批准之后才能与外商签约。在项目实施与投入运营之后，需要供电、供水、供气、通信和原材料等单位或部门协作配套，因此，要根据可行性研究报告的有关内容与这些单位或部门签订有关协议或合同。

(4) 为投资企业上市提供依据

一般来讲，企业发展到一定阶段都有上市、在资本市场融资的要求，而在上市时，都会包含一些投资项目。按我国有关政府职能部门的要求，这些投资项目都要进行可行性研究，并且要经过审批。因此说，可行性研究可以为投资企业上市提供依据。

(5) 为工程设计提供依据

在可行性研究报告中，对项目的产品方案、建设规模、厂址选择、生产工艺、设备选型等都进行了方案比较和论证，廓定了最优方案。在可行性研究报告获得批准之后，可依据可行性研究报告进行工程设计。

此外，可行性研究报告还可为寻求合作者、安排设备订货、施工准备、机构设置和人员培训等提供依据。

2.3.2 可行性研究的产生与发展

可行性研究的英文是 feasibility study。可行性研究实践萌芽于原始社会。据说当时的氏族议事会最初就是进行这方面研究的机构。希腊人的氏族议事会由各氏族的首长组成，讨论一切与氏族有关的问题，对一切重要问题做出决定，如宣布战争、可否将异族人收入本氏族作为养子等决议。最早的可行性研究是从这些事情开始的。到了原始社会末期即公元前3世纪，在古罗马社会诞生了一个协助决策者的研究机构——元老院，是现代专门为决策者服务的咨询研究、顾问机构的雏形。

封建社会由于经济落后，可行性研究发展缓慢。直至封建社会解体，资本主义逐步建立起来之后，经济技术有了很大发展，决策过程中的随机因素增多，对一些复杂的经济、技术、军事问题决策难度越来越大，在世界上许多国家都出现了一些专门辅助中、高级领导人决策的个人或机构，研究范围逐渐扩大到了工业、农业、交通、建筑等各个方面，形成了各个专业的可行性研究。

20世纪30年代，美国在开发田纳西河流域时，出现了把资金投向哪里才能获取最大利润的问题：是开矿、办农场，还是开工厂？开什么工厂？当时，投资者聘请一些专家进行调查和论证，初步形成可行性研究一套方法，并在应用中取得显著成效。

在西方国家，选择投资目标是个非常重大的问题，而且带有很大风险。投资成功能赚大钱，投资失败则可能破产。因此，投资者对投资决策的正确与否是非常重视的。当可行性研究活动发展到一定阶段时,人们开始总结可行性研究实践的经验,逐渐形成了比较系统的工业可行性研究理论知识,这就是可行性研究学的起源。到现在,已有100多年的历史。

在可行性研究学说史上,法国工程师让尔·杜比的贡献值得一提。他把经济分析思想应用到公用项目评价中,从而开辟了可行性研究学的新领域。他在《公共工程效用评价》这篇文章里,针对用财务分析方法不能正确地评价公共事业项目对全社会的贡献,提出了"消费者剩余"的思想。这种思想的提出引起了许多人的兴趣,英国经济学家马歇尔从多方面加以研究,给出了"消费者剩余"的确切概念。这种思想被发展为社会净收益的概念,成为经济分析的基础。西方项目经济分析思想也就始于这个时期。

另一个有名人物是1958年诺贝尔经济学奖获得者、荷兰计量经济学家丁伯根(Jan Tinbergen),他首次提出了在经济分析中使用影子价格(或计算价格)的理论,对经济分析理论的完善作出了贡献。由于影子价格的计算过于繁杂,因而又得到了牛津大学福利经济学家利特尔和经济数学教授米尔里斯的进一步研究。1968年,他们合写了《发展中国家工业项目分析手册》一书,这本书对在项目经济分析中最为棘手的修正价格问题做了详尽的讨论,使影子价格的计算简单化了。特别是在对外贸易发达的国家中,只需对少数几种不可贸易货物的国内价格进行修正即可。

第二次世界大战以后,可行性研究得到迅速发展。特别是20世纪60年代以来,电子计算机的发展和各种经济数学方法的广泛应用,使可行性研究又有了新的发展,现在已被世界各国所普遍采用。

尽管不同地区和国家的叫法不同,但内容和方法基本是一致的。西方国家普遍称为可行性研究。

世界银行和联合国工业发展组织对可行性研究学的实际应用和理论发展起到了巨大作用。为了鼓励在发展中国家推广应用可行性研究,世界银行和联合国工业发展组织编写过不少有关工业项目可行性研究的著作,如1978年联合国工业发展组织(UNIDO)出版了《工业可行性研究编制手册》,对可行性研究的步骤、内容和方法都作了比较详细的论述。1980年,该组织又编写了《工业项目评价手册》一书。这两本书力图使可行性研究和项目评价工作科学化、规范化。可行性研究虽然产生在资本主义国家,但是,由于它运用了现代经济科学和技术科学的最新成就,并且总结了大量投资项目的经验教训,因而能较好地反映项目建设的客观规律,从研究的广度和深度上,从内容到方法上都有很强的科学性。

2.3.3 可行性研究的内容

1. 市场分析研究

市场分析和市场预测是项目可行性研究的基础,社会对项目产出物的需求预测结果将直接影响到项目可行性研究的结论。一个项目是否可行,除其他诸如技术、供应物、环境等因素外,主要取决于预计的项目的销售额或收入。市场分析包括市场调查研究和市场预测两个方面:

(1)市场调查研究

①拟建项目产出物用途调查;

②同类产品现有生产能力调查,包括主要竞争对手的生产能力、规模和实力;

③替代产品调查;

④产品价格调查；

⑤国外市场调查。

(2) 市场预测

在市场和需求分析中，对未来市场的需求作预测是最为关键也是最为困难的，如果项目的信息有限的话，要误差很小地预测出未来市场对项目产出物的需求更是一件不容易的事。一般市场预测包括：

①对某一种或几种产品的潜在需求的预测；

②对潜在供应的估计；

③对拟议项目可能达到的市场渗透程度的估计；

④某段时期内潜在需求的特性和变化趋势的预测。

(3) 进行市场分析的基本步骤

①确定、收集并分析关于当前消费量及其在一段时期内的变化率的现有数据；

②按细分市场将该消费量数据分类；

③确定以往需求的主要决定因素及其对以往需求的影响；

④预测这些决定因素今后的发展及其对需求的影响；

⑤通过以一种方法或几种方法的结合对这些决定因素进行推断来预测需求。

※ 知识链接 2-1

波士顿矩阵

波士顿矩阵又称市场增长率—相对市场份额矩阵、四象限分析法等。

波士顿矩阵是由美国大型商业咨询公司——波士顿咨询集团(Boston Consulting Group)首创的一种规划企业产品组合的方法。该方法用于解决如何使企业的产品品种及其结构适合市场需求的变化。

波士顿矩阵认为一般决定产品结构的基本因素有两个：市场引力与企业实力。市场引力包括企业销售量(额)增长率、目标市场容量、竞争对手强弱及利润高低等。其中，最主要的是反映市场引力的综合指标——销售增长率，这是决定企业产品结构是否合理的外在因素。企业实力包括市场占有率、技术、设备、资金利用能力等。其中市场占有率是决定企业产品结构的内在要素，它直接显示出企业竞争实力。通过销售增长率与市场占有率两个因素相互作用，会出现四种不同性质的产品类型。

(1) 明星型业务(stars，指高增长、高市场份额)

这个领域中的产品处于快速增长的市场中并且占有支配地位的市场份额，但也许会或不会产生正现金流量，这取决于新工厂、设备和产品开发对投资的需要量。

明星型业务是由问题型业务继续投资发展起来的，可以视为高速成长市场中的领导者，它将成为公司未来的现金牛业务。但这并不意味着明星业务一定可以给企业带来源源不断的现金流，因为市场还在高速成长，企业必须继续投资，以保持与市场同步增长，并击退竞争对手。明星型业务要发展成为现金牛业务适合于采用增长战略。

(2) 问题型业务(question marks,指高增长、低市场份额)

处在这个领域中的是一些投机性产品,带有较大的风险。这些产品可能利润率很高,但占有的市场份额很小。这往往是一个公司的新业务。为发展问题业务,公司必须建立工厂,增加设备和人员,以便跟上迅速发展的市场,并超过竞争对手,这些意味着大量的资金投入。"问题"非常贴切地描述了公司对待这类业务的态度,因为这时公司必须慎重回答"是否继续投资,发展该业务?"这个问题。只有那些符合企业发展长远目标,企业具有资源优势,能够增强企业核心竞争力的业务才得到肯定的回答。得到肯定回答的问题型业务适合于采用增长战略,目的是扩大市场份额,甚至不惜放弃近期收入来达到这一目标,因为问题型要发展成为明星型业务,其市场份额必须有较大的增长。得到否定回答的问题型业务则适合采用收缩战略。

(3) 现金牛业务(cash cows,指低增长、高市场份额)

处在这个领域中的产品产生大量的现金,但未来的增长前景是有限的。它是成熟市场中的领导者,是企业现金的来源。由于市场已经成熟,企业不必大量投资来扩展市场规模,同时作为市场中的领导者,该业务享有规模经济和高边际利润的优势,因而给企业带来大量现金流。企业往往用现金牛业务来支付账款并支持其他三种需大量现金的业务。现金牛业务适合采用稳定战略,目的是保持当前的市场份额。

(4) 瘦狗型业务(dogs,指低增长、低市场份额)

这个剩下的领域中的产品既不能产生大量的现金,也不需要投入大量现金,这些产品没有希望改进其绩效。一般情况下,这类业务常常是微利甚至是亏损的。瘦狗型业务存在的原因更多是由于感情上的因素,虽然一直微利经营,但像人养了多年的狗一样恋恋不舍而不忍放弃。其实,瘦狗型业务通常要占用很多资源,如资金、管理部门的时间等,多数时候是得不偿失的。瘦狗型业务适合采用收缩战略,目的在于出售或清算,以便把资源转移到更有利的领域。

2. 原材料和其他投入物的供应分析

原材料和其他投入物的供应分析是进行项目可行性研究需要详细分析的主要内容之一,具体应考虑的主要内容包括:

(1) 对项目所需原材料和投入物进行分类

原材料和投入物一般分为以下几类:原料(未加工或简单加工的物料)、半成品(经过加工的物料)、制成品(部件或组件)、辅助材料、基本供应物(水、电、气、燃料、废水和废气处理等)。不同的项目所需的原材料和投入物是不一样的,在这一阶段要详细地弄清楚项目究竟需要什么样的原材料及其他投入物。

(2) 原材料和投入物的调查研究

在很多项目中,在设计时就面临着既可以选用甲材料,也可以选用乙材料,甚至有多种材料可供选择的问题。在这种情况下,必须对不同的原材料和投入物进行调查研究,在衡量全部有关因素后,确定哪一种原材料更为适宜。要研究的内容主要包括两个方面:一是其可得性,即某种原材料是否可以比较容易地获得,不会出现政策的限制、供应量不足、需要很多的审批手续等情况。另一方面,如果各种可供选择的原材料或投入物都易于获得的话,问题就在于这些供应物在工艺与技术上是否可靠和经济上是否合算。

(3) 原材料和投入物选择时要考虑的主要因素

① 质量性能。评价和试验原材料和投入物的质量是否能够满足项目的需要,应当分析下列各种性能和特点:物理性能、机械性能、化学性能、电气和磁力性能等。不同项目所需要的原材料及投入物的性能要求是不一样的,在分析时要详细地了解项目的真实需求。

② 来源和可得数量。项目所需原材料的来源及可得性对于确定项目的技术和经济上的可行性是十分重要的。在一些项目中,对技术、加工设备和产品组合的选择在很大程度上取决于原材料的规格;在有些项目中,潜在的可得数量决定项目的规模。在研究中,应对可能需要的主要原材料和投入物的数量进行预测。

③ 单位成本。原材料和投入物的单位成本也是确定项目是否经济的关键性因素之一。如果是国内材料,一方面需参照过去的趋势以及对今后的预测考虑现价,另一方面需从供应弹性考虑。从对某一种材料的需求量日益增长来说,其供应弹性愈低,则价格就愈高。

(4) 制定详尽的供应计划

在制定供应计划时,应使所收集的关于原材料和投入物的需要量、一般可得性和预计的单位成本等资料与项目可行性研究联系在一起。这样,这份供应计划就可作为计算投入的数量、类别以及交货需要量的基础。供应计划的规模指明需要多少储存设施,尤其当厂址与投入来源分处两地或运输困难等原因而不能保证连续供应时更是如此。必须把额外的仓库与堆放场地所需费用列入投资费用与生产成本的计算。

制定供应计划的主要目的是确定原材料和其他投入的年成本,它占全年生产成本的很大一部分,由此得出的结果将作为经济评价中现金流量表编制的基础。

3. 产品结构及工艺流程的确定

产品结构及其工艺流程的确定是项目可行性研究中的技术选择部分,对企业的经济效益有着直接的影响。要根据具体的技术经济条件选择"恰当的技术",并做相应的评价。采用新结构、新工艺应有实验结果作为依据,而不应采用不成熟或没有把握的技术,因为工程项目的技术方案首先应该是技术上"可行"的。

项目可行性研究中技术评价应反映下述几个方面:

(1) 技术是否先进。应从技术水平和实用两方面来进行评价,以判断是否达到国际先进水平、国际水平或国内先进水平。

(2) 技术是否实用。指项目所采用的技术,对推动生产、推广应用、满足需要方面所具有的适应能力。

(3) 技术是否可靠。指技术在使用中的可靠程度,即在规定时间内和规定条件下,产品工作性能符合要求和工艺方法成功的概率。

(4) 技术的连锁效果。指技术应用后对科学技术和其他领域的作用,如推动其他行业的发展、改善劳动条件、增加就业机会、改善人民生活、提高文化素养等。

(5) 技术后果的危害性。指技术的应用是否会给社会带来不良影响,如污染环境、破坏生态平衡、损害资源等,同时提出排除上述危害的难易程度和所需费用等。

4. 生产规模(或服务能力)的确定

根据市场分析的结果,可以预测出项目计划生产的产品或提供的服务在未来规定年份可能的需要量,然后根据项目设想的生产情况及条件,可以估算出该产品或服务在未来若干年内可能达到的产量。但是,确定某一项目的生产规模还必须考虑规模的经济性。

(1)确定可行的项目生产规模或提供服务的能力

在项目可行性研究中确定适当的生产规模或服务能力是关键。虽然确定恰当的生产规模的主要依据是对具体项目产出物的需求和市场规模所作的预测,但在很多情况下,由于受到诸如原材料及投入物的限制、人力资源的限制或资金的限制,项目完成后的生产规模或服务能力不得不受到许多制约。例如,在预测时已经意识到沪宁高速公路作为长江三角洲的快速通道,其应有的通行能力会很大,所以一些专家建议修成双向八车道,可是,在可行性研究及后来的实施中依然选择了双向四车道。这一决策的主要依据就是国家和地方政府财力有限,在当时无法筹措到足够的资金修建规模更大的快速通道。

一旦明白了对需求和市场预测的总的限制因素,就必须估计项目可行性研究的其他组成部分,以便确定可行的正常项目生产规模。这一生产规模实际上应该是按项目可行性研究中各个组成部分的相互作用所确定的最佳生产水平。这些组成部分有技术和设备、资金、投资和生产成本的构成以及销售范围等。

在确定可行的正常项目生产规模之后,应该考虑详细的技术和设备问题,而需要在确定项目规模之前考虑的两个问题是:最低限度经济规模及与各级生产水平有关的生产技术和设备的来源如何。

①最小经济规模和设备限制因素。项目一般应该确定最小生产规模,以达到规模经济的效益。在确定一个项目的最小经济规模时应利用国内外同行业广泛的经验,因为所研究项目的生产成本和其他项目相同生产领域的生产成本之间是有联系的。如果由于资金有限或可预见的需求规模有限而使这种经验不适用,就应该充分说明因此将造成的生产成本和价格较高、不能在国外市场上竞争等情况以及需要何种程度的保护。

②资金和投入的限制因素。资金以及基本的生产投入的缺乏会妨碍项目的规模扩大,即使达到最小经济规模,单位生产成本与同一生产领域的其他项目的生产成本相比也肯定是相当高的,并且规模经济将只达到项目可行性的最低要求。如果拟议项目的可行的生产规模低于最小经济规模,就应该在项目可行性研究报告中对生产成本、产品价格以及关于需要何种程度的保护之类的政策问题等进行详细说明。

③资金筹措费用和生产成本。如果资金或原材料和投入物方面没有严重的限制因素,资金筹措费用和生产成本就会成为一个重要的决定因素。

(2)预测项目的生产规模或服务能力

应该仔细分析市场分析预测的需求量和可行的正常生产规模的关系,以决定可供选择的生产规模或服务能力。对于某些新产品或必须为其开辟新市场的产品来说,初期生产规模应高于初期需求和销售额,这样,企业生产规模在若干年间都能满足需求的增长,随着需求和销售不断增长,可能超过企业生产规模,因而在需求和生产之间就会有一个越来越大的差距,最终可能成为企业扩建的理由,这样就又形成一个新的项目。

确定适当可行的正常项目生产规模或服务能力,必须用数量表明项目评价中各有关组成部分在各个生产水平上的影响,并需要制定可供选择的现金流量,这样就可以对照确定最适当、可行的正常生产规模。应该按2~3个可供选择的生产水平及由此造成对产品定价的影响估计投资费用和生产成本,并按各级生产水平上所预期的产品价格做出相应生产水平的销售预测。所选择的最适当的、可行的正常生产能力应该按商业盈利率构成各组成部分之间的最佳关系。

在某些项目中,经济的做法是对某些生产阶段规定较高的过剩生产能力,如果在这些阶段成本—生产规模比率对这种较高的生产能力有利的话,同时按需求增长比例提高其他阶段的生产能力,可有多种不同的组合,从而在其中选择最合适的组合。

根据所决定的、可行的正常规模,有必要详细地用数量表明各种投入的需要量并决定这些投入的总费用。应该对项目的人力需要量做出估计,虽然在选定技术和设备之后还需要更详细地规定人力需要量,但是由于生产技术可能涉及技术人员的来源,所以对多数项目来说,在可行的正常项目生产能力确定之后估计人力需要量是很有用的。

5. 技术与设备选择

(1) 技术选择

项目可行性研究应该说明项目各组成部分所需的各种技术,评价可供选择的备选技术,并按项目各组成部分的最佳结合选择最适合的技术,包括技术选择、技术获得方式和技术所需费用。

①技术选择。在项目可行性研究中应对各种可供选择的技术进行评价,以确定对项目来说的最合理的技术和技术组合。这种评价应充分考虑到项目的生产规模或服务能力、产出物的性能要求、资金实力和技术本身的先进与否。技术的选择还必须联系到项目的主要原材料以及其他长期和短期的生产要素资源的适当结合,在某些情况下,原材料可以决定要采用的技术。

②技术获得方式。在进行技术选择时应找出能获得这种技术的方式。这些方式包括技术许可证、技术的全套购买和技术供应方分享所有权的合资经营模式等。应该对这些获取方式所涉及的问题做出分析,包括许可证交易、技术分解、合同内容、购买技术的方式以及许可证持有者参与合资经营企业所带来的问题等。

③技术费用。在项目可行性研究报告中还应估计技术和技术服务的费用。有时候这种估价是困难的,如果能收集到资料,可参考同一行业其他项目的技术支付进行估价。如果项目许可,也可以通过独立的评估机构来估价。

(2) 设备选择

设备选择和技术选择是相互依存的,很大程度上设备选择是受到技术选择制约的,在项目可行性研究报告中,应根据项目生产规模或服务能力和所选择的技术来确定设备方面的需要。

项目可行性研究阶段的设备选择,应概略说明通过使用某种技术达到某种生产规模或服务能力所必需的设备的最佳组合。在所有项目中,必须说明每一实施阶段的所需具体设备以及这些设备的产能。从项目经济分析的角度出发,在符合项目需要和产出物性能要求的条件下,设备费用要控制到最低限度。

设备选择的评估过程应与评价报告的其他组成部分联系起来,这些组成部分大多数应在确定项目生产规模和工艺流程时涉及,包括原材料和投入物、人员的培训、环境保护、宏观政策等。例如,有时候设备选择可能会受到基本设施方面的限制、电力或运输供应方面的制约;有些先进的设备,可能会需要进行人员培训;政府的某些政策,如进口管制等,可能限制某些类型设备进口,那就不得不按可得到的国内产品进行设备选择了。

6. 项目选址

项目选址包括坐落区域的选择和具体地址的选择两个层面。区域的选择应当在一个比较广泛的地理区域内,从中可以考虑几个可供选择的具体地址,而具体地址的选择则应当是确定建立项目的具体场地所在,因而应该更为详细。

(1)坐落区域的选择

确定建立项目的区域应该考虑三个主要方面:政府政策、与具体项目有关的各种因素(如原材料供应、市场和物流等)和区域的基本条件。

①政府政策的影响。政府政策的导向对于项目区域的选择有很大的影响,在我国一些地区建立了一些特定的区域,诸如高新技术开发区、经济技术开发区、出口加工区等,并为这些地区规定了各种形式的财政和税收鼓励办法,因此,就应分析这种鼓励对拟建项目的经济情况所产生的影响,特别对那些不受地点因素影响的项目来说,其意义可能要大得多。此外,项目研究者最好能指出项目的具体地点或几个可供选择的地点,然后从技术、财务和经济角度给予评价。

②原材料、市场和物流等与项目直接相关的因素的影响。原材料和投入物的来源如何、消费中心的远近以及有无基本的基础设施等诸因素对具体项目的影响是选择地点的关键。由于物流越来越受到重视,在项目选址时,应该充分考虑运输的便捷程度。

选择地点最简单的典型方法是计算几个供选择地点的运输、生产和经销费用,这些供选择地点主要是根据是否具备原料和主要市场确定的。一个以资源为基础的单位应当位于靠近基本原料来源的地方,主要依靠进口原料的项目可能需要设在港口,而对注重市场消费的项目设在主要消费中心附近更有好处。当然,有些项目并不受任何一种特定因素的影响,如石油和矿山的开发项目。

③区域基本条件的影响。包括基本设施和社会经济环境等条件。a.基本设施。基本设施的条件对于许多项目都是十分重要的,因此,对于项目建议所需要的能源、水、通信、道路和住房均应做出分析。b.社会经济环境。地点研究也应包括对下列方面的估计:废物处理、可获得劳动力的情况、施工和维修设施、财政和法律规章以及气候条件。

④地点的最后选定。一个最适当的项目地点应该兼有下列条件:项目距离原料产地和市场销地都相当近,环境条件好,劳动力来源充足,电力和燃料充足而且价格合理,税收公平,交通运输条件好,用水供应充分以及有良好的废物处理设施。项目可行性研究报告必须考虑到所有这些因素,最好的地点应是生产成本最低,并且与其他地点在其他方面的费用差别不大的地方。

(2)具体地址的确定

一旦决定了地理区域,项目可行性研究报告就应当说明项目的具体地址或至少两个以上的可供选择地址的费用。这就需要评价每个地址的特点,包括如下方面:

①土地费用。土地费用是决定具体地址的一个明显因素,这方面的资料通常是可以得到的。各种开发区是可能的供选择的地址所在,不管怎样,应提供该地区土地费用的情况。

②当地条件。包括水、电、气、道路和通信等基本情况,此外应当对当地的废料处理、劳动力供应情况以及该地址所处的自然条件等进行分析。

③场地整理和开拓。考虑各个可供选择地址的场地整理和开拓费用。

④地址的最后选定。一般来说,供选择的具体地址是和范围较广的坐落区域连在一起考虑的,因此所需的资料大部分都是同时收集的。如果将地址研究中关于地点选择的结论对比起来,就可以将有关资料用于项目设计。

时常需要按照项目投资者对地址和区域的选择实行限制,这样也就减轻了项目可行性研究的任务。

7. 投资、成本估算与资金筹措计划

(1)总投资费用估算

投资费用是指固定资产与流动资金的合计。固定资产投资是建设和装备一个投资项目所需的资金,除了固定投资外还包括生产前的所有投资费用,例如筹建开办费、项目可行性研究和其他咨询费、建设期借款利息、人员培训费以及试运转费用等;流动资金则相当于全部或部分经营该项目所需的资金,在项目评价阶段计算周转资金需要量很重要,应使它保持在一个合理的、必要的水平上。

如前所述,在不同的研究设计阶段,投资估算的精确性不同。机会研究要求估计的精度一般在±30%,初步项目可行性研究要求估计在±20%,项目可行性研究要求估计在±10%,工程设计时则要达到±5%。

(2)资金筹措计划

筹措资金是一个项目执行与否的基本先决条件。如果项目可行性研究没有这样的合理保证的支持,那么这项研究就没有多大用处。大多数情况是,项目可行性研究之前就应该对项目筹资的可能性做出初步估计。因此说,可能的资金来源,包括自有资金、各种借款及其偿还条件,是项目可行性研究最为基本和最为关键的内容。

大型投资项目除了自筹资金外,通常还需一定数量的借款。两者各占多少,要有适当比例,因为借款要付息,自筹资金要分红。自筹资金比例大,则盈利用来分红的就多;反之借款比例大,则利息负债就多。借款基本上分为两种:

①长期借款。从国际金融组织,如世界银行或某个国家银行财团获得。与设备制造商联系起来,可以进行融资租赁。工业发达国家之间出于输出设备的竞争,这种融资方式的条件一般比较优惠,利率也较低。

②短期借款。由商业银行信贷,通常作为企业的流动资金来源。这种借款的利率按国际金融市场牌价,有时会高于长期借款利率。

借款和偿还问题应与银行和财团商讨,并在项目可行性研究中拟定。

(3)生产成本估算

在项目可行性研究阶段,所遇到的另一个问题就是生产消耗和成本预算开支不精确,从而可能导致完全不同的结论。成本估算的精度也应当和投资估算的精度相当。成本计算要以生产计划的各种消耗和费用开支为依据,计算全部成本和单位产品的成本。

大多数投资前的项目可行性研究报告只算生产总成本,这是因为在项目可行性研究阶段对各项成本,无论是原料、劳动力或管理费用,作为整体估算要比计算单位产品成本简单一些。生产总成本一般划分为四大类:制造成本、管理费用、销售与分销费用、财务费用和折旧,前三类成本的总和称为经营成本。

生产成本在项目可行性研究中的用途为试算盈亏,计算净周转资金的需要量,并用于财务评价。

(4)财务报表的编制

为了估计一个新建或扩建项目的资金需要,要编制一套财务报表。财务报表关系到管理决策,所以在对一个公司的财务状况分析中,必须注重所用表格形式。只有当财务报表有标准的项目和格式,才能进行有意义的对比和分析,所以财务报表的格式不应随意改变。

项目可行性研究中的财务报表主要目的是向投资者系统说明项目编制以及随之而来的财务分析,因此财务报表应包括:

①现金流动表。仅仅找到资金来源是不够的,还必须使资金流入(资金和销售收益)在时间上与投资支出、生产成本和其他开支的流出配合一致。因此,就必须编制一个表明资金流入和流出的现金流动表,这种现金的流动表在项目的投资时期是相当重要的。

②净收入报表。本报表是用来计算整个项目期间每一阶段的项目净收入或亏损的。它与现金流动表不同,因为收益是和所涉及阶段中获得该收益所需的成本相联系的。为了使计算简化,原料、在制品和最终产品库存的变化都假定为零。

③预计资产负债表。资产负债表主要反映出项目整个使用期间某些阶段的总的财务情况,包括现金结存和其他流动资产、固定资产以及为企业顺利经营所需的自有资本、借贷资本和短期负债。

8. 经济评价

经济评价分为财务评价、国民经济评价和不确定性分析。

(1)财务评价

对于一项投资来说,投资的准则是投入资本取得最大的财务收益,亦即利润。因此,投资盈利率分析基本上就在于确定利润和投资的比率,同时在分析投资和利润两者之间的关系时应考虑时间因素,并对项目的整个寿命期进行总的评价。

财务评价大致可以分为四个步骤:第一步,进行分析的基础准备;第二步,编制财务报表;第三步,进行经济效果计算;第四步,计算结果综合分析。

基础准备工作大致包括产品销售预测、技术方案拟定、产品的价格预测、投资估算以及产品成本估算等,在这些基础工作的基础上就可着手编制财务报表,接下来便可选择适当的评价方法和评价指标进行分析。

进行财务评价时可以使用静态评价方法,如投资收益率与投资回收期,但最好使用动态评价方法,如净现值法、内部收益率法、外部收益率法、动态投资回收期法以及收益成本比值法等,以便考虑到资金的时间价值。

(2)国民经济评价

国民经济评价,就是从国民经济的利益出发,对项目所作的宏观经济效果评估。通过将项目纳入整个国民经济系统之中,考虑对其他相关部门的影响,从国家和社会的全局出发去衡量项目在经济效果上是否可行。该评估要求比较真实地反映项目在寿命期间投入与产出的价值、国民经济的真正得失,因此,在评估的方法上及数据处理不完全与企业经济评估相同。

国民经济评价是从国家的角度评价项目对实现国家经济发展战略目标及对社会福利的实际贡献。它除了考虑对项目的直接经济效果外,还要考虑项目对社会的全面费用效益状况。与财务评价不同,它将工资、利息、税金作为国家收益,它所采用的产品价格为影子价格,采用的贴现率也为社会贴现率。

(3)不确定性分析

尽管在投资项目决策分析与评价工作中已就项目市场、采用技术、设备、工程方案、环境保护、配套条件等方面作了尽可能详尽的研究,但项目的未来状况仍然可能与设想状况发生偏离,项目实施后的实际结果可能与预测的基本方案产生偏差。

为了减少不确定性因素对投资项目经济效益的影响,避免投产后不能获得预期的利润和收益,以致使企业亏损,就需要进行不确定分析。不确定性分析能够作出比较可靠、接近客观实际的估计,对决策者和未来的经营者具有参考价值。通常不确定性分析可分为盈亏平衡分析、敏感性分析和概率分析。

知识链接 2-2

决策树

科学的决策是现代管理者的一项重要职责。在企业管理实践中,常遇到这样的情景:制定了若干个可行性方案,每个方案的执行都可能出现几种结果,各种结果的出现存在一定的概率,如何选择最佳方案。针对这一问题,用决策树法来解决不失为一种好的方法。

决策树法作为一种决策技术,已广泛地应用于企业的投资决策之中。它是随机决策模型中最常见、最普及的一种决策模式和方法。此方法能够有效地控制决策带来的风险。所谓决策树法,就是运用树状图表示各决策的期望值,通过计算,最终优选出效益最大、成本最小的决策方法。决策树法属于风险型决策方法,决策树包括四个要素:决策结点、方案枝、状态结点和概率枝,如下图所示。

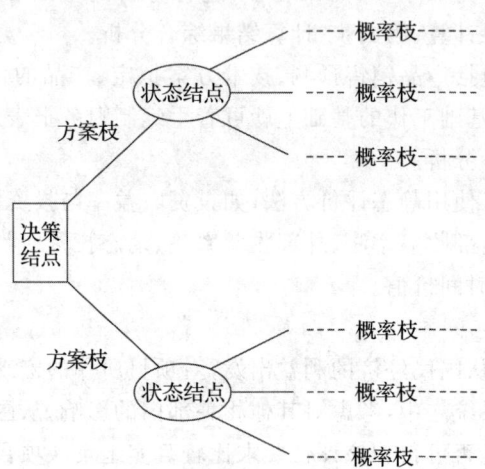

决策树法的决策程序如下:

(1)绘制树状图,根据已知条件排列出各个方案和每一方案的各种自然状态。

(2)将各状态概率及损益值标于概率枝上。

(3)计算各个方案期望值并将其标于该方案对应的状态结点上。

(4)进行剪枝,比较各个方案的期望值,并标于方案枝上,将期望值小的(即劣等方案剪掉),所剩的最后方案为最佳方案。

决策树法在企业决策中有着广泛的应用。

9. 项目的环境影响评价

随着人们对环境保护和生态平衡问题越来越重视,以及我国环保和生态问题的重要性越来越突出,项目特别是大型的公共投资项目的环保和生态影响评价已经成为项目可行性研究的重要内容。现在许多项目,不论是工业投资、改扩建还是土建项目,其可行性研究报告中都要求有专门的部分来说明项目的环境和生态影响情况和解决对策,通常要求有专门的环境影响报告书。

(1)项目环境影响评价的意义

在项目可行性研究中所讲的环境主要是指自然环境。自然环境可以为人类的生产生活提供基本的生产条件和生活资源,如空气、水等,同时,它又是人类生产和生活中产生的废弃物的排放场和自然净化场。可见,自然环境是人类生产和生活赖以存在和发展的基础。现在随着人类对自然资源的需求量越来越大,各种废弃物的排放也越来越多,生态环境对人类社会发展的制约作用也越来越明显,所以,对自然环境的保护也引起了各国的高度重视。

任何一个项目要处于某一特定的自然环境当中,会不可避免地与周围的自然环境发生相互作用,对环境和生态平衡起到促进作用或造成负面的影响。所以,在对项目进行可行性研究时,有必要分析研究项目对环境和生态的影响,进行全面的项目环境影响评价。

环境影响评价是指对可能影响自然环境的项目,在进行广泛实地调查研究的基础上,预测和评估项目可能对环境造成的负面影响,为防止和减少这种影响,制定切实可行的环境保护实施方案的过程。项目的环境影响评价是一项综合性很强的技术研究工作,需要预测项目对空气、水资源、动植物生存环境、岩石土壤等要素的影响,分析各种环境要素变化可能给当地生存环境和经济发展带来的益处或给项目影响区域造成的危害,估算消除这些危害所需要付出的代价,并就项目对环境的影响做出综合性的评价。

项目的环境影响评价不仅要考虑项目对环境的近期影响,还要考虑项目对环境和生态的长期影响,甚至要分析研究项目投入运营后在很长时间内对环境的影响。

(2)项目环境影响评价的法律法规

我国在将环境保护列为基本国策后,十分重视环境保护的法律法规的制度建设。与项目的可行性研究密切相关的制度主要有以下两项:

①"三同时"制度。新建、改扩建项目和技术改造项目以及区域性开发建设项目的污染治理设施必须与主体工程同时设计、同时施工、同时投产的制度。

②项目环境影响评价制度。主要包括如下内容:a. 所有大、中、小型新建、改扩建和技术改造项目要提高技术起点,采用能耗小、污染物产生量少的清洁生产工艺,严禁采用国家明令禁止的设备和工艺。b. 建设对环境有影响的项目必须依法严格进行环境影响评价,编制环境影响报告书。c. 环境影响报告书对建设项目产生的污染和对环境的影响做出评价,制定防治措施,经项目主管部门预审并依照规定的程序报环境保护行政主管部门批准。环境影响报告书经批准后,计划部门方可批准建设项目设计任务书。d. 在建设项目总投资中,必须确保有关环境保护设施建设的投资。建设项目建成投入生产后,必须确保达到国家或地方规定的污染物排放标准。

(3)项目环境影响评价的依据

进行项目环境影响评价与管理的主要依据是环境标准。我国现行的环境标准体系分为两级环境标准体系,即国家级环境标准和地方级环境标准(包括行业环境标准)。具体有七种类型：①环境质量标准。在一定时间和空间内，各种环境介质（如大气、水、土壤等）中有害物质和因素所规定的容许含量与要求，是衡量环境受到污染的尺度，是有关部门进行环境管理、制定污染排放标准的依据。②污染物排放标准。③环境基础标准。对制定环境标准的有关名词、术语、符号、指南、准则所做出的统一规定，是制定环境标准的基础。④环境方法标准。对环境保护工作中的实验、分析、抽样、统计、计算方法的规定。⑤环境标准样品标准。⑥环境保护仪器设备标准。⑦污染报警标准。

(4) 环境影响评价报告书的内容

环境影响评价报告书是指分析与预测拟建项目对环境和生态平衡可能造成的污染、破坏和其他影响，以及消除这些影响的主要对策的书面报告。

环境影响评价报告是项目可行性研究报告的重要组成部分，其主要内容包括：

①项目所处区域环境现状介绍。a. 项目的地理位置（附平面图）。b. 地形、地貌、土壤和地质情况；江、河、湖、海、水库的水文情况；气象情况。c. 矿藏、森林、草原、水产和野生动物、野生植物、农作物等情况。d. 自然保护区、风景游览区、名胜古迹、温泉、疗养区以及重要政治文化设施情况。e. 现有工矿企业分布情况。f. 生活居住区分布情况和人口密度、健康状况、地方病等情况。g. 大气、地下水、地面水的环境质量状况。h. 交通运输情况。i. 其他社会经济活动污染、破坏现状资料。

②项目主要污染源和污染物预测。主要污染源，即项目可能会产生污染物的具体位置和区域分析。主要污染物包括污染物的性质、污染物中主要的有害有毒物质、污染物的排放量分析。

③项目拟采用的环境保护标准。项目在进行可行性研究过程中，采用的环境保护标准有国家标准和地区或行业标准两种，如项目所在地区或行业的环保标准严于国家标准时则执行地区或行业标准；地区没有特定要求的，执行国家标准。

④环境治理对策和具体方案。包括防范和减少地质、水文和气象影响的措施，防范和减少对项目所处区域的动植物、岩石土壤等生态平衡产生影响的环境保护策略，对居民生活环境产生影响的防范措施，绿化措施等。

⑤环境监测制度的建议。包括监测点数量和依据，监测机构的设置和设备选择，监测手段和监测目标等。

⑥环境保护成本和效益分析。包括环境保护的代价和因为环境保护可能产生的直接或间接效益分析。

⑦环境影响评价结论。

10. 综合分析

综合分析是指在上面九项专题分析研究的基础上，结合具体项目的实际情况再就以下各项中的一项或多项进行综述性的分析判断：

(1) 政治、外交或军事影响评估；

(2) 项目在产业结构中的地位评估；

(3) 促进地区经济发展情况评估；

(4) 项目的技术贡献的评估；

(5) 改善进出口结构的评估；

(6) 环境和生态平衡影响的评估；

(7)节约能源的评估;
(8)节约劳动力和提供就业机会的评估;
(9)项目产出物突破性成果的评估;
(10)提高社会福利和改善人民物质文化生活的评估。

2.3.4 可行性研究的程序与报告

项目的可行性研究一般由项目业主根据工程需要,委托有资格的设计院或咨询公司进行,编制可行性研究报告。

1. 委托与签订合同

项目的可行性研究可以由项目主管部门直接给工程设计单位下达任务进行,也可以由项目业主自行委托有资格的工程设计单位承担。

项目业主和受委托单位签订的合同中一般应包括进行该项目可行性研究工作的依据,研究的范围和内容,研究工作的进度和质量,研究费用的支付方法,合同双方的责任,协作方式和关于违约处理的方法等主要内容。

2. 组织人员和制定计划

受委托单位委托后,应根据工作内容组织项目小组,并确定项目负责人和各专业负责人。

项目组根据任务要求,研究和制定工作计划,安排实施进度。在安排实施进度时,要充分考虑各专业的工作特点和任务交叉情况,协调技术专业与经济专业的关系,为各专业工作留有充分的时间。根据研究工作进度和内容要求,如果需要向外分包时,应落实外包单位,办理分包手续。

3. 调查研究与收集资料

项目组在了解清楚委托单位对项目建设的意图和要求的基础上,查阅项目建设地区的经济、社会和自然环境等情况资料,拟定调查研究提纲和计划,由项目负责人组织有关专业人员赴现场进行实地调查和专题抽样调查,收集与整理所得的设计基础资料和技术经济资料。

调查的内容包括市场、原材料、燃料、选址、环境、生产技术、财务资料等。各专题调查可视项目的特征和要求,分别拟定调查细目、对象和计划。

4. 方案设计与选优

接受委托的工程设计单位根据建设项目建议书,结合市场和资源环境的调查,在收集整理了一定的设计基础资料和技术经济基础数据的基础上,提出若干种可供选择的建设方案和技术方案,进行比较和评价,从中选择或推荐最佳建设方案。

技术方案一般应包括生产方法、工艺流程、主要设备选型、主要消耗定额和技术经济指标、建设标准、环境保护设施、部门组成、定员等。

项目的建设方案一般应包括:
(1)市场分析、产品供销预测、生产规模、产品方案的选择、产品价格预测。
(2)核算原材料和燃料的需用量、规格;评述资源供应情况和供应条件;预测原材料、燃料的进厂价格。
(3)估算项目全年总运输量,选择运输方案。

(4)确定外协工作和协作单位。

(5)地址选择及其论证;项目的筹资方案,如有借款,应说明借款来源、利息、偿付条件;项目建设工期安排等。

在方案设计与优选中,对重大问题或有争议的问题,要会同委托单位共同讨论确定。

5. 经济分析和评价

按照建设项目经济评价方法的要求,对推荐的建设方案进行详细的财务分析和国民经济分析,计算相应的评价指标,评价项目的财务生存能力和从国家角度看的经济合理性。在经济分析和评价中,需对各种不确定因素进行敏感性分析。

当项目的经济评价结论不能达到有关要求时,可对建设方案进行调查或重新设计,或对几个可行性的建设方案同时进行经济分析,选出技术、经济综合考虑较优者。

6. 编写可行性研究报告

在对建设方案和技术方案进行技术经济论证和评价后,项目负责人组织可行性研究工作组(项目组)成员分别编写详尽的可行性研究报告,在报告中可推荐一个或几个项目建设的方案,也可提出项目不可行的结论意见或项目改进的建议。

2.3.5 可行性研究报告的结构

可行性研究报告视项目的规模和性质,有简有繁。下面是项目可行性研究报告的一般目录格式:

第一部分 概论或报告要点

这一部分要综合叙述报告中各部分的主要问题和研究结论,并对项目的可行与否提出最终建议,为可行性研究的审批提供方便。主要内容有:

1. 项目背景

(1)项目名称;

(2)项目的承办单位;

(3)项目的主管单位;

(4)项目拟建地区和地点;

(5)承担可行性研究工作的单位和法人代表;

(6)研究工作依据;

(7)研究工作概况。包括:①项目建设的必要性;②项目发展及可行性研究工作概况。

2. 可行性研究结论

(1)市场预测和项目规模;

(2)原材料、燃料和动力供应;

(3)项目选址;

(4)项目工艺技术方案;

(5)环境分析与结论及治理措施;

(6)项目组织及人力资源;

(7)项目实施进度;

(8)投资估算和资金筹措;

(9)项目财务和经济评价结论;

(10)项目综合评价结论。

3. 主要技术经济指标

4. 存在问题及建议

第二部分 项目背景和发展概况

1. 项目提出的背景

(1)国家或行业发展规划；

(2)项目发起人以及发起缘由。

2. 项目发展概况

(1)已进行的调查研究项目及其成果；

(2)试验试制工作(项目)情况；

(3)地址初勘和初步测量工作情况；

(4)项目建议书(初步可行性研究报告)的编制、提出及审批过程。

3. 投资的必要性

第三部分 市场分析

1. 市场调查

(1)拟建项目产出物用途调查；

(2)产品现有生产能力调查；

(3)产品产量及销售量调查；

(4)替代产品调查；

(5)产品价格调查；

(6)国外市场调查。

2. 市场预测

(1)国内市场需求预测

①本产品目标对象；

②本产品的消费条件；

③本产品更新周期的特点；

④可能出现的替代产品；

⑤本产品使用中可能产生的新用途。

(2)产品出口或进口替代分析

①替代进口分析；

②出口可行性分析。

(3)价格预测

3. 市场促销策略

(1)促销方式；

(2)促销措施；

(3)促销价格；

(4)产品销售费用预测。

4. 产品方案和建设规模

(1)产品方案

①产品名称；

②产品规格与标准。

(2)建设规模

5. 产品销售收入预测

第四部分　建设条件与项目选址

1. 资源和原材料

(1)资源详述；

(2)原材料及主要辅助材料供应；

(3)需要做生产试验的原料。

2. 建设地区的选择

(1)自然条件；

(2)基础设施；

(3)社会经济条件；

(4)其他应考虑的因素。

3. 项目选址

(1)项目坐落地点多方案选择；

(2)具体地址的推荐方案和理由。

第五部分　项目的工艺技术方案

1. 项目组成

2. 工艺技术方案

(1)产品标准；

(2)生产方法；

(3)技术参数和工艺流程；

(4)主要工艺设备选择；

(5)主要原材料、燃料、动力消耗指标；

(6)主要生产车间布置方案。

3. 总平面布置和运输

(1)总平面布置；

(2)项目内外运输方案；

(3)仓储方案；

(4)占地面积及分析。

4. 土建工程

(1)主要建筑物的建筑特征及结构设计；

(2)特殊基础工程的设计；

(3)建筑材料；

(4)土建工程造价估算。

5. 其他工程

(1)给排水工程；

(2)动力及公用工程；

(3)地震设防；

(4)生活福利设施。

第六部分 环境保护与劳动安全

1. 建设地区的环境现状

2. 项目主要污染源和污染物

3. 项目拟采用的环境保护标准

4. 治理环境的方案

5. 环境监测制度的建议

6. 环境保护投资估算

7. 环境影响评价结论

8. 劳动保护与安全卫生

(1)生产过程中职业危害因素的分析；

(2)职业安全卫生主要设施；

(3)劳动安全与职业卫生机构；

(4)消防措施和设施方案建议。

第七部分 企业组织和人力资源

1. 企业组织

(1)企业组织形式；

(2)企业工作制度。

2. 人力资源

(1)人员规模和结构；

(2)年工资和职工年平均工资估算；

(3)人员培训及费用估算。

第八部分 项目实施进度安排

1. 项目实施的各阶段

(1)建立项目实施管理机构；

(2)资金筹集安排；

(3)技术获得与转让；

(4)勘察设计和准备订货；

(5)施工准备；

(6)施工和生产准备；

(7)竣工验收。

2. 项目实施进度表

(1)甘特图；

(2)网络图；

(3)里程碑事件图。

3. 项目实施费用

(1)建设单位管理费；

(2)生产筹备费；

(3)生产职工培训费;
(4)办公和生活家具购置费;
(5)勘察设计费;
(6)其他应支出的费用。

第九部分 投资估算与资金筹措

1. 项目总投资估算

(1)固定资产总额;
(2)流动资金估算。

2. 资金筹措

(1)资金来源;
(2)项目筹措方案。

3. 投资使用计划

(1)投资使用计划;
(2)借款偿还计划。

第十部分 财务效益、经济和社会影响评价

1. 生产成本和销售收入估算

(1)生产总成本;
(2)单位成本;
(3)销售收入估算。

2. 财务评价
3. 国民经济评价
4. 不确定性分析
5. 社会效益和社会影响分析

第十一部分 可行性研究结论与建议

1. 结论与建议
2. 附件
3. 附图

这是比较完整和典型的可行性研究报告的写法。针对不同规模及不同特点的项目,可行性研究报告的内容可依据实际情况有所删减。但总的思路是,项目可行性研究报告一定要给项目业主提供一个系统完整的思路,项目可行性的结论及实施要点和关键要有依据,可实施,可信度高。

2.3.6 可行性研究与项目评估的关系

可行性研究和项目评估都是分析和论证项目可行与否的工作,两者关系密切,有许多共同之处,亦各有其特点。

1. 可行性研究与项目评估的相似点

(1)均处于项目发展周期的建设前期

可行性研究和项目评估均处于项目投资前期阶段,可行性研究是在项目建议书(相当于国外的机会研究)批准之后,对项目可行与否进行的全面分析论证;项目评估则是对项目的可行性研究进行审查与分析,进而判断其是否可行。两者都是重要的前期准备工作。这两项工作的质量如何,对项目投资决策会产生极大影响。

(2) 基础理论基本相同

可行性研究和项目评估都是应用性的学科,要掌握其理论和方法体系,需要许多基础理论。从可行性研究和项目评估所包括的内容来看,它们的基础理论都是市场学、工程经济学和费用、效益分析等。

(3) 工作的内容基本相同

可行性研究和项目评估无论是经济评价指标计算的基本原理、分析对象、分析依据,还是分析内容都是相同的。就同一个投资项目而言,从经济评价的角度看,无论是项目评估还是可行性研究,它们计算评价指标的基本原理是相同的,都是通过比较计算期的所费与所得,计算一系列技术经济指标,得出可行与否的结论;其分析的对象是一致的,都是项目;其分析的某些依据是相同的,都是国家的有关规定和有关部门为拟建项目下达的批复文件等;其所分析的内容均包括建设必要性、资源条件、工程技术、经济效益等部分。

(4) 最终工作目标及要求相同

为拟建项目进行评估和开展可行性研究的最终工作目标都是一致的,都是通过分析论证,判断项目的可行与否,实现投资决策的科学化、程序化和民主化,提高投资效益,使资源得到最佳配置。两者的要求也是相同的,都是在调查研究的基础上进行分析和预测,得出公正客观的结论。

2. 可行性研究与项目评估的主要区别

可行性研究与项目评估存在诸多相同之处,从理论和实践方面来看,两者又有明显的区别,主要表现在以下几个方面。

(1) 行为的主体不同

可行性研究工作是由投资者负责组织委托的,而项目评估则是由贷款银行或有关部门负责组织委托的。一般来讲,这两项活动均需委托有关工程咨询机构(或其他中介机构)进行,但其所代表的乃是不同的行为主体,亦即咨询机构要对不同的行为主体负责。

(2) 立足点不同

可行性研究站在直接投资者的角度来考察项目,而项目评估则站在贷款银行或有关部门的角度来考察项目。由于角度不同,可能导致对同一问题的看法不同,结论也可能出现差异。

(3) 所起的作用不同

两者都是进行投资决策的重要依据,可行性研究是投资者进行投资决策和政府职能部门审批项目(在现行投资项目审批制度条件下)的重要依据,项目评估则是政府职能部门(对于大型项目而言)和上级主管部门审批项目的重要依据,更是金融机构确定贷款与否的重要依据。两者不对等,也无法相互替代。

(4) 所处的阶段不同

尽管两者同处于项目建设周期中的建设前期,但在此时期内,可行性研究在先,项目评估在后,这一工作顺序是不能颠倒的。可行性研究是投资决策的首要环节,但仅有这一环节是不够的,还必须在此基础上进行项目评估。项目评估人员要充分利用可行性研究的成果,进行周密的调查研究与分析论证,独立地提出决策性建议。可行性研究为项目评估提供工作基础,而项目评估则是可行性研究的延伸、深化和再研究。

2.4 项目评估

2.4.1 项目评估概述

1. 项目评估的概念

项目评估是指在项目可行性研究的基础上,从项目对企业、对社会贡献的各个角度对拟建项目进行全面的经济、技术论证和评价,并给出评价结果的过程。项目评估是项目投资前进行决策管理的重要一环,其目的是审查项目可行性研究的可靠性、真实性和客观性,为企业的融资决策、银行的借款决策以及行政主管部门的审批决策提供科学依据。

项目评估是对最终可行性研究的审查和研究,以求项目规划更加合理与完善。可行性研究是从宏观到微观逐步深入研究的过程,而项目评估则是将微观问题再拿到宏观中去权衡的过程。因此,项目评估可以看作是可行性研究的延伸,但是这是比可行性研究更高级的阶段。通过评估,项目可能被否定,也可能只做局部修改补充后被肯定,因此,项目评估工作要求的知识更丰富,其结论更具权威性。

项目评估的内容主要包括项目建设发展的必要性、建设条件、技术评估、财务评估、社会效益评估、环境影响评估等,评估的结果形成评估报告。

2. 评估的种类

根据目前我国投资项目的立项和决策程序,一个项目从项目成立到建成投产的过程中,大的评估一般有三次,即项目建议书的评估、可行性研究报告的评估、项目建成投产运营后的总结评估,也分别称为立项评估、决策评估和后评估。目前在实际工作中,重大投资项目都要进行前两项评估,一般项目要进行可行性研究报告的评估,个别重大项目在投产后进行后评估。

投资前期主要是开拓投资项目,并对其进行规划、研究和做出决策的时期。它对投资项目的经济效益以及项目对国民经济产生的影响起着决定作用。这个时期的工作,就是拟建项目投资决策的全过程,主要涉及编审项目建议书,进行可行性研究,编审设计任务书,进行项目的评估与决策等内容。其中,可行性研究是项目投资决策的基础,为决策提供技术经济方面的依据,同时审批通过项目建议书。项目评估是由决策部门组织或授权银行、咨询公司或有关专家,代表政府对项目进行审核和再评价的一种活动。它对项目建设的必要性,技术上、财务上和经济上的可行性,进行全面、深入、细致的分析评估,审查在可行性研究基础上编制的设计任务书,提交项目评估报告。投资决策则是决策机构根据项目评估报告,综合平衡、分析投资效果,对拟建项目的设计任务书做出批准或不批准的决断。可见,投资决策是瞬间完成的,决策的正确与否,取决于项目评估的质量,所以说,项目评估和可行性研究都是投资决策的基础工作。

3. 项目评估的作用

在我国,当政府投资项目的投资者向政府职能部门提出投资要求时,政府职能部门首先要求投资者提供项目建议书和可行性研究报告,然后组织有关人员进行项目论证。如果该项目属于大型项目,或项目比较复杂,政府职能部门还要委托有资质的中介咨询机构进行项目评估。当投资者向金融机构提出贷款申请时,金融机构也要进行项目评估。项目评估对投资者及政府职能部门和金融机构的决策都是非常重要的。具体来说,项目评估具有以下作用。

(1)项目评估是避免投资决策失误的关键

在项目管理的全过程中,评估是最终的决策环节。任何正确的决策,都来源于长时间大量的调查研究。没有周密的调查研究,瞬间决定往往产生差错。项目评估工作就是在投资决策之前做大量的调查研究和周密的科学分析。

(2)项目评估是项目取得资金来源的依据

不经评估的项目,一般是不能列入投资计划的,无法取得资金来源。按我国现行规定,未经评估的项目,银行不能贷款;凡是需要贷款的项目,银行都要进行详细评估,或委托投资咨询公司进行评估。通过评估,对投资进行估算和预测分析,估计贷款总额、支用时间,确认贷款风险和回收期。

(3)项目评估是使宏观效益和微观效益统一起来的重要手段

在投资领域里,投资结构不合理是目前较为突出的问题。结构不合理是微观效益与宏观效益发生矛盾的根源。评估工作既评估企业财务效益,又评估国民经济效益,两者都要达到较高水平,才是合乎要求的项目,宏观效益与微观效益才能得到统一。

(4)项目评估是实施项目管理的基础

进行项目评估,要收集拟建项目所在地的自然、社会、经济的大量资料,也要从类似企业及科研设计部门索取建设和生产方面的技术经济资料,还要从主管部门和各级国家机关那里获得大量的技术经济方面的政策,及规划发展方面的数据资料等。这不仅为项目评估所必需,而且也是项目实施管理的基本依据和基础。项目实施过程中,管理人员把实际发生的情况与评估所掌握的资料进行对比分析,及时发现项目建设中存在的问题,采取措施,纠正偏差,促进项目顺利完成。项目建成投产后,管理人员将评估时预期情况和实际发生情况进行对比分析,找出生产方面或评估方面存在的问题和差距,以总结经验,提高项目管理水平。

(5)项目评估是政府管理机构开展宏观经济管理的手段

项目论证与评估也是一国政府主管部门开展宏观经济调控的重要手段之一。根据多数国家的投资管理和社会管理部门的规定,超过一定规模的项目就需要由地方或中央政府的主管部门进行有关的国民经济评估、项目社会影响评估或项目环境影响评估,政府主管部门有权依据这些评估结果作出批准或不批准项目的决定,以确保国民经济的正常运转和整个环境不受破坏。

2.4.2 项目评估的内容

项目评估作为投资决策的必要前提,其内容以拟建项目的财务和社会经济评估为核心,包括对项目建设必要性、生产建设条件和技术方案等多方面系统的评审与估价。

1. 项目运行条件评估

(1)项目建设必要性和市场供求分析的评估

对项目建设必要性的分析是项目评估的第一步。如果分析的结果表明项目根本不必要建设，或者根本不能成立，那么对各项可行性的分析就不必要进行。项目建设的必要性就是指国民经济中是否需要这个项目，项目对国民经济能起多大作用。

①项目建设必要性评估首先应从是否满足国民经济和社会发展的需要着手。分析项目是否符合国家规定的投资方向，是否符合国家的建设方针和经济技术政策，项目产品方案是否符合国家的产业政策、地区规划、行业规划及国民经济的长远发展。无论是工业项目还是非工业项目，分析项目投资对国民经济和社会发展的作用至关重要。

②产品需求的市场调查和预测。分析投资项目的产品，特别是新产品在市场上的竞争力。根据对投资项目未来产品的市场供求预测，确定产品在未来一定时期内的需求量、产品的总供应能力，包括正在建设和准备建设的生产能力，分析是否有必要进行新项目的投资。

③根据产品的市场需求及所需生产要素的供应条件，分析拟定的生产规模是否合适。每一个建设项目，都有一定的生产规模。生产规模定多大，要考虑很多因素，但首先决定于产品市场的大小。

(2) 项目生产建设条件的评估

生产条件评估，就是分析项目是否有条件进行建设，建成后是否有条件进行生产。项目的生产建设条件涉及项目内部、外部的若干相关制约因素。例如，在建设过程和建成投产后所需原材料、燃料、设备的供应条件及供电、供水、供热与交通运输、通信设施条件是否落实、有无保证，是否取得有关方面的协议和意向性文件，相关配套协作项目能否同步建设。

项目的生产建设条件既包括项目自身的内部条件，又包括与它协作配套的外部条件；既有可以控制的静态条件，又有较难掌握的动态条件。一般说来，对项目生产建设条件进行评估时，应把重点放在较难掌握的、动态的条件和协作配套的外部条件上。

(3) 建厂方案评估

建厂方案评估应根据水文地质、原料供应和产品销售市场、生产与生活环境等情况，分析项目建设地点的选择是否经济合理，建设场地的总体规划是否符合国土规划、地区规划、城镇规划、土地管理、文物保护和环境保护的要求和规定，有无多占土地和提前征地的情况，有无用地协议文件。其中，确定建厂地址是项目实施的重要环节。厂址选择的好坏，关系到各个地区的工业合理布局、区域社会经济发展、城市和工业区的建设、经济结构和自然生态环境等，并且对企业投资的多少，建设速度的快慢，以及今后生产经营上原材料和产品销售市场的远近，成本的高低具有极其重要的影响，是投资和建设中的一个具有全局性、长远性的问题。建厂地址一经选定并开始建设就不宜再变，否则就会造成重大损失。因此，选择厂址必须认真做好各项技术经济分析，进行多方案的对比，详细勘察，把选址工作做深做细。对建厂地址的评估，应当从项目的地区布局、建厂地点选择和具体建厂地址三个方面进行评估。

2. 项目工艺技术评估

工艺技术评估是对拟建项目所采用的技术、工艺、设备的先进性、合理性、经济性、科学性的综合评估。它包括在项目建设过程中建筑工程总体布置方案的比较优选是否合理；论证工程地质、水文气象、地震、地形等自然条件对工程影响和治理措施；建筑工程所采用的标准、规范是否先进、合理，是否符合国家有关规定和贯彻节约的方针；项目建设工期和实施进度所选择的方案是否正确。同时，还包括项目建成投产后所采用的工艺技术是否先进、适用、安全、可取；是否经过工业性试验和正式技术鉴定；是否已经证明确实成熟和行之有效；

是否属于国家明文规定淘汰或禁止使用的技术或设备；如果技术是从国外引进，应考虑技术是否成熟，是否为国际先进水平，是否符合我国国情等。

3. 项目财务评估

(1) 基础财务数据评估

基础财务数据评估是指对投资项目在建设必要性评估、生产条件评估的基础上，按评估要求，调整、收集、鉴别、评审和测算一系列财务数据，并填制财务数据预测表。基础财务数据评估在项目评估中占有十分重要的地位，是项目财务评估和国民经济评估的基础和前提。其主要目的是为项目财务效益评估提供可靠的数据。需要评估的基础财务数据有项目寿命期、项目总投资、成本费用、销售收入、税金及附加、利润、价格等。

(2) 项目财务效益评估

财务效益评估是在基础财务数据测算的基础上，根据国家现行财税制度和相关价格，从经营者和银行的角度出发来测算分析项目的效益和费用，从而观察项目的获利能力、清偿能力及外汇效果等财务状况，以判断建设项目的财务可行性。由于财务效益评估主要是站在企业角度分析拟建项目经济效益大小，所以也可将财务效益评估称为企业经济效益评估。主要包括项目盈利能力评估、项目清偿能力分析、外汇效果分析等几个方面的内容。

(3) 清偿能力分析

项目建成投产后，需要多长时间才能回收全部投资，这是投资者关心的主要问题之一，也是项目财务效益好坏的标志。贷款偿还能力的大小是贷款银行关注的重要问题。银行只有按期如数收回贷款本息，才能实现经营资金的良性循环。

4. 项目国民经济效益评估

国民经济效益评估是按照资源合理配置的原则，从国家整体角度考察项目的效益和费用，用影子价格、影子工资、影子汇率和社会折现率等经济参数分析、计算项目对国民经济的净贡献，评估项目的经济合理性。

经济效益问题始终是投资的核心问题。在我国目前的投资管理工作中，对投资项目的经济效益评估包括财务效益评估和国民经济效益评估两方面的内容。国民经济效益评估一般包括经济净现值分析、经济内部收益率分析和经济外汇效益分析。

5. 不确定性分析

不确定性分析是指以计算和分析各种不确定性因素的变动对拟建项目经济效益的影响程度为目的的一种经济分析手段。

一个建设项目，特别是重大建设项目，在决策过程中，需要考虑到政治、经济、社会、资源、技术等多方面因素的影响，这些因素将随着时间、地点、条件的改变而不断发生变化，对于这些变化着的各种因素，人们一般地称之为不确定因素。

在对拟建项目进行经济分析时，需要采用价格、折现率、项目计算期、生产规模等一系列的基本变量来测算项目的投资费用、经营成本、销售利润等指标。这些基本变量又要受多种其他不确定因素的制约和影响，使将来的情况很难与项目评估中所假设的预测的结果完全一致。这种不一致性就是项目的不确定性。

由于项目存在不确定性，这就要求在拟建项目的企业财务效益和国民经济效益评估中，必须计算和分析对项目有重大影响的各种因素的变化对项目盈利水平的影响程度，并要估算出对经济评价指标有重大影响的敏感因素及其变化范围，以及出现在此范围内的概率。

这种不确定因素变动对拟建项目经济效益影响的计算、检验和分析工作称为不确定性分析，不确定性分析包括盈亏平衡点分析、敏感性分析等。

6. 项目总评估

投资项目经过上述各分项评估之后，得出的是一些初步的、分散的、局部的结论，这些结论不能形成一个完整的概念，各分项之间的评估结论不一定完全一致，因此，这些分项的结论不能作为项目决策的依据。为了得出完整的、科学的、公正性的结论，就必须对投资项目的全部评估内容进行归纳整理，全面综合地分析，进行总评估。总评估就是按国家政策，在各项评估的基础上，对投资项目的投资结构、技术、经济等因素进行综合分析，作出综合评估结论。

2.4.3 项目评估原则与程序

1. 项目评估原则

项目评估是选择、确定项目，决定项目成败的关键。要想搞好评估，必须明确和掌握一定的原则。

(1)科学性原则

评估结论的可靠与否，首先取决于评估方法和指标体系科学与否，不恰当的方法会导致不合理甚至与实际完全相反的结论。项目评估工作是一项综合性很强的系统工程，不仅包括可行性研究的一套理论和方法，而且涉及广泛的宏观经济理论和方法，既要依据国家有关方针政策进行分析研究，更要符合项目建设客观规律性的要求。

我国的项目评估起步较晚，需要借鉴国外的经验，以科学的态度，依靠科学的理论，才能保证项目评估结论的科学性，为优化决策提供依据。

(2)客观性原则

项目能否成立不由人们的主观意志决定，必须从实际的物质环境、社会环境、经济发展水平、文化传统、民族习惯等条件出发，实事求是地分析项目成立的可能性。任何有违客观实际的项目终将失去存在的基础，甚至会对社会造成不可逆转的负面影响。

项目的兴建需从社会经济发展的现实需要出发，项目的产品要适应市场的需求。搞建设、发展生产的根本目的是为了满足人民日益增长的物质文化生活需要，任何建设项目必须要能发展社会生产力，提高综合国力和人民生活水平。项目的产品适销对路，满足社会生产和群众生活的某种特定需求，项目建设才有必要。反之，项目价值难以在市场实现，项目就缺乏生命力和竞争力。可见，客观性原则是评估项目和投资决策的首要原则，这也是保证项目获得预期效益的重要前提。

(3)公正性原则

公正性原则要求评估工作必须不偏不倚，秉公办事。评估工作人员必须兼顾国家、社会及各利益相关方的利益进行评估工作。在项目的评估和决策上，不只是考虑企业的微观经济效益，更应注重和考虑整个国民经济的宏观效益。如果两者矛盾，项目的取舍应以国民经济效益评估为准。因为项目宏观经济效益之好坏，是与能否促使社会资源的合理分配和有效利用一致的。

(4)优选原则

一项投资是否可行，固然以其技术的先进与可行为先决条件，但最终要以能否取得经济效益以及经济效益的高低来作为衡量其投资效果、判断项目取舍的基本准绳。凡属技术可行的项目,也应当体现经济合理有效。

评估项目讲求效益,应当强调项目产品的竞争能力,还要力求项目的投资省,建设时间短,而且投产后,企业的盈利能力要强。任何一个企业,不仅要为社会提供有用的产品与劳务,还应能较快地回收投资,为社会创造较多的积累。这既是扩大再生产的要求,也是企业得以存在和发展的必要条件。因此,分析投资和贷款的可行性,必须把增大投资效益放在十分突出的地位。

(5)系统性原则

项目运行是多种不同条件要素综合作用的结果,是有系统的整体性,因此,在项目评估过程中要对整个环境系统进行全面、系统、整体分析。

(6)动态性原则

由于项目所处的环境条件是不断发展变化的,因此在项目评估过程中要以发展的眼光来对待项目评估,要对项目现在和未来可能面临的变化作出科学的预测和分析。

2. 项目评估方法

(1)动态分析与静态分析

动态分析要考虑项目的变化,并在经济评估中考虑时间价值。静态分析是在某一时点上进行分析,经济评估中不考虑时间价值。强调动态分析并不排斥静态分析。

(2)定量分析与定性分析

项目经济评估的本质要求是通过对项目过程中的效益和费用的计算分析,对项目建设生产过程中的诸多经济因素给出明确的数量概念,从而得出结论和建议。项目评估中,有关工艺技术方案、工程方案、环境方案等的实物量或价值量应用定量指标表现出来。不能量化的因素,则应进行实事求是、准确的定性描述。

(3)宏观效益分析与微观效益分析

对项目进行经济评估,不仅要看项目本身获利多少,有无财务生存能力,还要考察和分析项目的建设和经营对国家有多大贡献,以及需要国家付出多大的代价,这样才能实现项目评估的宏观效益和微观效益分析相结合。

(4)预测分析与统计分析

项目的建设和投产都是未来的事,未来的市场需求、未来国民经济发展状况如何,直接影响着项目的经济效益。因此,进行项目经济评估,既要以现有状况水平为基础,又要进行有根据的预测。无论在财务评估,还是国民经济评估中,除了对现金流入和流出的时间、数额进行常规预测,还要对某些不确定的因素和风险性进行盈亏平衡分析、概率分析和敏感性分析,有时还要用到一些统计分析方法。

3. 项目评估工作程序

项目评估是一项复杂细致的科学工作,需要按一定的步骤,有计划地开展,一般项目评估程序如下。

(1)明确评估对象

即确定具体的评估项目,并依据其性质、特点与兴建背景,确定在评估中需着重解决的问题,以便明确目标,以利于提高评估的效率与质量。

(2)组建评估小组,落实评估人员

主持项目评估的机构或单位应根据项目大小和工作繁简程度的不同,及时选配专、兼职人员组建项目评估小组。只要项目建议书已经批准,评估对象已经明确,即可及早成立评估小组,随时了解可行性研究的进展情况,尽快着手有关项目的调查研究,掌握可靠的数据资料,完成评估准备工作。小组的人数与构成应同评估任务相适应。由于项目评估是在可行性研究的基础上进行的,因此要根据项目的大小及复杂程度组成评估小组,聘请有关专业人员参加,重大项目需按专题分小组进行,明确分工,制定评估工作计划,同时确定评估重点,安排好评估的工作步骤与时间进度。

(3)制定评估工作计划

评估小组成立后首先制定评估工作计划,这是使一系列评估活动得以有条不紊地开展的必要保证。一般来说,项目评估工作计划应包括以下内容:

①评估目的与任务:根据评估对象的基础条件及其特点,明确评估的目标与使命。

②评估内容:根据项目决策的需要和项目的具体情况,逐一确定调查、测算、分析和论证的具体内容与要求。

③信息资料:依据评估的目的与内容,拟定所需信息资料目录和取得信息资料的途径与方法。

④人员分工:根据资料收集、市场分析、财务、经济分析等工作的性质与特点,分别安排相当的人员负责,实行分工协作,共同完成项目评估任务。

⑤时间进度:按照调查、审查、评估的具体内容与要求,合理安排各项具体工作的进度,既要保证评估工作的质量,又力求有关工作的时间进度相互衔接,尽可能缩短整个评估的日程,提高评估的效率。

(4)初审

初审是在接到项目可行性研究报告后对其进行的粗略的审定与核实,即对评估项目进行一般性审查。制定可行性研究报告要考虑编写程序是否符合要求,数据资料是否齐全,编制报告的人员是否有资格,以及可行性研究是否在技术上、经济上客观地、科学地反映项目的实际情况。主要有以下几方面的内容:

①项目建议书的审查。a.是否向主管部门提交项目建议书,是否已列入前期工作计划。b.项目建议书的依据、理由是否正确、充分和真实。

②可行性研究报告编写单位的审查。a.编制报告单位的资格审查。b.参加编制可行性研究报告人员是否确系这方面的专家。

③审查项目是否为重复建设,产品市场分析如何。

④审查项目采用的技术是否为先进适用的技术。

⑤原材料的审查。是否属于稀缺资源,来源可靠性如何。

⑥环境保护审查。项目投产后对环境的影响,潜在事故对环境的影响和三废治理的方案。

⑦经济效益的审查。评估指标是否适当,指标计算是否准确,是否进行了财务评估和国民经济评估,结论如何。

⑧项目经办单位情况的审查。

(5)开展调查,收集评估资料

项目评估所需资料包括有关该项目产品市场、厂址选择、生产技术、建设条件、工程造价、生产成本、产品价格、税收等方面。通常可通过两种途径取得,一是从可行性研究报告取得;二是通过调查收集。一般来说,评估需要的基本数据、资料大部分可从项目的可行性研究中取得,但必须进行核实,弄清一个个数据的来源、计算依据、计算方法以及数据间的关系之后,再作评估论证用;此外,还应根据评估内容与分析要求,进行企业调查和项目调查,进一步收集必要的数据和资料。

调查中收集到的资料要查证核实,加工整理,汇总归类,使之真实、准确、系统、完整,以便用于可行性研究报告比较分析及编制评估报表。

(6)审查分析

调查收集到必要的资料以后,就应及时开展项目的审查分析与论证工作。通常是从以下几方面着手对项目加以评审与估价。

①企业和项目概况的审查。主要根据企业调查和项目调查的资料,结合项目可行性研究报告的有关部分,审查分析项目建设的必要性,弄清楚项目的背景、建设的目的与内容,拟定需要进一步深入分析的重点和关键的问题。

②市场调查预测与生产规模分析。即结合可行性研究报告,对拟建项目产品的供求状况进行调查、预测,并对主要原材料、能源等生产条件的供应可能加以核实、预测、分析,推断最为经济合理的建设规模。

③财务数据预测。利用调查、整理的数据资料,审查测定项目建设的总投资和分年度投资,预测项目建成投产后各年的成本、收益及还本付息等数据,为分析项目的财务、经济效益做好准备。

④财务效益分析。分析项目对企业的微观经济收益,确定微观的经济合理性。

⑤国民经济效益分析。分析项目对整个国民经济的得失利弊,论证项目宏观的经济合理性。

⑥总评估。归纳以上各方面审查分析的结果,对项目建设的必要性及其技术、财务、经济的可行性提出总的结论性意见。

(7)汇总评估论点,写出评估报告

在有关专家、学者参与之下,通过专题论证会等形式,将各个评估要点、各项专题评估意见进行汇总,列出主要问题,特别是对不同意见的重点讨论,从技术经济的角度评估出最佳方案。然后项目评估人员以审查分析过程中大量的数据测算、指标计算与论证推断为基础,写出评估报告,作出项目可行性研究的分析结论,包括对可行性报告的基本意见、方案比选的意见,以及依据相关政策、制度的建议等,提交主管部门审议,以便作出投资与贷款决策。

本章提要

需求的识别是项目生命周期开始阶段的最初工作,它从识别需求、问题和机会开始,以需求建议书的发布作为结束的标志。需求建议书是从客户的角度出发,全面、详细地向承约商或项目团队描述客户已经识别的确定的需求,以及为满足这些需求应做哪些准备工作。一般,项目构思分为准备阶段、酝酿阶段和完善阶段三个阶段。

可行性研究是在投资项目拟建之前,通过对与项目有关的市场、资源、工程技术、经济和社会等方面的问题进行全面分析、论证和评价,从而确定项目是否可行或选择最佳实施方案的一项工作。可行性研究的内容包括市场分析研究、原材料和其他投入物的供应分析、产品结构及工艺流程的确定、生产规模(或服务能力)的确定、技术与设备选择、项目选址、投资成本估算与资金筹措计划、经济评价、项目的环境影响评价和综合分析。

项目评估是在可行性研究的基础上,根据有关政策、法律法规、方法与参数,从项目(或企业)及国家的角度出发,由贷款银行或有关机构对拟建投资项目的规划方案进行全面的技术经济论证和再评价,以判断项目方案的优劣和可行与否。

本章介绍了项目评估地位和作用、项目评估与可行性研究的区别与联系、项目评估的内容等。对于不同的项目,项目评估的要求不同。

关键概念

- 需求建议书(requirement for payment, RFP)
- 项目构思(project design)
- 项目启动(project initiation)
- 项目发起人(project sponsor)
- 可行性研究(feasibility study)
- 项目评估(project appraisal)

思考习题

1. 项目启动需要经过哪些程序?什么样的项目需要经过项目核准和立项?
2. 为什么做一份全面而详细的需求建议书是重要的?它至少应该包含哪些内容?
3. 什么是项目构思?项目构思的主要方法有哪些?各自有什么特点?
4. 项目的需求是如何产生的?如何识别这些需求?请描述一下你在日常生活中识别需求的情境。
5. 项目的可行性研究的主要内容有哪些?
6. 如何编制一份完整的可行性研究报告?
7. 什么是项目评估?项目评估的主要内容有哪些?

案例分析

关于设立南京"好帮手"家政服务公司的可行性研究报告的实施要点

家政服务业的产生和存在是社会发展和人类需求的结果。现代社会,一方面竞争激烈,生活节奏加快,双职工家庭增多,大家都追求事业上发展,能用于家人沟通和家务劳动的时间减少,家庭功能向社会转移,家人关系容易出现问题;另一方面,人们对家庭精神生活、物质生活质量、对子女教育与老人赡养等又有比较高的要求。家政服务业的出现,正好为家庭担当了这方面的责任,家政服务业的发展,促进着家庭生活质量提高和家庭生活幸福美满。同时,它还可以为社会剩余劳动力提供新的就业岗位,减少失业,这就直接促进了家庭生活的稳定与幸福。因而,也促进了社会的安定与精神文明建设。

这一切都说明,家政服务业是一项方兴未艾的产业,按社会发展的现状和趋势来预测,它是具有良好前景,是大有可为的。为家庭生活服务更是人人都关心的事业。我国家庭生活质量提高的需求,在呼唤着家政事业的发展。并且,通过我们调查发现,高级的专业家政服务人员现在市场还是非常欠缺的。如果有比较大的资金投入,把这个行业高、中、低端的小公司整合起来,规范管理,分门别类,使走出公司的各档次家政服务人员成标准化"产品",这不仅会大大节约成本,而且质量得到保证,可以很快树立起公司强势品牌的形象,形成良性循环。因此,我们计划把资本投入这一行业,成立"好帮手"家政服务公司。

我们的投入资本总计20万元,成立的"好帮手"家政服务公司实行员工制,员工主要来自南京市下岗职工和农村剩余劳动力,其中下岗职工保证在70%以上。员工的统一招收、组织、培训、宣传都有一套标准化的严格管理程序。公司和每一位员工签订劳动合同,并为员工缴纳各种社会统筹保险金。所有员工上岗前都经过正规培训,员工穿着统一的工作服上岗,有休息日和节假日,工资以"底薪＋提成"的方式,加班有加班费。员工对雇主家由于工作失误造成的经济损失由企业进行赔偿。由于本公司员工均与本公司有劳务合同,双方有明确的责任义务,员工和顾客的安全和利益均有保障。

1. 项目背景和历史

人口部门的数据显示,2013年南京市常住人口总量为818.78万人,户籍人口643.09万人,家庭户约有240万,其中保姆的需求量为36万人,而南京现在保姆的保有量却不足12万,目前有24万个空缺。

随着南京开放程度的加大,越来越多的投资商、学者在南京安家落户。这些人需要的是有文化、有修养、能正确使用家电、布置居室、从事家庭文秘的保姆。南京市的高端家政市场还在成长,但目前高收入家庭已经不容易找到合适的高级服务人员,高端家政市场供需失衡。多数保姆还是农民工和下岗职工,高层次人员只是将之作为临时性工作。对有一定文化素养的,知识面比较广的这一类家政服务人员有很大需求:社会人口老龄化,家庭中的老人需要照顾;独生子女照顾、培养、教育的需求增大;专门为产妇及婴儿提供服务的"月子保姆"非常走俏;生活质量的提高使得家庭对于家政人员的要求已经越来越高。

南京目前经注册登记的家政公司有200多家。这些家政服务公司有些只提供钟点工这种单一的服务项目,而且从业人员没有经过培训,个人素质较低,责任心不强。另外,公司内部管理混乱且由于部分散兵游勇的掺和,总体经营状况不佳,不少面临亏损倒闭的危险,严重制约了家政服务公司的发展。并且因为多数家政公司没有与雇员签订劳动合同,未为雇员缴纳社会保险,家政被视为非正规就业。家政服务要发展必须提高服务质量,完善内部管理,树立良好信誉。

2. 市场和生产能力

中国社会逐渐步入家庭的小型化、人口的老龄化、生活的现代化和劳动的社会化,这些都直接促使人们产生家政服务的需求。截至2014年2月,我国60岁以上老年人数量已超过2亿,占总人口的14.9%,中国处于老龄化社会。我国14岁以下人口占总人口的16.6%,两者之和为31.5%,按城乡人口3∶7的比例计算,城市的老人和儿童有1.4亿人,他们首先是需要得到社会、家庭或他人照顾的群体。这其中隐含了家政服务的巨大需求,同时不少现代家庭已经具备接受社会提供家政服务的能力和条件。

据资料,南京常住人口中,0～14岁人口为76 1408人,占9.51%;65岁及以上人口为73 6051人,占9.2%。同"五普"相比,南京65岁及以上人口比重上升0.78%。其中每10

户老人家庭中就有近4户是"空巢"家庭。

1987—1994年出生的孩子,都赶上了南京市人口出生"高峰期"。预测结果显示,南京市处于生育旺盛期的育龄(20～34岁)妇女人数正在不断增加,南京市2011年到2015年婴儿出生总量呈逐年递增的趋势。据预测,2014—2015年全市各年度的婴儿出生人数大约是7.25万和7.48万。在城市家庭中,90%的学生请过家教或正在接受家教。

南京的城镇住户调查资料反映,南京现有的家庭户均人口数为2.77。传统的家庭结构模式已经逐渐被现有的"夫妻二人加孩子加双方父母"的现代家庭结构模式所代替。生活节奏的加快使人们越来越不愿意在日常的家务中花费更多的宝贵时间。因此,对钟点工工的需求呈上升趋势。

从劳动力供给情况看,家政服务人员的供方市场是源源不断的。据南京市劳动保障部门统计,南京市仅市级企业目前下岗人员即达10万人,当年大中专毕业生未能工作的有3万人,进城寻找工作的民工达20万人。从相对数来看,南京市每万人拥有在校大学生502.5人,中等专业学校在校学生数是7.69万人。

因此,组建家政服务公司,提供老人陪护、月子保姆、学生家教及钟点工的服务,从需求和供给两个方面考虑都是很有市场的。

3. 设备及投入物

企业的投入包括计算机一台、激光打印机一台、传真机一台、交换机一台、电话机10台、微波炉一台、办公桌椅12套、沙发一套、资料柜两个、其他办公设备及装修费用,总投入计20 700元,包括宣传在内的产品销售准备需要3 000元。固定资产第一年一次投入,预计第六年固定资产更新,购入的价格为原来的1.5倍。

4. 办公地点的选择

企业办公地点具体位置定为龙江小区月亮广场10幢B座410室。该房已铺设地板,墙面已粉刷,不需要对房屋进行重大结构改造。内有简单家具,水、电、气供应正常,已装有有线电视、电话、宽带,有洗衣机、柜式空调、冰箱等简单电器。

5. 项目设计

企业拟提供的老人陪护服务包括生活料理、技术护理、心理护理、康复护理;学生家教服务包括影响型家教、艺术型家教、成人型家教;钟点工服务包括礼仪待客、电器维护、家居安全、事故处理、家庭事务。

6. 公司机构和管理费用

公司结构如图所示,管理费用包括经理和销售办公人员工资、通信费用、交通费用、会计用品和水电费等,总计15 900元(不含销售人员提成)。

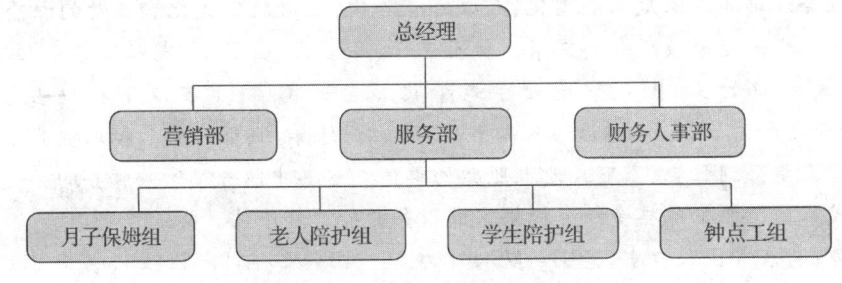

"好帮手"家政服务公司组织结构示意图

7. 人力资源

公司各部门的职能为：

总经理：负责公司的日常管理、公司日常经营的重大决策、机构的调整等。

营销部：公司产品的宣传、营销及售后服务。

服务部：客户服务工作执行。

财务人事部：计算产品成本，编制成本费用报表，进行成本费用的分析和考核，职工的招聘、选用、解聘以及档案管理，职工的培训安排等。

劳动定员为：总经理1人，营销部7人，服务部81人，财务人事部3人，总计92人。

根据岗位不同，员工的工作时间安排如下：

管理、营销人员、办公人员：上午8:00—12:00，下午13:30—17:30；其他人员：根据客户需要，以有效工作时间（客户签字确认的工作时间）为准，经与员工协商可以依法延长日工作时间和安排员工休息日（星期六、日）加班，但每日延长工作时间一般不超过3小时，并保证员工每周至少休息一天。

管理人员工资为"基本工资＋奖金"，学生家教为"提成"，其他工作人员为"基本工资＋提成"。其中总经理基本工资为2 500元，各部门经理为1 600元，其他管理人员为1 000元，工作人员为350元。营销人员提成6%，家政服务人员提成20%。

企业主要委托外部进行培训，月子保姆委托上海月子保姆培训中心培训，老年陪护、钟点工均委托南京化建公司培训中心培训，其他人员在公司内部组织培训。公司组建初期有月子保姆10人，老年陪护20人，学生家教20人，钟点工30人，总计需培训费用38 500元。

8. 执行时间安排

项目执行各阶段所需时间分别为：房屋租赁7天，装修15天，办公设备购买与安装7天，组建管理机构7天，招收和培训职工30天，产品销售准备30天。由于有些阶段可以并行操作，所以预计总共需要37天。

项目执行各阶段成本（包括工商登记费用、设备投入、首月供应计划、装修计划、第一年房租、招聘费用、前期宣传费用）总计66 500元。

9. 财务和经济评价

公司所需资金20万，全部为自有资金。预计第一年盈利，以后每年的销售利润率大约60%，投资回收期大约11个月。

10. 论证结果及结论

本项目在财务评价时全部投资内部收益率远远高于行业基准收益率30%，投资回收期为11个月。投资净现值（$i=10\%$），NPV＝441.43（万元），说明盈利能力满足了行业最低要求，投资净现值也大于零，该项目在财务上是可以接受的。经过敏感性分析，虽然存在一定风险，但是其利润率保持了一个较高的水平，加上在技术上没有什么大问题，故认为项目可以采纳。

问题：通过分析本案例，谈谈你对可行性研究报告的认识。

参考文献

[1] 张卓.项目管理[M].北京:科学出版社,2007.
[2] 陈志斌.项目评估学[M].南京:南京大学出版社,2007.
[3] 秦兆伟.项目论证与评估[M].哈尔滨:哈尔滨工业大学出版社,2011.
[4] 戚安邦.项目管理学[M].北京:科学出版社.2012.

第 3 章
项目组织管理

本章学习要点：

1. 了解组织结构对项目的影响；
2. 了解各种项目组织的形态，以及各种组织形态下对项目经理的授权；
3. 掌握选择项目组织结构应当要考虑到的关键因素；
4. 了解项目管理办公室在组织中的角色与功能。

开篇案例

一家市区医院面临一个项目,其项目目标是:开发并实施医院手术室的电脑安排系统。相应的任务与职能单位如下:

主要任务	职能单位
A. 建立项目目标并进行优先排序	系统分析师、外科部
B. 建立初级模型	系统分析师
C. 编程并测试模型	系统分析师
D. 与当前的系统并行	系统分析师
E. 比较后将结果送外科部	系统分析师、外科部
F. 修改模型并重新执行 D、E	系统分析师、外科部
G. 安装模型	系统分析师
H. 培训系统的操作人员	系统分析师、外科部

项目中的所有任务必须按上述的顺序进行,主要有三项工作:

1. 建立模型;
2. 测试模型并进行修正;
3. 安装模型并进行人员培训。

本项目只涉及两个部门,一是系统分析部门(属于管理部门),二是使用部门。两个部门代表了不同的组织,在整个项目过程中都必须相互协作。

我们还可以考虑引进外部顾问进行系统分析和建立模型,而内部的系统分析师需要投入更多的精力到将外部购进的财务软件系统更换为经医院自己改进的系统,估计在6~8个月的时间内他们无法抽身。另一方面,外科部的一些人员担心本院的分析师对他们的特殊要求并非十分敏感,他们更不轻信外来的分析师。事实上,一些外科大夫对整个项目持怀疑态度,他们认为与其在手术室的安排上下工夫不如用在提高对患者的医护质量上。

当时分析小组正从事着一个较大的项目,在三个月内只能派出一名分析师参与手术室电脑安排系统的项目。因为项目并不复杂,分析小组认为如果外科大夫能很好地配合他们的工作,项目有望在两三个月内完成。

在这个案例中,项目最好由外科部负责。由于项目的规模小并且只涉及两个部门,将分析技术转移到外科部很方便,也不需要成立独立的项目式组织或矩阵式组织对项目进行管理。另外,将项目交给外科部会带给部门控制全局的感觉,借以消除他们的疑虑。当然,将项目置于医疗部主管的领导下会有很大的灵活性,但设置于外科部所具有的心理和政治优势可以保证职能式组织充分发挥作用。

资料来源:根据网络资料整理。

为了达到项目制定的目标及确保客户的满意度,必须有高效率的组织支持项目经理的工作。本章的主要内容即在于探讨项目组织对项目本身的影响,各种项目组织的形态及其优缺点,分析项目组织形态的选择原则,说明项目权责的划分以及指派方法,最后则说明项目管理办公室及其角色与功能。

3.1 项目关系人的管理

项目组织的建立,必须能明确究竟何为"项目关系人"(project stake holder)。所谓"项目关系人"系指所有积极参与项目的个人和组织,或利益会因项目执行的结果或完成而受到正面或负面影响的个人和组织,他们有可能会对项目及其最终结果产生影响。每个项目本身的关键关系人基本上应包括:
- 项目经理:负责管理项目的个人。
- 顾客:使用项目产品或服务的个人或组织。
- 执行项目的组织:大多数员工均直接参与项目工作的企业体系或团队。
- 项目团队成员:执行项目工作的团体。
- 赞助者:在执行项目组织内,提供现金或其他财务资源的个人或团体。

表 3-1 将项目中各个项目关系人的基本职责与在项目中所扮演的角色列示出来,从该表我们可以得知这些项目关系人的责任与工作的具体描述。

表 3-1 项目关系人的角色与功能

项目关系人	职责	角色
赞助者	主导及核准一个项目的启动,负责项目经理的指派与授权	·确保项目是否与组织的发展方向与目标相符合 ·指导设定项目目的与限制 ·扮演激励项目团队的角色 ·提供项目经理必要的资源
项目经理	负责领导项目团队以达成项目的整体目标	·制定详细的项目计划 ·发展及带领项目团队 ·提供与项目相关的组织与个人必要的信息,并负责有效的沟通 ·管控项目进度使按计划完成
项目团队成员	负责项目的整体执行、监控与完成	·检验可行性与规划项目 ·提供执行项目的专业与技术 ·协助项目经理使项目能够如期如质如预算完成
项目团队助理	负责协助项目的执行与提供后勤支持	·提供项目必要的行政和后勤支持 ·协助项目经理执行其各相关任务 ·协助项目成员有效发挥其专业与技术
顾客	提出项目需求以供项目团队执行	·提供明确需求并确认项目目标 ·与项目经理有效沟通与配合使项目完成 ·参与重要审查,掌握项目产出的质量

续表

项目关系人	职责	角色
供应商	提供项目所需的材料、产品、服务以利于项目的执行	·适时参与和其相关的项目活动 ·按项目所需如期如质提供产品或服务
其他关系人	其他任何与项目产生相关利益的人或组织	·在项目各重要阶段提供必要的反馈意见 ·协助确认项目的结果与目标相符 ·影响项目的范围与其变更的接受

此外，项目关系人所涵盖的范围可以扩大到项目团队甚至组织之外的成员，包括了公司股东、投资人、工会、政府机关、一般民众、产品用户等，而涉及公众利益的项目，如公共工程，其所牵涉到的范围更可以广泛到地方社区、所有居民与纳税人等。由于他们对项目目标与交付的标的有不同程度的影响，所以项目管理团队必须能辨识关系人，了解他们的需要和期望，并尽可能管理他们对需求的影响，如此一来才能够确保项目的可行性与成功。

3.1.1 项目关系人分析的目的

项目关系人各有不同程度的职责，而且会随着项目的进程而变更。如果项目关系人忽视了他们的责任，将会对项目目标造成负面的冲击，同样地，如果项目经理忽略了项目关系人的期望，也将会对项目结果造成某些程度的伤害。辨识项目关系人有时是极为困难的，例如，因为车间工人未来的工作取决于新产品设计元素的成败，所以他们会是项目关系人。要是无法及时辨识项目关系人，会造成项目的重大问题。例如，迟迟才辨识出法律部门为某正在开发的软件更新的重要的项目关系人，导致项目需要增加许多额外的文书工作。

项目关系人对项目的影响可能是正面的，但也有可能是负面的。正面的项目关系人通常可自项目的成功获利，而负面的项目关系人却只看到项目成功的负面结果。例如，社区的商业领袖是工业区扩建项目的正面项目关系人，反之，如果环保团体认为工业区扩建项目将扩大对环境的冲击，他们就是负面项目关系人。站在正面项目关系人的立场，帮助项目获得施工许可，是符合他们的利益的。站在负面项目关系人的立场，要求更详细的环境影响评估报告，以拖延项目的进度，才符合他们的利益。如果项目团队忽略了负面项目关系人，项目成功的风险将大幅增加。项目经理必须管理好项目关系人的期望，这通常是一件非常困难的工作，因为项目关系人的目标是既矛盾又充满冲突的。举例而言：

- 某企业部门要新采购一套管理信息系统，部门经理希望越便宜越好，系统工程师则希望功能越多越好，供应厂商则希望能够大捞一票。
- 某科技公司将成立项目开发一项新产品，研发部门负责人的期望是该项创新产品是世界上最为先进的，制造部门负责人则期望该项创新产品的制造是世界级的制造实务，营销部门负责人则希望该项新产品有更多的新功能以利于销售。
- 某房地产开发商将成立项目组来开发一个高级小区，公司老板希望越快完成越好，当地有关部门希望税收方面能提高,环保团体则希望能尽量减少对环境的恶劣冲击,附近的居民则希望该项目能带动当地房价。

由上可知,项目关系人的管理问题是非同小可的,要是一件事未能很好地处理,讨好了甲方,却同时可能得罪了乙方,所有付出的努力可能就白费了。因此,身为项目管理团队的一分子,必须要能采用一套具有系统化的方法来管理好项目关系人。首先,我们要做的就是执行项目关系人分析,然后根据分析的结果,善加利用正面项目关系人的助力,同时加强与负面项目关系人的沟通协调,以化解或减少他们的阻力,如此一来,将可以大幅度提升项目成功的机会。基本上,项目关系人的分析包括了以下的目的:

- 辨识及界定项目关系人的特质。
- 评价项目关系人与项目之间的相互影响。
- 了解项目关系人之间的关系,包括评价真正或潜在的利益冲突,以及各项目关系人之间的期望。
- 评价各个项目关系人对项目成功的重要性及相对影响力。

3.1.2 项目关系人的分析步骤

项目关系人的分析步骤如下:

1. 制作出项目关系人表

项目关系人表的制作过程如下:

(1) 辨识及列出所有潜在的项目关系人。

(2) 分析他们是属于哪一类型的项目关系人:主要、次要、关键。如表 3-2 所示。

(3) 辨识出项目关系人对项目欲解决问题及目标的关注事项(隐性的或显性的),需留意的是每一位项目关系人可能有好几个关切事项。

(4) 概略地评价出项目对这些关切事项的可能冲击强度(高、中、低)。

(5) 标示出项目能够满足各个项目关系人关切事项的相对优先程度(1=高优先度;2=中优先度;3=低优先度)。

(6) 完成项目关系人表,如表 3-3 所示。

表 3-2 项目关系人的类型

类别	定义	举例
主要项目关系人	与项目有正式关系者	项目经理、项目员工、赞助者、顾客、使用者、供应商、公司股东、公司管理阶层、公司董事
次要项目关系人	与项目无正式关系,但对项目的进展及存续有影响者	政府、工会、地方社区、一般大众、社会团体
关键项目关系人	对项目具重大影响力或重要性者,主要项目关系人或次要项目关系人均可能为关键项目关系人	项目经理、项目员工、赞助者、顾客、使用者、供应商、政府、工会、地方社区、一般大众、社会团体

表 3-3 项目关系人表

项目关系人	类型	要达成的事项	冲击评量	优先度
业主	主要及关键	达成目标	中	1
		降低成本	高	1
组织高层	主要及关键	开发新市场	中	2
项目团队	主要	增进技能	中	3

2. 评价出各个项目关系人对项目成功的重要性以及他们的相对影响力

影响力是指项目关系人掌控项目的权力,该权力源自于组织或机关,包括以下部分:

- 法定(监控及预算);
- 管辖权;
- 对策略性项目资源的监控;
- 拥有特殊的知识或专利;
- 相对于其他项目关系人的优势。

另外,主要项目关系人与次要项目关系人的权力来源为:

- 社会地位;
- 组织中的地位;
- 共识;
- 领导团体的能力;
- 对策略性项目资源的监控;
- 非正式的影响力及其他的项目关系人的串联;
- 对其他的项目关系人的依赖。

重要性的含义如下:

- 该项目关系人的需要满足与否,足以影响项目成败;
- 该项目关系人的利益与项目一致与否,足以影响项目成败。

为了同时考虑到影响力及重要性,我们可以将项目关系人分成不同的群组(如图 3-1 所示),并针对每个不同的群组制定出项目关系人的管理策略:

群组Ⅰ:影响力大且重要性高——请他们参与项目的决策制定或执行。
群组Ⅱ:影响力大但重要性低——时不时向他们请教并报告项目现况。
群组Ⅲ:影响力小但重要性高——请他们参与项目的执行或决策制定。
群组Ⅳ:影响力小且重要性低——只要告知项目的状况就可以了。

项目关系人对项目的影响力和重要性是动态的,我们必须于各个项目管理程序中,分析项目关系人的影响力和重要性,然后根据其所属的群组制定出项目关系人参与项目的方式(图 3-2),以期能将各个项目关系人对项目的贡献发挥到极致。

3. 辨识会影响项目成功的风险及假设状况

接着我们要辨识各个项目关系人对项目是否有潜在的不利影响,当中又可以分为风险及假设条件两大类。一旦项目开始执行以后,项目团队必须定期检讨假设条件是否仍然成立,否则,它们便将成为风险。对于风险,则要将它们纳入风险管理计划,通过风险处置作

第3章 项目组织管理

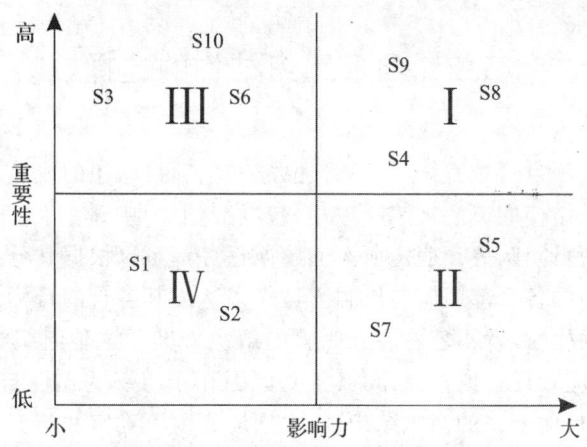

（其中 S1～S10 是不同项目关系人的代号）

图 3-1 影响力及重要性评量案例

	告知	咨询	执行	决策
起动	S1			S4
计划	S2	S7	S3	S8
执行				S6
监控			S10	
结案			S9	

图 3-2 项目关系人参与项目的方式配置

为，积极防范风险事件的发生，或降低其发生后的冲击，如表 3-4。

表 3-4 项目关系人风险评估

项目关系人	影响力估计	重要性估计	假设与风险
业主	低(2)	高(9)	始终如一地支持本项目
组织高层	高(10)	中(6)	获利潜力不如预期就会不支持本项目
项目团队	低(3)	中(5)	测试小组至10月底可全力支持本项目

注：1～3 为低，7～10 为高，为评分量尺。

3.2 项目组织结构的选择

组织结构、文化、项目管理系统、项目管理办公室、项目组织的成熟度都会对项目产生重要的影响。传统组织结构的概念被广泛应用,包括公司个业、政府部门、代理商及其下辖单位,例如局、处、科、项目团队等。假定所有问题或任务都可以根据其分工而明确地切割并予以解决,因此,组织中的各个部门倾向以独立运作以达成其各自的目标。当需要多个部门共同参与解决的问题发生时,就不容易看到完整的解决方案。这种组织结构,用以解决独特、非重复的问题时,反应较慢且成本高昂,其主要原因在于组织的惯性与人对于改变的抗拒。简单说来,非依据项目而分工的组织结构,不太适应高度不确定性与变化频繁的环境。

通常项目的环境充满了变化、复杂、不确定性与不可预测性,而项目的特性在于必须要调和多数人、单位与组织的资源与工作成果,通过让各个次级单位一起工作以评估所需的资源,再将这些需求整合为调和性的规划,并依规划进行工作。例如软件开发、制药、航天探勘、新产品和武器系统发展等技术提升的项目,通常都会遭遇到一些不可预期的事情。因此,需要具有弹性以改变目标和环境的影响,以及伴随着这些改变而来的不确定性,组织必须具有高度的差异性以容纳多样的潜在问题;同时必须具有高度整合性以快速响应牵涉多个次级单位需求的状况和问题;此外,还必须具备高度的弹性以因应目标改变时能够迅速修改组织结构,于是项目形态的组织就应运而生。主要收益来自于合约的组织以及以项目来管理的组织,都比较适用于项目型组织,这两大类组织都有针对于个别项目的经费、进度进行追踪与报告的功能。

3.2.1 项目组织的结构

项目组织的结构会影响到项目经理对资源的使用性。本节将依据项目经理的不同授权程度,介绍各种项目组织形态。表 3-5 说明了项目经理在各种组织结构的权限、资源可取得性、项目预算的监控、角色扮演以及项目管理行政人员的参与程度。

表 3-5 组织结构对项目的影响

	职能型	矩阵型			项目型
		弱矩阵	平衡矩阵	强矩阵	
项目经理权限	少到几乎没有	低度	低度到中度	中度到高度	高到几乎完全
资源可取得性	少到几乎没有	低度	低度到中度	中度到高度	高到几乎完全
控制项目预算	职能经理	职能经理	混合	项目经理	项目经理
项目经理任职	兼职	兼职	全职	全职	全职
项目管理行政人员	兼职	兼职	全职	全职	全职

资料来源:PMBOK 2004,Figure 2.6。

在 PMBOK 2004 年的版本中,将组织结构分为职能型组织、矩阵型组织及项目型组织三种。矩阵型组织又分为弱矩阵、平衡矩阵及强矩阵等三种。在职能型组织里,所有的预算管理以职能经理为主,项目经理的权限少到几乎没有,对于资源的可取得性也少到几乎没有,项目经理和行政人员都是属于兼职;在弱矩阵组织里,所有的预算管理还是以职能经理为主,项目经理的权限很低,对资源的可取得性也很低,项目经理和行政人员都是属于兼职;在平衡矩阵里,职能经理和项目经理分工管理项目预算,项目经理的权限从低度到中度,对资源的可取得性也是从低度到中度,项目经理是全职,行政人员是兼职;在强矩阵组织里,由项目经理管理项目预算,项目经理的权限从中度到高度,对资源的可取得性也是从中度到高度,项目经理与行政人员都是全职;在项目型组织里,由项目经理管理项目预算,项目经理的权限高到几乎完全,对资源的可取得性也是高到几乎完全,项目经理与行政人员都是全职。

3.2.2 职能型组织

职能型组织(functional organization)架构如图 3-3 所示。典型的职能型组织是一个金字塔结构,每一位员工都会有一个明确主管领导,人员根据自身专长进行分组。例如,最上层为装配、财务、设计、人事、采购以及销售部门,设计部门又细分为软件与绘图单位。职能型组织也会有项目运营的形态,但是其项目往往限于职能部门内。当职能型组织开发新产品时,还是由职能经理之间相互沟通,再指导该单位员工实施项目。

职能型组织执行项目时,通常都是兼职的,在执行项目的同时,还要完成原来职能部门的任务。项目经理可能是职能经理,也可能会是职能部门的某一员工。项目经理的职责主要以协调为主,几乎没有支配项目资源的权力。

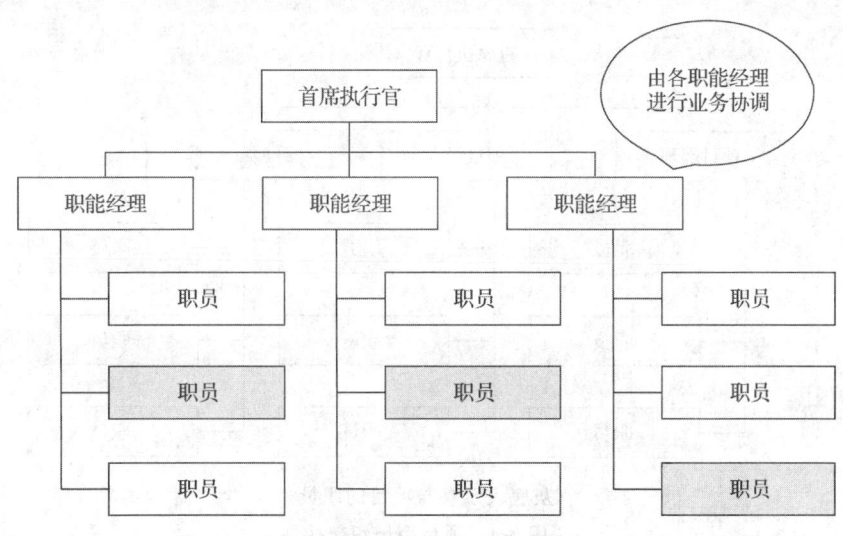

(灰底表示参与项目的职员)

图 3-3 职能型组织架构

资料来源:PMBOK 2004,Figure 2.7。

职能型组织的优点为:
(1)结构层级分明,每位员工都有明确的主管领导。
(2)充分利用组织的资源,避免装备与人力的重复投资。
(3)有效运用职能部门专业人员,能提高各项专业技能。
(4)员工职业生涯有保障。

职能型组织的缺点为：

(1)成员原来属于各职能部门，有自己负责的日常工作，项目并不是其关心的重点与主要职责，因此会为了职能部门的利益而忽略了项目与客户的整体利益。

(2)成员在项目都属于兼职性质，通常不会主动地担负责任和风险，而项目团队成员由职能经理指派，流动率较高且权责划分不易。

(3)项目团队属于不同的职能部门，横向联系较少。

(4)当不同职能部门发生了利益冲突，而项目经理的权限难以协调时，可能会影响到项目目标的达成。

3.2.3 项目型组织

项目型组织(projectized organization)结构是依照项目来设置的，如图3-4所示。项目经理拥有专属的全职项目成员，项目经理能全权管理项目，享有高度的权力，可分配项目的所有资源，对项目成员有直接的管理权力。项目内所有成员都是专职，当项目结束时，团队通常就解散，团队成员可能会被分配到新的项目，如果没有新的项目的话，则可能被解聘。

项目型组织是暂时性的，当任务结束后将面临到工作的不确定性，可以预见会降低员工的士气及服务的热忱，所以项目经理可能会分神于寻求新的合约或展延旧的合约，或为自身或团队谋求新的工作，而无法全新投入于项目的实际运营上。项目型组织由于各项目团队的功能重复设置，成本较高，所以通常都设置在投资金额较大，时间耗费较长的大型项目上。

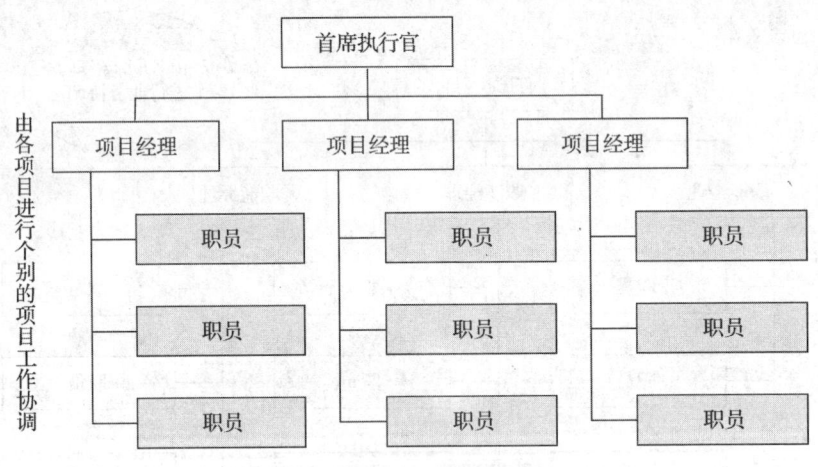

(灰底表示参与项目的职员)

图3-4 项目型组织架构

资料来源：PMBOK 2004，Figure 2.11。

项目型组织架构的优点主要在于：

(1)项目成员都是全职，每个成员都能明确知道自己的责任，有利于项目的指挥与管理。

(2)每个部门都是基于项目而组成的，项目成员都明确理解并致力于达成项目目标。

(3)项目经理享有最大的管理自主权限，在进度、成本、质量的监控方面较为灵活，对客户的需求和公司高层的意图也可以做出快速的响应，进而确保项目的成功执行。

(4)项目经理不需要与职能经理做过多的沟通，避免沟通中造成项目工作与目的的失真和延误。

但是,项目型组织的缺点主要在于:

(1)每个项目组织的资源与设备通常是独立的,无法有效达成资源共享,而人员无法互相调动,造成管理成本偏高,且资源分配效率偏低。

(2)各个项目团队的技术人员往往只重视自己项目所需的专业技术,不同项目团队很难共享知识,不利于项目团队人员技术水平的提高。

(3)项目成员缺乏职业的保障,项目结束以后就有可能失去工作,项目成员担心项目一旦结束后将影响生计,因此可能会刻意的延迟项目的结案工作。

3.2.4 矩阵型组织

虽然项目型组织提供了执行大型项目的方法,但它的缺点却会造成企业在工作执行上的困难。在建筑业和工程业中,构建一栋大楼、桥梁、水坝或高速公路即是个新的项目。在产品发展时,产品的构思、设计、制造及促销是新的项目。在信息技术上,软件与硬件的开发与安装也是新的项目。在法律与会计的领域内,一个案件或审计是新的项目。在航天界,新的飞机或航天系统也是新的项目。虽然这些项目中,有的项目规模较小,能由组织本身轻易掌控,但大多数的项目可能规模十分庞大、过于复杂且具备了高度风险。此外,这些企业大多数是属于"多重项目型组织",意思就是会在同一个时间内执行一个以上的项目,所以它们必须具备能够快速发展项目团队的能力,并排除项目型组织在人员以及成本上的缺点。

为了达成这样的效果,在1960年代逐步发展为新的组织类型,称为"矩阵型组织"(matrix organization),并由航天工业中的美国波音公司及洛克希德公司首先采用。矩阵型组织是职能型组织与项目型组织的混合体,是为了将组织中的资源与能力发挥到最大化而发展出来的。矩阵型组织在职能型组织的垂直架构中,叠架出项目型组织的水平架构,同时具备了职能型组织架构与矩阵型组织架构的特色,如图3-5所示。

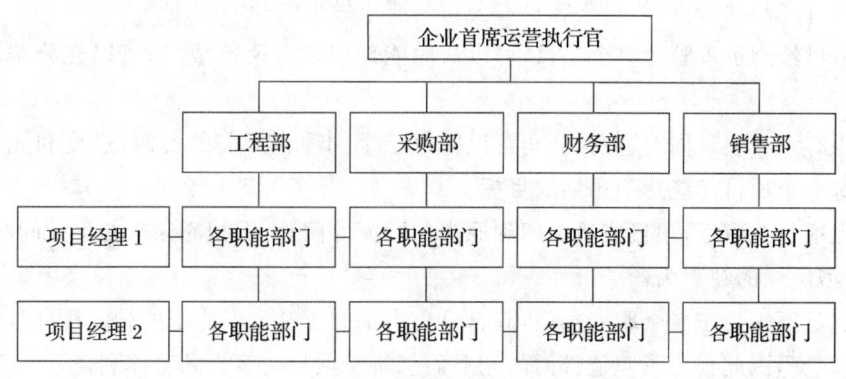

图3-5 矩阵型组织架构

项目经理在矩阵中的主要角色是协调及整合,典型的项目经理就如同职能型组织中的职能部门经理。部门经理提供必需的技术协商、咨询及支持,项目经理则整合不同职能领域的资源,结合到项目中,项目经理与部门经理必须相互协调直到项目完成。

矩阵型组织易于组成项目组织以完成特定的目标,具有项目型组织中专注于资源的优点。而且在多重项目组织中,运用矩阵型的方式更容易将同一时间内的多个项目平衡其进度及资源的需求,由项目总经理负责排定项目的优先级及平衡资源需求,其主要关注于现行项目的短期、中期与长期需要,以及即将实施的项目,减轻了高阶管理团队对于项目的责任。矩阵型组织的要点是垂直—水平的结构,这种结构也引发了根本的问题,而其成功的要素在于需要加强信息系统以及管理作为,以支持两个构面的信息流以及倍数增加的报告材料。

当公司承接项目时,项目总经理会挑选出一位合格的项目经理,项目经理会根据实际的需要,与各个职能部门进行协商,挑选出项目所需要的人员来组成项目团队。但是这个项目团队并不是固定不变的,项目团队会根据职能部门与项目的需要做出调整。当项目结束以后,项目团队成员有可能回到原本工作的职能部门,也有可能被派往其他项目团队,而项目经理则回到原先的职能部门工作。

在矩阵型组织架构中,项目经理负责项目,职能经理则辅助分配项目成员,与职能型组织相比较,项目经理对项目可做出更为有效的控制,职能经理对项目的影响较职能型组织架构来得小。职能部门掌握专业技术及资源,项目经理组成项目的团队时,必须通过职能经理去进行协调,然后"借调"其相关的技术和资源,每一个项目成员由原来的部门借调出去,在该项目执行的期间聚集在一起工作。因为相同的人力由数个项目分时使用,重复工作的情形将会降低。纳入项目的成员不仅在原有的工作领域中学习,保持固有的专业技能,矩阵型的结构让职能专家之间更易于沟通,并提供不同职能的团队成员彼此学习与发展技能的机会,也因为他们参与许多不同的项目,可以分享不同的看法,促进不同专业间的互动而产生创新,让他们能够更有效率地执行各自的项目。当项目人员的任务执行完毕或项目完成,即回到原有的职能部门,参与新的工作任务。所以,虽然人力发生大幅度的变动,但是因为工作仍然保有可持续性,成员的焦虑情形会减少许多。

综上所述,矩阵型组织优点为:
(1)具有灵活的特点,能对于客户和公司的要求做出快速的响应。
(2)项目经理负责管理整个项目,可以从职能部门借调所需成员,可以充分调动项目的资源。
(3)当有多个项目同时进行,公司可以针对于个别项目所需的资源、进度和成本等进行调整,让每一个项目都能达到预期的目标。
(4)当项目结束后,项目成员会回到原来的职能部门,不需担心未来的生计问题。

矩阵型组织的缺点为:
(1)成员原来属于各个职能部门,有自己负责的日常工作,项目并不是其自身关心的重点与主要职责,因此会为了职能部门的利益而忽略了项目与客户的整体利益。
(2)成员在项目中都是兼职性质,大多不会主动担负起责任和风险,而项目团队成员由职能经理指派,流动率较高且权责划分不易。
(3)项目团队成员属于不同的职能部门,彼此之间的横向联系较少。
(4)项目经理不但要处理好项目的各项工作,还要懂得如何与职能部门进行协调和配合。

(5)项目团队成员可能会接受多重领导,当项目经理与职能经理发出的命令发生冲突时,容易使项目团队成员感到无所适从。

(6)当不同职能部门之间发生利益冲突,而项目经理的权限又难以协调时,可能会影响到项目目标的达成。

许多单位曾经尝试着实施矩阵型组织,但发现并不可行,其原因在于大多数的组织习惯了科层化的决策模式及垂直的信息流,而矩阵型组织则强调水平关系、横向信息流与分权决策,是在职能型组织系统中加上横向的关系。如果公司采用这种结构,必须在现行垂直的指挥和会计系统中增加水平信息处理系统,这种方式虽然可行,但是费用昂贵且复杂化。为了避免矩阵型组织中的项目成员角色立场混乱,必须有一个共同的会议,在这个会议中,组织必须建立起明确而稳固的共识和优先等级。例如在美国波音公司内成功运用矩阵型组织已经有许多年的历史,该公司就是采取逐日制定优先级以明确界定权责。

在上述水平和垂直关系的冲突下,矩阵型组织便有了强矩阵、平衡矩阵以及弱矩阵之分。其彼此之间的差别主要在于:水平协调的项目经理与垂直监督的职能经理之间,所得到的正式在人事与预算的授权方面上相对的大小,如果项目经理所得到的授权强于职能经理,则称为强矩阵型组织,反之则为弱矩阵型组织,若不相上下的话则称为平衡型矩阵组织。在矩阵型组织的设计上,通常会依照原组织的文化、项目任务的重要程度,以及组织的项目管理能力来调整矩阵的强度大小,以取得冲突与反应弹性之间的平衡。

弱矩阵型组织执行项目时,团队成员通常是兼职的,在执行项目的同时,还要完成原职能部门的任务。项目经理是职能部门的某一位员工,兼职从事着项目经理的工作,项目经理主要起到协调作用,支配项目资源的权力极小。弱矩阵型组织的架构如图3-6所示。

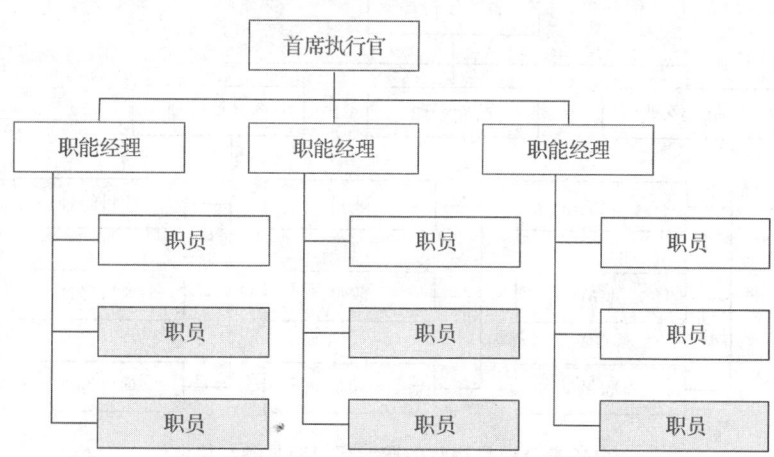

由各参与项目运营的职能部门职员参与协调
(灰底表示参与项目的职员)
图 3-6 弱矩阵型组织架构
资料来源:PMBOK 2004,Figure 2.8。

平衡矩阵型组织执行项目时,团队成员通常是兼职的,在执行项目的同时,还要完成原职能部门的任务。项目经理是职能部门的某一位员工,全职从事着项目经理的工作,项目经理与职能经理共同支配着项目的资源。平衡矩阵型组织的架构如图 3-7 所示。

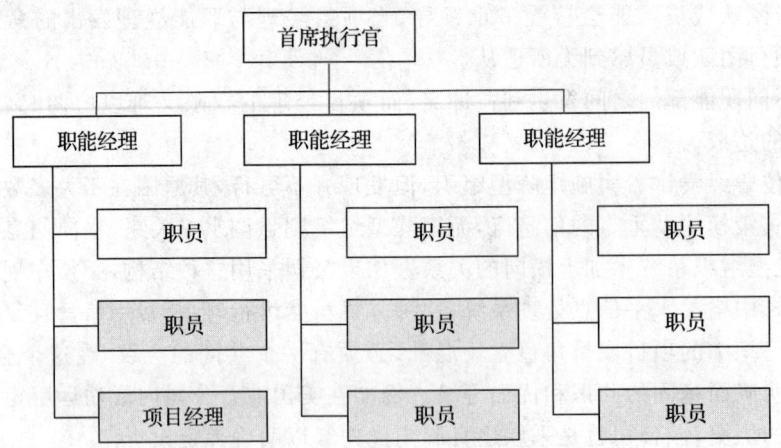

由各参与项目运营的职能部门职员参与协调
（灰底表示参与项目的职员）

图 3-7　平衡矩阵型组织架构

资料来源：PMBOK 2004，Figure 2.9。

强矩阵型组织执行项目时，团队成员通常是全职的，在执行项目的同时，还要完成原职能部门的任务。项目经理是职能部门的某一位项目经理，全职从事着项目经理的工作，项目经理负责分配项目资源的权力很大，且专业的行政人员也是全职参与工作。强矩阵型组织的架构如图 3-8 所示。

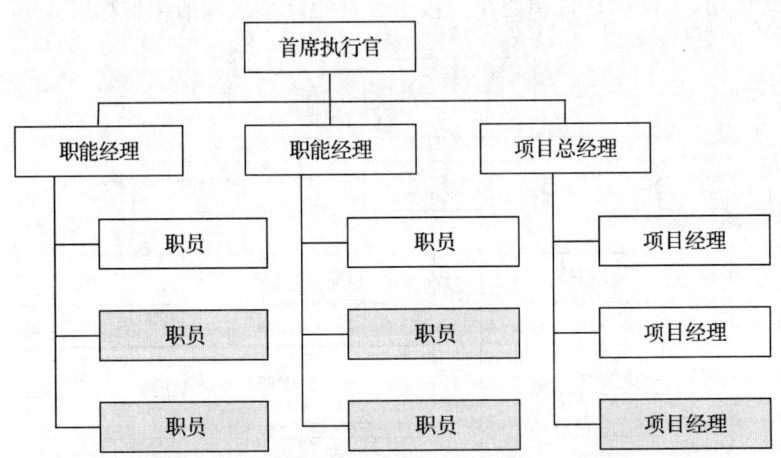

由各参与项目运营的职能部门职员参与协调
（灰底表示参与项目的职员）

图 3-8　强矩阵型组织架构

资料来源：PMBOK 2004，Figure 2.10。

现代化组织除了有基本的职能型组织，常常也要建立专门的项目团队处理重要的项目事宜，也可能某些项目是弱矩阵编组，有些项目则是平衡矩阵式编组，有些项目是强矩阵编组，这样的形态称为混合矩阵型组织架构，如图 3-9 所示。

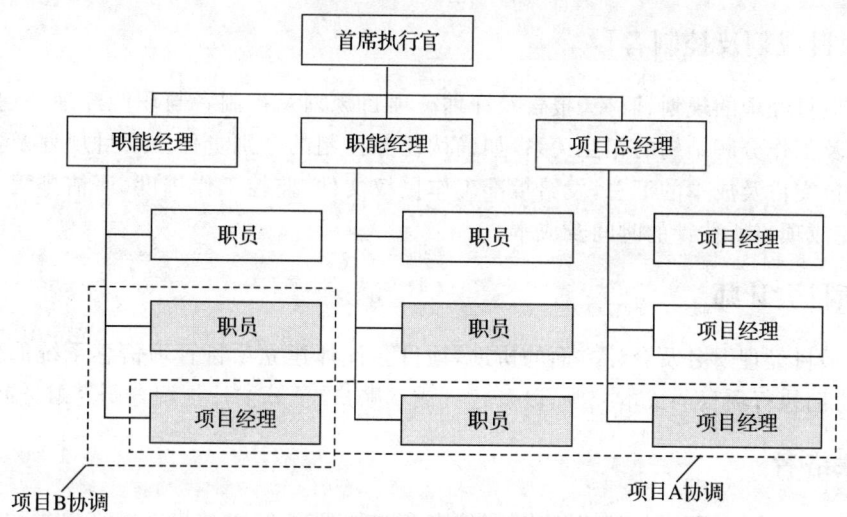

由各参与项目运营的职能部门职员参与协调
（灰底表示参与项目的职员）
图 3-9 混合矩阵型组织的架构
资料来源：PMBOK 2004，Figure 2.12。

3.3 项目团队的组建

在一个完整的项目团队里面，除了项目经理就项目本身的成败负起相应权责之外，还有一些不可或缺的角色，本节即一一介绍这些角色的责任。

3.3.1 项目技术师

主要负责包括系统分析及工程、设计、接口控制、系统整合及测试等。当包含数个职能部门范围时，项目技术师需要担负起以下任务：

1. 监督产品或系统设计与发展。
2. 经由工程设计以满足系统所需的性能。
3. 监督职能部门及分包商的沟通、协调及方向。
4. 在设计及测试子系统上，进行计划、监控、评估及完成文件发展。
5. 计划、监控、评估系统的整合测试。

项目技术师也监督着项目所需要的系统工程管理，也就是负责确保与系统改变有关的鉴定与控制等活动。

3.3.2 合约管理者

合约管理者负责诸如准予外包委外等项目法律事务方面的事情，合约管理者从事提案的准备、规定与协商合约、整合合约的需求到项目计划上，并保证履行项目合约的义务。

3.3.3 项目规划及控制者

协助项目经理的规划、监控、报告及评估。项目规划及控制者与职能经理一起工作,以界定任务及工作分解结构的相互关系,如确认任务控制的个别责任。项目规划及控制者也负责工作包文件及成本的汇总,发给批准工作授权文件,监控工作进度,评估排程与成本进度,修订完成项目所估计的时间及成本。

3.3.4 项目会计师

提供项目经理财务及会计方面的协助,项目会计师建立项目管理信息系统的会计管理程序,并协助执行项目的成本控制,以及建立成本账户、预算估计与调查研究财务问题。

3.3.5 联络者

如同消费者或使用者的技术代表,联络者参与技术讨论,并协助执行变更契约。联络者在协助维持承包商与消费者之间的友好关系中扮演着重要的角色。

3.3.6 生产协调者

规划、监控以及协调项目的生产。负责检阅工程文件以开工生产,开发设备零组件的需求,采购监控,组装零件及材料,直到最终的产品加工,发展相关生产活动的排程,并担任项目经理与生产制造部门之间的联系角色。

3.3.7 现场管理者

监督安装、测试、维持及送交最终产品给客户。负责现场的排程作业,监控现场的作业成本,管理现场人事,以及与项目经理联系。

3.3.8 质量管理者

建立及管理质量检查的程序,以确保项目产品质量符合质量规范要求。一般而言,质量管理者负责的业务包括提高质量的认识、改进工作方法以及生产零缺陷。

3.3.9 职能部门技术代表

职能部门的支持者与项目办公室的项目经理及其他人一同工作,以提供有关技术性的建议,与其他项目团队成员协调并适时代表其部门参与项目活动。

3.3.10 项目助理

项目助理在项目团队中扮演着看似琐碎、不起眼,甚至好像微不足道的支持者的角色,事实上,却是不可或缺与相当重要的。项目经理与项目团队都不能少了这种专业的后勤支持者。特别是当项目经理与团队其他成员都非常忙碌于各种管理与技术性问题的解决,而无暇分身于各种行政支持、文件制作与管理时,一位能够有条理地发挥其职能的项目助理就会成为团队中一股安定的正能量。如果少了这样的专业人力资源,项目组织就会陷入一片混乱,因为绝大多数的成员都强调自己的专业,不愿意涉入行政性的工作,而项目经理什么都得管,却不可能有时间事必躬亲地去处理所有行政事务。所以,每一位项目经理与项目团队成员希望在项目中至少有一位以上的项目助理来帮忙或执行下列事务:

1. 协助提供项目经理与项目成员相关的行政支持。
2. 使用相关的软件工具以协助项目设计之计划与监控。
3. 项目文件的维护与建档管理。
4. 协助项目团队执行系统化工程管理。
5. 负责项目计划书等文件的版本更新与内容抽换。
6. 协助项目经理撰写项目报告初稿。
7. 协助项目经理进行项目相关的沟通规划与执行,并负责项目文件的分配与发送。
8. 项目相关活动与会议的规划与安排。
9. 项目活动内容的记载与会议记录的撰写。
10. 公文缮打与收发文、项目产品文件保管与维护。
11. 汇集项目最新的信息并适时提供给项目团队成员。
12. 保管项目相关单据、发票、工作日志、图片与照片等。

以上所列的各项工作都相当的重要,无论是项目经理与项目成员共同分担来做,还是指派专任助理执行,这些工作都必须要有一定的人力来负责。

在较大型的项目中,上述各种角色即为项目办公室的主要成员。而在一般项目中,则视项目的需求合并其职能或不设置此职能;在某些小型项目中,由项目经理身兼数个职务也是可能的安排。

3.3.11 职能经理

职能经理负责在职能的领域上,维持组织与执行项目任务上的技术能力;而项目经理为每个工作包确定任务、发展计划、排程及预算。项目型组织的人事会随项目的改变而有所变动,相对地在职能组织中则较为固定,因此项目经理会倾向以对项目最好的观点来征求人力的资源,而职能经理是征求有兴趣的人。职能经理负责人员的雇用并检视绩效、报酬、专业发展及生涯路线。在大部分的项目组织中,职能经理保留很多非项目环境的权责,其技术角色是不容贬低的。项目开始之初,技术内容的职责、贡献应当清楚地描述,这样才可以确保所有项目坚强的技术基础,并能够减缓职能与项目经理之间的潜在对立。

3.3.12 项目功能领袖与工作包监督者

在大型的项目中,每个职能经理会选择一位担任项目功能领袖的人员,例如选出一个员工出任职能组长,这个员工是职能经理与项目经理之间的联系者,他与项目经理一起工作,监督着该职能部门执行的项目工作。在更大一点的项目中,有时一个部门中所负责的项目工作可以明确地区分为数个工作包,则在该部门中可能会指派工作包的监督者,负责工作包的规划、排程以及预算,并向职能经理进行汇报。

3.3.13 项目赞助者

最终有可能改变项目命运的重要角色,就是提供项目的资源且为项目经理至少上一层主管领导的项目赞助者。赞助者是项目执行组织中最具有影响力的人,他有相当的权力且在较高的管理阶层,这也意味着他无法对某一项目投入过多的时间。赞助者必须是项目经理易于接近的,且当项目经理需要协助时能够容易地整合资源。项目赞助者可能有不同的级别:也许是项目总经理、计划或项目主持人,或是项目办公室主任等,与职能主管的层级相同(参阅图3-9)。项目主持人监督着多个项目,并适时支持最高管理者。在矩阵型组织,项目办公室主任也是项目办公室与最高管理者之间的联系者,其本身也许就是公司的首席执行官或最高管理者,负责掌握所有项目的成败。

无论是哪一个阶层的项目赞助者,都必须确保项目目标与组织的策略目标相符合,且要使项目管理发挥功效,其主要角色为:
1. 清楚地提出组织愿景,并界定出项目经理与其他管理者的职权。
2. 界定项目经理制定决策的范围与限制。
3. 建立解决冲突的机制与设定任务的优先级。
4. 对项目管理团队提供目标方向与给予必要支持。

3.3.14 其他项目关系人

一个对项目的结果有潜在影响的团体或个人就是项目关系人。这个人可能会是与项目竞争资源的某个领域的管理者、外部环境的代表、压力利益团体或游说团体的代表,或任何察觉到会损失某些东西的人。项目经理必须辨识哪些人是重要的项目关系人,以及他们的诉求与兴趣何在,进而成功地降低项目推动的阻力。

3.4　项目经理与领导力

一般而言,我们常以"项目经理"来称呼项目的管理者,但在许多组织中,项目经理可能涉及不同的阶层且有不同的权限,所以本节将以不同的角度与责任来诠释项目经理的角色、项目经理的工作责任、项目类型的选择以及相应的领导力的展现方式。

3.4.1 项目经理的角色

项目经理的角色对于项目管理而言是非常重要的,项目经理扮演的角色有整合者、沟通者、决策者、激励者、正能量传播者、企业家以及组织变革代理人等。

项目工作中,整合的重要性很早就被强调。项目管理整合不同的活动和传播因素,以达成时间、成本和绩效的目标。而项目经理的基本角色是整合每个人及每件事来达成这些目标。

项目经理可能是一个沟通中心,是所有报告、要求、备忘录和抱怨的最终渠道,项目经理从许多地方接收信息,重新定义、统整及转换,来确认项目关系人能够充分了解到这个沟通中心的决策中心位置,执行分配资源,设定项目范围与方向,及平衡时间、成本和绩效标准。

项目经理可能本身就是一位企业家,致力于资金、设备及人员的获取。他必须说服职能经理指派更好更适合的人才加入项目运营工作。最终不管项目的成或败,项目经理都是最后应当负责的人。

项目经理可能是一种用价值及工作能力传递项目信念的正能量传播者,依赖项目经理的能力来争取上层管理者在获得资金方面的背书。

3.4.2 项目经理的工作责任

项目经理的基本责任在于：在预算与时间限制内，交付符合技术规格及利益目标的最后结果。而其他特定的责任随着项目经理的能力、项目的阶段、规模及特性，还有上层管理委托的责任而改变，通常涵盖了：

(1)建立起项目目标，规划项目活动、任务及最终结果，包括分解、排程、编列预算、协调任务及分配资源。

(2)选择项目成员及组织项目团队。

(3)建立项目关系人的沟通接口。

(4)整合职能经理、供应商、咨询顾问、使用者及上一层管理者之间的意见。

(5)建立项目团队成员的工作纪律。

(6)有效地安排、派遣及管理项目团队成员的任务。

(7)监督及控制项目执行现况。

(8)辨识技术与组织职能上的问题。

(9)直接解决问题或提出问题解决的办法。

(10)处理危机及解决冲突。

(11)当原先目标无法达成时提出必要的改变，并且坚持任务的最终完成。

横跨上述责任的，是整合、协调及指导所有项目活动和生命周期阶段的各种管理责任。这些责任包括：

(1)辨识职能部门、供应商及其他项目贡献者的活动接口。

(2)针对整合结果进行规划及排程。

(3)监督流程及辨别问题。

(4)沟通项目关系人的状况，启动并协调改正的行动。

风险和不确定性在项目的环境中是无法被避免的，项目经理有责任进一步规划预期和避免危机。大部分的项目经理更需要监督及描述项目的技术和财务状况，正确汇报已预期的错误、问题或偏差。

3.4.3 项目类型的选择

虽然在企业的实践上，项目经理通常不被赋予设计组织形态的责任，但是为了能有效地进行领导与指挥工作，项目经理仍然具有建议的权力，尤其是资深的项目管理者通常会非常关注项目组织的运营形态。所以，要选择出一种最佳的项目组织形态是不可能也不切实际的，但对于一个既定的项目而言，根据某些一般性的准则来协助决定最适当的项目组织形态仍然有其必要性。本小节将介绍选择项目形态的一般准则。

一般而言，选择最适当的项目组织形态的四种准则为：

(1)建立新项目的频率（频率如何？或母公司涉入项目相关活动的程度为何？）；

(2)项目的工期（最近的项目工期有多长？）；

(3)项目的规模（人力以及资源涉入的层级，或与公司中其他活动的资源关系）；

(4)关系的复杂程度（职能部门涉入项目的程度及关系）。

矩阵型组织与项目型组织可以应用于中复杂度或高复杂度及中大型规模的项目,这些项目有较多的资源和信息需求,需要项目经理强力且集权地加以整合。在某些特殊的情况,当同时进行不同种类的项目时,可由职能部门支持及分享资源,这时,运用矩阵型组织可以有较佳的效率;相对地,当项目之间具有相同的系统化工程需求,需要职能专家全职参与贡献时,或管理阶层渴望快速完成该项目且资源充分时,则项目型组织是较好的选择。

选择项目的形态时,所需要考虑到的相关重要关键因素有项目的风险、技术的不确定性程度、时间与成本目标的关键性以及项目的独特性等。举例而言,职能型组织下的项目小组一般适用于项目任务已有高度的确定性、较低的风险以及不需要花费太多时间及成本时。而当项目具有高度的不确定性,时间与成本为需考虑到的要素,或风险程度较高时,则矩阵型组织及项目型组织能提供必需的高阶整合与监控。

项目的架构是充满弹性的,当项目组织效能不佳时,应该设法改变调整,即使重新架构编组在短期内会引起混乱,然而,选择适合于项目需要及资源分配的架构,才能符合组织的整体利益。

3.4.4 项目经理相应的领导力

项目组织有时需依靠非正式的沟通,以达到强而有力的沟通效果。所谓非正式的沟通,是种耳熟能详的手段,也就是所谓"小道消息途径",这种方式有某些程度上的缺点,也许不尽完善,也不够可靠,无法保证消息的正确性;然而,非正式的沟通仍然相当有用,它满足了社交和工作上的需要,比正式的沟通传播更快速而直接的信息,所以非正式沟通的巨大传播网络对组织的运作而言是不可或缺的。

管理者无法监控非正式的沟通,但是可以影响它。非正式的沟通甚至具有某些意涵,可以越过管理者与工作者之间的身份障碍,激励非正式且详尽的沟通。例如,美国迪斯尼公司从首席执行官到每个职员,都有一个诨号昵称;美国惠普计算机公司则强烈要求每位员工直乎其名便可,而美国三角洲航空公司的管理哲学是"打开大门"。管理者要走出办公室,深入员工之间的社群对话,以一种激励的非正式交换信息的方式,来取代文件及电子邮件的报告。而这种办公室的实际接触对组织而言也是有所帮助的,互动可以有效促进有相互关系的不同职能部门之间的交流,打破彼此的隔阂,在职场间闲话家常的方式,可以增进面对面的沟通。项目经理有时会尝试运用非正式组织的沟通方式,允许成员在涉入问题或决策时,直接进行协调。虽然在非正式的沟通时常会忽略一些制式的看法,但管理者仍然可以鼓励并采用适当的非正式沟通架构,以增加激励的成效。

3.5 项目管理办公室

项目的成功高度仰赖着知识和经验的正确结构,项目管理办公室(project management office,PMO)是为了使组织内的项目能够更有效地达成任务而提供对项目的指导与支持的单位。项目管理办公室可由二至三人组成,是以提供组织内项目管理顾问咨询为主的一种基本服务型团队,也可以是无所不包地提供各种相关支持,以协助解决项目所有疑难杂症的一种高效的团队。项目管理办公室可以存在于任何形态的组织当中,项目型组织几乎都有项目管理办公室,矩阵型组织也常设有项目管理办公室,越趋向于项目型组织架构,成立项目管理办公室的可能性越大。

组织所设置的项目管理办公室的服务范围很广,从扮演咨询顾问针对单一项目提出具体的方针和程序建议,到得到高层行政主管领导的正式授权。项目经理可以在行政事务上得到项目管理办公室专职或兼职人员的支持。项目团队成员可以是全职人员,也可以由项目管理办公室管理同时参与其他项目的工作。

项目管理办公室是组织内部项目数据的交换场所,是具体可见的管理中枢,是提供信息资料与装备的项目团队发展中心,是促进沟通协调与信息发布的联络点,是协助项目冲突的问题调停者,是项目人力资源的整合站,更是项目后勤与行政支持的提供者。

本章提要

为了达到项目制定的目标及确保客户的满意度,必须有高效率的组织支持项目经理的工作。常见的项目组织为职能型组织、矩阵型组织及项目型组织三种,矩阵型组织又分为弱矩阵、平衡矩阵及强矩阵等三种。项目组织是项目团队所处的组织环境,会直接影响项目团队的管理和绩效,所以需要认识各类项目组织的优缺点,从而明确项目团队所处的组织环境和借此开展项目团队建设和管理。

项目经理在项目管理中扮演着多种角色:整合者、沟通者、决策者、激励者、正能量传播者、企业家以及组织变革代理人等,需要项目经理具备相应的领导力。项目管理办公室是为了使组织内的项目能够更有效地达成任务而提供对项目的指导与支持的单位。项目管理办公室可由二至三人组成,是以提供组织内项目管理顾问咨询为主的一种基本服务型团队,也可以是无所不包地提供各种相关支持,以协助解决项目所有疑难杂症的一种高效的团队。

关键概念

- 职能型组织(functional organization):
- 职能经理(functional manager)
- 矩阵型组织(matrix organization)
- 项目型组织(projectized organization):
- 项目经理(project manager)
- 项目团队(project team)
- 项目团队成员(project team members)
- 项目管理团队(project management team)
- 项目赞助者(project sponsor)
- 项目利益关系人(project stake holder)

思考习题

1. 项目组织形式主要有哪几种?
2. 分析并比较主要的项目组织形式的特点。
3. 请说明项目各种组织形态中项目经理被授权的程度。
4. 试说明项目经理的角色与其职责。

5. 除了项目经理以外,项目团队中还有哪些可能的角色?其职能为何?

案例分析

十六人团队让五月天歌迷紧紧相连

"我给你全部、全部、全部、全部自由……"台上,知名乐团五月天主唱阿信唱到歌曲最高潮;台下,音乐奏下,全场数万支荧光棒在同一瞬间从蓝光变白光,高雄世运主场馆霎时变成一片白色灯海,让毫无预警的观众惊呼连连。

这支由后台遥控变色的荧光棒,经由无线电波操控,能随着不同的歌曲,决定全场荧光棒的颜色变化,做出七种效果,成为演唱会最大的惊喜之一。

惊喜,也一直是五月天歌迷死忠的灵魂要素。

2012年12月31日,随着"诺亚方舟"演唱会在高雄场落幕,种种纪录,再次印证五月天的"演唱会之王"封号,这一切,除了艺人的魅力,帮五月天打造完美舞台的必应创造是幕后功臣。

必应创造成军七年,隶属于拥有五月天、刘若英等艺人的相信音乐公司。从五月天"离开地球表面"演唱会做起,随着规模一次次扩大,必应创造也从制作部门转为独立接案的子团队,成员从三个人变成十六人,演出场次更从一年40场成长到110场,相当于每周都有两场必应创造制作的演唱会正在进行。

"荧光棒的创意,我们两年前就开始想了!"必应创造演唱会制作部总监周佑洋以"诺亚方舟"演唱会为例,他说,早在录制唱片初期,他们便得知本次"世界末日"的概念,花上三个月讨论周边视觉元素,甚至想过让观众穿上会发光的救生衣;就连此次演唱会请来曾负责奥运、世足赛的德国蜘蛛摄影机(Spidercam)摄影团队,更是光交涉就耗费半年。"你不提前跑,很酷的想法,也只能想想。"

在"诺亚方舟"演唱会里,除了能随着歌曲变化的荧光棒,必应创造还运用QRCode扫描技术,让歌迷在场外上传寄往未来的"瓶中信",并在演出中于大屏幕上逐一播放信件内容,营造观众的参与感。

"五月天可能是全台湾最懂得和歌迷互动的艺人!"韦人瑜分析,五月天亲自上网发言的高频率在演艺圈少见,也连带影响演唱会的互动气氛。周佑洋透露,为了寻找适合在演唱会上使用的互动科技,他们几年来定期走访工研院,如花博的纸喇叭与肉眼可见的3D成像,都是他们曾考虑的技术。"透过科技,我们能让坐最远、最高的观众都觉得和台上没有距离!"

故事性,是五月天演唱会最让歌迷津津乐道的部分。周佑洋以"诺亚方舟"演唱会为例,在确定将末日作为主干后,必应创造几乎是以写剧本的方式为演唱会做分段,从末日到来、回顾人生、做出抉择到人生省思等,如起承转合般逐一浮现。

"例如,在开场时,所有大屏幕都变成船上的观景窗,比喻'上船'、末日来临。"他说。不只如此,因应末日预言,必应创造还将多达73场的巡回演唱,分为"末日版"和"明日版"两种版本,无论编曲、灯光音效都有所区别。"就是要让观众在这几个小时内,完全进入五月天编织的世界里!"

要成为"唯一",每次的剧本都必须超乎想象,也试探着五月天团队还有多少剧本,能让他们保持天团的地位不坠。

资料来源:台湾《商业周刊》第1312期。

问题：
1. 你认为"五月天"演唱会项目应该是属于哪一种类型的项目组织？
2. 唱片公司应该有很丰富的举行演唱会的经验，然而在本案例中，为什么项目中如此重要的部分会外包给必应创造公司？项目经理在达成目标上会出现什么困难？

项目组织形式

某系统集成商 B 最近正在争取某钢铁公司 A 的办公网络迁移到外地的项目。李某是系统集成商 B 负责捕捉项目机会的销售经理，鲍某是系统集成商 B 负责实施的项目经理。由于以往项目销售经理的过度承诺给后继的实施工作带来了很大困难，此次鲍某主动为该项目做售前支持。该办公网络迁移项目的工作包括钢铁公司 A 新办公楼的综合布线、局域网络系统升级、机房建设、远程视频会议系统、生产现场的闭路监控系统 5 个子系统。钢铁公司 A 对该项目的招标工作在 2006 年 8 月 4 日开始。该项目要求在 2006 年 12 月 29 日完成，否则将严重影响钢铁公司 A 的业务。

时间已到 2006 年 8 月 8 日，钢铁公司 A 希望系统集成商 B 在 8 月 15 日前能够提交项目建议书。钢铁公司 A 对项目的进度非常关注，这是他们选择集成商的重要指标之一。根据经验，钢铁公司 A 的实际情况和现有的资源，鲍某组织制定了一个初步的项目计划，通过对该计划中项目进度的分析预测，鲍某认为按正常流程很难达到客户对进度的要求，拟定的合同中将规定对进度的延误要处以罚款。但是销售经理李某则急于赢得合同，希望能在项目建议书中对客户做出明确的进度保证，首先赢得合同再说。鲍某和李某在对项目进度承诺的问题上产生了分歧，李某认为鲍某不帮助销售拿合同，鲍某认为李某乱承诺对以后的项目实施不负责任。本着支持销售的原则，鲍某采取了多种措施，组织制定了一个切实可行的进度计划，虽然其报价比竞争对手略高，但评标委员会认为该方案有保证，是可行的，于是系统集成商 B 中标。系统集成商 B 中标后，由其实施部负责项目的实施。

资料来源：根据网络资料整理。

问题：
1. 在制定进度计划时，鲍某可能会采取哪些措施使制定的进度计划满足客户的要求？
2. 实施项目的系统集成商 B 目前的组织类型是什么？如何改进其项目的组织方式？如何改进其项目管理的流程？如何降低管理外地项目的成本？
3. 在项目实施过程中，负责售前工作的李某应继续承担哪些工作？

技能训练

请在网上搜寻找出五个知名大型企业组织结构，并针对其网页介绍的企业所执行的项目经历，判别应该是属于哪一种类型的项目组织。

参考文献

[1] 许秀影等. 专案管理：基础知识与应用实务[M]. 台北：社团法人中华专案管理学会，2010.
[2] A Guide to the Project Management Body of Knowledge (PMBOK Guide). Newtown Square，Pa.：Project Management Institute，Inc.，2004.

第4章
项目范围管理

本章学习要点：

1. 理解并掌握项目范围管理的基本含义；

2. 理解并掌握项目范围管理涉及的内容，包括项目范围的规划、项目工作的分解、项目范围的确认及控制过程；

3. 重点明确项目范围管理所涉及各个方面内容的逻辑关系及其流程。

开篇案例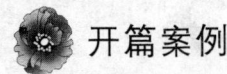

西安某企业 40 周年厂庆

西安某厂属国有大型企业,建厂几十年来,一直默默无闻地为航空工业提供某种关键部件,近年来由于市场竞争激烈,企业效益不佳。2001 年 10 月 1 日,适逢建厂 40 周年,工厂领导决定开一个庆祝大会,借此邀请上级及同行业的领导参加,也可以邀请新闻媒体的记者参加,以增大宣传的力度,扩大该厂在同行业中的影响。

由于这次庆祝活动规模大,任务繁重,经厂领导研究决定,一位项目管理专家被任命为本次活动的项目经理,负责庆祝大会的计划和实施工作。

在一次由厂领导和项目经理参加的协调会上,工厂领导在发言中提到,这次庆祝活动关系到我厂的声誉,组织这次活动,一定要做到严肃认真,周到细致,稳妥可靠,万无一失。

"可是,我现在得到的信息仅仅是让我负责这次庆祝活动,我本人不是职能部门的领导,无权直接从一些部门中抽调所需要的人员,关于建设所需要的人员,请领导给予大力支持。"项目经理在谈到困难时提出了上述意见。

"关于这次庆祝活动,厂领导的意见是统一的,就是要重点保障庆祝活动的顺利实施,你所需要的人员可以提出来,我们会想尽一切办法保障项目组的建设。"厂领导在协调会上做了表态。

"我需要负责接待的人员,他要做的工作包括来宾确定与邀请、机场和车站的接待工作,还有饮食、住宿安排等工作。"项目经理首先提出了要调用的人员。

"这可以由外事处抽调人员参与项目组。"

"我需要负责会场布置及会议宣传人员,他要做的工作包括厂庆宣传、音响及灯光布置、主席台及观众席设置、会场宣传标语的制作和悬挂等。"

"这可以由宣传处抽调人员参与项目组。"

"当然,为了本次庆祝活动的顺利进行,保卫人员也是不可缺少的,主要的工作是保卫准备及会场保卫。"

"这可以由保卫处抽调人员参与项目组。"

"除了上述工作外,在庆祝大会召开后,来宾参观工厂的活动也要有专人负责,还有环境卫生工作,等等。我想只要有领导的大力支持,项目组的组建看来问题不大,只是……"

"还有什么问题尽管说,我们会认真考虑的。"

"只是我现在所提出的庆祝大会的工作内容可能还不周全,能否在会后做进一步的交流?"

"当然可以。"

协调会在这种友好的气氛中结束了。

项目负责人(项目经理)如何根据上面文字给出的信息和实际工作经验,制作庆祝活动的工作分解结构图?

实施一个项目之前必须首先界定项目范围,项目范围是指项目可交付成果的总和,是为了完成具有特定功能的项目产品而必须开展的工作。简单地说,确定项目范围就是为项目界定一个界限,划定哪些工作是属于项目应该做的,哪些是不应该包括在项目之内的,从而定义项目管理的工作边界。项目范围是制定项目计划的基础,在执行过程中,项目范围为项目评价的基本标准,项目结束时项目范围又成为项目总结及验收的重要依据,项目范围所描述的内容都应完成。

4.1 项目范围管理概论

4.1.1 项目范围

项目范围是指项目的最终成果和产生该成果所需要做的全部工作。项目业主要求该范围既无遗漏也不多余。简单来讲,确定项目范围就是确定哪些方面是属于项目的,而哪些方面是不应该包括在项目内的。换句话说,确定项目范围就是要划定项目管理的工作边界,进一步明确项目的目标和主要的项目可交付成果。

范围一词在项目管理里包括以下3个方面的含义:

1. 产品范围:指在一项产品或一项服务中将要包括的性质和功能;
2. 产品规格:指产品或服务中包括的性质和功能具体适应什么样的工作条件与范围;
3. 项目范围:指为了交付具有特定性质和功能的产品或服务所必须要做的工作。简单来说,是我们要做些什么工作,怎么去做些工作,才能交付该产品。

这里所说的产品是一个广义的概念,对于任何一个项目来说,它的最终产品可以是产品,也可以是服务,或者是二者的结合。

由上可知,项目范围的定义是基于所有产品和服务的范围定义,由一般到具体、层层深入而得到的。一个项目由许多子项目组成,每个子项目可能相对独立但又互相依存在项目范围当中。即使一个项目的产出为单一产品,但产品可能由很多要素组成,每个组成部分都有其各自独立的围。例如,OEM厂家一个新的笔记本电脑用电源的开发项目至少包括以下几个部分:机构、电子、材料以及 PCB layout 等,要定义项目范围,首先要确定产品应具有的功能,确定产品规格,然后明确各部分的工作。

> **案例链接**
>
> **我该怎么办?**
>
> 赵明是一家设备安装公司的项目经理,他刚刚完成了一项 1500 kVA 变电所设备的安装。在项目将验收之际,客户却提出来要加铺一条电缆到一个废旧的仓库中,赵明了解到,客户是要将仓库变成模具维修中心,该中心有几台用电负荷较大的设备,原来的线路不能满足要求才提出来要加铺新电缆的。如果加铺这条电缆,就意味着项目不能按期试车和验收。
>
> 讨论:如果你是赵明,该怎么办?

4.1.2 项目范围管理

项目范围管理是对项目全过程中所涉及的项目产出物和项目工作范围进行的管理和控制活动过程。项目范围管理也就是对项目应该包括什么和不应该包括什么进行定义和控制。项目范围管理的过程包括项目范围规划、范围定义、范围确认和范围的变更控制。

美国凯勒管理研究生院的项目经理 William V. Libber 认为，缺少正确的项目定义和范围核实是项目失败的主要因素。因此，项目管理最重要也是最难做的一件工作就是确定项目的范围，并依此进行进一步的管理。项目范围管理是一种管理功能，是对项目应该包括什么和不应该包括什么进行定义和控制。它能够确保所做的工作既充分且必要，同时这些工作又可以实现项目的目标。在这个定义中有四层含义：

(1) 所确定的项目范围是充分的；
(2) 项目范围不包括那些不必要的工作；
(3) 项目范围规定要做的工作能够实现预想的商业目标；
(4) 以科学的技术和方法对项目进行范围的制定，并进一步进行控制。

项目团队中的所有的人必须在项目要产出什么样的产品方面达成共识，要在如何生产这些产品方面达成共识。通过项目范围的管理过程，把客户需求首先转化成为对项目产品的定义（项目产品可以是最终产生的预期收益），再进一步把项目产品的定义转变成为对项目工作范围的说明（项目范围内的工作可以确保成功地提交项目产品）。项目之所以存在，就是因为它把客户的需求和项目的工作联系在一起。因此，项目范围理是项目管理的最主要的功能。

确定了项目范围也就定义了项目的工作边界，明确项目的目标和主要的项目可交付成果。项目的可交付成果往往又被分为较小的、更易管理的不同组成部分。因此，确定项目范围对项目管理来说，具有重大的意义，可以产生如下作用：

(1) 提高费用、时间和资源估算的准确性。项目的工作边界定义清楚了，项目的具体工作内容明确了，这就为项目所需的费用、时间、资源的估计打下了基础。

(2) 确定进度测量和控制的基准。项目范围是项目计划的基础，项目范围确定了，就为项目进度计划和控制确定了基准。

(3) 有助于清楚地分派责任。确定项目范围也就是确定了项目的具体工作任务，为进一步分派任务打下了基础。

无论是新技术或新产品的研发项目，或者是与客户签订的服务性项目，如果不能有效地定义并控制项目范围，将会招致两大严重问题的产生：

① 项目实际要求的，但没有明确定义的工作将不能得到有效执行，进而危及项目最终目标的满足（例如，当客户对于项目目标不能给予完整、详细的描述，而服务商又不能提供帮助的时候，这种情况极易发生）。

② 不在项目工作范围内的工作内容被执行，或项目范围盲目扩大，进而危及项目的预算（迫于客户压力，不得不做一些分外工作，或自身缺乏明确的费用管理观念，都将导致这样的结果）。

正确地确定项目范围对项目的成功非常重要。如果项目的范围确定得不好，有可能造成最终项目费用的提高。因为项目范围确定得不好会导致意外的变更,从而打断项目的实施节奏,造成返工,延长项目完成时间,降低劳动生产率,影响项目组成员的干劲。

4.2 项目范围规划

范围规划是确定项目范围并编写项目范围说明书的过程。项目范围说明书说明了项目目的、基本内容和子项目结构,它规定了项目文件的标准格式和结果清单。项目范围说明书可作为项目计划的依据,也可作为项目各阶段工作的验收标准。

例如,一家公司签订的合同是设计一个石油处理工厂,必须有一份项目范围说明书确定所设计的子项目的工作界限。范围说明书的基础是通过确认项目目标和主要项目的子项目,使项目团队与项目委托人(客户)之间达成一项协议。

4.2.1 项目范围说明书

项目范围说明书是对项目所要求完成工作的叙述和说明。范围说明书是项目的各个利益相关者就项目范围达成的共识,可以作为将来项目决策的基础。

项目范围说明书的详细程度取决于高层管理者和业主的愿望。对于公司内部项目来说,项目范围说明书由项目办公室根据公司内部客户提供的资料进行编制,然后送交公司内部客户审核通过。一般来说,项目办公室由具有专门知识和书写技能的人员组成。

对于公司外部项目,尤其是某些竞争性项目,最好由项目业主方编写项目范围说明书,因为这样的说明书最能表达业主的意愿。实际上,有可能是由承包方为业主编写项目范围说明书,这是因为业主方可能并没有书写项目范围说明书的专门人员。这种情况下,一般是由业主方提供范围说明的基础资料,由承包商编写并报业主方批准。另一种比较普遍的做法是业主方聘请专门的咨询公司或项目管理公司,代表其管理项目,并进行项目范围说明书的编制。

1. 项目范围说明书的内容

一般来说,项目范围说明书应该包括以下内容:

(1)项目合理性说明。从商业角度出发,解释为什么要进行该项目。项目的合理性说明为将来评估各种利弊关系提供了基础。

(2)项目目标。项目完成后,所有必须达到的可测量标准就是项目目标。一般来讲,至少应该包括费用、进度和质量三个方面的标准,这三个方面都能够被量化。而未被量化的项目目标评价标准模糊,验收较困难,往往隐含有较大的风险。

(3)项目可交付成果。它是一项项目主要可交付产品的清单,只有清单上的全部产品被按时、满意地交付才表明项目成功完成。例如,对于一个工厂ERP项目来说,主要的可交付成果包括运行程序、用户手册和培训教材等;对于一个建设工程项目来说,可交付的成果是具体的房屋建筑、生产装置、构筑物等。

(4)项目描述及其组成描述。项目描述是指概括性地描述项目的主要特征。例如,对于一个工厂建设项目来说,它包括总项目的描述和子项目的描述。总项目的描述指对项目的功能、主导产品、建设规模、子项目组成等的说明;子项目的描述可以是土建工程描述、设备工程描述、控制工程描述等。

项目组成描述是指一个项目可能包含多个相互独立的子项目,而每个子项目又能分解成任务、子任务。一般来说,一个子项目在完成后,可以单独移交给业主方使用。当全部子项目完成,则意味着整个项目的完成。对一个工厂建设项目来说,可能需要建设多个车间、仓库,有些可能还要建住宿楼、食堂等;车间子项目又可以细分为土建工程、设备安装工程、给排水工程等。

所谓项目组成描述是对项目全部组成单元(子项目、任务、子任务)的描述与说明。

(5)技术规范。在某些项目里面,技术规范可以作为项目范围说明书的一部分,特别是在工程项目里面,它主要描述了项目的各个部分在实施过程中采用的通用技术标准(国际标准、国家标准、部标准)和特殊标准(企业标准)。

> **案例链接**
>
> ## 某项目的范围说明
>
> 一、项目合理性
>
> 在过去10年里,经济增长一直处于停滞状态的主要原因之一就是该地区缺少合格的管理人才。在经过对各种方案的评估之后,社区委员会决定,解决这一问题的最好方法就是创办一所大学。
>
> 二、项目目标
>
> 1. 在一年内创办一所顶级管理学校,并配备最先进的计算机系统和高科技教学设施。
> 2. 学校有两类主要课程:(1)MBA课程;(2)集中研讨班。目的是提高管理人员的领导能力和沟通技巧。
> 3. 学校可征用已有建筑,并可将其重新装修以适应需要。
>
> 三、项目资助者
>
> 本市市长是主要支持者和资金筹集人。
>
> 四、主要利益相关者
>
> 1. 市长。
> 2. 大型州立大学,位于该地区的享有国际声誉的机构,将在项目的组织上提供帮助。诺利(Knowly)博士被提名为代表该学校的联系人。
> 3. 地区管理协会,帮助判断该地区的管理需求并推动项目。辛普森(Simpson)女士被提名为代表该协会的联系人。
> 4. 地区工业——希望提高现有以及未来员工的管理技能的公司。本地区新兴的高科技产业中心吸引了大量毕业生。
>
> 五、项目经理
>
> 市长提名由西摩·斯迈尔斯(Seymour Smyles)作为本项目的项目经理。西摩博士有10年的通信行业项目经验并在最近获得了MBA学位。

> 六、项目主要交付成果
> 1. 认可的 MBA 课程；
> 2. 公布包含课程及讲师名称的教学计划；
> 3. 有官方网站；
> 4. 已注册的首届学生；
> 5. 高科技教学设施；
> 6. 行政管理人员；
> 7. 教学人员办公室及师资力量。
>
> 七、成功标准
> 1. 在预算范围内按时完成；
> 2. 第一年注册课程的学生数；
> 3. 第一年提供的高级研讨班的数量；
> 4. 第一年的运营费用。

2. 项目范围说明书的编制

项目范围说明书的编制步骤包括：

(1)由项目经理牵头建立项目范围说明书编写小组，组员包括各领域的专门人才。

(2)项目经理或者项目经理指派人员审核项目和定义项目目标的文件，检查合同，并收集项目目前发展的相关资料，然后将这些文件种和资料进行整理。收集和整理类似项目范围说明书和技术规范等资料。

(3)项目经理提出初步的合同工作分解结构和合同工作范围说明书。

(4)项目经理领导编制一个详细的核对表，里面明确哪些工作是项目范围说明书的主题内容或附件；哪些工作将作为选择项目，即在项目的实施阶段才确定由谁来完成。

(5)项目经理将可以识别出的任务委派给具体的项目工作人员，项目经理还应该熟悉所应遵循的规范、设计标准以及项目范围说明书中的其他文件，并把它们分发给各编制负责人。

(6)项目经理建立时间进度表，要求每个任务组成员按时提交其负责的项目范围说明书的子部分；同时项目经理还要协调各编写小组的工作，确保项目时间进度能够满足业主的需求。

(7)项目经理审核项目范围说明书。

3. 编写项目范围说明书的注意事项

事实上有两种项目范围说明书，一个是项目合同范围说明书，一个是项目启动规划阶段项目范围说明书，两者之间不可避免地会存在差异。另外，合同范围说明书与合同工作分解结构之间也可能出现矛盾和歧义，所以我们要特别给予关注。对于前一个差异，通常是由业主与承包商谈判解决；而对于后一个歧义，最好在合同里明确协议解决的办法。

4. 项目范围说明书的形成过程

从项目范围的管理过程来说，项目范围说明书的形成过程也是项目规划过程的一部分，其过程如下：

(1)业主方目标。对于大部分业主方来说，业主方的目标一般是由业主方的董事会或者企业高层提出，其目标可能包括时间、费用、质量、建设地点等。

目标的复杂程度决定了业主方是否需要雇用一个项目经理。如果这些目标非常复杂或者规模很大，那么早点任命一名项目经理就可以充分利用项目经理的专业知识，帮助定义业主方目标，设计和评价为达到目标所提出的所有备选方案。

在业主方将目标和已知约束条件提供给项目经理的条件下，项目经理应该对目标和约束条件编写出明细表。

(2) 可行性研究。一般来说，达到业主方目标的方法不会只有一个，在项目约束条件下，项目经理与业主方讨论可供选择的方案，从技术、经济、社会环境等方面进行综合考虑，以选择最优方案，这就是可行性研究。

为了使可行性研究更有效，所有的资料都必须是准确和翔实的，资料一般要由专家提供，而专家来自组织内部和外部。

项目经理就可行性研究的预算和时间表与业主方讨论并达成一致意见，然后代表业主方雇用各种专家，协调各种专家进行可行性研究，将结论报告给业主方并提出相应建议。可行性研究中应该包括每种方案的风险评估，决定拟采用的合同路线和草拟相应的主进度计划。

项目经理将从业主方那里得到最终认可的方案，这个方案决定了项目的总体说明。

(3) 项目总体描述。项目总体描述是项目主要特征的说明。形成项目的总体说明是一个交互式过程，这个过程涉及大部分的设计工程师和业主方的代表，项目经理负责管理这个过程，并要记录和说明业主方的相关决定。最终的项目总体描述必须得到业主方的批准。

初步的设计研究不可能尽善尽美，一般来说都要经过修改。在这个阶段业主方改变原来的想法是很正常的，相应的项目工作范围也会产生变化。但业主方应该明白，变更可能会对时间和费用产生很大的影响，项目经理应该向业主方强调这一点，并且判别该要求是否合理并转告业主方，以减少未来发生变更的可能性。

(4) 项目详细范围说明。项目的详细范围说明基于项目总体描述，由项目经理、设计工程师和咨询专家一起编写。项目经理的主要任务是确保项目的详细范围说明遵守项目总体描述、项目预算和主进度计划。

项目的详细范围说明也必须得到业主方的批准。在业主方批准后，项目的详细范围说明就变成了项目的控制文件，设计工程师将严格按照详细范围说明进行设计。项目经理根据业主方的授权，监督整个设计工程，并进行费用检查，确保其满足项目详细范围说明和其他约束条件。

4.2.2 范围管理计划

项目范围管理计划制定的根本任务是生成一份项目范围管理计划（又叫规划或指南等），这种项目范围管理计划及其编制的具体概念分述如下：

1. 项目范围管理计划的定义

项目范围管理计划是项目管理者规划、定义、确认、管理和控制项目范围的一种计划文件或规划与指南，它给出了人们应该如何确定项目范围，应该如何制定详细的项目范围说明书，如何确定和分解项目工作分解结构以及如何确认和控制项目范围等方面的规定。

2. 项目范围管理计划的内容

项目范围管理计划的核心内容包括:如何根据项目章程和项目管理计划以及初步项目范围说明书编制详细的项目范围说明书的过程和方法,如何根据详细项目范围说明书制定项目工作分解结构的过程和方法,如何确认和验收项目产出物和项目可交付物的过程和方法,如何控制项目范围变更的过程和方法等。实际上项目范围管理计划与项目质量管理计划、成本管理计划和时间管理计划等共同构成了项目管理计划的整体。

3. 项目范围管理计划的编制

项目范围管理计划的制定主要是拟定和给出项目范围管理的计划和安排,这是整个项目范围管理中一项很重要的工作。这首先需要从分析项目章程、项目初步范围说明书以及其他项目管理计划(包括项目质量、成本和时间等方面的管理计划)入手,最终给出一份由如何界定、分解、确认和控制项目范围的程序、方法和要求等方面构成的计划文件,以便用它指导人们开展项目范围管理工作。项目范围管理计划同其他项目管理计划一样,既可以制定成详细而又正式的项目范围计划文件,也可以制定成简略而又非正式的项目范围计划文件。

4. 项目范围管理计划编制依据

项目范围管理计划编制的主要依据有两个方面:一是初始项目范围决策的结果,二是其他有关项目范围管理的信息。前者主要是有关项目相关利益主体对项目产出物和工作的质量规定与要求,后者主要是项目相关利益主体对于项目管理方面的规定和要求。

(1)初始项目范围决策的结果

这包括如下几个方面的项目范围管理计划的主要依据:

①项目章程。这是制定项目范围规划的主要依据,因为项目章程中给出了项目的目标、项目的要求、项目的约束条件和项目的管理要求等各方面的信息和规定,所以不管是项目范围管理计划还是其中的项目范围管理程序与方法都需要根据它来制定。

②项目初步范围说明书。这种项目范围的初始规定文件给出了一个项目的产出物和项目工作范围的大致内容与要求,这是在项目定义与决策阶段人们根据相关利益主体对项目目标和质量的要求而做出的项目产出物和工作范围的初步规定,所以它是重要依据之一。

③项目的其他管理计划。包括项目的质量、成本、时间、采购、沟通、风险管理等方面的专项管理计划,这些项目管理的计划都与项目范围管理计划相互影响和相互作用,所以它们也都必须作为项目范围管理计划工作的主要依据。

(2)其他有关项目范围管理的信息

这既包括项目团队或项目实施组织的目标、政策、组织程序、管理机制、组织结构、组织文化、资源情况和历史项目信息等方面的依据,也包括项目团队和项目实施组织所处的市场环境、资源约束、不确定性环境等各种环境方面的情况。因为人们必须根据各种有关信息开展项目范围的管理,所以凡是与项目范围管理有关的信息都应该是项目范围管理计划制定的依据。

5. 项目范围管理计划的编制方法

项目范围管理计划的编制方法同多数项目规划或计划的方法一样,主要是确定规划或计划的目标、条件、任务、方案、责任、预算以及应急措施等内容的方法。由于项目范围管理计划的制定是处于项目较早阶段而信息缺口较大,所以它主要用下述两种项目规划的方法:

(1) 专家法

这是一种使用专家经验制定项目范围管理计划的方法,因为此时制定项目范围管理规划的信息缺口较大,所以需要使用专家经验和判断。因此在没有历史项目信息或项目范围管理计划样板时,人们需要采用这种项目范围管理计划的编制方法。

(2) 样板法

这是一种使用历史项目(已完成的同类项目)的信息制定项目范围管理计划的方法。因为历史项目的经验教训可在很大程度上作为参考信息使用,所以人们在编制项目范围管理计划时首先选择这种方法,如果没有历史项目的"样板"可以借鉴,人们才使用专家法。

4.3 项目范围的定义

项目范围定义就是把项目的主要可交付成果划分为更小的、更加容易管理的组成部分。为了达到项目目标,首先需确定所要完成的具体任务。在项目范围计划中,对这些任务进行了概括说明;在项目范围定义中,要将这些任务再逐步细化直至落实到完成它的每一个人或每一个小组。项目范围定义不但要力求准确、细致,而且要有利于项目资源的合理调配和成本的估算。

正确的范围界定是项目成功的关键。当它是一个很差劲的范围界定时,由于不可避免的变化可能会使最终项目成本变得很高,因为这些不可避免的变化会破坏项目节奏,导致重复工作,增加项目运行的时间,降低生产效率和工作人员的士气。

拉尔森(Larson)调研了北美地区 1 400 位项目经理,他发现项目中出现的计划方面的问题,有一半与项目范围定义不清楚有关。严重情况下,可能导致项目失败。某大型国有设备制造企业,在地方政府信息化专项资金支持政策的鼓励下,为了争取这笔资金启动了 MRP 项目,政府出资一部分,企业自筹配套资金。立项过程仓促,项目计划比较粗糙,原计划仅把生产部门业务纳入系统,在实施过程中其他部门纷纷提出信息化要求。项目负责人缺乏管理经验,将大部分需求纳入了项目计划,使得项目产出物和工作内容膨胀。原有的资金明显不足,政府不予增加资金,企业财务也有困难,在预算耗尽后项目被迫停工。其教训之一就是项目范围没有界定好,项目越做越大,导致后续资金短缺而失败。换言之,如果项目经理控制好需求,按照原来的项目范围实施,更容易走到成功终点。

界定项目范围的主要的工作是运用工作分解结构法(WBS)明确项目范围,并生成工作分解结构图,以保证后续工作的顺利进行。下面将重点介绍项目范围界定的技术工具之一——工作分解结构法。

4.3.1 工作分解结构的含义

面对一个项目,项目团队可能会感觉无从下手,实际上,项目是一组独立进行的活动的集合,这些活动的产出物集成起来就是最终可交付成果。要完成项目就必须知道它包含了哪些活动,这些活动的关系和资源需求是什么。工作分解结构(work breakdown structure,WBS)是进行项目活动分解的专门工具,创建工作分解结构是把某些可交付成果和项目工作分解成较小的、更易于管理的组成部分的过程,它是以可交付成果为导向的工作层级分解,其分解对象是项目团队为实现项目目标、提交所需可交付成果而实施的工作。每下降一层意味着对项目工作更详细的定义。工作分解结构定义了项目的总范围,代表着项目范围说明书所规定的工作,这里的工作是指经过努力取得的成果而非努力本身,如工作产品或可交付成果。图4-1显示出一个从上到下简单工作分解结构模板。

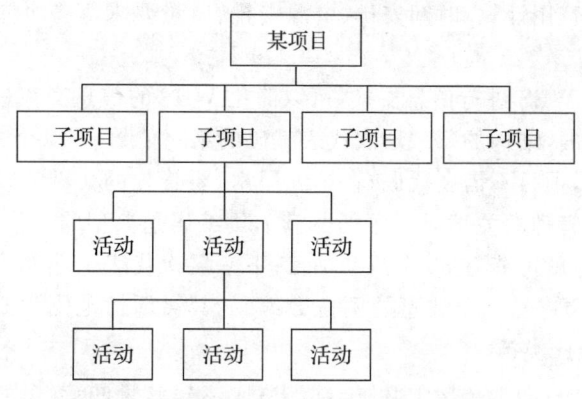

图 4-1 从上到下简单工作分解结构模版

4.3.2 工作分解结构图

在确定了实现项目目标所必须做的各项工作之后,也就是项目分解完成之后,必须交出的成果就是项目工作分解结构图,而工作分解结构图是工作分解结构的具体表现。

工作分解结构是一个以产品或服务为中心的项目组成部分的"家族树",规定了项目的全部范围。工作分解结构图是将项目按其内在结构或实施过程的顺序进行逐层分解而形成的结构示意图。它可以将项目分解为相对独立的、内容单一的、易于成本核算与检查的工作单元(或工作包),并能把各工作单元在项目中的地位与构成直观地表示出来。如果工作分解结构图编制得好,就可以满足项目主管部门、项目经理和项目团队等各项目关系人的要求。同时,在编制工作分解结构图时,要充分考虑项目的组织机构,使两者紧密结合,以便于项目经理将各工作单元分派给项目班子成员。WBS 的设计基本要素主要有三个:层次结构、编码和报告。

1. 层次结构设计

由于项目工作分解既可按照项目的内在结构进行,也可按项目的实施顺序进行,并且由于项目本身的复杂程度、规模大小各不相同,从而形成了工作分解构图的不同层次。工作分解结构每细分一个层次都表示对项目元素更细致的描述。

WBS结构的总体设计对于一个有效的工作系统来说是个关键。结构应以等级状或树状来构成,底层代表详细的信息,而且其范围很大,逐层向上。WBS结构底层是管理项目所需的最低层次的信息。在这一层次上,能够满足客户对交流或监控的需要,这是项目经理、工程和建设人员管理项目时所要求的最低水平。结构上的第二个层次将比第一个层次要窄,而且第二层次的客户所需的信息由本层提供,以后依此类推。WBS最底层次的项目称为工作包,这些工作包还可以在子项目工作分解结构中进一步分解。在设计结构的每一层中,必须考虑信息如何流入下一个层次。原则是从一个层次到另一个层次的转移应当以自然状态发生。此外,还应考虑到使结构具有一定的灵活性,并从一开始就注意当结构被译成代码时,这种代码对于客户来说是易于理解的。

2. 编码设计

工作分解结构中的每一项工作(或者称为单元)都要编上号码,用来确定项目工作分解结构的每一个单元,这些号码整体叫作编码系统。在项目规划和以后的各个阶段,项目各基本单元的查找、变更、费用计算、时间安排、资源安排、质量要求等各个方面都要参照这个编码系统。

利用编码技术对 WBS 进行信息交换,可以简化 WBS 的信息交流过程。编码设计与结构设计是有对应关系的,结构的每一层次代表编码的某一位数,有一个分配给它的特定的代码数字。在最高层次,项目不需要代码;在第二层次,要管理的关键活动项目用代码的第一位数来编制。如果要管理的关键活动项目小于 9,则编码是典型的一位数编码,如果用字母加数字,那么这一层上就可能有 35 个活动项目;下一层次代表上述每一个关键活动所包含的主要任务,这个层次将是一个典型的两位数编码,其灵活性范围为 99 以内,如果加上字母,则大于 99;以下依此类推。

在进行编码设计时,如果在一个既定层次上,应该尽量将同一代码用于类似的信息,这样可以使编码更容易被理解。此外,在设计编码时还应当考虑到客户方便,使编码以用户容易理解的方式出现。

3. 报告设计

报告设计的基本要求是以项目活动为基础产生所需的实用管理信息,而不是为职能部门编写其所需的职能管理信息或组织的职能报告。即报告的目的是要反映项目到目前为止的进展情况,通过这个报告,管理部门能够判断和评价项目各个方面是否偏离目标,偏离多少。

4.3.3 工作分解结构的作用

项目的工作分解结构把项目分解成具体的活动,定义具体的工作范围,让项目关系人清楚了解整个项目的概况,对项目所要达成的目标达成共识,以确保不漏掉任何重要的事情。在工作分解结构的基础上,可以制定完整的项目计划,精确估算项目成本,制定质量保证计划,明确项目团队成员责任。WBS 几乎在随后的各个知识领域中都发挥着重要的作用。

概括地说,项目的工作分解结构有六个主要的作用:

1. 反映项目目标

给定项目任务后,工作分解结构能识别达到目标所需要进行的主要工作。工作分解结构中涉及的就是项目中需要完成的工作。

2. 目的组织结构图

企业的组织结构图一般用来理解企业的结构(如汇报关系、沟通流程、部门责任人等)。工作分解结构也为项目提供了同样的逻辑结构,列出了需要关注的关键因素、各种子任务以及活动与活动之间的逻辑关系。

3. 为项目中每个部分的成本、进度以及绩效情况建立了标准

工作分解结构中所有的项目活动都能被指定相应的预算和绩效标准,这也是建立容易理解的项目控制方法的第一步。

4. 可以用来提供项目的状态信息

一旦确定了要完成的任务以及每项任务的责任分配,就可以确定哪些任务是在进行中,哪些任务很关键但仍处于待定状态,以及谁为这些任务的状态负责。

5. 可以用来改善整个项目的信息交流

工作分解结构不仅说明了如何将项目分解为小的组成部分,同时也显示了这些小的组成部分是如何互相配合来形成一个整体规划方案的。正因为如此,团队成员开始更关注他们的工作是否与整个项目相符,谁将负责他们上游的工作以及他们将会如何影响后面的工作。在团队成员希望活动能够顺利交接的情况下,工作分解结构促进了团队内部的沟通。

6. 明了项目将会被如何控制

项目的一般结构显示了项目控制应该关注的因素。例如,项目的目的是要生产一个可交付成果(新产品),还是要改进组织内部某个过程或服务(提高效率)。无论是哪种情况,工作分解结构为项目的控制方法提供了很好的参考。

4.3.4 工作分解结构的方法

制定工作分解结构的方法多种多样,主要包括类比法、自上而下法、自下而上法和使用指导方针等等。

1. 类比法

类比法就是以一个类似项目的 WBS 为基础,制定本项目的工作分解结构。

2. 自上而下法

自上而下法是从项目最大的单位开始,逐步将它们分解成下一级的多个子项,在这个过程中要不断增加级数,细化工作任务。对项目经理来说这是最佳的方法,因为它有利于项目经理广泛了解技术知识和对项目有一个整体的视角。

3. 自下而上法

自下而上法是要让项目团队成员从一开始就尽可能地确定与项目有关的各项具体任务,然后将各项具体任务进行整合,并归总到一个整体活动或 WBS 的上一级内容中去。自下而上法一般都很费时,但这种方法对于 WBS 的创建来说效果特别好。项目经理经常对那些全新的项目采用这种方法,或者用该法来促进全员参与项目团队的协作。

4. 使用指导方针

如果存在 WBS 的指导方针,就必须遵循方针对项目范围进行分解。

案例链接

在 20 世纪 80 年代中期,美国空军要建立一个本地在线网络系统(LONS),以便为 15 个空军指挥基地提供自动控制系统,于是要征询该系统的开发计划。这个 2 亿 5 000 万美元的项目包括提供必要的硬件设施,为诸如合同、技术规范、建议邀请书等文档的共享开发应用软件等,空军建议书指导方针包括这样一个 WBS 模板。这个工作分解结构的第一级主要包括硬件、软件开发、培训和项目管理等几项内容。硬件项所包含的第二层子项则主要有服务器、工作站、打印机和网络硬件设施等。空军有关人员会对照他们内部的成本估算——该估算也同样是以这个工作分解结构为基础的——考察承包商的成本建议书。因此,拥有一个规定的工作分解结构既有助于承包商准备他们的成本建议书,也有利于空军方面对承包商们的工作进行评价。

4.3.5 项目工作分解的步骤

1. 明确并识别出项目的各主要组成部分,即明确项目的主要可交付成果。一般来讲,项目的主要组成部分包括项目的可交付成果和项目管理的本身。在进行这一步时需要解答的问题是:要实现项目的目标需要完成哪些主要工作?

2. 确定每个可交付成果的详细程度是否已经达到了足以编制恰当的成本和历时估算,因为对于将来产生的一项可交付成果进行分解有时是不大可能的。对每个可交付成果,如果已经足够详细,则进入到下面的第四步,否则接着进入第三步。这意味着不同的可交付成果可能有不同的分解层次。

3. 确定可交付成果的组成元素,组成元素应当用切实的、可验证的结果来描述,以便于进行绩效测量。与主要元素一样,组成元素的定义应该根据项目工作实际上是如何组织和完成的来描述。切实、可验证的结果既可包括产品,又可包括服务。这一步要解决的问题是:要完成上述各组成部分,有哪些更具体的工作要做?对于各组成部分的更小的构成部分,应该说明需要取得哪些可以核实的结果,以及完成这些更小组成部分的先后顺序。

4. 核实分解的正确性,即需要回答下列问题:最底层项对项目分解来说是否是必需而且充分的呢?如果不是,则应修改组成元素。每项的定义是否清晰完整?如果不完整,则需修改或扩展。每项工作是否都能够恰当地编制进度和预算?是否能够分配到接受职责并能够圆满完成这项工作的具体组织单元?如果不能,需要做必要的修改,以便于提供合适的管理控制。

4.4 项目范围的确认

在项目范围定义清楚并完成项目工作分解之后,人们就可以按照项目范围的界定开展项目的实施了。但是在项目实施之前和之后都需要做好项目确认的工作,这项工作也称为项目范围验证。

4.4.1 项目范围确认的概念

项目范围确认是指由项目相关利益主体(项目业主/顾客、项目发起人/委托人、项目实施组织或项目团队等)对于项目范围的正式认可和接受的工作。项目范围确认的首要工作是全面验证和确认项目范围定义所给出的项目范围界定结果,以确保所有项目范围定义给出的项目产出物范围和项目工作范围的充分必要性。项目范围确认的另一项任务是对最终实施完成的项目产出物范围和项目工作范围进行验证和认可,以确保所有项目实施工作的结果符合项目范围管理的要求和目标。

> 案例链接

南山电力集团项目的范围确认

南山电力集团有十多家全资及控股公司,2009年,集团总部决定实施人力资源管理信息系统,以便实现集团范围的人力信息共享和人力资源调配。集团人力资源管理部门牵头,抽调信息中心和成员公司相关力量组成了项目小组,项目小组首先确定了项目范围。

1. 项目产出物要求

建立基于多层体系结构的面向集团的人力资源管理信息系统,形成一个安全、集中、灵活、统一、准确的人力资源信息基础平台,并在此平台基础上实现人力资源各项业务管理模块,满足集团和各成员公司人力资源管理的需求。

2. 项目目标

时间1年,成本预算300万元。系统业务功能满足《项目需求报告》,项目技术满足《项目技术规范书》。《项目需求报告》聘请一家管理咨询公司编制,《项目技术规范书》由公司技术人员负责编制。

3. 项目实施范围

组织范围:项目实施范围覆盖集团公司、直属机构和全部二级企业,共13家公司。根据业务需要,必要时可拓展至三级企业。

业务范围:根据业务需求迫切程度不同,分步骤实施各个业务模块。

第一步:人力资源规划、薪资福利、社会保险管理和自助服务。

第二步:招聘管理、合同管理、考勤休假管理、培训管理和绩效管理。

第三步:绩效管理、离退休管理。

4. 项目时间安排

(1)项目启动(2009年3月)

项目小组成立,对成员进行必要的项目开发培训;

开发环境建立,相关项目管理功能模板确认。

(2)项目总体方案(2009年3月至2009年5月)

完成软件需求分析细化;

完成项目架构设计。

(3)完成基础数据平台设计与实施(2009年6月至2009年9月)

完成相应软件功能测试;

对系统管理员、业务人员和用户进行培训。

(4)项目业务流程模块实施与预评审(2009年10月至2010年2月)

完成人力资源规划、绩效管理、干部管理、人才库、人事管理、社保与离退休管理、党群管理等业务功能模块开发与实施;

完成软件产品整体与各功能模块的测试及相关文件准备。

(5)产品试运行(2010年3月)

建立系统运行环境；
完成所有业务功能与软件功能；
完成所有需提交的成果。
5. 技术要求
信息系统必须达到甲方《项目技术规范书》提出的各项标准。
6. 限制和排除
系统必须按照用户需求分析报告施工；
甲方负责收集数据；
乙方负责对系统管理员和骨干用户的操作培训；
合约方对次级合同承担责任。
7. 与客户共同检查
甲方项目负责人与软件商项目经理共同检查确认项目范围。

资料来源：陈关聚. 项目管理. 北京：中国人民大学出版社，2011

4.4.2 项目范围确认的依据

项目范围确认的依据主要有：项目范围定义中所使用的各种依据，有关项目实施中各种范围变更的文件以及项目实施最终结果的文件。最主要的依据包括如下几个方面：

1. 项目的各种文件

项目范围确认工作需要依据各种已有的项目文件，这包括项目章程、项目合同、项目集成计划、项目范围管理计划、详细的项目范围说明书（即项目范围计划）、项目工作分解结构及其字典、项目技术设计文件和其他各种到项目验证时已有的项目文件。

2. 项目的各种信息

项目范围确认还需要依据各种到项目验证时已有的项目信息，这包括与项目有关的事业组织环境方面的信息、组织过程资产中包括的各种信息、项目变更请求和审批的信息、项目所属专业技术领域方面的信息以及其他各种相关的项目信息。

3. 项目范围界定的结果

项目范围定义的结果是在确认项目范围定义结果时使用的依据（实际上这是项目范围确认的对象之一），这是指有关项目（或项目阶段）的产出物、可交付物和工作范围定义的结果文件。在进行项目范围界定的确认时人们就是对这些文件进行分析和确认，从而使项目相关利益主体能够对项目目标、产出物、可交付物和工作范围有共同和统一的认可。

4. 项目实施工作的结果

项目实施工作的结果是在确认项目实施实际范围时所使用的依据（实际上这也是项目范围确认的对象之一），这些项目实施成果反映了项目按范围计划实施的动态情况。在进行项目实施范围的确认时人们对这些项目实施成果进行分析和确认，从而使相关利益主体对项目最终是否达到了项目目标、产出物、可交付物和工作范围的计划要求有个统一的认识。

4.4.3 项目范围确认的工具

项目范围确认的常用工具有两张核检表，即项目范围的核检表和项目工作分解结构核检表,实践证明它们在项目范围管理中是十分有效的。

1. 项目范围的核检表的主要内容

(1) 项目目标是否完整和准确。
(2) 项目目标的衡量标准是否科学、合理和有效。
(3) 项目的约束条件、限制条件是否真实并符合实际。
(4) 项目的假设前提是否合理,不确定性的程度是否较小。
(5) 项目的风险是否可以接受。
(6) 项目成功的把握是否很大。
(7) 项目的范围界定是否能够保证上述目标的实现。
(8) 项目范围所能产生的收益是否大于成本。
(9) 项目的范围界定是否需要进一步开展辅助性研究。

2. 项目工作分解结构核检表的主要内容

(1) 项目目标描述得是否清楚明确。
(2) 项目产出物的各项成果描述得是否清楚明确。
(3) 项目产出物的所有成果是否都是为实现项目目标服务的。
(4) 项目的各项成果是否以工作分解结构为基础。
(5) 项目工作分解结构中的工作包是否都是为形成项目某项成果服务的。
(6) 项目目标层次的描述是否清楚。
(7) 项目工作分解结构的层次划分是否与项目目标层次的划分和描述相统一。
(8) 项目工作、项目成果与项目目标之间的关系是否一致。
(9) 项目工作、项目成果、项目分目标和项目总目标之间的逻辑关系是否正确、合理。
(10) 项目目标的衡量标准是否有可度量的数量、质量或时间指标。
(11) 项目工作分解结构中的工作是否有合理的数量、质量和时间度量指标。
(12) 项目目标的指标值与项目工作绩效的度量标准是否匹配。
(13) 项目工作分解结构的层次分解得是否合理。
(14) 项目工作分解结构中各个工作包的工作内容是否合理。
(15) 项目工作分解结构中各个工作包之间的相互关系是否合理。
(16) 项目工作分解结构中各项工作所需的资源是否明确、合理。
(17) 项目工作分解结构中各项工作的考核指标是否合理。
(18) 项目工作分解结构的总体协调是否合理。

另外还有其他的确认项目或者各个阶段可交付成果的方法,如观察法、测量法、测试法和检验法等,在此不再一一介绍。

4.4.4 项目范围确认的结果

项目范围确认的结果即对项目范围定义工作的接受,同时还要编制经项目关系人确认并已经接受的项目范围定义和项目阶段性工作成果的正式文件。这些文件应该分发给有关的项目关系人。如果项目范围没有被项目关系人确认,则项目宣告终止。

4.5 项目范围的控制

项目范围变更控制是指项目范围发生变化时,对其采取的检查和纠偏的活动过程。项目范围变更控制的目的是使项目实施朝着既定目标发展,避免出现不合理的超支、超时和质量下降等问题。

一个项目的范围计划可能制定得非常好,但是想不出现任何改变几乎是不可能的。而且依照惯例,合同赋予业主在合同范围内进行变更的权力。因此对变更的管理是项目经理必备的素质之一。变更并不糟糕,糟糕的是缺乏规范的变更管理过程。项目经理在管理过程中必须通过监督绩效报告、当前进展情况等来分析和预测可能出现的范围变更,在发生变更时遵循规范的变更程序来管理变更。项目管理体系中包含一套严格、高效、实用的变更程序,这对管好项目至关重要。

项目范围变更的原因是多方面的,通常有:项目业主和项目产品客户提出的新要求;项目实施过程中社会环境的变化,尤其是法律和政府法规的新规定,如资源利用或环境保护方面的新标准;项目范围规划中的疏漏与错误;项目设计文件中的不合理部分;项目实施组织提出的要求等。

鉴于上述原因,项目范围变更是无法避免的。但是,无论是业主方还是承包方都不希望项目范围任意改变,也不愿意看到项目范围无限制地扩大。因此,项目范围控制是项目利益相关者都关心的问题。项目范围控制包括以下几个方面:首先,当项目范围必须变更时,批准并确认范围变更发生。其次,当实际变更发生时对变更进行管理。最后,对范围变更的因素施加某种影响,以保证变更朝着有利于项目目标实现的方向发展。

实际工作中,项目范围变更控制必须与其他控制过程相结合,如时间、费用、进度等控制过程。

4.5.1 项目范围变更的原因分析

通过工作分解结构详细地界定项目的范围,确定了项目的工作边界,明确了项目的目标和主要的项目可交付成果。而如果项目的范围发生了变化,就必然会对项目产生影响,这种影响有的可能有利于项目目标的实现,但更多的则是不利于项目目标的实现。

一般来说,项目范围的变化会对项目带来以下影响:

1. 项目的目标

项目范围的变化可能会造成项目工期的延长或缩短,项目费用的增加或减少,项目质量的降低或提高。这种影响是项目管理人员最为关心的问题,也是最重要的问题。

2. 生产要素

由于项目范围的变化可能会导致对项目所需材料、设备或工具等生产要素的更新。

项目范围的变化不仅会对以上两个方面产生影响,还会影响到项目的方方面面,比如最终的绩效测量标准、进度计划以及预算成本等。也就是说项目范围变化及其控制不是孤立的,因此在进行项目范围变更控制时,必须同时全面考虑到对其他因素或其他方面的控制,特别是对时间、费用控制和质量的控制。当然,在进行项目范围变更控制之前,我们还必须清楚项目范围变化的影响因素,从而有效地进行项目范围变化的控制。项目范围变化的规律可能因项目而异,但通常情况下,项目范围变化一般受以下因素的影响:

(1)项目的生命周期。项目的生命周期越长,项目的范围就越容易发生变更。

(2)项目的组织。项目的组织越科学、越有力,则越能有效制约项目范围的变化。反之,缺乏强有力的组织保障的项目范围则较容易发生变化。

(3)项目经理的素质。高素质的项目经理善于在复杂多变的项目环境中应付自如,正确决策,从而使项目范围的变化不会造成对项目目标的影响。反之,则在这样的环境中,往往难以驾驭和控制项目。

当然,除了上述因素以外,还有其他若干因素。例如,对项目的需求识别和表达不准确,计划出现错误,项目范围需要变化;项目中原定的某项活动不能实现,项目范围也需要变化;项目的设计不合理,项目范围更需要变化;外部环境发生变化,新技术、手段或方案的出现,项目范围需要变化;客户需求发生变化,项目范围也需要变化等。

4.5.2 项目范围变更控制的依据

1. 工作分解结构

在WBS中阐述确定了项目的范围基准线,是项目范围的边界,如文化产品的延伸程度。

2. 执行报告

执行质量报告提供一个项目范围执行情况,如中间产品已经完成或没有完成的资料。执行报告也能提醒项目团队公布未来可能发生的情况。

3. 改变要求

改变要求可以采取很多形式——口头的或书面的、直接的或间接的、从内部或外部开始及法定(合法的)批准的或任选的。改变有可能要求扩大项目范围或缩小范围,许多要求的改变都是这样一些情况导致的。

(1)一个外在事件发生了。如政府的法规发生了变化,地区自然环境突发性变化。

(2)产品范围的界定有错误或疏漏。比如,程控交换系统设计的失败,是因为它的覆盖面不够大。

(3)项目范围的界定有错误或疏漏。比如,用材料清单BOM代替了工作分解结构WBS。

(4)产值增加的变化。比如,通过采用先进的技术,改变项目的发展环境,可降低成本,当环境还是原来的情况时,降低成本是不可能的。

4. 范围管理计划

范围管理计划是描述项目范围如何进行管理,项目范围怎样变化才能与项目要求相一致等问题的。它也应该包括一个对项目范围预期的稳定而进行的评估,比如怎样变化、变化频率如何及变化了多少。

4.5.3 项目范围变更控制的工具和技术

1. 范围变化控制系统

范围变化控制系统的定义包括一些程序,可以通过它能改变项目范围。包括工作面、跟踪系统和权威部门允许变化所需的认可标准。范围变化控制系统应该与综合管理中表述的全程变化控制系统结合在一起使用,尤其要与适合于控制产品范围的系统结合在一起。当项目按照合同执行时,范围变化控制体系必须按相关的合同规定执行。

2. 绩效测量

绩效测量技术可以帮助项目团队评估发生偏差的程度,分析导致偏差的原因,并且做出相应的处理,一般包括偏差分析、绩效审查、趋势分析等技术。

3. 范围计划调整

项目的范围随时都有可能发生变化,很少有项目能按其初始计划运作,因此就要根据范围的变动来随时调整、补充原有的工作分解结构图,并以此为基础,调整、确定新的项目计划,并根据新的项目计划的要求,对项目范围的变更进行控制。

4.5.4 项目范围变更控制的结果

1. 范围改变

范围改变是对已被认可的 WBS 所确认的项目范围的任何修改。范围改变经常要求对成本、时间、质量和其他项目目标进行判定。通过规划程序反馈的范围变化情况、技术信息和规划文件要根据需要进行更新,并适当地通知参与者。

2. 纠正措施

纠正措施所做的事是把未来项目按照人们的预期,纳入项目计划所要求的轨道进行运作。

3. 经验总结

项目范围变更后,项目团队要把各种变更的原因、选择纠正措施的理由以及从范围变更控制中得出的经验教训等用书面的形式记录下来,将其作为历史资料的一部分,并为项目团队继续执行该项目以及今后执行其他项目提供参考。

案例链接

范围蔓延

根据 Standish Group 的调查,"最小化的项目范围"对项目的成功很重要。它对项目成功的影响度排在"经理层的支持"、"客户参与"、"有经验的项目经理"、"清晰的商业目的"之后,位列第 5,影响度为 10%。

曾经有一个古老的实验,将一只活蹦乱跳的青蛙投进热水锅里,青蛙会立即跳出水锅;如果把青蛙放在凉水锅里,下面用火慢慢加热,青蛙会舒舒服服地浮在水里,当它感受到烫,想跳出热水锅时,却已无力逃生。

范围管理过程中同样也会出现"凉水煮青蛙"的故事,只不过这个故事有个学名,叫作"范围蔓延"(scope creep)。

为了避免客户造成项目范围的蔓延,记住这一原则是十分有用的:"决不让步,除非交换"。变化是客户的权利,但任何项目范围的改变都需要通过商业谈判完成(尽管它可能是不正规的),必须在项目工期、费用或质量基准方面做出相应的、正规的变更。

本章提要

项目范围管理是指项目团队为了确保项目目标的实现而必须完成且仅完成规定的最少的任务。范围管理程序包括：范围规划报告，写出一份书面报告，作为未来项目决策基础；范围界定，把主要的项目工作细目分解成更小、更易管理操作的单元；范围确认，正式认可这个项目范围；范围变更控制，对项目范围的变化进行控制。

范围规划是创立书面文件，阐述项目范围为未来项目提供基础条件的过程，特别是用以确定项目或阶段是否成功完成的标准。范围规划的工具和技术主要有专家法和样板法等。

范围界定包括分解这个主要工作细目的子项目，如同在范围阐述中界定那样，使它变成更小、更易管理、操作的东西。界定范围的工具和技术是工作分解结构样板和分解，主要的技术就是工作分解结构。

范围确认是通过参与者（倡议者、委托人和顾客等）的行为正式确定项目范围的过程。

范围变更控制是关于：1. 影响造成项目变化的因素，并尽量使这些因素向有利的方面发展；2. 判断项目变化范围是否已经发生；3. 一旦范围变化已经发生，就要采取实际的处理措施。范围变化控制准备的工具和技术包括范围变化控制系统、绩效测量、范围计划调整。

关键概念

- 项目范围管理（project scope management）
- 项目范围规划（project scope planning）
- 工作分解结构（project breakdown structure，WBS）
- 项目范围确认（project scope verification）
- 项目范围变更（project scope change）

思考习题

1. 项目范围包括哪些内容？
2. 项目范围说明书包括哪些内容？
3. 什么是项目工作分解结构（WBS）？为什么需要 WBS？WBS 的作用体现在哪些方面？
4. 项目范围变更控制的结果有哪些？
5. 为什么说项目范围变更控制不力容易导致项目失败？

案例分析

京盛缘超市在京城发展多年，如今已拥有数十家分店。店大了，分店多了，运营效率却随之降低了。订货、结算、统一配货、各店销量统计数据反馈等等，各环节的运营效率都亟待提高。为此，公司决定建立一套信息化管理系统。

负责此项目的李经理几经周折，找到专门提供 IT 方案服务的通达公司，并向其提交了一份需求建议书。建议书中列举了其目标需求：根据超市连锁经营模式建立一套包括商品的进、销、调、存的商业管理软件系统；系统要具有门店自动订货，供应商货款自动结算，卖场通过扫条码实现销售，管理人员能随时查询门店商品销售和库存等功能；另外，还要能为政府部门提供营运报告。

通达公司项目经理张萱认为,建议书中只说明了整个项目的概念和目标,关于操作层面的具体需求没有涉及。仅凭建议书中所提供的信息无法弄清客户的真实需求,也很难提供准确、有效的时间进程表和费用预算。因此,要求对这个项目展开更详细的需求收集工作。李经理对此大惑不解:自己已把需求讲得很明白了,张萱还要收集什么?

张萱表示,对超市的采购、营运、财务等方面的具体情况和实际需求等方面,有必要通过与使用系统的业务人员进一步沟通,了解他们在实际操作中对系统的关键需求,在此基础上建立的操作流程才能比较合理。

但这一要求却被李经理以业务太忙为由拒绝了,而且说别的公司也没有提出这么多要求,在公司压力下,张萱所带团队只能凭经验匆匆进入开发及实施阶段。结果,在实施中,客户频频提出修改要求,并增加了很多项目,而且双方在项目进度和费用上不断发生分歧。一期合作结束后,双方便终止了合作。

问题:
1. 对客户需求分析的目的是什么?
2. 该项目未取得预期效果,双方不欢而散的主要原因是什么?
3. 从该项目实施失败的原因分析中,对我们有哪些启示?

技能实训

实训小组对所选项目进行分析,完成如下内容:
1. 确定项目的章程。
2. 进行项目范围计划编制,确定项目范围说明书。
3. 项目小组对项目进行更加细致的定义,制定WBS,细分到3~6层。

参考文献

[1]殷焕武,周中华等.项目管理导论[M].北京:机械工业出版社,2009.
[2]纪燕萍.中外项目管理案例[M].北京:人民邮电出版社,2002.
[3]宋伟.项目管理概论[M].北京:机械工业出版社,2007.
[4]屠梅曾.项目管理[M].上海:格致出版社,2008.
[5]梅雷迪思,曼特尔著,戚安邦等译.项目管理:管理新视角[M].北京:中国人民大学出版社,2010.
[6]蒋景楠,陆雷,火方华.项目管理理论与实务[M].上海:华东理工大学出版社,2012.
[7]张炳达,刘敏.现代项目管理实务[M].上海:立信会计出版社,2007.
[8]戚安邦.项目管理学[M].北京:科学出版社,2012.
[9]陈关聚.项目管理[M].北京:中国人民大学出版社,2011.
[10]刘常宝.项目管理理论与实务[M].北京:机械工业出版社,2012.
[11]杰弗里·K.宾图著,鲁耀斌,赵玲译.项目管理[M].北京:机械工业出版社,2010.
[12]杨宝玲,栾志强.现代项目管理[M].北京:中国人民公安大学出版社,2009.

第 5 章
项目时间管理

本章学习要点:

1. 了解项目时间管理的七个过程;

2. 掌握项目活动的依赖关系;

3. 了解箭线活动法,掌握节点活动法和甘特图;

4. 掌握关键路径法;

5. 掌握挣值管理的相关计算。

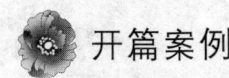

由敬茶引发的统筹方法

我国历来就有"客来敬茶"的民俗。早在3 000多年前的周朝,茶已被奉为礼品与贡品。到两晋、南北朝时,客来敬茶已经成为人际交往的社交礼仪。颜真卿《春夜啜茶联句》中有"泛花邀坐客,代饮引清言"。唐代刘贞亮赞美"茶有十德",认为饮茶除了可健身外,还能"以茶表敬意"、"以茶可雅心"、"以茶可行道"。

当今社会,敬茶待客更成为人们日常社交和家庭生活中普遍的往来礼仪。有客人到访,在下述情况下如何能最快速的泡茶待客?

- 茶叶是现成的;
- 家里没有开水,需要用电磁炉现烧;
- 水壶需要清洗;
- 茶壶茶杯需要清洗。

通常可以将泡茶分解为以下几个活动,每个活动所需的时间见表5-1:

表5-1 泡茶活动分解

序号	活动名称	活动所需时间(分钟)
1	打水	2
2	洗水壶	2
3	烧水	5
4	洗茶壶茶杯	2
5	拿茶叶	1
6	泡茶	1

可以采用以下几种不同的顺序完成泡茶这项任务:

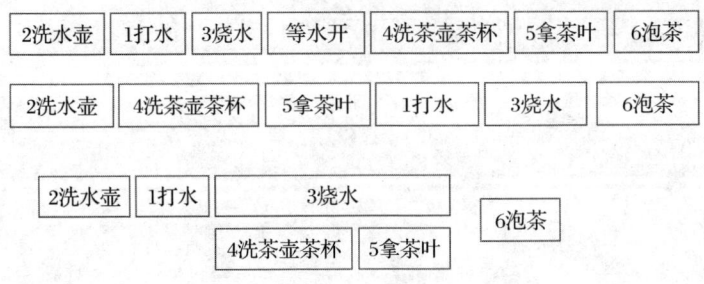

图5-1 泡茶的三种顺序

显然,这几种方式所花费的时间总长度是不一样的,由此,我们可以看出:

- 完成一项任务需要多个活动;
- 每项活动都需要一定的时间;

- 可采取一般顺序作业方式完成各项活动,实现任务的总时间等于各项活动时间之和;
- 改变活动持续时间会影响项目总工期;
- 改变活动顺序(逻辑)会影响项目总时间(工期)。
- 某些活动决定了项目总工期,而某些(在一定范围内)不会。

5.1 项目时间管理概述

"时间就是金钱,效率就是生命",每一位项目经理的目标都是按时保质地完成项目,但是在项目的实际操作过程中,因工期拖延而导致项目阶段性或者整体性的无法按时保质完成的情况时有发生。然而,盲目追求进度,不顾一切地赶时间、抢进度,又势必造成成本加大,质量下降,给项目留下无穷隐患。因此,必须以科学的态度对待项目的时间管理问题,用科学的工具和方法对项目进行有效分解、合理计划、有序实施,使项目进度目标、成本目标和质量目标有机地结合起来,从而获取更好的效益。项目时间管理是在保证项目按时完成的前提下,通过对时间资源的合理分配达到工作效率最大化的目的。了解项目时间管理,首先就是让读者明确确实存在时间管理问题并且存在解决的方法,因此,本节首先讨论与时间有关的内容。

5.1.1 时间与时间管理

1. 时间的定义与特性

时间是从过去通向现在直到将来,连续发生的各种各样事件的过程所形成的轨迹。按照管理经济学的观点,时间是一种有限的经济资源,在时间管理中,由于时间具有"无供给弹性"、"无法积蓄"、"无法取代"、"无法失而复得"等特性,所以在各种经济资源范畴内,特别相对于其他有形的资源来说,时间资源最不为一般管理者所认真理解与重视。因此,相对来说时间资源的浪费比其他资源的浪费更为普遍,也更为严重。

一般来说,时间的特性可以概括如下:
(1)时间具有不能再生性。时间不同于可再生的植物,它一旦逝去,就不会再次出现。
(2)时间具有不可逆转性。任何人任何事物都不能阻止时间前进的步伐。
(3)时间具有不能停滞性。无论过去现在还是将来,时间都以同样的速度前进,不会停止。
(4)时间具有不能伸缩性。时间既不能拉长也不会缩短,它以同样状态存在着。
(5)时间具有不能替代性。时间绝无仅有,是任何活动过程都不可缺少的基本资源,不可替代。

时间独特和绝无仅有的特性决定了它是世界上最稀缺最宝贵的一种资源。

2. 时间管理的内涵

时间总是按照一定的速率来临,并且按照同一速率消失,时间永远不会停止下来,所以时间本身是不能被管理的,能够被管理的是个人和个人的选择。时间管理的本质在于面对时间如何有效利用、实现目标并且尽可能达到利益最大化。因此,时间管理就是利用技巧、方式方法和工具高效率地完成工作、实现目标，其关键在于如何选择、支配、调整、驾驭在单位时间里所做的事情。具体的做法需要分析什么时间应该做什么，不应该做什么，分清事情的轻重缓急，从而合理地安排时间。时间管理不是对时间的完全掌控，而是旨在减弱计划的变动性，最重要的功能是事先规划，作为一种约束与指引，然后用强有力的执行力去贯彻执行。

5.1.2 项目时间与项目时间管理

1. 项目时间的定义

项目时间是一个项目从开始到结束所用的时间，包括项目的周期、最早和最迟时间，项目计划日期、基准和计划安排时间以及其他项目时间（如计划时差）等。对项目经理和项目管理人而言，时间更多的是一种约束要素，必须采用高效率的时间管理原则和方法使它成为一种资源财富，而不是随便打发。缺乏经验的项目经理总是大量地加班，错误地认为这是唯一能完成项目工作的方法，或许这是事实，不过有经验的项目经理和项目管理人员却通过合理地分配任务、资源和采用高效的时间管理方法来获得项目的成功。

按时交付项目是每一位项目经理的最大挑战，时间进度问题是项目生命周期内造成项目冲突的主要原因。由于时间是一个最缺乏灵活性的资源变量，不论项目发生什么情况，时间都会过去，所以对时间的管理有些像在与时间进行博弈的过程。而所谓时间浪费，一般指对项目目标的实现毫无贡献的时间消耗。时间管理所研究的是如何克服时间的浪费，以便有效地完成既定的项目目标。这里特别强调的是，时间管理并不是以时间资源本身为对象进行的管理，而是面对时间资源而进行"管理者的自我管理"过程。

2. 项目时间管理

项目时间管理是指在项目的全生命周期过程中，为了确保项目能够在规定的时间内按时实现项目的目标，对项目活动的进度和日程安排、项目活动需要的各种资源和项目活动需要的成本预算所进行的管理过程。它包括规划进度管理、定义活动、排列活动顺序、估算活动资源、估算活动持续时间、制定进度计划和控制进度七个管理过程。这七个过程既重叠和相互影响，同时又与外界的过程交互影响。前面六个过程属于规划过程组所需要进行的项目管理工作，控制进度则属于控制过程组。在某些项目（特别是小项目）中，定义活动、排列活动顺序、估算活动资源、估算活动持续时间以及制定进度计划等过程之间的联系非常密切，以至于可视为一个过程，由一个人在较短时间内完成。但本章仍然把这些过程分开介绍，因为每个过程所用的工具和技术各不相同。

项目经理应该依据定义活动、排列活动顺序、估算活动资源、估算活动持续时间等过程的输出，并结合用于创建进度模型的进度编制工具，来编制项目进度计划。经批准的最终进度计划将作为进度基准，用于控制进度过程。最终项目活动的开展，项目时间管理的大部分工作都将发生在控制进度过程中，以确保项目工作按时完成。简而言之，项目时间管理涉及确保项目准时完成所必需的各个管理过程。有的资料把项目时间管理又称为项目工期管理或者项目进度管理。

表 5-2 项目时间管理的七个过程

	过程名称	过程描述
1	规划进度管理	为规划、编制、管理、执行和控制项目进度而制定政策、程序和文档的过程
2	定义活动	识别和记录为完成项目可交付成果而需采取的具体行动的过程
3	排列活动顺序	识别和记录项目活动之间关系的过程
4	估算活动资源	估算执行各项活动所需材料、人员、设备或用品的种类和数量的过程
5	估算活动持续时间	根据资源估算的结果,估算完成单项活动所需工作时段数的过程
6	制定进度计划	分析活动顺序、持续时间、资源需求和进度制约因素,创建项目进度模型的过程
7	控制进度	监督项目活动状态,更新项目进展,管理进度基准变更,以实现计划的过程

对于一个项目而言,项目时间管理是整个项目管理中最为重要的组成部分。一般来说,项目时间管理是项目经理和项目管理人员最为关心的议题,完整且合理的项目进度计划,可以使得整个项目始终处于可控状态。遗憾的是,在实际项目实施过程中,许多的项目管理过程都缺乏有效的进度计划,更别提有效的进度计划管理和科学的进度控制了。没有有效的项目进度计划,任何项目的风险和失败概率都将会大增。在项目进度计划编制的初级阶段,项目经理、客户、管理人员、技术人员等项目主要关系人都应积极参与编制,亲自参与往往能够建立起承诺和责任,有利于项目中每项活动的具体执行者富有责任感地根据项目进度计划,在进度计划和预算成本内更投入地完成任务。

对于大项目来说,一般时间跨度比较大,涉及的人员也比较多,不可能让所有的人都参与进来制定项目进度计划,因为那样做不仅导致效率低下,而且没有必要,弄得不好反而有悖初衷。因此,负责大项目的项目经理在项目进度计划编制过程中应当负责项目的总体协调,有必要多向项目管理人员、技术人员和具体执行者请教,多与客户、合作方进行沟通,以免编制的项目进度计划不切实际。总之,在项目进度计划的编制阶段,项目经理一定要充分认识到项目进度计划的重要性,召集项目主要关系人积极参与,制定切合项目实际的有效的项目进度计划,使项目进度计划成为一盏名副其实的项目指路灯,而不是高高在上,残缺不全或者是用来应付公司高层、客户的工具。

5.1.3 项目管理软件

随着项目管理软件工具日渐成熟,近年来从个人到企业组织,从小活动规划到大型的项目执行,在有限的资源和时间约束下,项目经理和项目管理人员已广泛应用项目管理软件来辅助项目的管理过程。通过"所见即所需"的最佳方式来自动将项目信息传递给每个项目关系人,帮助用户实现最好的项目目标。下面对广泛应用的两种主流项目管理软件做简要介绍。

1. Oracle Primavera P6

Oracle Primavera P6 的官方名称 Enterprise Project Portfolio Management,由美国 Primavera System Inc. 公司研发,它是大型研发、制造企业、大型设计院、大型连续运行装置的检修维护、投资企业项目管理的企业级项目管理软件,代表了现代项目管理方法和计算机的最新技术。Primavera 公司于 2008 年被 Oracle 公司收购,此后,P6 对外统一称作 Oracle Primavera P6。

P6 荟萃了 P3 软件(Primavera Project Planner)20 年的项目管理精髓和经验,是采用最新的 IT 技术,在大型关系数据库 Oracle 和 MS SQL Server 上构架起企业级的、包含现代项目管理知识体系的、具有高度灵活性和开放性的、以计划—协同—跟踪—控制—积累为主线的企业级工程项目管理软件,是项目管理理论演变为实用技术的经典之作。P6 主要用于进行项目的计划编制、计划下达分发、计划执行跟踪以及计划完成情况的统计分析和控制。P3 只能管理单一的大型项目,而使用最新版本 P6 软件可以使企业在优化有限的、共享的资源(包括人、材、机等)的前提下来对多项目进行预算,确定项目的优先级,编制项目的计划并且对多个项目进行管理。它可以给企业的各个管理层次提供广泛的信息,各个管理层次都可以分析、记录和交流这些可靠的信息并且及时地做出有充分依据的符合公司目标的决定。P6 包含进行企业级项目管理的一组软件,可以在同一时间跨专业、跨部门,在企业的不同层次上对不同地点进行的项目进行管理。

P6 是一个综合的项目组合管理(PPM)解决方案,包括各种特定角色工具,以满足每位团队成员的需求。P6 套件采用标准界面、客户端/服务器架构、网络支持技术以及独立的(Oracle XE)或基于网络的(Oracle 和 Microsoft SQL Server)数据库。项目的数据和信息存储于公共的数据库中,可以通过客户端或浏览网页的方式进行访问。

P6 所提供的企业级的项目计划管理和控制的解决方案能够提高多项目和项目群的进度、资源以及费用的管理水平,改善项目团队的沟通和协同工作环境,增强企业项目组合管理和分析能力。

2. Microsoft Project

Microsoft Project(以下简称 MSP)是由微软开发销售的项目管理软件程序,是世界上最受欢迎的项目管理软件之一。MSP 的第一个版本源于 1984 年一家与微软合作的公司发布给 DOS 使用,微软 1985 年购买了这个软件至今一直致力于将项目管理实践融合到 MSP 中,目前 MSP 的最新版本是 Microsoft Project Professional 2013 和 Microsoft Project Standard 2013。MSP 软件设计目的在于协助项目经理发展计划,为任务分配资源,跟踪进度,管理预算和分析工作量,可以适用不同企业规模和不同管理目标的需求,既可以选择满足个别需要的单用户版本,也可以选择满足大型项目管理需求的服务器版本,允许多个用户使用普通数据协同工作。

MSP 产品系列包括 Project Standard、Project Professional、Project Server 和 Project Web Access。MSP 是 Microsoft Office 系统中不可缺少的一部分,它可以灵活地满足管理工作和人员的需要,不论在独立的管理项目中,还是在小组、部门或者组织内以项目组合的方式管理项目。

MSP 包含强大的日程安排、任务管理和视图改进等功能,可以帮助项目经理和项目管理人员很方便地绘制项目网络图,创建甘特图,确定项目关键路径,计算所有活动的自由时差、总时差,并可以用来报告、浏览和筛选具体的项目时间管理信息。MSP 将先进的项目管理思想与信息技术完美结合,帮助企业规范项目管理的流程和增强执行效果,在各类 IT 集成及软件开发项目、新产品研发、房地产开发项目、设计项目、工程建设项目、投资项目中发挥着巨大的作用。

使用项目管理软件可以避免繁重的手工估算,而且可以进行假定方案的分析,例如活动持续时间估算或者依赖关系的变动会如何影响项目进度完成时间。又如,通过了解活动的总时差,项目经理和项目管理人员可以重新分配资源,或者为了压缩进度或保持进度,做出一些相应的变更。项目管理软件还可以帮助项目经理和项目管理人员与项目关系人及时地交换与进度有关的信息,决策支持模型可以帮助项目经理和项目管理人员分析与进度相关的各种权衡。

许多人在使用项目管理软件的时候,对于隐藏在创建网络图、确定关键路径或者设定进度计划基准背后的概念不够理解,而没有恰当地使用项目管理软件。理解这些概念对于成功使用项目管理软件是非常关键的。优秀的项目管理软件可以提高项目管理效率与质量,但是过度迷信项目管理软件可能反而导致项目的失败,项目管理软件仅是项目经理和项目管理人员进行项目管理的一个工具。为了有效地利用这个工具,项目经理和项目管理人员必须在项目管理软件方面接受足够的培训,同时理解这些软件建立的基础概念和基本原理。

5.2 规划进度管理

规划进度管理是为规划、编制、管理、执行和控制项目进度而制定政策、程序和文档的过程。项目时间管理的每个管理过程都有各种工具与技术可供选择,具体选择哪些工具和技术需要根据项目实际情况进行分析比较,规划进度管理的主要工作就是确定各个过程采用的方法和工具,为时间管理提供指南和方向。图5-2描述了规划进度管理的输入、工具与技术和输出。

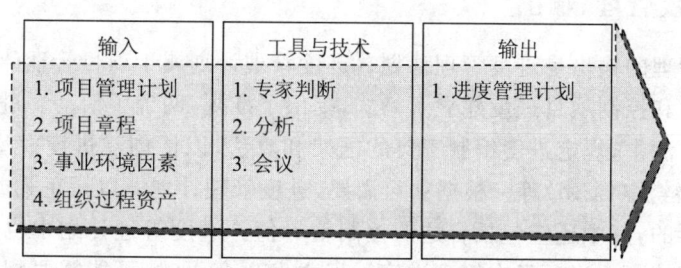

图 5-2　规划进度管理的输入、工具与技术和输出

5.2.1 规划进度管理:输入

规划进度管理的输入包括项目管理计划、项目章程、事业环境因素和组织过程资产。这里的项目管理计划主要包括范围管理中确认的范围基准(项目范围说明书和工作分解结构)和其他可作为规划进度管理依据的信息,例如,与规划进度相关的成本、风险和沟通决策。

5.2.2 规划进度管理:工具与技术

1. **专家判断**

专家判断是指运用一定的方法,将专家们个人分散的经验和知识集成群体的经验和知识,从而对事物的未来做出主观预测。这里的专家指对预测问题的有关领域或学科有一定专长或有丰富实践经验的人。基于历史信息,专家判断可以对项目环境以及以往类似项目的信息提供有价值的见解。

不同组织中的专家以及个人都应当是进行咨询的对象,他们有着专业的知识和经验,接受过相当的培训,因此对于项目组织来说是外在的资源。选择专家对象的范围包括:
- 本项目组织内的其他非项目组成员;
- 相关行业咨询专家;
- 相关行业技术组织;
- 其他相关政府、行业管理组织。

专家判断还可以对是否需要联合使用多种方法,以及如何协调方法之间的差异提出建议。针对正在开展的活动,基于某个应用领域、知识领域、学科、行业等专业知识而做出的判断,应该用于指定进度管理计划。

2. **分析技术**

在规划进度管理过程中,可能需要选择项目进度估算和规划的战略方法,例如,进度规划方法论、进度规划工具与技术、估算方法、格式和项目管理软件。进度管理计划中还需要详细描述对于项目进度进行快速跟进或者赶工的方法,如并行开展工作等。如同其他会影响项目的进度决策,这些决策可能对项目风险产生影响。项目所在企业的组织政策和程序也可能会影响项目经理和项目管理人员对于进度规划技术的选择决定。

3. **会议**

项目团队可能举行规划会议来制定进度管理计划。会议的参会人员可能包括项目经理、项目发起人、选定的项目团队成员、选定的关系人、进度规划或者执行人,以及其他必要人员。

5.2.3 规划进度管理:输出

规划进度管理的输出是进度管理计划。进度管理计划属于项目管理计划中的一个子计划,为编制、监督和控制项目进度建立了格式,提出了准则,明确了活动。进度管理计划在所选的进度规划方法中,规定进度编制工具的框架和算法,以便创建进度模型,例如关键路径法(CPM)、关键链法(CCM)等。根据项目需要,进度管理计划可以是正式或非正式的,非常详细或高度概括的,其中还应包括合适的控制临界值。进度管理计划中也会规定如何报告和评估进度紧急情况。当项目在管理进度过程中发生变更时,可能需要相应地更新进度管理计划。

例如,进度管理计划会规定:

1. 项目进度模型制定:需要规定用于制定项目进度模型的进度规划方法论和工具。
2. 准确度:规定活动持续时间估算的可接受区间,以及允许的应急储备数量。
3. 计量单位:需要规定每种资源的计量单位,例如,用于测量时间的人时数、人天数或人周数;用于计量数量的米、升、吨、千米或立方米。
4. 组织程序链接:工作分解结构为进度管理计划提供了框架,保证了与估算及相应进度计划的协调性。
5. 项目进度模型维护:需要规定在项目执行期间,将如何在进度模型中更新项目状态,记录项目进展。
6. 控制临界值:可能需要规定偏差临界值,用于监督进度绩效。它是在需要采取某种措施前,允许出现的最大偏差。通常用偏离基准计划中的参数的某个百分数来表示。

7. 绩效测量规则:需要规定用于绩效测量的挣值管理(EVM)规则或其他测量规则。例如,进度管理计划可能规定:
- 确定完成百分比的规则;
- 用于考核进展和进度管理的控制账户;
- 拟采用的挣值测量技术,如基准法、固定公式法、完成百分比法等。
- 进度绩效测量指标,如进度偏差(SV)和进度绩效指数(SPI),用来评价偏离原始进度基准的程度。

8. 报告格式:需要规定各种进度报告的格式和编制频率。报告的格式统一,便于纵向比较和分析。报告期的编制频率应该反映项目的需要,可以是日报、周报、月报、季报等。

9. 过程描述:对每个进度管理过程进行书面描述。

5.3 项目活动定义

要对项目时间进行有效的管理,项目经理和项目管理人员必须对涉及项目各种可交付成果的各项具体活动进行识别和定义。定义活动是识别和记录为完成项目可交付成果而需采取的具体行动的过程。在规划项目范围管理时,通过工作分解结构将整个项目的工作逐层向下分解,最底层的可交付成果是工作包。工作包通常还应进一步细分为更小的组成部分,即"活动",代表着为完成工作包所需的工作投入。定义活动过程的主要工作就是将工作包进一步分解为活动,作为对项目工作进行估算、进度规划、执行、监督和控制的基础。对于工作包的进一步分解主要是为了使项目的时间管理和绩效度量更为有效。

图 5-3 描述了定义活动过程的输入、工具与技术和输出。

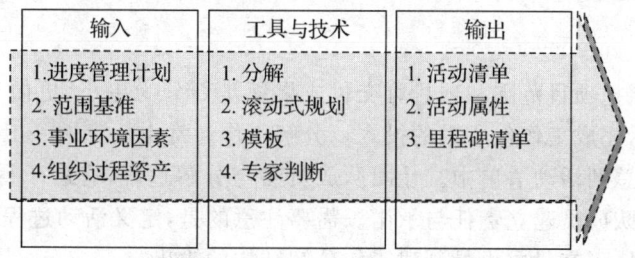

图 5-3 定义活动的输入、工具与技术和输出

5.3.1 定义活动:输入

定义活动过程的输入包括进度管理计划、范围基准、事业环境因素和组织过程资产。

1. **进度管理计划**

进度管理计划规定了时间管理工作所需的详细程度。

2. **范围基准**

要正确界定一个项目的工作与活动必须依据范围说明书,如果项目范围不确定,则很可能遗漏项目必须开展的活动,使得项目的目标无法实现,或者增加一些不属于项目范围的活动或工作,增加项目工作量和不必要开支,也就是做无用功,使得整个项目受到影响。

项目工作分解结构是项目活动界定最基本和最主要的影响因素。工作分解结构是对项目需要完成的全部工作的整体性、层次性描述。在项目工作分解结构的接触上,运用项目活动分解的方法,将工作包分解成更小的、更易控制的具体活动,能更好地对其进行管理,实现项目目标。工作包是最小的可交付成果,而活动完成后输出的不是可交付成果,而是可交付成果的某个组成部分。识别和定义活动时,不仅需要明确考虑范围基准中的项目工作分解结构,以工作包对对象对其进行分解,还需要考虑可交付成果、制约因素和假设条件。

3. 事业环境因素

影响定义活动过程的事业环境因素可能包括但不限于:
- 项目所属企业的组织文化和结构;
- 商业数据库中发布的商业信息;
- 企业所采用的项目管理信息系统。

4. 组织过程资产

影响定义活动过程的组织过程资产可能包括但不限于:
- 企业的经验教训知识库;
- 标准化的流程;
- 来自以往项目的、包括标准活动清单或者部分活动清单的模板;
- 现有的、正式和非正式的、与活动规划相关的政策、程序和指南。

如果项目经理能在组织过程资产中找到以往类似项目的活动清单或者相关的活动清单模板,将极大地减少定义活动过程的工作量,但是,需要注意项目之所以成为项目,在于独特性,以往项目的活动清单或者活动清单模板不能生搬硬套,需要根据项目的特点和实际情况加以调整,增加特色活动,删除不适用的活动。

5.3.2 定义活动:工具与技术

1. 分解技术

分解技术是指把项目范围和项目可交付成果逐步划分为更小、更便于管理的组成部分的技术。活动表示完成工作包所需的投入。分解工作通常由负责这一工作包的项目团队成员完成,然后再汇总到活动清单中。让团队成员参与分解过程,有助于得到更好、更准确的结果,也有助于团队成员建立责任与承诺。需要注意的是,定义活动过程的最终输出是活动而不是可交付成果,可交付成果是创建工作分解结构的输出。

工作分解结构(WBS)和工作分解结构词典是制定最终活动清单的基础。工作分解结构中的每个工作包都需要分解成活动,以便通过这些活动来完成相应的可交付成果。

2. 滚动式规划

滚动式规划是一种迭代式的规划技术,即详细规划近期要完成的工作,同时在较高层级上粗略规划远期工作。滚动式规划是规划渐进明细的一种表现形式。在项目生命周期的不同阶段,工作的详细程度会有所不同。在早期的战略规划阶段,信息还不够明确,活动的详细程度可能仅达到里程碑水平;而后,随着了解到更多的信息,近期即将实施的工作包就可以分解到具体的活动,计划在远期完成的工作分解结构组成部分的工作在工作分解结构较高层规划,最近一两个报告期要进行的工作应在本期工作接近完成时详细规划。

3. 模板

标准的或者以前项目活动清单的一部分往往可以作为新项目的模板使用。模板中有关活动属性信息还可能包含资源技能以及所需的时间清单、风险识别、预期的可交付成果和其他文字说明。模板还可以用来识别典型的进度里程碑。

4. 专家判断

在制定详细项目范围说明书、工作分解结构和项目进度计划方面有丰富经验和技能的项目团队成员或者专家，可以提供定义活动方面的专业知识，为项目经理、项目管理人员和项目团队成员分解活动提供建议。

5.3.3 定义活动：输出

1. 活动清单

活动清单是定义活动最主要和最直接的成果，它是一份包含项目所需的全部进度活动的综合清单，注意这里指的是全部而不是部分，但是不包括任何不属于项目范围的活动。活动清单是项目进度表的单个组成部分，但是不是工作分解结构的组成部分，它是工作分解结构的延伸。活动清单还包括每个活动的标识以及工作范围详细描述，其详细程度要能保证项目团队成员正确理解需要完成什么工作。每个活动都应该有一个独特的名称用来表述它在进度计划中的位置。

2. 活动属性

与里程碑不同，活动具有持续时间，需要在该持续时间内开展工作，可能需要相应的资源和成本。活动属性是指每项活动所具有的多重属性，用来扩充对活动的描述。活动属性随时间演进。在项目初始阶段，活动属性包括活动标识、工作分解结构标识和活动标签或名称；在活动属性编制完成时，可能还包括活动编码、活动描述、紧前活动、紧后活动、逻辑关系、提前量与滞后量（参见5.4.2）、资源需求、强制日期、制约因素和假设条件。

活动属性可用于分配执行工作的负责人，确定开展工作的地区或者地点，编制开展活动的项目日历，以及明确活动类型，例如支持型活动、独立型活动和依附型活动。活动属性还可以用于编制项目进度计划。根据活动属性，可在项目报告中以各种方式对计划进度活动进行选择、排序和分类。活动属性可作为活动清单的附件形式存在，以便在项目时间管理中使用。活动属性的数量因应用领域而异，项目经理和项目管理人员可以根据项目的实际情况做适当调整。

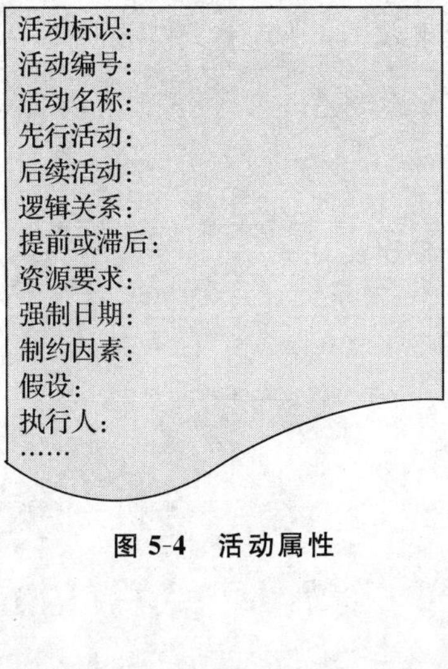

```
活动标识：
活动编号：
活动名称：
先行活动：
后续活动：
逻辑关系：
提前或滞后：
资源要求：
强制日期：
制约因素：
假设：
执行人：
……
```

图 5-4 活动属性

3. 里程碑清单

里程碑是项目中的重要时间点或者时间,具有标志项目进展情况的功能。里程碑的本质是项目的控制点,它是可以用其他关系人来验证的事件,或是在进行下一步工作之前需要批准的事件。例如在一个建造房屋的项目中,可以把房屋的封顶设定为一个里程碑。里程碑清单列出了所有的项目里程碑,并指明每个里程碑是强制性的(如合同要求的)还是选择性的(如根据历史信息确定的)。里程碑与常规的活动类似,具有相同的结构和属性,但是通常持续时间为零,因为里程碑代表的是一个时间点。里程碑清单是项目管理计划的一部分,用于进度模型中。

※ **知识链接** 5-1

办公室搬迁活动清单模板

同类项目常常有类似的工作内容,因此,在项目进度计划编制的活动清单编制阶段参考类似项目的工作清单模板往往能使项目活动清单编制事半功倍,当然,活动清单不能生搬硬套,应该根据项目具体情况在模板的基础上进行相应的调整。下面是 Microsoft Project 提供的办公室搬迁的活动清单模板。

1 搬迁日之前二到六个月
   1.1 列出必须满足的新办公区关键需求
   1.2 确定可能的办公地点
   1.3 对办公区进行最终决定
   1.4 结束办公区的租赁
   1.5 确定主要租户改进需求
   1.6 获得承包商对主要租户改进的评估
   1.7 确定新办公室的成本(办公椅、办公桌、设备)
   1.8 准备搬迁的预算
   1.9 选择搬迁日
   1.10 雇用承包商进行主要的租户改进
   1.11 获得必要的许可
   1.12 评估电话系统需求
   1.13 预定新电话号码
   1.14 预定新传真号码
   1.15 与雇员交流
   1.16 分为一个清理物品阶段
2 搬迁日之前一到两个月
   2.1 设计办公区
   2.2 分配办公区
   2.3 订购办公椅

2.4 订购办公桌

2.5 订购系统设备

2.6 订购新办公设备

2.7 获得搬迁公司的估价

2.8 雇用搬运工

2.9 评估服务器机房需求

2.10 评估计算机网络需求

2.11 为通知订购更改的地址标签

2.12 为通知订购新地址标签

2.13 获得标志设计公司的估价

2.14 订购新地点的标志

2.15 订购电话系统

2.16 订购电话线

2.17 订购 Internet 电话线

2.18 安排内部维护服务

2.19 安排外部维护服务

2.20 安排处理垃圾

2.21 安排清洁服务

2.22 安排回收

2.23 分为两个清理物品阶段

3 搬迁日之前二到四周

3.1 评估正被运送到新地点的资产

3.2 获得新地方的商业保险报价

3.3 为新地方购买保险

3.4 订购安全系统

3.5 订购钥匙、门卡

3.6 安排饮料服务

3.7 将地址更改信息发送给所有供应商

3.8 将地址更改信息发送给所有客户

3.9 将地址更改信息发送给所有向其订阅内容的单位或个人

3.10 将设备搬迁情况通知给所有承租人

3.11 订购带有新地址的支票

3.12 订购远距离服务

3.13 转让免税号码或定购新的号码

3.14 处理旧办公设备计划

3.15 处理旧的办公设备

3.16 处理旧办公用具计划

- 3.17 处理旧的办公桌椅
- 3.18 分为三个清理物品阶段
- 4 搬迁日之前一天到两周
  - 4.1 安装电话线
  - 4.2 安装电话系统
  - 4.3 分配新电话号码、分机
  - 4.4 订购新信头和信封
  - 4.5 订购新业务名片
  - 4.6 订购新业务表单
  - 4.7 安排断开水、电设施的连接
  - 4.8 修复新办公室
  - 4.9 清扫新办公室
  - 4.10 确定最近的夜间急诊所
  - 4.11 盘点现有办公室设备（综合）
  - 4.12 盘点现有计算机
  - 4.13 按办公室盘点现有设备
  - 4.14 共享文档
  - 4.15 清除陈旧的材料
  - 4.16 创建新办公室分机目录
  - 4.17 创建新办公室布局地图
  - 4.18 创建新传真封页
  - 4.19 为雇员创建到新地点的驾驶说明
  - 4.20 获得新地点的公共交通信息
  - 4.21 获得运输标签
  - 4.22 将地址更改情况通知给邮局
  - 4.23 根据新的信息更新公司的网站
  - 4.24 订购搬移箱
  - 4.25 整理办公桌、个人空间
  - 4.26 整理公用区域
  - 4.27 标记所有易碎物品
  - 4.28 拆卸系统设备
  - 4.29 存储不搬移的财物
  - 4.30 标记要移动的设备
  - 4.31 搬移到中央位置
  - 4.32 在新地点安装系统设备
  - 4.33 在新地点安装网络线路
  - 4.34 分发新钥匙、卡片

4.35　收集旧钥匙、卡片
　　4.36　将冰箱清空、解冻,并进行清洁
　　4.37　将新办公区以代码的形式表示在地图上以帮助搬运工
　　4.38　建立搬迁日工作组以向搬运工提供指导
　　4.39　分为四个清理物品阶段
5　搬迁日
　　5.1　在新办公室内贴好代码符号以方便搬运工
　　5.2　安排好搬迁日工作组
　　5.3　保护主要搬迁路径
　　5.4　将植物和精美艺术品搬移到不同的搬运车内
　　5.5　完成物理搬迁
6　搬迁后阶段
　　6.1　仔细检查是否有损坏或丢失的物品
　　6.2　安排电话训练
　　6.3　安排安全性训练
　　6.4　安排消防训练
　　6.5　定期返回旧办公室取信
　　6.6　为客户安排家庭招待会
　　6.7　完成办公室搬迁项目

5.4　项目活动排序

　　排列活动顺序是识别和记录项目活动之间关系的过程。活动一般来说是有先后次序的,定义活动完成后,在工作分解结构的基础上,项目经理和项目管理人员就要通过判断不同活动在项目执行过程中的逻辑关系和先后关系,确定出哪些活动可以同时进行,哪些则必须按照先后顺序进行,某个活动在开始之前哪个或哪些活动必须结束,以及哪些活动必须都完成后项目才能结束等逻辑关联关系,并以一定的图示方法表示出这些活动的先后逻辑关系。
　　排列活动顺序设计考察活动清单中的所有活动、可交付成果说明书、假设和约束条件,以确定活动之间的相互逻辑关系,它也涉及评价活动之间逻辑关系的原因。一般来说,逻辑关系或者依赖关系反映了项目活动或任务的逻辑顺序。排列活动顺序既可以利用项目管理软件,也可以手工完成,还可以手工和软件相结合。对于小型项目,手工排序很方便,大型项目的早期(此时项目细节了解甚少)用手工排序也是方便的,但是随着项目的进展,手工排序就难以满足要求,需要手工排序和计算机排序结合使用。

5.4.1　项目活动的分类

　　定义活动过程输出了活动清单,可以将清单中的活动分为以下几类:

1. 实活动

指那些实实在在的工作,是项目中最常见的活动形式。例如项目的可行性分析、编写可行性报告等。实活动是项目所必需的工作,通常需要耗费一定的资源和时间。

2. 虚活动

为了能够在网络图上方便地表示出活动之间的逻辑关系而人为规定的工作,一般不占用资源,也不占用时间,仅仅起到一个表示活动间逻辑关系的作用。

3. 挂起活动

一种特殊的活动,需要消耗时间但是不需要消耗资源(如果时间不算资源的话)。它用来表示某项活动在指定的时间段内不能实施而处于等待状态,如墙体框架的水泥浇筑过程中等待水泥变干,施工中突然停电导致暂时的停工等。

4. 辅助活动

属于实活动,指那些经常性的,与项目有关的辅助性质的工作,例如安全培训活动、经常性的文娱活动等。他们的活动时间是弹性的,随着时间长度的延长而延长,缩短而缩短,但它们永远都不能够成为关键活动。

需要注意的是,这里提到的实活动、虚活动、挂起活动和辅助活动都是为了后续绘制网络图与项目管理的方便而提出的,在实际项目管理工作中应当充分理解并且用好这些概念,为实际的项目管理工作服务。

5.4.2 排列活动顺序的输入、工具与技术和输出

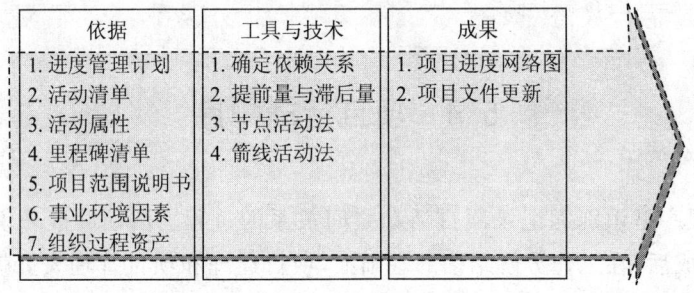

图 5-5 排列活动顺序的输入、工具与技术和输出

1. 排列活动顺序:输入

排列活动顺序的输入包括进度管理计划、活动清单、活动属性、里程碑清单、项目范围说明书、事业环境因素和组织过程资产,它们分别是定义活动过程的输入和输出。具体内容请见 5.3.1,这里不再赘述。

2. 排列活动顺序:工具与方法

(1)活动依赖关系

要编制项目进度计划,就必须明确项目活动之间的逻辑关系。所谓活动之间的逻辑关系,是指各项活动进行时必须遵循的先后顺序。运筹学中的网络图技术是用来做活动排序的常用技术,如紧前关系绘图法(也叫单代号网络图法或节点活动法)。在节点活动法中,有四种逻辑关系。紧前活动是在进度计划的逻辑路径中,排在非开始活动前面的活动。紧后

活动是在进度计划的逻辑路径中,排在某个活动后面的活动。这四种逻辑关系的定义如下:

①完成到开始,即 Finish to Start(FS)。紧后活动在紧前活动完成之后才能开始。例如,只有在地基完成之后,才能开始砌墙。

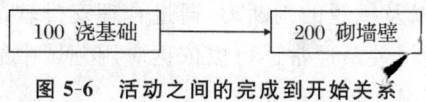

图 5-6 活动之间的完成到开始关系

② 完成到完成,即 Finish to Finish(FF)。紧后活动在紧前活动完成之后才能完成。例如,在管道建设项目中,在最后一段管槽开挖完之后,才能完成全部的埋管工作。

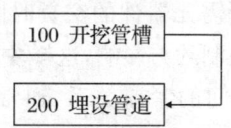

图 5-7 活动之间的完成到完成关系

③开始到开始,即 Start to Start(SS)。紧后活动在紧前活动开始之后才能开始。通常,开始到开始代表的是可以同时进行的并行活动。例如,在墙壁砌完之后,如果有至少两个工人的话,门窗安装可以同时进行。

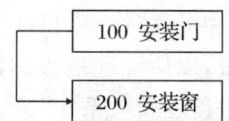

图 5-8 活动之间的开始到开始关系

④开始到完成,即 Start to Finish(SF)。紧前活动开始后,紧后活动必须结束。例如,只有第二位保安人员开始值班(紧前活动),第一位保安人员才能结束值班(紧后活动)。

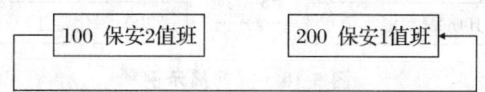

图 5-9 活动之间的开始到开始关系

从另一角度看活动之间的逻辑关系,又分为必然的依存关系、组织关系和外部制约关系,具体来讲就是硬逻辑关系、软逻辑关系、外部依赖关系、内部依赖关系。

- **硬逻辑关系**:也称为强制性依赖关系,是指活动间相互关系是确定的,是固有的依赖关系。它反映了活动间存在本质上的联系,通常是不可调整的。通常包括实际的约束条件,一般是物力上或者技术上的。例如,一个建设项目在地基完成之前先建造上部结构时不可能的;一个电子项目只有在原型完成后才能对其进行测试;影视节目制作,必须先有剧本或者脚本,先制定拍摄计划,经过批准后才能实地拍摄。所以,硬逻辑关系是相对比较明确的、容易确定的,主要依赖于技术方面的限制的活动更是如此,通常由技术和管理人员共同商定后就可以完成。

- **软逻辑关系**:也称为选择性依赖关系。是指那些活动间无逻辑关系的活动,是一种可以灵活处理的关系。例如,如果我们把正式宴会当作一个项目,主任或者主持人的喜好厌恶将很大程度上决定着宴会的议程和内容,即使是嘉宾致辞这样一个每个宴会都有的内容,先后顺序的安排也是不一样的。由于软逻辑关系的存在,有经验的项目经理或者项目管理人员就可以按照这类活动的主观性、随意性、人为性以及艺术性等特点,根据具体情况科学、合理地安排这类活动。实际上,项目经理或项目管理人员非常喜欢这种软逻辑关系活动的存在,以运用他们的知识经验以及敏锐的判断力,通过合理安排软逻辑关系活动来弥补硬逻辑关系灵活性差的缺点。软逻辑关系通常还可以依据应用领域中的最佳实践、最佳惯例、团队成员的喜好和项目的具体情况来灵活地安排。

- 外部依赖关系:也称为外部制约关系,是指项目活动与非项目活动间发生的依赖关系。在实际工作中,外界条件会对项目产生重大影响。例如,新产品研发项目的试生产,可能会依赖于外部供应商提供的试产所需元器件的交货时间。项目活动计划的安排过程中,通常需要考虑外部活动对于项目活动的制约与影响,这样才能合理安排项目活动之间的关系。
- 内部依赖关系:是项目活动之间的紧前关系,通常在项目团队的控制之中。例如,只有机器组装完毕,团队才能对其进行测试,这是一个内部的强制性逻辑关系。

项目经理和项目管理人员应该设法影响外部依赖关系,努力利用软逻辑关系,确保硬逻辑关系,安排好项目进度计划。

(2) 提前量和滞后量

FS、FF、SS 和 SF 这四种逻辑关系代表的是一个活动紧接着一个活动进行。在实际项目中,活动,通常还需要包括提前量和滞后量。项目经理或项目管理人员应该明确哪些逻辑关系中需要加入提前量或者滞后量,以便准确地表示活动之间的逻辑关系。需要注意的是提前量和滞后量的使用不能替代进度逻辑关系。

①提前量:相对于紧前活动,紧后活动可以提前的时间量。例如,在新办公大楼建设项目中,绿化施工可以在尾工清单编制完成前 2 周开始,这就是带 2 周提前量的完成到开始关系,用公式表示为 FS-2 周。在进度规划软件中,提前量往往表示为负滞后量。

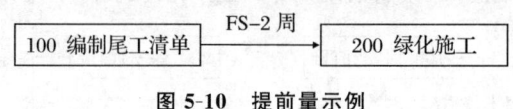

图 5-10 提前量示例

②滞后量:相对于紧前活动,紧后活动需要推迟的时间量。例如,在开挖管槽的工作开始 3 天后,才开始埋管工作。这就是带 3 天滞后量的开始到开始的关系,用公式表示为 SS+3 天。

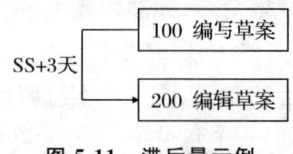

图 5-11 滞后量示例

(3) 网络图

一般来说,用来绘制项目活动网络图的方法有两种:节点活动法(activity-on-node,AON)和箭线活动法(activity-on-arrow,AOA)。这两种方法均使用网络计划技术的基本内容——节点和箭线。它们的名称来自于前者使用节点来表示活动,而后者使用箭线来表示活动。从这两种方法在 20 世纪 50 年代后期第一次得到使用起,实践者进行了许多改进,不过,基本模型经受住了时间的考验,在仅经过了形式上的小修改后现在仍然流行。网络图不仅能完整地揭示一个项目所包含的全部活动以及它们的关系,而且能根据数学原理,应用最优化技术,揭示整个项目的关键活动并合理地安排进度计划中的各项活动,对项目实施过程中可能出现的时间延迟等问题能够防患于未然,并进行合理的调整,从而使得项目经理和项目管理人员能依据项目进度计划执行的情况,对未来进行科学的预测,以最佳的时间长度、最少的资源、最好的流程、最低的成本来完成项目。因此,项目经理和项目管理人员都应该精通节点活动法和箭线活动法。目前,大多数项目管理软件采用节点活动法绘制网络图,建筑行业采用箭线活动法比较多,下面将重点介绍节点活动法,简要介绍箭线活动法,并对二者进行比较。

①节点活动法

节点活动法又称为前导图法(precedence diagramming method,PDM)或单代号网络图法,它用节点(方框)表示活动,一个节点表示一项活动,通过箭线的连接表示活动之间的相互逻辑(依赖)关系。节点活动法支持完成到开始(FS)、完成到完成(FF)、开始到开始(SS)、开始到完成(SF)这四种逻辑关系。

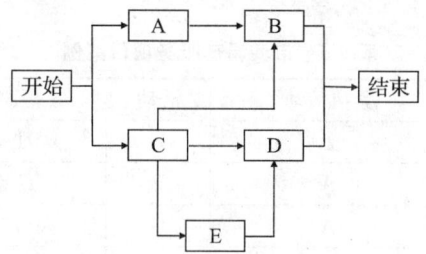

图 5-12　节点活动法示例

用节点活动法绘制项目活动网络图时,需要遵守以下规则:
- 绘制网络图之前,必须确定活动的优先顺序;
- 典型网络图是从左到右排列项目活动;
- 只有在所有前置的相关活动完成时,后续活动才开始;
- 箭线表示优先次序和逻辑流向,箭线可以交叉,为了清晰,尽量避免交叉;
- 每个活动应有唯一的识别编码;
- 后续活动的识别编码必须大于它前面所有活动的识别码,即应按照升序排列;
- 闭环环路不允许发生,也就是不能发生一系列活动中的循环;
- 一个活动只能出现一次,如果它再次出现,应代表新工作,有新的名称和识别码位于网络更右边的位置;
- 不允许条件陈述或判断(即这样的陈述不应发生:如果成功,做什么,不成功,则不做),网络图不是决策树,而是一种假设会预期实现的项目计划;
- 一般用公共的开始点和结束点明确表示项目的开始和结束,有时也可能有多个开始节点和结束点。

节点活动法绘制网络图通常包括以下三种计算方法:顺推法、逆推法和重点作业法。

①顺推法:或称前进法,从第一项起始活动,首先确定由起始活动开始的作业,然后根据已经得到的活动间的先后逻辑关系,确定每项活动直接的后续活动,把各项活动依次由前往后排,直到终止活动为止。在估算得出每个活动的持续时间之后,通过顺推法就可以估算出

每个活动的最早开始时间。

②逆推法:或称后退法,从最后的项目终止活动开始,首先确定直接进入最后活动的作业,然后根据已经得到的活动之间的先后逻辑,确定每项活动直接的前置活动,这样把各项活动依次由后往前排,一直排到项目的第一项起始活动为止。在估算得出每个活动的持续时间之后,通过逆推法可以估算出活动的最迟开始时间。

③重点作业法:从最重要的活动排起,考虑哪些活动要放在前面,哪些活动要放在后面,按照各个活动之间的相互关系安排。在运用此法计算活动路径的时间时,最重要活动的前置活动时间计算采用逆推法计算,而后续活动采用顺推法计算。

表5-3列出了一家提供市场调查服务公司的项目活动清单和各个活动之间的逻辑关系,即使还不知道每个活动的持续时间,还是可以通过顺推法、逆推法或者重点作业法画出相应的网络图,如图5-13。在网络图中,从始点开始,按照各个活动的顺序,连续不断地到达终点的一条通路称为路径。由图5-13可以看出,完成市场调查服务项目共有三条路径,分别是 A-B-E-H、A-C-D-F-H 和 A-C-G-H,由于每个活动的持续时间目前还是未知,整个项目的总工期也未知。

表5-3 市场调查服务项目案例

活动	描述	紧前活动	活动	描述	紧前活动
A	签订合同	无	E	准备宣讲	B
B	问卷设计	A	F	结果分析	D
C	目标市场识别	A	G	人口统计分析	C
D	调查样本	B,C	H	向客户宣讲	E,F,G

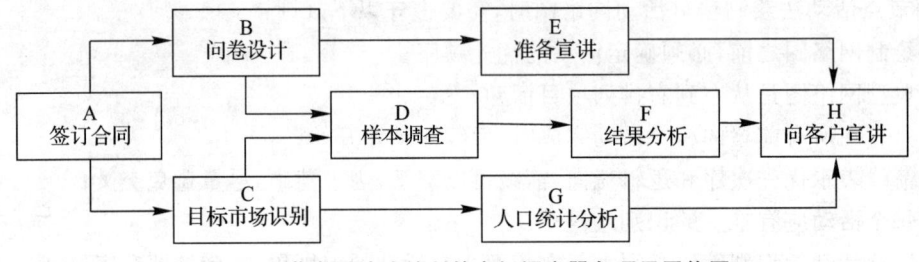

图5-13 节点活动法绘制的市场调查服务项目网络图

②箭线活动法

箭线活动法又叫双代号网络法,用箭线表示活动、节点表示活动相互关系的网络图方法,建筑行业用这种网络图法比较多。与节点活动法相反,在箭线活动法中,节点起到连接逻辑关系的作用,活动是反映在箭线上的。它只支持一种逻辑关系,即完成到开始,不支持其他三种逻辑关系。

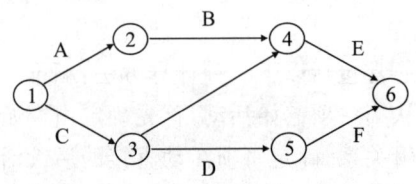

图5-14 箭线网络图示例

为了反映活动之间的关系,往往需要设置虚活动。表示相邻工序之间的衔接关系,但并不需要耗费资源。假设 A 工作完成之后 C 工作可以开始,A、B 两工作完成之后 D 工作才可以开始,用箭线活动法绘制网络图如图 5-15。

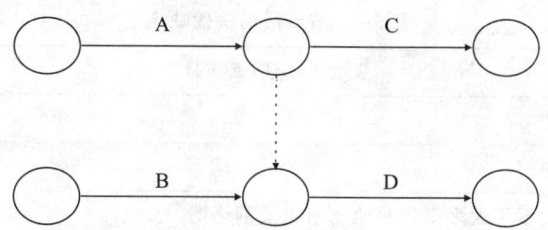

图 5-15　含虚活动的箭线网络图示例

用节点活动法绘制项目活动网络图时,需要遵守以下规则:
* 绘制网络图之前,必须确定活动的优先顺序;
* 典型网络图是从左到右排列项目活动,节点按时间顺序编号,沿箭头方向增大(可适当保留一些编号);
* 两个相邻节点间只允许有一条箭线直接相连,为避免多道活动相同结点,可以设置虚活动;
* 箭线活动可以交叉,为了清晰,尽量避免交叉;
* 网络图中不能有缺口和回路,闭环环路不允许发生;
* 除始点和终点外,任何结点的前后都应有箭线连接,不中断(无缺口),从而保证从始点经任何路均可到达终点;
* 箭线必须从一个节点开始,到另外一个节点结束,不能从一条箭线中间引出其他箭线;
* 每个网络图中只能有一个始点和终点,分别表示工程的开始与结束,应避免出现多个开始事件节点和结束事件节点。

在允许的条件下,活动可以同时进行,以缩短工期。在表示平行活动时,可选择平行的几个活动中权最大者直接与紧后活动衔接,其他活动可通过虚活动与紧后活动衔接。

箭线活动法绘制网络图通常也包括顺推法、逆推法和重点作业法这三种计算方法。表 5-3 对应的案例也可以采用箭线活动法绘制,如图 5-16。

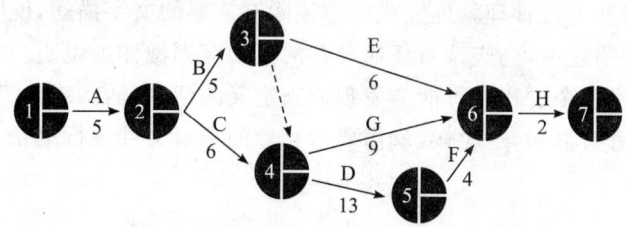

图 5-16　箭线活动法绘制的市场调查服务项目网络图

③ 节点活动法和箭线活动法的比较

在 20 世纪 50 年代,项目网络图的绘制都是采用箭线活动法来完成,直到 20 世纪 60 年代才出现了节点活动法,因此,箭线活动法网络图的运用更广泛些。但由于节点活动法网络图具有独特性,更加简单易懂,现在大多数的项目管理软件都采用节点活动法绘制网络图,也有少数软件,例如 P6,允许用户选择自己喜欢的网络图形式。

表 5-4 和表 5-5 分别对这两种方法的优缺点进行了比较。总体来讲，它们的绘制原理是差不多的，可以互换，采用哪一种方法需要由项目经理和项目管理人员根据项目的实际情况作判断。

表 5-4 节点活动法优缺点

		节点活动法（AON）
优点	1	不需虚活动
	2	不使用事件
	3	如果逻辑关系不太多则容易绘出节点式网络图
	4	基层项目管理人员很容易理解活动重点
	5	关键路径法使用确定的事件来构造网络
缺点	1	根据活动数字来跟踪路径比较困难。如果不提供网络，则计算机项目管理软件输出必须列出每个活动的前置和后续活动
	2	逻辑关系很多时网络图绘制和理解更为困难

表 5-5 箭线活动法优缺点

		箭线活动法（AOA）
优点	1	活动路径跟踪可通过活动/事件编码方案得到简化
	2	如果逻辑关系很多，那么箭线活动法更容易绘制
	3	很容易标示关键事件或里程碑
缺点	1	使用虚活动增加了数据要求
	2	对事件的强调可能会转移对活动的注意力，活动延迟会使得事件与项目受到延误

3. 排列活动顺序：输出

排列活动顺序的输出包括通过项目进度网络图和项目文件更新。项目进度网络图就是采用节点活动法或者箭线活动法绘制的节点网络图或者箭线网络图。项目进度网络图可以手工编制，也可以借助项目管理软件完成。应该附有简要的文字描述，说明活动排序所使用的基本方法，在文字描述中，还应该对任何异常的活动序列做详细说明。

在排列活动顺序这个过程中可能会发现原来定义的活动、活动属性、里程碑或者识别出来的风险不合理或者有遗漏，这时候，就需要对相应的项目文件进行更新。需要更新的项目文件包括但不限于：

- 活动清单；
- 活动属性；
- 里程碑清单；
- 风险登记册。

5.5 项目活动资源估算

估算活动资源是估算执行各项活动所需要的材料、人员、设备或者用品的种类和数量的过程。除了虚活动,所有的实活动的开展都需要消耗资源。在实际社会中资源永远都是有限的,人们不可能无限制地获取和使用资源,所以,要估算活动持续时间和安排项目进度计划,必须先进行活动资源的估算或假定。资源配置不足或者不当都会造成项目进度拖延或者项目预算超支。因此,项目经理和项目管理人员必须科学合理地做好项目活动资源的估算,以保证项目进度计划和项目预算目标的实现。图5-17描述了估算活动资源的输入、工具与技术和输出。

输入	工具与技术	输出
1. 进度管理计划	1. 专家判断	1. 活动资源需求
2. 活动清单	2. 备选方案分析	2. 资源分解结构
3. 活动属性	3. 发布的估算数据	3. 项目文件(更新)
4. 资源日历	4. 自下而上估算	
5. 风险登记册	5. 项目管理软件	
6. 活动成本估算		
7. 事业环境因素		
8. 组织过程资产		

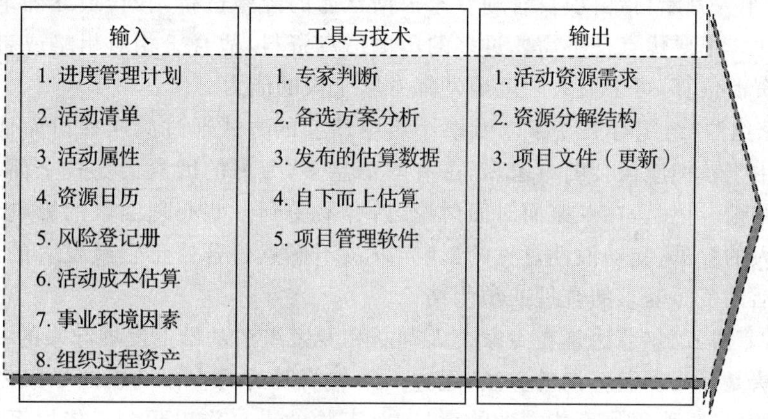

图 5-17 估算活动资源的输入、工具与技术和输出

5.5.1 估算活动资源:输入

估算活动资源涉及项目的范围、时间、质量和成本各个方面的计划和要求及其相关的支持细节等信息资料,部分输入在上文已经做了阐述,这里只对差异的部分做说明:

• 进度管理计划:这里需要参考进度管理计划中确定的资源估算准确度以及所使用的计量单位。

• 资源日历:表明每种具体资源的可用工作日或者可用班次的日历。在估算资源需求情况时,需要了解在规划的活动期间,哪些资源,例如人力资源、设备和材料是可用的。资源日历规定了在项目期间特定的项目资源何时可用、可用多久。例如,开发人员张三何时可以加入项目团队,是否可以在整个项目持续期间都为项目服务,如果不是,何时离开项目团队。租用的设备何时可以到位,何时租期结束。这些都可以在资源日历中设置并体现。可以在活动或者项目层面建立资源日历,还需要考虑更多的资源属性,如人员的经验和/或技能水平,来源地和可用时间。

• 风险登记册:风险登记册是风险管理的输出,里面登记了规划风险过程识别出来的风险以及对应的风险等级和应对措施。风险事件可能影响资源的可用性以及对资源的选择,例如新员工的经验可能比较少,风险较大,一般项目经理和项目管理人员都倾向雇用经验丰富的员工,但是经验丰富的员工一般工资也高,影响人力资源成本。
●活动成本估算:估算活动资源过程与估算活动成本紧密相关,互相影响。如果项目预算很紧张,项目经理和项目管理人员可能不得不选择成本比较低的资源,尽管风险可能也比较大。

5.5.2 估算活动资源:工具与技术

1. 专家判断

各种资源的配备和潜能基本上都是很难以量化的,估算十分困难。专家根据历史经验而对活动所做出的资源估算对于项目组织来说是很宝贵的。可以采用专家个人判断、专家组法或者德尔菲法,邀请具有资源规划与估算专业知识的任何小组或个人,提供专家判断,协助估算活动资源。

(1)专家个人判断:指由项目管理专家根据自己的经验进行判断,最终确定项目活动资源需求的方法。主要优点是不需要过多的历史信息资料,适合于相对粗略或者是创新性强的项目活动资源估算,可以最大限度地发挥专家个人的能力。

(2)专家组法:组织有关专家以专家小组座谈会的方式通过共同探讨而估算出活动所需的资源。由于参加座谈会的专家多,占有的信息多,考虑的因素会比较全面,有利于得出较为正确的结论。但是,在专家面对面讨论时,容易受到一些心理因素的影响,如屈服于权威和大多数人的意见,受劝说性意见的影响,以及不愿意公开修正已经发表的意见,这些都不利于得出活动资源需求的合理的预测结论。

(3)德尔菲法:德尔菲法是在专家个人判断和专家组法基础上发展起来的一种专家调查法。德尔菲法是采用匿名咨询的方法,通过一系列简明的调查征询表向专家们进行调查并通过有控制的反馈,取得尽可能一致的意见,对事物的未来作出预测。依据系统的程序,由一名协调者分别组织专家们采用匿名发表意见方式,通过多轮次调查专家对调查征询表所提问题的看法,经过反复征询、归纳、修改,最后汇总成专家基本一致的看法,作为预测的结果,整理给出项目活动资源估算。德尔菲法简单易行,用途广泛,费用较低,在大多数情况下可以得到比较准确的预测结果。

2. 备选方案分析

很多进度活动都有若干种备选的实施方案,如使用能力或者技能水平不同的资源、不同规模或者类型的机器、不同的工具(手动或者自动),以及自制、租赁或者购买相关资源。项目经理和项目管理人员需要对这些备选方案进行分析,选择符合项目要求的方案。

3. 发布的估算数据

一些组织会定期发布最新的生产率信息与资源单位成本,设计门类众多的劳务、材料和设备,覆盖许多国家及其所属地区。这些数据作为估算活动资源的参考。

4. 自下而上估算

自下而上估算是一种估算项目持续时间、成本和资源的方法,通过从下往上逐层汇总各个活动的估算而得到项目估算。如果无法以合理的可信度对活动进行估算,说明活动细分不够,应将活动中的工作进一步细化,然后估算对应的资源需求。接着把这些需求汇总起来,得到每个活动的资源需求。活动之间可能存在或者不存在会影响资源利用的依赖关系,如果存在,就应该对相应的资源使用方式加以说明,并记录在活动资源需求中。

5. 项目管理软件

项目管理软件,如进度规划软件,有助于规划、组织与管理资源库,以及编制资源估算。利用先进的软件,可以确定资源分解结构、资源可用性、资源费率和各种资源日历,从而有助于优化资源使用。

5.5.3 估算活动资源:输出

1. 活动资源需求

活动资源需求明确了工作清单中每个活动所需的资源类型和数量,然后,把这些需求汇总成每个工作包和工作时段的资源估算,从而得出整个项目的资源需求估算文件。不同应用领域对于资源需求描述的细节数量以及具体程度可能有所不同。通常,在每个活动的资源需求文件中,应该说明每种资源的估算依据,以及为确定资源类型、可用性和所需数量所做的假设。后续项目活动持续时间估算和项目进度计划都需要以此为依据来编制。

2. 资源分解结构(RBS)

资源分解结构类似于工作分解结构,是资源依据类别和类型的层级展现。资源类别包括人力、材料、设备和用品。资源类型包括技能水平、等级水平或适用于项目的其他类型。资源分解结构有助于结合资源的使用情况,组织与报告项目的进度数据。

3. 项目文件更新

可能需要更新的项目文件包括但不限于:
- 活动清单;
- 活动属性;
- 资源日历。

5.5.4 估算活动资源与项目时间管理

一项活动持续时间的长短显然会受到资源数量和质量的影响。一般而言,资源数量越多,质量越好,项目活动所需的时间久越短。设想在一个房间里面,有一把普通的4条腿的椅子,房间门是关着的,要求你做的就是将这把椅子搬到屋外的走廊去。如果在没有外来帮助的情况下让你去做这件事情,可能你会采取以下步骤:

(1)抬起椅子;
(2)搬到门口;
(3)放下一起;
(4)打开门;
(5)用脚顶住门,同时抬起椅子;
(6)把椅子搬出门;
(7)把椅子放在走廊里。

现在假设你可以使用的资源加倍,也就是有一个人来帮你开门,你就可以直接把椅子搬到走廊,中间不需要任何转换和停留。显然,两个人一起做这项工作时,把椅子搬到走廊所需要的时间会缩短。

需要注意的是,活动工期长短与资源的数量和质量不一定存在直接的线性关系,两个人合作将椅子搬到走廊,所用的时间不一定比一个人缩短一半,让四个人搬椅子到走廊呢?可能反而时间比一个人搬长。资源的数量和质量到达一定基线之后,再提高不一定会减少活动时间。实际上,分配给活动的资源数量和质量适度即可,过多增加资源数量,过高的资源质量,不仅耗费了金钱,也可能达不到缩短工期的目的。因此,当下属大喊大叫说在不增加资源就要耽误进度的时候,项目经理和项目管理人员要保持冷静,不要被这种气势吓倒,也不要慌。第一,可能你已经没有多余的资源可派;第二,追加人手可能导致三个和尚没水喝,项目延期更厉害。

5.6 项目活动持续时间估算

估算活动持续时间是根据资源估算的结果,估算完成单项活动所需工作时段数的过程。在项目实践中,估算活动持续时间也就是活动工期,通常由项目团队中熟悉该活动特性的个人和团队进行。估算通常采用渐进明细的方式,同时需考虑输入数据的质量和可获得性。因此,可以假设此估算将逐步精确,并且其质量水平是已知的。图 5-18 描述了估算活动持续时间的输入、工具与技术和输出。

依据	工具与技术	成果
1.进度管理计划	1.专家判断	1.活动持续时间估算
2.活动清单	2.类比估算	2.项目文件(更新)
3.活动属性	3.参数估算	
4.活动资源需求	4.三点估算	
5.资源日历	5.群体决策技术	
6.项目范围说明书	6.储备分析	
7.风险登记册		
8.资源分解结构		
9.事业环境因素		
10.组织过程资产		

图 5-18 估算活动持续时间的输入、工具与技术和输出

5.6.1 估算活动持续时间:输入

估算活动持续时间的输入包括进度管理计划、活动清单、活动属性、活动资源需求、资源日历、项目范围说明书、风险登记册、资源分解结构、事业环境因素和组织过程资产等。部分输入在上文已经做了阐述,这里只对差异的部分做说明:

• 进度管理计划:进度管理计划规定了用于估算活动持续时间的方法和准确度,以及其他标准,如项目更新周期。一般来讲,知识性活动的时间估算比较困难,准确范围一般在 -25%~25%,研究性的活动则差异更加明显,准确范围一般在 -100%~20%。

• 活动资源需求:对于大多数活动来说,所分配的资源能否达到要求,将对其持续时间有显著影响。例如,向某个活动新增资源或者分配低技能资源,就需要增加沟通、培训和协

调工作,从而可能导致活动效率或者生产率下降,以致需要更长的活动持续时间。

• 资源日历:资源日历中的资源可用性、资源类型和资源性质都会影响进度活动的持续时间。例如,由全职人员实施某项活动,熟练人员通常能比不熟练人员在更短的时间内完成该活动。

• 项目范围说明书:在估算活动持续时间时,需要考虑项目范围说明书中所列的假设条件和制约因素。假设条件包括但不限于现有条件、信息的可用性、报告期的长度。制约因素包括但不限于可用的熟练资源、合同条款和要求。

• 事业环境因素:影响估算活动持续时间过程的事业环境因素包括但不限于持续时间估算数据库和其他参考数据、生产率测量指标、发布的商业信息、团队成员的所在地。

• 组织过程资产:影响估算活动持续时间过程的组织过程资产包括但不限于关于持续时间的历史信息、项目日历、进度规划方法论和经验教训。

5.6.2 估算活动持续时间:工具与技术

1. 专家判断

通过借鉴历史信息,专家判断能提供持续时间估算所需的信息,或根据以往类似项目经验,给出活动持续时间的上限。专家判断也可以用于决定是否需要联合使用多种估算方法,以及如何协调各种估算方法之间的差异。

2. 类比估算

类比估算是一种使用相似活动或者项目的历史数据,来估算当前活动或者项目的持续时间或者成本的技术。类比估算以过去类似项目的参数值(如持续时间、预算、规模、重量和复杂性)为基础,来估算项目的同类参数或者指标。在估算持续时间时,类比估算技术以过去类似项目的活动实际持续时间为依据,来估算当前项目活动的持续时间。这是一种粗略的估算方法,需要注意的是,用来类比的过去项目跟当前项目的相似性和可比性,有时需要根据项目复杂性方面的已知差异进行调整。在项目详细信息不足时,经常可以使用这种技术来估算活动持续时间。

相对于其他估算技术,类比估算通常成本比较低,耗时较少,但是准确性也低。可以针对整个项目或者项目中的某个部分进行类比估算。类比估算可以与其他估算方法联合使用。如果以往活动是本质上而不是表面上相似,而且从事估算的项目团队成员具备必要的专业知识,那么类比估算就最为可靠。

3. 参数估算

参数估算是一种基于历史数据和项目参数,使用某种算法来计算成本或者持续时间的估算技术。参数估算是指利用历史数据之间的统计关系和其他变量(如建筑施工中的平方英尺),来估算诸如成本、预算和持续时间等活动参数。

把需要实施的工作量乘以完成单位工作所需的工时,即可以计算出活动持续时间。例如,对于设计项目,将图纸的张数乘以每张图纸所需的工时;或者对于电缆铺设项目,将电缆长度乘以铺设每米电缆所需的工时。又例如,如果所用的资源每小时能够铺设 25 米电缆,那么铺设 1 000 米电缆的持续时间是 40 小时(1 000 米除以 25 米/小时)。

参数估算的准确性取决于参数模型的成熟度和基础数据的可靠性。参数估算可以针对整个项目或者项目中的某个部分,也可以与其他估算方法联合使用。

4. 三点估算

通过考虑估算中的不确定性和风险，可以提高活动持续时间估算的准确性。这个概念源自计划评审技术（PERT）。PERT 使用三种估算值来界定活动持续时间的近似区间：

- 最可能时间（t_m）。基于最可能获得的资源、最可能取得的资源生产率、对资源可用时间的现实预计、资源对其他参与者的可能依赖及可能发生的各种干扰等，所估算的活动持续时间。
- 最乐观时间（t_o）。基于活动的最好情况，所估算的活动持续时间。
- 最悲观时间（t_p）。基于活动的最差情况，所估算的活动持续时间。

基于持续时间的在三种估算区间内的假定分布情况，使用公式来计算期望持续时间 t_e。基于三角分布和贝塔分布的两个常用公式如下：

- 三角分布 $t_e=(t_o+t_m+t_p)/3$；
- 贝塔分布（源自传统的 PERT 技术）$t_e=(t_o+4t_m+t_p)/6$。

通常采用贝塔分布计算期望持续时间，并说明期望持续时间的不确定区间。

※ 知识链接 5-2

计划评审技术（PERT）

PERT（Program Evaluation and Review Technique）即计划评审技术，最早是由美国海军在计划和控制北极星导弹的研制时发展起来的。PERT 技术使原先估计的研制北极星潜艇的时间缩短了两年。

简单地说，PERT 是利用网络分析制定计划以及对计划予以评价的技术。它能协调整个计划的各道工序，合理安排人力、物力、时间、资金，加速计划的完成。在现代计划的编制和分析手段上，PERT 被广泛使用，是现代化管理的重要手段和方法。PERT 注重对各项工作的安排和评价，通常应用于研究和开发项目。

PERT 的理论基础是假设项目持续时间以及整个项目完成时间是随机的，且服从某种概率分布。PERT 可以估计整个项目在某个时间内完成的概率。

PERT 假定最可能时间、最乐观时间和最悲观时间服从贝塔分布，根据三点估算：

$$t_e=\frac{t_o+4t_m+t_p}{6}$$

$$\sigma=\frac{t_p-t_o}{6}$$

式中，t_e——期望持续时间；

t_o——最乐观时间；

t_m——最可能时间；

t_p——最悲观时间；

σ——持续时间标准差。

---

5. 群体决策技术

基于团队的方法，例如头脑风暴法、德尔菲技术或者名义小组技术，可以调动团队成员的参与，以提高估算的准确度，并提高对于估算结果的责任感。选择一组与技术工作密切相关的人员参与估算过程,可以获得额外的信息,得到更准确的估算。另外,让项目团队成员亲自参与估算,能够提高他们对于实现估算的责任感。

6. 储备分析

在进行持续时间估算时,需考虑应急储备(有时称为时间储备或者缓冲时间),并将其纳入项目进度计划中,用来应对进度方面的不确定性。应急储备是包含在进度基准中的一段持续时间,用来应对已经接受的已识别的风险,以及已经制定应急或减轻措施的已识别风险。应急储备与"已知—未知"风险相关,需要加以合理估算,用于完成未知的工作量。应急储备一般由项目经理负责管理并支配。应急储备可以取活动持续时间估算值的某一百分比、某一固定的时间段,或者通过定量分析来确定,也可以把应急储备从各个活动中剥离出来,成为缓冲。

随着项目信息越来越明确,可以动用、减少或者取消应急储备。项目经理和项目管理人员应该在项目进度文件中清楚地列出应急储备。

※ 知识链接 5-3

管理储备

管理储备是为管理控制的目的而特别留出的项目时段,用来应对项目范围中不可预见的工作。管理储备用来应对会影响项目的"未知—未知"风险。管理储备不包括在进度基准中,但属于项目总持续时间的一部分。关于管理储备,可归纳为以下几点:

- 管理储备是为预先考虑那些"未知的未知风险"做准备的储备;
- 管理储备由发起人或管理层负责管理;
- PM 使用管理储备,需要向发起人或管理层申请;
- 管理储备是项目预算的一部分;
- 管理储备不是成本基准的一部分;
- 管理储备不纳入挣值计算;
- 管理储备在项目的结束点反映;
- 管理储备的多少取决于管理层对风险的判断,若无估算依据,管理储备可按总成本的一定比例(例如 10%)计算。

项目管理中的储备一般没有特别指明是管理储备的,应理解为应急储备。管理储备一般是由项目的高层管理,项目经理没有权力动用,应急储备是项目经理可以管理和动用的。

5.6.3 估算活动持续时间:输出

1. 活动持续时间估算

活动持续时间估算是对完成某项活动所需的工作时段数的定量评估。持续时间估算中不包括任何滞后量。在活动持续时间估算中,可以指出一定的变动期间,例如:

- 某项目活动时间为 2 周±2 天,表明活动至少需要 8 个工作日,最多不超过 12 个工作日(假定每周工作 5 天);

- 某项目活动时间超过 3 周的概率为 15%，表明该活动将在 3 周内（含 3 周）完工的概率为 85%。

2. 项目文件更新

可能需要更新的项目文件包括但不限于：
- 活动清单；
- 活动属性；
- 为估算活动持续时间而制定的假设条件，如技能水平、可用性，以及估算依据。

5.6.4 项目活动持续时间与网络图

项目活动时间的长短是编制项目进度计划的核心，是成本控制和进度控制的基础、依据和原则。估算出的项目活动持续时间可以反映在节点网络图和箭线网络图中，是构成网络图的重要参数。本质上，具有活动时间长度估算的项目网络图将项目的计划、进度安排和控制联系起来，不仅可以用来确定某项活动的开始和结束时间，还可以根据其紧前活动的累积时间长度计算最早开始时间，根据其紧后活动的累积时间长度计算最迟结束时间。

1. 节点活动法

采用顺推法可以在节点网络图中计算每个活动的最早开始时间和最早结束时间：

$$ES_1 = 0$$
$$ES_j = \max\{ES_i + D_i\}$$
$$EF_j = ES_j + D_j \Rightarrow ES_j = \max\{EF_i\}$$

式中，ES_1——第一项起始活动的最早开始时间（early start），对于一开始就进行的活动，其预计最早开始时间一般设为 0；

ES_j——节点网络图中第 j 项活动（紧后活动）的最早开始时间；

ES_i——节点网络图中第 i 项活动（紧前活动）的最早开始时间；

D_i——节点网络图中第 i 项活动的持续时间（duration）；

EF_j——节点网络图中第 j 项活动的最早结束时间（early finish）；

D_j——节点网络图中第 j 项活动的持续时间；

EF_i——节点网络图中第 i 项活动的最早结束时间。

采用逆推法可以在节点网络图中计算每个活动的最晚开始时间和最晚结束时间：

$$LF_n = T \text{ 或 } LF_n = EF_n$$
$$LS_i = LF_i - D_i$$
$$LF_i = \min\{LS_j\}$$

式中，LF_n——节点网络图中最后一项活动 n，即项目终止活动的最晚结束时间，也是整个项目的最晚结束时间（late finish）；

T——整个项目的最晚结束时间；

EF_n——节点网络图中最后一项活动 n，即项目终止活动的最早结束时间，可以由顺推法得出；

LS_i——节点网络图中第 i 项活动（紧前活动）的最晚开始时间（late start）；

LF_i——节点网络图中第 i 项活动的最晚结束时间；

D_i——节点网络图中第 i 项活动的持续时间（duration）；

LF_j—节点网络图中第 j 项活动(紧后活动)的最晚结束时间;

LS_j—节点网络图中第 j 项活动的最晚开始时间。

在得出上述时间参数之后,就可以计算得出每个活动的总时差和自由时差。总时差(total float,TF)也叫总浮动时间,指不影响总工期的前提条件下,本活动可以利用的机动时间。自由时差(free float,FF),也叫自由浮动时间,指不影响紧后活动最早开始时间进行的前提下,本活动可以利用的机动时间。

$$TF_i = LS_i - ES_i$$
$$FF_i = \min\{ES_j - EF_i\}$$

式中,TF_i—节点网络图中第 i 项活动(紧前活动)的总时差;

LS_i—节点网络图中第 i 项活动的最晚开始时间;

ES_i—节点网络图中第 i 项活动的最早开始时间;

FF_i—节点网络图中第 i 项活动的自由时差;

ES_j—节点网络图中第 j 项活动(紧后活动)的最早开始时间;

EF_i—节点网络图中第 i 项活动的最早结束时间。

还是以 5.4.2 中的市场调查服务公司项目为案例,在表 5-3 中加入活动持续时间,如表 5-7,根据上述公式可以计算得出各个时间参数,如表 5-8。

表 5-7 市场调查服务项目活动目录表

活动	描述	紧前活动	活动持续时间(天)
A	签订合同	无	5
B	问卷设计	A	5
C	目标市场识别	A	6
D	调查样本	B,C	13
E	准备宣讲	B	6
F	结果分析	D	4
G	人口统计分析	C	9
H	向客户宣讲	E,F,G	2

表 5-8 市场调查服务项目活动时间参数

活动	活动持续时间(天)	ES	EF	LS	LF	TF	FF
A	5	0	5	0	5	0	0
B	5	5	10	6	11	1	0
C	6	5	11	5	11	0	0
D	13	11	24	11	24	0	0
E	6	10	16	22	28	12	12
F	4	24	28	24	28	0	0
G	9	11	20	19	28	8	8
H	2	28	30	28	30	0	0

节点网络图中带以上各个时间参数的图例可以表示为表5-9。市场调查服务项目对应的节点网络图可以更新为图5-19。

表5-9 带时间参数的节点示例

活动编号	最早开始时间（ES）	最早结束时间（EF）
活动描述	总时差（TF）	自由时差（FF）
活动持续时间	最晚开始时间（LS）	最晚结束时间（LF）

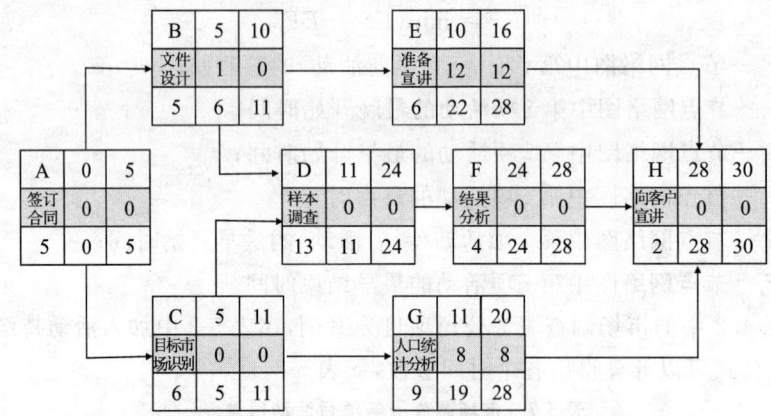

图5-19 市场调查服务项目活动网络图

市场调查服务项目活动网络图包括A-B-E-H、A-C-D-F-H和A-C-G-H三条路径，在这三条路径上，完成各个活动的时间之和是不完全相等的。每个活动的持续时间估算出来之后，根据顺推法沿着活动路径，将每条路径上各个活动的时间长度求和，就可以计算出每条路径的长度，从而推算出项目总工期。从图5-19可以很明显得出完成市场调查服务项目的三条路径的长度分别是：

- $T_{A-B-E-H} = D_A + D_B + D_E + D_H = 18$ 天；
- $T_{A-C-D-F-H} = D_A + D_C + D_D + D_F + D_H = 28$ 天；
- $T_{A-C-G-H} = D_A + D_C + D_G + D_H = 22$ 天。

活动路径A-C-D-F-H所需的总工期最长，也就是28天，因此，完成市场调查服务项目所需的时间为28天。在项目管理中，完成各个活动需要时间最长的路径叫作关键路径（Critical Path），它决定了整个项目的工期。关键路径上的任一活动都叫作关键活动，关键活动上的总浮动时间和自由浮动时间都为0。也就是说，任何关键活动的延迟，即使是很小的浮动，也可能直接影响整个项目的最早完成时间。关键路径之外的其他路径叫作非关键路径，非关键路径上的活动叫作非关键活动。因此，市场调查服务项目中，关键路径是A-C-D-F-H，活动A、C、D、F、H均为关键活动，非关键路径是A-B-E-H和A-C-G-H，活动B、E、G为非关键活动，非关键活动的总浮动时间不为0，可以运行在总浮动时间内的延迟，不会影响项目的总工期。如果关键路径上的任意活动能够提前，那么整个项目也有可能提前完成。而缩短非关键路径上任一活动的时间，却不能使项目的完工日期提前。由此可见，在编制进度计划时，关键路径上的活动应是项目经理和项目管理人员关注的重点。

相对于关键路径上的关键活动，又有准关键活动的概念，即时差很小的活动，例如B活动,总时差只有1天,也需要项目经理和项目管理人员特别关注。时差比较大的非关键活动可以称为松弛活动,例如E活动,总时差有12天,相对总工期来说比较长。项目经理和项目管理人员可以利用松弛活动来填补由关键路径造成的资源需求缺口,从而平衡项目资源。

> **知识链接 5-4**
>
> ### 关键路径
>
> 　　1956年,美国杜邦公司在制定企业不同业务部门的系统规划时,制定了第一套网络计划。这种计划借助于网络表示各项工作与所需要的时间,以及各项工作的相互关系,通过网络分析研究工程费用与工期的相互关系,并找出在编制计划时及计划执行过程中的关键路线。这种方法称为关键路线法(Critical Path Method),简称CPM。
>
> 　　CPM的基本思想就是在一个庞大的网络图中找出关键路线。对各关键活动,优先安排资源,挖掘潜力,采取相应措施,尽量压缩需要的时间;而对非关键路线上的各活动,只要在不影响项目完工时间的条件下,抽出适当的人力、物力等资源,用在关键活动上,以达到缩短工程工期,合理利用资源等目的。在执行计划过程中,可以明确工作重点,对各关键活动加以有效控制和调度。
>
> 　　关键路径对于项目的意义以及关键路径的真实含义常常有些模糊认识。一些人认为,关键路径包括最重要的活动,其实不一定。关键路径只与项目的时间维度有关系,名称中虽然包含了"关键"这个词,但是并不表明它包含了所有"最重要"的活动。另一个错误的认识是,关键路径是项目网络图从头至尾的最短路径,其他路径上的非关键活动可以忽略不计。对于项目经理和项目管理人员来说,为了完成整个项目,必须完成活动清单中的每个活动,不仅包括关键活动,还包括非关键活动,与选择最短的路径没有关系,这跟我们安排行车路线选择的最短路径就可以到达终点是不一样的,需要注意区分。
>
> 　　关键路径分析还有一些方面也可能使人认识不清。一个项目可以有一条以上的关键路径吗?关键路径可以发生变更吗?实际上,一个项目可以有多条、并行的关键路径,只要它们的总工期相等且最长。另一个总工期比关键路径略少的一条并行路径被称为次关键路径。项目的关键活动和关键路径是相对的,也是可以变化的。当次关键路径的浮动时间耗尽且继续延迟,次关键路径可能变为关键路径。在采取一定的技术组织措施之后,关键路线有可能变为非关键路线,而非关键路线也有可能变为关键路线。
>
> 　　当需要缩短项目进度时,项目经理和项目管理人员尽管可以通过按比例减少关键活动时间的方法来缩短总工期,但通常这是不现实的。项目经理和项目管理人员一般是选择修改进度计划,而不仅仅是减少完成活动的时间。合理的做法应该是对活动进行重新估算调整,从而使它们提前于第一次估算的完成时间。项目经理应该尽量压缩那些成本和风险比较低的关键活动的时间,而且要小心,不要制造出另外一条关键路径。一般来说,关键路径条数越多,项目管理起来就越复杂。

2. 箭线活动法

估算活动持续时间完成后,同样也可以采用箭线活动法绘制带时间参数的箭线网络图。由于箭线活动法的节点只表示工作的相互关系,两个节点之间的箭线才表示工作,时间参数与节点活动法略有不同。箭线网络图的节点图例如图 5-20。

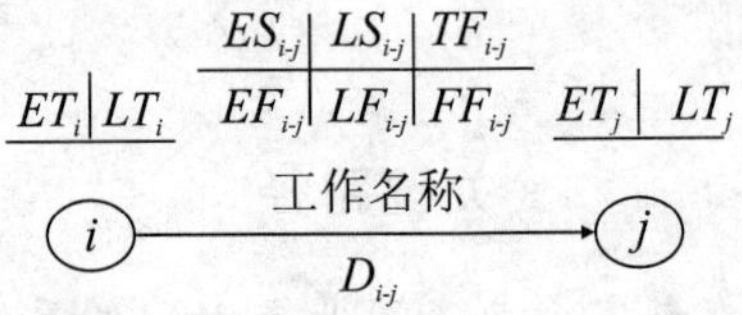

图 5-20 箭线网络图的节点示例图

采用顺推法可以在箭线网络图中计算每个节点的最早开始时间和最早结束时间:

$$ET_j = \max\{ET_i + D_{i\text{-}j}\}$$

$$ES_{i\text{-}j} = ET_i$$

$$EF_{i\text{-}j} = ES_{i\text{-}j} + D_{i\text{-}j}$$

式中,ET_j——第 j 个节点的最早开始时间(early time);

ET_i——第 i 个节点的最早开始时间;

$D_{i\text{-}j}$——第 i 个节点和 j 个节点之间的活动 $i\text{-}j$ 所需的持续时间(duration);

$ES_{i\text{-}j}$——活动 $i\text{-}j$ 的最早开始时间;

$EF_{i\text{-}j}$——活动 $i\text{-}j$ 的最早结束时间。

采用逆推法可以在箭线网络图中计算每个节点的最晚开始时间和最晚结束时间:

$$LT_i = \min\{LT_j - D_{i\text{-}j}\}$$

$$LF_{i\text{-}j} = LT_j$$

$$LS_{i\text{-}j} = LF_{i\text{-}j} - D_{i\text{-}j}$$

式中,LT_i——第 i 个节点的最晚开始时间(late time);

LT_j——第 j 个节点的最晚开始时间;

$D_{i\text{-}j}$——第 i 个节点和 j 个节点之间的活动所需的持续时间;

$LF_{i\text{-}j}$——活动 $i\text{-}j$ 的最晚结束时间;

$LS_{i\text{-}j}$——活动 $i\text{-}j$ 的最晚开始时间。

5.7 制定项目进度计划

制定进度计划是分析活动顺序、持续时间、资源需求和进度制约因素,创建项目进度模型的过程。通过编制项目进度计划,对项目在时间上有一个总体把握,有利于加强时间控制工作,有助于使项目实施井然有序,并使项目的各个分项管理以进度计划为依据形成一个有机整体,保证项目能够在满足其时间约束条件的前提下实现总体目标。由于项目进度计划、活动时间估算、资源估算和成本估算等过程交织在一起,编制项目进度计划时,项目有关关系人和主要职能部门都应该参加,在项目进度计划最终确定下来之前,需要项目经理和项目管理人员对这些过程反复多次迭代调整,对项目进度计划进行优化。项目进度计的编制也是渐进明晰的,定义活动、排列活动顺序、估算活动资源、估算活动时间和制定进度计划互相重叠,互相影响,其优化过程通常是在多次反复计算的基础上进行的,工作量很大,其反复迭代过程十分繁琐,稍微复杂一点的项目进度计划(如超过 50 个活动的项目),项目经理和项目管理人员用手工方法优化几近不可能,所以,项目进度计划的优化主要是通过计算机及项目管理软件来完成。图 5-21 描述了制定进度计划的输入、工具与技术和输出。

输入	工具与技术	输出
1.进度管理计划	1.进度网络分析	1.进度基准
2.活动清单	2.关键路径法	2.项目进度计划
3.活动属性	3.关键链法	3.进度数据
4.项目进度网络图	4.资源优化技术	4.项目日历
5.活动资源需求	5.建模技术	5.项目管理计划更新
6.资源日历	6.提前量与滞后量	6.项目计划更新
7.活动持续时间估算	7.进度压缩	
8.项目范围说明书	8.进度计划编制工具	
9.风险登记册		
10.项目人员分配		
11.资源分解结构		
12.事业环境因素		
13.组织过程资产		

图 5-21　估算活动资源的输入、工具与技术和输出

5.7.1 制定项目进度计划:输入

项目进度计划编制的输入依据是前面所涉及的时间管理 5 个过程的几乎所有输入、输出文件和数据。可以说,前面的 5 个过程都是为制定项目进度计划这个过程而服务的。部分输入在上文已经做了阐述,这里只对差异的部分做说明:

● 进度管理计划:规定了用于制定进度计划的进度规划方法和工具,以及推算进度计划的方法。

● 项目进度网络图:包含用于推算进度计划的紧前和紧后活动的逻辑关系和依赖关系,以及每个活动的 ES、EF、LS、LF、TF 和 FF,从而帮助项目经理和项目管理人员进行相关调整,从而优化项目进度计划。

● 活动资源需求:在编制项目进度计划时,有关什么资源、在什么时候、以何种方式利用,以及当项目的几项活动共享一种资源时,如何合理地平衡资源是关键。项目经理和项目管理人员需要特别关注共享的资源,因为这些资源的可利用性是高度可变的。

● 活动持续时间估算:通过 5.6 节介绍的估算方法和估算过程得到的活动时间预测值,用于进度计划的推算。

● 项目人员分配:将项目人员明确分配到每个活动去。例如,在编制一个咨询项目最初的进度计划时,仅需知道某一时段内有两个咨询人员可供利用,然而在同一个项目的最终进度计划编制时,必须确定哪一位特定的咨询人员可用,将负责完成哪些活动。

5.7.2 制定项目进度计划:工具与技术

1. 进度网络分析

进度网络分析是创建项目进度模型的一种技术。它通过多种分析技术,如关键路径法、关键链法、假设情景分析和资源优化技术等,来计算项目活动未完成部分的最早和最晚开始时间,以及最早和最晚完成时间。某些网络路径可能含有路径汇聚或分支点,在进行进度压缩分析或其他分析时应该加以识别和利用。

2. 关键路径法

关键路径法是在进度模型中,估算项目最短工期,确定逻辑网络路径的进度灵活性大小的一种方法。这种进度网络分析技术在不考虑任何资源限制的情况下,沿着进度网络路径顺推与逆推分析,计算出所有活动的最早开始、最早结束、最晚开始和最晚结束时间。关键路径法的焦点是计算活动时差即活动浮动时间,以确定哪些活动在进度计划安排上的灵活性最小。关于关键路径法的介绍详见5.6.4知识链接5-4。

3. 关键链法

关键链法(Critical Chain Method,CCM)是一种进度规划方法,允许项目团队在任何项目进度路径上设置缓冲,以应对资源限制和项目不确定性。这种方法建立在关键路径法之上,考虑了资源分配、资源优化、资源平衡和活动历时不确定性对关键路径的影响。关键链法可以根据有限的资源对项目进度计划进行调整,结合了确定性与随机性办法,开始时利用进度模型中活动持续时间的估算,根据给定的依赖关系与限制条件绘制项目进度网络图,然后计算关键路径。在确定关键路径后,将资源的有无与多寡的情况考虑进去,确定资源限制进度计划。这种资源限制进度计划经常改变项目的关键路径。

帕金森定律:工作总是拖延到它所允许最迟完成的那一天。其主观原因是没有压力就没有动力,客观原因是没有激励就没有动力。避免的方式是安全裕量(浮动时间)不要放在具体的活动上,而是集中管理。因此,关键链法在网络图中增加作为"非工作进度活动"的持续时间缓冲,用来应对不确定性。如图5-22,放置在关键链末端的缓冲称为项目缓冲,用来保证项目不因关键链的延误而延误,其他的缓冲,即接驳缓冲,则放置在非关键链与关键链接合点,用来保护关键链不受非关键链延误的影响。项目经理和项目管理人员应该根据相应路径上各活动持续时间的不确定性,来决定每个缓冲的时间长短。一旦确定了"缓冲进度活动",就可以按可能的最晚开始与最晚完成日期来安排计划活动。这样一来,关键链法就不再管理网络路径的总浮动时间,而是重点管理剩余的缓冲持续时间与剩余的任务链持续时间之间的匹配关系。

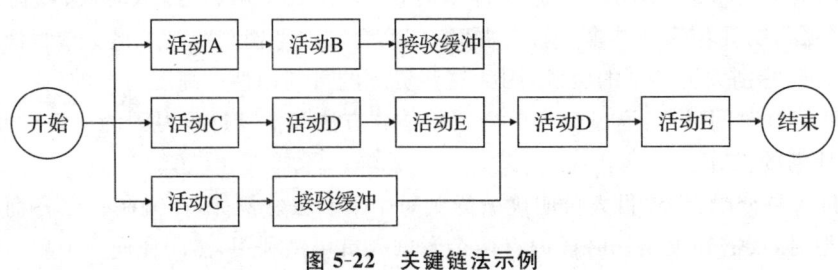

图 5-22 关键链法示例

4. 资源优化技术

资源优化技术是根据资源供需情况,来调整进度模型的技术,包括但不限于:

- 资源平衡:为了在资源需求与资源供给之间取得平衡,根据资源制约对开始日期和结束日起进行调整的一种技术。如果共享资源或者关键资源只能在特定时间使用,数量有限或者被过度分配,如一个资源在同一时间段内被分配至两个或者多个活动,就需要进行资源平衡。也可以为保持资源使用量处于均衡水平而进行资源平衡。资源平衡往往导致关键路径改变,通常是延长。

- 资源平滑:对进度模型中的活动进行调整,从而使资源项目需求不超过预定的资源限制的一种技术。相对于资源平衡而言,资源平滑一般不会改变项目的关键路径,完工日期也不会延迟。也就是说,活动只在其自由和总浮动时间内延迟。因此,资源平滑技术可能无法实现所有资源的优化。

5. 建模技术

建模技术包括但不限于:

- 假设情景分析:对各种情景进行评估,预测它们对项目目标的影响,无论是积极的还是消极的。假设情景分析就是对"如果情景X出现,情况会怎样?"这样的问题进行分析,即基于已有的进度计划,考虑各种各样的情景,例如,推迟某个主要部件的交货日期,延迟某个设计工作的时间,或者加入外部因素(如罢工或者许可证申请流程变化等)。可以根据假设情景分析的结果评估项目进度计划在不利条件下的可行性,以及为克服或者减轻意外情况的影响而编制应急和应对计划。

- 模拟:基于多种不同的活动假设(通常使用三点估算的概率分布)计算出多种可能的项目工期,以应对不确定性。

6. 提前量和滞后量

详见5.4.2。提前量和滞后量是网络分析中经常使用的一种调整方法,通过调整紧后活动的开始时间来编制一份切实可行的进度计划。

7. 进度压缩

进度压缩技术是指在不缩减项目范围的前提下,缩短进度工期,以满足进度制约因素、强制日期和其他进度目标。从下而上估算得出的项目总工期通常大于项目发起人或者客户对于项目总工期的要求,项目经理和项目管理人员经常需要采用进度压缩技术缩短进度工期。进度压缩技术包括但不限于:

- 赶工:通过增加资源,用资源换时间,以最小的成本增加来压缩进度工期的一种技术。赶工的例子如图5-22,某项目包括2个活动A和B,顺序进行,计划总工期15天,客户要求该项目10天内完成,经分析,A活动可通过投入双倍人力将缩短到5天,从而使总工期缩短为10天。赶工的例子包括批准加班、增加额外资源或者支付加急费用,来加快关键路径上的活动。赶工只适用于那些通过增加资源就能缩短持续时间的,且位于关键路径上的活动。赶工并非总是切实可行的,它可能导致风险和/或成本的增加,一般应选择成本低、风险较小的关键活动进行赶工。

- 快速跟进:将正常情况下按照顺序进行的活动或者阶段改为至少是部分并行开展。如图5-23,可以将A、B活动由串行改为并行,从而使总工期缩短为10天。快速跟进可能造成返工,增加风险,一般只适用于能够通过并行活动来缩短项目工期的情况。

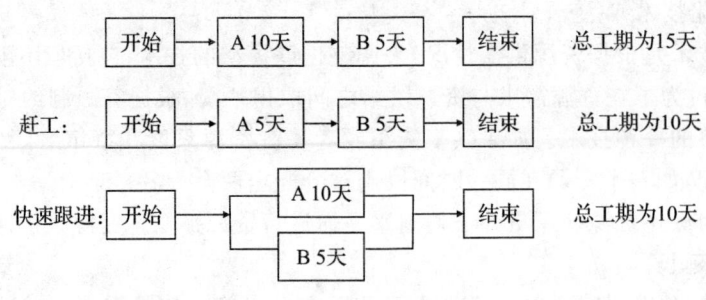

图 5-23 进度压缩示例

8. 进度计划编制工具

自动化的进度计划编制工具包括进度模型,它用活动清单、网络图、资源需求和活动持续时间等作为输入,使用进度网络分析技术,自动生成开始和结束时间,从而可加快进度计划的编制过程。进度计划编制工具可以与其他项目管理软件例如 P6、MSP 以及手工方法联合使用。

5.7.3 制定项目进度计划:输出

1. 进度基准

进度基准是经过相关关系人接受和批准的进度模型,包含基准开始日期和基准结束日期。在进行进度控制时,进度基准作为与实际结果进行比较的依据,将实际开始和结束时间与进度基准进行比较,以确定是否存在偏差。进度基准一经批准后,只有通过正式的变更控制程序才能进行变更。

2. 项目进度计划

项目进度计划是进度模型的输出,展示活动之间的相互关联,以及计划日期、持续时间、里程碑和所需资源。项目进度计划中至少要包括每个活动的计划开始时间和计划结束时间,即使是在早期阶段就进行了资源规划,在未确认资源分配和计划开始与结束时间之前,项目进度计划都只是初步的。项目进度计划可以是概括(有时称为主进度计划或者里程碑进度计划)或详细的。虽然项目进度计划可以用列表形式,但是图形方式更为常见,一目了然。可以采用以下一种或者多种图形来呈现:

- 横道图:也称为甘特图,是展示进度信息的一种图表方式。如图 5-24,在横道图中,进度活动列于纵轴,日期排于横轴,活动持续时间则表示为按开始和结束日期定的水平条形。横道图相对易读,常用于向管理层汇报项目进度计划和进展。

- 里程碑图:与横道图类

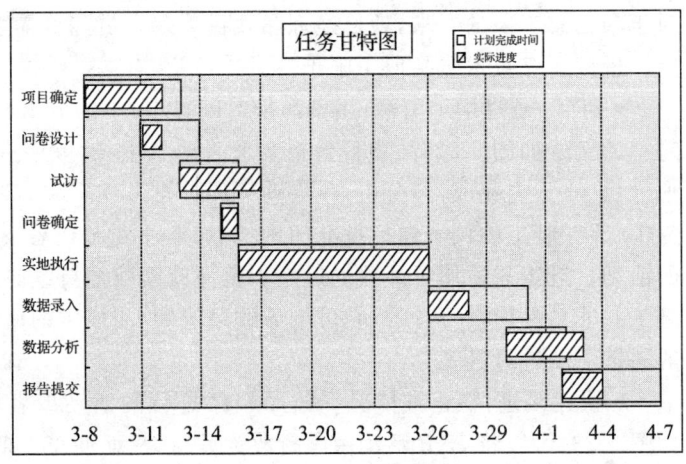

图 5-24 甘特图示例

似,但仅标出主要可交付成果和关键外部接口等里程碑的计划开始或完成日期,如图 5-25 所示,通常用◇表示里程碑。

活动标识	活动描述	日历单元	项目进度计划时间表				
			时段1	时段2	时段3	时段4	时段5
1.1.MB	开始新产品Z	0	◇				
1.1.1.M1	完成组件1	0			◇		
1.1.2.M1	完成组件2	0		◇			
1.1.3.M1	完成组件1和组件2的整合	0				◇	
1.1.3.MF	完成新产品Z	0					◇

图 5-25 里程碑计划示例

● 项目进度网络图:通常用节点活动法或者箭线活动法绘制,没有时间刻度,纯粹显示活动及其相互关系,有时也称为"纯逻辑图",详见 5.4.2 和 5.6.4。项目进度网络图也可以是包含时间刻度的进度网络图,有时称为"逻辑横道图",如图 5-26 中办公室搬迁之前 1 到 6 个月的详细进度计划。这些图形中有活动日期,通常会同时展示项目网络逻辑和项目关键路径活动。

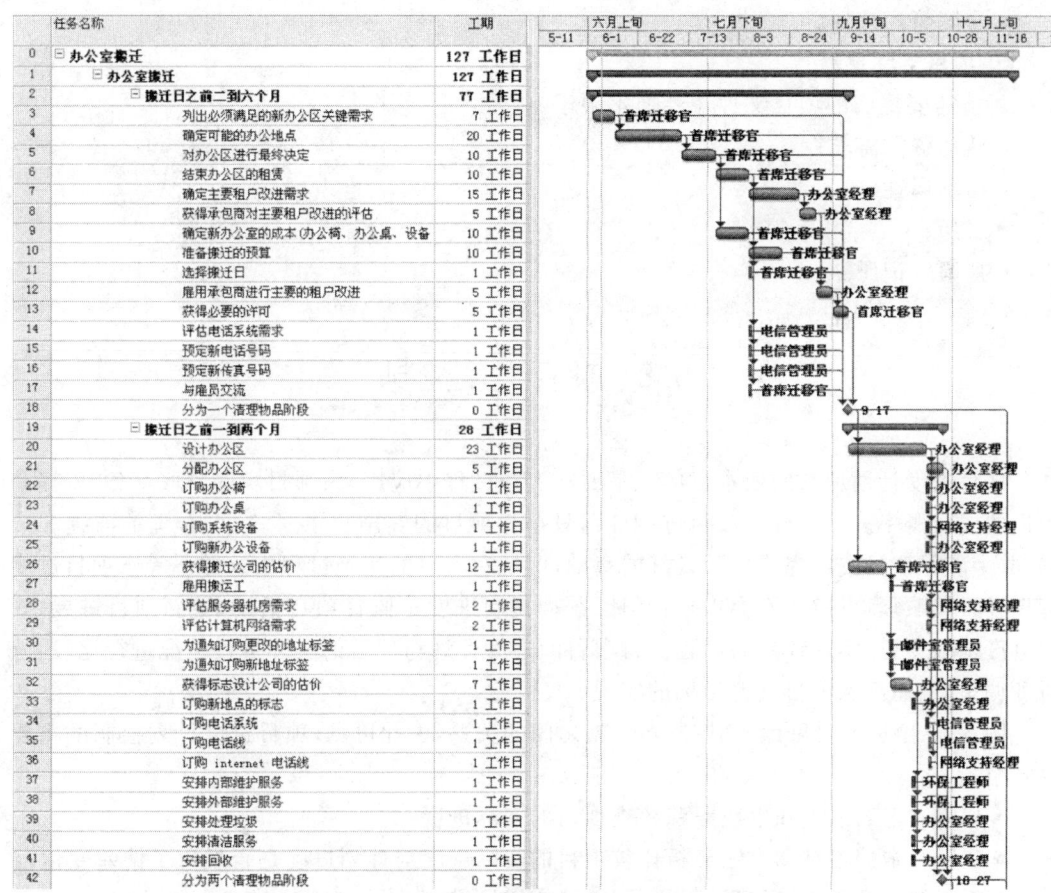

图 5-26 办公室搬迁之前 1 到 6 个月的详细进度计划

3. 进度数据

项目进度模型中的进度数据是用以描述和控制进度计划的信息集合，至少包括进度里程碑、进度活动、活动属性，以及已知的全部假设条件与制约因素。所需的其他数据因应用领域而异。经常可用作支持细节的信息包括但不限于：

- 按时段计列的资源需求，往往以资源直方图表示；
- 备选的进度计划，如最乐观或者最悲观情况下的进度计划、经资源平衡或者未经资源平衡的进度计划、有强制日期或者无强制日期的进度计划；
- 进度应急储备。

4. 项目日历

在项目日历中规定可以开展进度活动的工作日和工作班次。一般没有特殊说明，项目管理中的天指的是工作日。项目日历把可用于开展进度活动的时间段（按天或者更小的时间单位）与不可用的时间段区分开来。在一个进度模型中，可能需要采用不止一个项目日历来编制项目进度计划，因为有些活动需要不同的工作时段。

5. 项目管理计划更新

项目管理计划中可能需要更新的内容包括但不限于：

- 进度基准；
- 进度管理计划。

6. 项目文件更新

可能需要更新的项目文件包括但不限于：

- 活动资源需求；
- 活动属性；
- 日历；
- 风险登记册。

5.8 项目进度控制

项目进度计划编制的根本目的就是要在实践过程中应用，为项目实施阶段服务，以提高项目的成功概率。一个好的项目进度计划只是为项目的实施提供了科学、合理的前提和依据，并为确保项目按期完成打下良好的基础，但是在项目的实施过程中这并不等于项目进度计划会自然顺理地进行，不会出现任何问题。控制进度是监督项目活动，更新项目进展，管理进度基准变更，实现计划的过程。将项目的进度计划与项目的实际进展情况进行比较、分析和调整，从而确保项目进度目标的实现。

图 5-27 显示了项目计划、控制与实施之间的关系，由此可见，项目进度计划控制的主要内容包括：

- 利用一定的组织和手段跟踪核查项目的实际进度；
- 利用一定的工具和方法分析比较项目的实际进度与计划进度是否发生了偏差变化；
- 判断偏差是否可以接受，如果是，继续实施原进度计划；
- 如果偏差不可接受，分析偏差变化的原因；

- 如果进度计划没有问题,对于计划的实施出现问题,例如,没有按照计划实施,则采取措施纠正偏差后继续实施;
- 如果计划的实施没有问题,原进度计划有误或者外界制约因素变化导致情况发生变化,则需要走变更流程,修订原进度计划。

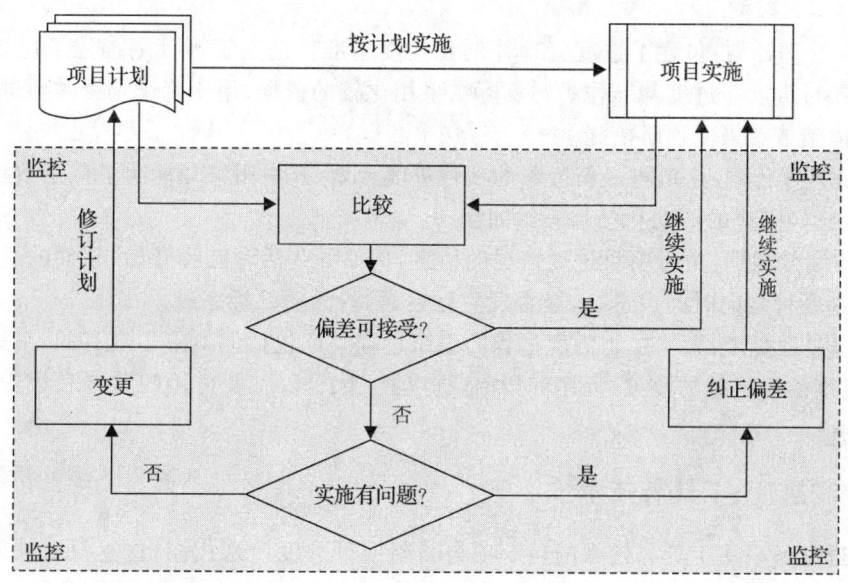

图 5-27 项目计划、控制与实施的关系图

由于项目活动的系统性、协调性、开放性和复杂性等特点,项目控制过程是一种特定的、有选择的、能动的动态作用过程。随着项目所处的外界环境和条件变化越来越快,项目投资越来越大,项目活动越来越复杂,项目实施过程越来越长,项目的风险也就越来越大,所以,项目进度计划不变是相对的,变化是绝对的,平衡是暂时的,不平衡是经常的。项目经理和项目管理人员如何根据外部环境和条件变化在范围、时间、成本、质量间取得平衡,是提高项目综合效益的关键,也是评价一个优秀项目管理者的度量标尺。图 5-28 描述了控制进度的输入、工具与技术和输出。

输入	工具与技术	输出
1.项目管理计划	1.绩效审查	1.工作绩效信息
2.项目进度计划	2.项目管理软件	2.进度预测
3.工作绩效数据	3.资源优化技术	3.变更请求
4.项目日历	4.建模技术	4.项目管理计划更新
5.进度数据	5.提前量与滞后量	5.项目文件更新
6.组织过程资产	6.进度压缩	6.组织过程资产
	7.进度计划编制工具	

图 5-28 控制进度的输入、工具与技术和输出

5.8.1 控制进度：输入

项目进度控制的主要依据包括项目管理计划、项目进度计划、工作绩效数据、项目日历、进度数据和组织过程资产。部分输入在上文已经做了阐述，这里只对差异的部分做说明：

- 项目管理计划：包含了进度管理计划和进度基准。进度管理计划描述了应该如何管理和控制项目进度。进度基准作为与实际结果相比较的依据，用于判读是否需要进行变更、采取纠正措施或者采取预防措施。
- 项目进度计划：这里指最新版本的项目进度计划，其中用符号标明了截至数据日期的更新情况、已经完成的活动和已经开始的活动。
- 工作绩效数据：关于项目进展情况的信息，例如哪些活动已经开始，它们的进展如何，是否按照进度计划的时间点进行，是否发生延迟，哪些活动已经完成。
- 组织过程资产：影响控制进度过程的组织过程资产包括但不限于现有的、正式和非正式的、与进度控制有关的政策、程序和指南，进度控制工具，以及可用的监督和报告方法、模板等。

5.8.2 控制进度：工具与技术

控制进度所采用工具与技术的后5项与编制项目进度计划相同，这里只对绩效审查和项目管理软件进行简要说明：

- 绩效审查：是指测量、对比和分析进度绩效，如实际开始和完成时间、已完成百分比以及当前工作的剩余持续时间。绩效审查可以使用各种工具，包括趋势分析、关键路径法、关键链法和挣值管理（Earned Value Management, EVM）等。
- 项目管理软件：可以借助项目管理软件，例如 P6 或者 MSP，对照进度计划，跟踪项目执行的实际日期，报告与进度基准相比的差异和进展，并预测各种变更对进度模型的影响。

> **知识链接 5-5**
>
> **挣值管理**
>
> 1967年美国国防部开发了挣值管理法并成功地将其应用于国防工程中。1998年美国国防部和国家标准学会将"挣值管理系统"颁布为标准，美国航空航天局、国税局、联邦调查局等机构实施了这套系统。随后，澳大利亚、加拿大、英国、瑞典等国也相继把EVMS订入政府和工业界的标准，日本则规定2004年以后的公共工程需要全面采用这套管理方法。
>
> 挣值管理比较计划工作量、项目活动的实际完成量（挣得）与实际成本花费，以决定成本和进度绩效是否符合原定计划。
>
> 挣值管理的三个基本参数包括：

- 计划值(PV,Plan Value)：又叫计划工作量的预算费用(BCWS,Budgeted Cost for Work Scheduled)，指项目实施过程中某阶段计划要求完成的工作量所需的预算工时(或费用)。PV主要反映进度计划应当完成的工作量，而不是反映应消耗的工时或费用。计算公式是：

$$PV = BCWS = 计划工作量 \times 计划单价$$

- 挣值(EV,Earned Value)：又叫已完成工作量的预算成本(BCWP,Budgeted Cost for Work Performed)，指项目实施过程中某阶段实际完成工作量及按计划单价计算出来的工时(或费用)。计算公式是：

$$EV = BCWP = 实际工作量 \times 计划单价$$

- 实际成本(AC,Actual Cost)：又叫已完成工作量的实际费用(ACWP,Actual Cost for Work Performed)，指项目实施过程中某阶段实际完成的工作量所消耗的工时(或费用)。AC主要反映项目执行的实际消耗指标。计算公式是：

$$AC = ACWP = 实际工作量 \times 实际单价$$

挣值管理的四个评价指标包括：

- 进度偏差(SV,Schedule Variance)：指检查日期EV和PV之间的差异，计算公式是：

$$SV = EV - PV = BCWP - BCWS$$

当SV为正值时，表示进度提前；
当SV等于零时，表示实际与计划相符；
当SV为负值时，表示进度延误。

- 成本偏差(CV,Cost Variance)：指检查日期EV和AC之间的差异，计算公式是：

$$CV = EV - AC = BCWP - ACWP$$

当CV为正值时，表示实际消耗的人工(或费用)低于预算值，即有结余或效率高；
当CV等于零时，表示实际消耗的人工(或费用)等于预算值；
当CV为负值时，表示实际消耗的人工(或费用)超出预算值或超支。

- 进度绩效指标(Schedule Performed Index)指检查日期EV和PV之比，计算公式是：

$$SPI = EV/PV = BCWP/BCWS$$

当SPI>1时，表示进度超前；
当SPI=1时，表示实际进度与计划进度相同；
当SPI<1时，表示进度延误。

- 成本绩效指标(CPI,Cost Performed Index)：指检查日期EV和AC之比，计算公式是：

$$CPI = EV/AC = BCWP/ACWP$$

当CPI>1时，表示低于预算，即实际费用低于预算费用；
当CPI=1时，表示实际费用与预算费用吻合；
当CPI<1时，表示超出预算，即实际费用高于预算费用。

挣值法评价曲线如图 5-29 所示,横坐标表示时间,纵坐标则表示费用。BCWS 曲线为计划工作量的预算费用曲线,表示项目投入的费用随时间的推移在不断积累,直至项目结束达到它的最大值,所以曲线呈 S 形状,也称为 S 曲线。ACWP 已完成工作量的实际费用同样是进度的时间参数,随项目推进而不断增加,也是呈 S 形的曲线。利用挣值法评价曲线可进行费用进度评价,图中所示的项目,CV<0,SV<0,这表示项目执行效果不佳,即费用超支,进度延误,应采取相应的补救措施。

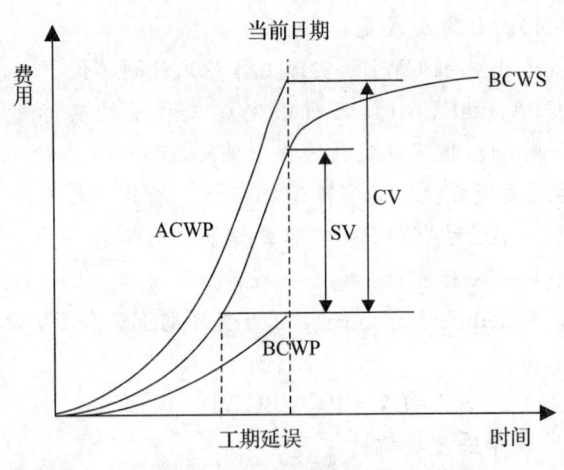

图 5-29 挣值法评价曲线

尽管挣值法的计算关系相对简单,准确度量活动的挣值却是不容易的,并成为成功应用挣值法的关键。这是由于一方面项目的活动内容是多种多样的,挣值的度量应根据活动的内容精心设计。另一方面,与项目相关的人员已习惯于通常的费用和日程度量概念和方法,改变人们的固有概念需要耐心的培训和讲解。下面是几种度量挣值的方法:

- 线性增长计量:费用按比例平均分配给整个工期,完成量百分比记入挣值。
- 50-50 规则:活动开始即计入 50% 费用,活动结束计入剩余的 50%。当活动具有多个子作业时采用。
- 工程量计量:例如全部桩基 300 根,150 万元,每完成一根桩基,挣值 0.5 万元。
- 节点计量:将工程分为多个进度节点并赋予挣值,每完成一个节点计入该节点挣值,设备定制可用此方法。

挣值法的价值在于将项目的进度和费用综合度量,从而能准确描述项目的进展状态。挣值法的另一个重要优点是可以预测项目可能发生的工期滞后量和费用超支量,从而及时采取纠正措施,为项目管理和控制提供了有效手段。挣值管理法广泛应用于项目进度管理,是最常用的项目绩效测量分析技术。

案例:

某项目计划工期为 8 年,预算总成本为 1 600 万元。在项目实施过程中,通过对成本的核算和有关成本与进度记录得知,在开工后第 4 年年末的实际情况是:开工后 4 年未实际成本发生额为 400 万元,所完成工作的计划预算成本额为 200 万元。与该项目预算成本比较可知:当工期过半时,项目的计划成本发生额应该为 800 万元。试分析该项目的成本执行情况和计划完工情况。

由已知条件可知:

PV=800 万元;

AC=400 万元;

EV=200 万元;

CV=EV－AC=200－400=－200,说明成本超支 200 万元;

SV=EV－PV=200－800=－600,说明进度落后 600 万元;

SPI=EV/PV=200/800=25%,说明 4 年只完成了 4 年工期的 25%,相当于只完成了总任务在 1/4;

CPI=EV/AC=200/400=50%,说明完成同样的工作量实际发生成本是预算成本的 2 倍。

5.8.3 控制进度:输出

1. 工作绩效信息

针对 WBS 组件,特别是工作包和控制账户,计算出进度偏差(SV)与进度绩效指标(SPI),并记录在案,传达给项目关系人。

2. 进度预测

根据已有的信息和知识,对项目未来的情况和事件进行的估算和预计。随着项目的执行,项目经理和项目管理人员应基于工作绩效信息,更新和重新发布预测。这些信息包括项目的过去绩效和期望的未来绩效,以及可能影响项目未来绩效的挣值绩效指数(SPI 和 CPI)。

3. 变更请求

通过分析进度偏差,审查项目进展报告、绩效测量结果和项目范围或者进度调整情况,可能会需要对进度基准、范围基准和/或项目管理计划的其他组成部分提出变更请求。项目经理和项目管理人员应该把变更请求提交给实施整体变更控制过程审查和处理。预防措施可包括推荐的变更,以消除或者降低不利进度偏差发生的概率。

4. 项目管理计划更新

项目管理计划可能需要更新的内容包括但不限于:

- 进度基准;
- 进度管理计划;
- 成本基准。

5. 项目文件更新

可能需要更细的项目文件包括但不限于:

- 进度数据;
- 项目进度计划;
- 风险登记册。

本章提要

本章首先介绍了时间、项目时间和项目时间管理的定义、理念以及项目时间管理的七个过程,包括规划进度管理、定义活动、排列活动顺序、估算活动资源、估算活动持续时间、制定项目进度计划和控制进度。其后,较为详尽地阐述了项目时间各个过程的输入、采用的工具和方法以及各个过程的输出。本章应重点掌握节点活动法、关键路径、甘特图和挣值管理的具体应用。

关键概念

- 项目时间管理(project time management)
- 规划进度管理(plan schedule management)
- 定义活动(define activities)
- 排列活动顺序(sequence activities)
- 估算活动资源(estimate activity resources)
- 估算活动持续时间(estimate activity durations)
- 制定项目进度计划(develop schedule)
- 控制进度(control schedule)
- 里程碑(milestone)
- 节点活动法(activity-on-node)
- 箭线活动法(activity-on-arrow)
- 甘特图(Gantt chart)
- 计划评审技术(program evaluation and review technique)
- 关键路径法(critical path method)
- 关键链法(critical chain method)
- 挣值管理(earned value management)

思考习题

1. 你是如何理解进度管理计划的?简述进度管理计划的主要内容。
2. 什么是里程碑?里程碑是不是越多越好?
3. 项目活动分解与项目工作分解是什么关系,它们有什么相通之处?
4. 谈一谈你对项目活动分解时使用模板的看法,应该注意什么问题?
5. 活动的四种依赖关系分别是什么,哪种依赖关系最常见?
6. 节点活动法和箭线活动法各有什么优缺点,两者的主要区别是什么?
7. 什么是自由时差?什么是总时差?总结自由时差和总时差的区别。
8. 总结关键路径法和关键链法的区别。
9. XYZ公司有一份要生产 10 000 个小部件,价格为 \$100 000 的固定总价合同。直到所有部件都完成才可以开出发票。制造每个小部件的预算成本是 \$9。所有部件都应在今天完成,不幸的是项目进度落后了,只完成了 9 000 个,实际制造成本为 \$90 000。求 SV、CV、SPI、CPI。

案例分析

A公司是一家软件外包业务的公司，最近，公司承接B公司的ERP系统开发任务。经过公司高层讨论，决定任命小丁作为该ERP项目的项目经理，小丁接到任命后，召开了项目启动会议，开始进行项目进度计划。

在与项目团队成员探讨后，假设已经确认了12项基本活动。表5-10所示的活动清单中列出了所有这些活动的名称、完成每项活动所需的时间，以及与其他活动之间的约束关系。

表5-10 活动清单

活动名称	活动持续时间（工作日）	前置任务
A	3	
B	4	
C	2	A
D	5	A
E	4	B,C
F	6	B,C
G	2	D,E
H	4	D,E
I	3	G,F
J	3	G,F
K	3	H,I
L	4	H,J

问题：

1. 为了便于对项目进度进行分析，可以采用箭线图法和前导图法来描述项目进度，请画出项目进度计划中箭线图和前导图。
2. 本题中的关键路径有几条，并给出关键路径。
3. 如果在任务B上迟滞了10天，对项目进度有何影响？作为项目经理，小丁将如何处理这个问题？

小张为A公司IT部门主管，最近接到公司总经理的命令，负责开发一个电子商务平台。小张粗略地估算该项目在正常速度下需花费的时间和成本。由于公司业务发展需要，公司总经理急于启动电子商务平台项目，因此，要求小张准备一份关于尽快启动电子商务平台项目的时间和成本的估算报告。

在第一次项目团队会议上，项目团队确定出了与项目相关的任务如下：

第一项任务是比较现有电子商务平台，按照正常速度估算完成这项任务需要花10天，成本为15 000元。但是，如果使用允许的最多加班工作量，则可在7天、18 750元的条件下完成。

一旦完成比较任务，就需要向最高层管理层提交项目计划和项目定义文件，以便获得批准。项目团队估算完成这项任务按正常速度为5天，成本3 750元，如果赶工为3天，成本为 4 500 元。

当项目团队获得高层批准后,各项工作就可以开始了。项目团队估计需求分析为 15 天,成本 45 000 元,如加班则为 10 天,成本 58 500 元。

设计完成后,有 3 项任务必须同时进行:

① 开发电子商务平台数据库;
② 开发和编写实际网页代码;
③ 开发和编写电子商务平台表格码。

估计数据库的开发在不加班的时候为 10 天和 9 000 元,加班时可以在 7 天和 11 250 元的情况下完成。同样,项目团队估算在不加班的情况下,开发和编写网页代码需要 10 天和 17 500 元,加班则可以减少两天,成本为 19 500 元。开发表格工作分包给别的公司,需要 7 天,成本 8 400 元。开发表格的公司并没有提供赶工多收费的方案。

最后,一旦数据库开发出来,网页和表格编码完毕,整个电子商务平台就需要进行测试、修改,项目团队估算需要 3 天,成本 4 500 元。如果加班的话,则可以减少一天,成本为 6 750 元。

问题:

1. 如果不加班,完成此项目的成本是多少?完成这一项目要花多长时间?
2. 项目可以完成的最短工期是多少?在最短时间内完成项目的成本是多少?
3. 假定比较其他电子商务平台的任务执行需要 13 天而不是原来估算的 10 天。小张将采取什么行动保持项目按常规速度进行?
4. 假定总经理想在 35 天内启动项目,小张将采取什么行动来达到这一期限?在 35 天完成项目将花费多少?

参考文献

[1]【美】项目管理协会,许江林等译.项目管理知识体系指南(第 5 版)[M].北京:电子工业出版社,2013.

[2]李跃宇,徐玖平.项目时间管理[M].北京:经济管理出版社,2008.

[3]李跃宇,汪贤裕.项目时间管理及其在项目管理软件中的应用[M].北京:机械工业出版社,2008.

[4]杨坤.项目时间管理[M].天津:南开大学出版社,2006.

[5]汪小金.项目管理方法论[M].北京:人民出版社,2011.

[6]戚安邦.项目管理学(第二版)[M].北京:科学出版社,2012.

[7]【美】詹姆斯·刘易斯著,石泉,杨磊译.项目计划、进度与控制[M].北京:机械工业出版社,2012.

[8]张锐昕.项目管理[M].北京:清华大学出版社,2013.

第 6 章
项目成本管理

本章学习要点：

1. 了解成本估计程序与方法；

2. 了解管制账户规划与预算的编列；

3. 掌握管制账户与工作分解结构及组织分解结构的关系；

4. 了解项目成本管理信息系统。

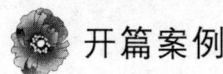

TCL 项目研发成本的控制

TCL 集团有限公司创建于 1981 年,在 2000 年中国电子信息百强企业中名列第五。2011 年 TCL 集团销售收入 211 亿元,利润 7.15 亿元,上缴税金 10.84 亿元,出口 7.16 美元,品牌价值 145 亿元,是广东省最大的工业制造企业和最有价值的品牌之一。

TCL 的发展不仅有赖于敏锐的观察力、强劲的研发力、生产力、销售力,还得益于对项目研发成本的有效控制与管理,使产品一进入市场便以优越的性能价格比迅速占领市场,实现经济效益的稳步提高。

很多产品在设计时间就注定其未来制造成本会高过市场价格,只要提到成本控制,很多人便产生了加强生产的现场管理、降低物耗、提高生产效率的联想,人们往往都忽略了一个问题:成本在广义上包含了设计(研发)成本、制造成本、销售成本三大部分,也就是说,很多人在成本控制方面往往只关注制造成本、销售成本等方面的控制。如果我们将目光放得更前一点,以研发过程的成本控制作为整个项目成本控制的起点,这才是产品成本控制的关键。

一个产品的生命周期包含了产品成长期、成熟期、衰退期三个阶段,这三个阶段的成本控制管理重点是不同的。实际上,产品研发和设计是生产、销售的源头所在,一个产品的目标成本其实在设计成功后就已经基本成型,就后期的产品生产等制造工序(实际制造成本)来说,其最大的可控度只能是降低生产过程中的损耗以及提高装配加工效率(降低制造费用)。有一个观点是被普遍认同的,就是产品成本的 80% 是约束性成本,并且在产品的设计时间就已经确定。也就是说,一个产品一旦完成研发,其目标材料成本、目标的人工成本便已基本定性,制造中心很难改变设计留下的先天不足。有很多产品在设计时就注定其外来的制造成本会高过市场价格。

目标价格－目标利润＝目标成本
研发成本必须小于目标成本

为了保证设计的产品在给定的市场价格、销售量、功能的条件下取得可以接受的利润水平,TCL 在产品实际开发阶段引进了目标成本和研发成本的控制。

目标成本的计算又称为"由价格引导的成本计算",它与传统"由成本引导的价格计算"(即由成本加成计算价格)相对应。产品价格通常需要综合考虑多种因素的影响,包括产品功能、性质及市场竞争力。一旦确定了产品的目标,包括价格、功能、质量等,设计人员将以目标价格扣除目标利润得出目标成本。目标成本就是 TCL 在设计、生产阶段关注的中心,也是设计工作的动因,同时也为产品及工序的设计指明了方向和提供了衡量的标准。在产品和工序设计时,设计人员应该使用目标成本的计算来推动设计方案的改进工作,以降低产品未来的制造成本。

开发(设计)过程中的三大误区:

第一,过于关注产品性能,忽略了产品的经济性(成本)。设计工程师有一个通病,他们往往容易仅仅是为了产品的性能而设计产品。也许是由于职业上的习惯,设计时经常容易将其所负责的产品项目作为一件艺术品或者科技品来进行开发,这就容易陷入对产品的性能、外观追求尽善尽美,却忽略了许多部件在生产过程中的成本,没有充分考虑到产品在市场上的价格性能比和受欢迎的程度。实践证明,在市场上功能最齐全、性能最好的产品往往并不一定就是最畅销的产品,因为它必然也会受到价格及顾客认知水平等因素的制约。

第二,关注表面成本,忽略隐含成本。TCL有一个下属企业曾经推出一款新品,该新品总共用了12枚螺钉进行外壳固定,而同行的竞争对手仅仅用了3枚螺钉就达到了相同的外壳固定的目的。当然,单从单位产品9枚螺钉的价值来说,最多也只不过是几毛钱的差异,但是一旦进行批量生产就会发现,由于多了这9枚螺钉而相应增加的采购成本、材料成本、仓储成本、装配(工人)成本、装运成本和资金成本等相关的成本支出便不期而至,虽然仅仅是比竞争对手多了9枚螺钉,但是其所带来的隐含成本将是十分巨大的。

第三,急于开发新产品,忽略了原产品替代功能的再设计。一些产品之所以昂贵,往往是由于设计的不合理,在没有作业成本引导的产品设计中,工程师们往往忽略了许多部件及产品的多样性和复杂的生产过程成本,而这往往可以通过对产品的再设计来达到进一步削减成本的目的,但是很多时候,研发部门开发完一款新品后,以求加快新品的推出速度。

在研发(设计)过程中的成本控制的三原则:

1. 以目标成本作为衡量的原则。目标成本一直是TCL关注的中心,通过目标成本的计算有利于在研发设计中关注同一个目标:将符合目标功能、目标质量和目标价格的产品投放到特定的市场。因此,在产品及工艺的设计过程中,当设计方案的取舍会对产品成本产生巨大的影响时,他们采用了目标成本作为衡量标准。

在目标成本计算问题上,没有任何协商的可能:没有达到目标成本的产品是不会也不应该被投入生产的。目标成本最终反映了顾客的需求,以及资金供给者对投资合理收益的期望。因此,客观上存在的设计开发压力,迫使设计开发人员必须去寻求和使用有助于他们达成目标成本的方法。

2. 剔除不能提高市场价格却增加产品成本的功能。顾客购买产品最关心的是"性能价格比",也就是产品功能与顾客认可价格的比值。

任何给定的产品都会有多种功能,而每一种功能的增加都会使产品的价格产生一个增量,当然也会给成本方面带来一定的增量。虽然企业可以自由地选择所提供的功能,但是市场和顾客会选择价格能够反映功能的产品。因此,如果顾客认为设计人员所设计的产品功能毫无价值,或者认为此功能的价值低于价格所体现的价值,则这种设计成本的增加就是没有价值或者说是不经济的,顾客不会为他们认为毫无价值或者与产品价格不匹配的功能支付任何款项。因此,TCL在产品设计过程中把握的一个非常重要的原则就是:剔除那些不能提高市场价格但又增加产品成本的功能,因为顾客不认可这些功能。

3. 从全方位来考虑成本的下降与控制。作为一个新开发项目,应该组织相关部门人员参与(起码应该考虑将采购、生产、工艺等相关部门纳入项目开发设计小组),这样有利于大家集中精力从全局的角度去考虑成本控制。正如前面所提到的,研发设计人员往往容易走入过于重视表面成本而忽略隐含成本的误区。

正是有了采购人员、工艺人员、生产人员的参与,可以基本上杜绝为了降低某项成本而引发的其他相关成本的增加这种现象的存在。因为在这种内部环境下,不允许个别部门强调某项功能,而是必须从全局出发来考虑成本的控制问题。

项目成本规划是为了确保在核准的预算之内,有足够的经费执行项目,顺利达成项目的目标。项目成本估计与工作分解结构及活动排程是具有相互关系的概念。项目成本的估计基于工作分解结构的工作包层级而建立,当工作包的成本因为工作包本身过于复杂而无法估计时,工作包就必须被进一步分解直到可以被估计为止,而形成"管制账户"。项目执行时将依据成本规划的结果,依活动执行的时间进行项目经费的运用,依"管制账户"进行个别的监控,以准确地评估项目成本,并避免原始估计成本与最终估计成本不符,而产生预算超支的情形。本章将介绍成本估计程序与方法、管制账户规划与预算编列及项目成本管理信息系统,使项目成员了解项目成本规划的知识与技巧。

6.1 项目成本概述

初步的成本估计,可以透露出项目的概略财务需求为何。项目成本被高估的话,可能失去中标的机会;如果估计得过低的话,则可能虽然赢得合约,却也可能项目最后阶段超出原先预定的花费。低估成本的现象经常发生,这通常是因为初期项目的成本规划过于理想化所导致的。有些企业为了争取合约会先行使用成本低估的手段,当工作开始进行之后再设法针对费用较高部分进行成本切割或重新协商,像这样的具有高风险与不道德的"锯箭法"行为,在专业术语上称为"低价抢标"(buy in)。过低的竞标价格可能意味着厂商将简化工作内容或者草率行事,其最终将造成双方皆不利的严重后果。成本估计常被用来发展预算,并成为项目绩效评估的基准,它与实际的花费状况比较可作为项目绩效衡量的重要指标。如果没有良好的估计制度却想要有效地衡量工作效率,并得知项目最终所需花费的成本,将会是一件极其困难的事。

6.1.1 项目成本的类别

成本估计的方式,依据发生的次数加以分类,可以分为会重复发生的成本(recurring)与不会重复发生的成本(nonrecurring)两种。所谓会重复发生的成本顾名思义就是那些发生次数超过一次以上的成本,包括劳力、材料、工厂整修、质量和测试等成本。不会重复发生的成本则是指仅只会发生一次的成本,例如与特殊任务或特别项目采购有关的发展、装配与测试等。此外,成本还可以依照形态区分为直接成本和间接成本;依行为模式区分为变动成本与固定成本;依照功能区分为发展成本、执行作业成本与维护成本等。

6.1.2 成本扩大化与估计错误的原因

准确的成本估计有时候是一件很困难的任务,项目的定义越不明显,信息越缺乏,就越有可能导致初始的估计成本与最终实际成本不符。随着实际成本的增加,超过原本初始成本的情况可称为成本上升或成本扩大化(cost escalation)。有些扩大化是可以被预期的,一般而言,在项目的执行当中,成本上升至原来的20%极其普遍。越大型、越复杂的项目,成本扩大化的范围可能会更大。特别是尖端的、高科技的研发项目,因为其复杂程度更高,其成本扩大化就经常会到达数百个百分比以上,例如超音速协和号客机的项目成本超越了原来所估计的5倍之多;美国航空航天局NASA宇宙飞船项目比原来的成本估计超过4~5倍之多。然而,这些项目的成本扩大化是如何发生的?以下列举几个可能的理由。

1. 不确定性以及缺乏准确的信息

以NASA为例,缺乏明确的工作设计与清楚的实验定义,是成本扩大化的主要原因。因此,想要从不确定中将成本的扩张最小化,管理部门就必须努力地将工作范围定义到最清楚,并将项目目标明确化与规格化。在大型的项目中,因为牵涉大量的技术不确定性,可以将工作再细分为几个阶段,并对每一个阶段进行估计、预算编列与绩效评估。这种方式可以称为阶段性的项目规划(phased project planning)。为了容忍不确定性,可于原始的估计中加入应变准备金(contingency reserve),应变准备金对成本估计所产生的误差具有缓冲与小补偿的功能,但不可以把它作为正常的预算来进行使用。

2. 设计或需求的改变

另一个导致成本上升的主要原因是系统需求及计划的任意及非必要变更。在项目进行时,管理者为了让项目变得更好,通常会有进行优化(optimize)的考虑,进而修改项目计划,迫使成本上升。此外,许多合约都包括有变更条款(change clause)以应付顾客的合约变更需求,其目的无非是想让项目能够顺利进行。这些变更可能需要对重新设计或重新组织的工作进行整合,也可能需要寻找新的或不同的资源,凡此种种都会是促使成本上升的原因。至于在某些项目中为了降低成本的上升,会进行监控系统以及系统化工程管理程序的改变,这些都可能在项目管理的过程中发生。

3. 环境中经济或社会变化的影响

即便有好的初始估计与极少的变更,成本还是有可能肇因于非合约或使用者影响的社会及经济力因素,而产生上升的情形,如罢工、消费者与利益团体的合法诉求行为、贸易禁运、物资短缺等。其中较为显著的经济影响因素及造成成本上升的原因为通货膨胀(inflation),对于长远的项目计划而言,必须将此因素纳入考虑,并对通货膨胀的发展趋势有所分析,进而建立起一个通用性的原则,以方便未来项目价格的调整,使影响降到最小化。

4. 工作无效率,欠缺有效的沟通与管制

缺乏效率的工作将导致管理、监督、规划与控制上的不足,唯有好的控制才能帮助改善效率,并使成本的上升保持最低状态。

5. 预估者的过度自负

成本的扩张也来自于人们的估计方式,多数的人都习惯于以少量的工作经验来过度地乐观预估成本,这个问题可借由专业的估算人员或是有丰富工作相关经验的人协助并加以解决。

6. 项目合约的种类影响

不同的项目合约形式可能会影响到成本的扩张。以固定价格合约和成本加成合约等两种基本合约形式而言,成本加成合约对于成本的约束力较小,可以较容易准许增加可控制的成本，也就因而容易导致成本的上升。

6.1.3 成本估计方法

成本估计的发展与系统发展周期的前三个阶段有关，各阶段的成本估计特性分别叙述如下：

1. 各阶段的成本估计特性

(1) 概念阶段(初期/可行性)

第一次的成本估计在项目的概念发展阶段进行。此时期信息的取得非常困难，估计的结果也比较不可靠。由于不确定性因素极多，其成本估计范围甚大，加上人力、物料、设备等成本所能参考的标准非常的少，所以此阶段的成本估计结果极为粗略。

(2) 定义阶段(细部规划/分析)

当工作设计完成约一半时，成本估计较为可靠，此时在项目定义明确的情况下已可以提供初步的固定价格合约，不过在进行合约价格协商时，通常会有预备金的出现，以降低估计的不确定性。

(3) 运行时间(设计/建构/实施)

此阶段的成本已经较为确定，预备金需求也将随着项目的成本估计更加确定而日益缩减。

项目成本估计范围与项目阶段之间的关系如图 6-1 所示。

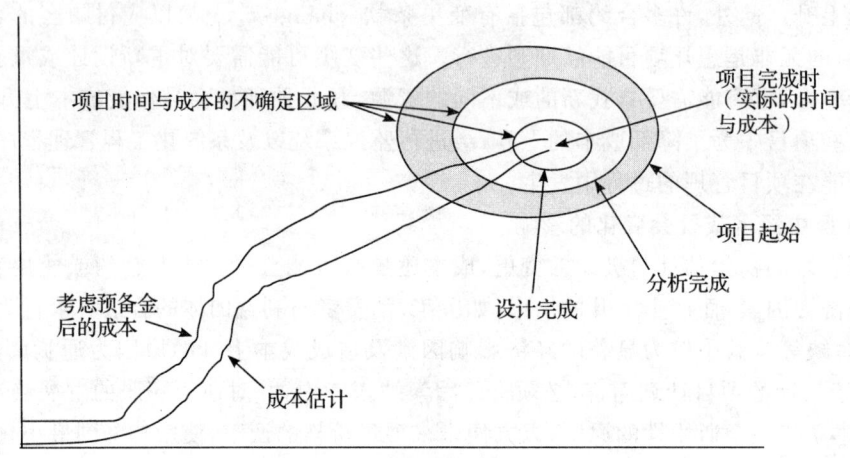

图 6-1　项目成本估计范围与项目阶段之间的关系

资料来源：Project Management for Business, Engineering, and Technology 3rd, Figure 8-2。

项目成本的估计为预算编列(budgeting)的基础，并借以评估项目的进度与绩效，因此若在整个项目生命周期中经常性地改变估计结果，对于项目的进行将会有很大的伤害。话虽如此，成本估计仍必须慢慢地进行阶段性的修正，以抑制成本扩张因子并确保项目的最终目标，对于这一点，项目管理人员必须有所衡量。

2. 成本估计方法

在进行成本估计时，必须考虑到需求的正确性与信息的适用性，以下四种方法可以作为成本估计时的参考：

(1) 专家意见法(expert opinion)

由专家所估计,根据其企业经验提供一些合理的建议,是一种直觉的估计方式,通常用于项目刚刚进行,仅有非常模糊的信息存在且工作细节有待建立时所做的估计,特别是当项目独特,没有过去的经验可供参考比较时采用。

(2) 类推估计法(analogous estimating)

指参考过去相似的案件所做过的成本估计方法。本方法可应用在不同层级,例如整个计划成本、工作包的成本或任务的成本推算。不过要注意到其完工期程、项目的规模、地点、复杂性,乃至于通货膨胀因素的影响。在成本的推估上,项目成本大小不一定会随着规模的大小等倍数增加,仍然要参考其他过去有经验的估计原则而作出调整。

(3) 参数估计法(parametric estimating)

参数估计法是一种源自于实证或数理关系之估计方法,通常于项目初步设计时间及成本需要快速计算时采用。这些参数可以是具有实体特征的面积、体积、重量,或是具有绩效特征的速率、输出率或能量等。

(4) 成本工程估计法(cost engineering)

系指在工作包或任务层级的个别成本种类的细部成本分析方法。其优点是准确性高,但同时却也是最费时,也最需取得众多数据来加以辅助的一种估计方法。开始估计时需先将项目切割成小工作包及许多活动,再把工作包项目细分为成本项目,如人力、物料、设备等。此方法比较适用于小型的项目。

6.2 项目成本估计的程序

总结 6.1 节的成本估计方法,如果要有效地进行成本估算,则需按照下列五个程序来进行:

6.2.1 将工作任务与成本分类

成本估计程序是从将项目分解成个别的职能(如设计、工程、装配等),或从工作分解结构进入工作包而开始的(如图 6-2)。一般的估计若有现成的工作设计,其物料、劳工需求等皆有记录,所以能有效利用现成的工作设计与科技,因而可以减低估计的错误。在单纯的项目型组织中,项目经理对项目成本与估计负责;而在矩阵型组织中,项目成本与估计则是项目经理与职能经理的共同责任。

6.2.2 采用适当的估计技术

项目成本估计所使用的方法必须仰赖准确及可取得的信息,所以估计成本的技术也会有所不同。规划者必须衡量项目当时所处的情境,依据前面所介绍过的成本估计内涵与估计技术,慎选适当的成本估计技术。

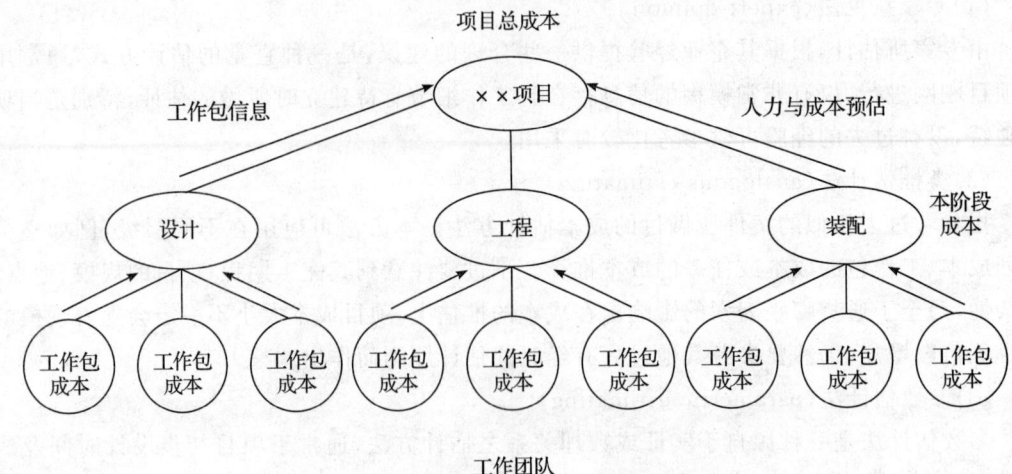

图 6-2　以工作分解结构及工作包估算项目总成本

6.2.3 进行细部估计

在任务层级上,细部的估计经常通过标准手册的辅助而获得,它包括执行特定任务时有关人力与物料的成本信息。以建筑工程为例,将安装一个接线盒与铺设一平方米墙板的人力小时数予以标准化以后,只要知道所要安装的接线盒数量与墙板的面积以及每小时的劳力价格,即可以得到建筑物中有关装设接线盒与铺设墙板所需的劳力成本。

另举一个大型项目的工作包例子,其细部估计的程序如下:

(1)工作包负责人首先将工作包细分为基础的工作项目。例如,分成"工程工作"或"装配工作"。

(2)工作包负责人要求监工者去估算单一工作项目需要多少的人力与物料。

(3)监工者再依工程状况进一步地将任务作出结构分析、计算机分析、配置图与安装图等,然后发展出任务期间所需要的劳工等级与技术水平。与此同时,装配工作的监督者同样对物料做分析,估计其物料大小或材料性质不同的需求状况。

(4)监工者完成数据的整理后,将估计数据传给工作包的负责人审核修改,然后再传给项目经理,项目经理需注意是否有成本被忽略或重复计算。

(5)最后,项目经理必须总结所有与项目有关的经常性费用,以完成整个项目的成本估计。

6.2.4 调和估计

最终的成本估计与项目排程必须向公司的管理部门汇报,项目经理在报告时必须考虑到项目进行时各个阶段成本和时间的可能影响、潜在的成本扩大化因素(如通货膨胀)以及项目风险等,管理部门则依据报告内容决定是否接受评估结果或要求进行修正。

进行估计时有两种方式可被采用。一是由下往上法,另一种则是由上往下法。由下往上法是借由对工作包的估计逐步向上积累,以带动项目的估计,以项目的构成元素为成本估计的依据,其工作包与最终单位组件组合而成,估计过程较为费时。由上往下法则针对项目所有成本为要点,主要由专家意见以及类似的项目估计而成,估计结果较不准确。

为了调和估计之间的差异,上级经理有时候会全面性地依照项目的特性进行切割估计,但可能会因判断错误而发生问题。基层经理可能会受到上面的政策走向而影响到其公正的估计,或为了自身保护会将估计增大。错误的估计可能由"由下往上"与"由上往下"两者在估计上的差异所造成。因此,职能经理必须与项目经理进行沟通和协调,以达成最后的成本估计。

6.2.5 降低成本

当管理部门要求以甚低的预算执行工作时,项目经理可以有两项选择:一是按计划着手进行,并试图迎合预算,不过仍然提出预算问题给上级经理,且下游单位及顾客也必须同意项目预算的改变以便能很好地完成项目。此时,如果合约是成本加成型(cost-plus),因为额外增加的成本将会被补偿,所以项目风险就会比较低;如果合约是属于固定价格型(fixed-price),那么就有可能导致项目执行的失败风险,此时应该尝试停止项目。因此第二种选择就是放弃项目的执行,或换项目经理去做。

6.3 项目成本会计及管理信息系统

项目是一个包含了人力、原材料以及设备的复杂系统,每一项都需要评估成本、编列预算及执行监控,其中牵涉成百上千的工作项目,为了减少混乱的状况,增加正确性以及改善程序,需要一个能计算评估值,编列及储存预算数据,并追踪成本进度的系统,称为"项目成本会计系统"(project cost accounting system),项目成本会计系统是指能够结构化并且能系统地将项目成本作有效规划、追踪、监控的一套系统方法。

项目成本会计系统由项目经理、项目会计人员以及相关职能部门经理等共同设立,强调成本由项目进度、工作绩效等的相关成本所构成,此系统也可以追踪、监控项目的时间及工作进度,当其结合了其他项目规划、监控及报告的功能时,则可以变成项目管理信息系统(project management information system)。

项目管理信息系统能辅助项目管理在计划、预算及资源分配等方面的能力,许多项目管理信息系统能同时的实施类别分析,如变化、绩效及预测不同阶层的工作分解结构与组织。此外,项目管理信息系统也具有成本控制与绩效分析的功能。在监控的功能中,系统能比较实际的绩效与计划和预算之间的差异,亦能计算及报告成本与进度的变异、实获值及各种绩效指标,并参考过往的绩效来推断预测。

在规划项目时,项目管理信息系统汇整了所有工作包的累积估计成本,产出项目的估计成本,进而以此估计为基础,编列项目的预算。当项目开始之后,项目管理信息系统能够累积整理、记录以及报告整个项目及次级作业的成本。编列各时间阶段的预算有助于经理人监视成本,以确保分配于适当的工作项目,并核对工作的完成进度,亦可提供修订预算的功能(项目管理信息系统的组成要素如图6-3)。

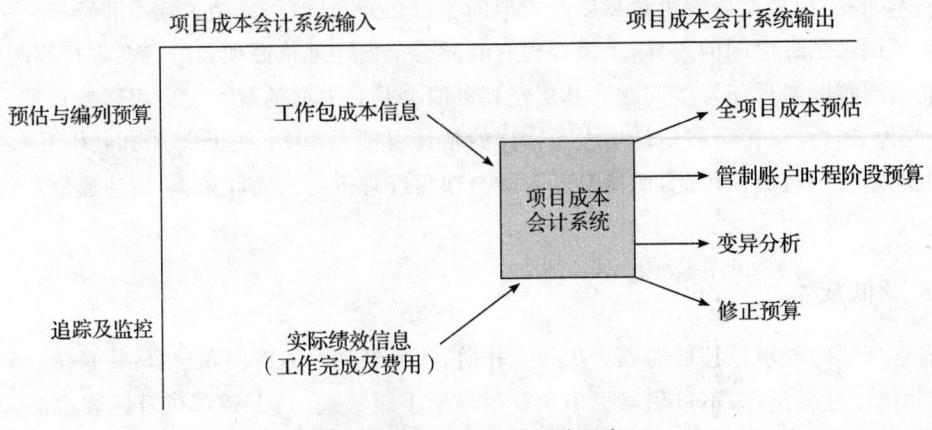

图 6-3　项目成本会计系统要素

6.4　管制账户规划与预算编列

管制账户是项目预算编列时的基本单元,也是形成项目成本会计系统的核心。本节介绍成本账户的规划方式与内涵,并说明如何利用成本账户来编列项目预算。

6.4.1　如何形成管制账户

在小型的项目中,使用简单的预算方式就可以规划及监控整个项目的绩效;但在大型的项目里,因为预算范围广泛而复杂,当项目进行时,所花费的实际成本即使超出预算成本,也很难快速的指出超支的来源。为了克服上述问题,将复杂的项目预算分解成更小的预算项目,称为"管制账户",以便进行单独个别的监控。小型的项目可能只有一个管制账户,而大型的项目则可能有几十个管制账户,超大型的项目,管制账户可能有上百个之多。

管制账户是项目成本会计系统的基础控制与追踪成本的单元。管制账户的系统是层级式的,类似于工作分解结构。尤其是在超大型项目中,低阶的管制账户通常相当于工作包。管制账户使用多层级的编码设计,以达成沟通与控制的目的,如表 6-1 所示。

表 6-1　成本账户编码范例

阶层	编码
0	00-00000…
1	01-00000…
2	01-01000…
3	01-02000…
1	02-00000…
2	02-01000…
3	02-01010…

其中,每一个管制账户应包含:
- 工作的描述;
- 时间的排程;
- 谁应该负责;
- 物料、劳工、设备的需求;
- 时程化预算。

除了以时程化预算显示了时程工作内预算的分配以外,在实践上,进度与时程阶段预算应该同时发展,以说明资源与现金流量的限制。有了项目管理信息系统和管制账户的框架,项目中成本绩效可以由工作包或工作包群组来进行监控。

如图6-4所示,有灰色框的工作包可以清楚地看出由哪个职能部门负责。9个灰色工作包分别由4个职能部门管理,部门统计其所负责的工作包成本估计以后,通过项目管理信息系统累积加总以后,可以快速决定整个项目预算估计。

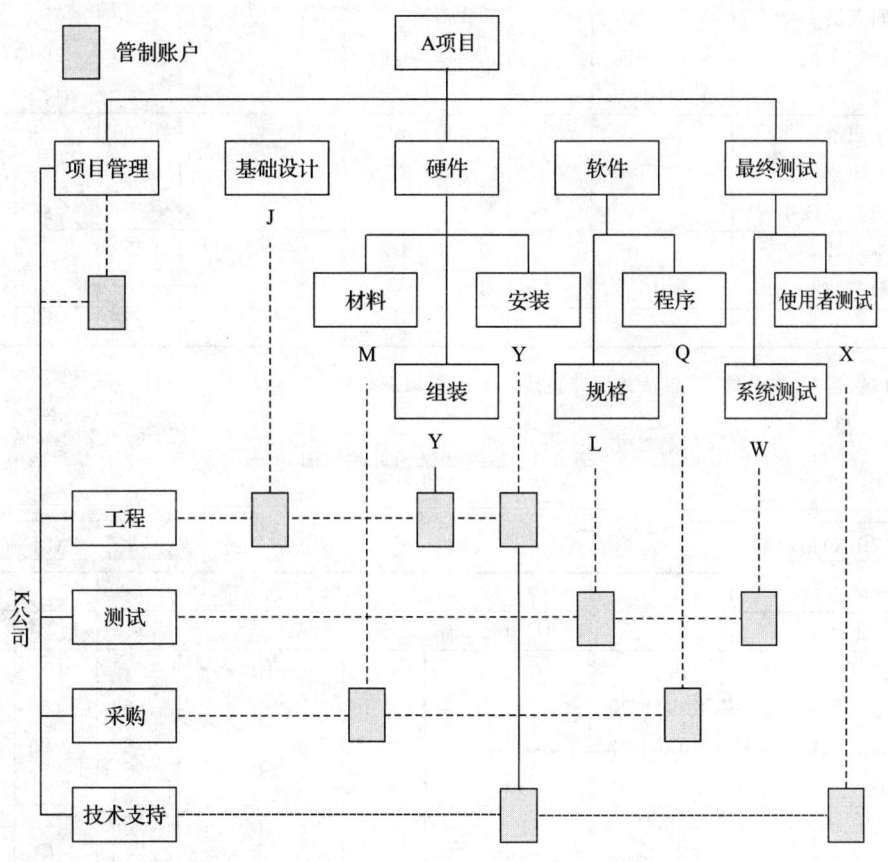

图6-4 工作分解结构与组织结构的整合

6.4.2 成本汇总

管制账户的框架可以矩阵化,高阶的汇总账户可以通过工作包以及组织层级合并,如图6-4,将水平的管制账户汇总至左边的职能部门,合并基本的管制账户信息可以用来监控部门及检视项目单一部分的绩效。表6-2显示某个部门的时程化预算,程序部门预算由不同的工作包汇总组合而成。管制账户也可以通过工作分解结构垂直合并,如此可以用来追踪及监控单一工作包或一连串的工作项目,表 6-3 显示出"最终测试"的预算汇总,它是由工作包 W&X 的成本数据加总而来的。

最高层级的成本账户显示项目的预算信息,图 6-5 即是总和了水平的工作分解结构与垂直的工作分解结构预算的成本账户,通过项目管理信息系统及成本账户的框架,任何项目阶层的预算变异都可以很快地追踪到工作包或单位部门的责任,再寻求解决的方案。

表 6-2 程序部门预算综整图

项目 _____　　　　　　　　　日 期 _____
部门 _____　　　　　　　　　工作包　　全部(L+W)

费用	费率	月份						合计	
		1	2	3	4	5	6	时数	成本
直接人工									
专职人员	¥35/小时		130				20	150	5 250
非正式人员	¥30/小时		50	100			50	200	6 000
助理	¥20/小时			100				100	2 000
直接人工成本			6 050	5 000			2 200		13 250
人工超支	75%		4 538	3 750			1 650		9 938
其他直接成本*									0
直接成本总计			10 588	8 750			3 850		23 188
一般/管理	10%		1 059	875			385		2 319
总成本			11 647	9 625			4 235		25 507

*材料、运费、次合约、差旅及其他非直接人工成本均需条列出。

表 6-3 最终测试预算综整图

项目　　A　　　　　　　　　　　　　　　　　　　日 期 _____
部门　(W+X)最终测试　　　　　　　　　　　　　工作包　　　ALL

费用	费率	月份						合计	
		1	2	3	4	5	6	时数	成本
直接人工									
专职人员	¥35/小时						30	30	1 050
非正式人员	¥30/小时						90	90	2 700
助理	¥20/小时								
直接人工成本							3 750		3 750
人工超支	75%						2 813		2 813
其他直接成本*						1 200	2 107		3 307
直接成本总计						1 200	8 670		9 870
一般/管理	10%					120	867		987
总成本						1 320	9 537		10 857

*材料、运费、次合约、差旅及其他非直接人工成本均需条列之。

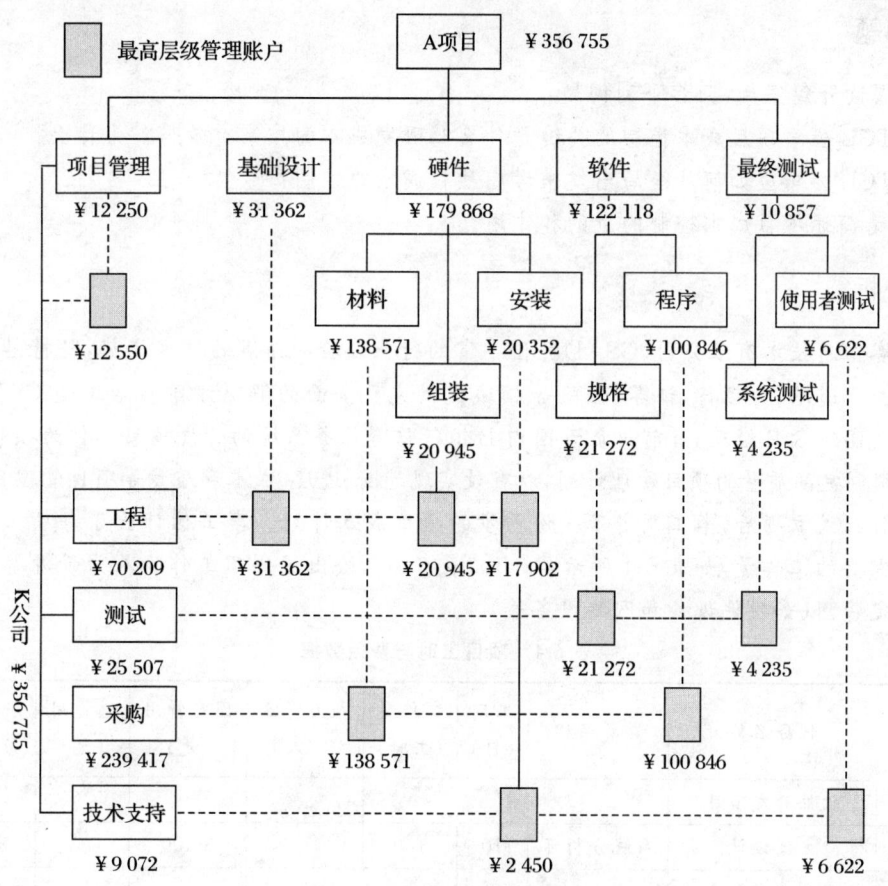

图 6-5 最高层级的管制账户

本章提要

项目成本规划是为了确保在核准的预算之内,有足够的经费执行项目,顺利达成项目的目标。项目成本估计的程序包括五步骤,依次为:(1)将工作任务与成本分类;(2)采用适当的估计技术;(3)进行细部估计;(4)调和估计;(5)降低成本。

项目成本的估计基于工作分解结构的工作包层级而建立,当工作包的成本因为工作包过于复杂而无法估计时,工作包就必须被进一步分解直到可以被估计为止,而形成"管制账户"。

项目执行时将依据成本规划的结果,依据活动执行的时程进行项目经费的运用,依据"管制账户"进行个别的监控,以准确地评估项目成本,并避免原始估计成本与最终估计成本不符,而产生预算超支的情形。

关键概念

- 管制账户(control account,CA)
- 类推估计法(analogous estimating)
- 实际成本(actual cost,AC)
- 完工总预算(budget at completion,BAC)

思考习题

请阅读开篇案例,回答下列问题:
1. TCL 公司项目成本控制的关键是什么?研发成本的控制有效吗?为什么?
2. TCL 公司应如何从全局出发来考虑项目成本的控制?
3. 请简述项目成本控制的目的和作用。

案例分析

希赛信息技术有限公司(CSAI)凭借丰富的行业经验和精湛的技术优势,坚持沿着产品技术专业化道路,为银行、证券、保险等领域提供完整全面的解决方案。李工是 CSAI 证券事业部的高级项目经理,目前正负责国内 B 银行信贷业务系统的开发项目。作为项目经理,李工必须制定高质量的项目管理计划,以有效实现范围、进度、成本和质量等项目管理目标。

项目正式立项后,李工制定了一份初步的项目成本计划。李工估计出了每项工作的工期及所需要的工作量,如表 6-4 所示。此外,表 6-4 也给出了每项工作除人力资源费用外的其他固定费用(如硬件设备和网络设备等)。

表 6-4 项目工时与费用数据

编码	任务名称	资源名称	工期(日)	工作量(工时)	人力资源数(人)	固定费用(元)	总费用(元)	平均每周费用(元)
1000	软件开发项目							
1100	方案设计	系统分析师	10	160		3 400		
1200	用户需求访谈							
1210	高层用户访谈	系统分析师	10	80		5 400		
1220	销售人员调研	系统分析师	10	160		2 800		
1300	软件开发							
1310	功能框架设计							
1311	概要设计	软件设计师	10	80		3 200		
1312	详细设计	软件设计师	10	160		6 400		
1320	程序代码编制							
1321	用户输入功能	程序员	50	1 200		6 000		
1322	用户查询功能	程序员	50	1 200		6 000		
1323	用户数据功能	程序员	75	3 000		30 000		
1324	主界面	程序员	50	1 600		9 000		
1325	安全登录界面	程序员	50	800		6 000		
1326	界面美化	程序员	25	600		5 000		
1400	测试	测试员	20	480		5 000		
	小计					88 200		

问题：

1. 请计算表6-4中每项工作所需安排的人力资源数量（按每天8小时工作制计算）。

2. 假设每种人力资源的小时成本如下：测试员30元/小时，程序员40元/小时，软件设计师60元/小时，系统分析师100元/小时。请计算每项工作所需的总费用（每周按照5个工作日计算）。

3. 计算每项工作每周的平均费用（每周按照5个工作日计算）。

4. 假设该项目计划的甘特图如图6-6所示，请绘制该项目的费用预算曲线图（时间单位为周，每周按照5个工作日计算）。

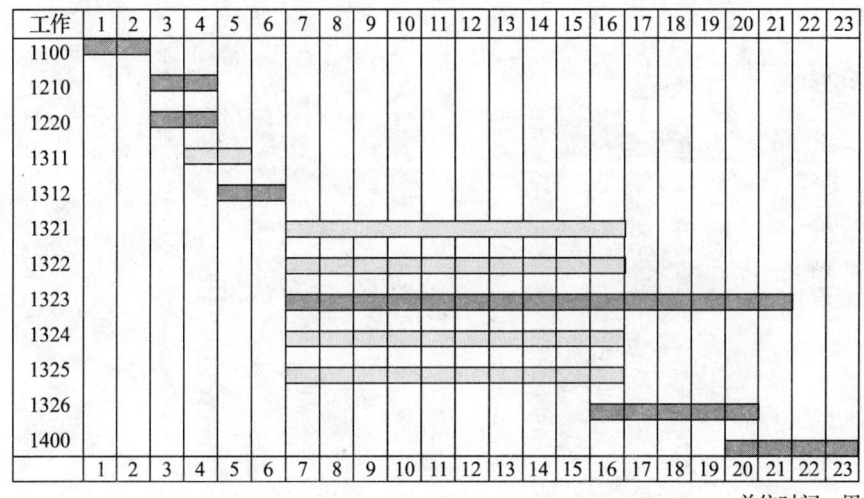

图6-6 项目计划甘特图

参考文献

[1]许秀影等.专案管理:基础知识与应用实务[M].台北:社团法人中华专案管理学会,2010.

[2]A Guide to the Project Management Body of Knowledge(PMBOK Guide). Newtown Square,Pa.:Project Management Institute,Inc.,2004.

第 7 章
项目质量管理

本章学习要点:

1. 了解项目质量管理的内容;

2. 掌握项目质量规划的工具与方法:质量费用分析、质量标杆法、流程图、实验设计法;

3. 理解项目质量保证的工具与方法:过程方法,项目质量管理体系的建立、审核、认证;

4. 掌握项目质量控制的工具与方法:直方图、控制图、排列图、因果分析图。

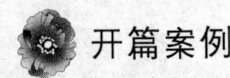

开篇案例

三峡工程的质量控制

三峡工程成败的关键在于工程的质量。为此,三峡总公司建立了一套完善的质量保证体系,加强质量意识,严格控制工程质量。

1. 制定质量标准

根据已有的国家标准、行业标准及三峡工程设计的特殊要求,并结合三峡工程的施工特点,三峡总公司组织编制了《中国长江三峡工程标准》(TGPS),包含50余个质量控制标准,并汇编成册,贯彻执行。

2. 建立质量管理机构及责任制

从原材料生产、加工制造、储存运输、施工监理、项目管理到三峡总公司各级管理人员,都建立了相关的责任制。每一环节都有明确的责任人。三峡总公司还组织参建各方成立三峡工程质量管理委员会,负责质量检查、督促、协调、指导、评价等管理工作。

3. 建立质量事故处理程序

现场发现质量缺陷或事故必须在规定时间内逐级上报,项目部组织参建各方进行现场检查,查阅施工记录,初步界定属一般缺陷或质量事故的,提出修复或补强加固处理方案,对重大质量事故应"推倒重来",彻底返工处理。难以处理的报三峡总公司和设计单位进行行研究,提出处理方案,经批准后认真执行,确保不留隐患,并对事故责任者进行追究与处罚。

4. 建立质量奖罚制度

除合同有关规定外,还制定了《三峡工程质量奖罚办法》。因质量事故造成的经济损失应由责任方承担,并扣留质保金,责任人处罚由责任方自行处理。三峡总公司为促进各参建方确保工程质量,建立了质量保证激励机制,在第二阶段施工期,从工程成本内提取2.5亿元作为质量特别奖,对不出现任何质量缺陷和事故者,将给予奖励。

5. 建立单元工程评定制度

每一部位、每一单元工程完工后及时进行质量评定。从1993年开工至今,共评定15余万个单元工程,合格率为100%,其中优良单元占80%以上。

6. 建立逐级质量检查制度

原材料出厂检查由三峡总公司委托有资格的机构按照规定标准,实行出厂合格证签发制度。

钢结构及机组设备制造由三峡总公司委托有资格的国内外外监造机构进行驻厂检查,定期向三峡总公司报告质量状况,并坚持到站检查,国外进口的设备要进行入关检查和到现场检查。

在施工过程中由承包商、监理工程师、总公司试验中心、测量中心、安全监测中心及金属结构检测中心等部门对各部位按规程进行抽检。

三峡总公司还聘请国内外有经验的专家担任混凝土、机电设备焊接安装等专业总监,加强质检控制力度。

国务院三峡工程建设委员会组建由多名中国工程院院士组成的专家组,每年两次对工程质量进行跟踪检查,向国务院三峡工程建设委员会提出负责的工程质量报告。

问题:试绘制三峡工程原材料等质量检查体系示意图。

7.1 项目质量管理概述

7.1.1 质量的含义

根据《项目管理知识体系指南》(PMBOK 指南),质量是一个固有的、体现满足规定要求或者满足潜在需求的能力的总体特性。

美国质量管理学家朱兰(J.M.Juran)博士认为,质量就是产品的适用性,即产品在使用时能够满足用户需要的程度。这一定义说明了两方面内容:一方面是产品只要适用,满足目的,就是达到了质量要求;另一方面是产品质量的高低取决于其能够满足用户需求的程度,好质量并不等于高质量,此处强调的是满足用户需求。由此可以看出,产品的质量是由客户定义的,而不是由生产者定义的。

国际标准化组织(International Standard Organization,ISO)在其《质量管理与质量保障术语》中认为,质量是反映实体(产品、过程或活动等)满足明确的和隐含需要的能力特性的总和。

根据上述定义,可以进一步理解质量的含义:

1. 所谓"实体"是指承载质量属性的具体事物。质量的实体包括产品、过程和活动三个方面。产品是为人们提供一定功能的有形实体;过程是指满足人们需求的某种服务;活动是指人们在生产产品和提供服务的过程中所进行的工作。

2. 质量是一个相对的概念,质量的高低并不取决于实体的能力特性的优劣,只要其能力特性能够满足用户的需要即可。这里的需要包括"明确的和隐含的"两类:"明确的需要"一般是指在标准、规范、图样、技术要求或其他相关的文件(如合同)中明确标示的需要;"隐含的需要"一般是指被人们公认的、不言而喻的、不必明确的需要,如空调必须具备制冷和低噪声的基本功能。这类需要通常是通过市场调查或用户调查来加以识别和确定的,在项目范围内,质量管理的重要方面是通过项目管理把隐含需要转变成明确需要。

3. 对不同的实体来说,质量的实质内容是不尽相同的。对于产品来说,质量是指产品能够满足用户使用要求所具备的功能和特征,一般包括产品的性能、寿命、安全性、经济性、外观等特性;对于服务过程而言,质量主要是指服务能够满足用户期望的程度,服务质量取决于客户对服务的期望与客户对于服务的实际体验这两者的匹配程度;对于活动来说,质量一般是由工作结果来衡量的,工作结果既可以是产品,也可以是服务。因此,工作质量可以用产品或服务质量来度量。

7.1.2 质量管理的含义

项目质量管理的概念与质量管理的概念既有相同之处,也有不同之处,为了更好地阐述项目质量管理,本节在此首先介绍质量管理的概念。

关于质量管理(Quality Management)有许多不同的定义,较为典型的有日本的质量管理学家谷津进和国际标准化组织对于质量管理的定义,从不同的角度诠释了质量管理。

谷津进认为:"质量管理就是向消费者或顾客提供高质量产品与服务的一项活动。这种产品和服务必须保证满足需求、价格便宜和供应及时。"这一定义明确了质量管理的根本目的是向客户和消费者提供高质量的产品与服务,质量管理的目标和作用是使产品和服务符合"满足需求、价格便宜和供应及时"这三项要求。

国际标准化组织认为:"质量管理是确定质量方针、目标和职责,并在质量体系中通过诸如质量规划、质量控制和质量改进,使质量得以实现的全部活动。"从这个定义可以看出,质量管理是一项具有广泛含义的企业管理活动。

7.1.3 项目质量管理含义

根据《项目管理知识体系指南》(PMBOK 指南),项目质量管理是指为了满足开展项目所应当满足的要求而确定质量方针、目标和责任的所有活动。

1. 项目质量管理的内容

第一,项目质量管理贯穿从企业质量方针政策的制定到用户对项目产品质量的最终检验的全过程,它是专门针对保障和提高项目质量而进行的管理活动。

第二,项目质量管理需要所有项目关系人的共同努力,它包括:第一,项目客户、项目所属的公司和项目经理等关于质量目标、方针和职责的制定;第二,项目管理人员根据质量目标、方针制定项目的质量计划;第三,项目团队关于项目质量计划的具体实施方案。

第三,项目质量管理不仅包括项目产品的质量管理,而且还包括制造项目产品过程中工作质量的管理,因为项目最终产品的质量是通过产品的生产过程来保证的,只有保证高质量水平的生产过程,才能生产出高质量的产品。

项目质量管理的主要目的是确保项目的可交付成果满足客户的需求。项目团队必须与客户建立良好的关系,理解他们明确的需求以及隐含的需求,因为客户是项目质量是否达到要求的最终裁判者。

2. 项目质量管理与质量管理的关系

一方面,项目质量管理需要兼顾项目管理与项目产品两方面。它应用于所有项目,无论项目产品具有何种特性。另一方面,项目质量管理与质量管理最大的不同之处是由项目的一次性所决定的。质量管理是针对日常运作所进行的活动,日常运作是重复做某件事情,一旦过程设计好了,只需以保守的态度采用诸如统计过程控制等方法进行监控即可,其质量管理的重点在监控上。

在日常运作管理中,通常可采用破坏性测试,测试之后产品就会报废,例如,每100件产品可能会抽取一件进行测试。但在项目管理中,只有一次机会去完成项目,无法进行上述破坏性测试,因此必须在项目的早期强调质量保证和质量控制。

3. 项目质量管理的理念

(1)以客户满意为中心

客户的满意程度是衡量项目质量优劣的基本尺度,项目质量管理工作必须面向客户,充分了解客户的需求,把满足客户需求放在项目质量管理工作的首位。

(2)质量不是靠检验获得的

项目的质量是通过项目团队的工作和项目经理的管理而形成的结果,而不是仅仅通过质量检验得出的。通过质量检验可以找出不合格产品,从而对错误采取纠正措施,但是纠正错误的成本要比避免错误的成本高许多。因此,在项目质量管理中,要把重点放在日常的生产和经营管理上,而不能单纯依靠质量检验。

(3)质量管理必须坚持"二全管理"

"二全管理"是指全员管理和全过程管理。项目的质量管理不仅需要项目经理的正确领导,而且还依赖全体成员的参与,每个团队成员的工作都会在一定程度上影响项目可交付成果的质量,所以项目经理要提高项目团队成员的质量意识;全过程管理是指必须对质量形成的全过程中的各项工作进行全面的管理,把影响质量的因素和可能造成不合格产品的因素消灭在质量形成的过程中。

(4)持续改进

为了提高竞争力,向客户提供价值更高或者效益更多的产品,项目组织必须不断地对质量进行改进,从而使质量达到更高水平。因此,项目质量管理必须坚持"戴明循环",即PDCA循环(由戴明博士提出)。P(plan)代表计划,即通过市场调研来确定质量管理的目标以及为实现此目标所需的各种方法和对策;D(do)代表执行,即将制定的方法和对策付诸实施;C(check)代表检查,即对实施的结果进行检查;A(action)代表处理,对检查出来的问题进行控制,并总结经验。此外,项目组织采取的其他质量改进措施,诸如全面质量管理和六西格玛质量管理方法,不仅会改善项目管理的质量,而且也会改进项目产品的质量。

项目质量管理包括三个主要工作过程:项目质量规划、项目质量保证和项目质量控制。项目质量管理通过制定质量方针,建立质量目标和标准,并在项目生命周期内持续反复使用质量规划、质量控制、质量保证和质量改进等措施来落实质量方针的执行,确保质量目标的实现,最大限度地使客户满意。

上述过程不仅彼此相互作用,而且还与其他知识领域的总过程相互作用。基于项目的具体要求,每个过程都可能需要一人或多人的努力,或者一个或多个小组的努力。每个过程在每个项目中至少进行一次,并可在项目的一个或多个阶段中进行。

7.2 项目质量规划

7.2.1 项目质量规划概述

1. 项目质量规划的含义

项目质量管理的基本宗旨是"质量出自计划,而非出自检查",只有做出精确的质量计划,才能指导项目的实施,做好质量控制。项目质量规划(Project Quality Planning)是指为实现项目的目标,而对项目质量管理进行规划。它包括制定项目质量的目标、确定拟采用质量体系的目标及其所要求的活动。可以从以下几个方面去准确掌握项目质量规划的定义:

(1)项目质量规划是项目质量管理的一个组成部分,它包括识别和确认项目质量形成的过程。项目质量管理班子通过质量规划做出正确的决策,对项目管理质量和产品质量能否满足顾客的需要起着十分关键的作用。

(2)为了实现项目的质量目标,项目管理班子应在各层次上都建立起相应的质量目标。因此,项目质量规划就成为了项目各级管理者的重要职责,其职责对项目质量管理过程所需的资源和持续改进显得非常重要。

(3)项目质量规划不能看作是一次性的过程,随着顾客及相关方的需求和期望的变化,项目质量管理班子应该对质量管理的过程或对产品实现过程进行改进,每次改进都应进行质量规划,并确保质量规划在受控的状态下进行。

(4)项目质量规划的结果应形成文件,一般是质量计划文件,也可以是适用于项目运行需要的其他管理文件。

此外,对项目进行质量规划还应充分认识以下两方面的内容:

(1)项目质量规划应致力于设定质量目标

要使顾客和委托人满意,就必须理解和满足他们的要求,设定符合项目实际的质量目标,做到项目既符合技术规范和法律要求,又能实现顾客和委托人的期望,甚至超越顾客和委托人的期望。因此,在设定项目质量目标时应考察项目委托人的质量方针,使两者保持一致,并使质量目标符合质量方针的要求。每一层次的项目管理者都应对相应层次的质量规划负责。这种规划应注重对高效地实现项目质量目标和要求所需的过程做出规定。

(2)项目质量规划应明确形成项目质量的过程和各过程应配置的资源

要实现项目的质量管理目标就必须规定形成项目质量各过程的作业流程以及各类人员在项目质量形成过程中的职责,确保每一过程都能按照计划、执行、检查和处理的模式循环进行控制,并为此提供必要的条件,包括人员、设备、材料、资金和必需的环境,以保证各质量过程的顺利进行。项目质量规划的关键是制定质量目标并设法使其实现,也就是项目质量目标规划和项目质量形成过程规划。项目质量规划时,还应规定相关职能和层次上的分质量目标。

2. 项目质量规划的作用

项目规划是项目质量管理的首要任务,规划的成功与否将最终制约项目的成功。因此,项目质量规划必须严格按照 GB/T 19000-ISO 9000 标准要求进行质量规划。通过项目质量规划,可以统一组织的行动或活动,降低质量损失费用,提高效率。

(1)有利于实现项目组织行动或活动的统一

项目由于类型的不同而造成所需员工数量差异,这样,对于项目的管理难度会有所不同,大型工程项目通常需要成千上万的员工,管理起来相对较难;小型产品开发项目需要员工较少,管理起来相对较易。但是,项目独特性与一次性的特点使得管理项目难以管理一般组织。对于项目而言,如何使全体员工统一步伐,既能其各司其职,又能统一协作,显得尤为重要。事前的项目质量规划是统一项目全体员工行动最为有效的方法,通过质量规划实现对项目组织各部门和全体员工的安排、布置、控制和协调,从而从宏观上防止项目组织混乱局面的产生。

(2)降低质量损失费用

项目质量规划,可以确定完成某一质量目标需要哪些作业过程,以及这些过程所需要的资源。根据项目质量计划安排作业过程、提供必要的资源保证可以减少不必要的过程,使资源更充分地发挥效用,减少浪费。项目质量规划的实施将能从根本上提高项目最终产品的质量,从而防止由于质量原因而造成的费用损失。

(3)提高项目效率

项目质量规划的重点在于研究项目接口处的工作活动。经过规划,项目组织可以按统一部署开展工作,活动与活动之间因规划而连接紧密,过程与过程之间接口良好,能够减少连接或接口的时间和费用,避免效率损失情况的出现,进而大大提高效率。

3. 项目质量规划的内容

在开始项目质量管理的工作过程之前,项目经理和其团队需要编制项目质量计划。在项目质量计划的编制中,重要的是确定每个独特项目活动的相关质量标准,把质量规划纳入项目的产品和管理过程。编制项目的质量计划,首先必须确定项目的范围、中间产品和最终产品,然后明确关于中间产品和最终产品的有关规定、标准,确定可能影响产品质量的技术要点,找出能够确保高效满足相关规定、标准的过程及方法。同时,应确定进度计划编制所用的方法和工具,设定质量计划编制的格式,制定质量计划编制准则和适宜的质量控制的阈值等。项目质量管理计划是项目管理计划的子计划,可以是正式或非正式的,可以非常详细也可以高度概括,具体可依据项目的实际情况来定。

项目质量规划的主要工作如表7-1所示。

表7-1 项目质量规划的主要工作

依据	工具和方法	结果
范围基准	成本收益分析	质量管理计划
项目关系人登记表	质量成本	质量测量指标
成本基准	质量标杆法	质量核对表
进度基准	实验设计法	过程改进计划
风险登记表	流程图	更新的项目文档
项目的制约因素		
组织积累的相关资源		

4. 项目质量规划的依据

(1)范围基准。范围基准包括项目范围说明书、WBS和工作分解结构字典等,详见项目范围管理章节。

项目范围说明书中明确说明项目需求方的需求和目标,规定项目的主要成果和项目目标,以及何种状况会造成影响项目的质量问题,所以项目范围说明书是制定项目质量计划的主要依据之一。项目范围说明书主要包括四项内容:

①项目目的的说明。说明项目立项的原因,这是项目完工后衡量项目成功与否的一个重要指标。

②项目目标的说明。对项目所要实现的目的指标的说明,既包括项目的总目标,也包括各专项目标。

③项目产出物的简要说明。对于项目最终交付产品在特征、性能、要求等方面的简要说明。

④项目成果的说明。是项目完工后产出物的全部成果清单,既包括有形产出物,也包括

无形产出物(过程或服务)。

由于项目范围说明书规定了项目可交付的成果和项目目标,因此这个文件必须在得到所有项目利益相关者确认后,才可建立一个各方共识的文件。

(2)项目关系人登记表。项目关系人是指积极参与项目,或其利益会受到项目执行或完成情况影响的个人或组织,他们还会对项目的目标和结果施加影响。关系人登记表识别对质量有特别兴趣或影响力的关系人,可以明确利益关系者在质量方面的特定利益和目标。

(3)成本基准。成本基准按时间分段,用来度量项目的整体费用。成本基准是项目管理计划的一个组成部分。

(4)进度基准。用于实施控制的项目进度表是得到批准的项目进度表,即进度基准。进度基准是后期进行进度绩效测量和进度跟踪的重要依据。

(5)风险登记表。风险登记表包括可能影响质量要求的机会和威胁,主要有已识别的风险清单、潜在应对措施清单、风险类别更新。

(6)项目制约因素。影响项目质量规划的制约因素包括政府部门规章、规范、指导原则中有关质量的规定以及项目的工作条件等。

编制项目质量计划时,要考虑工作标准、工艺标准、管理标准以及各种规范,这些标准和规范将会直接或间接地影响项目质量计划的编制。一般来说,编制质量计划的标准为目前国际通用的 ISO 9000 系列标准。

(7)组织积累的相关资源。影响项目质量规划的组织积累的相关资源包括组织质量方针、程序和指导原则、历史数据和经验教训等。质量方针是由项目组织的最高管理者颁发的关于该组织总的质量宗旨和方向,是项目质量管理的起点,项目质量管理必须贯彻组织的质量方针。项目质量方针主要包括项目设计的质量方针、项目实施的质量方针和项目完工交付的质量方针三个部分。项目团队应充分了解项目的质量方针,并可以根据项目的实际情况,对项目的质量方针进行适当的调整。

7.2.2 项目质量规划的工具和方法

1. 费用收益分析

费用收益分析(Cost-benefit Analysis)是一种将项目所涉及的全部费用和收益系统地进行权衡的过程。在进行费用收益分析时,首先要衡量项目的收益和费用,然后才能评估其经济效益。将收益和费用进行比较并对它们进行关联研究都属于效益的范畴。

一般来说,效益的表达式有如下两种:

$$经济效益 = 收益 - 费用 \tag{7-1}$$

$$经济效率 = 收益/费用 \tag{7-2}$$

由式(7-1)、式(7-2)可知,经济效益是投资的总体效果,经济效率是投资的单位效果。只有方案的经济效益>0 或经济效率>1,即收益>费用时,该方案才具有可行性。

编制项目质量计划时,必须考虑项目费用与项目收益的平衡。

2. 质量费用分析

项目质量费用(Cost of Quality)是指实施项目质量管理活动所需支出的有关费用,如一切防止质量缺陷的支出、评估及确保产品达到质量标准要求的支出,以及出现质量问题后善后工作的各项支出等。

项目质量费用一般包括以下内容：

（1）预防费用。预防费用是为减少质量损失和检验费用而发生的各种费用，如质量管理活动费和行政费、质量改进措施费、质量教育培训费、新产品评审费、质量情报费及工序控制费。

（2）鉴定费用。鉴定费用是按照质量标准对产品质量进行测试、评定和检验所发生的各项费用，如部门行政费、材料工序成品检验费、检测设备维修费和折旧等。

（3）内部故障费用。内部故障费用是交货前因产品未能满足质量要求而造成的损失，如废次品损失、返修费用、停工损失和复检费等。

（4）外部故障费用。外部故障费用是在产品出售后由于质量问题而造成的各种损失，如产品的维护、担保、退货、责任赔偿、违约损失等。

上述概念也可用公式表示如下：

$$质量费用＝预防费用＋鉴定费用＋内部损失费用＋外部损失费用 \qquad (7-3)$$

通常情况下，预防费用与鉴定费用、内部损失费用、外部损失费用之间是此消彼长的关系，质量费用分析的目的在于寻求一种平衡，使得这四种费用相加的总和最小，也就是质量费用最小。

项目的质量管理需要实施两方面的工作：一是质量保证工作；二是质量检验和质量纠正工作。这两方面的工作涉及两类费用，即质量保证费用（主要由预防费用组成）和质量纠正费用（由鉴定费用、内部故障费用和外部故障费用组成）。这两类费用呈反方向变动：质量保证费用越高，质量纠正费用就越低；质量保证费用越低，质量纠正费用就越高。图 7-1 是一个典型的质量费用模式图。

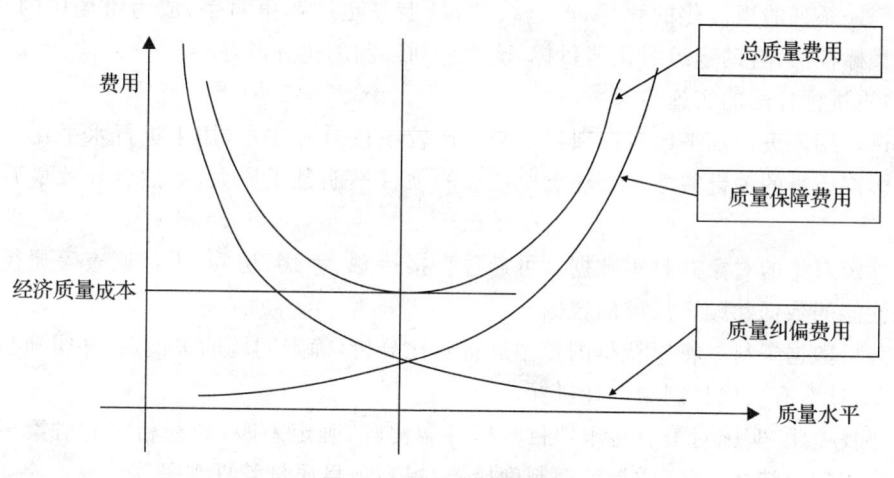

图 7-1　质量费用模式图

例如，M 房地产公司分析其正在进行的某房地产开发项目时，发现由于该项目存在质量管理问题而使整个项目的经济效益面临损失的风险，为了进一步查明原因，项目负责人对该项目的质量费用进行了调查。调查小组对项目质量的各种成本和费用进行收集、归类和统计，编制了项目质量费用统计表，如表 7-2 所示。

表 7-2　某房地产项目质量费用统计表

费用科目	金额/元	占质量总费用的比例
预防费用	42 000	6.60%
鉴定费用	648 000	10.18%
内部故障费用	2 530 000	39.74%
外部故障费用	2 768 000	43.48%
质量总费用	6 366 000	100.00%

根据以上数据,该房地产项目的负责人发现,在质量总费用中,预防费用和鉴定费用所占的比例偏小,分别为6.60%和10.18%,而内部故障费用和外部故障费用所占的比例偏大,分别为39.74%和43.48%。因此,该项目应加大在预防费用和鉴定费用上的投入以减少由于故障费用而带来的质量损失。

3. 质量标杆法

(1)质量标杆法的概念

质量标杆法(Benchmarking),又称类比法、水平对比法或水准测试法,是利用其他项目实际实施的或计划的质量结果或项目质量计划作为新项目的质量参照体系和比照目标,通过比较,进行项目质量规划或制定出新项目质量计划的方法。具体地说,就是根据实际的或计划中的项目实施情况与那些在项目执行组织内部或外部的其他项目或产品的相应特性进行比较,从而产生质量改进的思想,并提供检测项目绩效的标准;就是对产生最佳绩效的最优的经营管理实践的探索;也就是以领先组织为标准或参照,通过搜集资料、分析、比较、跟踪学习等一系列的规范化的程序,改进绩效,赶上并超过竞争对手,成为市场中的领先者。使用质量标杆法,有助于组织认清目标,确定计划编制的优先顺序。

(2)质量标杆法的实施步骤

①选择用来进行水平比较的项目。选择比较项目时应注意,用来进行水平比较的项目应具有影响质量的关键特性。要注意所比较的项目不能过于庞大,不然会导致最后无法实施。

②确定对比的对象并收集数据。可通过直接接触、考察、访问、人员调查等途径获取有关过程性能的数据和顾客需求的数据。

③分析数据资料。将所获得的数据进行对比分析,确定问题的关键点,并明确与领先对手的差距,针对有关项目制定最佳目标。

④寻找差距,实施对策。将本项目与标杆做比较,确定差距,规划相应的对策。这些对策包括完善项目特征,完善质量管理制度措施,提高项目质量管理水平等。

质量标杆法用于项目质量计划的制定过程,其基本思想就是利用其他项目实际的或计划的质量结果或项目质量计划作为新项目的质量参照体系和对照目标,通过对照比较最终制定新的项目质量计划的方法。这是项目质量计划中常用的一种十分有效的方法。这里所说的其他项目,既可以是项目组织自己以前完成的项目,也可以是其他组织以前完成的或正在进行的项目。通常的做法是,以标杆项目的质量政策、质量标准与规范、质量管理计划、质量检验单据、质量工作说明文件、质量改进记录和原始质量凭证等文件为蓝本,结合新项目的特点制定出新项目的质量计划文件。使用这种方法时应充分注意"标杆项目"质量管理中实际发生的各种质量问题及教训,在制定新项目质量计划时要考虑采取相应的防范和应急措施,尽可能避免类似项目质量事故的发生。

4. 流程图法

流程图(flow charting)是使用描述项目工作流程和项目流程各个环节之间相互联系的图表编制项目质量计划的方法,通常由若干因素和箭线相连的一系列关系组成。项目流程图有助于预测项目发生质量问题的环节,有助于分配项目质量管理的责任,有助于找出解决项目质量问题的措施等,因此项目流程图非常有助于编制项目质量计划。一般情况下,人们利用此方法分析和确定项目实施的过程和项目质量形成的过程,然后编制项目质量计划。

流程图既可以用于分析项目质量因素,亦可以用于编制项目质量计划。流程图常用符号如表 7-3 所示。

表 7-3 流程图常用符号

流程图符号	名称	说明
⟋⎺⟍	起止框	表示算法的开始和结束
▭	处理框	表示完成某种操作,如初始化或运算赋值等
◇	判断框	表示根据一个条件成立与否,决定执行两种不同操作的其中一种
▱	输入输出框	表示数据的输入输出操作
↓→	流程线	用箭头表示程序执行的流向
○	连接点	用于流程分支的连接

编制项目质量计划常使用到的流程图有项目的系统流程图、实施过程流程图、作业过程流程图等,这里主要介绍系统流程图和关联图两种类型。

(1)系统流程图

系统流程图主要用于说明项目系统各要素之间存在的相关关系。利用系统流程图可以明确质量管理过程中各项活动、各环节之间的关系,图 7-2 是描述内部审核系统的流程图。

(2)关联图

关联图,又称关系图,是用来分析事物之间"原因与结果"、"目的与手段"等复杂关系的一种图表。关联图把现象与问题有关系的各种因素串联起来,通过连图可以找出与此问题有关系的一切要素,从而进一步抓住重点问题并寻求解决对策。

事物之间存在着大量的因果关系,理清因素之间的因果关系,从全盘加以考虑,就容易找出解决问题的办法。

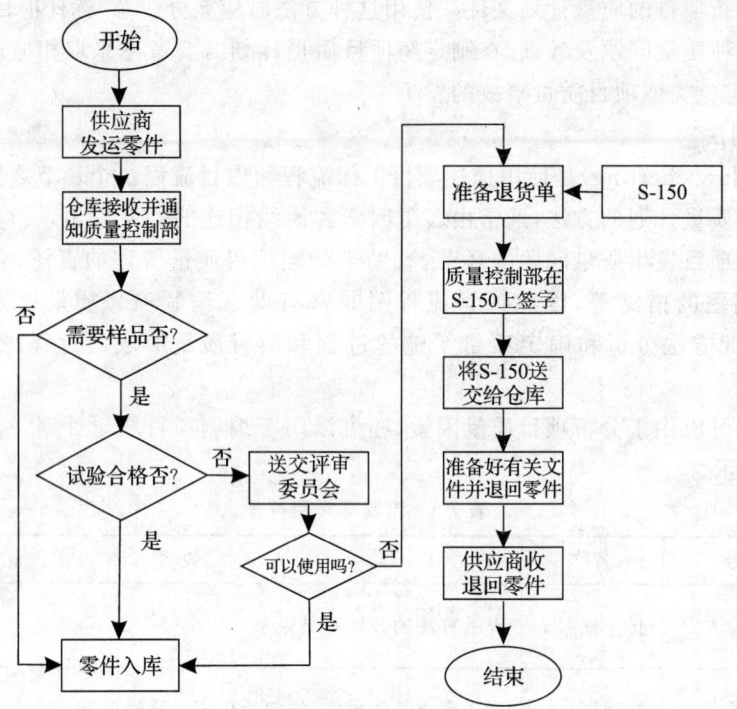

图 7-2 采购进货流程图

关联图由圆圈(或方框)和箭头组成,其中圆圈中是文字说明部分,箭头由原因指向结果,由手段指向目的。文字说明力求简短,内容确切易于理解,重点项目及要解决的问题要用双线圆圈或双线方框表示,如图 7-3 所示。

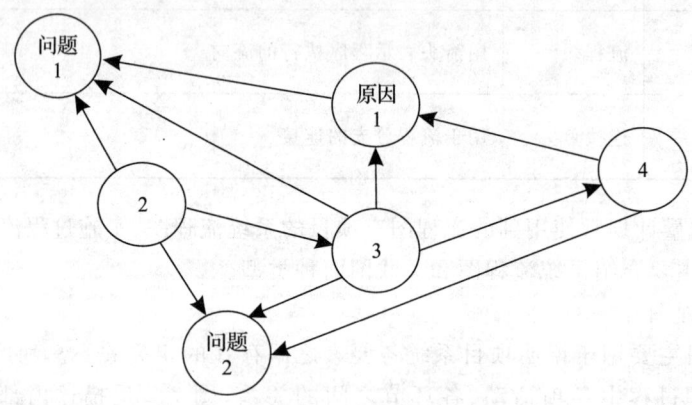

图 7-3 关联图示例

5. 实验设计法

实验设计法(Design of Experiments,DOE)是一种多因素的选优方法,它广泛用于产品开发设计、工艺优化、配方研制等方面。英国著名统计学家费希尔(R. A. Fisher)1920 年首创了实验设计法,并首先应用于农业。二战后,英美将实验设计法广泛应用于工程生产中,20 世纪 60 年代"正交实验法"产生,70 年代日本著名质量工程学家田口玄一博士发明了稳健设计法,80 年代我国数学家王元和方开泰发明了均匀设计法。

实验设计法需要采用试验的方法去识别出对项目成功影响最大的关键因素,以此找出项目质量的关键因素,以便编制项目质量计划。这种方法比较适用于独特性很强的原创性研究项目的质量计划的编制,也可以用于权衡项目的成本和进度。例如,通过实验设计计算开发不同类型机器设备的所需成本与使用寿命,从而可以从有限的相关方案中选择最佳方案。通常实验设计还应用于选择合适的配方、合理的工艺参数、最佳的生产条件以及如何安排核查方案才能做到最节省成本之类的问题中。

知识链接 7-1

质量功能展开

质量功能展开(Quality Function Deployment,QFD)是把顾客对产品的需求进行多层次的演绎分析,转化为产品的设计要求、零部件特性、工艺要求、生产要求的质量工程工具,用来指导产品的全面设计和质量保证。其基本原理就是用"质量屋"图示化的形式,来分析项目的需求与产品性能参数的关系。下图是质量屋的典型形式。

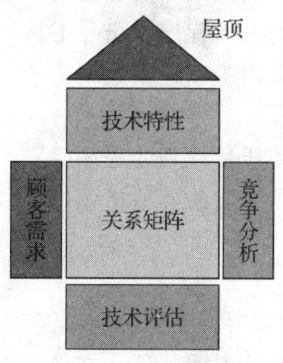

图 7-4 质量屋

质量屋的基本结构要素包括:
1 左墙——顾客需求及其重要程度;2 天花板——工程措施(设计要求或质量特性);3 房间——关系矩阵;4 地板——工程措施的指标及其重要程度;5 屋顶——相关矩阵;6 右墙——市场竞争力评估矩阵;7 地下室——技术竞争能力评估矩阵。

为了建立质量屋,开发人员必须掌握第一手的市场信息,整理出对该产品的顾客需求,评定各项需求的重要程度,填入质量屋的左墙。

从技术角度,为满足上述顾客需求,提出对产品的设计要求(工程措施),明确产品应具备的质量特性,整理后填入质量屋的天花板。

屋顶用于评估各项工程措施间的相关程度。主要是因为各项工程措施可能存在交互作用(包括叠加强化和抵触消减)。

给产品的市场竞争能力和技术竞争能力进行评估打分,填入质量屋右墙和地下室的相应部分。

由于产品开发一般要经过产品规划、零部件展开、工艺计划、生产计划四个阶段,因此,有必要对四个阶段质量功能进行展开。根据下一道工序就是上一道工序顾客的原理,各个开发阶段均可建立质量屋,且各阶段的质量屋内容有内在的联系。上一阶段天花板的项目将转化为下一阶段质量屋的左墙等等。

3. 项目质量规划的结果

(1)质量管理计划

质量管理计划(Quality Management Plan)是对特定的项目、产品、过程或合同,规定由谁、何时、使用哪些程序和相关资源的文件。它是针对具体项目的要求,以及按重点控制环节所编制的对设计、采购、实施、检验等质量环节的质量控制方案。质量管理计划提供了整个项目进行质量控制、质量保证及质量改进的基础。

质量管理计划应明确指出所开展的质量活动,并直接或间接地(通过相应程序或其他文件)指出如何实施所要求的活动。其内容包括:

①需达到的质量目标(质量基准),包括项目总质量目标和具体目标。

②质量管理流程,可以用流程图等形式展示过程的各项活动。

③在项目的各个不同阶段,职责、权限和资源的具体分配。

④项目实施中需采用的具体的书面程序和指导书。

⑤有关阶段适用的试验、检查、检验和评审大纲。

⑥达到质量目标的测量方法。

⑦随项目的进展而修改和完善质量计划的程序。

⑧为了达到项目质量目标必须采取的其他措施,如更新检验技术、研究新的工艺方法和设备、用户的监督、验证等。

(2)项目质量管理工作说明

项目质量管理工作说明(简称为项目工作说明),是指对于项目质量管理工作的具体描述以及对于项目质量控制方法的具体说明。这一文件通常由如何检验项目质量计划的执行情况、如何确定项目质量控制规定等内容构成。例如,做质量检测,就应该明确规定是检测所有的项目活动,还是仅仅对特定的子项目进行检测。

通常这种项目质量计划文件是一种项目质量管理计划的辅助性和支持性文件(附件),它应全面给出项目质量管理各个方面的支持细节和具体说明,包括执行项目质量管理计划中所使用的具体方法、工具、图表和程序等方面的规定和说明。

(3)项目质量核检表

为确保整个项目生命周期的质量,需要在质量计划编制中设置各种核检表,以检查和核对某些必须执行的步骤是否已经得到了充分贯彻。质量核检表(quality check lists)是一种项目质量管理工具,用于检查需要执行的一系列步骤是否已经实施以及实施结果的状况,通常可以依据项目质量管理计划从对项目工作分解结构和项目工作流程的分析中得到。专业的不同,项目规模的大小,会造成核检表具有很大的差异性,因此设计项目质量核检表时,要依据项目所属专业领域和项目本身的特性完成。

质量核对表是一种结构性工具。它用来核实项目质量计划的执行和控制是否得到实施。该表以工作分解结构为基础,由详细的条目组成,常采用询问式或命令式短语。常用的核检表主要包括时间、检查内容、检查责任人、检查结果等。核检表为项目实施过程中按质量管理计划实施项目的质量控制提供了检查的计划依据和检查表格。许多组织都有标准的核对表,以保证经常性任务格式保持一致。

例如,房地产地板采购项目的质量管理中,在每个关键工序结束时必须进行检查,其中实木地板干燥工序的质量检查表如表 7-4 所示:

表 7-4 实木地板质量检查表——干燥工序

品名:
规格:
批号及该批数量:
检验方法和抽样原则:按照实木地板检验和试验方法 CB/T15036.2-2001 执行
具体干燥标准及板面材质参照 Q/CH.1-2003 外观质量标准执行

检验项目	检验规范	检验情况		
含水率	8%≤地板出厂含水率≤10%	抽样数	合格数	不合格数
湿材码料气干、窑干	目测、含水率测试仪			
其他	开裂、死节、虫眼、腐朽、受潮、扭曲、变形不允许有			
检验结论			检查人:日期:	

注:为减少木材含水率与当地平衡含水率之间的差异造成的板材吸湿变形,建议生产厂家尽量缩短批次产品的生产时间,且各道工序之间流转的产品需用聚乙烯膜进行包裹封闭。

(4)过程改进计划

过程改进计划是项目管理计划的从属内容。它将详细说明过程分析的具体步骤,以便确定浪费和非增值活动,进而提高客户价值,例如:

①过程边界。描述过程改进的目的、起始和终结,其依据和成果、所需信息(如需要),以及本过程的负责人和利害关系方。

②过程配置。过程流程图,以便接口和界面分析。

③过程测量指标。对过程状态进行控制。

④绩效改进目标。指导过程改进活动。

过程持续改进的目标是实现过程质量改进和项目质量改进,因此,在进行质量规划时需要非常重视过程改进计划的制定。

(5)更新的项目文档

项目文档是与实施项目有关的各种存档文件。进行项目质量规划时需要更新的项目文件包括项目关系人登记表、风险登记表及其他相关质量管理文件等。

(6)项目中其他关联工作的输入

项目管理中其他关联领域工作的输入同样会影响项目质量目标的实现,因此应该在制定计划的过程中将其考虑进去。比如,项目进度计划、项目的工作分解结构、项目采购管理等。

7.3 项目质量保证

7.3.1 项目质量保证概述

1. 项目质量保证的内涵

项目质量保证(Project Quality Assurance)是为了保证项目质量计划的顺利实施,对项目质量计划的执行情况进行经常性的评估、核查和改进的过程,使项目质量能够满足客户的要求。项目质量保证工作是一种具有事前性和预防性的质量管理工作。项目质量保证相当于疾病预防,其目的是为了防止缺陷的发生,以确保项目一次性成功。

项目质量保证包括项目内部质量保证和外部质量保证。内部质量保证是向项目团队提供的质量保证;外部质量保证是向客户和其他项目关系人提供的质量保证。

2. 项目质量保证的依据

(1)质量管理计划。项目质量管理计划说明在项目中将如何实施质量保证。它是质量保证最根本的依据。

(2)质量测量指标。质量测量指标是项目质量规划的成果之一,同时它也是实施项目质量保证的依据。

(3)过程改进计划。过程改进计划需要对过程分析的具体步骤进行详细分析,包括对过程测量标准、过程改进目标等的分析。该计划通过质量保证直接为项目过程改进提供指导,并通过经验和教训间接为组织过程改进提供指导。

(4)工作绩效数据。工作绩效数据包括技术性能值、项目可交付成果状态、需要的纠正措施和绩效报告。工作绩效数据是质量保证的重要依据,可用于质量审计、质量审查和过程分析等。

(5)质量控制状况。质量控制状况是质量控制活动的结果,用以分析并评估实施组织的质量标准和过程。

3. 项目质量保证的基本内容

项目质量保证的主要内容包括:提出清晰明确的项目质量要求;制定切实可行的质量标准;制定质量控制流程;建立完善的质量保证体系;配备合格和必要的资源;持续开展有计划的质量改进活动;全面控制项目变更。

(1)提出清晰明确的项目质量要求

如果没有清晰明确的项目质量要求,项目的实施组织就无法开展项目质量保证工作,也就没有了项目质量保证的方向和目标。对于一个项目而言,项目质量保证的首要任务是提出清晰明确的项目质量要求,这既包括项目产出物的质量要求,也包括项目过程与工作的质量要求。这些项目产出物和项目过程的质量要求既包括对项目工作里程碑的总体要求,又包括对项目活动所生成的可交付产品的具体要求。通常,对项目产出物的质量要求越详细和具体,一个项目的质量保证工作就越周密和可靠。

(2)制定切实可行的质量标准

项目质量保证工作有赖于科学可行的项目质量标准,由于项目涉及不同领域,即使同一领域的项目,因所处环境和自身规模的不同,适应的标准也不会完全相同。进行科学可行的质量标准设计工作是项目质量保证工作的主要内容。制定质量标准是为了在项目实施过程中达到或超过质量标准。制定质量标准可以直接采用现行的国家标准、行业标准,也可以制定出各种定性的、定量的指标、规则、方案等质量标准。

(3)制定质量控制流程

不同行业和不同种类的项目,或同一项目的不同组成部分或不同实施阶段,其质量保证深度和力度不尽相同。制定质量控制流程要结合项目特点和关系人特点展开,抓住主要矛盾和重要问题加以解决。需要指出的是,项目质量控制往往不是孤立存在的,一般与组织的质量管理体系紧密相连,要体现出全员参与的指导思想,项目的有关各方应各负其责,有侧重地开展质量保证工作。

(4)建立完善的质量保证体系

建立完善而有效的质量保证体系,全面地开展项目的质量管理活动是项目质量保证最重要的一项工作。项目质量体系是为实施项目质量管理所需的组织结构、工作程序、质量管理过程和质量管理等各种资源构成的一个整体。

建立质量保证体系首先应向项目全体职工贯彻质量方针,建立、健全对形成质量全过程有影响的所有管理者、执行者、操作者的质量责任,建立质量手册、质量程序文件等书面文件,建立质量保证体系的评估制度,确保质量保证活动在各个部门得以有效地运作。下面以工程项目为例,说明建立质量保证体系的流程(如图7-5所示)。

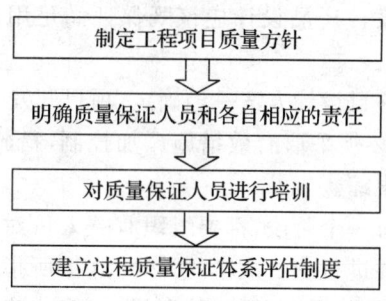

图7-5 质量保证体系建立的流程

(5)配备合格和必要的资源

一个项目能够得以成功,有赖于各种资源的配备,这里所指的既包括人力资源和财力资源等。因此,项目质量保证的另一项工作内容就是为项目质量管理工作和项目质量体系配备合格的和必要的资源。

(6)持续开展有计划的质量改进活动

有计划的持续质量改进活动是保证项目最终产出物达到质量要求的必要途径。持续的项目质量改进工作是一种不断改进工作方法与完善工作结果的活动。这既包括对项目工作和项目产出物的持续改进和完善,也包括对项目作业方法和项目管理方法的持续改进和完善。通过对项目质量进行有计划的持续审核、评价和改进,来提高项目效益和效率。

(7)全面控制项目变更

项目的一次性、独特性特点以及项目所处环境的不断变化,决定了项目范围的变更是不可避免的,因此项目质量保证的一项重要工作就是开展项目变更的全面质量控制。项目范围变更通常是由资金、时间、资源等因素引起的,但也有由于顾客要求项目质量提升而引起项目变化的。一般情况下,项目范围的缩小、工期的缩短、资金的短缺等都会对项目质量产生不利影响,因此必须对项目的每个变更进行仔细的分析并定义其目的,仔细分析它可能对项目质量产生的各种影响并设计好相应的质量保证对策。

4. 项目全生命周期的质量保证活动

项目质量保证活动贯穿于整个项目生命周期(立项阶段、开发阶段、实施阶段和收尾阶段)的全过程,但是,这四个阶段所要完成的任务、达到的目标各不相同,因此就项目质量管理而言,不同阶段管理的重点是不相同的。对于项目而言,若要真正提高项目质量,必须落实全面质量管理思想,将质量管理落实到项目全部生命周期内,并突出重点形成体系。

(1)项目立项阶段

主要完成项目方案的比较选择、项目总体质量标准的提出,以及在充分考虑项目费用、时间、质量目标之间的对立关系下,确定项目应达到的质量水平。因此,这一阶段主要是质量战略管理,根据组织自身技术能力,结合未来发展战略,规划项目总体质量水平。

(2)项目开发阶段

对项目进行全面、系统的部署,主要任务是根据立项阶段确立的目标将设计方案具体化。这一阶段质量管理主要包括三个方面的工作:质量设计、控制项目设计质量和质量预控。

①质量设计。即根据项目未来的使用要求,充分考虑经济性、操作性以及产品性能,经综合评价权衡出最佳设计方案。产品设计应该既保证满足用户意图,又符合相关标准、规范、规程和相关法规等。

②控制项目设计质量。项目设计方案一经确定,项目开发、设计人员必须严格按照设计方案进行,为确保设计质量,必须采取有效措施严加控制,措施主要包括设计评审、经济分析、严格控制设计程序、设计跟踪。

设计评审是指在设计的每一个阶段,都要组织有关人员对设计结果进行严格评审并将结果形成文件;经济分析,主要进行项目成本的计算,这里所指出的项目成本指项目生命周期费用,包括投资费用和使用维护费用;严格控制设计程序,确保设计质量;设计跟踪,定期对设计文件进行检查、审核,发现问题及时纠正。

③质量预控。针对可能对项目质量造成问题的因素,制定质量控制计划和实际控制程序,制定检验评定标准,提出解决对策,编制质量控制手册。

(3)项目实施阶段

根据项目实施的不同阶段,可以把项目实施阶段的质量管理分为项目实施准备阶段的质量管理和实施阶段质量管理。

①项目实施准备阶段的质量管理

准备工作完成的质量将直接体现在项目完成状况的质量上,准备工作做得充分,可以对项目质量起到预防与预控的作用。准备阶段应该从以下两个方面着手开展工作。其一,开展技术培训,针对项目实施过程中可能遇到的各种质量问题,对操作者进行必要的技术培训和技术讲座。其二,严把材料质量关,对于原材料(半成品)的质量检验要严把三关,即入库(场)检验关、定期检验关、使用前检验关。采取科学管理办法,将质量检验与积极的预防结合起来,将材料供应的质量控制引入供货单位。

②实施阶段质量管理

项目实施阶段是形成项目实体的重要阶段,也是形成最终项目可交付物质量的重要阶段。项目最终质量能否达到规定的标准,在很大程度上取决于项目管理者的技术能力及实施过程的质量管理工作水平,因此,加强项目实施阶段的质量管理,是保证和提高项目质量的关键,是项目质量管理的中心环节。项目实施阶段质量管理的主要任务是:建立能够保证和提高项目质量的完整体系,抓好每一个环节的质量控制,保证工程质量全面达到质量标准的要求。项目实施阶段质量管理的重点是:把握影响项目质量的五个关键因素,即人、材料、设备、方法和环境;加强工艺质量管理,使工艺质量稳定良好,提高项目质量的稳定性;严格控制生产工序,即根据各工序的特点,按照事先拟定的工序质量标准,运用质量控制的各种方法对工序进行管理。工序质量包括工序活动条件的质量和工序活动效果的质量。

(4)项目收尾阶段

项目收尾阶段要对项目进行全面的质量检查评定,判断项目是否达到预期的质量目标,对不合格项目提交处理办法,确保项目产品符合质量要求。

7.3.2 项目质量保证的工具和方法

1. 过程方法

(1)过程的含义

过程是一组将输入转化为输出的相互关联或相互作用的活动。任何使用资源将输入转化为输出的活动或一组活动都可以将其视为过程,项目也不例外。项目的过程不是彼此独立的,而是相互关联、相互影响、相互制约的,并最终形成一个过程网络,如图7-6所示。

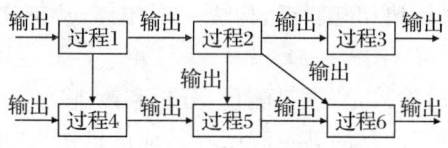

图 7-6 过程网络图

在过程网络中,任何一个过程的输入都不是单一因素,可能包括人、机器、原料、方法、环境(4M1E)的各个方面,而4M1E的每一个要素,又可能来自多个其他过程。同样,每一个过程的输出也不是单一的,也可能包括多种内容与形式,如产品和相关信息(产品的特性信息和状态信息、生产状况信息等)。

(2)过程方法在项目质量保证中的应用

项目组织的质量管理体系由四大板块构成:项目管理职责、项目资源管理、项目最终可交付物以及项目测量、分析和改进。从过程角度分析,这四者之间的相互关系如图7-7所示。

①项目相关利益主体对过程的要求起到非常重要的作用

项目过程的质量要求在很大程度上是由项目相关利益主体所决定的,这样才能使项目最终产出物得到相关方的满意。因此,组织在自身能力允许的前提下越符合相关方的要求,则项目越容易获得成功。相关方的要求是项目过程的输入,这种输入是一种需求输入,准确识别、理解和把握这种输入有利于使项目最终可交付物达到相关要求。

②项目最终产出物的接受者是项目顾客

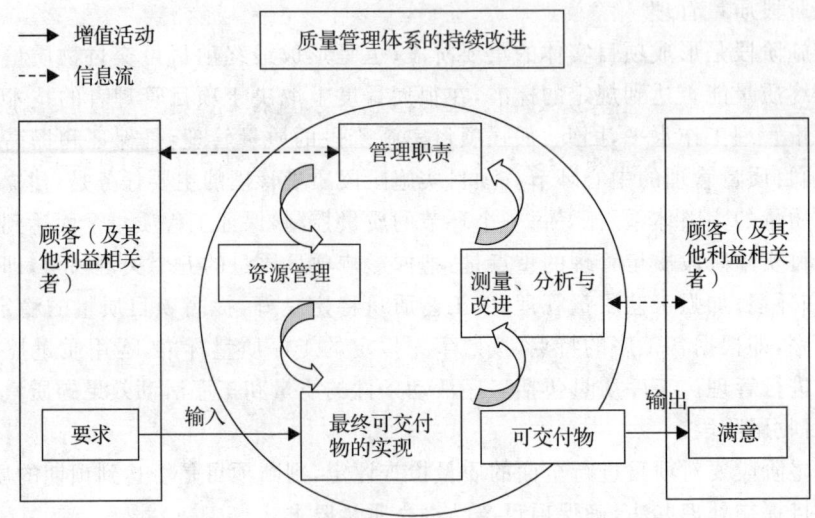

图 7-7 基于过程的项目质量管理体系模式图

项目组织从项目顾客(也包括其他相关利益主体)那里得到对于项目最终交付物的要求及其实现的过程要求,经过可交付物的实现过程,形成项目最终可交付物,成为输出。通过对项目顾客(也包括其他相关利益主体)满意程度的测量来评价其是否达到了各方的要求。

③项目组织内部的四大板块形成一个闭环过程链

项目组织中的质量管理体系由项目管理职责、项目资源管理、项目最终可交付物实现及项目测量、分析和改进四个板块构成,一个板块在以另一个板块作为其输入的同时,也成为其他板块的输入。这样四个板块相互联系,构成一个闭环,从而实现项目质量的不断循环、不断改进和不断提高。

首先,"项目管理职责"的输入是"项目测量、分析和改进"。项目质量管理体系运行状况如何、产品质量如何、顾客对于产品的满意程度等其他信息作为"项目管理职责"的输入,"项目管理职责"通过自身的"管理评审"加以改进,形成新的质量方针、质量计划和质量管理体系要求,这样"项目管理职责"就完成了自身的过程"增值"。

其次,"项目资源管理"的输入是"项目管理职责"。具体地讲,就是根据"项目管理职责"确定的原则、方针和目标,配备相应的资源。"项目资源管理"的输出是资源的实物。

再次,"项目最终可交付物的实现"的输入包括两个方面:一是实物的输入,包括人员、基础设施、工作环境、信息、财务等;二是信息的输入,即项目顾客(也包括其他相关利益主体)的要求。同样,"项目最终可交付物的实现"的输出也包括两个方面:一是实物的输出,即项目最终可交付物输出给项目顾客(也包括其他相关利益主体);二是信息的输出,即对项目最终可交付物和项目最终可交付物实现过程的"测量、分析和改进"的文档化。

最后,"项目测量、分析和改进"从"项目最终可交付物实现"及项目顾客(也包括其他相关利益主体)获得信息输入,同时向"项目管理职责"输出信息,而且还为质量管理体系的持续改进提供信息输入。

④"项目最终可交付物的实现"在组织的质量管理体系中具有重要地位

"项目最终可交付物的实现"直接从顾客(也包括其他相关利益主体)那里获得信息输入,又直接将"项目最终可交付物"提供给顾客(也包括其他相关利益主体),此过程的输入和输出都直接与项目相关利益主体相联系。顾客最为关心的是"项目最终可交付物的实现",而并非组织口头上的"管理承诺",因此,"项目最终可交付物的实现"是四个过程的核心,其他三个过程都是为"项目最终可交付物的实现"做必要的保证。

2. 项目质量管理体系的建立

项目质量保证与组织质量管理体系的建立分不开,项目相关方为开展质量保证活动必须建立起质量管理体系并使之有效运行。ISO 9000族标准为组织建立质量管理体系提供了指南。

质量保证涵盖了所有的行为,包括设计、开发、生产、安装、服务和存档等,而且它对任何组织或供应链的竞争能力都非常重要。质量保证的重要性需要基于一些特殊的基础。只有在组织内部或是供应链中实施质量管理体系才能保证通过短期行为来达到长期目标。

(1)项目质量管理体系的编制

质量管理体系致力于建立质量方针和质量目标,并为实现质量方针和质量目标确定相关的过程、活动和资源。建立质量管理体系的目的是在质量方面帮助组织提供持续满足要求的产品,以满足顾客和其他相关方的需求。

①质量管理原则

国际标准化组织(ISO)在总结了质量管理百年经验的基础上提出了质量管理的八项基本原则:以顾客为关注焦点;领导作用;全员参与;过程方法;管理的系统方法;持续改进;基于事实的决策方法;与供方互利的关系。

②质量管理体系的方法

GB/T 19000-2000《质量管理体系——基础和术语》标准给出了质量管理体系的方法,分为八个步骤:确定顾客和相关方的需求和期望;建立组织的质量方针和质量目标;确定实现质量目标必需的过程和职责;确定和提供实现质量目标必需的资源;规定测量每个过程的有效性和效率的方法;应用规定的方法确定每个过程的有效性和效率;确定防止不合格并消除产生原因的措施;建立和应用持续改进质量管理体系的过程。

③质量管理体系文件

项目组织应以灵活的方式将其质量管理体系形成文件。质量管理体系与组织的全部活动或部分活动有关。质量管理体系文件的用途是:满足顾客要求和质量改进,提供适宜的培训,提供客观证据,评价质量管理体系的有效性和持续改进的适宜性。

质量管理体系中使用的文件类型主要有以下六种:

第一,质量手册,是规定组织质量管理体系的文件,它向组织内部和外部提供关于质量管理体系的一致信息。对于一个项目而言,质量管理体系是唯一的,质量手册也是唯一的。质量手册至少应该包括:质量管理体系的范围和对于非适用情况的说明及对其判断的理由;编制质量管理体系形成文件的程序;质量管理体系过程及其相互作用的描述。

第二,质量计划,是对特定的项目、产品、过程或合同,规定由谁及何时应使用何种程序和相关资源的文件。

第三,规范,是阐明要求的文件。

第四,指南,是阐明推荐的方法或建议的文件。

第五,程序、作业指导书和图样,是提供如何一致地完成活动和过程信息的文件。

第六,记录,是阐明所取得的结果或提供所完成活动证据的文件。

六种文件是分层次的,下一个层次的文件往往要参照上一个层次文件进行编写,上一个层次文件可以引用下一个层次的文件,从而形成清晰且简明的质量管理体系文件结构。

质量手册处于质量管理体系文件的顶端,是对项目组织质量管理体系的一个大致描述,一般情况下供项目管理者和项目相关利益主体使用。程序文件是根据质量手册的规定,将质量手册中规定的某些活动进行"细化",一般供项目各个组织部门使用。作业指导书是根据程序文件的规定,详细说明如何执行某些工作,一般供作业人员使用。质量记录根据程序文件或未形成文件的程序以及质量手册的要求进行编制,贯穿于项目最终可交付物的质量生产、形成和实现的全过程。

编制质量管理体系文件对于项目质量能否达到规定的标准非常重要,组织应采取灵活的方式将项目质量管理体系形成文件,质量体系标准所要求的是建立一个形成文件的质量管理体系,并不要求将质量管理体系中所有的过程和活动形成文件。文件的复杂程度要根据项目自身的复杂程度决定。

(2)项目质量管理体系的建立

项目自身的差异性决定了不可能有完全一样的项目质量管理体系,因此项目组织在建立质量管理体系时,应该根据本组织和该项目的实际情况,采用合适的步骤和方法,才能取得最佳效果。项目质量管理体系的建立通常包括10个步骤,具体如下:

①统一认识,完成决策。组织的领导层应认真学习相关标准和文件,统一决策,建立项目质量管理体系。

②确定项目质量方针和质量目标。根据组织的宗旨、发展的方向确定项目的质量方针,在质量方针提供的目标框架内规定项目的质量目标及其相关职能和层次上的质量目标,需要强调的是质量目标必须可以测量。

③规划项目质量管理体系。组织应该依据项目质量方针、质量目标,运用过程方法规划项目应该建立的质量管理体系,并确保所规划出的质量管理体系满足质量目标的要求。在质量管理体系规划的基础上,进一步对项目产品的实现过程进行规划,确保这些过程的规划满足所确定的项目质量目标和相应的要求。

④确定职责和权限。组织应依据质量管理体系规划以及其他规划的结果,确定各部门、各过程及其他与质量工作有关人员应承担的相应职责,赋予相应的权限并确保其职责和权限能得到沟通。最高管理者还应在管理层中指定一名管理者代表,全权负责质量管理体系的建立和实施。

⑤编制项目质量管理体系文件。组织应依据质量管理体系规划确定质量管理体系构建的框架和内容,在质量管理体系文件的框架里确定文件的结构、类型、数量、详略程度,规定统一的文件格式,编制质量管理体系文件。

⑥项目质量管理体系文件的发布和实施。质量管理体系文件在正式发布前应认真听取多方面意见,并经授权人批准发布。质量管理体系文件必须经最高管理者签署发布,一经正式发布实施便意味着质量管理体系文件所规定的质量管理体系正式开始实施。

⑦学习项目质量管理体系文件。在项目质量管理体系文件正式颁布之前,项目所涉及的全部人员都要通过学习,清楚地了解质量管理体系文件对本岗位和其他岗位的要求以及相互之间的关系,只有这样才能确保质量管理体系在整个项目组织中得以有效地实施。

⑧项目质量管理体系的运行。项目质量管理体系一经建立,在实施过程就应该严格

按照体系规定进行。项目所有质量活动都依据质量规划的安排以及质量管理体系文件要求实施。

⑨项目质量管理体系的内部审核。内部审核是项目不断完善与改进的一种重要手段。在质量管理体系运行的一段时间后,组织内审人员应对项目质量管理体系进行内部审核,以确保项目质量管理体系得到有效实施和保持。

⑩管理评审。在内部审核的基础上,组织的最高管理者应对项目质量方针、质量目标和质量管理体系进行系统评审,确保质量管理体系持续的适宜性、充分性和有效性。管理评审包括评价质量管理体系改进的机会和变更的需要,包括质量方针、目标变更的需要等。

3. 项目质量管理体系的审核

(1) 质量审核的含义

ISO 8402:1994 标准中给出的质量审核定义是:为了确定质量活动及其有关结果是否符合计划的安排,以及这些安排是否有效地实施且达到预定目标所做的系统的、独立的检查。从上述定义可以看出,质量审核的范围包括质量管理体系审核、产品审核和过程审核。其中,过程审核包括产品实现过程、服务提供过程以及其他质量管理体系过程的规划和实施及其效果的评价,因而既涉及产品质量又涉及工作质量。

(2) 质量审核的分类

审核可以划分为内部审核和外部审核。内部审核又被称为"第一方审核",是由组织自身或以组织名义进行的,用于管理评审和其他的内部目的,可作为组织自我合格声明的基础。外部审核包括"第二方审核"和"第三方审核"。第二方审核由组织的相关方(如顾客)或其他人员以相关方的名义进行。第三方审核由外部独立的审核组织进行。

(3) 项目质量审核的一般流程

项目质量审核一般主要经历五个阶段:项目质量审核的启动;文件审核的实施;准备现场审核活动;现场审核的实施;审核报告的编制、批准和分发。

(4) 项目质量管理体系审核

①项目质量管理体系审核的定义

项目的质量管理工作均应以质量管理体系为指导,因此,项目质量管理体系将直接影响到未来项目的质量。所谓项目质量管理体系审核就是,为确定项目质量管理体系满足项目质量管理体系准则的程度所进行的系统的、独立的、客观的评价,并形成文件的过程。项目质量管理体系评审的目的是确定质量管理体系的符合性、有效性。项目质量管理体系评审的对象是质量管理体系的有关活动及其结果,对质量管理体系的审核实质上就是对项目具体实施过程的评价。

②文件评审

评审受审核方的主要体系文件,是进入现场审核的前提。若发现受审核方的文件不够充分而该文件对审核的有效性又起到决定性的作用,则应要求受审核方修改体系文件,直至达到规定的要求,否则不应进行现场审核。文件审核贯穿于项目质量管理体系审核的全过程,既包括建立和批准文件体系前的文件初审,又包括现场审核时对体系文件的继续评审活动。

文件审核的对象应包括全体质量体系文件,审核的内容包括:质量方针和质量目标是否符合标准要求;过程识别以及相互关系的阐述是否清晰;质量管理体系的范围是否明确;每个过程的建立实施、有关规定是否符合标准对该过程的具体要求；名词术语是否符合 ISO 9000 标准；如何贯彻组织所在行业适用的法律、法规、规章、法令；质量手册管理；受审核方的基本信息。

③现场审核

现场审核的过程指从首次会议开始到末次会议结束的全过程。现场审核是评价受审核方质量管理体系运作能力非常重要的一个环节。现场审核不仅评价受审核方是否建立了一个符合审核准则的质量管理体系，而且要验证受审核方所建立的质量管理体系能否有效运行，能否保证所提供的产品和服务满足顾客的要求，满足法律法规的要求。其目的主要包括：审核质量管理体系的活动、过程与结果是否符合要求；审核质量管理体系运作的有效性；审核质量管理体系实现其质量方针、目标的可信度。

④内部质量管理体系审核

内部质量管理体系的审核目的有别于外部审核目的。具体地讲，内部质量管理体系的审核重点是发现项目质量管理体系中存在的问题，预防和纠正不符合项，其主要目的是不断改进质量管理体系过程的有效性。外部质量管理体系审核的重点是评价项目的质量管理体系满足审核准则的程度，从而决定是否批准认证或签订采购合同。因此内部审核后形成的质量管理体系意见将围绕如何改善组织质量管理展开，主要包括以下几项：项目组织各部门的支持性文件是否与本组织的情况相适应；制定的质量管理体系是否具有可操作性；项目质量方针、质量目标是否真正适应组织的实际；项目质量管理体系的各项规定是否得到了实施和保持；配备的相关资源是否达到了规定的要求；质量管理体系最终运行的结果是否有效；项目质量管理体系是否具备了不断完善、不断改进的能力。

由于内部审核要达到不断改进质量管理体系过程有效性的目的，这样，内部审核流程应该简明可行、严格完整、闭环运行。通常内部审核包括四个主要步骤：审核规划、审核实施、审核报告、跟踪审核。

4. 项目质量管理体系的认证

认证就是第三方根据程序对产品、过程或服务规定的要求给予书面的保证（合格证明），通常可以分为产品认证和质量管理体系认证。质量管理体系认证是一种外部质量保证的手段。因此，对于项目的质量而言有着重要的意义。

质量管理体系认证的过程总体上分为两个阶段。一是认证的申请和评定阶段。完成的主要工作包括受理申请、进行审核、决定是否批准认证、给予注册并颁发认证证书。二是对获准认证的组织的质量管理体系进行监督审核和管理，确保已获准认证组织的质量管理体系在认证有效期内符合相应的质量管理体系标准的要求。具体程序如图 7-8 所示。

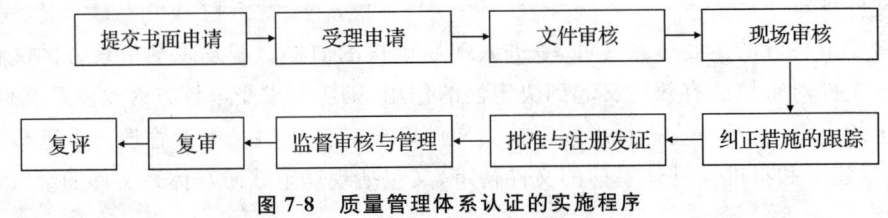

图 7-8　质量管理体系认证的实施程序

由于质量管理体系的审核已经在上文详细介绍过了，这里不再重复，此部分将根据认证工作的特点进行介绍。

(1) 提出申请

申请人在选择质量管理体系认证机构时要考虑所选择机构的知名度、影响力和信誉,以期达到顾客可以充分信任与接受的目的。组织向认证机构提交认证申请时必须具备以下条件:①具有法律效应的证明文件;②按照 ISO 9000 标准建立的质量管理体系文件;③相关生产许可证、资质证书等材料。申请人应该向认证机构提交一份正式的、由其授权代表签署的、由认证机构统一印制的申请书,申请书或其附件应包括申请认证的范围、申请人同意遵守认证要求,提供所需要的信息。

(2) 受理申请

认证机构收到申请书后,应通过信息交流、初次会议等方式了解申请人的基本情况。在规定时间内做出是否受理申请的决定,并以书面形式通知申请方。如果不受理应该说明理由;若给予受理,双方要签订"质量管理体系认证审核合同书",明确双方在认证过程中应承担的责任。

(3) 审批与注册发证

经过审核后,认证机构的审核部首先对审核报告和相关资料提出初审意见,后由技术负责人提出审核意见,提交技术委员会。经技术委员会审定审核报告的公正性和客观性,并做出最终结论。认证机构主任根据初审意见及审批结论审批报告,作出是否准予认证注册的决定。自收到审核报告到作出是否准予认证注册的决定不得超过 45 天。认证机构应及时将审核结论以书面形式通知受审核方。认证机构向通过审核的受审核方颁发统一编号的印有认证机构标志和国家认可标志的质量管理体系认证证书,有效期为 3 年;同时应说明认证标志和认证证书的使用原则。

认证机构对注册的获证方应在每年的规定时间定期以公告的形式公布。获证方在规定范围内,允许使用质量管理体系认证标志,但是不得用于产品上、包装物上以及以此作为产品合格的说明。

(4) 监督审核与管理

证书的有效期为 3 年,3 年内认证机构要对组织的质量管理体系进行定期或不定期的审核。首次监督审核在获证日期的半年后进行,以后每年一次,必要时(如收到公众对获证组织质量管理体系的投诉),可以增加审查,但每年一般不超过两次。每次监督审核应该覆盖获证方所申请的质量管理体系标准涉及的全部过程,但对部门可以进行抽查。每次监督审核均应编制监督审核计划,并且严格按照计划实施审核,审核完成后,审核组长出具审核报告,按照审核报告的审定及审批程序进行审批。在审核期间需要获证方按照要求向认证方机构提供有关对其投诉和依据质量管理体系标准要求或其他引用文件要求的采取纠正措施的记录,以便于对其进行审核。

(5) 复审

当持证组织在认证证书有效期内对其质量管理体系做出了重大更改(如所有权、关键过程等,质量管理体系认证标准变更或认证范围扩大或缩小等)或者发生了重大的产品质量事故或顾客投诉严重等,认证机构应当对持证组织的质量管理体系进行复审。

(6) 复评

持证组织的认证证书有效期届满时,若该组织还要保持其认证注册资格,应向认证机构重新提出认证申请,由认证机构组织复评。

7.3.3 项目质量保证的结果

(1)更新的组织积累的相关资源。更新的组织积累的相关资源包括更新质量标准等。更新后的质量标准为项目实施组织的质量过程和相关要求及其实施效率进行验证,在实施质量控制过程中也将用到质量标准。

(2)变更请求。关于质量请求的变更将使质量得到改进。质量改进包括采取措施以提高项目实施组织的质量政策、过程和程序的效率和效力,可以为所有项目关系人带来增值。这项请求的变更也包括在整体变更控制过程中。变更请求可以是采取正确的行动或进行缺点补救。

(3)更新的项目管理计划。项目管理计划将根据实施质量保证过程产生的质量管理计划变更进行更新,包括质量管理计划、进度管理计划及费用管理计划等的更新。这些更新包括纳入已经完成过程持续改进循环需从头开始的过程,以及已识别、确定并准备就绪有待实施的过程改进。申请的项目管理计划及其从属计划的变更通过前述的整体变更控制过程进行审查和处理。

(4)更新的项目文档。上述各项质量保证结果的更新将使相关的项目文件随之更新,包括质量审计报告、培训计划以及过程文件等。

7.4 项目质量控制

7.4.1 项目质量控制

1. 项目质量控制的概念

项目质量控制(Project Quality Control)是为了使项目的产品质量符合要求,在项目的实施过程中,对项目质量的实际情况进行监督,判断其是否符合相关的质量标准,并分析产生质量问题的原因,从而制定出相应的措施,确保项目质量得以持续不断地改进。

项目质量控制的目的是采取一定的措施消除质量偏差,弥补项目质量保证遗留下来的缺憾,追求质量零缺陷。项目质量控制应贯穿于项目质量管理的全过程。

项目质量控制与项目质量保证既有联系又有区别。两者的目标都是使项目质量达到规定的要求,因此,在项目质量管理过程中,它们是互相交叉、相互重叠的。但是,项目质量控制是一种纠偏性和把关性的过程,它直接对项目质量进行监控,并对项目存在的质量问题进行纠正;而项目质量保证是一种预防性的、保障性的过程,它只是从项目质量管理组织、程序、方法等方面做一些辅助性的工作。

2. 项目质量控制的步骤

项目质量控制应贯穿于项目质量管理的全过程。项目质量控制主要按照以下几个基本步骤展开。

(1)选择控制对象。项目质量控制的对象,可以是项目生命周期中的某个环节、工作或工序,以及项目的某个里程碑或某项阶段成果等一切与项目质量有关的要素。

(2)度量控制对象质量的实际情况。

(3)将对象质量的实际情况与相应的质量标准进行比较。
(4)识别项目存在的质量问题和偏差。
(5)分析项目质量问题产生的原因。
(6)采取纠偏措施消除项目存在的质量问题。

3. 项目质量控制的原则

在项目质量控制的过程中,应遵循以下几点原则。

(1)"质量第一,用户至上"的原则

"以顾客为关注焦点"是质量管理的八大原则之一,并且位列第一。GB/T 19001-2000 质量管理体系标准中明确指出,"组织依存于顾客,组织应当理解顾客当前和未来的需求,满足顾客要求并争取超越顾客期望"。因此,"质量第一,用户至上"应作为项目质量控制的基本原则。

(2)"以人为本,全员参与"的原则

"参与管理"是现代管理的重要特征,是一种高效的管理模式。人是项目产品质量的生产者,项目本身具有的系统性、复杂性要求质量控制必须以人为核心,充分调动人的积极性和创造性,处理好与项目相关关系人的关系,增强质量意识,提高人的素质,避免人为失误,通过提高工作质量确保项目质量。

(3)"管理的系统方法"的原则

将项目相互关联的过程、环节、活动作为系统加以识别、理解和管理,坚持"预防为主"的方针,注重事前、事中的控制,避免事后检查把关。既能够有效地控制过程质量,又能够加快项目的进度,从而带来项目经济效益的提高。

(4)"执行质量标准,一切用数据说话"的原则

质量标准是衡量和评价项目质量的尺度,必须严格遵守和执行。数据是项目产品各项性能指标的参数表示。有效决策必然是建立在数据和信息分析基础上的,足够的且能准确反映事实的信息和数据是项目质量控制的基础和依据,考察项目质量是否符合质量标准必须以数据为依据,通过对数据的整理和分析,判断项目质量是否存在缺陷。

(5)贯彻"科学、公正、守法"的原则

项目经理在处理质量问题的过程中,应尊重客观事实,尊重科学,客观公正,遵纪守法,必须以事实为依据理智地进行决策,既要坚持原则,严格要求,又要谦虚谨慎,实事求是,以理服人,热情帮助。

4. 项目质量控制的依据

(1)质量管理计划。质量管理计划明确了项目质量的最终要求。通过项目质量工作说明可以把项目质量的最终要求转变为项目质量控制的具体标准和参数。

(2)质量测量指标。质量衡量指标规定了进行质量活动的具体要求,为质量控制过程提供了重要依据。

(3)质量核对表。质量核对表是针对具体活动编写的,其目的是核实某些具体的质量工作环节是否已经实施及其实施情况。

(4)工作绩效状况。工作绩效状况可用于生成项目活动测量指标,用以将实际过程与计划过程进行对比。这些测量指标包括计划与实际的技术绩效、计划与实际的进度绩效以及计划与实际的费用绩效等的对比。

(5)批准的变更请求。批准的变更请求包括诸如工作方法、产品要求、质量要求和进度计划等的修订。需要对批准的变更请求进行分析,以确定其对质量管理计划、质量测量指标和质量核对表等的影响。审定的变更是实施质量控制的重要依据。

(6)可交付成果。可交付成果是项目活动的结果,是进行质量控制的目的和依据。

(7)组织积累的相关资源。影响实施质量控制的组织积累的相关资源包括质量标准和质量方针、标准工作指导原则、历史经验教训等。

7.4.2 项目质量控制的工具和方法

项目质量控制的工具和方法主要有直方图、控制图、排列图、因果分析图、流程图、趋势图、散点图、统计抽样和现场检查等。流程图已经在项目质量规划的工具和方法进行介绍,此处不再赘述。

1. 直方图

直方图(Histogram)又称质量分布图,是一种统计报告图,由一系列高度不等的纵向条纹或线段表示数据分布的情况。直方图可以解析出数据的规则性,比较直观地看出产品质量特性的分布状态,对于资料分布状况一目了然,便于判断其总体质量分布情况。一般用横轴表示质量特性,纵轴表示频数或频率,直方柱的高度表示各组的频率的大小。直方图能够准确地反映出质量数据的分布状况,如图 7-9 所示。

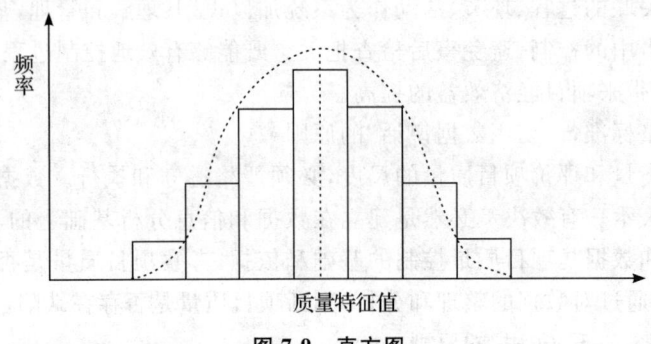

图 7-9 直方图

(1)直方图的观察与分析

直方图形象、直观地反映了数据的分布情况,通过直方图的观察和分析可以判断生产过程是否稳定、正常。常见的直方图形状如图 7-10 所示。

①正常型。又称对称型,其特点是中间高、两边低,并呈左右基本对称状,如图 7-10(a)所示。说明相应的生产过程处于稳定状态。

②锯齿型。直方图出现参差不齐的形状,即频数不是在相邻区间减少,而是隔区间减

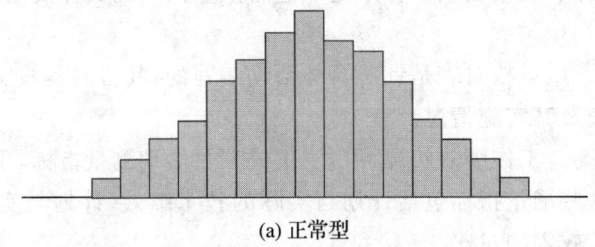

(a) 正常型

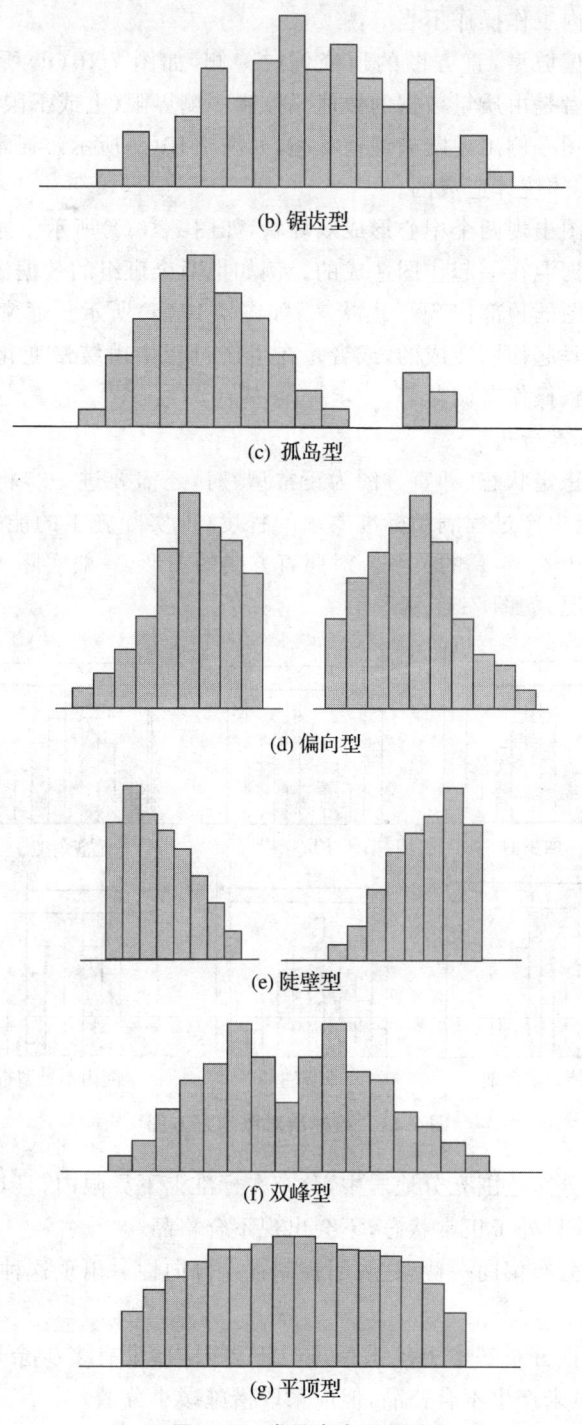

图 7-10 常见直方图图形

少,形如锯齿,如图 7-10(b)所示。形成这种现象通常由于绘制直方图时分组过多或测量等原因造成的。

③孤岛型。在远离分布中心的地方出现另一个形如孤岛的小直方,如图 7-10(c)所示。孤岛的出现通常是由于生产过程中工艺方法出现了异常因素,例如少量材料不合格、工人临

时替班操作以及短期内工作操作不当等。

④偏向型。又称偏坡型,直方图的顶峰偏向一侧,如图 7-10(d)所示。通常是由于技术、习惯上的原因,或者是由质量数据的数值只控制一侧界限(上或下限)造成的。

⑤陡壁型。直方图一侧出现陡峭绝壁状态,如图 7-10(e)所示。通常是由于人为地剔除一些数据,进行不真实的统计造成的。

⑥双峰型。直方图出现两个中心形成双峰状,如图 7-10(f)所示。通常是由于将来自两种不同生产条件的数据混在一起作图造成的。例如把两个班组的数据混为一批等。

⑦平顶型。直方图的顶部出现平顶状态,如图 7-10(g)所示。通常是由于将来自不同生产条件的数据混在一起作图造成的,或者是在生产过程中由缓慢变化的因素起主导作用造成的,例如刀具磨损、操作者疲劳等。

(2)实际分布与标准分析

当生产过程处于稳定状态(即直方图为正常型)时,还需要进一步将直方图与质量规格标准进行比较,以判定生产过程满足标准要求的程度(即实际施工的能力)。其中主要分析直方图的分布范围 B 与公差 T 的关系。对照直方图的图形,一般实际产品与实际质量标准的差异有以下几种情况,如图 7-11 所示。

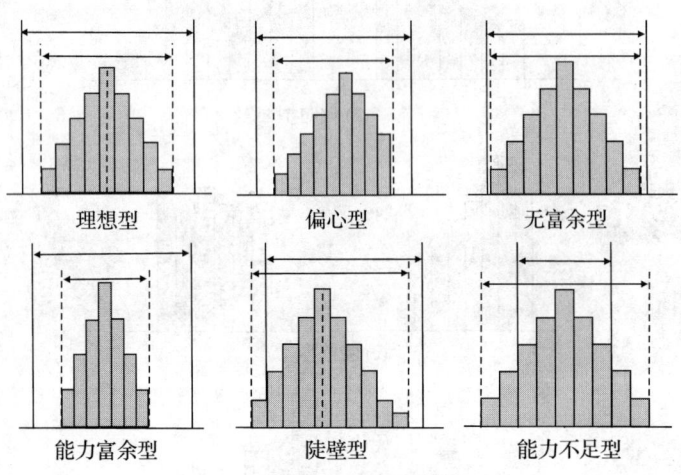

图 7-11 与标准对照的直方图

①理想型。数据分布范围充分地居中,分布在标准上下界限内,且具有相当余地。这是一种理想状态,表明项目处于正常状态,不会出现不合格品。

②偏心型。数据分布偏向一侧,这表明控制存在倾向性。出现这种状况,应采取措施消除偏移量。

③无富余型。数据分布基本上填满标准上下界限内,没有多少余地,稍有波动就会超差。出现这种状况,虽未产生不合格品,但应采取措施减小分散。

④能力富余型。数据分布与标准相比留有太多余地。这种分布虽能保证项目质量,但在经济上是不合理的。应考虑适当放宽控制,在保证质量的同时使项目的经济性更为合理。

⑤陡壁型。数据分布极为偏向一侧,部分数据已超出规格界限,产生了不合格品。这时应考虑是否有异常因素在起作用。

⑥能力不足型。数据分布过于分散,超出标准规格上下界限,产生了不合格品。应采取

措施减小分散或研究标准是否合理。

2. 控制图

控制图法是以控制图的形式判断、预报生产过程中是否发生质量波动的一种质量控制统计方法。实践证明在生产过程中，无论是有形产品还是无形产品，其质量都受一系列客观因素的影响而不停地变化，产品质量的这种变化称为质量波动，使质量发生波动的因素称为质量因素。质量因素按影响大小以及作用性质不同，可以分为偶然因素和异常因素。

偶然因素又称随机因素，其主要特点有：对产品质量的影响微小；始终存在于整个生产过程中；每件产品受到的影响一般随机变化且各不相同；无法消除。由偶然因素造成的质量波动，称为偶然波动或正常波动。质量的偶然波动是不可避免的，但是由于其造成的质量波动一般较小，通常把生产过程中只有偶然波动的状态称为统计控制状态，或称受控状态。例如原材料的微小差异、机械设备的轻微振动等。

异常因素又称系统因素，其主要特点有：对产品质量的影响较大，甚至会产生不合格品；由某种特殊原因产生，并不始终存在；可以消除。由异常因素造成的质量波动称为异常波动或系统波动。由于异常波动造成的影响较大，通常把生产过程中存在异常波动的状态称为非统计控制状态，或称失控状态。如操作人员违反规程、原材料存在较严重的质量问题等。但是异常波动可以消除，因此在生产过程中应着重监控异常波动。一旦发生异常波动应尽快查明原因加以排除，并采取适当措施避免再度出现。

(1) 控制图的基本原理

控制图是美国休哈特博士于 1924 年首先提出的。它是用于区分生产过程中出现的异常波动与正常波动，并判断生产过程是否处于控制状态的一种工具。前面所介绍的直方图所反映的质量情况是静态的，而控制图则能够提供质量动态变化的数据，使质量变化图示化便于观察，为及时采取质量控制措施提供了动态的信息。如图 7-12 所示，图上横坐标表示抽样时间或子样本编号，纵坐标表示所需要控制的质量特性值（如长度、直径、成分、废品数、疵点数等），两条虚横线表示上控制线 UCL 和下控制线 LCL，一条实直线表示中心线 CL，这三条线统称为控制线。在生产过程进行当中，每隔一定时间抽取一个或几个样品测量其误差，然后在事先制定好的控制图上描点，并将这些点连起来，得到一条反映质量特性波动状况的折线。通过分析折线形状、变化趋势以及折线与三条控制线的关系，确定生产过程是否处于受控状态，及时发现异常情况防止不合格品产生。因此问题的关键在于合理地确定控制线。

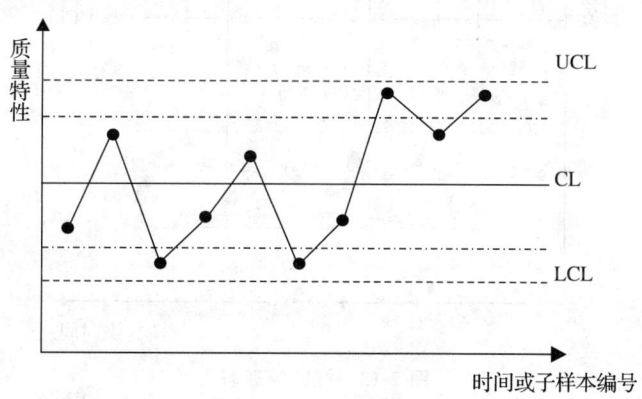

图 7-12　控制图示例

(2)控制图的一般应用程序

①选定待控制的质量特性,即控制对象。在选择控制对象时需要注意选择对质量影响最大、最重要的指标作为控制对象,控制特性要能定量描述且容易测量,若指标之间有因果关系,则选取"因"的指标为控制对象;控制对象要明确,要获得有关工作人员的同意。

②根据质量特性和数据采集的方式选择控制图的类型。

③收集20~25组样本作为预备数据,用以绘制分析用控制图。

④计算相关参数以及控制图的中心线和上下控制线。

⑤绘制分析用控制图,并判断控制过程是否处于稳定受控状态。以纵坐标表示产品质量特性,横坐标表示样本序号,建立直角坐标系。根据计算值画出上下控制线(虚线)和中心线(实线),依据各样本质量特性值按顺序在控制图上打点。按分析用控制图判断准则,判断是否为受控状态。如果处于受控状态,则转入下一步;否则要追查原因,采取相应的措施直至过程回到控制状态。

⑥绘制控制用控制图,进行过程质量控制。

⑦进行日常控制。如无异常现象,则维持现状生产;出现可能降低质量的信息,采取措施消除异常;如果出现质量提高的信息,应总结经验并进行标准化和制度化。

(3)控制图的观察与分析

绘制控制图的目的是利用控制图控制项目、工序或工作质量,使项目实施过程或工作过程处于"控制状态"。所谓控制状态,是指项目实施过程仅受偶然因素的影响,其产品质量特性统计量的分布基本上不随时间变化。反之,则称为非控制状态或异常状态。

判定项目实施过程处于控制状态的标准,可以归纳为两条:①控制图上的点几乎全部落在控制界线内;②控制图上点的排列分布没有缺陷。

控制图上点的排列分布的常见缺陷有:

①链。点连续出现在中心线一侧的现象称为链,链的长度用链内所含点的数量来度量,如图7-13所示。判别准则:出现5点链,应引起警惕,注意发展情况;出现6点链,就应查找原因;出现7点链,判为异常,应采取措施。

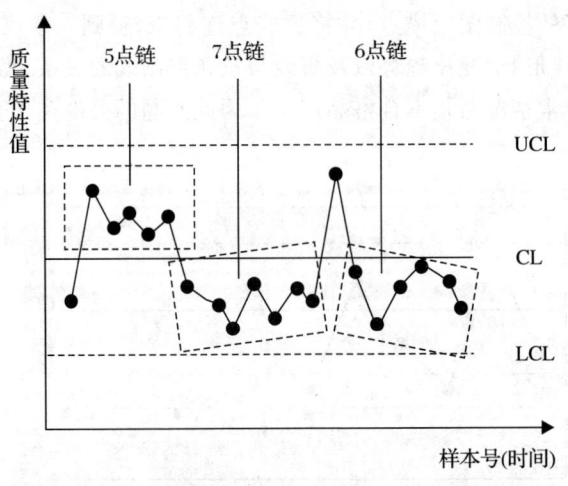

图7-13 "链"的形态

②周期。点的上升或下降出现明显的一定规律称为周期,如图7-14所示。出现周期性排列,表明可能存在着引起周期性作用的因素。这时即使点子都在控制界限内,也应查找是否存在异常因素,分析质量原因。

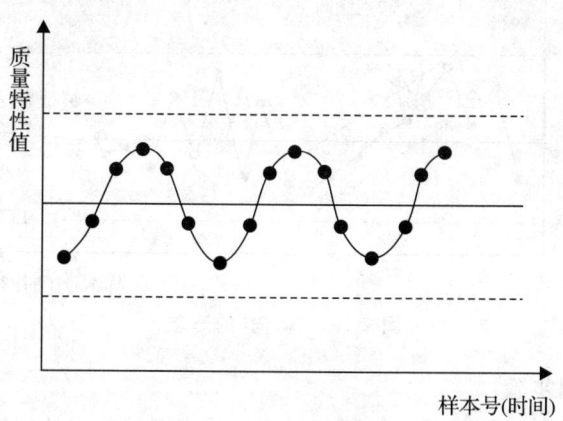

图 7-14 "周期"的形态

③偏离。较多的点间断地出现在中心线一侧时称为偏离,如图7-15所示。出现下列情况之一者判为异常:连续11点中至少有10点出现在中心线一侧;连续14点中至少有12点出现在中心线一侧;连续17点中至少有14点出现在中心线一侧;连续20点中至少有16点出现在中心线一侧。

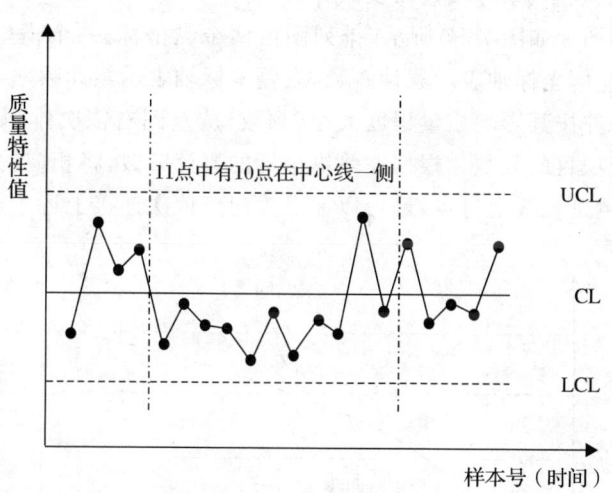

图 7-15 "偏离"的形态

④倾向。若干点连续上升或下降的现象称为倾向,如图7-16所示。判别准则:连续5点不断上升或下降的趋向,应注意操作方法;连续6点不断上升或下降的趋向,应调查分析原因;连续7点不断上升或下降的趋向,判断为异常,需采取措施。

3. 排列图

排列图法又称巴雷特图法或主次因素分析法。它是发现主要质量问题和确定质量改进方向的一种图标工具。在众多因素中,只有少数因素对质量问题起着决定性的作用。因此解决质量问题的关键就是抓住这些关键的少数原因。

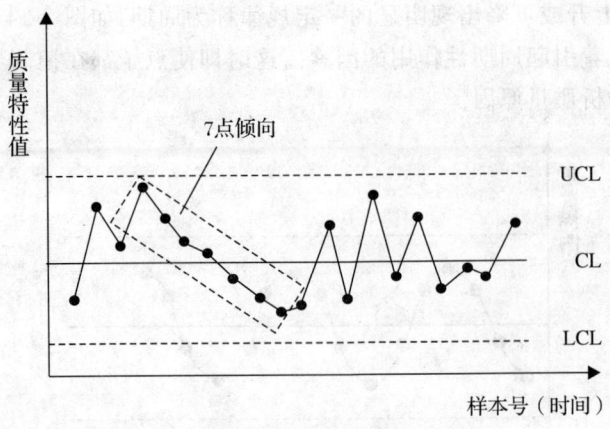

图 7-16 "倾向"的形态

(1) 排列图的绘制步骤

第一,确定分析对象。排列图一般用于分析产品或零件的废品件数、消耗工时及不合格项数等。

第二,确定问题分类的项目。可按废品项目、缺陷项目等分类。

第三,收集与整理数据。列表汇总每个项目发生的频数,并由大到小排列,其中将量值最小的一个或几个项目合并成"其他"项放在最右端。

第四,计算频数、频率、累计频数以及累计频率。

第五,绘制排列图。如图 7-17 所示,排列图由两个纵坐标、一个横坐标、若干直方形以及一条曲线组成。左侧坐标轴表示累计频数,右侧坐标轴表示累计频率,横坐标表示影响产品质量的各类项目,并按其影响质量程度大小(频数)从左到右依次排列。各个直方形底边相等,高度表示对应项目的频数。根据左侧纵坐标的累计频数,将相应的累计频率对应在各直方形的右侧或右侧延长线上打点,最后以原点为起点依次连接上述各点,所得折线称为巴雷特曲线。

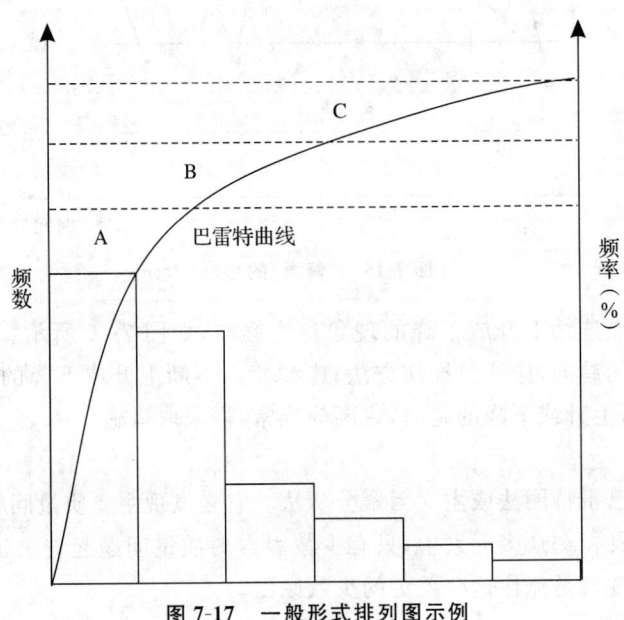

图 7-17 一般形式排列图示例

(2)排列图的观察分析

在排列图上,一般把曲线的累计频率分为三级,与此相应的因素也分为三类。

第一,A类因素,对应的累计频率为0%~80%,是影响产品质量的主要因素(一般为1~2个,最多不超过3个),需要集中力量重点解决。

第二,B类因素,对应的累计频率为80%~90%,是影响产品质量的次要因素。它对产品质量有一定的影响。

第三,C类因素,对应的累计频率为90%~100%,是影响产品质量的一般因素。它对产品质量仅有轻微的影响。

> **知识链接 7-2**
>
> 六西格玛管理法
>
> 六西格玛(6σ)概念于1986年由摩托罗拉公司的比尔·史密斯提出,属于品质管理范畴,西格玛(Σ,σ)是希腊字母,是统计学里的一个单位,表示与平均值的标准偏差,旨在生产过程中降低产品及流程的缺陷次数,防止产品变异,提升品质。因此,6σ管理法是一种统计评估法,核心是追求零缺陷生产,防范产品责任风险,降低成本,提高生产率和市场占有率,提高顾客满意度和忠诚度。6σ管理既着眼于产品、服务质量,又关注过程的改进。
>
> 6西格码模式是一种自上而下的革新方法,它由企业最高管理者领导并驱动,由最高管理层提出改进或革新目标(这个目标与企业发展战略和远景密切相关)、资源和时间框架。六西格玛有一套全面而系统地发现、分析、解决问题的方法和步骤,也就是由界定、度量、分析、改进、控制(DMAIC)构成的改进流程。
>
> 界定:确定需要改进的目标及其进度,企业高层领导确定企业的策略目标,中层营运目标可能是提高制造部门的生产量,项目层的目标可能是减少次品和提高效率。
>
> 测量:以灵活有效的衡量标准测量和权衡现存的系统,收集数据,了解现有质量水平。
>
> 分析:利用统计学工具对整个系统进行分析,找到影响质量的少数几个关键因素。
>
> 改进:运用项目管理和其他管理工具,针对关键因素确立最佳改进方案。
>
> 控制:监控新的系统流程,采取措施以维持改进的结果,以期整个流程充分发挥功效。

4. 因果图

因果图是用于寻找质量问题产生原因,确定因果关系的图表。最早的因果图是日本质量管理专家石川馨教授于1943年首次应用的,故又称石川图。有时因其图形如鱼刺又被称为鱼刺图。因果图法是从产生质量问题的结果出发,首先找出影响质量问题的主要原因(大原因),然后再找影响大原因质量的二级原因,并进一步找出影响二级原因质量的三级原因……依此类推,步步深入直到找出解决问题的途径为止。因果图的绘制步骤一般如下。

第一,确定质量问题。将需要分析的质量问题写在图右侧并用方框框起来,画出主干线(背骨)且箭头指向方框。

第二，确定影响该问题的主要原因（大原因）。通常按 5M1E（人员、设备、材料、方法、测量和环境）来分类，画出大分枝线（大骨），从左向右指向主干，箭线末端标出大原因并用方框框起。

第三，进一步逐项细化中、小、细枝，直至可以具体采取措施为止。其中，在每一个大分枝线旁画平行于主干线的中枝，表示造成各大原因的二级原因；在中枝旁画倾斜的小枝，表示造成二级原因的三级原因，如图 7-18 所示。

第四，在绘制完因果图后，将对质量问题有显著影响的关键因素用特殊方法标记起来，以便有的放矢地制定具体对策，通过列出对策计划表落实解决问题的期限，如图 7-18 所示。

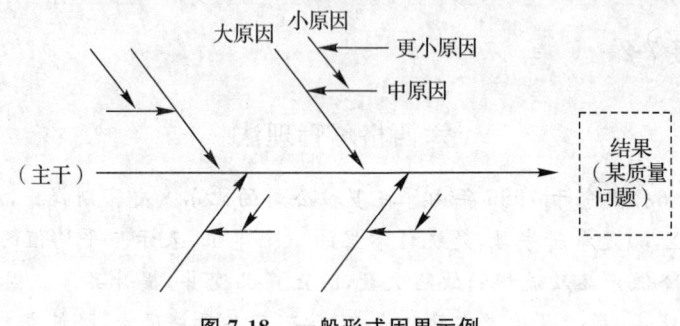

图 7-18 一般形式因果示例

5. 趋势图

趋势图（Run Chart）是指根据过去的结果利用数学方法预测未来结果的一种方法。趋势分析常用于监控质量的实际情况，并预测质量的未来情况。它可以针对项目的实际执行情况，鉴定出有哪些工作存在质量问题，以及还有多少质量问题没有纠正。

6. 散点图

散点图（Scatter Diagram）表示因变量随自变量的变化而变化的大致趋势。它将序列显示为一组点，其值由点在图表中的位置表示，类别由图表中的不同标记表示。通过该工具，质量控制部门可以研究并确定两个变量的变更之间可能存在的潜在关系，将因变量和自变量对应地以圆点表示在图表中，由圆点形成的图形越接近对角线，两者的关系就越紧密。

7. 统计抽样

统计抽样（Statistic Sampling）指选择一定数量的样本进行检验，从中推测整体的情况。例如，从一份包括 500 张设计图样的清单中随机抽取 50 张，来推断这 500 张图样的质量。样本若抽取得合适，可以在一定程度上降低项目质量控制费用。统计抽样包括简单随机抽样、系统抽样、分层抽样和整群抽样等。

8. 现场检查

现场检查是一个较为笼统的称谓，如审查、审计、巡检等，其工作内容包括测量、察看和检测等活动，目的是判断项目的可交付成果是否符合质量标准。

现场检查可以在任何层次上实施，既可以是对单项活动的工作结果进行检查，也可以是对项目的最终产品进行检查。现场检查的领域既可宽泛，也可具体，如缺陷补救审查就是质量控制部门或类似部门所采取的措施，目的在于确保产品缺陷得以补救，并使之与要求或规范相符。

7.4.3 项目质量控制的结果

项目质量控制的结果应体现在质量改进、过程调整、验收决定、返工决定等方面,具体如下:

(1)质量控制状况。质量控制状况是质量控制活动的结果,是按照质量规划中的格式,对质量控制活动结果的书面记录。

(2)确认的变更。任何变更或补救措施都必须进行检验,并在做出决策通知之前决定接受或拒绝这些变更措施,而被拒绝的变更措施可能不需要进一步修改。

(3)确认的可交付成果。质量控制的目标就是要确保可交付成果的正确性。实施质量控制过程的结果是可交付成果得以验证。

(4)更新的组织积累的相关资源。需要更新的组织积累的相关资源包括完成的核对表和经验教训等。首先,如果质量控制活动采用核对表,则完成的核对表应成为项目记录的一部分。其次,质量控制过程中掌握的偏差成因、采取纠正措施的理由和依据,以及其他各种经验教训都应以文档形式保存下来,使之成为项目和项目组织历史数据库的一部分。

(5)变更请求。根据推荐的纠正措施或预防措施,需要对项目进行变更,则应按照既定的整体变更控制过程启动变更请求。

(6)更新的项目管理计划。对项目管理计划进行更新,有助于反映实施质量控制过程产生的质量管理计划变更。申请的项目管理计划及其从属计划的变更需要通过整体变更控制过程进行审查和处理。

(7)更新的项目文档。需要更新的项目文档包括组织积累的相关资源的有关文档、变更请求、项目管理计划等。

本章提要

项目质量管理是指项目实施组织为了满足项目所应当满足的要求而确定质量方针、目标和责任的所有活动。项目质量管理的过程包括项目质量规划、项目质量保证和项目质量控制活动。

项目质量规划是指为实现项目的目标而对项目质量管理进行规划,包括制定项目质量的目标、确定拟采用质量体系的目标及其所要求的活动。编制项目质量规划的常见工具和方法主要有费用收益分析、质量费用分析、质量标杆法、流程图法和实验设计法。

项目质量保证是为了保证项目质量计划的顺利实施,对项目质量计划的执行情况进行经常性的评估、核查和改进的过程,使项目质量能够满足客户的要求。项目质量保证工作是一种具有事前性和预防性的质量管理工作。

项目质量控制是为了使项目的产品质量符合要求,在项目的实施过程中,对项目质量的实际情况进行监督,判断其是否符合相关的质量标准,并分析产生质量问题的原因,从而制定出相应的措施,确保项目质量得以持续不断地改进。项目质量控制的工具和方法主要有直方图、控制图、排列图、因果分析图、流程图、趋势图、散点图、统计抽样和现场检查等。

关键概念

- 项目质量管理(project quality management)

- 项目质量规划(project quality planning)
- 项目质量保证(project quality assurance)
- 项目质量控制(project quality control)
- 质量费用分析(cost of quality)
- 质量标杆法(benchmarking)
- 流程图(flow charting)
- 实验设计法(design of experiments,DOE)
- 质量核检表(quality check lists)
- 过程方法(process approach)
- 项目质量管理体系(project quality management system)
- 直方图(histogram)
- 控制图(control chart)
- 排列图(pareto diagram)
- 因果分析图(causality diagram)

思考习题

1. 一个项目团队如何判断他们是否成功地完成项目——交付一个质量合格的产品?
2. 项目质量规划的主要内容有哪些?
3. 结合具体项目说明其生命周期内的主要质量保证工作有哪些?
4. 建立质量管理体系的流程是什么?结合具体实例说明其质量管理体系是如何建立的。
5. 如何绘制控制图?控制图判断出异常的准则有哪些?
6. 排列图中提到的 A、B、C 三类因素指的是什么?这样分类有何意义?
7. 列举通过项目质量的成本收益分析而改进项目质量的例子。

案例分析

青藏铁路工程质量管理

一、青藏铁路工程概况

修建青藏铁路是中国政府在进入新世纪之际做出的重大战略决策,是国家"十五"四大标志性工程之一,是西部大开发的重点工程之首。

青藏铁路北起青海省西宁市,南至西藏自治区拉萨市,全长 1 956 km,其中西宁至格尔木约 846 km 已于 1984 年建成。青藏铁路 2 期工程格尔木至拉萨,全长 1 142 km,从青海省西部重镇格尔木市火车站引出,过南山口后,经青藏高原腹地,途经纳赤台、五道梁、沱河、雁石坪、翻越唐古拉山进入西藏自治区,再经过安多、那曲、当雄、羊八井至拉萨市。线路走向与青藏公路基本平行,经过海拔 4 000 m 以上地段 960 km,翻越唐古拉山山路段海拔最高达 5 072 m,其中桥梁隧道总长约占线路总长的 8%,经过多年连续冻土地段 550 km,经过九度地震烈度区 216 km。

青藏铁路总工期为 6 年,设计输送能力为每天 8 对客车。新线于 2001 年 6 月 29 日开工,2002年开始从南山口向南铺轨,2004年在安多同时向南北两个方向铺轨,2005年铺轨通过唐古拉山并提前实现全线铺通,2006年7月1正式运营。青藏铁路是当今世界海拔最高、最长的高原铁路。

青藏铁路自开工以来,各现场参建单位牢固树立"百年大计、质量第一"思想,始终将工程质量控制放在首位,紧紧围绕建设世界一流高原铁路的总目标,坚持高起点、高标准、高质量,千方百计确保工程坚固可靠,经得起运营考验,经得起历史检验,努力把青藏铁路建设成为优质工程、精品工程和示范工程。

经有关质检部门进行现场检查,青藏铁路格拉段路基、桥涵、隧道、轨道、房建、电力等工程质量始终处于可控状态,在青藏铁路建设中,共创造了385项优质样板工程,质量合格率为100%,优良率为91%。全线开通运营前,铁道部组织验收表明,工程合格率符合验收标准要求。全线路基、桥涵、隧道等建筑物结构稳定,各项设备状态正常。列车运行速度达到设计速冻土地段100 km/h,非冻土地段120 km/h,青藏铁路工程质量达到了世界高原冻土铁路一流水平。

二、青藏铁路建设目标管理体系

青藏铁路建设目标管理体系如图7-19所示。

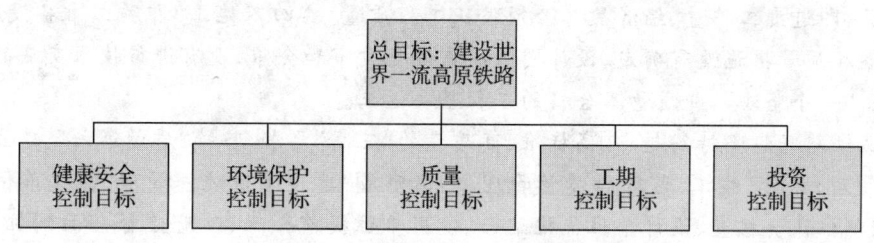

图7-19 青藏铁路建设目标管理体系

三、以责任制为核心的工程质量管理

青藏铁路建设坚持"百年大计、质量第一"方针,建立严密的工程质量管理组织机构,制定完善的质量管理规章制度,构成以责任制为核心的工程质量管理体系。

四、青藏铁路质量管理主要文件

青藏铁路建设总指挥部颁布实施了《青藏铁路建设管理办法》,明确了青藏铁路建设工程质量创优各方、各层次的责任,制定了工程创优质样板工程评比办法、工程质量奖惩办法。各参建单位制定了创优规划,建立健全质量保证体系,将目标责任分解到人,做到权责分明,制度严明。

五、质量监督管理的组织结构

为探索公益性铁路工程项目管理新路子,青藏铁路工程项目实行法人责任制,为建设好、管好、用好青藏铁路创造了有利条件,铁道部报请国务院批准成立青藏铁路公司,既管建又管运营,是有别于股份公司或有限责任公司的国有独资企业。青藏铁路公司在格尔木设立了建设总指挥部,由青藏铁路公司主要领导担任总指挥部指挥长,全面实施项目建设管理。

青藏铁路在质量管理体制上,建立了项目法人统一管理、施工一单位严格自控、监理单位认真核查、设计单位优化配套、政府监督全面到位、使用单位提前介入的运转模式;推行了设计咨询、现场优化设计和桥桩基第三方无损检测制度;实施第三方评估制度。

国务院和铁道部分别成立监督领导小组,并通过各个环节的质量监督站的管理和监督来管理铁路建设质量。青海、西藏两省(自治区)成立支援进藏铁路建设领导小组,2002年9月3日成立了青藏铁路公司,履行建设和运营管理职能。

六、质量监督管理的实施

青藏铁路工程建设质量监督由铁道部工程质量监督总站青藏铁路监督站负责。质量监督站设有监督处、协调控制处、质量监督问题处理处、质量监督站切实履行政府监督职能,对参建单位资质和质量行为实施全面监督,有计划有目的地监管工程质量,并针对具体的项目质量问题进行监督和处理。质量监督站人员进行定时和不定时的检查监督,对重点工程和竣工项目进行抽查。铁道部有关部门认真开展执法监察,对存在的质量问题及时提出整改要求,使工程质量始终处于受控状态。

青藏铁路工程建设严格执行技术标准,严格质量内部自控,严格质量监管理,推行了责任监理工程师和专职巡视监理工程师制度,试行旁站监督管理、施工单位签认、总指挥部定期检查制度。在全路首次引入路基、桥隧工程质量评估制度,委托铁路科技院在铺轨前对路基、桥隧工程质量进行全面评估,评估通过才能进行铺架作业。

为了保证质量,各施工单位还普遍制定了施工"三服从、四不施工、一个坚决"的制度。"三服从",即进度工作量、经济核算必须服从工程质量。"四不施工"即施工准备没有完成、施工方案和质量措施没有确定、设计图纸没有进行自审和会审、没有进行技术交底的工程不准施工。"一个坚决",即质量不合格的工程坚决返工。

青藏铁路始终坚持高起点、高标准、高质量的"三高"要求,坚持"质量第一",建立和强化了建设管理、设计、施工、监理的质量管理体系,形成"建设单位统一管理、施工单位严格自控、监理单位认真核查、设计单位优化配合、使用单位提前介入、政府监督全面到位"的管理模式,工程质量普遍较好。

问题:

青藏铁路工程都是举世瞩目的宏伟工程,请根据上述案例并查阅相关文献资料,对该工程质量管理的特点和经验进行分析,并探讨对未来大型工程建设项目质量管理的借鉴和启发。

M公司项目质量管理的方法

M公司是一家国际知名的计算机软件公司,该公司利用项目过程质量管理方法解决了许多公司经理都曾经遇到过的问题,即如何使一个项目经理工作组就目标达成共识并有效地完成一个复杂项目。在企业内部团队活动日益增多的情况下,这种方法无疑可以帮助项目小组确定工作目标,统一意见并制定具体计划,而且可以使项目小组所有成员统一目标,将精力集中于对公司或项目小组有重要意义的工作上。当然,这种方法也可以为面临困难任务、缺乏共识或在主次工作确定及方向上有分歧的项目工作组提供解决疑难的方法和动力。

M公司的过程质量管理的基础是一个为期两天的会议,所有项目小组成员都在会议上参与确定项目任务及主次分配。具体的步骤如下。

(1)建立一个工作小组。项目小组应至少由与项目有关的12人组成。该组成员可包括副总裁、部门经理及其手下高层经理,也可包括与项目有关的其他人员。工作小组的组长负责挑选组员,并确定一个讨论会主持人。主持人应该保持中立,他的立场不受讨论结果的影响。

(2)召集会议。每一个组员以及会议主持人必须到会,但非核心成员或旁听者不允许参加。最好避免在办公室开会,以免被他人打扰。

(3)编写任务说明书。写一份清楚、简洁且能够征得每个人同意的任务说明。如果工作小组仅有"为欧洲市场制定经营战略计划"这样的开放性指示,撰写任务说明就比较困难。如果指示具体一些,如"在所有车间引进JIT存货控制",那么撰写任务说明就较简单,但仍需小组事先讨论;而在会议中,应由会议主持人而不是由组长来掌握进程。

(4)采用头脑风暴法进行讨论。组员将所有可能影响工作小组完成任务的因素列出来,主持人将所提到的因素分别用一个重点词记录下来。每个人都要贡献自己的想法,在讨论过程中不允许批评和争论。

(5)找出重要成功因素。这些因素是小组要完成的具体任务。主持人将每一项记录下来,列成重要因素表。列表时有四个要求:每一项都得到所有组员的赞同;每一项确实是完成项目工作小组任务所需的;所有因素集中起来,足以完成该项任务;表中每一项因素都是独立的。

(6)为每一个重要因素确定业务活动过程。针对每一个重要成功因素,列出实现它所需的业务活动过程并求出总数,然后用下列标准评估现阶段执行每一业务活动过程的情况:a=优秀;b=好;c=一般;d=差;e=尚未执行。

(7)填写优先工作图。先将业务活动过程按重要性排序,再按其目前在本企业的执行情况排列。以执行情况(质量)为横轴,以优先程度(以每一业务活动相关的重要成功因素的数目为标准,涉及的数目越多,越优先)为纵轴,在优先工作图上标出各业务活动过程,然后在图上画出第一、二、三位优先区域。

(8)后续工作。工作小组会议制定了业务过程,并列出了要优先进行的工作,组长则应做好后续工作,检查组员是否改进了分配给他的业务过程,看企业或其工作环境中的变化是否要求再召开项目过程质量管理会议来修改任务、重要成功因素或业务活动过程表的内容。

事实上,M公司的项目过程质量管理可以应用于项目管理的很多方面,尤其是近年来,项目过程管理成为许多优秀企业改进绩效、不断进步的重要改革举措,它使项目管理更具有系统性和全局性。在这样的环境变化驱使下,M公司的项目过程质量管理的确具有重要的指导意义和实用价值。

问题:
1. 分析M公司的项目质量管理方法中包含哪些现代项目质量管理的核心思想。
2. 指出M公司的项目质量管理方法中运用了项目质量管理中的哪些工具,并具体说明。

参考文献

[1]骆珣.项目管理教程[M].北京:机械工业出版社,2010.

[2]张涑贤,乔宏.项目质量管理[M].北京:化学工业出版社,2009.

[3]张立友,汪晓,金林.项目管理实战剖析与PMP攻略[M].北京:机械工业出版社,2007.

[4]张卓.项目管理[M].北京:科学出版社,2007.

[5]戚安邦.项目管理学[M].北京:科学出版社.2012.

[6]赵振宇.项目管理案例分析[M].北京:北京大学出版社,2013.

第8章
项目风险管理

本章学习要点:

1. 理解项目风险管理的概念;

2. 掌握项目风险管理的四个阶段:项目风险识别、项目风险评估、项目风险应对以及控制的方法;

3. 了解各阶段中所涉及的内容及方法,学会应用。

项目管理

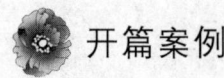

三峡工程项目投资风险

1994年12月14日,当今世界第一大水电工程——三峡大坝工程正式动工,它位于西陵峡中段的湖北省宜昌市境内的三斗坪,距下游葛洲坝水利枢纽工程38公里。三峡大坝工程包括主体建筑物工程及导流工程两部分,工程总投资为954.6亿元人民币(按1993年5月末价格计算),其中枢纽工程500.9亿元,113万移民的安置费300.7亿元,输变电工程153亿元。工程施工总工期1993—2009年共17年,分三期进行,到2009年工程全部完工。大坝为混凝土重力坝,坝顶总长3 035米,坝顶高程185米,正常蓄水位175米,总库容393亿立方米,其中防洪库容221.5亿立方米,能够抵御百年一遇的特大洪水。配有26台发电机的两个电站年均发电量849亿度。航运能力将从原有的1 000万吨提高到5 000万吨,万吨级船队可直达重庆,同时运输成本也将降低35%。

三峡大坝建成后,将会形成长达600公里的巨型水库,成为世界罕见的新景观。三峡大坝采取分期蓄水。1997年11月8日大江截流后,水位提高到10~75米,三峡一切景观不受影响;2003年6月,第二期工程结束后,水位提高到135米,三峡旅游景区除张飞庙被淹将搬迁外,其余景区基本保存;2006年,长江水位提高到156米,仅屈原祠的山门被淹而将重建;2009年,整个三峡工程竣工后,水位提高到175米,有少数石刻将搬迁,石宝寨的山门被淹1.5米,随着沿江山脉间人造湖泊的形成和通航条件的改善,原分散在三峡周围的许多景点将更容易到达,如小三峡、神农溪等千姿百态的仙境画廊。

三峡大坝设计成由多个功能模块组成,从左至右(面向下游)依次为永久船闸、升船机、泄沙通道(临时船闸)、左岸大坝及电站、泄洪坝段、右岸大坝及电站、山体地下电站等。大坝的永久船闸为双线五级船闸,建于坛子岭背对长江的一侧,年通过能力5 000万吨。

三峡水电站的机组布置在大坝的后侧,共安装32台70万千瓦水轮发电机组,其中左岸14台,右岸12台,地下6台,另外还有2台5万千瓦的电源机组,总装机容量2 250万千瓦,远远超过位居世界第二的巴西伊泰普水电站。

事物总是一分为二的,如此之大的水利工程项目,必将对我国的经济建设起到巨大的推动作用,但也存在若干投资风险。

8.1 项目风险和项目风险管理

8.1.1 风险

1. 风险的含义

风险一词由英文 risk 翻译而来,字典中的解释是"损失或伤害的可能性",通常人们对风险的理解是"可能发生的问题"。一般而言,风险的基本含义是损失的不能确定性。但是,由于人们理解的不同,对风险还未形成一个适用于各个领域的统一、公认的定义。目前,关于风险的定义,比较典型的主要有如下几种。

以研究风险问题著称的美国学者 A. H. 威雷特认为:"风险是关于不愿发生的不确定性之客观体现。"

美国经济学家 F. H. 奈特认为:"风险是可测定的不确定性。"

日本学家武井勋认为:"风险是在特定环境中和特定期间内自然存在的导致经济实施的变化。"

中国台湾地区学者郭明哲认为:"风险是指决策面临的状态为不确定性产生的结果。"

美国人韦氏(Webster)认为:"风险是遭受损失的一种可能性。"

还有学者认为:风险是有害后果发生的可能性,是对潜在的、未来可能发生损害的一种量度;风险是在一定的时间和空间、在冒险和弱点交互过程中产生的一种预期损失;风险是一个统计概念,用于描述在给定的时间和空间中消极事件和状态影响人或事件的可能性等。

从上述的定义我们可以看出,风险一词有两方面的含义:一是指风险意味着出现了损失,或者未实现预期的目标;二是指这种损失出现与否是一种不确定性随机现象。因此,有一些专家试图从风险要素的交互角度去解释风险的本质,以下列出较具代表性的两种。

(1)美国人 Chicken 和 Posner 在 1998 年提出,风险应是伤害(hazard)和伤害暴露度(exposure)两种因素的综合,并给出了表达式:

$$R = HE$$

式中,R 为风险;H 为伤害;E 为伤害暴露度,它内含了风险发生的频率和可能性。

(2)我国杜端甫教授认为,风险是指损失发生的不确定性,是人们因对未来行为的决策及客观条件的不确定性而可能引起的后果与预定目标发生多种负偏离的综合,并给出如下数学公式:

$$R = f(P, C)$$

式中,R 为风险;P 为不利事件发生的概率;C 为不利事件发生的后果。

要更加全面地理解风险的含义还需要进一步考虑以下问题:风险与人们的决策相关;客观条件的变化是风险的重要成因;风险是指可能的后果与目标发生的负偏离;风险虽然强调负偏离,实际中也存在正偏离。

2. 风险的特征

风险是普遍存在的现象,它具有客观性、可转化性、相对性、阶段性和风险与收益对称性的特征。

(1)风险的客观性。风险是客观存在的,不以人的意志为转移。只要决定项目风险的因素存在,那么无论项目主体是否能够意识到风险的存在,风险在一定情况下都将发生。因此,要减少和避免风险,就必须及时发现可能导致风险的因素,并对其进行有效管理。此外,由于产生风险的因素多种多样,而且很多因素本身就存在很大的不确定性,要完全消除或者有效控制风险也是不可能。

(2)风险的可转化性。项目本身或者环境发生变化,项目的风险也会随着转化。风险可转化性一般包括风险性质的转化、风险后果的转化和新风险的出现。例如,企业在生产经营管理中面临的市场就是一种处在不断变化过程中的风险,当市场容量、消费者偏好、产品结构等重要因素发生变化时,风险的性质和程度就会发生转化。

(3)风险的相对性。风险是相对不同的风险管理主体而言的,风险管理主体承受风险的能力、项目的期望收益、投入资源的大小等都会对项目风险的大小和后果产生影响。风险和任何其他事物一样也是矛盾的统一体,一定条件会引起风险的变化,风险的性质、后果等都存在可变性。例如,随着科学技术的发展,可以通过气象预报将因天气引起的风险进行较为准确的预测和评估。

(4)风险的阶段性。风险可以分为以下3个阶段。

①风险潜在阶段——这一阶段的潜在风险对项目是没有危害的,但是如果放任其发展,它就会逐步成为现实的风险。

②风险发生阶段——此时风险已经发生,但是尚未对项目产生后果,如果不及时采取措施加以处理,它就会给项目带来危害。

③造成后果阶段——这一阶段的风险对项目已经造成了影响,而且其后果无法挽回,此时只能采取措施尽量减少它对项目的危害。

(5)风险与收益对称性。对于风险主体来说,风险和收益是对等的,即收益是以一定的风险为代价的。项目利益关系人为了获得一定的收益就要承担相应的风险。

8.1.2 项目风险

1. 项目风险的含义

由于项目的不确定性要比其他一些社会经济活动(如运作)大很多,使得项目风险的识别和管理更加迫切。

项目风险是指由于项目所处环境和条件的不确定性,以及项目利益关系人受到主观上不能确定预见或控制的因素影响,使项目的最终结果与项目利益关系人的期望产生背离,并存在给项目利益关系人带来损失的可能性。

由风险的定义我们可以看出,由于利益关系人对事物的有关因素和未来情况缺乏足够的、准确的信息,因此,导致了风险的存在。一般来说,人们对事物的认识是基于三种状态:拥有完备信息的状态;拥有不完备信息的状态;完全没有信息的状态。拥有完备性信息的状态是指人们能够确切知道某事件发生或者不发生,并且还能够确定由此而产生怎样后果的一种状态;拥有不完备信息的状态是指人们只知道某事件在一定条件下发生的概率及各种后果的一种状态;完全没有信息的状态是指人们对某事件发生的条件、概率和可能造成的后果都无法知道的一种状态。

在项目实施的过程中,确定性、风险性和完全不确定性事件都存在,而且项目的复杂性和人们认识风险的能力也会影响三种事件的比例。在这三种事件中,风险性事件和完全不确定性事件是项目风险产生的根源。

2. 项目风险产生的原因

项目风险是由于项目中存在不确定性事件造成的,而不确定性事件是由于信息的不完备性造成的,即由于人们无法充分认识一个项目未来的发展和变化而造成的。

项目风险产生的原因是由于信息的不完备性,那么我们是否可以通过努力规避所有风险呢?实践证明人们并不能通过主观努力将风险完全消除。其原因如下:

(1)人们认识能力的有限性。任何事物都拥有各自的属性,人们是通过各种数据和信息对这些属性加以描述的,对项目也不例外。透过各种描述性的数据和信息,人们可以了解项目、认识项目并预见项目的未来发展和变化。但是由于人们认识事物的深度与广度的局限性,导致对某些事物的属性人们无法充分认识。从信息科学的角度来说,人们对事物认识的这种局限性,是由于人们获取数据和信息能力的有限性与客观事物发展变化的无限性之间的矛盾所致;从现象上来说,是由于人们对该事物拥有的信息不完备所造成的。同样,人们对项目的认识也存在着认识能力上的局限性,并由此造成了不能确切预见项目未来的状况,从而形成了项目风险。

(2)信息的滞后性。信息科学理论指出,信息的滞后性客观规律即信息的不完备性是绝对的,而信息的完备性是相对的。前已述及,世间所有事物的属性都是通过数据和信息来描述的,但是人们只有在事物发生以后才能够获得有关的真实数据,而且对数据必须进行加工处理才能产生有用的信息,所以有关事物的信息总是在该事物发生以后,经过加工才能产生。因此,由于数据加工处理需要一定的时间,从而使得信息滞后。从这个意义上说,完全确定性的事件是不存在的,对项目而言更是如此。这种信息的滞后性是造成信息不完备性的根本原因之一,是造成项目风险的根本原因。

3. 项目风险的分类

对项目风险进行分类是为了更加深入、全面地认识项目风险,以便采取不同的风险管理策略,有针对性地对它进行管理。按照不同的分类标准,对风险可以做不同的分类。

(1)按项目风险的影响范围分类,将其分为总体风险和局部风险。总体风险是指那些存在于群体行为中的,其结果产生的影响范围涉及整个群体的风险;局部风险是指那些仅与某个特定个人行为相关的,其结果产生的影响范围也仅涉及有关特定个人的风险。局部风险相对于总体风险而言,其影响范围要小许多。

(2)按项目风险的后果分类。将其分为纯粹风险和投机风险。纯粹风险是指那些只能带来损失的风险,它往往由于外部的不确定因素引起,如战乱、自然灾害、连带责任等。纯粹风险只有"造成损失"和"不造成损失"两种可能的后果,它总是和不幸、损失、威胁等联系在一起。投机风险是指那些既能带来损失又能带来利益的风险,如市场状况的变化、天气情况的变化等。投机风险有"造成损失"、"不造成损失"和"获得利益"三种可能的后果。在一定条件下,纯粹风险和投机风险可以相互转化,我们应尽量避免投机风险转化为纯粹风险。

> **案例链接**
>
> ### 物价波动导致施工企业亏损
>
> M建筑公司承担了某医院住院楼项目。在投标过程中施工部门没有代表参与,销售部门为了拿到合同采取了低价策略,在工程报价和支付条件等方面没有认真评估就签订了承包合同。施工过程中原材料价格变化很大,尤其是钢材大幅度涨价,造成工程成本超支,医院不予认可,全部由企业承担。医院要求垫资施工,由于工程量较大,垫资额也很高,项目部借款1 000万元作为流动资金,加大了项目成本。尽管项目部配备了较强的管理人员队伍,采取了一系列补救措施,竣工时依然亏损。

(3)按项目风险的来源分类。将其分为自然风险和人为风险。自然风险是指由于自然的作用,造成人员伤亡或财产毁损的风险,如洪水、地震、火灾等造成的损害。人为风险是指由于人们的活动所带来的风险,它可进一步细分为行为风险、经济风险、技术风险、政治风险和组织风险等。

> **案例链接**
>
> ### 政局风云变幻,苏丹石油项目蒙上阴影
>
> 2011年2月7日,南部苏丹全民公投的结果公布,南部390万选民中98.83%投票支持与信奉伊斯兰教的北部地区分离。在经历了长达50年时断时续的内战之后,南苏丹于7月9日宣布独立。
>
> 这个事件让外资石油公司忐忑不安。苏丹石油产量主要集中于南部(约占70%),而石油炼化和出口基础设施却建在北方。根据2005年苏丹内战双方签署的《全面和平协议》,石油收益由南北政府五五分账。但南部苏丹多次抱怨分得太少,认为产油量很少的北方拿走了原本属于南部苏丹的石油财富。南苏丹独立意味着外资石油公司将不得不同苏丹南、北政府分别重签协议。这些石油公司的上中下游资产将被一条国界分拆至两个国家,利益纠纷几乎不可避免。
>
> 中石油目前在苏丹拥有1/2/4区块、3/7区块、6区块、15区块四个上游投资项目,还参与投资建设了喀土穆炼油厂、喀土穆石油化工厂、石化贸易三个下游项目,以及1/2/4区块、3/7区块和6区块的原油外输管道。中国石油公司目前拥有苏丹石油业约40%的权益,苏丹开采的约60%的石油售往中国。中石油在苏丹拥有其海外最大、最完整的石油产业链,覆盖上中下游及其相关港口设施,几个石油区块都位于边界线附近。
>
> 同中石油一样,外资石油公司都希望原有合约能继续生效。但他们也明白,摆在面前的将不是单纯的商业谈判,更涉及南北苏丹政府之间的利益分配,未来谈判将受到很

多因素影响,包括边界如何划定,油气资源和水资源如何分家,由谁代表各自国家石油公司的主体,南苏丹是否建设自己的输油管道,石油债务如何分担,税收体系如何改革等。

另一需要担心的因素是,南苏丹独立后,中国在苏丹的石油利益将面临来自美国、欧洲及其他亚洲国家的挑战。美国作为南苏丹独立的最大支持者,很可能大举重返。而欧洲石油公司、服务公司和二级承包商之前就没有全面撤出苏丹,其重返步伐甚至可能快于美国。印度、马来西亚、新加坡等国均已在南苏丹油田中持股,而日本正与南苏丹就修建输油管道展开谈判。是否参与这条南部输油管道的修建,对中国石油公司也是难题,如果不参加,这条管道建成后,中国在北苏丹石油工业设施的作用将大大下降;如果参加,不仅投资回报率有待论证,还很可能招致北苏丹政府的不满。

资料来源:《中石油海外最大油田面临威胁,欧美觊觎苏丹资源》,http://www.cfi.net.cn/p20110307000295.html

(4)按项目风险的预警特性分类。将其分为无预警信息风险和有预警信息风险。无预警信息风险是指没有任何预警信息而突然爆发的风险,人们很难对这类风险进行事前控制,因为人们很难提前识别这种项目风险,所以只能在这种风险发生时采取急救措施来控制和减少其产生的危害。例如,某些人力不可抗拒和人们尚未认识的风险。有预警信息风险是指风险的发生存在一定的渐进性和阶段性。风险的渐进性是指项目风险并不是突然爆发的,而是随着环境、条件变化和自身固定有的规律逐渐发生、发展而形成的。风险的阶段性是指风险的发展是分阶段的,不是一步发展完成的。

4. 项目风险的归属分析

为了更好地界定项目风险的范畴,对其实施有针对性的管理,故对项目风险做如下归属分析。

(1)按照风险的影响范围,项目风险归属于总体风险。通常,一定时间内的项目活动是由相关群体从事的集体行为,其所产生的后果也是由这些与项目有关的人员所组成的集体承担的,所以说,项目风险属于总体风险的范畴。在项目风险管理中,我们要特别关注总体风险。

(2)按照风险的后果,项目风险归属于纯粹风险。项目中的风险大部分都是纯粹风险,它是相对于投机风险来说的,也是项目风险管理的主要对象。

(3)按照风险的来源,项目风险归属于经济风险、组织风险和技术风险。但是项目风险中不只包括经济、组织和技术因素等引发的风险。

(4)按照风险的预警性,项目风险归属于有预警信息风险。在项目中虽然在存在一些无预警信息的风险,但是在项目管理中我们关注的主要是那些有预警信息的风险。要尽量使无预警信息的风险转为有预警信息的风险,这要求一方面提高风险的预测的准确性,另一方面提高风险主体的管理水平。

8.1.3 项目风险管理

1. 项目风险管理的含义

不同的组织和专家对项目风险管理有不同的认识。

美国国防部认为,风险管理是指应付风险的行动或实际做法,包括制定风险问题规划、评估风险、拟定风险处理备选方案、监控风险变化情况和记录所有风险管理情况。

根据美国项目管理协会的报告,风险管理有如下三种表述:第一种表述认为,项目风险管理是系统识别和评估风险因素的形式化过程;第二种表述认为,项目风险管理是识别和控制能够引起不希望的变化的潜在领域和事件的形式、系统的方法;第三种表述认为,项目风险管理是在项目期间识别、分析风险因素,采取必要对策的决策科学和决策艺术的结合。

综上所述,项目风险管理是指通过风险识别、风险分析和风险评估去认识项目的风险,并以此为基础合理地使用各种风险应对措施、管理方法、技术和手段,对项目风险实行有效的应对和监控,妥善处理风险发生的不利后果,以最低的成本实现项目总体目标的实践活动的总称。

项目风险管理的目标是控制和处理项目风险,防止和减少或消除风险的不利影响,以最低成本取得项目安全保障的满意结果,保障项目的顺利进行。通常可将项目风险管理的目标分成两部分:一是损失发生前的目标,二是损失发生后的目标。两者共同构成了项目风险管理的系统目标。

2. 项目风险管理的基本原则

(1)经济性原则。风险管理要考虑成本因素,要以管理的总成本最低为目标,即要考虑风险管理的经济性。经济性原则要求项目管理人员以经济、合理的处理方法将控制风险损失的费用降到最低,对各种费用进行科学、合理的分析和核算。

(2)"二战"原则。"二战"即战略和战术,此原则的含义是,在进行项目风险管理时要遵循战略上蔑视、战术上重视的原则。由于对风险的恐惧,特别是对于一些风险较大的项目,在风险发生之前,往往会造成人们心理和精神上的紧张不安。这种忧虑心理不仅会严重影响工作效率,而且会极大地打击人们的积极性。这时风险管理部门应通过有效的风险管理,让大家确信项目虽然具有一定的风险,但管理部门已做出了妥善的安排和处理。这就是战略上蔑视的原则。而作为项目的风险管理部门,则要认真对待每一个风险因素,杜绝松懈麻痹,即坚持战术上重视原则。

(3)满意原则。无论在项目中投入多少人力、物力和财力,项目的不确定性是绝对的,而确定性却是相对的。所以,在项目风险管理的过程中,不能要求完全的确定性,要允许一定的不确定性存在,也就是说只要能达到一定的满意程度即可。

(4)社会性原则。在制定项目风险管理计划和实施项目风险管理措施时,必须考虑周围环境及与项目相关的一切单位、个人等对该项目风险影响的要求;同时,还要使项目风险管理的每一个步骤符合相关的法律、法规。

3. 项目风险管理的内容

项目风险管理并不是一个孤立的分配给风险管理部门的项目活动,而是项目管理活动的一个部分,其目的是要保证项目总目标的实现,更侧重于方法和过程的结合。

风险管理与项目管理的关系可以从如下几个角度来看。

(1)从项目的进度、质量和成本目标来看,风险管理和项目管理的目标是一致的,即通过风险管理来降低项目进度、质量和成本方面的风险,实现项目管理目标。

(2)从项目范围管理来看,一方面可以界定项目范围,将项目的任务细分为更具体和更便于管理的部分,避免遗漏而产生风险;另一方面可以通过对项目范围变动的控制,识别和评价项目进行过程中由变更带来的某些新的不确定性,从而向项目范围提出任务。

(3)从项目计划的职能来看,风险管理为项目计划的制定提供依据。这是因为项目计划主要考虑未来的情况,而未来必然存在着不确定的因素。风险管理的职能之一就是减少项目整个过程中的不确定性,促进计划的准确执行。

(4)从项目沟通控制的职能来看,项目沟通控制主要对沟通体系进行监督,特别要注意经常出现误解和矛盾的职能和组织的接口,这些可为风险管理提供信息,反过来,风险管理中的信息又可以通过沟通体系传达给相应的部门和人员。

(5)从项目实施过程来看,很多风险都在项目实施过程中由潜在变为现实。风险管理就是要在风险分析的基础上,拟定出具体应对措施,以消除、缓和转移风险,利用有利机会避免产生新的风险。

8.2 项目风险管理规划

8.2.1 项目风险管理规划概述

1. 项目风险管理规划的含义

管理规划是一项非常重要的管理职能,一个组织的所有活动均需要事先进行管理规划,通过评估管理规划工作质量的高低,可以评价一个组织的管理水平。

根据美国国防部的描述,风险管理规划是指确定一套全面、有机配合、协调一致的策略和方法,并将其形成文件的过程,是进行项目风险管理的第一步。在这套规划中,制定计划的工作过程就是项目风险管理活动的过程,具体包括定义项目及成员风险管理的行动方案、方式,选择合适的风险管理方法,确定风险判断的依据等。

通过项目风险管理规划可以辨别和跟踪风险区,拟定风险应对方案,持续进行风险评估,从而掌握风险变化的情况并为其配置充足的资源。项目风险管理规划是整个项目风险管理战略性生命周期的指导性纲领。进行项目风险管理规划时,应考虑的影响因素有项目图表、风险管理策略、定义角色和职责、业主的风险容忍度、风险管理模板和工作分解结构,由此引出的风险管理规划阶段要考虑的主要问题有两个方面。

(1)项目风险管理是否正确、可行;

(2)在项目风险管理中实施的策略和手段是否符合总目标的要求。

2. 项目风险管理规划的目的

项目风险规划是一个迭代过程,主要对项目风险的各种活动进行评估、监控和记录,通过制定风险规划,可以实现以下目的。

(1)尽可能及早消除风险;

(2)隔离风险并尽量降低其影响;

(3)指定若干应对风险的备选行动方案;

(4)为不可避免的风险及早建立时间和经费储备。

简言之,项目风险规划是明确有组织、有目的风险管理思路和途径,以预防、减轻、遏制或消除不良情况的发生,避免对项目产生不利的影响。

8.2.2 项目风险管理规划的流程

项目风险管理规划是一个系统的活动过程,主要是将按优先级排列的风险列表转变为风险应对计划所需任务的活动。一般来说,项目风险管理规划的流程如图 8-1 所示。

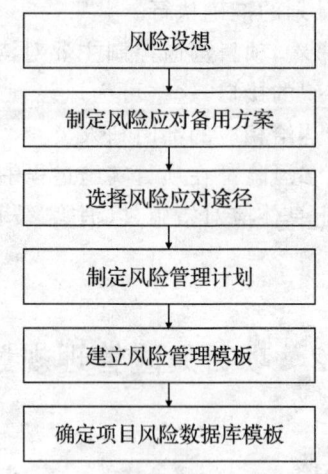

图 8-1 项目风险管理规划的流程图

1. 风险设想

风险设想是指对项目中可能导致风险发生的事件所进行的假设和考虑。在风险设想时,应考虑所有对项目成功有关键影响的风险事件,一般包括以下三个步骤:第一步是假设风险时间已经发生,考虑应该如何应对风险;第二步是考虑应该如何防范风险;最后一步是列举风险事件不会发生的情况。

2. 制定风险应对备用方案

风险应对备用方案是指制定的用于应对风险的各种备选方案。一般用接受、避免、保护、减少、研究、储备和转移的风险应对策略来制定风险应对的备用方案。

3. 选择风险应对途径

风险应对途径缩小了方案的选择范围,几种风险应对策略可以结合为一条综合途径,从而将精力集中在应对风险的最佳备选方案上。

4. 制定风险管理计划

风险管理计划将风险应对途径、风险应对所需的资源和批准风险应对方案的权力编写为文档,详细说明了所选择的风险应对途径。风险管理计划一般应包含下列因素:批准授权、负责人、所需资源、开始日期、活动、预计结束日期、采取的行动、取得的结果。

5. 建立风险管理模板

在项目实施的初期,风险评估倾向于识别那些至关紧要的风险,由于这些风险一般并不会立即发生,在项目风险管理计划中比较容易被忽视,在问题跟踪中也容易被遗忘,但是可能出现无法补救的后果。为了避免这种情况的出现,可使用以定量目标和阈值为基础的触发器以做到尽早警告。风险管理模板就是一种很好的风险触发器。为了使风险管理标准化、程序化和科学化,风险管理模板规定了风险管理的基本程序、风险量化的基本目标、风险警告的级别、风险控制的标准等。

6. 确定项目风险数据库模式

项目风险数据库模式,一般是从项目风险数据库结构设计的角度来介绍项目风险数据库的。它一般包括两部分内容:数据库结构和数据文件。项目风险数据库中应该包括项目全过程中所有的相关活动,以便对项目过程活动有一个系统、全面的描述。

8.2.3 项目风险管理规划的依据

1. 项目章程。有时也称为项目许可证,它是正式承认项目存在的一个特别文件,也可以用其他文件代替,如项目商业需求说明书、产品说明书。项目章程应由项目以外的负责人发布,它赋予项目经理为从事项目的有关活动而使用资源的权力。

2. 项目范围说明书。详细说明了项目的可交付成果、为提交这些可交付成果而必须开展的工作和项目的主要目标,它能够使项目团队实施更详细的计划,是进行项目风险管理规划时可以利用的有效信息。

3. 项目管理计划。确定了执行、监视、控制和结束项目的方式与方法。

4. 项目组织及成员所经历和积累的风险管理经验。

5. 项目相关关系人对项目风险的敏感程度和承受能力。

6. 项目风险管理样板。可以使风险管理标准化、程序化,从而使风险管理更加有效。

7. 工作分解结构。

8.2.4 项目风险管理规划的工具和方法

建立科学的风险管制机制,充分利用风险管理规划技术和工具,有助于实施有效的项目风险管理规划。

1. 风险管理规划会议

召开风险管理规划会议是项目风险管理规划的主要工具,项目经理和负责项目风险管理的团队成员都应该参加。项目风险管理的工具、方法、具体的时间计划以及报告与跟踪形式等内容,都可以通过风险管理规划会议来决定。

2. 风险管理图表

风险管理图表一般包含在项目风险管理计划中,它是将输入转变为输出的过程中所用的技巧和工具,以使人们能够清楚地获得关于风险的组织方式的信息。风险管理中的主要图表是风险管理表格、风险核对表和风险数据库模式。

(1)风险管理表格。是一种系统地记录风险信息并跟踪到底的方式,记录了对项目风险进行管理的基本信息。风险管理表格是一种比较方便的风险管理规划工具,它可以供任何人在任何时候使用,也可以采用匿名评阅的方式对风险进行规划。

(2)风险核对表。为了理解风险的特点,将各个侧重点进行分类,以利于人们彻底识别特定领域内的风险。例如,可以选用项目风险分类系统或项目分解结构作为核对清单,使关键路径上的项目组成一个亟待管理的进度风险核对清单。

(3)风险数据库模式。将风险信息按一定的方式组织起来,供人们查询、跟踪状态、排序和产生报告,从而表明风险数据库模式是识别项目风险及其相关信息的组织方式。用一个简单的电子表格就能自动完成排序、报告等,所以它可以作为风险数据库的实现。因为风险是动态的,并可随着时间的变化而改变,所以风险数据库的实际内容不是计划的部分。

3. 工作分解结构

工作分解结构(WBS)是将项目按照其内在结构或实施过程的顺序逐层进行分解而形成的结构示意图。它可以将项目分解成各个工作单元,也可以直观地将各个工作单元在项目中的地位与结构表示出来。

为了给项目的技术和管理活动提供支持,应在项目的早期及早建立 WBS。WBS 为实施项目、创造最终产品或服务提供了一份活动清单,这份清单包括必须进行的全部活动。在项目的生命周期过程中,使用部门不仅应将项目的 WBS 作为规划未来的系统工程管理、分配资源、预算经费、签订合同和完成工作的协调工具,还应依据项目的 WBS 来报告工程进展、运行效能、项目评估数据,为控制项目风险服务。

8.2.5 项目风险管理规划的结果

项目风险管理规划的结果是形成一份风险管理计划文件,这个文件中包括项目风险管理计划和项目风险规避计划。

1. 项目风险管理计划

在项目风险管理规划文件中,项目风险管理计划起控制作用,它详细说明了项目风险识别、项目风险评估、项目风险应对和项目风险监控的所有方面。在风险管理计划中还说明了项目整体风险评价的基准、使用的评价方法以及如何使用这些评价方法对项目的整体风险进行评估。风险管理计划表的一般格式参见表 8-1。

表 8-1 风险管理计划表

1 第Ⅰ部分:描述	4 第Ⅳ部分:应用
1.1 任务	4.1 风险辨识
1.2 系统	4.2 风险估计
1.2.1 系统描述	4.3 风险评价
1.2.2 关键功能	4.4 风险监控
1.3 要求达到的使用特性	4.5 风险应对
1.4 要求达到的技术特性	4.6 风险预算编制
2 第Ⅱ部分:工程项目提要	4.7 偶发事件规则
2.1 总要求	5 第Ⅴ部分:总结
2.2 管理	5.1 风险过程总结
2.3 总体进度	5.2 技术风险总结
3 第Ⅲ部分:风险管理途径	5.3 计划风险总结
3.1 定义	5.4 保障性风险总结
3.1.1 技术风险	5.5 进度风险总结
3.1.2 计划风险	5.6 费用风险总结
3.1.3 保障性风险	5.7 结论
3.1.4 费用风险	6 第Ⅵ部分:参考文献
3.1.5 进度风险	7 第Ⅶ部分:批准事项
3.2 机制	
3.3 方法综述	
3.3.1 适用的技术	
3.3.2 执行	

2. 项目风险规避计划

在风险分析工作完成之后就要制定详细的计划,这个详细的计划就是风险规避计划。项目不同,制定的风险规避计划也不一样的,一般都会包括以下 13 个方面的内容。

(1) 识别风险来源,并分析每一来源的风险因素;

(2) 识别关键风险,并说明其对项目的实现产生的影响;

(3)评估关键风险,并评估其发生的概率和潜在的破坏力;
(4)评估已考虑的风险规避策略,并评估其代价;
(5)评估建议使用的风险规避策略;
(6)将各个单独的规避策略进行综合,经过分析之后制定出其他的风险规避策略;
(7)将项目风险形势估计、风险管理计划和风险规避计划三者进行综合分析之后制定出总的风险规避策略;
(8)制定实施规避策略所需资源的分配计划;
(9)安排实施规避策略的人员,并赋予其相应的权利与责任;
(10)实施风险管理的日期、时间和关键环节;
(11)制定评估风险规避成功的标准,并制定进行跟踪监控的时间和办法;
(12)制定应急计划,以便发生紧急情况时使用;
(13)项目组高层领导对项目风险规避计划进行认同并签字。

8.3 项目风险识别

项目风险识别是一项贯穿项目全过程的项目风险管理工作,其目标是识别和确定项目究竟存在哪些风险,这些风险有哪些基本特性,这些风险可能影响项目的哪些方面等。

8.3.1 项目风险识别的概念和内容

所谓项目风险识别就是根据项目风险计划和项目的集成计划与其他专项计划,识别项目全过程所有各种风险的一项项目风险管理工作。

1. 项目风险识别的概念

项目风险识别的根本任务是识别项目究竟有些什么风险以及这些风险都有些什么特性。例如,一个项目究竟是否存在项目工期、成本和质量风险,项目风险是有无预警信息的风险,项目风险会给项目范围、工期、成本、质量等方面带来什么影响等,这些都属于项目风险识别的范畴。

项目风险识别还包括风险原因的识别,即识别和确认项目风险是项目的什么因素造成的。例如,是项目团队内部因素造成的还是外部因素造成的项目风险(因为项目团队内部因素造成的风险较好管理和控制),是项目工期还是项目质量方面的风险,是项目所需资源的市场价格上涨的风险还是项目组织或团队的人力资源风险等。

在项目风险识别的过程中,人们不但必须全面识别项目风险可能带来的各种损失,而且还要识别项目风险所带来的各种机遇。这种项目风险带来的机遇是一种正面影响,具有获得额外收益的可能性,在项目风险识别中找到项目风险带来的机遇并分析这种机遇,使人们在制定项目风险应对措施和开展项目风险监控中努力使项目风险的威胁和损失得以消除,使项目风险带的机遇转化成组织的实际收益。

2. 项目风险识别的内容

项目风险识别是项目风险管理中的首要工作,它的主要工作内容包括如下几个方面:
(1)识别并确定项目有哪些潜在的风险

这是项目风险识别的第一项工作目标,因为只有识别和确定项目可能会遇到哪些风险,才能够进一步分析这些风险的性质和后果。所以在项目风险识别中首先要全面分析项目发展变化的可能性,进而识别出项目的各种风险并汇总成项目风险清单(项目风险注册表)。

(2)识别引起项目风险的主要影响因素

这是项目风险识别的第二项工作目标,因为只有识别各项目风险的主要影响因素才能把握项目风险的发展变化规律,才有可能对项目风险进行应对和控制。所以,在项目风险识别中要全面分析各项目风险的主要影响因素及其对项目风险的影响方式、影响方向和影响力度等。

(3)识别项目风险可能引起的后果

这是项目风险识别的第三项工作目标,因为只有识别各项目风险可能带来的后果及其严重程度才能够全面地认识项目风险。项目风险识别的根本目的是找到项目风险以及消减项目风险不利后果的方法,所以识别项目风险可能引起的后果是项目风险识别的主要内容。

8.3.2 项目风险识别的依据

识别项目风险的关键是找到足够的项目信息和依据,然后通过分析识别项目风险。人们可以用作项目风险识别依据的主要包括如下几个方面:

1. 项目产出物的描述文件

这是项目风险识别的主要依据之一,因为项目风险识别中最重要的是识别项目能否按时、按质、按量、按预算生成项目的产出物和实现项目的目标,所以项目风险识别首先要根据项目产出物描述和要求识别出各种影响项目产出物质量、数量和交货期的项目风险。

2. 项目的计划文件和信息

这包括项目的集成计划和各种专项计划以及它们之中所包含的全部信息。这些信息有两方面的作用:一是作为项目风险识别的依据,二是作为项目风险识别的对象,因为项目最主要的风险就是无法按计划完成项目的损失。例如,一个项目的成本计划(预算)信息可以是分析与识别项目质量风险的重要依据,因为如果项目预算缺口比较大就会出现由于资源不足而造成项目的质量问题。同时,项目成本计划也是项目风险识别的对象,人们需要通过对项目成本计划实现的可能性进行分析识别出项目超预算的风险情况。

3. 历史项目的资料和信息

以前完成类似项目的实际发生情况(或风险)的历史资料对于识别新项目风险是一种非常重要的信息和依据。这种"前车之鉴"在项目风险识别中是最重要的参考和依据之一。所以在项目风险识别中要全面收集各种有用的历史项目信息,特别是各种历史项目的经验与教训。这些历史项目的资料中既有项目风险因素分析和各种风险事件发生过程的记录,也有项目风险带来的损失等方面的信息,这些对项目风险的识别是非常有用的。一般历史项目的资料包括以下几点:

(1)历史项目的各种原始记录。这可以从实施历史项目的组织之处得到,人们一般都会保留历史项目的各种原始记录,这些原始记录对于项目风险识别是非常有帮助的。在一些专业应用领域中某些项目管理组织及其成员也保存项目的原始记录,如造价工程师和造价师协会都会保留历史项目的各种成本资料。

(2)商业性的历史项目数据库。有许多项目管理咨询公司保留有大量的历史项目信息和统计资料或数据库,他们就是通过提供这种资料和开展相关经营活而盈利的,可以通过这类商业性项目管理咨询公司获得项目风险识别所需的各种历史项目信息和资料。

(3)历史项目团队成员的经验。有许多人会保留有许多自己参与的历史项目的经验,经验是一种思想型的历史项目信息,也是项目风险识别的重要依据。但是这种信息通常比较难以收集,多数需要通过与历史项目团队成员面谈的方式获得,而且这需要在历史项目的团队成员主观愿意的情况下才能够实现。

8.3.3 项目风险识别的方法

项目风险识别的方法有很多,既有结构化的方法也有非结构化的方法,既有经验性的方法也有系统性的方法。使用最多的项目风险识别方法有如下几种:

1. 系统分解法

这是一种利用系统分解的原理将一个复杂的项目分解成一系列简单和容易认识的子系统或系统元素,从而分析和识别项目各子系统、系统要素和整个项目中的各种风险的方法。例如,投资建造一个化肥厂项目就需要根据该项目本身的特性将项目风险分解成市场风险、投资风险、经营风险、技术风险、资源及原材料供应风险、环境污染风险等子系统风险,然后对这些项目子系统风险做进一步的分解(如将市场风险进一步分解成竞争风险、替代风险和需求风险等),从而全面识别这一投资项目的各种风险。

2. 流程图法

项目流程图给出了一个项目的工作流程,给出了项目各工作流程之间的相互关系。流程图包括项目系统流程图、项目实施流程图和项目作业流程图等各种不同详细程度的流程图。在项目风险识别中使用这些流程图分析和识别项目风险就叫流程图法,这种方法的结构化程度高并且对识别项目风险和风险要素非常有效。例如,一个建设项目会有一个由项目可行性分析、技术设计、施工图设计、计划、施工组织等一系列环节构成的流程,这些流程构成的项目流程图就可以用来分析和识别该项目的各种风险。

3. 头脑风暴法

头脑风暴法是一种非结构化的方法,它是运用创造性思维和发散性思维以及专家经验,通过会议等形式识别项目风险的一种方法。在使用这种方法识别项目风险时,要允许与会的专家和分析人员畅所欲言,共同分析和发现项目存在的各种风险。此时组织者要善于提问和引导并能及时地整理项目风险识别的结果,促使与会者能够不断地发现和识别出项目的各种风险和项目风险影响因素。在使用种方法时需要专家们回答的问题有:如果实施这个项目会遇到哪些项目风险,这些项目风险的后果严重程度如何,这些项目风险的主要成因是什么,项目风险事件的征兆有哪些,项目风险有哪些基本的特性等。

4. 情景分析法

这是通过对项目未来的某个状态或某种情况(情景)的详细描绘与分析,识别项目风险与项目风险因素的方法,在对具有较高独特性和创新性的项目风险识别中需要使用这种方法。项目情景(项目未来某种状态或情况)的描述可以使用图表、文字或数学公式等形式,对涉及影响因素多、分析计算比较复杂的项目风险识别作业可借助于计算机情景模拟系统进行情景分析。使用情景分析法识别项目风险需要先给出项目情景描述,然后找到项目变动的影响因素,最后分析项目情景变化造成的风险与风险后果。

5. 查表法

风险识别是对将来风险事件的一种预测和设想,但人们思考问题时经常受过去经验的启发。项目管理人员对照检查表,对本项目的潜在风险进行联想相对来说简单易行。

检查表一般根据项目环境、产品或技术资料、团队成员的技能或缺陷等风险要素进行编制,它列出了经历过的风险事件及来源。其包含的内容有:以前项目成功经验或失败的原因,项目范围、成本、质量、进度、采购与合同、人力资源与沟通等情况,项目产品或服务说明书,项目管理成员的技能,项目可用资源等。

6. 德尔菲法

由于在风险识别阶段的主要任务是找出各种潜在的风险并做出对其后果的定性评估,不要求做定量的估计,又由于有些风险很难在短时间内用统计的方法、实验分析的方法或因果关系论证得到证实(如市场需求的变化对项目经济效益的影响,同类软件开发商对组织的竞争影响等),所以德尔菲法在风险识别中是常用的方法。德尔菲法是美国著名咨询机构兰德公司于20世纪50年代初发明的,它主要依靠专家的直观能力对风险进行识别,即通过调查意见逐步集中,直至在某种程度上达到一致,故又叫专家意见法。其基本步骤为:

(1)由项目风险管理人员提出风险问题调查方案,确定专家调查表。

(2)请若干专家阅读有关背景资料和项目方案设计资料,并回答有关问题,填写调查表。

(3)风险管理人员收集整理专家意见,并把汇总结果反馈给各位专家。

(4)请专家进行下一轮调查填表,直至专家意见趋于集中。

德尔菲法得出的结论可能具有潜在的个人偏见,可能引起或增强这种偏见的因素有:对个人能力过于自信;对风险反应的迟钝;与项目的关联程度不够;近期记忆的影响;时间不充分;与其他专家的关系;动机等。

8.3.4 项目风险识别的结果

通常,项目风险识别工作的结果主要包括以下几个方面:

1. 识别出的各种项目风险

识别出的各种项目风险是项目风险识别工作最重要的成果。人们通常将这种识别出的项目风险开列出来,并称其为项目风险清单。项目风险清单所包括的项目风险都是可能影响项目最终结果的各种可能发生并能造成损失的事件。项目风险清单的列表要尽可能易于理解和详尽。例如,项目风险清单包括的信息有:项目风险的性质和内容、项目风险可能造成的损失、项目风险发生的概率、项目风险可能影响的范围、项目风险发生的可能时间范围、项目风险可能带来的关联风险等。

2. 潜在的项目风险

潜在的项目风险是一些相对独立而且无法明确识别的项目风险,如各种不可预见的天灾人祸。潜在的项目风险与已识别出的项目风险不同,它们没有任何迹象表明未来会发生,只是人们想象到的一种主观判断性项目风险。当然,潜在的项目风险也可能会发展成真正的项目风险,所以对可能性较高或者一旦发生则损失相对较大的潜在项目风险也应该严密跟踪和严格评估,特别是当潜在项目风险向实际项目风险转化时更应该特别注意。

3. 各种项目风险的征兆(阈值)

项目风险的征兆也叫阈值,指那些指示项目风险发展变化的现象或标志,所以又称作项目风险的触发器。例如,国家或地区如果发生通货膨胀就会使项目所需资源的价格上涨从而使项目的实际成本不断上涨,如果通货膨胀率大于8%时项目实际成本就会突破项目预算,那么对于这个项目而言,通货膨胀率8%就是项目预算风险的征兆或阈值。项目风险的征兆较多,要识别和区分主要和次要的项目风险征兆,并且说明项目风险征兆发生和项目风险发生的时间和因果关系,从而使项目风险征兆能更好地为项目风险管理服务。

8.4 项目风险评估

8.4.1 概述

项目风险评估是在风险识别的基础上,运用概率和数理统计的方法对项目风险发生的概率、项目风险的影响范围、项目风险后果的严重程度和项目风险的发生时间进行估计和评价。

项目风险评估包括风险估计和评价。风险估计又称风险测定、测试、衡量和估算等,它是在有效辨识项目风险的基础上,根据项目风险的特点,采用定性和定量分析方法测量出已识别的风险发生的可能性和破坏程度的大小,对风险按潜在程度进行优先排序和评价的过程。在一个项目中存在着各种各样的风险,通过风险估计可以说明风险的实质。项目风险评价是在项目风险管理规划、识别和估计的基础上,建立起一个项目风险的系统评价模型,以便对影响项目的风险因素进行综合分析,并估算出发生某种风险的概率及其可能导致的影响程度,从而找出影响该项目的关键风险并最终确定出该项目的整体风险水平,为保障项目顺利进行提供科学依据。简单地说,项目风险评价就是对影响项目的风险因素进行综合分析,并依据其对总目标的影响程度进行分级排序的过程。

8.4.2 项目风险评估的流程

项目风险评估的流程是将识别出来的项目风险转变成按一定顺序排列的风险列表,然后根据项目目标和评价标准,将识别和排列的结果进行系统分析,明确项目风险之间的因果关系,最后确定项目风险总体水平和风险等级的过程,具体包括以下10个步骤。

1. 系统地研究项目风险的背景信息;
2. 对经过详细研究后已辨识项目可能存在的风险进行估计;
3. 使用风险估计方法和工具对项目可能存在的风险进行估计;
4. 对估计出的风险进行分析,确定其发生的概率及后果;
5. 根据以上分析做主观判断;
6. 将识别和估计的风险按照一定的标准排列优先顺序;
7. 根据项目的目标、项目风险的特点和项目主体对每一种风险后果的可接受水平等确定进行项目风险评价的基准;
8. 使用风险评价方法综合所有单个风险之后确定项目整体风险水平;
9. 使用项目评价工具挖掘项目各个风险因素之间的因果联系,以确定影响风险的关键因素;

10. 根据估计和评价的结果做出项目风险的综合评价,确定项目风险状态及风险管理的策略。

8.4.3 项目风险评估的依据

1. 已识别的风险

已识别的风险是项目风险评估的基础。

2. 项目的进展情况

项目所处的生命期阶段不同,风险的不确定性不同,也就是说在项目的不同阶段,所面临的风险程度是不同的。一般来说,随着项目的进展,项目风险发生的可能性就会逐步降低。

3. 项目的性质

由于项目的性质不同,风险对其影响程度也不一样。一般来说,简单的项目风险程度较低,复杂的项目或者高新技术项目的风险程度则较高。

4. 数据的准确性和可靠性

数据的准备性和可靠性都会影响项目风险评估的结果,所以也要对数据的准确性和可靠性进行评估。

5. 风险的重要性水平

风险的重要性水平是划分项目风险大小的重要依据,在风险重要性水平以内的风险就可能不会引起项目风险管理人员的注意。

8.4.4 项目风险评估的工具和方法

项目风险评估方法有定性和定量两类:专家的意见和项目管理者的估计是比较常见的定性方法;而定量方法则要求有十分完备的数据,数据的取得不太容易,所以在项目管理实践中应用不是很多。在项目实施管理中,将专家与项目管理人员的估计和有限数据结合,成为项目风险评估中运用较多的方法。

1. 统计法

虽然项目是一次性的,但是在类似的项目当中,它们的风险也具有很大的相似性,因此,针对类似项目的历史资料进行统计分析,可以推算出该项目的风险。统计法应用大数法则和类推原理,重要指标有分布频率、平均数、众数、方差、正态分布、概率等。

(1)分布频率。将收集到的类似项目风险的数据进行整理后,可以得到风险分布频率,从而可以推出该项目各种风险发生的可能性的大小。风险分布频率一般采用直方图表示。

(2)平均数和众数。平均数和众数分别表示项目风险发生的平均水平和最可能发生的水平。

(3)方差。方差是表示项目风险离散程度的指标。离散程度是指与项目风险平均水平的偏离程度。

(4)正态分布。假使项目的风险服从正态分布(事实也证明项目风险造成的损失金额服从正态分布),可以据此来推出风险未来的状况。

(5)概率。运用概率分布的原理和相关的数学原理可以推测出项目风险的范围。

2. 风险值法

风险值法首先估算出项目风险发生的概率和项目风险可能造成的后果,然后将两者相乘,得出一个风险数值,以此来度量项目的风险。公式如下:

$$风险值 = 项目风险发生的概率 \times 项目风险可能造成的后果$$

使用该方法需要估算出项目风险发生的概率和项目风险可能造成的后果。项目风险发生的概率是通过上述统计方法得到的,有时由于难以获取样本数据,所以项目管理者只能根据自己的经验来估测项目风险发生的概率。项目风险可能造成的后果主要从4个方面来衡量。

(1)风险后果的大小和分布。即风险后果的严重程度及其变化幅度,用数学期望和方差来表示。

(2)风险后果的性质。即风险的后果是属于技术性的,还是经济性的或其他方面的。

(3)项目风险的影响。即风险会对哪些项目利益关系人造成影响。

(4)风险后果的时间性。即风险是突发的,还是随时渐进的,以及风险发生的时间等。

3. 决策树法

决策树法是一种有效进行风险评价的定量方法,它根据项目风险的基本特点,在反映风险背景环境的同时,描述项目风险发生的概率、后果以及项目风险的发展动态。决策树法先找出风险的状态、风险发生的概率、风险的后果等因素,然后根据这些因素绘制出一个从左至右展开的树状图,主要有方块节点、圆形节点以及由这些节点引出分级的三角形节点。

(1)方块节点。它是决策节点,并由此引出与方案数量相同的方案分枝。从决策节点引出的方案需要进行决策和分析,而且要在分枝上标注出方案的名称。

(2)圆形节点。它是状态节点,又称机会节点。从状态节点可以引出分枝(或概率分枝),在每一个分枝上要标注自然状态名称及其出现的主观概率。在这个过程中需要注意,状态数量与自然状态数量应该是一致的。

(3)三角形节点。它是结果节点,在它的右端将不同方案在各种自然状态下所取得的结果(如收益值)标注出来。

决策树的优点是:能够进行多级决策,并且能够使项目管理者有步骤、有层次地进行决策。同时,决策树也存在一些缺点:它不能把所有的因素全部考虑进去,如果分级太多,决策树图就会很复杂。

4. 模拟法

模拟法是一种通过模拟实际运行情况,针对复杂系统进行研究的手段。它一般通过多次改变参数来模拟项目风险,得到模拟结果的统计分布,并以此作为项目风险估算的结果。由于这一过程非常复杂,一般都要借助于计算机来进行。

模拟法在项目风险管理中特别适合估算项目成本风险和进度风险,由于项目成本风险和进度风险都是项目风险管理的核心,因此,模拟法在项目风险评估中的运用越来越广泛。

5. 专家判断法

专家判断法又叫主观评分法,它利用专家的经验等隐性知识,直观地将项目每一单个风险判断出来,并且给这些单个风险赋予相应的权重(如0~10之间的一个数,0代表不存在风险,10代表风险最大),然后把各个风险加权求和,再将结果与风险评价基准进行分析比较。专家判断常被用来替代或补充以上的项目风险估算技术。例如,项目专家对项目成本风险、项目进度风险和项目质量风险的判断常常是非常准确的,有时候甚至比根据实际数据计算出的结果还要准确。因此,在很多的情况下,运用专家的判断往往是其他项目风险评估方法很好的补充。

除了上述的方法以外,还有层次分析法、要素加权平均法、不确定性分析法、模糊综合评价法等方法,在此不一一介绍。

8.4.5 项目风险评估的结果

项目风险评估的重要结果就是量化的项目风险清单。该清单综合考虑了项目风险发生的概率、项目风险后果的影响程度等因素,因此可以对项目风险进行排序,从而为项目管理人员确定采取什么样的风险应对措施以及控制措施应采取到什么程度提供依据。项目风险清单包括以下5个方面的内容。

1. 项目风险发生的概率大小;
2. 项目风险可能影响的范围;
3. 对项目风险预期发生时间的估算;
4. 项目风险可能产生的后果;
5. 项目风险等级的确定。风险等级一般分为四级:第一灾难级,这类等级的风险必须立即予以排除;第二严重级,这类风险会造成项目偏离目标,需要立即采取控制措施;第三轻微级,暂时不会对项目产生危害,但也要考虑采取控制措施;第四忽略级,这类风险可以忽略,不必采取控制措施。

8.5 项目风险应对

8.5.1 风险应对计划编制的依据

(1)风险管理计划。
(2)风险优先次序清单。
(3)项目风险等级。
(4)量化风险的优先次序清单。
(5)项目概率分析。
(6)达成成本和时间目标的概率。
(7)潜在的风险应对清单。在风险识别过程中,可能找出针对某个或某类风险的应对措施。
(8)风险承受度。组织单位所能够承受的风险等级将影响风险应对计划编制。
(9)风险承担人。这是一个有能力承担风险应对的项目关系人清单。风险承担人应当参与风险应对方案的制定。
(10)共同的风险成因。一些风险可能由一个共同的成因所导致。这种情况可能给我们提供了一个机会,即采取一个一般性的应对措施,来减少两个或多个项目风险。
(11)风险定性和定量分析结果所反映的"趋势"。分析结果中所反映的"趋势"能够改变对风险的应对或风险的进一步分析的迫切性和重要性程度。

8.5.2 项目风险应对的方法

1. 回避

风险回避有两种含义，一是指风险发生的可能性极大，后果极其严重，又无计可施，于是主动放弃项目或改变项目目标；二是通过变更项目计划，消除风险事件本身或风险产生的条件，从而保护项目目标免受影响。虽然项目团队永远不可能消除所有风险，但某些特定的风险还是可能回避的。例如，保险公司认为某项目的风险太大，拒绝承保，就是典型的风险回避办法。美国挑战者航天飞机升空爆炸，是因为其中一个密封圈在低温下开裂，如果等到预热后再进行发射，就有可能避免这场悲剧，这个推迟发射的决定就是风险回避。在项目早期出现的某些风险事件可以通过澄清需求、获得信息、加强沟通、听取专家意见的方式加以应对。采用一种熟悉的而不是创新的方法，避免使用一个不熟悉的分包商，增加项目资源或时间等，都可能是风险回避的例子。在工程建设项目中，可以根据地区和季节的气象历史，避开梅雨季节，或者把雨季的延误补充到进度计划中，可以避免因为天气的因素可能导致项目延误的风险。

头脑发热，一时赌气，或者仅仅为了个人的功名利禄，而客观上根本不需要的项目，或是一旦造成损失，项目执行组织无力承担后果的项目，都应该回避。

> **案例链接**
>
> 1990年，美国加州发生了大地震，震中是一个叫作桑塔克鲁斯的小镇，一条裂开的大地缝纵贯全城，楼房全部倒塌，满目疮痍，惨不忍睹。
>
> 尽管大部分居民都得到了保险赔偿和政府救助，但仍然不足以让他们重建家园。于是，他们想出了一个绝妙的主意：出售灾难。他们保留了一部分受到地震重创的建筑物和景观，对外开放供游客参观，收取门票。
>
> 小镇因此而扬名，吸引了大批游客。很多游客甚至乐意超值购买门票，他们把这当成了捐款。通过这个办法，小镇的居民筹集了相当一部分重建家园的资金，在很大程度上弥补了自然灾害给自己带来的损失。
>
> 资料来源：杨宝玲，栾志强．现代项目管理．北京：中国人民公安大学出版社，2009

2. 转移

风险转移是设法将风险的结果连同对风险进行应对的权力转移给第三方。风险转移本身不能降低风险发生的概率，也不能减轻风险带来的损失，只是将风险造成的损失的一部分转移给另一方。

从财务的角度看，转移风险的财务责任是风险转移最为有效的办法，转移风险几乎总是伴有向接受风险的一方支付风险成本的情况发生，这类成本包括保险费用、履约保证金、担保和保证费用。或者，可以使用合同方式将某些特定风险的责任转移给另一方。例如，如果项目的设计不是十分成熟，那么使用固定价格合同就可能将责任转移给供应商。风险转移的方法主要有出售、分包、保险与担保等。

出售是通过买卖契约将风险转移给其他组织。例如，如果项目是通过发行股票或债券筹集资金,当股票或债券的认购者在取得项目的一部分所有权时,也同时承担了一部分风险。分包就是通过从项目执行组织以外获取货物、工程或服务,而将风险转移出去的方法。例如,建筑公司将建筑物的钢结构件分包给外协单位,就是将钢结构件的质量或工程拖期的风险转移给了外协单位。

保险是由项目小组向保险公司缴纳一定数额的保险费,当风险发生给项目带来损失时,从保险公司获得赔偿,从而将风险转移给保险公司的一种方法。例如,预先给厂房投保,这样万一在厂房发生火灾,或发生爆炸时,由保险公司提供赔偿,就是一种典型的风险转移。担保是指为另一方的债务、违约或过失负间接责任的一种承诺。在项目管理上是指银行、保险公司或其他机构,为项目风险承担间接责任的承诺。例如,建设施工单位请银行向业主承诺的,为承包商在投标、履行合同、工程质量等方面的债务、违约或失误的保证书,就是一种典型的风险担保行为。

3. 缓解

缓解是设计将某一负面风险事件的概率或其后果降低到一种可以承受的限度。早期采取措施,降低风险发生的概率或风险对项目的影响,比在风险发生后再亡羊补牢要更为有效。但是,对照风险可能发生的概率和其后果,缓解的成本应是合理的。

风险缓解采用的形式可能是执行一种减少问题的新的行动方案。例如,采用更简单一些的作业过程,进行更多的地震实验或工程技术试验,或挑选更稳定的供应商。它可能涉及变更环境条件,以使风险发生的概率降低。例如,增加项目资源或给进度计划增加时间。风险缓解可能需要进行模型开发,以减少由模型放大带来的风险。

当不可能降低风险的概率时,一种缓解措施可能是,针对那些决定风险严重性的关联环节来处理风险对项目的影响。举例来说,在子系统中加入备份设计,可能会减少由原始部件运转不良所导致的影响。

如果在风险发生时,我们能采取应急措施,就能减轻其后果。例如,汽车里安装安全气囊,就是试图在万一发生撞车事故时,减轻驾驶员和乘客受伤的程度。在涉及采购的项目中,独家供货是必须考虑的风险,缓解风险的措施就是开发第二货源,这样,如果其中一个供应商不能按时或按规定要求供货,另外一个供应商能够做到,这种方法可以作为风险减缓。

> **案例链接**
>
> 电话铃响了,客户部经理抓起电话,听到一个客户在咆哮:"你们卖的是什么漏电洗衣机,差点把老子给电死。"
>
> 客户部经理大惊失色,但立刻以轻松的口气道:"祝贺您,先生,您中大奖了。""中大奖?"那客户疑惑地问,口气中的怒火显然被扼制住了。
>
> "是的,我公司最近正在实施六个西格玛质量管理活动,百万产品中只有三个次品。您刚好碰上了一台,真是百万里挑一,机会难得。公司决定奖励您一台最高档次的洗衣机,外加一台大彩电。不过我们要先检查一下质量故障,我马上派人过去。"
>
> 电话那端,客户立即转怒为喜:"快点过来,我在家等着。不见不散。"

4. 接受

风险接受就是项目小组将风险的后果自愿接受下来的办法,它既可以是主动和积极的,也可以是被动和消极的。前者是已经有了行动计划和应急方案,当风险事件发生时马上执行这些计划和方案;后者是并没有事先制定风险应对计划,而是在风险发生时,由项目小组再去采取行动,应对风险。

风险接受绝不是被动挨打,如果能提前制定应急计划,将会大大减少风险发生时应对行动的成本。如果风险发生后影响巨大,或所选择的方案可能并不完全奏效,那么就应着手编制一个后备措施,后备措施可能包括管理后备措施、研发后备措施、进度后备措施等。

另外,也有为已经识别出的风险建立一定数量的应急补助或储备来接受项目风险的,这些补助或储备的手段包括时间、资金、人力或其他资源。应急补助或储备的规模,应由已被接受的风险的影响程度来决定,在某一可能的风险水平基础上进行测算。

8.5.3 风险应对的策略

风险应对可以从改变风险后果的性质、风险发生的概率和风险后果大小三个方面提出以下多种策略:减轻风险、预防风险、转移风险、回避风险、自留风险和后备措施等。对不同的风险可用不同的处置方法和策略,对同一个项目所面临的各种风险,可综合运用各种策略进行处理。

1. 减轻风险

主要是为了降低风险发生的可能性或减少后果的不利影响。如何减轻风险,则要按已知风险、可预测风险和不可预测风险来分别对待。

对于已知风险,可以很大程度上加以控制,使其风险减轻;对于可预测风险,可以采取迂回策略,尽量将每个风险因素都减少到可以接受的水平上;对于不可预测风险,要尽量使之转化为可预测风险或已知风险,然后加以控制和处理。

在减轻风险时,要集中力量专攻威胁最大的那几个风险。有些时候,高风险是由于风险的耦合作用而引起的。一个风险减轻了,其他一系列风险也会随之减轻。

2. 预防风险

预防策略通常采取有形或无形手段。

工程法是一种有形的手段。此法以工程技术为手段,消除物质性风险威胁。工程法预防风险有多种措施:一是防止风险因素出现,在项目活动开始之前,采取一定措施,减少风险因素;二是减少已存在的风险因素;三是将风险因素分离分割。

无形的风险预防手段有教育法和程序法。

(1)教育法。项目管理人员和所有其他有关各方的行为不当也会构成项目的风险因素。因此,要减轻与不当行为有关的风险,就必须对有关人员进行风险和风险管理教育。风险管理教育的目的是要让有关人员充分了解项目所面临的种种风险,了解和掌握控制这些风险的方法,使他们深刻地认识到,个人的任何疏忽和错误行为,都可能给项目造成巨大的损失。

(2)程序法。程序法是指以制度化的方式从事项目活动,减少不必要的损失。项目管理班子制定的各种管理计划、方针和监督检查制度一般都能反映项目活动的客观规律性。因此,项目管理人员一定要认真执行。实践表明,如果不按规范办事,就会犯错误,就要造成浪费和损失。所以要从战略上减轻项目的风险,就必须遵循基本程序。那种图省事、走捷径、抱侥幸心理甚至弄虚作假的想法和做法都是项目风险的根源。

预防策略还应在项目的组织结构上下工夫,合理地设计项目组织形式也能有效地预防风险。项目发起单位如果在财力、经验、技术、管理、人才或其他资源方面无力完成项目,可以同其他单位组成合营体,预防自身不能克服的风险。

3. 转移风险

转移风险又叫合伙分担风险,其目的不是降低风险发生的概率和减少不利后果,而是借用合同或协议,在风险事故一旦发生时将损失的一部分转移到项目以外的第三方身上。采用这种策略所付出的代价大小取决于风险大小。当项目的资源有限,不能实行减轻或预防策略,或风险发生频率不高,但潜在的损失或损害很大时可采用此策略。

4. 回避风险

回避风险是指当项目风险潜在威胁发生可能性太大,不利后果也太严重,又无其他策略可用时,主动放弃项目或改变项目目标与行动方案,人为回避风险的一种策略。如果通过风险评价发现项目的实施将面临巨大的威胁,项目管理团队又没有别的办法控制风险,这时就应当考虑放弃项目的实施,避免巨大的损失。

在采取回避策略之前,必须对风险有充分的认识,对威胁出现的可能性和后果的严重性有足够的把握。采取回避策略,最好在项目活动尚未实施时进行,放弃或改变正在进行的项目,一般都要付出高昂的代价。

5. 风险自留

有些时候,可以把风险事件的不利后果自愿接受下来。自愿接受可以是主动的,也可以是被动的。由于在风险管理规划阶段已对一些风险有了准备,因此当风险事件发生时马上执行应急计划,称为主动接受。被动接受风险是指在风险事件造成的损失数额不大,不影响项目大局时,将损失列为项目中一种费用。自留风险是最省事的风险规避方法,在许多情况下成本也最低。当采取其他风险规避方法的成本超过风险事件造成的损失数额时,可采取自留风险的方法。

6. 后备措施

有些风险要求事先制定后备措施。一旦项目实际进展情况与计划不同,就动用后备措施。主要有费用、进度和技术三种后备措施。

一是预算应急费用。这是一笔事先准备好的资金,用于补偿差错、疏漏及其他不确定性对项目估计欠精确性的影响。预算应急费用在项目进行过程中一定会花出去,但用在何处、何时用以及用去多少,则在编制项目预算时并不知道。预算应急费用在项目预算中要单独列出,不能分散到具体费用项目下。

二是进度后备措施。对于项目进度方面的不确定因素,项目各有关方一般不希望以延长时间的方式来解决。因此,项目管理团队就要设法制定出一个较紧凑的进度计划,争取项目在各有关方面要求完成的日期前完成。从网络计划的观点来看,进度后备措施就是在关键线上某位置的一段时差或浮动时间。

三是技术后备措施。技术后备措施专门用于应对项目的技术风险,它是预先准备好了的一段时间或一笔资金。当预想的情况未出现并需要采取补救行动时才动用这笔资金或这段时间。预算和进度后备措施很可能用上,而技术后备措施很可能用不上。只有当不大可能发生的事件发生、需要采取补救行动时,才动用技术后备措施。

在设计和制定风险处置策略时,一定要针对项目中不同风险的特点分别采用这六种风险处置方式,而且尽可能准确合理地采用。在实施风险策略和计划时,应随时将情况的变化反馈给风险管理人员,以便能及时结合新的情况对项目风险处理策略进行调整,使之能适应新的情况,尽量减少风险导致的损失。

> **案例链接**
>
> **山重水复疑无路,柳暗花明又一村**
>
> 有机发光二极管显示面板(OLED)由于具备像素自身发光、超轻、超薄、对比度高、视角广、可弯曲等特性,是公认的最具发展潜力的下一代显示技术,可以用于电视机、手机、电脑、数码相机、仪器仪表等。2007年10月,索尼推出史上最薄的OLED电视机,这款11英寸的OLED电视机厚度只有3毫米,价格折合人民币14 000元。这个时期,电视机和电脑等刚从CRT技术发展到LCD和LED不久,OLED价格昂贵导致市场需求迟迟无法激活,一些日系企业逐渐退出该技术,仍在坚持的是韩国三星和LG公司。
>
> OLED主要原料之一是有机发光材料,生产商利润空间很大,2007年底,凌云材料公司投资研发有机发光材料,由于相关人才缺乏,技术攻关比较困难。在开发过程中不少人质疑OLED产品短期内能否获得市场发展,认为发光材料即使研发出来也不一定能有好的销路和价格,各种争议使年迈的董事长在项目投资上开始犹豫,项目开发过程断断续续。2009年5月,索尼公司由于产品缺乏有效市场需求,停止了OLED电视机的研发,董事长获得这个消息后命令研发项目正式下马,决心集中精力生产成熟的化工产品,此时,离研发成功只有一步之遥。
>
> 公司销售部的顾经理跟董事长干了近10年,与向韩国、美国出口有机发光材料的锦业公司保持了良好的客户关系,他预测OLED经过5年多的曲折探索,曙光就在眼前。于是从公司辞职,筹资注册了一家新材料公司,把凌云公司参与OLED项目的技术人员招募过来,实施了首批老员工持股制,激发了大家的积极性,在原来开发经验的基础上,只用了3个月就拿出了符合要求的新材料。2009年12月公司实现发光材料的批量生产,通过锦业公司销往国外市场,2010年销售收入近亿元。2011年,OLED市场进一步蓬勃发展,预测年销售收入可达3亿元。
>
> 资料来源:陈关聚.项目管理.北京:中国人民大学出版社,2011

8.6 项目风险监控

8.6.1 项目风险监控的概念

项目风险监控就是通过对风险规划、识别、评价、应对全过程的监视和控制,从而保证风险管理能达到预期的目标,它是项目实施过程中的一项重要工作。监控风险实际上是监视项目进展和项目环境,即项目情况的变化,其目的是核对风险管理策略和措施的实际效果是否与预见的相同;寻找机会改善和细化风险应对计划,获取反馈信息以便将来的决策更符合实际。

项目风险监控是建立在项目风险的阶段性、渐进性和可控性基础之上的一种项目管理工作。项目的风险是发展和变化的,在人们对其进行控制的过程中,这种发展与变化会随着人们的监控活动而改变。因为对于项目风险的监控过程实际是一种人们发挥其主观能动性去改造客观世界(事物)的过程。而与此同时,在这一过程中所产生的信息也会进一步改变人们对于项目风险的认识和把握程度,使人们对项目风险的认识更为深入,对项目风险的控制更加符合客观规律。实际上人们对项目风险的控制过程也是一个不断认识项目风险的特性,不断修订项目风险控制决策与行为的过程。这一过程是一个通过人们的活动使项目风险逐步从相对可控向绝对可控转化的过程。

项目风险监控的内容主要包括:持续开展项目风险的识别与度量,监控项目潜在风险的发展,追踪项目风险发生的征兆,采取各种风险防范措施,应对和处理发生的风险事件,消除和缩小项目风险事件的后果,管理和使用项目的不可预见费,实施项目风险管理计划等。

8.6.2 项目风险监控的目标和依据

1. 项目风险监控的目标

(1)努力及早地识别项目的风险。项目风险监控的首要目标是通过开展持续的项目风险识别和度量工作,及早发现项目所存在的各种风险,以及项目风险的各方面的特性,因为这是开展项目风险监控的前提。

(2)努力避免项目风险事件的发生。项目风险监控的第二个目标是在识别出项目风险以后,要采取各种风险应对措施,积极避免项目风险的实际发生,从而确保不给项目造成不必要的损失。

(3)积极消除项目风险事件的消极后果。项目的风险并不是都可以避免其发生的,有许多项目风险会由于各种原因最终还是发生了。对于这种情况,项目风险监控的目标是要积极采取行动,努力消减这些风险事件的消极后果。

2. 项目风险监控的依据

项目风险监控的依据主要有以下几个方面。

(1)项目风险管理计划。这是项目风险监控最根本的依据。通常项目风险监控活动都是依据这一计划开展的,只有新发现或识别的项目风险监控例外。但是,随着在识别出项目新的风险以后,需要立即更新项目风险管理计划,所以可以说所有的项目风险监控工作都是依据项目风险管理计划开展的。

(2)实际项目风险发展变化情况。一些项目风险事件是要发生的(风险概率达到了1),而其他的可能不会发生(风险概率变成了0)。这些发生的项目风险的发展变化情况也是项目风险控制工作的依据之一。

(3)潜在风险识别和分析。随着项目的进展,在对项目风险进行评估时,可能会发现以前未曾识别的潜在风险事件。应对这些风险继续执行风险识别、估计、量化和制定应对计划。

8.6.3 项目风险监控的步骤与内容

项目风险监控的步骤与内容见图8-2。

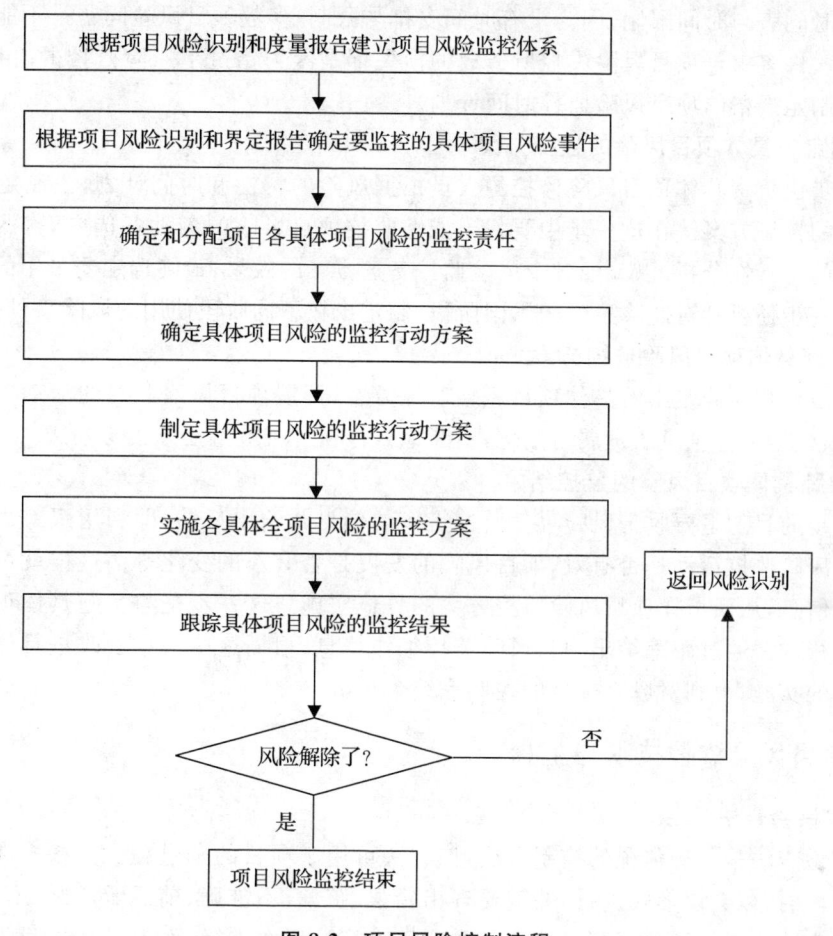

图 8-2　项目风险控制流程

1. **建立项目风险监控体系**

建立项目风险监控体系就是要根据项目风险识别和度量报告所给出的项目风险的信息，制定出整个项目的风险监控的方针、项目风险控制的程序以及项目风险控制的管理体制。这包括项目风险责任制度、项目风险信息报告制度、项目风险控制决策制度、项目风险控制的沟通程序等。

2. **确定要监控的具体项目风险**

这一步是根据项目风险识别与界定报告所列出的各种具体项目风险，确定出对哪些项目风险要进行监控，而对哪些风险可以容忍并放弃对它们的监控。通常这要按照项目具体风险后果严重性的大小和风险的发生概率，以及项目组织的风险监控资源情况去确定。

3. **确定项目风险的监控责任**

这是分配和落实项目具体风险监控责任的工作。所有需要监控的项目风险都必须落实负责监控的具体人员，同时要规定他们所负的具体责任。

4. **确定项目风险监控的行动时间**

这是指对项目风险的监控也要制定相应的时间计划和安排，计划和规定出解决项目风险问题的时间表与时间限制,因为没有时间安排与限制,多数项目风险问题是不能有效地加以监控的。许多由于项目风险失控所造成的损失都是因为错过了风险监控的时机造成的。所以必须制定严格的项目风险监控时间计划。

5. 制定各具体项目风险的监控方案

这一步由负责具体项目风险监控的人员根据风险的特性和时间计划,去制定出各具体项目风险的控制方案。在这一步中要找出能够监控项目风险的各种备选方案,然后要对方案作必要的可行性分析,以验证各个风险监控备选方案的效果,最终选定要采用的风险监控方案。这一步还要针对风险事件的不同阶段,制定出在不同阶段使用的风险事件控制方案。

6. 实施具体项目风险监控方案

这一步要按照确定出的具体项目风险监控方案,开展项目风险监控的活动。在具体实施时,必须根据项目风险的发展与变化,不断地修订项目风险监控方案与办法。

7. 跟踪具体项目风险的监控结果

这一步的目的是要收集风险事件监控工作的信息并给出反馈,即利用跟踪去确认所采取的项目风险监控活动是否有效,项目风险的发展是否有新的变化等。这样就可以不断地提供反馈信息,从而指导项目风险监控方案的具体实施。这一步是与实施具体项目风险方案同步进行的。通过跟踪给出项目风险监控工作信息,根据这些信息去改进具体项目风险监控方案的实施,直到对风险事件的控制完结为止。

8.6.4 项目风险监控技术与工具

1. 审核检查法

审核检查法是一种传统的控制方法,该方法可用于项目的全过程。审核多在项目进展到一定阶段时,以会议形式进行,关键要查出错误、疏漏、不准确、前后矛盾之处。审核还会发现未注意或未考虑到的问题。检查是在项目实施过程中进行,而不是在项目告一段落后进行。检查是为了把各方面的反馈意见及时通知有关人员,一般以完成的工作成果为研究对象。审核和检查结束后,都要把发现的问题及时交代给原负责人,让他们马上采取行动,予以解决。问题解决后要签字盖章。

2. 监视单

监视单是项目实施过程中需要管理工作给予特别关注的关键区域的清单。监视单的编制应根据风险评估的结果,一般应使监视单中的风险数目尽量少,并重点列出那些对项目影响最大的风险。随着项目向前进展和定期的评估,可能要增补某些内容。

3. 直方图

直方图是发生的频数与相对应的数据点关系的一种图形表示,是频数分布的图形表示。直方图有助于形象化地描述项目风险。同时直方图可直接地观察和粗略估计出项目风险状态,为风险监控提供一定的参考。

4. 因果分析图

因果分析图是表示特性与原因关系的图,它把对某项、某类项目风险特性具有影响的各种主要因素加以归类和分解,并在图上用箭头表示期间关系。因果分析图主要用于揭示需要改进的特性以及这种后果的影响因素之间的关系,以便追根溯源,确定项目风险的根本原因,便于项目风险监控。

> **案例链接**
>
> **摩天轮项目中的风险管理**
>
> 　　时下,各国争相建造世界最大摩天轮的计划愈演愈烈。这些摩天轮可以让游客从视觉上更好地体验名胜,因而也是发展旅游业的好方法。十多年来,英国首都伦敦著名的"伦敦眼"一直保持着世界最高摩天轮的记录:443英尺。但在这几年,相比新近建设的摩天轮,"伦敦眼"显得越来越矮了。中国的南昌之星(525英尺)保持了短暂的世界纪录,而后被541英尺的新加坡摩天轮所打破。
>
> 　　而今,新加坡摩天轮也已不再是最高的摩天轮,取而代之的是中国于2009年底最新开放的北京朝天轮。朝天轮作为中国最雄心勃勃的政府旅游推进计划的一部分,高度达到惊人的682英尺,而整个项目预算却低于3亿美元。在摩天轮底部会建造一个供等待乘坐摩天轮的游客购物的零售中心。该摩天轮共有48个观光舱,每个重18吨,可乘坐40位观光客。朝天轮旋转一周大约需要30分钟,北京甚至其周边的美景都将360度尽收眼底。
>
> 　　该项目主管弗洛里安·博伦说:"我们为中国,甚至全世界的游客在北京建起了一个新的旅游中心。"
>
> 　　在建造这些巨型工程的过程中,物理方面的制约逐渐凸显出来。尽管工程技术日新月异,但建设这些令人惊叹的工程带来了许多安全风险。迄今为止,摩天轮保持着完美的安全记录。但是不管在高科技行业还是其他技术含量较低的行业,我们都必须考虑到风险,不能因为技术先进或没出现过安全问题而麻痹大意。
>
> 　　资料来源:杰费里·K.宾图.项目管理.北京:机械工业出版社,2010

本章提要

　　项目风险是指任何可能给一个项目的发展带来负面影响的事件。有效的风险管理对项目的顺利进展有很大帮助。但是为了使之有效,在项目生命周期早期就需要进行风险管理。作为整体项目计划的一个重要部分,风险管理识别会对项目性能产生不良影响的特殊风险,并且量化这些风险可能带来的影响。在项目的早期,存在着大量的未知因素,因而是风险最大的时期,随着项目的不断推进,项目团队就可以使用技术的、行政的以及预算的方法来应对风险。

　　项目风险管理有四个阶段:①风险识别;②风险评估;③风险应对;④风险控制。风险识别关键是确定项目可能面对的各种风险因子,而在分析可能性与后果的阶段,项目团队则通过比较影响因子的大小来对各种风险因子以及它们产生的后果进行优先级排序。影响因子可以通过系统分解法或头脑风暴等定性的方法来确定,或者是使用更为专业的量化方法,即将所有相关的可能性与结果参数全部列出,再使用这些参数对项目风险进行评估,一旦风险因子被确定,项目团队就可以开始制定风险应对策略。管理项目风险有许多种方法,如风险接受、减轻风险、风险规避或者是风险转移,清楚理解这些方法的优劣后,就可以采用其中的一种或多种来减缓风险。如果风险管理策略能形成条文,并且被当作标准执行程序的一部分,那么风险管理策略将更为有效,而风险控制正是以此为基础的,它的目标就是要为项目

项目管理

风险管理创建系统的可重复执行的战略方法。

关键概念:

- 项目风险管理(project risk management)
- 项目风险识别(project risk identification)
- 项目风险评估(project risk assessment)
- 项目风险应对(project risk response)
- 项目风险控制(project risk control)

思考习题

1. 项目风险管理与一般企业运营中的风险管理有什么区别?
2. 试讨论比较各风险识别方法的优缺点,举例说明。
3. 常用的风险评估和分析的指标有哪些?常用的风险量化和评估的方法有哪些?
4. 项目风险应对的主要措施有哪些?举例说明。
5. 如何对项目的风险进往行监控?
6. 风险控制的主要流程是怎样的?

案例分析

德哈维兰陨落的彗星

自第二次世界大战结束后,德哈维兰公司(DeHavilland)就开始和波音公司一较高下,看谁能够在刚刚萌芽的商用飞机市场率先推出喷气推进式飞机。德哈维兰彗星客机(De-Havilland Comet)赢得了这场比赛,它于1952年进入市场,早于波音707机型。在那个时候,彗星客机的出现具有划时代的意义。它有着完全加压的机舱、设计良好的内部结构、宽大的方形窗户以及嵌入机翼的引擎,这些特点使它不管从哪个方面来看,都是一种新潮的机型。它刚投入商用飞机市场时,德哈维兰就感觉到它有巨大的潜在利润。

但是,英国海外航空公司(British Overseas Airways Corporation,BOAC)在引进彗星客机并投入使用后,灾难很快就降临了。1953年5月,一架彗星客机在距离加尔各答机场(Calcutta Airport)22英里处坠落,43名乘客和工作人员全部遇难。坠机的原因初步估计是"驾驶员失误和天气恶劣"。此后没有采取任何措施。1954年1月10日,又一架载有35名乘客和工作人员的彗星客机坠落,飞机从罗马洽米皮诺机场(Ciampino Airport)飞往伦敦,当它刚达到巡航的速度和高度时,就在厄尔巴岛(Elba)附近的地中海上空解体了。

第二次空中事故后,BOAC将彗星客机退出服务,并进行重新认证测试。经过一轮简单的检查后,BOAC再次认为彗星客机具有耐飞性,并让其重新加入航空队伍。然而,仅仅在16天后,第3架彗星客机从罗马起航飞往约翰内斯堡(Johannesburg),在斯特隆波里(Stromboli)岛附近坠落,导致21名乘客死亡。正如第2次事故一样,飞机沉入深海中,很难收回任何重要的部分。

在不到1年的时间内发生了3次毁灭性的事故,英国民用航空委员会(British Civil Aviation Board,BCAB)迅速组织了一次大型的再测试,以第2次的认证和安全测试为基础。这次测试工作可以说是一种惩罚:测试认为几架彗星客机必须销毁,以避免引起更多的空难事故。那么 BCAB 的结论是什么呢?宽大的、方形的窗户在设计上有问题。由于机舱的快速加压和解压,导致窗户角落产生压力裂缝。工程师推断,当裂缝足够大时,对机舱加压就会产生灾难性的爆裂,飞机俯冲失去控制,导致突然的"陀螺力矩"现象。这次测试还发现了其他的结构问题,包括机翼的耐腐朽能力较差,加油过快时机翼容易损坏,以及油管泄漏。实际上,专家认为,这些设计上的缺陷如果都被确定真实存在,那么在完全彻底的检查之前,飞机的安全飞行时间将不会超过 1 000 小时。

以下是已证实的关于彗星客机从引进到取消的历史:这个记录记载了它 2 年的飞行历史,700 万英里的航程,承载过 55 000 名乘客,最终被废除。在看谁先向市场投入喷气机的竞赛中,德哈维兰确实赢了,但它却希望这场比赛自己从未参加过。

1952 年 10 月 26 日——BOAC 的彗星客机没能在罗马洽米皮诺机场顺利降落,飞机损坏,没有人员死亡。

1953 年 3 月 2 日——加拿大太平洋航空公司的彗星Ⅰ在送货飞行过程中坠落于印度卡拉奇(Karachi),11 名工作人员和技师全部遇难。

1953 年 5 月 2 日——BOAC 彗星客机从加尔各答起飞后即坠毁,造成 43 人死亡。

1953 年 6 月 25 日——法国联合海空运输公司的彗星客机在达喀尔(Dakar)着陆时脱离跑道,飞机损坏,没有人员死亡。

1953 年 7 月 25 日——BOAC 彗星客机在加尔各答起飞时在跑道上打滑,导致机翼的加强杆损坏。

1954 年 1 月 10 日——BOAC 彗星客机从罗马起飞后在厄尔巴岛坠毁,35 人死亡,部分飞机部件被打捞上来。

1954 年 4 月 8 日——BOAC 彗星客机从罗马起飞后在斯特隆波里坠毁,21 人死亡,飞机残骸沉入地中海。

问题:

1. 风险管理如何在彗星客机的开发项目中发挥作用?
2. 讨论与彗星客机相关的各种风险类型(技术、财务、商业等)。为这些风险因子制定一个风险矩阵,并从可能性和后果两方面对它们进行分析。
3. 英国政府仍然在使用改良后的彗星客机(彗星Ⅳ)作为对抗潜艇的战斗机。显然,由于有充分的时间,设计缺陷已经被纠正了。那么,你认为德哈维兰在开发彗星客机的过程中所犯的主要错误是什么?
4. 评论这句话:"失败是我们为技术进步付出的代价。"

技能实训

实训小组对所选项目进行分析,完成如下内容:
1. 识别项目中存在的风险。
2. 根据本章的介绍,对识别出的项目风险进行量化评估。
3. 确定风险应对措施。

参考文献

[1]殷焕武,周中华等.项目管理导论[M].北京:机械工业出版社,2009.

[2]纪燕萍.中外项目管理案例[M].北京:人民邮电出版社,2002.

[3]宋伟.项目管理概论[M].北京:机械工业出版社,2007.

[4]屠梅曾.项目管理[M].上海:格致出版社,2008.

[5]梅雷迪思,曼特尔著,戚安邦等译.项目管理:管理新视角[M].北京:中国人民大学出版社,2010.

[6]蒋景楠,陆雷,火方华.项目管理理论与实务[M].上海:华东理工大学出版社,2012.

[7]张炳达,刘敏.现代项目管理实务[M].上海:立信会计出版社,2007.

[8]戚安邦.项目管理学[M].北京:科学出版社,2012.

[9]陈关聚.项目管理[M].北京:中国人民大学出版社,2011.

[10]刘常宝.项目管理理论与实务[M].北京:机械工业出版社,2012.

[11]杰弗里·K.宾图著,鲁耀斌,赵玲译.项目管理[M].北京:机械工业出版社,2010.

[12]杨宝玲,栾志强.现代项目管理[M].北京:中国人民公安大学出版社,2009.

第 9 章
项目人力资源管理

本章学习要点:

1. 了解人力资源管理的相关理论;

2. 了解人力资源计划的制定;

3. 理解项目的团队建设;

4. 理解项目资源平衡的重要性。

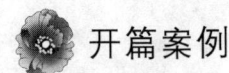

开篇案例

知人善任,促进企业形成管理人才梯队及后备军
——某大型地产开发集团中层管理干部选拔及继任项目

企业背景:A地产是国有大型上市公司,拥有总资产逾500亿港元,累计开发面积超过1 000万平方米,开发项目60多个。主要业务为房地产开发及投资,业务多集中在广东地区,并已逐步扩展至珠三角、长三角、环渤海和中部地区,2010年入选"中国房地产企业销售TOP20"强。

业务挑战:现阶段,A地产目前正处于全国化战略布局及业务高速发展的关键时期,迫切需要提升核心竞争力来应对未来发展,特别是在人力资本方面。

挑战一:加强项目管理队伍建设,迅速选拔和培养出一批素质高、业务精、责任心强的职业化管理人员,以求短期内解决一部分项目管理高级人才紧缺的现象。

挑战二:从战略发展需求出发,夯实内部管理,建设一支与公司战略意识匹配的项目管理团队,以解决管理梯队难以接替的问题,使人才战略能跟上企业快速发展的脚步。

解决方案:立足于该项目最核心要点"公平公正公开、科学精准全面",北森通过对企业进行深入的访谈和剖析,为企业设计了项目公司管理团队的内部选拔及继任发展的全流程方案:

1. 选拔评估

运用管理能力测试、公文筐、案例分析、访谈等多种评价中心技术,对企业现有中层管理干部队伍进行全面测评;

深入剖析每位中层干部的优势、不足及未来发展的关键点,出具有针对性、有很大实用价值的评估报告;

为企业选拔出一批候选人,顺利建立起公司项目管理人员的储备人才池。

2. 继任与培养

制定人才继任晋升的管理计划流程,引入内部导师模式;

对企业内部导师进行辅导技术培训,并指导导师与候选人共同制定个人发展计划(IDP),帮助候选人找出差距,有针对性地培养发展;

将个人发展计划(IDP)导入人才池管理系统,监督推动计划落实,定期进行考核及反馈,随时跟踪候选人成长状况,掌握其出池晋升的准备度。

3. 项目成果

为企业主要创造了以下价值:

选优才——甄别出企业内中层干部中的高潜人才,搭建了项目公司管理团队人才储备库;

找差距——发现企业目前人才池储备人才在能力和素质方面的优劣势及其管理能力在行业中所处水平;

促成长——提出企业项目公司管理团队能力提升及培养等后续工作的重点,并指导重点工作的实施落实；

建机制——帮助企业建立起自身的人才继任及发展机制。

以素质模型为基础，助企业搭建管理人才纵队
——某全国性地产集团素质模型建构及应用项目

1. 企业背景

B 集团成立于 1998 年 5 月，是一家以房地产开发为主业，以酒店、物业管理、园林等为辅的大型企业集团，具有国家一级房地产开发资质，总资产 200 亿元以上，员工多达 5 000 余人。

2. 业务挑战

B 集团一直坚持以业务扩张为主导的战略定位，随着企业步入高速发展阶段，长期被组织忽视的管理问题逐渐暴露出来：

挑战一：管理人员越来越跟不上组织发展需要，队伍素质参差不齐，有空降的业内专家，有拼搏苦干的技术人才，也有能力欠缺的企业元老。

挑战二：对管理人员的管理工作缺乏统一标准和方法，干部选拔与定期评估主要通过主观感觉或简单的标准来进行判断。

挑战三：什么是适合的管理者，如何评估管理者以及如何系统地培养管理者是当前面临的主要困惑。

3. 解决方案

基于组织愿景和企业战略发展的要求，通过企业文化分析、访谈、问卷调研和专家研讨，完成了：

(1) 模型构建

提炼对所有员工均要求的通用核心素质特征，建立了全员性通用素质模型；

提炼不同层级管理者所需的具体的共享管理素质特征，建立了高层、中层、基层管理人员的三级领导力素质模型。

(2) 评价中心

基于能力素质模型，结合企业应用领域与人员现状，为企业定制设计个性化的评价中心，综合运用多种测评手段，更契合于企业内部对管理人才的需求特点。

(3) 技术转移

基于能力素质模型，以知识转移的方式向企业提供素质模型与评价中心的应用培训，设计企业管理人员课程培训体系规划，为企业全面提升管理人员能力水平而进行的体系化、针对化培训提供参考。

(4) 项目成果

为企业主要实现了以下三方面价值：

定标准：明确定义出优秀的管理者标准。

——能力素质模型充分考虑了未来应用的目的，素质标准的描述充分行为化、易于观测。

用工具：明确企业应该如何选拔优秀的管理者。

——根据应用领域进行个性化的开发与规划，将评价中心技术真正运用于管理人

员能力的评估。

　　重培训：明确企业应该怎样培养出优秀的管理者。

　　——个性化的评价中心与培训体系规划，更符合企业的战略需求。

9.1 项目人力资源管理的概念

　　为了有效地运作，企业必须将人力资源管理、项目管理、业务流程管理、成本/收入会计与被称为项目人力资源管理的综合解决方案相结合。

　　在这个方法中，基本业务管理工作流程适用于每个过程、项目、业务单位和组织。它自动计算项目人力资源的实践与开支，包含了其服务供应方、企业内部和外部等。这种计算软件可以设定企业的工作方式，并根本性地授权给个体和分散的组织。

　　项目人力资源管理使企业能够适应扁平世界中合作与协作的挑战。它建立起一个新的记录系统，连接了客户、项目和人力资源，以确定相互依赖的元素，平衡项目利润和客户满意度，简化优先设置和人才外包。顾客关系管理系统、项目管理系统，以及人力资源管理系统都不能单独地适应和提供这些相互依赖的元素。

　　项目人力资源管理的基本构建模块有：

- 结合了客户、项目和人才的全球记录系统；
- 层级组织和工作分解结构；
- 工作流程平台。

9.1.1 项目人力资源管理确立的相互依赖元素

　　在扁平的世界中，全球化的项目和工作的分段性会导致以下这些商业需求，它们能够在项目人力资源管理解决方案中得到满足。

　　项目人力资源管理有助于设计和检查流程本身，使得项目和服务交付的财务影响实时可视化。它提供了一系列与单独解决方案相联系的工作流程驱动服务，例如一个控制网络中心，能够对整体的可视性和管理提供识别，例如：

- 对差异化时间和开支的成本会计和结算；
- 生产率分析；
- 预算和实际的比较；
- 资源利用的趋势；
- 为了充分理解每个单独项目、资源团队和客户的效力和收益率作的部分报告。

　　变更是持续的，随着管理者对项目、资源团队或客户了解更多，项目人力资源管理解决方案使得它们更容易变更。工作流程被精确地描绘出来，并且使用简单的建模工具就可以进行变更。如果需要，企业也可以在本地或世界范围内将这些变更标准化。

　　工作被分解为许多更小的部分，有时候会有交叠：业务单位、国家、外包团队、成本中心和个体资源都必须合作、协作，并且同时处理多个项目。通过将工作和组织分解结构细分为可以用任何组合来追踪和概述的微组件，项目人力资源管理解决方案反映了这个事实。

　　项目人力资源管理系统为实时追踪和分析那些遵照确立的策略和最佳实践的项目人力

资源管理资源数据提供了交互式的环境,甚至能够立即决策。

9.1.2 将项目和人力流程相连接的工作流程

每一个项目人力资源活动都由一个潜在的商业过程来驱动,工作流程平台允许管理者模拟项目、人力资源和财务过程,并且随后将其嵌入软件中(见图9-1)。

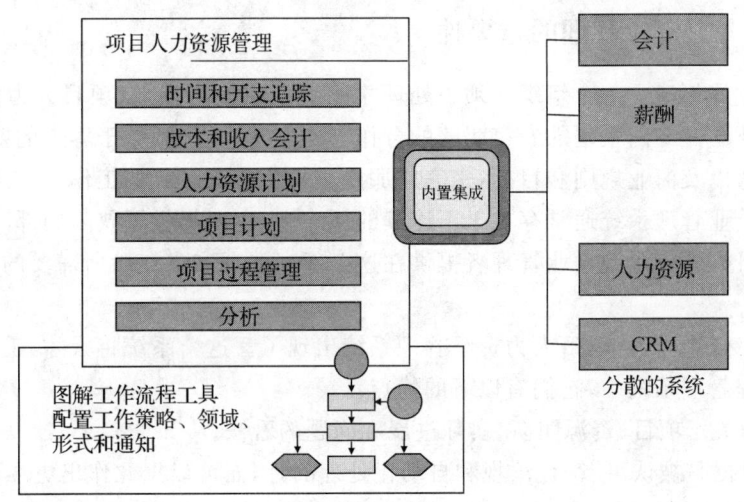

图 9-1 项目人力资源管理的构成

这个绘制的平台代表了工作的过程,因此授权的业务流程所有者可以对其进行设计、配置和变更,而不需要申请项目资源。所有的业务流程都使用了同样的工作流程概念和管理界面。通过使用同样的可视化框架和概念,用户能够体验到一个易于学习和可用于管理任何工作过程的统一界面。

9.1.3 项目人力资源管理系统的功能

项目人力资源管理管理与项目人力资源相关的数据,减少众多用于追踪项目、时间和劳动力、开支、相互依赖的内部计价,以及付费工作的电子数据表。项目人力资源管理包含和集成了:

• 时间和开支追踪:追踪所有付费和不付费的差异化时间和开支。

• 成本和收入会计:管理所有的收入、开支、特定项目的劳动力成本,并为共享服务部门,比如IT和工程部门建立正式的内部计价系统,形成和加强了符合规定的收入和确认策略;对于所有付费工作、开支、劳动力成本,以项目为基础,或基于预先确定的结算进度,为客户开具发票或为其他业务单位内部计价。

• 人力资源计划:管理胜任能力和生产力计划。通过将最理想的可用资源分配到完成项目的特定角色中,最优化安排分散的全球人力资源。

• 项目计划编制:建立包含项目的工作分解结构和项目团队的详细项目计划。根据任务为工作分配资源,执行实时挣值报告和分析。

• 项目过程管理:基于政策和强制性的最佳管理项目过程,包含项目启动、风险和问题报告以及范围控制。

- 分析：分析企业项目、过程、人力资源的统一及实时和动态的观点，特别强调对财务愿景的报告。

项目人力资源管理模式与客户关系管理系统、人力资源、会计和薪酬系统紧密集成。通过检查和批准的成本、开支和差异化时间，不仅可用于更新报告项目状态，也可以用于处理薪酬，偿还开支，开立发票，以及用摘要和详细的成本收益记录更新会计系统。

9.1.4 项目人力资源管理的重要性

扁平的世界创造了一个组织必须去处理才能生存的战略拐点，项目人力资源管理包含来自组织内外不同专门主题的专家团队的合作与协作，这些团队基于客户的要求、可用的人才、项目范围，以及商业规则和目标，来完成那些差异化或有区分的工作。

传统的企业管理系统通常存在于不连续的孤岛中，它们提供了狭隘的部门或功能观点，而没有向项目人力资源或企业管理者提供在这个新商业现实中获胜所需要的合作能力和集成数据。

为了满足这个需要，项目人力资源管理系统出现了。这个系统将人才、工作和财务收入放入一个过程管理系统中，它们有以下的优点：
- 实时的关于项目、资源团队、实际进展和问题的看法；
- 由于数据是被认可、符合法规和自动化处理的，因而可以据此作出更准确的决策。

简而言之，有更好的信息，与项目关系人合作，可以更快地做出影响财务、团队和项目绩效的决策。在扁平世界中，授权的项目人力资源一旦获得了全球化的视角，就能够更快地做出局部的决策。

当项目管理知识体系指南很好地解释理想的项目管理概念和技术时，并没有提供一个获得差异化和市场优势的路线图。

纯粹基于方法的计划以很多良好的意图开始，项目人力资源管理是建立在PMBOK中描述的卓越原则和方法之上的。但是，并不像纯粹的基于软件的企业项目管理和人力资源管理，项目人力资源是一系列的原则和工作流程，与明确的定向部署路线图结合的驱动工具，它可以帮助管理者实现卓越的运营。

9.2 项目人力资源规划

项目人力资源管理是有效发挥每个参与项目人员作用的过程。人力资源管理包含所有的项目关系人：赞助者、客户、项目组成员、支持人员、项目的供应商等。

9.2.1 人力资源管理的主要过程

人力资源管理的主要过程包含了：
- 组织计划编制：包括对项目角色、职责以及报告关系进行识别、分配和归档。这个过程的主要成果包括分配角色和职责（通常以矩阵表示），还有项目的组织结构图以及人员配置管理计划。
- 人员的获取：获得项目所需的并被指派到项目工作的人员。

● 团队建设:为提高项目绩效而要建立每个人和项目组的技能。

1. 组织计划编制

项目的组织计划编制包括对项目角色、职责以及报告关系进行识别、分配和归纳。这个过程将产生一张项目组织结构图,产生角色和职责分配以及人员配置管理计划。

在构建项目组织结构图之前,高级管理层和项目经理必须先识别项目需要哪种类型的人员。例如,如果项目成功的关键在于是否能找到最好的程序员,那么在项目组织计划中就应当反映这种需求;如果项目成功的关键在于拥有一流的项目经理和令人尊敬的项目领导人,那么这种需求就应当作为计划的主旋律。

在识别了项目需要哪些人员或哪些重要技能以后,项目经理就应当与高级管理层和项目组成员一起构建一个项目组织结构图。组织分解结构就是一种特殊的组织结构图,它表示每个组织单元负责具体哪些工作。项目组织结构图建立在一般组织结构图的基础之上,根据公司各部门的具体单元或者子公司的组织单元将一般组织结构图进行更详细的分解。

项目经理和项目组将工作分解为可管理的要素以后,项目经理就可以将工作分配到各个组织单位。项目经理分配工作任务通常是根据组织哪个部门适合做这项工作,即通过上面所说的组织结构分解图来进行工作分配。

将工作分配到各个部门以后,项目经理还要建立一个责任分配矩阵(responsibility matrix,RAM)。责任分配矩阵就是将工作分解结构中的每一项工作指派给组织分解结构中的执行人而形成的一个矩阵。责任分配矩阵按期望的详细程度将工作分配给负责和具体工作的组织、团队或者个人。对于小型项目来说,最好还是将工作分解结构中的每一项工作指派给个人,而对于大型项目来说,将具体的工作指派给部门或团队将更有效。

责任分配矩阵除了用来分配详细的工作活动以外,还可以用来定义项目的角色和职责,这种责任分配矩阵包含了项目关系人。表 9-1 给出了某公司歌曲专辑制作项目的责任分配矩阵例子,显示了项目关系人是否对项目负责或者只是项目一部分的参与者,此外还反映出是否要求项目关系人提供项目的输入、审查,或者给项目签字。这个简单的工具给项目经理明确项目重要关系人的作用和期望提供了一个有效的方法。

表 9-1 某公司歌曲专辑制作项目的责任分配矩阵

	杨宇	韩佟	尹军	方强	张艺
专辑曲目准备	S	P	P	P	R
音乐制作	S	I	P	A	R
MTV 制作	S	I	A	P	P
磁带、CD、VCD 封面设计	S	I	A	P	R
版权保护	S	P	P	P	R

A=负责人　P=参与者　R=要求备查　I=要求输入　S=要求签字

组织计划编制的另一个输出是人员配置管理计划。人员配置管理计划描述了项目组何时以及如何增加和减少人员。这个计划可以是正式的也可以是非正式的,其详细的程度取决于项目的类型。例如,在某音乐制作公司歌曲专辑制作项目的例子中,在不同的时期需要不同类型的人员,而同一类型人员在不同时期的需求程度中也是不同的,那么在人员配置管理计划就要反映这些资源需求的变化。人员配置管理计划通常包含资源直方图,也就是表示随着时间分配给项目资源数量的柱状图。图 9-2 是某音乐制作公司歌曲专辑制作项目的资源直方图。在该资源直方图中,纵坐标表示每周所需要的人力资源,这里的资源以工时进行表示。此外,还可以用人员数量来表示所需的资源。在决定了项目所需的人员之后,项目人力资源管理的下一步就是获取所需的人员并且组建项目组。

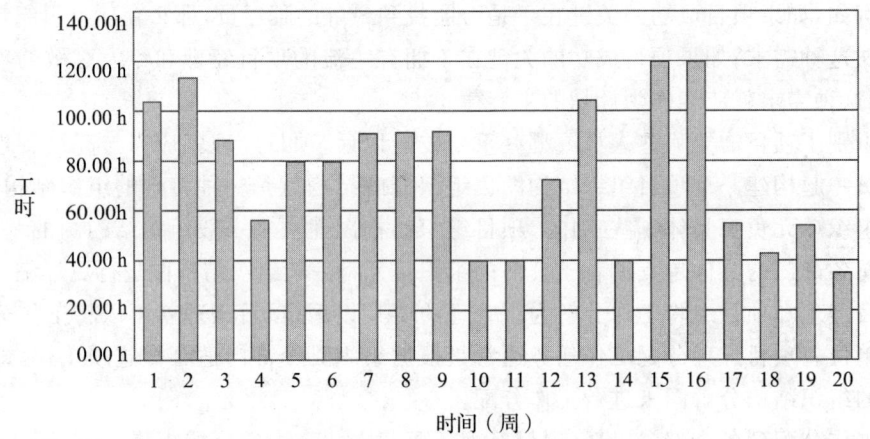

图 9-2　某音乐制作公司歌曲专辑制作项目资源直方图

2. 人员获取

在完成了人员配置管理计划之后,项目经理就要与公司人员一起商量如何给项目分配特定的人员,或者从外部获取项目所需的人力资源。很有影响力并富有谈判技巧的项目经理往往能很顺利地让内部员工参与到他的项目中来。当然,组织必须能确保分配到项目工作的员工是最适合组织需要的,同时也是最能发挥他技术特长的。

能做好人员获取的组织一般都有完善的人力资源计划。这些人力资源计划要描述目前组织中员工的数量和类型,同时还要描述项目现在和将来的活动所需人员的类型和数量。人力资源计划很重要的一步就是列出一个完整而准确的员工技能清单,如果出现员工的技能和组织的需求不相符合,那么项目经理就要和高级管理层、人力资源部门经理以及组织中其他的人员共同进行商讨如何解决人员分配和培训的问题。

建立一套完善的制度来获取分包合同的承包商和外聘人员也是很重要的。人力资源部经理通常负责招聘人员,项目经理应当和人力资源部经理合作来解决获得合适人员的问题。一种聘用和留住人才的创新方法就是给那些帮助聘用和留住人才的在职人员提供激励。例如,有些咨询公司给那些能招徕信任的员工以财务上的激励。这种方法一方面激励现有的员工招徕新的人员,另一方面公司留住了他们,同时也留住了他们找来的新员工。还有一些公司用来吸引和留住人才的方法是,根据他们各自的需要给现有的信息技术专业人员提供补贴。例如,有些人想要一周工作四天,还有的想一星期能有两天在家工作。由于信息技术人员的猎取变得越来越难,组织不得不在这些问题上面采取更有新意、更实用的方法。

3. 团队建设

(1)项目团队的生命周期

在许多的项目中,项目组成员来自不同的职能部门或不同的组织,以前从未在一起工作的成员,要想使这一群人发展成一个高效的团体,需要历经一个过程。通常可以将此一过程分成五个阶段:形成、震荡、规范、执行、解体。一个团队投入运行以后,它的团队精神、工作绩效在各个发展阶段的状态及其之间的关系是不同的,如表9-2所示。

表9-2 项目组织各阶段的相互关系

阶段	人际关系	团队行为模式	团队工作任务	领导艺术
形成阶段	包容性	防卫意识,测试边界,较礼貌	成员关注共性,项目指导和介绍	依赖于某些人扮演团队领导的角色,建立共同的目标和工作模式
震荡阶段	冲突	建立团队运作规则,冲突出现	明确决策过程,权力和影响力问题出现	明确团队成员的角色,建立明确的信息交流模式,在团队内部解决冲突
规范阶段	相互影响相互合作	团队凝聚,共享信息,敌意减少	开放、职能性的工作关系,共享责任的意识,建立团队的和谐	团队成员组织在一起为项目目标共同努力,分享领导意识,建立影响力
执行阶段	信任、高效	成长,共同协作,彼此相互依赖	高效、有创造力,评估团队成员的表现	团队成员很开放,并愿意相互帮助
解体阶段	分别	感到分别迫近,有失落感	一般表现	更加体现相互间的帮助

①形成阶段

在这一阶段,项目组成员刚刚开始在一起工作,总体上会有积极的愿望,急于开始工作,但对于自己的职责及其他成员的角色都不是很了解。他们会有很多的疑问,并不断摸索确定何种行为能够被接受。在这一阶段,项目经理需要进行团队的指导和构建工作:

- 向成员宣传项目目标,描绘美好的未来前景及项目成功所能带来的效益。
- 公布项目的工作范围、质量标准、预算和进度计划的标准和限制,使每个成员对项目目标有全面而深入的了解,建立起共同的愿景。
- 明确每个成员的角色、主要任务和要求,帮助他们更好地理解所承担的任务。
- 与成员共同讨论项目团队的组成、工作方式、管理方式和一些方针政策,以便取得一致意见,保证今后工作的顺利开展。

②震荡阶段

这是团队内激烈冲突的阶段。随着工作的开展,各方面的问题会逐渐暴露。成员们可能会发现到现实与理想不一致,任务繁重且困难重重,成本和进度限制太过紧张,工作中可能和某个成员合作不愉快。这些都会导致冲突发生,士气低落。在这一阶段,项目经理需要利用此一时机,创造一个理解和支持的环境:

- 允许成员表达不满或他们所关注的问题,接受及容忍成员的任何不满。
- 做好导向工作,努力解决问题与矛盾。
- 依靠团队成员共同解决问题,共同决策。

③规范阶段

在这一阶段,团队将渐渐趋于规范。团队成员经过了震荡阶段逐渐冷静下来,开始表现出相互之间的理解、关心和友爱,亲密的团队关系开始形成。同时,团队开始表现出凝聚力。另外,团队成员通过一段时间的工作内,开始熟悉工作程序和标准操作方法,对新制度也开始熟悉和适应,新的行为规范得到了确立并为团队成员所遵守。在这一阶段,项目经理的工作重点应该是:

- 尽量减少指导性工作,给予团队成员更多的支持和帮助。
- 在确立团队规范的同时,要鼓励成员的个性发挥。
- 培育团队文化,注重培养成员对团队的认同感、归属感,努力营造出相互协作、互相帮助、互相关爱、努力奉献的精神氛围。

④执行阶段

在此一阶段,团队的结构完全功能化并得到了认可,内部致力于从相互了解和理解到共同完成当前工作上。团队成员一方面积极工作,为实现项目目标而努力;另一方面成员之间能够开放、坦诚、及时地进行沟通,互相帮助,共同解决工作中遇到的困难和问题,创造出很高的工作效率和满意度。在此一阶段,项目经理的重点工作应在于:

- 授予团队成员更大的权力,尽量发挥成员们的潜力。
- 帮助团队执行项目计划,集中精力了解掌握有关成本、进度、工作范围的具体完成情况,以保证项目目标得以实现。
- 做好对团队成员的培训工作,帮助他们获得职业上的成长和发展。
- 对团队成员的工作绩效作出客观的评价,并采取适当的方式给予激励。

⑤解体阶段

在此一阶段,项目小组完成了任务,准备解散。项目成员中的个体要回到各自原先的部门。

(2)关于建设项目团队的一般性建议

有效的项目经理必须是一个出色的团队建设者。为保证团队的有效工作,通常给项目经理以下建议:

①对团队成员要耐心、友好,认为他们都是最好的,千万不要把他们都认为是懒惰而粗心大意的。

②解决问题而不是责备人。把注意力放在行为上,从而帮助他们解决问题。

③召开经常性的、有效的会议,注重项目目标的实现以产生有效的效果。

④把每个工作组的人数限制在3到7人。

⑤计划一些社会性的活动来帮助项目组成员和其他的项目关系人更好地互相理解,使社会活动变得有趣而不是强制性的。

⑥强调团队的同一性,创建团队成员喜欢的传统。

⑦教育培养项目组成员,鼓励他们互相帮助,提供培训以帮助个人和项目组能够成为一个有效的群体。

⑧认可个人和团队的成绩。

9.2.2 协作人力资源计划的力量

协作人力资源计划集成了跨企业的人力资源信息和过程,如薪酬、项目管理、人力资源与客户关系管理系统,来提供可以产生较好商业决策的战略参考。

协作人力资源计划有助于确保项目人力资源机能系统更具协作功能：

1. 联合了客户、项目、人力资源的记录系统

该记录系统揭示了这些元素之间的相互影响，以确保管理者用平衡项目利润、客户满意度和企业优先性的方法使人力资源分配最优化。

2. 直观并且适合企业的工作流程工具

申请资源、批准、安排、通知和分配的基本工作流程的可视化模型，让用户很容易使系统适应他们的企业流程，包含了最佳实践模板的系统让用户在工作流程中处于领先。

3. 基于分数的资源匹配

基于可配置的和有弹性的搜寻标准发现最高质量的资源。一个资源查询结果显示了每个资源通过不同的匹配标准，对搜寻做出回应的匹配分数，包含技能、熟练程度、可用性、兴趣、之前的客户或行业经验、类似的项目经验、早前的项目绩效、成本、分配和出差意愿等。简化了对项目、资源和人才的调整。搜寻结果显示了可用时间、申请时间、每个资源申请的当前预订，以及基于候选搜寻标准匹配等级和包含技能、可用性和成本在内的不同搜寻选项的重要性分数。

4. 显示一个完全资源景象的企业资源池

一个系统可以生成联合了技能、熟练程度、经验、兴趣、出差偏好，以及其他可能分配给一个角色或一个员工技能背景变量的丰富的技能数据库。

5. 生成活动情报分析

分析工具有助于管理者理解资源的有限性、分配、预测、操作变化以及跨组织和在更细微层次如业务单位、工作团体的人力资源利用。

9.3 项目人力资源的招聘

项目人力资源的重要功能就是要为企业和项目组本身获取合格的人力资源，尤其在人才竞争日趋激烈的今天，能否吸引并选拔到优秀的人才已成为项目生存和发展的关键，人力资源管理的吸纳功能就显得益发重要，而这项功能正是通过招聘录用来实现的。作为项目人力资源管理的一项基本职能活动，招聘是人力资源进入企业或者具体项目职位的重要入口。它的有效实施不仅是人力资源管理系统正常运转的前提，也是整个企业正常运转的重要保证。

按照人们的习惯思维，项目人力资源的招聘是一项活动。招聘指的就是在企业总体发展战略规划的指导下，制定出相应的职位空缺计划，并决定如何寻找合适的人员来填补这些职位空缺的过程。它的实质就是让潜在的合格人员对本企业的相关职位产生兴趣并前来应聘这些项目内的职位。

准确地理解项目人力资源的招聘，需要把握以下几个要点：

1. 举行招聘活动目的是为了吸引人员加入企业项目工作，也就是说要将相关的人员吸引到本企业的项目来参加应聘，至于如何从这些应聘者中挑选合适的人员进入项目，并非招聘工作的内容。在理解项目人员招聘的含义时，人们往往将招聘与录用这两个分开的活动混淆在一起。

2. 招聘活动所要吸引的人员应当是项目本身需要的人员，也就是要把那些能够适应项目空缺职位的人员吸引过来，这可以看作对招聘工作质量方面的要求。

3. 招聘活动所要吸引的人员数量应当是适当的。并不是说吸引的人员越多越好，而是应当控制在适当的范围之内，既不能太多也不能太少。一般而言，良好的项目人员招聘活动必须能够达到以下基本目标：

(1)恰当的时间：就是要在适当的时间内完成招聘工作，及时的补充项目本身所需的人员，这也是对于项目招聘活动最基本的要求。

(2)恰当的来源：就是要通过适当的渠道来寻求目标人员，不同的职位对人员的要求是不同的，因此要针对那些与项目空缺职位匹配程度较高的目标群体进行招聘。

(3)恰当的成本：就是要以最低的成本完成项目招聘工作，这是以保证项目人员招聘质量作为前提要件的，在同样的招聘质量之下，应当选择那些费用最少的方法。

(4)恰当的范围：就是要在恰当的空间范围内进行项目人员招聘活动，这一空间范围只要能够吸引到足够数量的合格人员即可。

(5)恰当的信息：就是在招聘之前要把项目空缺职位的工作职责内容、任职资格要求以及企业和项目的相关情况做出全面而准确的描述，使应聘者能够充分了解有关信息，以便对项目人员应聘活动做出判断。

9.3.1 项目人员招聘工作的意义

项目人员招聘工作的有效实施不仅对于项目人力资源管理本身，同时对整个企业也具有非常重要的意义，这主要表现在以下几个方面。

1. 招聘工作决定了企业能否吸纳到优秀的项目人力资源

项目人力资源，尤其是优秀的人力资源对于项目的重要性是不言而喻的。如果我们将项目看成是一个输出输入系统的话，那么人力资源就是这个系统的转换器。没有人力资源的话，项目就无法将原始的资源输入转换为有效的结果产出，因此一个项目需要人力资源的输入。而项目人员招聘工作是人力资源输入的起点，没有对优秀人力资源的吸引，项目就不可能实现对他们的接纳，所以说项目人员招聘工作的质量直接决定着项目人力资源输入的质量，从这个意义上讲，项目人员招聘工作对项目的成长和发展具有重要的意义。

2. 招聘工作影响到项目组人员的流动

项目的人员流动是受到许多因素影响的，招聘活动就是很重要的因素之一。项目人员招聘活动中信息传递的真实与否，会影响到应聘者进入项目以后的流动，如果向外部传递的信息不真实的话，员工进入项目以后就会产生较大的失落感，进而降低其工作满意度，从而导致人员较高的流动率。相反，如果传递的信息如实客观，会有助于降低项目内部人员的流动率。

3. 招聘工作影响项目人力资源管理的费用

作为项目人力资源管理的一项基本职能，招聘活动的成本构成了项目人力资源管理成本的重要组成部分，招聘成本主要包括广告费用、宣传品的费用、招聘人员的工资等，全部加起来的费用是比较高的。因此，招聘活动的有效进行能够大幅降低成本，从而降低项目人力资源管理的成本。

4. 招聘工作是项目对外宣传的一条有效途径

项目人员的招聘,特别是对外部进行招聘时,本身就是对外宣传自身项目业务的一个过程。为了实现项目人员招聘的目的,如实如质地宣传将有助于营造良好的外部环境,从而有利于项目与企业的发展。

9.3.2 影响项目人员招聘活动的因素

在现实中,项目人员招聘活动的实施是受到多种因素影响的,为了保证招聘工作的效果,必须对这些因素有所了解。归纳起来,影响项目人员招聘活动的因素主要有外部因素与内部因素。

1. 外部影响因素

(1)国家的法律法规

由于法律法规的本质是规定人们不能做什么事情,因此在一般意义上,国家的法律法规对项目的招聘活动具有限制作用,它往往规定了项目招聘活动的外部边界。某些西方国家法律规定,招聘信息中不得涉及种族、性别和年龄等特殊规定,除非证明这些是职位所必需的。

(2)外部劳动力市场

由于项目人员招聘,特别是外部招聘,主要是面向外部劳动力市场进行的,因此劳动力市场的供求状况会影响到招聘的效果。当劳动力市场的供给小于需求时,项目在吸引人员加盟就比较困难;反之,当劳动力市场的供给大于需求时,吸引人员就会比较容易。在分析外部劳动力市场的影响时,一般要针对具体的职位层次或职位类别来进行。

(3)竞争对手

在项目人员招聘活动中,竞争对手也是非常重要的一个影响因素。应聘者往往是在进行比较以后才做出决策,如果项目的招聘政策和竞争对手之间存在差距,那么就会影响企业的吸引力,从而降低招聘的效果。因此,在招聘过程中,取得和竞争对手的比较优势极为重要。

2. 内部影响因素

(1)企业自身的形象

一般而言,招募成员项目组其所属的企业若在社会中的形象越好,就越有利于招聘活动。良好的企业形象会对应聘者产生积极的影响,引起他们对项目空缺职位的兴趣,从而提高招聘的效果。国内外的实践中例子表明,一些形象良好的企业往往都是求职者的首选,而企业的形象又取决于多种因素,如发展趋势、薪酬待遇、工作机会以及企业文化等。

(2)企业的招聘预算

由于招聘活动必须支出一定的成本,因此企业的招聘预算对项目的人员招聘活动有着重要的影响。充足的招聘资金可使项目选择较多的招聘方式,扩大招聘范围,如果可以花大量的费用进行广告宣传,选择的媒体可以是影响力与涵盖观众的范围比较大的;相反,有限的招聘资金会使企业进行招聘时的选择大大减少,这会对招聘的效果产生不利的影响。

(3)企业本身的政策

企业的相关政策对于项目人员招聘活动有着直接的影响。企业在进行招聘时往往有内部招聘与外部招聘两种渠道，至于选择哪个渠道来填补项目空缺职位，大多取决于企业政策。有些企业征募项目组成员倾向于外部招聘，而有些企业则倾向于内部招聘。在外部招聘中，企业的政策会影响到项目组成员招聘来源的选择，有些企业愿意在学校中进行招聘，有些企业则愿意面向社会招聘。

9.3.3 招聘工作与项目人力资源管理其他活动的关系

作为项目人力资源输入机制的起始点，招聘工作与项目人力资源管理其他职能活动之间存在着密切的关系。

首先，科学的招聘工作是以项目人力资源规划和工作分析为前提和基础的。通过预测未来项目人力资源的需求和供给，企业才能决定出是否需要进行招聘，以及需要招聘的空缺职位是什么；而招聘的标准，也就是需要什么样的人填补项目组内这些空缺职位，则要通过工作分析过程才能清楚。许多招聘信息其实就是一个较为简化的工作分析说明书。

其次，项目人员招聘工作直接影响到选拔录用的效果，两者紧密结合且有时间上的先后顺序。一般而言，招聘工作的好坏会影响到选拔录用的效果。如果吸引的应聘者数量过少或者质量不高，那么项目组届时所能挑选的余地就会大为减少；但如果吸引到的应聘者数量过多，也会给后面的选拔过程增加负担，进而增加成本。

最后，招聘工作需要项目人力资源管理其他职能的配合。由于在招聘过程中需要向外界进行有关企业与项目本身的宣传，招聘人员必须充分地了解各方面的情况，需要对他们进行有关培训，而这就必须借助于培训开发；此外，为了使招聘工作富有成效，企业与项目都要增加自身的吸引力，提供具有竞争力的报酬就是很重要的一项因素。

9.3.4 招聘工作的程序

为了保证招聘工作的科学性与规范性，提高招聘的效果，招聘活动一般要按照下面四个步骤来进行：

1. 确定项目职位空缺

确定项目职位空缺是整个招聘活动的起点，包括数量与质量两个方面。只有明确获知项目中的空缺职位以及职位的具体要求以后，才能够开始进行招聘。职位空缺的确定，要以项目人力资源规划与工作分析为基础。

需要注意的是，由于企业填补项目职位空缺的方法很多，招聘只是其中一种而已，因此一旦选择这种方式，整个招聘工作的程序才开始运作，否则即便存在项目内的职位空缺，招聘也不会转化为现实的工作。比方说企业决定通过增加其他项目职位工作职责的办法来解决空缺问题，就没必要进行招聘录用。

2. 选择招聘渠道

一般而言，企业对项目成员招募的渠道有两个：一是外部招聘，二是内部招聘。对于利弊而言皆有，见表9-3。

表 9-3 内部招聘和外部招聘比较

招聘渠道	优势	劣势
内部招聘	有利于提高员工士气和发展期望 对组织工作的程序、企业文化、领导方式比较熟悉,能迅速展开工作 对企业目标认同感强,辞职的可能性不大,有利于个人和企业的长期发展 风险较小,对员工的工作绩效、能力和人品有基本了解,可靠性较高 节约时间和费用	容易引起同事间的过度竞争,发生内耗 竞争失利者感到心理不平衡,难以安抚,容易降低士气 新上任者面对一群资深成员,较不易建立起领导声望 容易产生近亲繁殖问题,思想、观念因循守旧,思考范围狭窄,缺乏创新能力
外部招聘	为企业注入新鲜的活力 避免企业内部因为相互竞争带来的紧张气氛 给企业内部人员以压力,激发他们的工作动力 选择的范围比较广,可招聘到优秀人才	对内部人员是一种打击,感到晋升无望,会影响工作热情 外部人员对企业状况不了解,需要较长时间适应 企业对外部人员不是很了解,不容易做出客观评价,可靠性较差 外部人员不一定认同企业的价值观和文化,会给企业稳定性带来影响

由于这两种渠道各有优劣,企业在选择是从内部招聘还是从外部招聘的问题时,往往需要综合考虑这些利弊以后才能做出决策。对于此一问题,也没有标准的答案,有些倾向于从外部进行项目成员的招聘,有些则偏好从内部进行招聘。一般而言,往往都是两种方法结合起来使用的,对于项目基层的职位可能从外部进行招聘,也可能由内部调配;项目高层的或关键的职位可能从内部晋升或调配。

3. 制定招聘计划

在选择了招聘渠道以后,接下来就要制定招聘计划。由于内部招聘是在企业内部进行,相对地比较简单,因此招聘计划大多是针对外部招聘而制定的。一般说来,招聘计划的内容主要包括以下四个方面:招聘的规模、招聘的范围、招聘的时间和招聘的预算。

(1)招聘的规模

招聘的规模指的就是企业项目准备通过招聘活动吸引多少数量的应聘者。一般来说,企业将整个招聘录用过程分为若干阶段,以每个阶段参加的人数和通过的人数比例来确定招聘的规模。

在确定招聘规模时,多半是按照从上到下的顺序进行的。例如企业某项目的基层职位空缺有 10 个,面试与录用的比例为 3∶1,那么就需要 30 人参加面试;而面试与笔试的比例为 10∶3,因此就需要 100 人参加笔试;应聘者和参加笔试的比例为 10∶1,因此该项目需要吸引 1 000 名应聘者,招聘规模也就差不多是 1 000 人。

使用这种方式来确定的招聘规模,取决于两个因素:一是招聘录用的阶段。阶段越多,招聘的规模相应地也就越大;二是每个阶段通过的比例,此一比例的确定需要参考以往历史数据和同类企业的经验,每一阶段的比例越高,招聘规模就越大。

(2)招聘的范围

招聘的范围是指要在多大的地区范围内进行招聘活动。从招聘的效果考虑,范围越大,效果相应也会越好。但随着范围的扩大,招聘成本也会相应增加,因此对于理性的企业组织而言,招聘的范围应当适度,不能过大也不能太小。

在确定招聘范围时,一大原则便是在与待聘人员直接相关的劳动力市场上进行招聘。这通常需要考虑到两个主要因素:一是空缺职位的类型。一般而言,层次较高或性质特殊的职位,需要在较大范围内进行招聘;层次较低或比较普通的职位,在较小的范围内进行招聘即可。二是当地劳动力市场状况。如果当地劳动力市场较为紧张,相关项目职位的人员供给量较少,那么招聘的范围就要扩大;反之,当地劳动力市场较为宽松的话,在本地进行招聘就足以应付需求。

(3)招聘的时间

由于招聘工作本身需要耗费一定的时间,加上选拔录用和岗前培训的时间,因此填补一个项目职位空缺往往需要一段期间。为了避免企业因缺少人员而影响正常运转,要合理地确定自己的招聘时间,以保证空缺职位的及时填补。

(4)招聘的预算

在招聘计划中,还要对招聘的预算做出估计,招聘的成本一般由以下几项费用组成:

①人工费用。就是招聘人员的工资、福利、差旅费、生活补助及加班费等。

②业务费用。包括通信费、专业咨询与服务费、广告费、数据费以及办公用品费等。

③其他费用。包括设备折旧费、水电费以及物业管理费等。

在计算招聘费用时,应当仔细分析各种费用的来源,把它们归入相应类别之中,以避免出现遗漏和重复计算。

4. 选择招聘来源和方法

招聘计划完成以后,下一个步骤就是选择招聘的来源和招聘方法。招聘来源是指潜在的应聘者所存在的目标群体,招聘的方法则是指让潜在的应聘者获知招聘信息的方式和途径。

招聘来源和招聘方法的选择,对于招聘活动的效果具有非常重要的影响,如果选择的招聘来源不当,目标群体中的人员并不适合从事项目空缺职位,那么招聘活动就无法吸引到合适的应聘者;又如果选择的招聘方法并不能让潜在的应聘者及时获知招聘信息,那么也同样无法吸引到应聘者。对于不同的招聘渠道而言,招聘的来源和招聘方法也是不同的。

9.3.5 内部招聘的来源

在进行内部招聘时,从理论上讲,招聘的来源一般有两个:一是基层职位以上的人员通过晋升方式填补项目职位,例如升任为某一项目的经理;二是同级职位以上的人员,填补空缺的方式主要是工作轮换与调换。

使用晋升的方式填补职位空缺,有利于调动员工积极性并有助于他们个人发展,但是容易造成近亲繁殖的现象。工作调换就是在相同或相近级别的职位间进行人员调动填补职位空缺,当这种调动发生不止一次时,就形成了工作轮换,这种方式有助于员工掌握多种技能,提高其工作兴趣,但却不利于员工掌握某一职务的深度技能,影响了工作的专业性。

9.3.6 内部招聘的方法

内部招聘的方法主要有两种,一是工作公告法,二是档案记录法。

1. 工作公告法

为最常见的内部招聘方法。这种方法是通过向员工通报现有工作空缺,从而吸引相关人员来申请这些空缺职位。工作公告中应包括空缺职位的各种信息,如工作内容、资格要求、上级职位、工作时间和薪资等级等。

发布工作公告时应当注意:公告应置于企业内部人员均可以看到的地方,以便有资格的人员都有机会申请这些职位;公告应保留一定时间,避免有些人因工作外出而看不到;应使所有申请人都收到有关的反馈信息。

2. 档案记录法

在人力资源部门一般都有员工的个人资料档案,从中可以了解到各个员工在教育、培训、经验、技能以及绩效等方面的信息。通过这些信息,企业的高管和人力资源部门可以确定出符合项目空缺职位要求的人员。使用这种方法进行内部招聘时,要注意两个问题,一是档案数据的信息必须真实可靠,明确详细。此外还要实时更新,这样才可以保证挑选人员的质量。二是确定出人选以后,应当征求本人意见,看其是否有意愿进行调整。

9.3.7 外部招聘的来源

相比于内部招聘,外部招聘的来源渠道较多,主要如下:

1. 学校

学校是招聘项目内初级岗位的重要来源。由于学生多半尚无工作经验,让其接受企业文化与理念相对比较容易。

2. 竞争者和其他公司

对于要求具备工作经验的职位而言,竞争者或同一行业的其他公司会是最主要的项目人员招聘来源。就此一来源进行招聘也是企业相互竞争的一种手段。

3. 失业者

由于失业者历经过失去工作的痛苦,因此当他们重新就业以后会更加珍惜现有的工作机会,工作努力程度也比较高,对企业归属感会比较强。

4. 老年群体

包括退休员工在内的老年群体虽然在体力上可能有所下降,但他们具有年轻人尚未拥有的工作经验;此外由于老年群体的生活压力多半较小,因此他们对薪资待遇的要求并不是很高,这些对项目的具体工作推动十分有利。

5. 复员转业军人

这一群体具有灵活、目标明确、纪律性强以及身体健康等特点,对项目的运营工作来说也是非常重要的来源。

6. 自我雇用者

对于要求企业内部项目所需要的技术、专业管理者和企业专门知识的各种工作来说,这些人构成了极好的招聘来源。

9.3.8 招聘信息的发布

不论选择哪一种方法进行招聘,招聘信息的发布都是很重要的一项内容。招聘信息的发布对招聘的效果具有很大的影响。一般来说,招聘信息的发布要遵循以下原则:

1. 广泛原则。发布招聘信息的面越广,接受到该信息的人就会越多,那么应聘者中符合职位要求的人的概率就会越大。

2. 及时原则。在条件允许的情况下,招聘信息应尽早地向人们发布,这样有利于缩短招聘进程,而且还有利于使更多人获知信息。

3. 层次原则。由于潜在的应聘人员都是处于社会的某一层次,因此要根据项目空缺职位的特点,向特定层次的人员发布招聘信息,以提高招聘的有效性。

4. 真实原则。在向外界发布项目招聘信息时,一定要客观真实。通过向求职者提供有关职位的真实信息,从而降低人员进入项目参加工作后的流动率。

5. 全面原则。除了向外界提供有关职位本身的信息外,还要尽可能地多提供其他的相关信息,以如企业概况、项目工作的条件以及发展的机会等。应聘者了解得越多,就越有助于他们做出判断和选择。

9.4 项目人力资源的培训

9.4.1 项目员工培训和开发的概念

培训就是给项目内的新雇员或现有雇员传授其完成本职工作所必需的基本技能的过程,其通过教学或实验的方法,使员工在知识、技术和工作态度方面有所改进,达到企业的工作要求。因此,培训是一个可以让员工展现其专业技能,优化其本身工作所需的平台。

项目员工的培训强调的是立竿见影、实时成效,所以项目在制定其员工培训策略时,需要慎重做出以下决定:

• 项目在制定员工培训策略时,希望按照什么样的规则行事?是现有规则的约束,还是突破现有规则,进行创新性的活动?

• 项目遇到人力资源无法满足未来发展时,是致力于现有的人力资源开发,还是通过外部招聘来获得富有经验的员工?

• 项目应该如何对待绩效较差的员工,是设法帮助他们,还是终止他们的雇佣关系?

• 项目的培训和企业的文化与总体策略是否互相协调,有无冲突,应如何改善?

9.4.2 项目员工培训的目的

越来越多的项目内部通过培训以实现两个主要目的:一是向项目员工传授其他更广泛的技能;二是利用培训强化项目组内成员的团队精神。

项目培训中的知识和能力,反映了经营管理实践的两个重要特征:

一是强烈的应用导向性,也就是实用性。知识,即有关的基本概念和基本理论,都是为了解决问题而研究和建立的,绝非是为了理论而理论,不是纸上谈兵;能力更应当是可操作性的,是对症下药能解决实际问题的。

二是多元性、复杂性和动态性。生产经营活动除涉及物品外,也涉及有血有肉的人,人会受到心理因素影响,所以经营工作中主要的做法是权变的,需要因时因地制宜。

在项目培训活动中向员工传授的知识主要分为三类:一是基础知识,如基本的外语、数理化等;二是专业知识,如营销、人事、财务、研究发展;三是触类旁通的广度知识。但在项目培训方面,传统上似乎只强调了技术性专业能力的培训,而忽视软方面的沟通协调技能。事实上在项目管理的工作过程中,跟人打交道的作业至少占了八成左右,对于项目经理而言,更是不能不重视沟通协调能力与问题解决能力。

以问题解决能力而言,主要由七个步骤组成的一个完整的过程,分别是:

(1)发现问题。项目的管理者在实际工作中往往面临的是千头万绪的复杂状况,必须能够找出存在哪些问题,才能明确任务具体内容。

(2)分清主要与次要工作。管理情景往往包括许多问题,想要同时解决基本上是无法办到的,必须将这些问题按轻重缓急列出顺序。首先必须找出主要矛盾,这样着手解决才能事半功倍。

(3)诊断原因。通过分析,找出问题发生的原因,首先是那些最主要、最迫切问题的原因。

(4)拟定对策。找出问题根源以后,便应针对这些原因,拟定出解决方法。

(5)比较取舍。分析不同对策方案的优劣、机会和风险,以及可能带来的收获、损失及其概率。

(6)做出决策。经过以上步骤,就可以从中选出最有利的一种方案,作为决策。

(7)贯彻执行。做出了决策以后,就需要制定可操作的具体行动计划,付诸实施,进行解决。

9.4.3 项目员工培训的方案设计

项目特性是在一定有限的时间达成项目需要达到的目标,所以其员工培训的方案设计会以短期为主。其目标在于让接受培训的对象在受训以后,具有某一等级的工作行为标准和工作表现。设定了目标以后才能明确培训对象、内容、教师、方法等,并可以在培训活动结束以后,对照目标进行效果评估。

1. **培训目标**

主要有以下五大类:

(1)技能培养

掌握技能离不开思维活动。在较基层的项目员工中,涉及的主要是具体的操作训练;在高层中,主要是思维活动,例如分析与决策能力,但也需要具体的技巧训练,例如书面与口头沟通能力、人际关系技巧等。

(2)传授知识

包括概念与理论的理解与纠正,知识的灌输与接受,认识的建立与改变等,都属于智力活动范畴。但理论和概念也必须和实际相结合,才能透彻理解,灵活掌握,巩固记忆。

(3)转变态度

转变态度涉及认识的变化,因此有人将之归类在传授知识这一类中,但是态度的确立或改变也涉及感情因素,这在性质和方法上不同于单纯的传授知识。

(4) 工作表现

指受训者经过培训以后,在一定的工作环境下达到特定工作绩效和行为表现。

(5) 企业目标

项目员工培训活动应该有助于实现部门和企业的绩效目标,必须充分体现以下三个要素:
- 接受了培训后的行为或绩效标准;
- 何种状况下,这个绩效标准可以加以运用;
- 评估上述行为或绩效标准的方法。

9.4.4 项目员工培训方案的实施

一旦人力资源部门根据企业内项目培训目标制定出相应的培训方案后,接下来就是如何实施该方案。在项目培训方案实施时,必须遵循科学的程序,以达到人力资本投资的最大回报,切实实现项目人力资源培训的目标。

1. 编制项目员工培训的费用预算方案

编制项目员工培训的费用预算需要做好以下五点:

(1) 编制项目员工培训的费用预算草案前的准备

编制项目员工培训的费用预算草案前的准备工作包括收集员工参加培训的资料、预计各项费用、购置培训器材等。

(2) 编制项目员工培训的成本预算草案

就是对项目员工培训进行成本与收益分析,是通过会计方法决定项目员工培训的经济收益的过程,需要从成本和收益两方面进行考虑。培训成本包括直接成本和间接成本。具体来说,有培训教师费用、交通费用、培训管理费用等各项花费。编制项目员工培训成本预算的目的是了解项目人力资源培训的成本使用信息,进行成本控制。

(3) 计算项目人力资源培训成本

计算出不同阶段所需要的设备和人员等成本,明确不同项目员工培训成本的总体差异性。

(4) 确定项目人力资源培训的收益

项目人力资源收益一般列为潜在收益,如项目员工培训的实施可能降低生产成本或额外成本。在项目大举投入培训资源前,可以通过试验性的培训,通过对项目内成功工作者绩效的观察,大致确定成功与不成功工作者的绩效差异,来评估一小部分受训者所获得的收益。

(5) 编制项目人力资源预算方案简报

每一年度人力资源部门必须就项目员工培训的预算向企业高管做简报,其内容应当是明确而具体的,只有这样才能够获得高管阶层对预算的支持,因此简报内一定要包含项目人力资源培训的目标以及该受训的财务分析报告。

2. 选择适宜的培训机构

项目人力资源的培训项目应以更节约有效的方式来运作。人们通常是认识到项目内部缺乏拥有满足现行工作需求和目标的知识和技能的合格人员以后,才决定选用外部资源满足项目人力资源培训需求。

9.5 项目人力资源的绩效管理

项目内员工工作的好坏、绩效的高低直接影响到项目的整体效益,因此,掌握和提高员工的工作绩效对于项目工作的推动极为重要,员工绩效管理就是实现此一目标的项目人力资源管理工作。运用科学的标准和方法,对员工的工作绩效进行定期考核,目的不仅是为了规划好人力资源,激励和发展员工潜力,有助于项目达到预期目标,对员工而言,也可以加强其自律性,修正个体行为,并符合组织要求。

9.5.1 绩效管理的意义

1. 项目组织需要绩效管理

从整个项目组织的角度来看,项目的目标被分为各单位目标和员工的个人目标,整个项目组织的绩效有赖于各部门绩效目标的实现,而各单位的绩效则由员工个人绩效予以支持。因此,项目需要将目标有效地分解到各单位各成员身上,并使员工和各单位都积极地向着共同的目标做努力。项目需要得到最有效的人力资源,以便高效率地完成任务。这需要从三方面着手:一是通过人员配备使员工充分发挥出作用;二是通过加强人力资源培训与开发增加整个项目组织的整体能力;三是通过薪酬管理和建立能进能出的竞争机制来激励员工的工作积极性。

2. 项目管理者需要绩效管理

项目管理者的价值并非取决于其个人做了些什么,而是取决于下属做了些什么,也就是员工的工作绩效。项目管理者必须通过下属来实现其项目与个人的绩效目标。绩效管理提供给管理者一个将项目组织目标分解到员工的机会,并且使管理者能够向员工说明自己对工作的期望和工作的衡量标准,使管理者能够对计划进行监控。

3. 员工需要绩效管理

员工在项目绩效管理中通常是以被管理者的角色出现的,绩效管理对其而言常常是一件具有压力的事,但是每个员工也都希望了解自己的工作绩效,了解自己的工作做得如何,因为他们希望自己工作能够得到他人的认可和尊重,也需要了解自己有待提高加强之处,使自身工作能力得以提高,技能得以改善。

9.5.2 绩效管理的过程

绩效管理的过程可分为四个步骤:一是绩效计划的确定;二是绩效计划执行中持续的绩效沟通与绩效信息收集;三是绩效考核;四是绩效反馈。这四个步骤是一个循环改进的过程,使项目的绩效得以持续有效提高。

1. 工作承诺、绩效目标与标准的制定

(1)工作承诺确定的方式与程序

工作承诺是制定项目绩效目标与进行绩效考核的基础,是指与某项项目工作绩效的负责人或工作结果的交付对象达成完成该项工作的协议。

工作承诺在实际操作中,表现为明确职责范围、任职资格的职务说明和工作计划。典型的工作承诺确定的程序是:工作分析→项目组织结构调整→编制职务说明→审核修改职务说明→高层经理会议审议通过→分发到各项目单位与员工,由项目负责人与员工签字认可→项目或员工根据职务说明起草工作承诺和工作计划→直接上级和间接上级审批工作承诺和工作计划→人力资源职能部门将审批后的工作承诺和工作计划整理成文件让被考核人签字认可→经被考核人确认的工作目标与计划在人力资源职能部门备案。

(2)绩效目标与标准的制定

绩效目标指的是可以用来评价出个人和项目组织绩效工作行为的特征或结果;绩效标准则是指各项指标分别应达到什么样的水平。

项目绩效目标与标准制定的典型程序是:本人与上级共同制定绩效目标与标准,并同时签字认可。绩效目标与标准可以是下级先拟定,也可以从上级直接下达,一般会反复多次才能确定。接着项目绩效目标与标准在人力资源职能部门备案。绩效目标与标准需要定期根据项目经营环境的变化和工作承诺的变化重新检视,必要时进行修改。

2. 项目绩效沟通

项目组织和员工通过沟通过程制定了绩效计划并达成了绩效契约,但这并不等于绩效计划的执行过程就会完全顺利。因此在绩效计划实施的过程中,项目组织和员工需要进行持续的绩效沟通。

(1)沟通的目的

第一,通过持续的沟通对绩效计划进行调整。项目经营环境中的竞争不断地加剧,变化的因素也逐渐增加,起初制定的绩效计划很有可能随着环境因素的变化变得不切实际或无法实现。通过项目管理人员与员工的沟通,可以适应环境变化的需求,及时地对项目绩效计划做出调整。

第二,员工需要在执行绩效计划的过程中了解到有关信息。员工在执行项目绩效计划的过程中需要了解到的信息主要有以下两类:关于如何解决工作中困难的信息以及关于自己工作做得怎么样的信息。因此持续的绩效沟通过程是员工不断改进和提高自己工作绩效的过程。

第三,项目主管需要得知有关信息。项目主管需要在员工完成工作的过程中及时地掌握工作进展情况,了解员工在工作中的表现和遇到的困难,协调项目工作。如果项目主管不能获得必要的信息,就无法在绩效评估中对员工做出恰当的评估。

(2)沟通的内容

既然持续的项目绩效沟通是管理人员和员工共同的需要,那么沟通的具体内容也要由项目主管和员工的需要来确定,看看各自需要哪些信息。一般而言,项目绩效沟通的内容主要有:工作的进展情况;员工和团队是否正确地实现项目目标和绩效标准;如果偏离了方向,应该采取什么样的行动来改变此一局面;哪些方面的工作很好地进行,哪些方面则遇上了困难或障碍;要对项目工作目标和实现目标的行动做出哪些调整;可以采取哪些行动支持项目成员,等等。

(3)沟通的方式

沟通的方式可以分为正式沟通和非正式沟通。

正式沟通指的是在正式的情境下进行的事先经过计划和安排、按照一定规则进行的沟通。正式沟通的方式有书面报告、会议沟通、面谈沟通。

在项目绩效计划实施的过程中持续地进行项目绩效沟通,除了正式沟通以外,还有大量非正式的沟通,常见的方式有走动式管理、开放式办公、工作间歇时的沟通与非正式的会议。

3. 项目绩效信息的收集

客观公正的项目绩效评价需要以事实为依据,因此在项目绩效计划的实施中一定要对被考核者的绩效表现进行观察和记录,收集必要的信息。

(1)收集项目绩效信息的目的

第一,提供项目绩效管理的事实依据。

在项目绩效计划实施的过程中,对员工的绩效信息进行记录和收集,是为了在绩效评估中有充足的客观依据。

第二,提供改进项目绩效的事实依据。

项目绩效管理的目的是改进和提供员工的绩效和工作能力,当主管表示员工在某方面做得还不够好时,需要结合具体事实向员工说明目前的差距和需要如何改进和提高。

第三,发现项目绩效问题或优秀绩效的原因。

对项目绩效信息的记录和收集还可以使主管积累一定的突出绩效的关键事件,帮助主管发现优秀绩效背后的原因,利用这些信息帮助其他员工提高绩效,或者发现项目绩效问题的原因,便于对症下药,改进员工的工作绩效。

第四,在争议仲裁中的利益保护。

保留详尽的项目员工绩效记录也是为了在发现争议时有事实依据。发生劳动争议时,可以利用绩效信息作为仲裁的信息来源。

(2)收集项目绩效信息的方法

收集项目绩效信息的方法有主要以下几种:

①观察法

主管直接观察员工在项目工作中的表现,并对员工的表现进行记录。

②工作记录法

员工某些工作目标的完成情况是通过工作记录体现出来的,如财务数据中体现出来的销售额,质量数据中的报废个数等。

③他人反馈法

如果员工的工作是为他人服务或者与他人发生一定的交易关系,就可以从员工提供服务的对象或发生交易关系的对象那里取得有关的信息。

项目绩效信息的内容主要包括项目工作目标或任务完成情况的信息、来自客户积极的和消极的反馈信息、工作绩效突出的行为表现、绩效问题的行为表现等。

(3)收集项目绩效信息时应当注意的问题

第一,让项目员工参与收集绩效信息的过程。

主管可以让员工自己做工作记录,为了避免员工有选择性地记录或收集情况,主管一定要明确地告诉他们应该收集哪些信息。

第二,要注意有目的地收集信息。

在收集信息之前,一定要弄清楚为什么要收集这些信息。

第三,可以采用抽样的方法收集信息。

即从一个员工全部工作行为中抽取一部分工作行为作出记录,关键是要注意到样本的代表性。

第四，要把事实和推测作出区别。

要注意到收集真实的项目绩效信息，而不应收集对事实的推测。

9.6 项目人力资源的开发

项目的执行需要不断引入新鲜血液进来，才能达到使项目组织活络的目标，所以对于员工的开发，是项目人力资源管理的重要内容，是项目人力资源投入的主要形式，也是保持员工与工作相匹配的关键环节。可以说，项目员工的开发成功与否，直接决定了人力资源的管理效果。近年来，项目人力资源的开发受到了企业的高度重视，尤其是新兴高科技企业。

9.6.1 项目人力资源开发的需求分析

项目人力资源投资是一种重要的人力资本投资形式，通过它，可以使员工明确自己的任务、工作职责和目标，提高知识与技能，具备与实现项目目标相适应的自身素质和业务能力，在最大限度地实现其自身价值的同时为项目创造更大的价值。既然是人力资本投资，就必须对项目开发的需求进行深入的分析。

1. 项目人力资源开发的需求来源

项目人力资源开发的首要步骤就是开发需求的设定，即是要确定需要进行什么样的开发活动。一般说来，项目员工在知识、技能、信息乃至于观念方面，与项目的工作要求可能会产生差距；从项目发展的战略目标而言，项目本身对员工有更高的要求，也要进行各种有针对性的开发工作。所以，确定员工开发需求的资料来源有：员工档案（例如培训意向、调职要求、离职理由、工作意外记录、员工申诉记录、绩效评估等）、工作描述与工作规范、工作分析报告、器材维修要求、器材损坏报告、招聘测试、顾客投诉与顾问报告等。

收集项目员工开发的所需资料多半会运用以下方法：个别员工面谈、集体面谈、问卷调查、意见箱、现场观察、工作分析、绩效评估与任务测试等。

2. 项目人力资源开发的需求层次

项目人力开发需求可以分为三个层次：组织层、工作层和个体层。因此开发需求可以从以下三个方面来分析。

（1）组织分析

在确定了项目层面的开发需要时，要取得最高管理层的许可和支持。除了考虑到项目目前和未来的需要以外，更要注意以这些需要来订立优先的次序，评估某一单位的员工接受开发会对于其他单位造成什么样的影响，如引起工作程序的改变，以致影响其他的单位。

分析要有预见性，要以发展的眼光去诊断需要，这就要预测项目未来在技术上、销售市场上及组织结构上可能发生的变化，了解现有员工的能力并推测出未来将需要哪些知识和技能，从而推估出哪些员工在某些能力上还需要进行开发。

开发的需求预测要有根据，必须对项目过去的考绩统计数据进行分析，要全面性的考虑到这些影响指标。所以在此之前，必须通过一番缜密的调查和研究，除了重视到技术专业的问题，还要重视那些心理层面的因素。

(2)工作分析

这种分析研究的是员工如何具体地完成它们各自所承担的工作职责,所以又称之为操作分析。工作分析的重点在于研究具体的工作者本人的工作行为与期望的行为标准,找出其中的差距,从而知道这个员工需要怎么样的能力开发。

(3)个人分析

项目人力资源开发的重点在于促成员工的个人行为发生所期望的改变。没有经验的员工绩效不良可能是由于缺乏所需的知识和技能,有经验的员工没做好工作则可能是因为养成不良的工作习性所致,这可能是工作态度方面出了问题。所以,个人分析是在员工个体水平上进行的。

9.6.2 项目人力资源素质开发

我们处在一个高度竞争的时代,项目的运营也不例外,所以必须常常地充实自身的能力,对于项目人力资源而言,终身的学习已经成为一条基本的生存法则。面对巨大的环境压力,人们不仅需要增加知识、技能,更需要健全的心理机制。项目人力资源素质的开发正是基于此需求,开发出各种战略,帮助人们提高战胜环境、超越自身的能力。

现在项目人力资源的素质开发已经从早期的生存训练转移到管理训练和心理训练等领域,目的在于提高人们的自信心,保持积极进取的人生观,培养团队精神和合作的态度,培养现代人把握机遇、抵御风险的心理素质等。所以,项目人力资源的素质开发主要特征有:

1. 强化训练

项目人力资源的素质开发设计出许多模拟的惊险场景,使学员在克服障碍、实现目标以后,获得人生中难得的高峰体验,把人的身心能力最杰出、最有潜力的部分升华到极致状态,对自己的人格和心理品质进行了一次锻炼。

2. 挑战极限

项目人力资源的素质开发设计了许多超越个人体能极限的活动,向人自身提出挑战。心理极限的突破更具有实际的存在意义,锻炼出学员战胜自我的能力。

3. 意会为主

每种项目人力资源的素质开发都有一种特征,就是运用体验式教学,摆脱空洞的说教,通过一连串生动惊险的游戏和活动,让学员自己体会感触,教员不控制开发的结果,而是充当活动的指导者,教学作用不靠外部强制灌输,而由学员自己内化到心灵层次里面。

当然,项目人力资源的素质开发并非是万灵丹,其效果主要体现在潜在的、间接的方面。如何将潜在的效果与直接的效益结合起来,加强同企业生产经营管理实践的联系,是亟待解决的一大难题。

本章提要

项目人力资源管理是有效地发挥每个参与项目人员作用的过程。项目人力资源管理的主要过程包含项目人力资源的规划、招聘、培训、绩效管理和人力资源开发。

项目人力资源规划对项目角色、职责以及报告关系进行识别、分配和归纳,编制人员配置管理计划。

项目人力资源招聘一般按照以下步骤进行:确定项目职位空缺、选择招聘渠道、制定招聘计划、选择招聘来源和方法等,以保证招聘工作的科学性与规范性,提高招聘的效果。其中项目成员招募的渠道主要有两个:一是外部招聘,二是内部招聘。

项目人力资源培训是为项目内的新雇员或现有雇员传授其完成本职工作所必需的基本技能的过程,其通过教学或实验的方法,使员工在知识、技术和工作态度方面有所改进,满足企业的工作要求。

项目人力资源绩效管理的过程可分为四个步骤:一是绩效计划的确定;二是绩效计划执行中持续的绩效沟通与绩效信息收集;三是绩效考核;四是绩效反馈。这四个步骤是一个循环改进的过程,使项目的绩效持续有效地提高。

项目人力资源的素质开发主要特征有强化训练、挑战极限和意会为主。

关键概念

- 培训(training)
- 任务分析(task analysis)
- 工作绩效分析(performance analysis)
- 人力资源规划(human resource planning)

思考习题

1. 什么是项目人力资源规划?它包含了哪些内容?
2. 项目人力资源规划有哪些特点?对于企业本身具有哪些作用?
3. 一般项目人员招聘的程序有哪些?内部招聘和外部招聘的优势和劣势表现在哪些方面?
4. 如何分析项目员工培训和开发的需求?

案例分析

项目经理的看法

如何调动员工的积极性,一直是鼎盛软件公司项目经理赵明努力钻研的问题。

赵明认为提升某人的时候就是增加其责任的时候。下属如果心情好,经理人员要肯定他的成绩,同时又要鼓励他百尺竿头,更进一步。下属高兴的时候,就让他多做点事;下属心灰意懒的时候,则不要让他太难堪。

如果一个下属因自己的失败而闷闷不乐,这时候经理人员再落井下石,就有严重伤害他的危险,他就不想再上进了。赵明还认为,一个经理人员如果能够调动另一个人的积极性,他的绩效就有很大的提升。

要使一个团队能够正常顺利运转,一切都要靠调动积极性。经理人员可以完成两个人的工作,但经理人员不是两个人。经理人员应激励他的副手,使副手再激励他的部下,层层激励,就能焕发出极大的工作热情。

赵明认为,经理人员要善于听取意见才能调动员工的积极性,一个普通的公司和一个出色的公司的区别就在这里。

作为一个经理人员,最得意的事情就是看到被称为中等或平庸的人受到赏识,使他们感到自己的意见被采纳,并发挥作用。

动员员工的最佳办法是让员工了解经理人员的行动,使他们个个成为其中的一部分。

问题:

1. 你对赵明的做法有什么看法?

2. 请从项目团队建设和人力资源管理的角度,结合你本人的实际项目经验,说出从中你有何感悟。

3. 通过这个案例,请描述你对项目人力资源管理有哪些更深的理解。

彼得·德鲁克如是说

刚刚做完安徽的项目回到长沙,希赛信息技术有限公司(CSAI)项目经理王啸杰一时还闲不下来,抓紧时间阅读管理方面的一些书籍。下面的这段话引起了他的强烈兴趣:

"即使是全时工作的员工,完全听命行事的下属也越来越少,甚至基层工作也是如此。他们越来越属于知识工作者,甚至基层工作也是如此。他们越来越属于知识工作者,而知识工作者不是部属,他们是伙伴。

通过见习阶段后,知识工作者比他们的老板更了解他们的工作,否则他们就不能发挥什么作用。事实上,因为他们比组织里任何人更懂得他们的工作,也是称之为知识工作者的部分缘由。

知识工作者与主管之间的关系,用交响乐指挥和演奏家的关系来形容,远比传统的主管和部属关系来得贴切。

一般来说,知识工作者的主管不会做部属的工作,正如乐团指挥不会吹喇叭一样。

反过来,知识工作者需要依靠主管指引方向,确定整个组织的表现,也就是标准、价值观和绩效应该是什么。总的来说,越来越多的知识工作者需要被视为义工来管理。没错,他们支取薪水,但是知识工作者具有流动性,他们随时可以离开。他们拥有自己的生产工具,那就是他们的知识。"(引自彼得·德鲁克的《21世纪的管理挑战》)

王啸杰想起了自己的公司和自己的项目团队,觉得很多问题的根源其实都是这一点,就是是否按照知识型员工的方式去管理项目团队成员。

问题:

1. 请描述你对彼得·德鲁克的话的理解。

2. 请从项目团队建设和人力资源管理的角度,结合你本人的实际项目经验,分析如何管理知识型员工。

3. 如果你就是王啸杰,请谈谈你打算采用什么样的方式来管理项目团队成员。

技能训练

请在网上搜寻找出五个知名大型企业组织结构,并针对其网页介绍的企业所执行的项目经历,判断出他们在项目人力资源管理上的作为。

参考文献

[1] 高桂平,王勇. 人力资源管理概论[M]. 武汉:武汉理工大学出版社,2008.

[2] 王国颖,陈天祥. 人力资源管理[M]. 广州:中山大学出版社,2011.

[3] 鲁耀斌. 项目管理:原理与应用[M]. 大连:东北财经大学出版社,2009.

[4]【美】鲁道夫·梅利克著,李萌译. 项目人力资源:扁平世界的工作与管理变革[M],东方出版社,2009.

第 10 章
项目沟通管理

本章学习要点:

1. 了解沟通的基本概念;

2. 掌握项目管理沟通的相关理论;

3. 了解项目管理沟通的策略;

4. 了解项目沟通计划的实施。

开篇案例

Peter Gumpert 兢兢业业地工作，成为了一家大型电信公司的领导。他是一个有才华、有能力、强硬的领导者，但是新的海底光纤通信项目比他以前参与过的任何一个项目大得多、复杂得多，更不要说自己独立管理这样的项目了。这个海底通信项目分为几个截然不同的项目，Peter 是负责监督所有这些项目的经理。由于海底通信系统的市场不断变化，包括的项目又多，因此，沟通和灵活性对于 Peter 来说关系重大。如果错过里程碑和完成日期，他的公司将遭受巨大的资金损失，小项目每天损失数千美元，大项目每天损失将超过 25 万美元。许多项目都依赖其他项目的成功，因此，Peter 必须积极了解和管理这些重要的关系。

Peter 与向他汇报的项目经理们进行过几次正式的和非正式的讨论。他与他们以及项目实施助理 Christine Braun 一起为该项目编制了一个沟通计划。然而，他还是不能确定发送信息和管理所有不可避免的变化的最佳方法。他还想给项目经理们制定统一的编制计划和跟踪执行的方法，又不扼杀他们的创造性和自主性。Christine 建议他们考虑使用一些新的通信技术，使一些重要的项目信息及时更新，保持同步。尽管 Peter 对通信和光纤铺设知道很多，但是他不是使用 IT 改善沟通过程的专家。事实上，这也是为什么他要 Christine 做他的助手的部分原因。他们能够编制一个灵活而且容易使用的沟通程序吗？由于每周都有更多的项目将纳入海底通信这个项目群中，所以，时间是决定性的因素。

项目沟通管理在项目组织的运营中，特别在于工作的推展方面，为不可或缺的一环。所以，本章首先将介绍到关于沟通的形式及其重要性，以及做好管理沟通的方式。

10.1 项目沟通管理

在项目的进行过程中，"沟通"（communication）不容置疑是一项极为重要的概念。一般而言，沟通具有交流、交际、交往、通信、传达和传播等意义。这些词句在意思上可能不尽相同，但在实质上都涉及信息交换与交流，基本含义在于与他人共同分享信息。

沟通还常常被意指为语言、书信、符号、电讯等进行的交往，是在项目组织成员之间取得共同理解和认识的一种方法。尽管对于沟通的理解和定义不尽相同，但有一点是明确的：沟通是信息从发送者到接收者的传递过程，在此过程中，人们进行交流，取得彼此的了解和信任，完成某种任务或达成特定目的，或是建立良好的人际关系等。

基于当前项目管理领域对于沟通本质的理解，将项目内进行的沟通定义为：沟通是为了达成项目中特定目的，在活动过程中依照某种途径和方式，有意识或无意识地将一定的信息从发送者传递到接收者并获得理解的过程。

所谓"有意识或无意识地"是表示沟通不仅在正式的组织或个人之间有计划地进行，而且包括无计划的非正式的沟通。"依照某种途径和方式"则说明了沟通必须借助某种媒介，包括话语、书面、仪表、仪态等各种因素。"将一定的信息从发送者到接收者"为整个沟通行为的主要部分。至于沟通的信息，可以是常规的通知、消息，也可以是某种观点或思想。而获取理解说明了沟通是一种双向的行为,必须是发送者和接收者双方之间产生了互动,并在整个过程中产生了反馈的环节。有效的沟通必须在沟通的定义基础之上具备一个明确的目标,正确地沟通信息、思想或情感,以及双方达成共识或完成既定的目标三个要素,方能达成有效的项目沟通行为。

10.1.1 全面认识沟通

沟通是一个过程,而不仅仅是信息本身,因此,了解沟通发生的过程,尤其是沟通发生的各个环节,才有助于我们真正优化并改善沟通的效果。

沟通的过程由七个要素组成,包含了信息发送者、信息、通道、信息接收者、反馈、噪音和背景等。沟通发生之前,信息发送者将信息进行编码,也就是转换为信号形式,然后通过媒介物(信道)传送到接受者,由接受者将受到的信号转译回来(解码)。这样信息的意义就从一个人那里传给了另一个人。此外,信息传递过程还会受到背景和一些噪音的影响。这七个要素之间的相互关系,可以表示为图10-1。

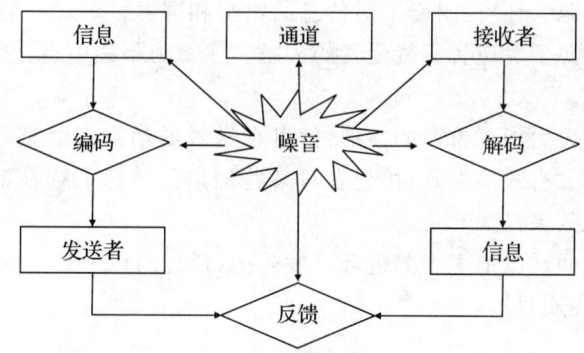

图 10-1 沟通过程的相互关系

1. **信息发送者**

信息发送者将头脑中的想法首先进行编码而生成信息(语言或文字)。信息发送者能否发送恰当信息会受到他的价值观、表达能力、对信息本身以及对信息接收者了解状况的影响。

2. **信息**

信息由发送者要分享的思想和情感组成。但是,我们常常容易忽略了一些隐藏的信息,例如不同的手势或表情等。其实,这些可能会是更为重要的信息。

3. **通道**

指的是传输信息的媒介载体,最主要的信息是通过视听途径取得的。因此,人们最常用的和有效的沟通渠道就是面对面地沟通。除了当面的沟通以外,还有通过不同媒介的沟通,如电视、广播、报纸、电话等多种形式。

4. **信息接收者**

信息接收者在接受信息时,必须先将其中加载的信息翻译成他能理解的形式,这就是对信息的解码。与信息发送者相似的是,信息接收者同样受到自己的价值观、能力、态度、知识等的限制。信息发送者应该擅长于写与说,接受者则应擅长于读、听和看,而且两者应具备一定的逻辑推理能力。

5. 背景

又称为"环境",它是指沟通发生的情境,是影响着每一个沟通的因素,也是影响整个沟通过程的关键因素。在沟通过程中,许多意义是由背景提供的,甚至语词的意义也会随着背景的不同而有所改变。

6. 反馈

反馈的作用主要在于使沟通成为一个交互过程。在沟通的过程中,沟通的每一方都在不断地将信息回送到另一方,这种回馈的过程就称为反馈。反馈可以反映出信息接收者接受和理解每一信息的状态,如果信息接收者理解了,这种反馈称为正反馈,反之则否,称为负反馈。如果信息的接受者没有完全理解,处于不确定的反应状态,则称为模糊反馈,显示信息源的信息不够充分。

7. 噪音

噪音发生于信息发送者和接收者之间,存在于发送者、接收者、渠道等其他环节中,分成三种形式:外部噪音、内部噪音和语义噪音。

(1)外部噪音:来源于环境,阻碍了对信息的收听和理解。

(2)内部噪音:来源于发送者和接受者的头脑。注意力不集中、信念、偏见等都会造成内部噪音。

(3)语义噪音:主要由于三方面的情形:信息发送者的信息不够充分、明确;信息没按照接受者容易理解的方式有效地编码;接受者对某些词语的情感上存在抵触。这些语义噪音都会影响沟通的实际效果。

沟通的过程就是通过以上七个关键环节发生的,通过对以上环节的认识,有助于改善沟通效果,有利于达到沟通目标。

10.1.2 项目沟通的类型

沟通具有复杂性,在现实生活中的沟通主体、客体、媒介、形式、环境等具体因素多样和可变,沟通可以按照不同的标准划分为如下不同类型。

1. 正式沟通与非正式沟通

按照项目管理系统与沟通机制的规范程度大小,可以分为正式沟通与非正式沟通。

(1)正式沟通

正式沟通指的是在项目组织内部,以一般组织原则和管理制度为依据,通过项目正式管理渠道进行信息传递和交流的沟通方式,是受到项目管理人员重视的传统方式。正式沟通主要用来传递和分享项目组织中正式的工作信息,包括对内或对外的公文来往、会议、命令等。

一般而言,上级文件按项目组织系统逐级向下传达,或下级情况逐级向上反映等,都属于正式沟通。正式沟通在很大程度上受到项目组织结构的影响,管理沟通的流程与正式沟通有密切的关系。

对内,正式沟通建立在项目组织内部管理制度之上,在上下级之间、各部门之间乃至于员工之中进行工作信息的传递。对外,则依据一般的交往规则,如道德、法律、伦理等,进行项目组织间或项目与外界间信息的传递和交流。

正式沟通具有约束力强、较严肃、权威性高、保密性强等特点,同时还可以使公共关系保持权威性。重要的信息和文件的传达、组织的决策一般都采用正式沟通的渠道。其缺点在于信息需要经过层层传递，缺少灵活性，效率较低。同时，由于正式沟通一般都是单向沟通，缺少反馈机制，其沟通效果难以保证。

（2）非正式沟通

非正式沟通指的是在正式渠道之外，通过非正式的沟通渠道和网络进行信息交流，常用来传递和分享组织正式活动之外的信息。非正式沟通网络构成了项目组织中相当重要的消息信道。

非正式沟通是项目组织中正式沟通的补充，特别是当正式的沟通渠道不畅通或出现问题之际，非正式沟通就会起到相当关键的作用。通常在项目组织里面，员工会更乐于非正式沟通。由于非正式通在管理活动中相当普遍，而且人们真实的思想和动机往往在非正式沟通中更多地表露出来，因此，非正式沟通在项目管理沟通上常常受到广泛的关注与研究。

非正式沟通具有传播时间快、范围广、效率高、可跨越项目组织边界传播的特点。但由于非正式沟通涉及的沟通对象较多，通常会导致传播的信息失真等问题。非正式沟通特别容易流于小道消息，其原因主要在于信息源的准确性较低。

2. **下行沟通、上行沟通、平行沟通与斜向沟通**

根据项目组织中信息的传播方向可将沟通区分为下行沟通、上行沟通、平行沟通与斜向沟通。

（1）下行沟通，指的是在项目组织中，由高层次向低层次进行的沟通活动，多用于项目管理者给下属分配任务、安排工作、指导员工解决生活中发生的障碍，指出需要解决的问题，提供工作绩效反馈等。从沟通形式上，下行沟通除了口头沟通或面谈以外，还包括书面沟通等。

（2）上行沟通则是指项目组织中，由低层次向高层次进行的沟通活动，多用于下属人员向管理者汇报或其他工作活动，如下属提交的工作绩效报告、合理化建议、员工意见调查表、投诉程序、上下级讨论和非正式的会议。在非正式的会议里面，员工有机会提出问题，与他们的上司甚至高管一起讨论，管理者可以借助下属的上行沟通来获得改进工作的意见，但实践中，上行沟通很容易受到忽视。

（3）平行沟通，指的是项目内部同一阶层或职级的人员之间的横向沟通，多用于项目组织内各职能的协调合作工作。项目各部门尤其是各职能部门之间联系越来越紧密，信息的横向传递和交流就会更显重要。相较于上行或下行沟通，水平沟通的主体在层级和权力等方面更为平等和相似，因此可以避免由于认知水平等差距造成的信息严重失真和偏差。

（4）斜向沟通是发生在不同工作部门和项目组织层次之间的员工沟通，但基本上如果进行斜向沟通之前未经由其各自部门领导汇报的话，其沟通的效果也容易大打折扣。

3. **语言沟通和非语言沟通**

根据信息是否以语言为载体进行传播，可将沟通分为语言沟通和非语言沟通。

（1）语言沟通

语言沟通，指的是以语词符号为载体实现的沟通，包括口头沟通、书面沟通和电子沟通等。

口头沟通是通过口头言语进行信息交流，如报告、传达、面谈、讨论、会议、演说等形式。

口头沟通比较灵活,富有弹性,速度较快,可以双向交流,及时反馈,信息比较综合,并且容易传递出个人态度的信息。

书面沟通则是通过通知、文件、告示、刊物和书面报告等方式进行的沟通。其优点在于不易被歪曲和误解,可以长时间甚至永久性保留,形式较为正式,可以对沟通双方具有一定的约束力和威慑力。其缺点在于不易传递情绪信息,不够灵活。

电子沟通则是指通过互联网、电子邮件、实时通信软件等手段进行沟通。电子沟通的速度快、效率高,可以多方位沟通,空间跨度较大,但是难以得到及时反馈,受硬件的条件限制较大。

通常而言,管理工作中的口头沟通和书面沟通都是不可或缺的,至于电子沟通是近年来日渐流行的沟通方式。

(2)非语言沟通

非语言沟通主要包括:辅助语言,如说话速率;形体语言,如说明性动作、眼神以及仪容仪表。相对于语言沟通而言,人们往往忽略了非语言沟通的重要性,但是非语言沟通在日常的生活上具有极为重要的意义。

10.2 项目沟通的特征

一个项目组织的沟通决定了项目的管理与经营效率,在项目的经营管理过程当中,如果能做好项目组织沟通计划,对促进其绩效目标可以起到事半功倍的效果。

10.2.1 项目群体的沟通

项目群体是指基于项目中一定的关系结合起来进行共同活动而产生相互作用的集体。该群体的规模可以比较大,也可以比较小,群体之间一般有较经常频繁的接触和互动,从而相互影响。

项目内的群体沟通有以下特征:

1. 有一定数量的项目成员

项目成员应为两个或两个以上,这是构成项目群体的主体基础。在较大的项目群体中,还有一定的组织结构与一定的分工协作,并有领导人的存在,一般而言该领导人是项目经理或管理人员。

2. 有一定的为项目群体成员接受的目标

项目群体目标是项目组织的灵魂,没有目标的项目群体也就失去了其存在的价值与意义。

3. 有明确的成员关系

在成员中形成归属感,项目成员之间互相依赖,在心理上和行为上相互影响,围绕着群体目标开展活动,具有相对独特的互动方式。

4. 有一定的行为准则

项目群体有些规范是明文规定的,有些则是约定俗成的,它保证了项目群体有秩序、协调地开展活动。

5. 时间上具有一定的持续性

项目群体是现实的社会实体,不仅占有一定的空间位置,在时间上也具有一定的持续性。

10.2.2 项目团队沟通

项目团队成功的前提在于其成员积极地承担起任务,任务的完成需要把任务目标放置在个人不同的目标之上。项目团队成员适合处理复杂的、不确定的、量大的、超越个人能力的任务。

1. 项目团队的发展过程

为完成某项项目,一般而言,一个项目团队的发展过程分为四个阶段:建立、动荡、规范和行动。这些组成行动是团队发展必经的道路,否则任何未完事项、对立或个人隐藏的目的都会妨碍项目团队的效益。

(1)建立

在此一阶段,项目成员讨论目标,判别团队应如何进行,人员组合是否合适,何时完成任务等。每一个项目成员可能不自觉地选定自认为对个人和群体都合适的项目团队类型。

(2)动荡

此一阶段主要出现的特征为意见上的分歧或矛盾。此时项目成员发现其他人带有自己的隐藏目的,在团队目标上也许并未达成一致性的意见。这会在成员之间造成愤怒和冲突,甚至可能产生人际之间的敌意。如果此冲突可以得到很好的解决,那么群体的有效运转就有了基础。

(3)规范

在此阶段,人们找到了工作的真正基础。成员们了解到彼此的优点和弱点,了解在哪些方面可以相互帮助以及如何真正作为一个团队一起工作。他们在项目团队目标、标准和任务上达成更坚定的一致性看法,制定出决策方法和切合实际的时间表。相比之下,此一阶段比建立阶段坦诚许多,因为在建立阶段中,成员都是摸索着如何合作。

(4)行动

此一阶段的出现,意味着项目群体现在已经成长为一个成熟的团队,大家共同努力,按照标准和规定的时间执行任务。项目团队成员互相支持,努力达到团队目标,并从中获得自豪感和满足感。

2. 项目团队发展应遵循的原则

要完成以上四大阶段,使之能够有效而顺利地将项目工作进行下去,必须遵守以下原则:

(1)合作性原则

合作性原则是最基础的项目沟通原则。要求个人有较高的项目团队观念。个人所发表的声明,不但能够展现出自己的才华,还需顾及自己所属团体的利益或目标,强调合作是为了更好地共享个人所需的资源。

(2)客观高于形式原则

项目个人或团体所发表的任何声明,都应当能够反映出一些实质性的内容,如项目团体的财务状况、生存发展状况等。而不允许仅仅为了面子而发布某些弄虚作假的信息,造成其他团体对外围环境判断失误,造成行动错误。

(3)关联性原则

个人或团体所发表的任何声明不仅要满足于本项目团体管理及活动的需要,还要能够满足各方面对项目团体现状的了解,也要有助于项目内部的管理及对外协调。

(4)可参考性原则

项目个人或团体所发表的声明可以分为自由性声明和格式化声明两种形式。格式化声明中是因为这种形式是按照一定的规格进行书写及发表的,其所包含的任何文字说明和数字报表不但要务实,更要前后一致、内外一致,相互具有可比性。

(5)准确性原则

意见的发表要叙述得简洁而准确,遇到社会热点问题还必须能够保持清醒的头脑和独立判断精神。

(6)及时性原则

此原则强调的是一个声明的时效性。网上散布的信息都会被人及时地传递出去,如果发表的是不良信息的话,可以以信息的时效性原则将之扼杀于摇篮之中,避免某些危害性的言论流传散布,造成恶劣的社会影响。

3. 项目团队发展不同阶段采用的方法

每个项目团队都会历经发展的五个阶段,分别是组建期、激荡期、规范期、执行期和休整期,不同的阶段要采取不同的方法。

(1)组建期的沟通方法

在一个项目组织中组建团队一般有两种,一是建立以团队为基础的项目组织,即以团队为整个组织的运行基础;二是在项目组织中有限的范围内完成某些任务时采用团队的形式。当项目团队成员开始把自己视为是团队的一分子后,这个阶段就结束了。在组建期间,一是要建立起项目团队的内部结构框架,二是要建立项目团队与外界的初步联系。

建立起项目团队的内部结构框架主要包括团队任务、目标、角色、规模、领导、规范等,而建立团队与外界的初步联系,包括确定项目团队的权限,建立对团队的绩效进行考评、对团队的行为进行激励与约束的制度体系。在项目团队组建之初,成员比较关注所要做的工作目标和工作程序。在人际关系的发展上主要体现在团队成员之间的相互了解和相互交往,彼此表现出一种在一起的兴趣和新鲜感受。

(2)激荡期的沟通方法

项目团队组建以后,隐藏的问题逐渐会暴露出来,项目团队内部的冲突会加剧,此阶段验证团队成员真正的向心力。如果成员们可以安全度过此特殊时期的话,团队本身的构筑会更加坚实。激荡包括成员与成员之间、成员与环境之间、新旧观念与行为之间三方面的激荡。

(3)规范期的沟通方法

经过一段时间的激荡,项目团队将逐渐走向规范。团队成员之间将开始形成较为紧密的关系,团队表现出一定的凝聚力,这时候会产生强烈的团队身份感和友谊关系,彼此之间保持积极的态度,为着共同目标而发展。

(4)执行期的沟通方法

这一阶段,项目团队成员的注意力与思考已经从先前的磨合到相互理解与认识,再到充满自信地完成工作任务,也可以提出一定的意见来帮助顺利开展工作。整个团队熟练掌握了处理内部冲突的技巧,并提升互信程度。

(5)休整期的沟通方法

休整期间有可能在项目团队里出现以下三种状况:

①团队解散

为完成某具体特定任务而组建的项目团队,随着任务完成后,团队也会因为事情完成而解散。这段期间成员的情绪反应会出现较大波动,管理者必须要适时注意。

②团队休整

对于某些项目团队,在完成周期性的工作任务后,会进入休整状态,而准备下一周期的工作。下一周期可能会有新成员加入,或有原成员流出。

③团队整顿

有的项目团队则是因为绩效表现不佳被要求强制整顿,管理者必须听取种种改革意见,并经过充分的民主讨论,制定系统的改革方案,包括责任、信息交流、反馈、奖励和招收新进成员等,并做出适当的调整。

10.3 项目沟通计划的实施

对于项目来说,要科学组织、指挥、协调和控制项目的实施过程,就必须进行项目的信息沟通。好的信息沟通对项目的发展和人际关系的改善都有促进作用。

10.3.1 沟通的作用

- 为项目决策和计划提供依据。
- 为组织和控制管理过程提供依据和手段,有利于改善人际关系。
- 为项目经理的成功领导提供重要手段。

10.3.2 项目沟通管理及沟通管理计划

项目沟通管理,就是为了确保项目信息合理收集和传输,以及最终处理所需实施的一系列过程。项目沟通管理具有复杂和系统的特征。

对于项目来说,沟通是如此重要,因此每个项目都应该有一个沟通管理计划(communications management planning)。这个计划应该是整体项目管理计划的一部分。沟通管理计划的类型随项目的需求而变化,但是应该准备一些典型计划的书面形式。例如,对一些小的项目来说,沟通管理计划是项目合同的一部分,沟通管理计划包括以下方面:

- 项目关系人沟通需求;
- 用于沟通的信息,包括格式、内容和各部分细节;
- 谁接收信息,谁产生信息;
- 传送信息的建议方法和技术;
- 沟通频率;
- 增加解决问题的过程;

- 用于更新沟通管理计划的修订过程；
- 常用术语表。

知道什么信息分发给哪些关系人是很重要的。通过分析关系人的沟通，能避免浪费时间和金钱去创建或发送一些不必要的信息。项目组织结构图是识别内在关系人的出发点。此外，还必须考虑项目组织外的关键关系人，如客户、客户的高层管理和分包商等。提供一个关系人沟通分析的实例，从中可以看出哪些关系人能获得哪种书面信息。注意，这种分析包括信息的联系人、交付信息的时间及指定的信息格式。可以建立一个类似的表来表示哪些关系人应出席哪些项目会议。在这些表中包含注释部分常常是一个很好的想法，用来记录与每个关系人、文件和会议等有关的特殊考虑或者细节。

许多项目没有足够的关于沟通的初始信息。项目经理、高层管理和项目团队成员设想利用现有的沟通渠道来传播项目信息就足够了。使用现有的沟通渠道的问题在于各个组（和其他关系人）都有不同的沟通需求。在项目早期创建一个沟通供应链管理计划，并与关系人一起评审，可以防止或减少以后的沟通问题。如果组织运行许多项目，在处理项目沟通问题时保持一致性有助于组织的平稳运行。

一致的沟通有助于组织改善项目沟通，特别是包含许多小项目的项目群。例如，开篇案例中的海底通信项目群经理 Peter Gumpert 将从沟通管理计划中获得巨大的利益。这个计划由他下属的所有项目经理帮助编制并遵循。由于其中几个项目可能拥有一些相同的关系人，因此编制一个协调的沟通计划甚至更为重要。例如，如果客户收到 Peter 公司的状态报告，而这些报告与从该公司内其他相关项目收到的报告格式完全不同，那么他们就会怀疑 Peter 公司管理大项目的能力。

与基本的项目沟通内容有关的信息可从工作分解结构（WBS）中获得。事实上，许多 WBS 包括项目沟通的一部分内容以确保关键信息的报告是项目的可交付成果之一。如果报告中基本信息是工作分解结构定义的一项活动，那么清楚地了解什么样的项目信息要报告、什么时候报告、如何报告以及由谁负责创建这些报告等就变得尤为重要。

10.3.3 沟通的重要性

项目沟通管理就是要保证项目信息及时、正确地提取、收集、传播、存储以及最终进行处置，保证项目团队内部的信息畅通。团队内部信息的沟通直接关系到团队的目标、功能和组织结构，对于项目的成功有着重要的意义。

在经济迅速发展和社会进步的当今社会，人们对物质和精神的生活需求也逐日高涨，对活动场所的要求也是越来越高。建筑智能化系统能够较好地满足人们对于活动场所的要求，人们希望生活在方便、舒适、高效、安全以及环保节能的环境中。因此，智能建筑在国内得到了发展。沟通在保持社会关系的协调作用得到了公认，在智能建筑实施工程中也不例外，下文将以此为例来说明沟通的重要性。

智能建筑的实施工程大概分为设计、施工两个阶段。

一般智能化系统设计是在建筑、结构、给排水和电气（强电）图纸或方案出来之后才进行工作的。因此，在智能建筑未来需求方面存在着一定缺陷，如智能化停电时的供电问题；智能化信息点、箱体位置与其他专业的冲突问题，造成业主使用不便；在满足未来需求时设备所需要的空间问题等。假如满足以上需求，则需要更换相关箱体和设备，进行管线施工，对于人力和物力造成不必要的浪费,对于建筑物本身也有损害,如美观、结构等。造成以上问题的原因是什么呢?是沟通问题(智能化专业和建筑相关专业的沟通问题)。解决的办法是建设单位组织好智能化专业与建筑相关专业沟通。由此可见沟通的重要性。

智能化系统产品的品牌很多,每个品牌有几个系列以满足客户的不同需求。如何选择和确定产品是智能建筑的关键问题,也是实施单位和建设单位沟通的主要问题。

首先是掌握建设单位对智能化系统的需求和投资成本。作为实施单位应该列出目前智能建筑的所有功能和未来发展趋势所新增的功能以供建设单位选择。然后,根据建设单位的需求选择性价比较高的产品。在设计方案论述中应该根据所选产品来描述智能化系统的技术性能,经建设单位确认后方可进行施工设计。没有好的沟通,以上工作是不可能进行的。

此外,建设单位从自身的角度考虑,大多数建筑是在每个业主的入户的位置设置一个智能终端箱,业主根据自己的需要装潢时自行解决。但是,智能化系统的信息点数量和位置对于业主的使用方便性起着至关重要的作用,而大多数智能化子系统是总线制,不同于其他专业。由于业主自身的原因,在装潢时造成的问题很多,如:

成本问题:由于是总线制,所以各个信息大多数需要从信息点位置引导智能终端箱或集中控制器。装潢的明装配线比建筑工程实施时暗装配线多了很多,使业主在经济上造成不必要的浪费。

安全问题:通常智能化系统信息点的明装配线沿地面施工,在它上面铺设瓷砖或者地板等。施工过程中钉子对于线路的畅通威胁最大,管材的弯曲和管内线的数量对于通信性能的影响也不小。

以上问题之所以存在,是实施单位和建设单位的沟通不畅。只要实施单位和建设单位进行必要的沟通,是可以解决这些问题的。

智能建筑施工阶段包括预埋、穿线阶段,设备安装、调试阶段及工程验收。

预埋、穿线阶段:需要沟通的专业有土建专业、电气(强电)和暖通专业,涉及的问题有:

土建专业:预埋管在土建专业钢筋绑扎结束的位置开始,浇筑混凝土之前完工。混凝土未凝固之前对管路畅通进行检查和整改。在土建砌墙阶段,对管路和箱体进行施工。所有的工作都需要与土建专业进行协作。出现问题,就要开槽放管、敲墙安装相关箱体,对于土建专业和自身在工期成本都有浪费。为什么会这样呢?是沟通问题。假如沟通做得好,就可以避免这些问题。

电气(强电)专业:(1)智能化系统与电气(强电)必须保持一定的距离才能满足通信的要求。因此,预埋管的路由必须与电气(强电)进行协商才能满足通信要求。(2)智能化系统的设备需要电气(强电)提供电源,所以箱体的位置与电气(强电)的箱体位置相近。所以,箱体的位置也应该与电气协商解决。如果做得不好,会对彼此都会造成不必要的麻烦和损失。只要沟通做得好,上面的问题就不会出现。因此,沟通是很重要的。

暖通专业:由于卫生间和厨房在后期的装潢阶段的变更较大。因此,智能化系统的预埋管不经过卫生间和厨房,与暖通管的路由保持一定距离。

预埋管和箱体施工完毕后,就可进行穿线工作。

设备安装、调试阶段:在土建专业的室内墙面粉刷结束后进行箱体面板和设备相关配件的安装。建筑设备自动化系统设备的安装时,有暖通、电气交叉施工问题,设备调试时的供电问题,室外工程与土建、暖通、电气等施工单位的配合问题,以及如何避免设备丢失和有意损坏的问题。解决上面所说问题要通过彼此沟通,协商解决。

跟施工现场的其他工作人员保持良好的关系,是避免设备丢失、有意损坏而使工程顺利进行的前提条件。保持良好的关系是需要沟通的。

验收阶段:如何在监理单位的配合下,通过建设单位对工程的验收;如何顺利完成工程的决算和项目收尾,这些都需要通过沟通来解决。

综上,沟通在智能建筑实施过程中具有重要作用。

10.3.4 项目沟通计划编制

无论什么样的项目都有其特定的周期。项目周期的各个阶段就好像"环环相扣"中的每个环,是一样重要的,甚至是关键性的。为了做好每个阶段的工作,以达到预期标准和效果,就必须在项目部门内部、部门与部门之间,以及项目与外界之间建立沟通渠道,以便快速、准确地传递沟通信息,以使项目内各部门达到协调一致;使项目成员明确各自的工作职责,并且了解他们的工作对实现整个组织目标所做出贡献;通过大量的信息沟通,找出项目管理的问题,制定政策并控制评价结果。因此,缺乏良好的沟通,就不可能做好项目管理工作,更不可能较好地实现项目目标。项目沟通管理涉及知识领域是保证项目信息及时正确地提取、收集、传播、储存以及最终处置所必需的。

项目沟通计划确定项目关系人的信息交流和沟通要求。项目关系人都必须准备用项目"语言"进行沟通,并且要明白每个项目关系人所参与的沟通将会如何影响项目的整体。谁需要何种信息、何时需要及如何将信息传递给他都需要通过沟通方式和手段,因而沟通计划对于项目的成功很重要。

沟通计划的依据包括沟通要求、沟通技术、制约因素和假设三个方面。

确认项目沟通要求的信息一般包括:项目组织和各利益相关者之间的关系;该项目设计技术知识;项目本身的特点决定的信息特点;与项目组织外部的联系,等等。

沟通技术:根据沟通的严肃性程度分为正式沟通和非正式沟通;根据沟通的方向分为单向沟通和双向沟通、横向沟通和纵向沟通;根据沟通的工具分为书面沟通和口头沟通,等等。

选用何种沟通技术以迅速、有效、快捷地传递信息主要取决于对信息要求的紧迫程度、技术可取得性、预期的项目环境、制约因素和假设。

10.3.5 沟通计划的结果

沟通计划的结果有项目关系人的分析结果和沟通管理计划,分析确定项目的利益。

编制计划的成员是非常重要的。好的沟通计划应具有可行性。考虑问题的影响因素是否全面和解决问题的方法是否可行决定了计划的可行性和可操作性。尽量选择经验丰富的团队是最明智的选择。计划需经过各职能经理的认可方可公布,是执行和控制的有力保证。

信息发布涉及向项目关系人及时提供所需信息。它包括实施沟通管理计划以及始料未及的信息需求应对。

信息公布应做好信息公布的反馈,如与公布信息有关项目关系人的签字以及对信息意见的文字记录。

10.3.6 绩效报告

绩效报告涉及绩效信息的收集和公布,以便向项目关系人提供有关资源如何利用来完成项目目标的信息。绩效报告一般应提供关于范围、进度计划、成本和质量的信息。

要做好绩效报告,就必须选择合理的绩效报告的工具和技术(绩效评审、偏差分析、趋势分析、挣值分析),使绩效报告与项目的实际情况最接近。

10.3.7 管理收尾

管理收尾包含项目结果文档的形成(这些文档可以使发起人或客户对项目产品的验收正式化),包括项目记录的收集,对符合最终规范的保证,对项目的成功、效果及取得的教训进行分析,以及这些信息的存档以备将来使用。

管理收尾活动不能等到项目结束才进行,项目的每个阶段都要进行适当的收尾,保证重要的、有价值的信息不流失。另外,人才数据库中的雇员技能应该得到更新,以反映新的技能和熟练程度的提高。

只有认识到项目沟通的重要性,才会做好项目沟通管理计划。有了好的项目沟通计划,只有执行好计划,才能发挥作用,才会顺利地实现项目目标,才会对项目沟通管理的重要性有更深一层的认识,才会在以后的项目中继续执行,才会为企业带来更好的效益。

10.3.8 信息化时代项目沟通的计划

某家正在实施 ERP 系统的公司在信息化项目实施过程中的沟通工作做得不够好,公司和实施方的矛盾很大,到目前为止系统实施过程陷于停顿局面,公司相关部门一度要求停掉这个项目。可是,在 ERP 项目上公司投资巨大,投入了相当多的人力、物力,怎么能半途而废呢?

其实,在信息化项目实施过程中,很多项目的失败是由于缺乏良好的沟通管理造成的,这家公司所遇到的情况就是没有对项目沟通引起足够的重视。因而,建议所有信息化项目(尤其是 ERP 这样的大系统)在实施时,首先要对沟通管理引起高度重视,其次要进行科学、合理的项目沟通管理。

一般在信息化项目实施过程中的沟通管理需要注意以下几个环节:

首先,要做项目沟通计划。制定一份详细的沟通计划,用于确定和指导项目实施中信息的沟通工作。要对项目实施过程中需要沟通的内容与工作进行科学合理的计划,比如对包括信息名称、信息类别、相关角色、时间、沟通方式、频率等要素进行充分的考虑和准备。要了解项目相关角色与人物的基本情况,了解他们对项目的期望,需要得到的项目信息及时间。比如,对于公司的办公室主任,他期望系统能够提高他们的办公效率和公文管理水平,但他对项目的实施过程并不一定清楚,因此,需要定时让他理解项目的状态和进展情况。对于研发总经理,他可能期望通过该项目的实施,在技术上取得突破。因此,项目实施过程中,必须充分考虑需要沟通的对象与内容,以保证项目取得一定阶段性成果或受阻时,及时汇报或得到支持。另外,除特殊情况外,在项目实施过程中,应基本围绕以下沟通的关键词与主线展开:文档模板、项目例会、定期报告等。

其次,要执行项目实施过程中的沟通。在项目实施过程中,项目涉及的不同角色都不同程度地需要及时得到项目的状态信息和进展信息。这种沟通的执行方式应该包括：

- 定期会议——要让相关人通过会议得到项目执行过程与阶段性的结果，包括在项目当前时刻，花了多少时间、成本和资源，还需要花费多少时间、成本和资源等；
- 主要项目角色之间的周期性文档沟通——甲方与乙方项目负责人之间定期以电子邮件等形式进行项目沟通，可以保证项目实施过程中问题的及时解决；
- 项目组成员（包括甲方成员与乙方成员）内部的沟通——通过项目组成员内部有效的沟通可以保证系统在实施过程中的细节问题实时解决；
- 项目组成员与项目相关骨干业务人员的沟通。

做好这些沟通，对于系统更好地客户化，保证实施过程中全员参与信息化有着相当重要的作用，能最大限度地减少实施阻力，将冲突化于无形。在遇到始料未及的新需求、新问题或项目需要变更时，做好相应的沟通管理的意义就更为明显。当然，沟通管理过程中还要注意执行的方式，包括是否面对面沟通，是否正式沟通以及沟通的场合等。

最后，项目沟通管理中要特别注意做好冲突管理。项目执行过程中难免会有或大或小的冲突发生，冲突解决不好对于项目实施的影响不可估计，可能会造成危机和风险。处理冲突的正确态度是勇于面对，而在执行方法方面应该善于做出适当处理，包括适度妥协。在冲突产生时，首先要理解另外一方的切身体会，本着解决问题的原则，来与相关人员进行沟通。比如，在用户提出项目变更请求时，可以采用期望值转移的方法获得用户的认可。值得强调的是，适当的妥协也是非常重要的。

10.4 项目沟通方法与技巧

以前，一位好的项目经理并不一定要是一位交流高手。客户们通常并不喜欢这种情况，但是由于项目经理能够向他们提供产品，他们也就接受了。然而，在今天这个崭新的IT世界里，所有的项目都要在客户的合作下才能够完成，而这种合作绝对离不开良好的交流。事实上，项目中出现的很多问题都是交流不善所产生的结果。同样，对于项目管理人员来说如何协助项目经理规范且高效地管理项目，有效的沟通也是一个很重要的方面。因此，可以说沟通与管理成效密不可分，而适当的沟通技巧可使项目工作事半功倍，达到成功的目标。

对于项目管理人员来说，与组织内的相关成员进行口头沟通机会很多。并且，卓有成效的口头沟通，会大大提高工作的效率。因此，提高口头沟通技巧，能够减少或者避免低效和失败。我们可以从以下几个方面提高我们的沟通效率。

10.4.1 长话短说

短话比长话更能让听者留下深刻的印象。要获得发言的机会，最好的方法就是"发问"。无论是多困难的问题，只有建设性的思考才能帮助你解决。能干者说话的三要素：非常短；兵分多路；直捣核心。

由于手机的普及，人们的谈话量大幅增加。如果你的说话冗长而拖泥带水，会给他人一种非常不好的体验，往往无法达到沟通的目的。因此，谈话总是短一些比较好。最大的理由是，这样才是有效率运用时间。另一个理由是，短话比长话更能给听者留下深刻的印象。当做汇报时，你要把"何人"、"何事"、"何时"以及"解决方案"这些信息传达给他人。如果需要做更详细的说明，在这之后再进行补充。如果你想被认为有能力的人，就要在几分钟内有条理地把话说完。

说话时必须说正面、开朗的话。所谓正面、开朗的话就是有建设性的话。不管谈话的主题多么沉重，如果说负面的话，心情只会更加郁闷，脑子里不会浮现好的解决方法。切记，无论是多困难的问题，只有建设性的思考才能帮助你解决问题。

在这里，你只需问三个问题："现在觉得最糟糕的事是什么？""你希望我帮你做什么？""下一步打算有什么动作？"这三个问题如果都有答案，会谈就可以结束了，因为这三个问题都是具有建设性的。如果能够这么做，大家见面时就已经可能拥有共同信息了。所谓会议，就是开会前已经决定了题目，把大家召集起来开会，只是请相关的人报告，以便让大家知道事情进行到什么程度。第一次听到的事情要当场下判断不是一件容易的事。因此，大家通常都无法想出好点子，会议最后则以"下次再做结论好了"终结。这样的开会方式就是浪费时间。

面谈也好，会议也罢，若有必须解决的问题，就针对解决的方法，提出建设性的意见。当你提出建设性的意见，并且让大家见到解决的希望时，别人就会认为你说的话言之有物。

10.4.2 好的说话方式

先说结论，再从容不迫地详细说理由。用数字说明比用文字说明更省时间。

需要瞬间的判断力。这需要靠平时的训练。平时说话时就必须养成习惯，先说结论，然后再从容不迫地详细说理由。如果后来的说明不怎么详细，但也把结论传达清楚。

要是某件事情无法简单地下结论，也必须先说结论吗？答案是肯定的，即使没有结论，也可以说类似结论的东西，这样才能把话说得简洁。先说类似结论性的东西，彼此再以此为前提展开交流，这是比较理想的方式。否则，谈话没有主题，天马行空，不知要谈到什么时候。

我们和别人沟通，得到的反应却很冷漠，这时，我们必须探讨为什么会这样。第一，你说的事情很难令对方相信。若是这种情形，你最好在事前准备一些能够说服对方的相关信息。第二，对方无法理解你说的内容。这时，你必须以对方能听懂的话语来陈述，虽然这不是一件容易的事。第三，对方对你说的事情不感兴趣。这时，你必须有一套技巧让对方对你说的事情感兴趣。不过，有一个方法可以一举解决这三个问题，那就是获得对方极大的信任。那么要如何才能得到对方的信任呢？答案是，你要随时准备好有充分证据的话题。当你可以拿出明确证据的话题，然后再详解，让对方心服口服，对方自然会觉得你是个值得信任的人。

说话的时候，若能适时加上一些数字，会让对方更容易懂，增加客观性，用数字说明比用文字说明更节省时间。因此，要在短时间内说有意义的话，必须善于用数字说话。

一个让话说得更好的方法是善用"比喻"。"比喻"就是在说明事物时，借用类似的东西来表现。比喻若用得巧，要说明的事情对方一下子就能了解。有时候本来很复杂的事情，或本来需要详尽说明的事情，简单的一个比喻就让对方理解，这正是比喻的威力。擅长比喻的人，不会在事前准备太多的谈话内容。他的比喻是即兴的，在自然的情况下说出。当比喻自然从口中说出时,通常是最妙的比喻。

10.4.3 高效的说话方式

说话若不得其法,一定达不到预期的效果。相反地,如果能针对关键之处说话,则在很短的时间内便可说服对方。最重要的是不可喋喋不休、啰啰嗦嗦。另外,话题的核心不必说得太详细,点出大致的方向即可,但是在细节部分应该说得很正确。这样可以增加对方对你的信任。还有,要在短时间内达到说话的具体效果,必须采取让对方下决定的说话方式。你得让对方知道你现在说话的目的是什么,以及你希望他做什么事。

在短时间内说服对方的秘诀是:观点明确,直指事情的核心;要注意细节部分的正确性;要让对方做出决断。与此同时,当你从种种迹象发觉对方是个很难说服的人时,你就应该放弃。若是继续勉强进行,可能会为将来的纷争、对立、怨恨、憎恶等埋下种子。

有些人说话缺乏逻辑,但是不能因为这样就把别人的话打断。正确的做法是,可以适时插入说话,设法让对方的速度加快,或把对方想表达的意思做简短的概述。我们最好别打断对方的谈话,要继续倾听,你只要安静听,对方已经心满意足。而且你认真听他说话,他以后也会认真听你的话作为回报。

10.4.4 令人生厌的说话方式

以自己为中心狭隘的看法,通常称为"太主观"或"主观性太强"。说话太主观,会让对方产生不愉快的感觉,还会令人生厌。因此,说话时,最要不得的就是太过主观。为什么我们会如此主观呢?

第一个原因,大部分的人都认为"自己是对的"。因为自己是对的,所以要主张、要坚持,而且不愿附和"错误意见"的另一方。

第二个原因,大部分的人都很爱自己,即使不至于陷入自恋狂的境界,起码也是把自己摆在中间,别人摆两旁。

第三个原因,大多数人都想确认自己存在的价值,都想以某种方式证明自己对这个社会或其他人有贡献。如果发觉无法证明,心中就会郁闷。因此,当遭遇与自己的意见不同时,就会产生被否定的感觉。

千万不要一发觉无法一致就心生不悦,或固执地要对方非得同意你的看法不可。你要站在双方的立场来想,如果对方发觉你的意见和他的不同,却要勉强你接受他的意见,你心有何感想?如果你无论如何也想让对方接受你的意见,那么,首先应该让对方心情愉悦。

有些人说话的方式令人生厌,但说话的内容其实并没有问题。如果因为说话的方式令人生厌,而使得对方不愿意听你的内容,那真是很大的损失。那么,哪些说话方式令人生厌呢?

第一,声音小。声音小会让他人听不清楚你在说什么。另外,声音小会让人感觉你很没自信,或是没有真心诚意想表达看法。

第二,说话大声。说话大声之所以令人生厌,最大的理由是会被周围的人听见。

第三,说话很快。说话很快易变成喋喋不休,让听者有压力,或觉得不舒服,因而引起反感。

第四,说话无精打采。有些人音量适中,说话速度也不快,但是语调却有气无力,从他嘴里吐出来的话常常含糊不清。这种无精打采的说话方式,让别人听起来很辛苦,因此大部分人都不想再听下去。

第五,只顾讲自己的话。有些人和别人对话时,却忘记对话的基本原则,只顾自己说话,把对话当成自己发表意见的场合。这种说话方式也令人生厌,对话是一来一往的,必须给对方说话的机会才行。

第六,不听对方说话。当对方话说到一半时,你若突然说起其他话题,就表示你刚才没听对方的说话。若常常出现这样的情况,对方一定没什么兴致再和你说话,因为他觉得你根本不想听他说话。

因此,说话的内容固然重要,但也要注意说的方式,说话的方式对结果影响很大。

说话时,必须尽量使用简单易懂的语言。因为说话的目的是要把你的意思传达给对方,换言之,"达意"应该列为最优先。为了清楚传达意思给对方,有一点要注意,必须尽量避免使用特殊领域的语言。每个行业多多少少都有该行业特有的术语、行话、简称,除非对方和你同行,否则不应该使用那个行业特有的用语,这是礼貌。如果你尽量避免使用专业用语,就可以学会新的词汇并提高自己的表达能力。超出自己的专业领域,才能把话说得更好,更具说服力。因此,喜欢使用行话或专业用语的人,丧失了练习一般表达方式的机会,结果,只能在狭窄的领域说别人。

话说得不好的人,常常有一个共同的缺点,那就是,没有清楚表示出自己的姿态。如果你没有清楚地表示出自己的姿态,对方怎知如何应对?这样一来,你说话就没有说服力,事情往往很难办。姿态可分两种,一种是表面姿态,一种是隐藏姿态,也就是真正姿态。因此,在说话时,由于台面上仍旧以表面的姿态为前提在谈话,因此你必须一边考虑对方隐藏的姿态,一边要尊重他表面的姿态。这时候,需要以相当小心的心思来应对。无论如何,要让谈话迅速进行,就必须看清楚对方的姿态,并且让对方知道你的姿态。如果发现对方还不了解你的目的,第一要务就是让对方明白。

10.5 项目信息管理

项目信息管理是指对项目信息的收集、整理、处理、储存、传递与应用等一系列工作的总称,也就是把项目信息作为管理对象进行管理。项目信息管理的目的就是根据项目信息的特点,有计划地组织信息沟通,以保证决策者能及时、准确地获得相应的信息。

项目信息管理系统有两种类型:人工管理信息系统和计算机管理信息系统。项目信息管理的主要内容有项目信息收集和项目信息传递。

10.5.1 项目信息收集

项目信息收集是项目信息管理各环节中关键的第一步,是后续各环节得以开展的基础。全面、及时、准确地识别、筛选、收集原始数据是确保信息正确性与有效性的前提。面对复杂的信息世界,在数据收集过程中,应坚持目的性、准确性、适用性、系统性、及时性、经济性等原则,紧紧围绕信息收集的目的,以尽可能经济的方式准确、及时、系统、全面地收集适用的数据。

信息的来源主要有内部信息和外部信息两类。信息收集的方法也多种多样,概括起来主要有网上调查法、出版资料查询法、内部资料收集法、口头询问法或书面询问法、传媒收听法、专家咨询法、现场观察法、试验法、有偿购买法、信息员采集法等。

10.5.2 项目信息的加工

信息的加工过程主要有鉴别真伪、分类整理、加工分析及编辑与归档保存四个步骤。

10.5.3 项目信息传递

信息传递也称信息传输,使信息以信息流的形式传递给信息的需求者。项目的组织机构设置是项目内部信息传递的基本渠道。

对于周期短、规模小的项目,项目信息管理没有必要在项目运作的业务流程中单独构成一个独立的管理环节。但是对于周期较长、规模较大的项目,信息管理对于项目的成功将起到重要的作用。项目信息管理组织机构的规划原则主要有:

(1)大型建设项目,在项目的组织和资源规划中必须设立专门的信息管理机构,名称可以叫项目信息中心或项目信息办公室。

(2)成立以项目总经理为核心的项目信息管理系统建设领导小组,统一规划部署项目信息化工作。

(3)在项目的计划、财务、合同、物资、档案、质量、办公室等职能部门设立部门级项目信息员。

(4)大型建设项目的信息管理系统的建设费用在每个行业的项目划分和投资估算中没有专门列编,许多建设单位从总预备费或办公管理费用中列支计算机网络、数据库、项目管理软件等的采购费用。

本章提要

项目沟通是指为了达成项目中的特定目的,在活动过程中通过某种途径和方式,有意识或无意识地将一定的信息从发送者传递到接收者并获得理解的过程。

项目沟通管理就是要保证项目信息及时、正确地提取、收集、传播、存储以及最终进行处置,保证项目团队内部的信息畅通。

项目沟通管理的首要工作是制定合理的项目沟通计划,其涉及项目全过程的沟通工作、沟通方法、沟通渠道和沟通时间等各方面的计划和安排。项目沟通计划实施最重要的工作是项目信息的加工和传递工作。在项目沟通过程中,运用正确的方法十分重要,同时掌握沟通技巧,能够减少或避免低效和失败的沟通。

项目信息管理的目的就是根据项目信息的特点,有计划地组织信息沟通,以保证决策者能及时、准确地获得相应的信息。项目信息管理系统有两种类型:人工管理信息系统和计算机管理信息系统。

关键概念

- 项目沟通管理(project communication management)
- 正式沟通(formal communication)

- 非正式沟通(informal communication)
- 发送者—接收者模型(sender-receiver models)

案例分析

李明在项目 A 筹备阶段就作为项目经理助理参与该项目,项目正式实施后被某公司任命为项目经理。但使李明感到不快的是,职能部门的经理虽然为该项目配备了时间和人员等资源,但这些人员更热衷于其他项目。同时李明还被告知别干涉职能部门经理对资源的调度。

一个月之后,在向公司管理层汇报项目进度时,李明借机向管理层说明了由于职能部门经理的不合作所造成的项目严重滞后等情况,这引起了公司管理层的高度注意,于是管理层投入了更多的资源力图使项目回到正常轨道上来。

公司管理层还为李明指定了一个项目经理助理,该助理认为应该借助于计算机程序把各种问题程序化,于是公司又投入了 12 个人来开发这个程序。在花费了巨额资金和大量时间之后,李明发现这个程序并不能实现其预定目标,于是他向一个软件供应商进行咨询,由咨询结果得知若要完成该程序,还需要多花费数倍的资金和两个月的时间才能实现预定目标,无奈之下,李明只好放弃了该程序。

此时按计划进度项目已滞后了 9 个月,但还没有成型的单元完成,客户对项目拖期问题非常不满,李明不得不花费大量时间向客户解释目前存在的问题和补救计划。3 个月后,项目仍然没有大的进展,客户开始不耐烦了,尽管李明进行了大量的解释和说明,但客户仍然不能接受严重拖期,于是指派了一个客户代表到项目现场监督工作。客户代表要求找出问题并持续更新,继而试图参与进来解决问题,李明和客户代表在一些问题上产生了激烈的冲突,导致两人关系恶化。公司管理层最后撤换了李明,最后项目 A 在超期一年之后,以预计费用的 140% 得以完成。

李明在项目 A 中遇到了很多项目经理都曾经遇到的困难,请大家讨论他为什么会被撤换下来,他应该对这些问题负责吗?

问题:
1. 李明在项目 A 中遇到了哪些困难?最关键的问题是什么?
2. 李明处理问题的方式正确吗?

参考文献

[1] 上海国家会计学院. 领导、沟通与谈判[M]. 北京:经济科学出版社,2011.
[2] 杜慕群. 管理沟通案例[M]. 北京:清华大学出版社,2013.
[3] 张昊民. 管理沟通[M]. 上海:格致出版社、上海人民出版社,2008.
[4] 郝红. 管理沟通[M]. 北京:科学出版社,2010.

第 11 章
项目采购管理

【本章学习要点】

1. 了解项目采购管理的过程；

2. 掌握制定项目采购计划的工具与方法：自制或外购分析、合同类型分析、经济订货量分析；

3. 掌握项目资源采购程序、项目劳务采购程序；

4. 理解项目采购合同的履约管理、合同履行、合同变更和解除、合同纠纷、索赔；

5. 了解项目采购收尾、合同终止。

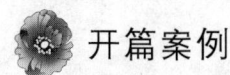 开篇案例

Q公司项目采购管理的失误

A公司下属子公司Q要求指定购买一台某品牌投影机及幕布、吊架等配件,向A公司采购中心递交了申请,要求于2天内必须安装调试完毕。对于零星采购申请,采购中心有两种选择:定点采购和网上公开竞价。纳入定点采购的货物,采购中心以"公开招标、分批供货"的采购方式确定品牌和型号,每月随时更新价格。下属子公司如果采用定点的品牌和型号,当天申请,采购中心当天办结并通知供应商,供应商一般在1~3天内完成供货。没有纳入定点采购范围的货物都采用网上竞价的方式,采购中心邀请一定数量的供应商在网上参与报价。这样一般需要2天时间来办结采购工作,供应商供货期也是1~3天。

由于事情紧急,只有两天时间,采购中心经办人建议Q公司采用"公开招标、分批供货"的采购方式确定定点品牌投影机,这样在价格和质量上都有保证,供货商如期完成安装调试的可能性也较大。但是Q公司不同意,采购中心只好邀请6家代理供应商在网上参与报价。经办人陆续接到代理供应商的电话,称该品牌投影机的上海总代理已经知道Q公司指定要购买该品牌的投影机,采取了封锁价格的方法,不肯降低报价,并且要求他们抬高价格。

于是采购中心经办人和Q公司商量是否能更换品牌,如果更换品牌,价格就不会被供货商控制。但Q公司坚持己见不肯换品牌。最后经过6家代理供应商多达几十轮的竞价,虽然中标价格比Q公司的预算低了近10%,但这只是代理供应商降低了自己的利润,而上海总代理出货的价格并没有下降。由于事先指定了品牌,该品牌投影机的成交价没有达到最合理的价位。如果事先没有指定品牌,而是改成定点采购或改为品牌间的竞争,由几个品牌的投影机进行竞价,这样价格就会有更大幅度的下降。

从这个案例中可以看出,如果在项目采购这一工作环节出现失误,不但会影响项目的顺利进行,甚至还会导致整个项目的失败。

阅读该资料后,请结合本章所学的知识,回答以下问题:

1. Q公司在项目采购规划上存在哪些问题?
2. Q公司在该项目采购组织上存在哪些问题?
3. 项目采购管理有哪些工作过程?

11.1 项目采购管理概述

11.1.1 项目采购管理的含义

一般来说,企业采购是指商品的购买,而本章所指的采购与企业一般意义上的商品采购有所不同,它假设供应商在项目组织外部,并主要是从采购关系(项目组织—供应商)中的项目组织角度出发来考虑问题,即从项目组织的视角出发讨论如何进行项目采购管理问题。

项目采购管理(Project Procurement Management)是指项目组织通过努力,以不同方式从组织系统外部获得物料、土建工程和服务的整个采购过程。项目采购不仅包括实物商品的购买,还包括雇用承包商实施工程和聘用专家进行咨询等服务活动。

11.1.2 项目采购的分类

1. 按项目采购形态分类

按项目采购形态,项目采购分为有形采购和无形采购,其中有形采购包括工程采购和货物采购,无形采购包括服务采购,如图11-1所示。

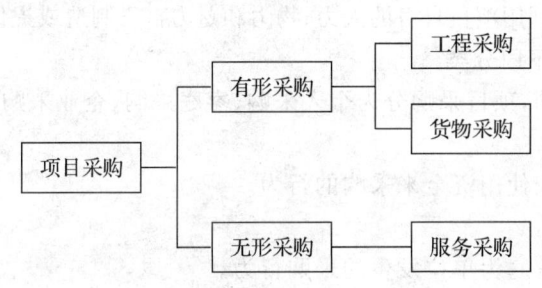

图 11-1　项目采购按形态的分类

(1) 工程采购

工程采购属于有形采购,是指通过招标或其他方式选择工程承包单位的活动,即选定合格的承包商承担项目建设任务(如修建高速公路工程、大型水电站工程、灌溉工程、污水处理工程等),以及与之相关的服务(如人员培训、维修等)。

(2) 货物采购

货物采购属于有形采购,是指通过招标或其他方式采购项目建设所需投入物的活动。货物指机械、设备、仪器、仪表、办公设备、建筑材料等,并包括与之相关的服务,如运输、保险、安装、调试、培训、初期维修等。

此外,还有大宗货物,如药品、种子、农药、化肥、教科书、计算机等专项合同采购,也属于货物采购。

(3) 服务采购

服务采购属于无形采购,是指通过招标或其他方式采购服务的活动。常见的咨询服务包括项目投资前研究、准备性服务、执行服务、技术援助。

咨询服务采购是项目采购的重要组成部分,包括聘请咨询公司采购和单个咨询专家采购。

2. 按采购竞争程度不同分类

按采购竞争程度不同,项目采购分为招标采购和非招标采购。

(1)招标采购

它是指为了使项目组织能够以最低的价格采购其所需的货物、工程和服务,并保证投标人有一个公平参与投标竞争的机会而进行的工作。具体说来,招标采购是由招标人发出招标公告,邀请潜在的投标商进行投标,然后由招标人对投标商所提出的招标文件进行综合评价,从而确定中标人,并与之签订采购合同的一种采购方式。

招标采购可进一步分为公开招标采购和邀请招标采购。公开招标采购是向所有潜在的合格投标人提供一个公平竞争的机会来竞标;邀请招标采购是为了减轻招标采购的工作量和成本,只邀请比较熟悉的投标人来竞标。

(2)非招标采购

通常大多数项目采购都是通过非招标采购进行的。非招标采购类似于日常工作的采购活动,在现实生活中应用得也非常广泛。非招标采购一般适用单价较低、有固定标准的产品的采购。非招标采购可进一步分为询价采购、直接采购和自营工程三类。询价采购指通过收集若干供应厂商的产品报价,综合评价各供应厂商的条件和价格,最终确定一个供应商的过程。直接采购指直接与供应商签订采购合同的采购方式。自营工程指由于项目的特殊要求以及成本收益的限制,利用项目自身的人力、物力和财力自己制造或提供所需的产品或服务。

3. 按项目采购人不同分类

按项目采购人不同,项目采购分为个人采购、家庭采购、企业采购和政府采购。

(1)个人采购

个人采购是指个人使用资金来采购的行为。

(2)家庭采购

家庭采购是指以家庭为单位发生的采购行为。

(3)企业采购

企业采购是指企业发生的采购行为。

(4)政府采购

政府采购是指各级国家机关、事业单位和团体组织,使用财政性资金采购依法制定的集中采购目录以内的或者采购限额标准以上的货物、工程和服务的行为。

在此分类中,个人采购、家庭采购和企业采购可统称为非政府采购。非政府采购与政府采购的区别在于:政府采购不是以盈利为目的,其资金来源为税收、捐款等财政收入,因此政府采购必然受到法律、规则和条例、司法或行政决定的限制和控制;而非政府采购就没有如此多的限制因素,私营企业可以随意将投标机会限制在少数供应商之间。

4. 按复杂性分类

按项目采购的复杂性来看,并不是所有的项目采购都是一样的。有些规模比较大,有些规模比较小;有些比较复杂,而有些则相对比较简单,属于日常采购;有些采购需要承担较高的风险,而有些则风险很小,甚至根本没有风险;有些采购需要买卖双方进行很长时间的交易,而有些则可以到公开的市场立即购买。

为了能顺利地完成采购任务,有助于在管理中更好地将注意力集中在比较复杂和棘手的采购上面,可以把项目分为三个类别和两种关系,如图 11-2 所示。

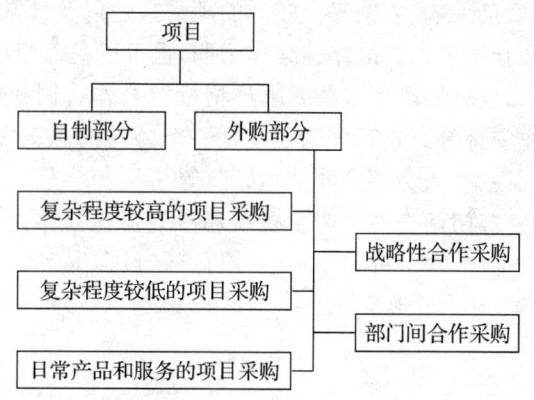

图 11-2　项目按复杂性分类

(1)复杂程度较高的项目采购(高风险采购)

对于任何项目来说,此类采购都是富有挑战性的,因为其采购的产品根本不存在,需要根据项目的技术规范量身定做,这就导致了项目在技术、质量、成本和进度等方面的高风险。

该类采购必须从项目的长远利益进行规划,并作为项目总体的一个重要子项目进行考虑。一般情况下,需要为该类中的每项采购都成立一个专门的小组进行管理。每个小组都指派一个领导(通常是一个代表项目经理的技术人员)作为代理人与供应方合作,较早识别出这类采购对整个项目起的关键作用,因此可以更加充分地进行规划。

常见的复杂性较高的项目采购包括新型商业中心的建筑设计、新制造工厂的建筑、信息技术服务的外包、新型软件包的设计、新型计算机的改进工程、新型飞机的改进工程、新型雷达系统或项目关键部分的改进工程等。

(2)复杂程度较低的项目采购(低风险采购)

此类采购的产品通常价格较高,但已经存在并能满足项目技术规范的要求,可以从供应商那里直接购买。这类采购项目往往价格昂贵,有的复杂程度甚至超过了第一种,对项目起着关键性的作用,但不需要供应方的创新。

在这一类别中,产品一般不需要作出改动,或者仅需要少量的、次要的修改。例如,对一辆所订购公共汽车上的公司标志图案的改变。只要厂商能按时交货,并保证产品能正常工作,项目就不会为此承担太大的风险。

及早识别该类采购有助于计算所需要的采购时间,并对必要的投资进行预算。常见的情况包括现有汽车、公共汽车、运输工具或飞机的购买,现存雷达系统或者大型发电机的采购,现存价格较高软件的购买,现存计算机或者其他改进型的高价部件的采购等。

(3)日常产品和服务的项目采购

项目可能需要数量庞大的某种货物或者服务,但又不属于上述两种类别。在这种状况下,基本的采购原则要比与供应方建立复杂的合同关系或者分包合同关系(即将该采购认为是一个关键子项目)更加适用。

及早对这类采购进行识别,对项目的成功没有重大意义,也就是说,它们可以在后面的阶段里识别,且一般不会给项目带来风险。这些商品一般都有替代品,常见的例子有螺母、螺钉、扣件、金属片、油漆和溶剂等原材料,铅笔、纸和其他办公用品,现有计算机、打印机、扫描仪等。

在复杂程度较高的项目采购、复杂程度较低的项目采购以及日常货物和服务的采购中，经常会涉及合作采购的问题，可以是战略性合作采购，也可以是部门间合作采购。

①战略性合作采购。战略性合作采购要求严格按照合作合同执行，这些合同也称为合作协议、合作约定或合作安排等。这种采购往往是一个公司的总裁和另一个公司的总裁统一联合动用公司的财产、设施、人力并共同分担风险等。

②部门间合作采购。部门间合作采购主要指那些只要在公司内便可以完成的采购，由公司内的一个单位（项目部门）与另外一个单位（履行部门）合作完成。

知识链接 11-1

采购认证

采购认证是指企业采购人员对采购环境进行考察并建立采购环境的过程。对于需要与供应商合作开发项目的采购方来说，就有必要进行采购认证。采购认证根据项目的大小、期限的长短等采取不同的认证方法。

采购认证是一项技术要求较高、程序较繁杂的工作，既涉及对市场供应情况的了解，与企业其他部门之间的协调，还必须掌握一些技巧。

1. 抓好采购认证的关键点

对采购认证人员来说，要做好采购认证工作是一件比较困难的事，认证人员需要有深厚的专业知识，而且需要有丰富的经验和技巧。

在整个采购认证过程中，选择适当的供应商是采购工作成功的关键。如果供应商选择不好，日后难免出现质量差、不能准时交货等问题。因此，对采购认证人员来说，首先应在更广泛的范围里寻找供应商，如参加国内外专业展览会，查看专业采购报刊、国家和地区贸易指南等来寻找供应商。对于供应商的选择，既可以选择独家供应商，也可以选择多家供应商，这要根据企业的具体情况来考虑。独家供应商易于管理，也可以享受到一定比例的优惠，但不容易把握市场的动态，常出现原料供给不足或短缺的现象。如果条件可以的话，对于同一物料，还是要选择2~3家供应商来供应，这样既可以有个比较、促进供应商之间的竞争，又可以保证供货不中断。认证人员也可以分阶段选择供应商，先选择多家供应商供应，再从中选择最好的一家，之后再选择多家供应，如此交替选择，进行合理的选择、比较和淘汰，从而为企业选择出最优秀的供应商。

认证人员在选择、评价供应商时，供应商的质量、价格、供应和服务四个方面是抓好认证工作的关键点：

(1) 合适的质量

质量的选择应根据实际情况而定，并不是质量最好的就是最合适的。在选择供应商时，选择那些质量管理体系完善（通过 ISO 9000 的企业优先）、设备先进、技术国内领先的企业作为合作伙伴。并且在认证过程中，定期对供应商的计量、质量、技术管理水平、产品合格率、设备技术状况等进行考察、评定。

（2）较低的价格

供应商的产品价格是选择供应商的一个重要方面，任何企业都希望所采购到的物料是质优价廉的。而对于供应商来说，总是想办法抬高物料的价格，这就要求采购人员在考虑保证其他条件不变的情况下，如何来降低价格。采购认证人员可以考虑下面两个方面：一是对于质量稳定，价格合理并进行长期合作的供应商给予优先考虑；二是通过信息交流和分析，考察供求关系，了解物资价格的变动趋势。采购认证人员在采购时也不能一味地追求低价格，而忽视了其他方面。

（3）持续供应

持续供应能力是对生产类物料供应商进行认证的一个重要条件，在认证合同中必须要签订约束供应商持续供应的条款。

（4）良好的服务

供应商提供的售前、售中、售后服务也是认证供应商的一个必要条件。供应商能否提供良好的服务，对企业生产经营活动具有重大影响。

采购认证人员要综合考虑上述四个方面因素，要恰当地处理质量与成本、供应、服务等要素之间的关系，不同的物料、不同的应用场合应采用不同的策略，不能采取"一刀切"的方法。

此外，采购部门尽可能地从同一个供应商那里采购不同种类的物料，这样可以节省管理费用，与供应商发展更为密切的关系，采购人员有更大的谈判余地，获得供应商更大范围的折扣。

2. 把握认证供应商的指标

除质量、价格、供应和服务几个因素外，采购认证人员还要考虑其他评价供应商的指标。主要应考虑的指标包括影响报价的可能因素、生产柔性、供应的可靠性、供应能力、供应商的稳定性与可靠性、供应商配合企业项目开发的创造性贡献、位置和按时运送、供应商存货以及售前和售后服务能力和态度等。

认证人员要全面衡量这些评价指标，对最适合产品和最可靠供应商做出比较，得出最优价格。认证人员巧妙地运用各种可能的解决方法，以获取最大的采购利益。

3. 成立联合工作小组

在采购认证过程中，为保证认证工作的顺利进行，采购部门要与供应商建立一个联合工作小组来实施采购认证工作。小组成员不仅要包括采购人员，而且也要有质量、生产、技能等相关人员。联合工作小组必须同时得到制造商和供应商领导层的支持。

11.1.3 项目采购的原则

项目采购的基本原则与项目发起人和出资人的利益密切相关。不同项目的投资者具有不同的项目采购倾向。例如，使用国家资金的公共项目采购必须满足《政府采购法》的原则，国际金融机构贷款的项目采购必须满足相关金融机构的采购指南要求，而私人投资项目的采购原则虽然不甚明确，但是必须与相应的法律法规一致。不论如何，项目采购的根本目标是为项目提供必要的材料、设备、技术或管理服务等，项目采购直接影响项目经济效益和项目质量。项目采购实质上是社会资源的一种重新分配方式。在市场经济体制下,社会资源的重新分配遵循市场经济规律,因此,项目采购应遵循市场经济的普遍规律,致力于培养和维护一个健康和谐的社会和经济秩序。项目采购的基本原则如下:

1. 经济性和效率性

项目采购的经济性和效率性是指所采购的工程、货物和服务应具有优良的品质,以及在合理的时间内完成采购,以满足项目工期的要求。其中项目采购的经济性既包括采购对象的经济性,也应包括采购活动的经济性。项目的实施讲究经济性和效率性。项目采购是项目实施或执行阶段的关键环节和主要内容,所以应特别重视采购的经济性和效率性。

货物(包括设备)和土建工程这两项采购额,按照世界银行的统计,大约占其总支付额的90%,其中货物约占70%,土建约占20%,服务约占10%,采购要在经济上有效率,也就是说,所采购的工程、货物、服务应该具有优良的质量,以及在合理的、较短的时间内完成采购,以满足项目工期的要求。

2. 均等竞争性

竞争性原则是市场经济的普遍原则,项目采购应该有利于市场竞争,促进市场公平竞争。既然公开竞争有利于降低采购成本,因此项目采购应该提倡公开竞争。

在项目采购中要给予合格竞争者均等的竞争机会,以提供项目所需的货物和工程以及咨询服务。项目采购的均等竞争性是指在项目采购中给予合格竞争者均等的机会,其有两方面含义:

(1)使所有的合格货源提供者都可以参加项目的资格预审、投标、报价;

(2)所有来自合格货源提供者的资格预审申请、投标文件和报价都必须受到公正对待。

3. 透明性

项目采购的透明性是指项目采购的整个过程具有高度的公开性。目前越来越多的政府和国际金融组织强调项目采购透明度的重要性。项目采购的透明性主要强调采购过程透明,采购过程包括招标、投标、评标、中标等全过程。采购强调透明性有利于提高采购过程的客观性,也是对前两个原则的有效支持。

4. 质量标准

项目采购必须坚持明确的质量标准,采购符合要求的材料、设备和服务。如果所采购的货物不符合项目的质量标准,则造成整个项目质量低劣,达不到客户的要求,从而造成返工或者项目失败。如果所采购的咨询服务不符合要求,则可能引起项目设计质量低劣,或者项目成本、进度失控等。

项目质量是项目业主关注的焦点之一,项目质量可分解为项目实体质量和项目工作质量,均与采购的质量标准密切相关。坚持采购质量标准为项目质量提供了坚实的基础。

11.1.4 项目采购管理的一般过程

任何一个项目的管理都是由一系列的阶段和过程构成的,项目采购管理同样也是由一系列管理阶段和过程构成的。在项目采购管理过程中,买方是起决定性作用的。因此,项目采购管理是从买方的角度出发而开展的一系列具体管理工作过程。

按照美国项目管理协会(PMI)提出的现代项目管理知识体系指南(PMBOK)规定,项目采购管理的具体工作过程包括采购计划制定、询价计划制定、询价、供方选择、合同管理和合同收尾六个过程。由于询价计划制定、询价和供方选择三个过程关系非常密切,无论是招标采购还是非招标采购,这三个过程在实际操作中往往是合为一个程序进行的(如招投标程序),因此本书中将这三个过程合在一起,称为项目采购计划的实施过程。项目采购管理的过程如图 11-3 所示。

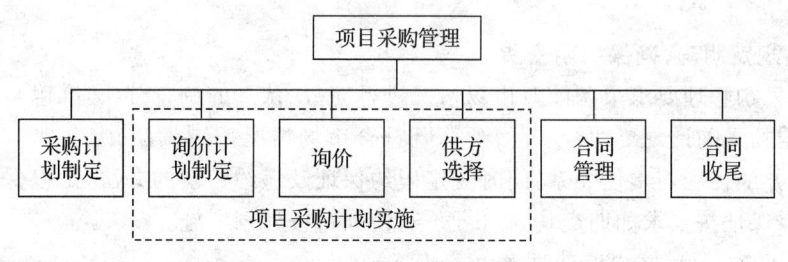

图 11-3 项目采购管理的过程

下面重点介绍项目采购管理各主要过程的一般性内容。

1. 项目采购计划的制定

为满足项目实施需要,就必须根据项目集成计划和资源需求确定出项目在什么时间需要采购什么产品和怎样采购这些产品,并据此编制出详细可行的项目采购计划。项目采购计划是项目采购管理的核心文件,是项目采购管理的根本依据之一。

2. 项目采购计划的实施

项目采购计划的实施包括询价计划制定、询价和供方选择三个过程。在询价计划制定过程中,应根据项目采购计划和其他相关计划编制采购文件,确定选择供方的评价标准。在询价过程中,应获得可能供方的报价、投标或者建议书。在供方选择过程中,根据询价过程获得的供方报价等相关信息,按照询价计划制定过程确定的评价标准,从所有的候选供方中选择一个或多个进行项目采购合同洽谈,并最终签订合同。

3. 合同管理

这包括与选定的各个供应商完成项目采购合同谈判,以及合同签订以后所开展的项目采购合同履约过程中的管理工作。这是项目所需资源的买主与卖主之间的整个合同关系的管理工作,同时还是项目所需产品供应合同的履约过程的管理工作。

4. 合同收尾

这是在项目采购合同全部履行完成前后,或者是某项合同因故中断与终止前后所开展的各种项目采购合同结算或决算,以及各种产权和所有权的交接过程。这一过程中包括了一系列的关于项目采购合同条款的实际履行情况的验证、审计、完成和交接等管理工作。

项目采购管理的工作内容和过程基本上是按照上述顺序进行的,但是不同阶段或工作之间有相互作用和相互依存的关系,以及某种程度的相互交叉和重叠。在项目采购过程中,买主一方需要依照采购合同条款,逐条、逐项、逐步地进行项目的采购管理,甚至在必要时候向各方面的专家寻求项目采购管理方面的专业支持。当然,对于许多小项目而言,这种管理过程会相对简化,而一般大型项目的采购管理则要求较高且比较复杂。

11.1.5 项目采购的重要性

项目采购管理对项目的重要性可以概括为以下三个方面。

1. 降低项目成本,减少纠纷

能否经济而有效地进行采购,直接影响到能否降低项目成本,也关系着项目未来的经济收益水平。采购计划周密,工作做得好,不但采购时可以降低成本,购买到合适的货物或签订合适的服务合同,而且在货物制造、交货以及服务提供的过程中能够尽可能地避免各种纠纷。

2. 合同规定明确,确保如期交货

健全的采购管理要求采购前对市场情况进行充分、认真的调查分析,准确掌握市场的变化趋势,制定的采购计划要切合实际,预算既符合市场情况,又留有一定余地。签订的合同明确规定双方的权利与责任关系,同时规定履约保证及违约赔偿的办法,足以保证合同的实施,因而可以保证按要求如期交货、提供服务,使项目按计划实施。

3. 严密采购制度,减少浪费现象

项目采购工作涉及资金量相对较大,同时也涉及复杂的横向关系,如果没有一套严密而周到的程序和良好有效的内部牵制制度,难免会出现贪污、浪费的现象。周密的采购程序和有效的内部牵制制度,比如在承包商的选择上,采用比较规范的公开招标、公平竞争的招标程序和严谨的支付办法,可以从制度上最大限度地防止贪污、浪费等现象的发生。

11.2 项目采购计划的制定

11.2.1 项目采购计划制定的过程

项目采购管理的首要任务是制定项目采购计划,并按计划安排好项目采购工作以实现项目的目标。项目采购计划的制定过程就是确定从项目组织外部需要采购哪些产品,从而能够更好地满足项目需求的过程,如图11-4所示。

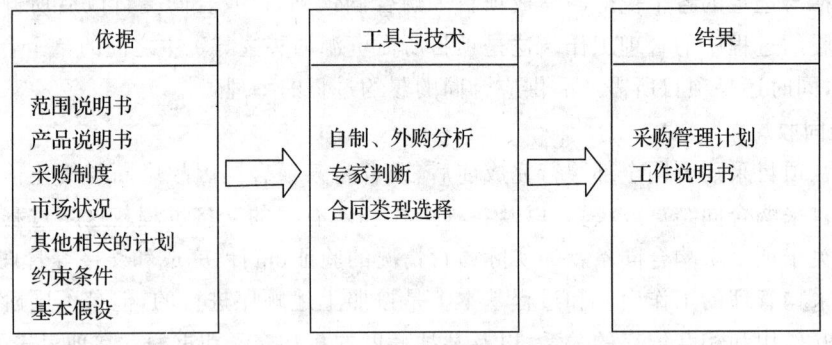

图 11-4 项目采购计划制定的过程

项目采购计划主要回答以下问题:

1. 采购什么

即首要先决定项目采购的对象或内容,这包括项目所需采购资源或劳务的名称、内容、规格、特性、要求与方法、用途或使用说明、质量标准和特殊要求等。在决策项目究竟采购什么的时候应保证采购产品满足四个条件:其一是适用性(即项目采购的产品或劳务要符合项

目实际需要);其二是通用性(即项目采购的产品或劳务要能够有可替代的产品或劳务);其三是可获得性(即项目采购的产品或劳务在需要时能及时获得);其四是经济性(即项目采购的产品或劳务在保质保量的前提下还要尽可能地使采购成本最低)。

2. 何时采购

人们何时去采购项目所需的资源和劳务,即项目采购的资源、工作的时间和周期应该如何计划和安排。因为项目采购工作开展得过早会增加项目的库存量和成本,而项目采购工作开展得过迟会因项目库存量不足而造成停工待料或停料待工等问题的产生。由于从项目采购开始的订货、采购合同洽谈与签署到产品入库必须经过一段时间间隔,所以在决定何时开展项目采购时人们需要从所采购资源或劳务投入使用之日起,按照倒推法给出合理的项目采购作业时间和提前时间,确定出项目采购询价、订货和运输等方面的时间。

3. 如何采购

主要是指在项目采购过程中使用何种方式去获得项目所需资源和劳务,以及在项目采购中所用的大政方针和交易合同条件等。这方面的主要工作包括确定是否采用分批采购或交货的方式,确定采用何种产品或劳务的供应与物流方式,确定项目采购的资源和劳务的具体交付方式和地点等。例如,如果项目采购采用分期订货和交货的方式,则每批项目所需资源或劳务的交货时间和数量必须科学地计划和安排,并在项目采购合同上明确地予以规定。同时,人们要安排和约定项目所需资源或劳务的交货方式和地点(在项目现场交货还是在其他地方交货),另外还必须安排项目所采购资源或劳务的物流方式、付款方式与违约条款(如订金和违约罚款)等。

4. 采购多少

项目采购活动究竟采购多少数量,这是有关项目采购资源和劳务数量的管理。任何项目所需资源和劳务的采购数量一定要适当,因为项目采购的资源和劳务不管是多还是少都会使项目成本上升。项目所需资源和劳务的采购数量必须根据项目实际需要情况来决定,而且项目资源和劳务的采购数量还需要使用经济订货模型等方法来确定,当然,对于风险性很高的开放性项目就很难使用经济订货模型来确定项目采购数量。另外,在安排和决定项目所需资源或劳务需要采购多少时还应该考虑批量采购的数量优惠等因素,以及项目资源存货的资金时间价值等方面的问题。

5. 向谁采购

项目所需资源或劳务究竟应该向谁采购,这是有关选择供应商或承包商的项目采购管理问题。项目资源或劳务的采购工作必须建立合理的项目供应商或承包商的评价标准和选择程序,人们需要依据该标准和程序做出向谁采购的科学决策。一般在项目采购中要决定向谁采购时,人们应全面考虑供应商或承包商的技术、质量、组织等方面的能力和财务信用状况等条件。在项目采购过程中,对于项目资源或劳务的采购需要同项目供应商或承包商加强联系,甚至在一定程度上要介入他们生产和劳务的监督与质量保障,从而保证项目能够获得符合要求的资源和劳务。

6. 以何种价格采购

在项目采购中以何种价格采购,这是项目采购中的定价管理问题,即确定以适当价格获得项目所需资源或劳务的管理问题。项目资源或劳务的采购不能无条件地按照最低价格原则进行,必须同时考虑项目资源或劳务采购的质量和交货期等要素。项目资源或劳务的采购应该在既定的质量、交货期限和其他交易条件下寻找最低的采购合同价格,这就是所谓的"合理低价"而不是"最低价"的项目采购方法。通常,项目采购合同价格的高低受多方面因素的影响,包括市场供求关系、资源与劳务提供方的成本、合同计价方法、采购的交货日期、付款方法、采购数量、国家或地方政府政策的影响、物价波动和通货膨胀的影响、采购人员的谈判和争价能力等。在确定项目资源或劳务的采购价格时,人们必须同时考虑这些因素的综合影响。

11.2.2 项目采购规划的依据

为了保证项目采购计划的科学性、合理性和可行性,项目组织必须获得大量且足够的信息才能确定项目的采购计划。项目采购计划需要与整个项目管理保持统一性和协调性。一般制定项目采购计划所需的资料和依据包括以下几个方面。

1. 项目范围信息

项目范围信息是通过范围说明书来描述的。范围说明书说明项目目前的边界和内容,它提供在采购计划编制中必须考虑的有关项目需求,还包括在项目采购计划中必须考虑的有关项目需求与战略方面的重要信息(这是项目范围管理中所生成的各种相关信息),例如项目的合理性说明、可交付的成果和项目目标。

2. 市场条件

在项目采购计划的编制过程中必须考虑外部资源的市场条件。对货物采购而言,一项重要的工作就是进行广泛的市场调查和市场分析,掌握有关采购内容的最新国内国际行情,了解采购物品的来源、价格、货物和设备的性能参数以及可靠性,并提出切实可行的采购清单和计划,为下一阶段确定采购方式和分标提供比较可靠的依据。良好的市场信息机制应该包括以下三个方面。

(1)建立重要的货物来源的记录,以便需要时能随时提出不同的供应商所能供应的货物的规格、性能及其可靠性的相关信息。

(2)建立同一类目货物的价格目录,以便采购者能利用竞争性价格得到好处。

(3)对市场情况进行分析研究,作出预测,使采购者在制定采购计划、决定如何捆包以及采取何种采购方式时,能有比较可靠的依据作为参考。

3. 项目资源需求信息

项目资源需求信息主要是指项目对外部资源需求的信息,这些资源包括各类人力资源、财力资源和物力资源的需求数据,一个项目组织必须清楚需要从外部获得哪些资源,以支持和完成项目的全部工作和实现项目目标。例如,对某些项目而言,必须获得外部专利技术或法律专家的支持和咨询等资源和服务。

4. 项目产出物的信息

项目产出物的信息是指有关项目最终生成产品的描述和技术说明,这既包括项目产出物的功能、特性和质量要求等方面的说明信息,也包括项目产出物的各种图纸、技术说明书等方面的文献和资料。这些信息为项目采购计划的制定提供了需要考虑的有关技术方面的问题和相关信息。

5. 其他项目管理计划

在制定项目采购计划时必须兼顾其他项目管理计划。这些项目管理计划对项目的采购计划具有约束或指导作用。制定项目采购计划时需要参考的计划包括项目进度计划、项目集成计划、项目成本预算计划、项目质量管理计划、项目资金计划、人员配备计划等。项目的工作分解结构、组织分解结构和已识别的风险对于制定项目采购计划也是必需的。

在采购计划的编制中，凡是可获得的其他计划的输出，都应尽量考虑。通常必须考虑的其他计划的输出包括初步成本和进度计划估算、质量管理计划、资金流预测、工作分解结构、可识别的风险和计划的人员配备等。

6. 约束条件与基本假设

约束条件是限制项目组织选择所需资源的各种因素。对于许多项目来说，最普遍的约束条件之一是资金的可获得性。在制定项目采购计划时，一定要考虑由于项目资金的限制可能不得不牺牲资源的质量等级，尽量去寻找价格更低但同样能满足项目需求的资源。

11.2.3 制定项目采购计划的工具和方法

1. 自制或外购分析

在编制采购计划时，需要决定是自制还是外购，即判断项目组织所需的资源和服务是通过自制还是外购获得，常常利用转折点分析法来进行决策分析。

其方法为：画出产品外购时的成本曲线及自制此产品的成本曲线，两条曲线有一交点，通过在交点左右的讨论来确定是自制生产还是外购此产品。

例 11-1 某项目实施需要用甲产品，若自制，单位产品变动成本为 12 元，并需另外增加一台专用设备价值 4 000 元；若外购，购买量大于 3 000 件，购价为 13 元/件；购买量小于 3 000 件时，购价为 14 元/件。试决策采购方式。

解： 对该例进行分析时，有三条成本曲线，根据此题的特点采用转折点分析法较为方便。

设：x_1 表示用量小于 3 000 件时，外购产品转折点；x_2 表示用量大于 3 000 件时，外购产品转折点；x_3 表示产品用量，则用量小于 3 000 件时产品外购成本为 $y=14x$，用量大于 3 000 件时产品外购成本为 $y=13x$，产品成本为 $y=12x+4 000$。

根据上述成本函数可求：

转折点 x_1：$12x_1+4000=14x_1$，得 $x_1=2 000$ 件。

转折点 x_2：$12x_2+4000=13x_2$，得 $x_2=4000$ 件。

将三条成本曲线及转折点用图 11-5 表示如下：

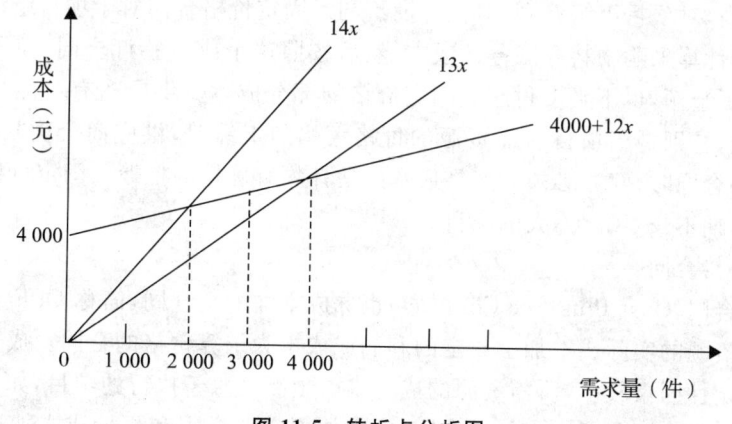

图 11-5 转折点分析图

决策分析时以下列结果为依据:
①当用量在0~2 000件时,外购为宜;
②当用量在2 000~3 000件时,自制为宜;
③当用量在3 000~4 000件时,外购为宜;
④当用量大于4 000件时,自制为宜。

此外,自制或外购分析还必须反映项目实施组织的发展前景与项目的目前需要的关系。

例11-2 某公司生产产品每年需要A零件500件。如果自制,生产该零件不会增加公司的固定成本,该零件自制的单位变动成本为7元;如果外购,则该零件的单价为8元。
①请决定该零件是自制还是外购?
②如果该公司生产该零件每年要增加固定成本600元,确定该零件是自制还是外购?

解:
①自制成本=7元×500=3 500元;
外购成本=8元×500=4 000元;
自制成本<外购成本,应选择自制。
②自制成本=7元×500+600元=4100元;
外购成本=8元×500=4000元。
自制成本>外购成本,应选择外购。

2. 专家判断法

评估该过程的依据或成果往往需要专家的技术判断,也可依据专家的采购判断制定或修改评判标准。专家法律判断可能要求律师提供相关服务,协助做出非标准采购条款和条件方面的判断。专家判断法不仅适用于采购的产品、服务或成果的技术细节,而且适用于采购管理过程的各个方面。具体方法前面章节已作详细介绍,在此不再赘述。

3. 合同类型分析

合同类型的选择是根据各采购物料、服务的具体情况和各种合同类型的适用情况权衡比较从中选择的。一般来讲,合同有三种类型,即固定价格合同、成本补偿合同和单价合同。

(1)固定价格合同

经项目组织和供应商协商,在合同中订立双方同意的固定价格作为今后结算的依据,而不考虑项目实际发生成本的多少。如实际成本较低,对供应商有利,对项目组织不利;反之,如实际成本较高,对项目组织有利,对供应商不利。固定价格合同对于项目组织来说风险比较小,只要准确计算采购物料和服务的成本,然后按照这个成本签订合同,而无需考虑供应商所花费的实际金额,也不必多付超过固定价格的部分成本。供应商有可能只获得较低的利润,甚至亏损,特别是当项目所需资源的价格大幅的上涨时,供应商会面临很大的风险。因此,签订这种合同时,双方必须对产品成本的估计均有确切的把握。固定价格合同适用于技术不复杂、工期不长、风险不大的项目。

(2)成本补偿合同

成本补偿合同(Cost Plus Fee Contract)也称成本加酬金合同,简称CPF合同。它是指以供应商提供资源的实际成本加上一定的利润或成本为结算价格的合同。成本补偿合同适用于那些不确定性因素较多,所需资源的成本难以预测又急于执行的项目,如新技术的研究和开发。成本补偿合同包括成本加成合同、成本加固定费合同和目标成本加奖励合同三种类型。

相对而言,对于项目组织来说,成本加成合同风险较大,因为供应商所提供的资源的花费很可能超过预定的价格。成本加成合同的计算公式:

$$C = C_d + C_d P$$

式中,C—合同总价;

　　C_d—实际发生成本;

　　P—固定百分比。

例如,若供应商提供 A 产品的实报实销成本为 98000 元,合同规定供应商的成本利润率为 14%,则 A 产品的结算价格为 121 720 元[98 000×(1+14%)]。由此可见,实际成本越高,供应商获利越多。因此,采用这种定价方法容易造成供应商故意抬高成本,使项目组织蒙受损失,故在实际工作中很少采用这种合同。

成本加固定费合同是指在合同中规定的结算价格由实际成本和固定费两部分构成,成本是实报实销的,而固定费则由合同明确规定,与实际成本的高低无关。成本加固定费的计算公式为:

$$C = C_d + F$$

式中,F—固定费。

相对于成本加成合同来说,这种合同可以避免供应商故意抬高成本,减少项目组织的风险,也能保证供应商获得一定的利润,但其不足之处是不能促使供应商千方百计地降低成本。

目标成本加奖励合同预先商定了项目目标成本水平和奖罚的规则,即以项目的粗略计算成本作为目标成本,约定当实际成本超过计算成本部分可以实报实销;若实际成本低于估算成本则有奖励,节约部分按合同规定的比例由项目组织和供应商双方共同分享。目标成本加奖励合同可以激励供应商想方设法降低成本。目标成本加奖励合同的计算公式为:

$$C = C_d + P_1 C_o + P_2 (C_o - C_d)$$

式中,C_o—目标成本;

　　P_1—酬金百分数;

　　P_2—奖罚百分数。

例如,项目组织给供应商 Q 约定的目标成本是 1 000 万元,P_1 约定为 10%,即目标利润是 100 万元,约定为 30%。假设第一种情况,供应商 P 的实际成本为 950 万元,则节余 1 000－950＝50 万元,项目组织为供应商实际支付 1 065 万元(950＋100＋50×30%);假设第二种情况,供应商 P 的实际成本为 1 050 万元,则超出 1 050－1 000＝50(万元),项目组织为供应商实际支付 1 135 万元(1 050＋100－50×30%);假设第三种情况,供应商 P 的实际成本为 1 500 万元,则超出 1 500－1 000＝500(万元),按照供应商分成比例计算 500×30%＝150(万元),超过了其目标利润 100 万元,项目组织按实际成本支付供应商 1 500 万元。

(3)单价合同

单价合同的结算价格是供应商每单位产品付出的劳动与劳动单位价格的乘积。这种合同形式适用于业主委托的设计单位来不及提供施工详图,或由于某些原因不能准确地计算工程量时采用。

对业主方而言,单价合同的优点是可以减少招标的准备工作,缩短招标准备时间,存在的风险是项目结束前总造价一直是未知数。若设计师能比较正确地估算工程量和减少项目实施中的变更则可降低业主风险。对承包商而言,这种合同方式避免了固定价格合同中的许多风险因素,比固定价格合同风险小。

项目组织规定的要求(如标准产品版本、项目绩效报告、成本数据提交)及其他因素(如市场竞争水平和风险水平)也将决定合同类型的选择。另外,供应商可能会将这些具体要求作为额外列支成本的项目。

4. 经济订货量分析

经济订货量(Economic Order Quantity,EOQ)分析是通过建立存货经济订货量模型,对要采购的产品进行分析,确定采购的批量和采购的时间,使采购成本和库存成本之和最小。这里采购成本(Ordering Costs)是指为订购产品而发生的各种成本。订货成本中有一部分与订货次数无关,可以理解为订货固定成本。而另一部分则与订货次数有关,但与每次订货量的多少无关,这部分可以称为订货变动成本。库存成本(Carrying Costs)是指为储存产品而付出的代价。其中一部分具有固定成本性质,如仓库折旧费;另一部分与存储过程中的储存量成正比例变化。采购成本、库存成本与订货量的关系如图11-6所示。其中,总成本为采购成本与库存成本之和。经济批量法就是指每次发单之订货成本与储存成本之和,即总成本为最低的采购量。

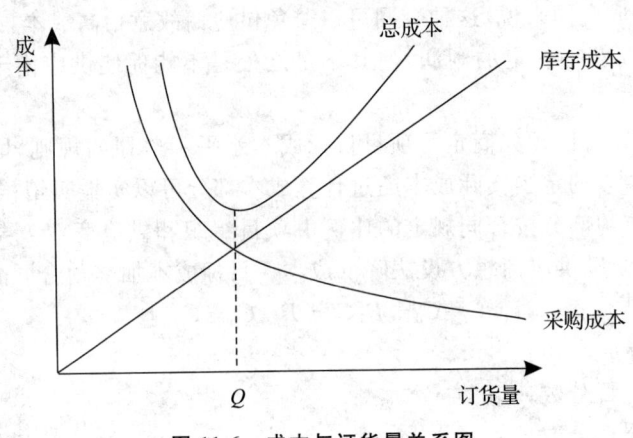

图11-6 成本与订货量关系图

5. 加权评分系统

招标人在选择供应商时,需要综合考虑多种因素,可使用加权评分体系选择供应商。具体做法是:

(1)为每个评审标准分配权重。
(2)根据每个评审标准给潜在供应商打分。
(3)用分数乘以权重。
(4)合计乘积结果,计算出汇总分数,作为评价和选择的依据。

例11-3 某项目组织在进行评标时,根据招标文件的要求,设定供应商选择应考虑的因素权重分别为:投标商在类似项目中的经验为20%,投标商提出的技术方法为30%,进度计划为10%,成本为40%。设定每个要考虑的因素总分为100分,通过对潜在投标商的每个因素评价打分,甲投标商的4个因素的得分值分别是80、80、75、90,乙投标商的4个因素的得分值分别是 90、80、70、80，丙投标商的 4 个因素的得分值分别是 85、85、70、90。如何采用加权评分系统对甲、乙、丙这三个投标商进行评价？

解：

甲投标商的综合得分＝80×0.2＋80×0.3＋75×0.1＋90×0.4＝83.5(分)；

乙投标商的综合得分＝90×0.2＋80×0.3＋70×0.1＋80×0.4＝81(分)；

丙投标商的综合得分＝85×0.2＋85×0.3＋70×0.1＋90×0.4＝85(分)。

由此可见，丙投标商的综合得分最高。因此，应该选择丙投标商作为供应商。

11.2.4 项目采购计划的编制成果

项目采购计划编制工作的成果就是形成一系列的项目采购计划文件和项目采购管理所需的指导文件，这方面的主要文件包括以下几个方面。

1. 项目采购计划书

这是项目采购计划编制工作生成的主文件，是项目采购计划编制工作的主要成果。项目采购计划书全面地描述了项目采购组织未来开展项目所需资源和劳务采购的计划和安排，其主要包括项目究竟需要采购哪些资源和劳务，项目所需的这些资源和劳务何时投入使用，项目所需这些资源或劳务的采购究竟有多少预算安排等。所以项目采购计划也称为项目资源或劳务的供应计划，这一计划的实现需要项目采购管理计划和项目采购工作计划作保障。

2. 项目采购管理计划书

这是项目采购计划编制工作生成的第二份文件，也是项目采购计划编制工作的主要成果之一。项目采购管理计划书全面地描述了项目采购组织对采购管理工作的计划和安排，其包括从项目采购管理工作的计划安排到项目招投标活动、供应商的选择、采购合同的签订、实施和合同管理与完结等各项工作的计划安排等，具体包括以下内容：

(1) 项目采购工作的管理安排。在项目采购管理计划书中要明确规定项目所需采购的资源和在这些资源的采购中应该开展的采购管理工作及其活动的计划安排。

(2) 项目采购管理工作的要求。在项目采购管理计划书中还应该给出项目采购管理工作的各种要求和规定，包括项目采购管理工作的时间进度安排和实施办法规定等。

(3) 项目采购使用的合同类型。这包括在项目采购中采用的是固定总价合同、项目成本补偿合同还是综合单价合同，同时还应该规定获得合同的方式是招投标还是其他方式。

(4) 项目采购合同的定价办法。项目采购管理计划书中要对项目所采购资源的定价办法做出规定，并以此作为选择和确定供应商或承包商的依据和评判报价与投标书的标准。

(5) 项目采购管理的责任划分。项目采购管理计划书中还应规定项目采购管理中项目业主和实施组织将分别承担哪些责任和工作，如谁负责询价、招投标、谈判与签约等。

(6) 项目采购文件的标准化。项目采购管理计划书中还应该规定谁来负责编制或获得项目采购的标准文本，包括标准合同文本、标准采购需求文本、标准招投标文本等。

(7) 供应商和承包商管理方面的规定。项目采购管理计划书中还应该规定在项目采购工作中应如何管理好供应商和承包商，包括如何选择和监控他们以及如何确定他们的履约情况等。

(8) 项目采购管理与其他工作的协调。项目采购管理计划书中应该进一步规定在开展项目采购管理过程中应如何合理地协调项目采购与项目其他方面的关系，以便更好地实现项目的目标。

3. 项目采购工作计划书

项目采购计划编制工作的第三项成果是编制和生成一份项目采购工作计划书，项目采购工作计划书是指根据项目采购计划与各种项目资源的需求信息而制定出的关于项目采购工作的具体计划安排。项目采购工作计划书规定和安排了项目采购计划实施中各项具体工作的任务、日程、方法、责任和应急措施等内容。例如，对某种在项目中大量采购的零配件而言，项目采购工作计划书中需要规定这项采购何时开始对外询价作业，何时获得各种报价，何时选择和确定供应商，何时开始发盘、还盘和合同谈判与签约等各项工作。另外，对于项目各种采购的招投标工作则应该规定何时开始发布招标信息，何时开标、决标、中标谈判和签约等。这些都属于在项目采购工作计划书中需要安排和确定的内容。

4. 项目所需资源或劳务的自制或外购决策

根据前面所介绍的项目采购管理中的自制与外购决策方法，项目采购计划编制工作还必须正式给出对项目所需各种资源与劳务所做出的自制或外购的决策，并制定专门的相关决策文件。项目所需资源的自制与外购决策文件只需要使用最简单的表格，将各种所需要的资源或劳务的自制或外购决策记录清楚，并简单记录做出这种决策的原因和依据即可。随着项目的实施，人们需要对其中某一项或几项进行变更的时候，还需要同时对该文件进行变更。

5. 项目采购具体工作文件

这是在项目采购计划编制工作中所生成的项目采购具体工作所需使用的文件，项目采购具体工作文件有不同的种类和要求，其中最常用的有项目招标书、询价书、谈判邀请书、初步意向书等。项目采购具体工作文件需要按照一定的结构或格式编写，这既可以方便项目供应商或承包商准确地理解项目采购者的要求和意图，也可以方便项目采购者准确完整地理解来自于项目供应商或承包商的各种回应。这些项目采购具体工作文件的内容包括相关的项目采购要求、说明，项目采购者期望的反馈信息，以及各种项目采购合同或协议的条款及其说明等。项目采购具体工作文件的内容和结构应该符合国家的规范和标准，通常要按照标准格式编制，以便项目采购买卖双方能够进行有效的沟通。同时，项目采购具体工作文件在形式上也要有足够的灵活性，以便买卖双方能够根据需要采用更好的工作文件和方法。

6. 项目采购的评价标准文件

在项目采购计划编制工作中还应该给出项目采购所需的评价标准文件，以及项目供应商或承包商的评价文件。在项目采购中人们需要使用这些评价标准文件对项目采购工作和项目供应商及承包商的报价书或投标书等评定等级或打分。这些文件中既要有客观的评价标准指标，也要有主观的评价标准指标，从而构成一个完整的项目采购的评价指标体系。在项目采购的评价标准中采购价格仅仅是评价标准之一，除此之外还必须综合考虑采购标的质量和供货期等其他各方面的因素，以便全面评价和制定项目采购的决策。表 11-1 是一个综合的项目采购工作中供应商和承包商的评价标准体系。

表 11-1　项目采购中供应商和承包商的综合评价标准体系

评价指标	指标说明	权重
对项目需求的理解	项目供应商与承包商对项目所采购资源或服务需求的准确理解程度,这可从他们提交的报价或发盘中看出来	0.20
项目全生命周期成本	项目供应商与承包商是否能够按照项目全生命周期最低总成本(采购成本加运营维护成本)提供采购标的	0.30
组织的技术能力	项目供应商与承包商是否具备项目所需技术和能力的情况,或他们最终得到这些技术和能力的情况	0.20
项目实施组织管理水平	项目供应商与承包商是否具备项目采购所需的项目管理能力,以确保项目实施的管理成功	0.15
项目实施组织财务能力	项目供应商与承包商是否具备项目实施过程中所需的必要财力资源和财务能力	0.15

> **知识链接 11-2**
>
> ## 层次分析法
>
> 层次分析法(The analytic hierarchy process)简称 AHP,在 20 世纪 70 年代中期由美国运筹学家托马斯·塞蒂正式提出。它是一种定性和定量相结合的、系统化、层次化的分析方法。由于它在处理复杂的决策问题上的实用性和有效性,很快在世界范围得到重视。它的应用已遍及经济计划和管理、能源政策和分配、行为科学、军事指挥、运输、农业、教育、人才、医疗和环境等领域。
>
> 层次分析法的基本思路与人对一个复杂的决策问题的思维、判断过程大体上是一样的。不妨用假期旅游为例:假如有 3 个旅游胜地 A、B、C 供你选择,你会根据诸如景色、费用和居住、饮食、旅途条件等一些准则去反复比较这 3 个候选地点。首先,你会确定这些准则在你的心目中各占多大比重。如果经济宽绰,醉心旅游,自然分别看重景色条件,而平素俭朴或手头拮据则会优先考虑费用,中老年旅游者还会对居住、饮食等条件以较大关注。其次,你会就每一个准则将 3 个地点进行对比,譬如 A 景色最好,B 次之;B 费用最低,C 次之;C 居住等条件较好等。最后,你要将这两个层次的比较判断进行综合,在 A、B、C 中确定哪个作为最佳地点。
>
> 层次分析法的基本步骤:
>
> 1. 建立层次结构模型。在深入分析实际问题的基础上,将有关的各个因素按照不同属性自上而下地分解成若干层次,同一层的诸因素从属于上一层的因素或对上层因素有影响,同时又支配下一层的因素或受到下层因素的作用。最上层为目标层,通常只有 1 个因素,最下层通常为方案或对象层,中间可以有一个或几个层次,通常为准则或指标层。当准则过多时(譬如多于 9 个)应进一步分解出子准则层。

2. 构造成对比较阵。从层次结构模型的第 2 层开始,对于从属于(或影响)上一层每个因素的同一层诸因素用成对比较法和 1~9 比较尺度构造成对比较矩阵,直到最下层。

3. 计算权向量并做一致性检验。对于每一个成对比较矩阵计算最大特征及对应特征向量,利用一致性指标、随机一致性指标和一致性比率做一致性检验。若检验通过,特征向量(归一化后)即为权向量;若不通过,需重新构造成对比较矩阵。

4. 计算组合权向量并做组合一致性检验。计算最下层对目标的组合权向量,并根据公式做组合一致性检验,若检验通过,则可按照组合权向量表示的结果进行决策,否则需要重新考虑模型或重新构造那些一致性比率较大的成对比较矩阵。

7. 各种项目计划的更新

除了上述这些文件之外,在项目采购计划编制的过程中人们还需要对项目前期所做的各种项目计划进行必要的更新。这既包括对项目集成计划的更新和对项目专项计划的更新,也包括对项目实施的各种业务计划的更新,以及对各种项目管理计划的更新(项目质量、时间、成本和范围管理计划等)等。

另外需要指出的是,在项目采购过程中上述项目采购计划方面的各种文件都需要随着项目的不断展开和各种项目信息的交流而重新评估、定义、更新或修订。因为在项目实施过程中存在着大量的不确定性和变化,很少有哪个项目能够不必做项目计划修订和更新的。

11.3 项目采购计划的实施

在制定出项目采购计划、项目采购管理计划和项目采购工作计划及其相应的各种文件之后,项目采购管理工作就进入项目采购计划的实施阶段了。本节主要从项目采购买主的角度论述项目采购计划的具体实施工作,其中最主要的有两个方面的工作,其一是项目资源采购中的询价、报价、发盘、还盘、承诺、签约和履约管理等工作,其二是项目服务采购中的招标、投标、中标、签约和履约管理等工作,具体分述如下。

11.3.1 项目所需资源的采购计划实施

项目所需各种资源的采购计划实施工作与日常运营的资源采购工作基本是相同的,但在有些情况下项目所需资源的采购会采用招投标的方式进行,如项目集中采购就是如此。

1. 项目所需资源采购工作的流程图

项目所需资源采购工作的流程如图 11-7 所示,图中给出了项目所需资源采购的主要步骤和工作内容。

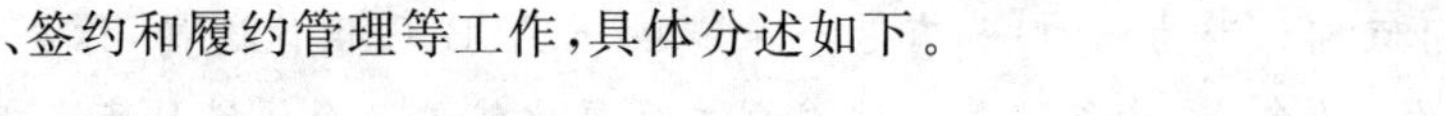

询价 → 报价 → 正式发盘 → 还盘 → 承诺 → 签约 → 履约

图 11-7 项目所需资源采购工作流程示意图

由图 11-7 可知,项目所需资源的采购工作主要包括三个阶段:其一是由"询价"、"报价"所构成的采购意向阶段,其二是由"发盘"、"还盘"和"承诺"所构成的价格发现的阶段;其三是由"签约"和"履约"所构成的采购实施阶段。其中,第一个阶段中买卖双方的行为并不具备法律约束力,但第二个阶段中买卖双方的行为就具有法律责任和约束力了,所以从法律上说"发盘"和"还盘"称为"要约",而一旦一方做出"承诺",则"要约"即可成立并具有法律约束力,然后采购双方需要签订合同并开展项目采购合同的履约工作。

2. 项目资源采购的主要工作

通常,项目所需资源采购计划实施的主要工作包括以下几方面的内容。

(1)开展项目采购的询价工作

这是根据项目采购计划和项目采购工作计划所规定的时间,以及各种项目采购具体工作文件的要求,所开展的寻找项目所需资源供应商的工作。这项工作要求向可能的项目所需资源的供应商发出询价信,并与他们交流项目所需资源的具体信息,同时要邀请可能的项目所需资源供应商给出他们的报价。这是项目所需资源采购计划实施工作的第一步,任何项目所需资源的采购都必须首先进行询价,以便能"货比三家"和找到满意的项目供应商。

(2)获得项目采购的报价工作

这是在项目所需资源采购者从各项目供应商处获得了项目所需资源的报价以后,进一步获得项目所需资源供应商的正式报价的工作。在这一工作中,项目资源采购者要与选定的资源供应商进行联系,要求对方提供项目所需资源的报价,解释这些报价的依据和理由,确认这些报价中所包括的资源及其售后服务的内容等。项目资源供应商的报价从法律上讲是一种要约或叫发盘,项目所需资源的采购方在承诺接受对方的报价或要约之前,必须非常明确地知道对方报价的实际内涵,所以必须研究各供应商的报价和相关信息。

(3)项目供应商报价的评审

在获得了项目供应商的明确报价以后,就可以根据项目供应商报价情况,对照在项目采购计划编制过程中制定的采购工作评价标准,对项目供应商的报价进行必要的评价和审查。在项目供应商报价的评审过程中,首先必须审查项目资源供应商的资格或资质的合法性和合理性,其次对项目资源供应商进行比较和评价后排出他们的优先序列,最后选出其中的最佳者和次佳者,以便其后分别进行讨价还价等项目采购合同的谈判工作。

(4)项目采购者还盘并讨价还价

在对项目资源供应商进行评审以后,项目所需资源的采购者就可以开始通过还盘去做进一步的项目采购讨价还价工作了。在这个过程中,项目资源采购者要尽可能地为维护自己的利益而展开采购价格条件和供货及售后服务等方面条件的讨论。当然,项目所需资源采购者和供应商各自都有自己的争价能力,他们根据自己的争价能力决定讨价还价的策略和幅度,从而实现既为自己争取到最大利益,又给对方留下合理的利益,只有这样人们才能实现项目所需资源的采购交易。

(5)项目采购一方承诺和签约

在采购双方讨价还价后,如果最终能达成"合意"(合同的法律含义就是双方合意的表达),那么就可以进入项目采购合同细节谈判和签约阶段了。这项工作的主要内容是买卖双方谈判和商定项目采购合同的条款,包括采购价格条款、采购数量与质量条款、采购的交货期与交货方式条款、支付条款、违约条款等。项目采购合同一旦签订,项目采购管理工作就进入了项目合同的履约管理工作了,这一阶段的项目采购管理工作的核心是双方能够履行各自的责任、义务和权利。

> **案例链接**

浦东国际机场一期工程货物采购管理案例

一、案例背景

浦东国际机场一期工程于1996年3月经国务院批准项目立项,1997年10月15日全面开工,并被列入"九五"期间国家和上海市的重大交通基础设施项目。1999年10月1日竣工通航,2000年8月31日通过国家验收,并正式投入运营。

一期工程货物采购的资金来源主要是日本政府第四批1997年度400亿日元贷款,外加部分内配人民币资金,采购货物的项目数共约433项,合同总金额约38.91亿元人民币。其中日元贷款采购按批准的计划完成了23批货物计154项的国际竞争性招标采购工作,除日元贷款招标采购外,浦东国际机场一期工程还利用大约5亿人民币内配资金,基本采用日贷的采购模式和以邀请招标为主的招标方式完成了国际和国内的招标采购。

浦东国际机场一期工程建设中对所需的货物通过组织大规模招标采购,创造了以较快的速度、高比例的日贷(包括内配资金)使用率、高质量的合同履约率且未发生有效投诉和违约纠纷的成功经验,而且采购到了大批品牌好、质量高、服务优的世界一流产品,在货物的采购方面保证了浦东国际机场所使用设备的高技术含量,也确保了工程的进度要求。

二、货物招标采购工作的组织实施

1. 组织机构

货物采购在建设项目实施过程中具有举足轻重的作用,在货物采购管理过程中必须做好采购计划的编制、采购方式的选择、用款计划的编制、招标文件计划的编制、招标文件的编制、发标与评标的组织、合同谈判签约以及合同履行过程中货物到货的组织、仓储、现场调试验收、售后服务及与之配套的一系列付款等工作。

为此,在浦东国际机场一期工程中先后成立了浦东国际机场招标公司、设备采购等职能部门,在指挥部货物采购工作领导小组的统一部署下,各职能部门分工负责,职责明确,责任到位,同时又通力协作,顺利完成了贷款申请、招标采购准备、招标采购实施、履约及用款四个主要阶段的任务。

2. 运作模式

针对日元贷款的采购导则和主要采用国际公开招标的特点,为了提高采购工作的效率和实施效果,确保整个工程建设进度,在一期工程货物采购工作中采取了一系列积极应对措施。

(1)组织培训学习

为了规范采购行为,指挥部多次组织用贷项目单位和招标投标公司了解日贷使用经验或赴国家有关主管部门了解关于贷款的申请、使用的程序和管理要求,通过详细的了解和系统的培训,使相关的招标采购人员及时地了解和掌握了国际竞争性招标采购的特点、JBIC的采购导则、采购特点和管理要求并于采购工作前在指挥部内部制定了相应的采购规章、制度及流程。

(2) 进行充分的市场调查

针对招标书资格后审的特点,采取了大量的市场调研。根据采购导则,一期工程的货物招标均采用了资格后审的方式。针对这一特点,在每本招标书编制之前,各项目负责人协同设计人员对拟采购货物采取大量的以书面或口头等调研的方式进行的市场调查,积极参加各供货商进行的产品演示和介绍,到产品使用单位了解产品或系统的使用情况。针对一些重要系统或设备,通过方方面面各种形式的调研,在每本招标书编写之前,每个项目负责人都能够对拟采购货物的市场使用情况、价格行情、重要的技术指标以及潜在投标人的资质资格、业绩有一定的把握,而且对于一些重要的设备,在招标标书编写之前,同时拟就一份产品技术指标汇总表,作为招标书技术指标定位的参考依据。市场调研和用户调研是标书编制工作的一个重要环节,也是整个货物招标采购工作顺利开展的重要保证,它为采购到技术先进、性能适用、价格合理、质量保证的货物奠定了坚实的技术基础。

(3) 以责任制确保招标书的质量

招标书技术部分的组织编写采取了货物主要技术指标"谁设计谁负责"的原则,由各建设项目的设计院根据设计意图和业主对货物的技术定位和功能定位的要求,对拟招标货物的主要技术指标进行设定。除此之外,针对一些重要设备和特种设备的主要技术指标,设备采购职能部门组织专家进行多次论证,确保招标书既符合招标的有效竞争原则又能保证采购到可靠的设备,使竞争性与可靠性有机结合。

各职能部门各负其责,对招标书及合同进行内部会审制。日贷技术招标书送国审办审查前和合同正式签署前,均要通过指挥部内部相关职能部门之间的会审。其中工程管理部门提供到货时间并负责对安装调试、试运行、验收等施工现场配合服务条款的审定,规划设计部门负责设备数量及规格型号的审定,计划部门负责商务条款的审定,法律顾问以及财务监理根据各自职责负责相关条款的审定,最后,整本标书或合同报批。

(4) 采取封闭评标以确保评标质量

根据JBIC采购导则要求和国家主管部的规定,为了保证评标工作的公正性和公平性,避免评标工作受到外界各方面的干扰,评标工作在封闭的状态下进行。另外,在初评阶段,商务标和技术标分开评审,避免相互影响。

通过采取一系列的措施,较好地避免了因参加评标活动人员的多样性和个人质素高低对评标质量的影响,保证了评标的公正性和公平性。同时,在招标机构的统一组织、协调下,安排好每一次评标活动,利用集中评标的好处可使参评人员全身心评标,既提高了评标工作的效率又缩短了评标的周期。

(5) 货物管理社会化

按照一期工程建设指挥部确立的投资多元化、管理社会化、经营市场化建立工程项目组织管理的总体构思,在分析了一期工程建设项目投资大,施工的周期短,自身物资管理的人力、物力、经验等资源有限的情况下,为了发挥一定的专业效率,一期工程到货仓储采用社会化的管理方式,改变传统的自建仓库后自营运输、收发、保管等方式,"筑巢迎凤",建造2.5万 m^2 仓库区,而将设备、材料从码头(空港)提货,至运抵施工现场交接于安装施工单位的运输职责和进入指挥部仓库区域的物资(船舶备件、专用工具、搁置货物等)的仓储管理工作的职责全部实行合同式委托管理。

(6)过程资料文档化

货物采购过程资料有序整理归档,从第一批货物采购工作开始,设备采购管理职能部门即形成了一套资料整理归档模式。在货物招标采购过程中由各项目负责人收集中英文招标书、各种过程性答疑资料、报审文件、招标过程中性能对比表、澄清单、废标单、各投标商投标书、合同及各报审文件等书面和电子文档,待合同签署后由各项目负责人及时将资料统一归口到资料专职负责人,由其对各项目进行编号整理,统一收集。

资料整理和收集的完整保证了项目采购过程的任何环节有证可查,减少了后续工作的重复性,为后续工作提供了充分的参考依据。

三、案例分析

货物采购并非一个单项性工作,作为工程建设过程中的一个重要环节,其采购管理的整个过程与前期工程规划设计、后期的安装调试运行以及整个建设资金的合理使用和控制都有着非常密切的关系。而且作为一个系统工程,要把采购工作做好,采购方应清楚地了解所需采购货物的各种类目、性能、规格、质量、数量要求等,要了解国内外市场价格、供求情况、货物来源、外汇市场、支付方式以及国际贸易惯例,同时还要在现有法律法规规定的框架下建立一个有效的采购工作运作机制。项目货物采购的重要性不仅体现在建设阶段,作为对运行阶段非常重要的核心部分,其有效采购也是整个项目安全、有效、合理运行的重要保障之一。

11.3.2 项目所需劳务的采购计划实施

项目所需劳务的采购多数是用招投标的办法进行,项目招投标是一种特殊的劳务买卖方式,主要用在项目劳务或服务的采购方面。这种方法是由项目劳务或服务采购的买方发出招标(按照法律术语来说,招标书是一种要约邀请),而后由项目劳务或服务采购的卖方进行投标(按照法律术语来说,投标书是要约),项目劳务或服务的采购方(招标人)对投标者进行择优选定并最终做出承诺(按照法律术语即中标与授标),然后项目劳务采购双方形成协议或合同关系,此后即可开始这种项目劳务合同的履约工作了。这种项目劳务或服务的招投标过程是平等的经济主体之间的商业交易活动,只是这种招标方和投标方所采购的不是商品而是劳务或服务而已。例如,工程建设项目的实施中项目的工程设计、土建施工、设备安装调试等项目劳务和服务的采购就属于这方面的采购管理工作。

1. 项目劳务采购中的招投标方式

项目劳务(或资源)的采购可以通过招标的方式来实现对于承包商或供应商的选择,按照我国的法律法规的规定,最常用的项目劳务采购的投标方式主要有以下三种。

(1)公开招标方式

有许多国家和地区的法律规定,凡是使用国家财政或地方财政资金开展的项目,其项目劳务采购者必须在一般媒体上(如报纸、广播、电视、互联网)或在专业媒体上(如专业期刊和报纸)发布公开项目劳务采购的招标通告。凡是对项目所需劳务有提供意向的承包商或供应商,都可以索取或购买项目所需劳务采购的招标书。项目劳务采购者需要对所有投标单位进行资格审查,对于符合投标条件的项目劳务承包商或供应商,可以在规定时间内提交投标书并参加投标。另外,一般大型项目所需的资源采购也需要通过公开招标的办法获得,因为这种大型项目所需采购的资源数量巨大,而不能像零售或批发那样去采购。

(2)邀请招标方式

有许多国家和地区的法律规定,对于使用非国家财政或地方财政资金开展的项目,尤其是私营部门的项目劳务采购者可以采用邀请招标的方式进行项目劳务的采购。项目劳务采购的邀请招标方式可以更加有效和简便,因为很多项目组织或项目业主保留着以前交易过的或经人推荐来的项目承包商的信息、业绩、能力等方面的文件。根据这些信息和文件中所包含的项目承包商的各方面情况和信誉等信息,项目业主可以形成一份自己所青睐的项目承包商名单,以便在开展新项目的时候减少使用公开招投标所花费的成本。使用邀请招标方式的项目劳务采购者可以有选择地向一些项目承包商(国家法律规定不少于三家)发出招标邀请,而这些接收到邀请的项目承包商即可进行投标工作,然后项目所需劳务的采购就可按招标、投标、评标、授标、签约和履约的过程进行项目劳务采购管理工作了。

(3)直接发包方式

项目所需劳务采购还有一种辅助的方式就是直接发包的方式。按照我国招投标法和国务院法制办的招投标实施细则规定,当项目劳务采购涉及国家机密和保密要求的时候,或能够参与投标的承包商少于法律规定的三家以上的时候,以及项目劳务采购没有足够时间使用公开招标或邀请招标方式的时候,人们可以采用项目所需劳务采购的直接发包方式。这种方式中的工作环节和内容与前面讨论的项目所需资源的采购过程相似,当项目所需劳务采购者找到发包的对象以后,也要开展询价、报价、发盘、还盘和谈判与签约以及履约等过程,只是此时采购的是特殊的劳务或服务而已。

2. 项目劳务采购中的招投标程序

按照国家标准和国际惯例,项目劳务采购的承发包或招投标过程的主要工作包括以下几个方面。

(1)确定项目招标组织和准备招标文件

通常,项目所需劳务采购者并非都有公开招标的资格,所以有时需要寻找具有公开招投标资质的专业招投标公司代理开展招投标工作。例如,大型或国际工程建设项目的招投标一般要由专业的招标公司负责招标工作。在这种项目招标准备阶段的主要工作之一是准备招标所需的各种文件,其中最主要的就是项目招标书。

(2)发布招标公告或邀请和开展资格审查

完成上述工作后即可发布项目招标公告或招标邀请,其也必须按照国家法律规定进行,如国家或地方财政资金项目必须通过政府采购网或公告媒体与渠道去发布。然后,项目招标者需要对申请投标者进行必要的资质审查,这种审查的主要内容有投标者的法人地位、资产财务状况、人员素质、技术水平和能力、经济生产能力、企业财务与信誉以及以往的交易业绩等。

(3) 发放招标文件,组织现场勘察和标前会议

对于符合条件的投标者即可发放招标文件并收取投标保障金(国家2011年规定工程项目的投标保障金不得超过总造价的2‰),随后就可以组织投标者进行现场调查和标前会议,以便向投标者们做招标问题的答疑。这种会议是在投标之前召开的,在会议上投标者可提出问题和要求答疑,以确保投标者对于项目承发包的内容、技术要求和合同要求等有清楚和统一的理解。

(4) 评标委员会开展开标和评标阶段的工作

这一阶段的主要工作包括三个方面:一是开标活动,这是按照招标公告中事先确定的时间、地点,召集评标委员会的全体成员和所有投标方代表与有关人士,在公证人员监督下将密封的投标文件当众启封,公开宣读投标单位名称和报价并一一记录在案等一系列程序组成的招投标活动。二是初审和询标工作,这是开标后由评标委员会对投标文件进行初步审阅和鉴别以及询问问题的工作,其中初审的内容涉及投标文件是否符合招标文件的要求,各种技术资料和证明文件是否齐全,报价计算是否合理,有无招标人无法接受的附加条件以及是否有需要询问的问题等。未通过初审的投标文件将作为废标处理,通过初审的投标者还需要接受询问和澄清问题,并进行答辩,所以这在国际上也称为澄清会议。三是评标工作,这是由评标委员会按照预先确定的评价原则对合格的投标文件从技术方法、商业价格以及法律规范等方面分别做出评价,最终评选出2~3家投标者供决标使用。

(5) 决标与谈判签约和履约

这一阶段的主要工作包括两个方面:一是决标工作,即决定谁是中标者的工作。世界各国项目招投标的决标原则和办法虽不相同,但是多数使用"合理低价"中标的原则,我国现行的招投标办法也是使用合理低价中标的原则。这种评标工作一般需在投标文件有效期内结束,一般从开标到决标的时间不超过30天。二是授标与签约工作,即向中标人发出书面"中标通知书"以及随后协商谈判与签署承发包合约的工作。按照相关法律规定,招标者应该在确定出中标单位后的两日内发出中标通知书,并在此后15日内与中标单位签订合同。中标人如果逾期不签约或拒绝签约,招标人有权没收其投标保证金以补偿自己的损失,并先后顺延向第二顺位中标人授标。对那些未中标的单位招标者应通知对方并收回招标文件,退还他们的投标保证金。需要注意的是,项目合同价应该等于投标价,因为投标书是要约,而中标书是承诺,此后所做的进一步协商和谈判一般不能对招投标确定的合同要件进行改变。

(6) 项目所需劳务采购工作的结果

项目业主开展项目所需资源的招投标或承发包的项目采购计划实施工作所获的主要结果包括三个方面:其一是项目所需劳务采购者选出了自己满意的项目劳务或服务的承包商或供应商;其二是项目所需劳务采购者获得了项目所需的劳务采购合同;其三是项目所需劳务采购者获得了所需的劳务和服务。其中,项目劳务采购合同是关键,因为它是项目业主与所选定的供应商或承包商双方签订并共同遵守的协议,它全面规定了供应商或承包商提供特定的劳务和项目业主付款等方面的义务。

> **案例链接**

云南鲁布革水电站引水系统工程国际招标

一、项目背景情况

鲁布革水电站位于云南罗平和贵州兴义交界的黄泥河下游,原水电部早在1977年就着手进鲁布革水电站的建设,水电十四局开始修路,进行施工准备。但由于资金缺乏,准备工程进展缓慢,前后拖延7年之久。20世纪80年代初,原水电部决定利用世界银行贷款,使工程出现转机。

整个工程由三部分组成,包括首部枢纽工程、地下厂房工程、引水系统工程。贷款总额1.454亿美元,其中引水系统土建工程为3540万美元。按照世界银行关于贷款使用的规定,要求引水系统工程必须采用国际公开竞争性招标的方式选定承包商。此外,由世界银行推荐澳大利亚SMCE公司和挪威AGN公司作为咨询单位。

二、鲁布革水电站引水系统的招标过程

原水电部委托中国技术进出口公司组织本工程面向国际进行公开竞争性招标。原水电部组建了鲁布革工程管理局承担项目业主代表和工程师(监理)的建设管理职能。从1982年7月编制招标文件开始,至工程开标,历时17个月。

1. 招标前的准备工作。

2. 编制招标文件

1982年7—10月,根据鲁布革工程初步计划并参照国际施工水平,在"施工进度及计划"和工程概算的基础上编制出招标文件。鲁布革引水系统工程的标底为14 958万元。上述工作均由昆明水电勘测设计院和澳大利亚SMEC公司咨询组共同完成。原水电部有关总局、水电总局等对招标文件与标底进行了审查。

3. 公开招标

首先在国际有影响的报纸上刊登招标广告,对有参加投标意向的承包商发招标邀请,并发售资格预审文件。提交资格预审材料的共有来自13个国家的32个承包商。

(1) 资格预审:1982年9月至1983年7月。

资格预审的主要内容是审查承包商的法人地位、财务状况、施工经验、施工方案及施工管理和质量控制方面的措施,审查承包商的人员资历和装备状况,调查承包商的商业信誉。经过评审,确定了其中20家承包商具备投标资格,经与世界银行磋商后,通知了各合格承包商,并通知他们在1983年6月15日发售招标文件,每套人民币1 000元。结果有15家中外承包商购买了招标文件。

1983年7月中下旬,由云南省电力局咨询工程师组织一次正式情况介绍会,并分三批到鲁布革工程工地考察。承包商在编标与考察工地的过程中,提出了不少问题,简单的均以口头作了答复,涉及对招标文件解释以及对标书的修订,前后用三次书面补充通知发给所有购买标书并参加工地考察和情况介绍的承包商。这三次补充通知均作为招标文件的组成部分。本次招标规定在投标截止前28天之内不再发补充通知。

我国的三家公司分别与外商联合参加工程的投标。由于世界银行坚持中国公司不与外商联营不能投标,我国某一公司被迫退出投标。

(2) 开标

1983年11月8日在中国技术进出口公司当众开标。根据当日的官方汇率,将外币换算成人民币。各家承包商标价见下表。

鲁布革水电站引水工程国际公开招标评标折算报价表

公司	折算报价(万元)	公司	折算报价(万元)
日本大成公司	8 460	中国闽昆与挪威FHS联合公司	12 210
日本前田公司	8 800	南斯拉夫能源公司	13 220
英波吉洛公司(意美联合)	9 280	法国SBTP联合公司	17 940
中国贵华与习得霍尔兹曼联合公司	12 000	前西德霍克蒂夫公司	内容系技术转让,不符合投标要求,废标

根据招标文件的规定,对与中国联营的承包商标价给予7.5%的优惠,但仍未能改变原标价的排列顺序。

(3) 评标与定标

根据世界银行贷款项目《土建工程国际竞争性招标文件》的规定,开标时对各投标人的投标书进行开封和宣读。评标分两个阶段进行。

第一阶段:初评。

对7家投标文件进行完善性审查,即审查法律手续是否齐全,各种保证书是否符合要求,对标价进行核实,以确认标价无误;同时对施工方法、进度安排、人员、施工设备、财务状况等进行综合对比。经全面审查,7家承包商都是资本雄厚、国际信誉好的企业,均可完成工程任务。

从标价看,前三家标价比较接近,而后四家承包商的标价相对较高,不具备竞争能力。

第二阶段:终评。

终评的目标是从前三家承包商,即日本大成公司、日本前田公司和英波吉洛公司中确定一家中标。但由于这三家承包商实力相当,标价接近,所以终评工作就较为复杂,难度较大。为了进一步澄清三家承包商在各自投标文件中存在的问题,业主方分别向三家承包商电传询问,此后又分别与三家承包商举行了为时各三天的投标澄清会议。在澄清会谈期间,三家公司都认为自己有可能中标,因此竞争十分激烈。他们在工期不变、标价不变的前提下,都按照业主方的意愿,修改施工方案和施工布置;此外,还主动提出不少优惠条件,以达到夺标的目的。

例如关于压力钢管外混凝土的输送方式。原标书上,日本大成公司和日本前田公司分别采用溜槽和溜管,这对倾角48°、高差达308.8 m的长斜井施工质量难以保证,也缺乏先例。澄清会谈之后,为了符合业主的意愿,日本大成公司电传表示改变原施工方法,用设有操作阀的混凝土泵代替。尽管由此增加了水泥用量,但不为此提高标价。日本前田公司也电传表示更改原施工方案,用混凝土运输车沿铁轨送混凝土,仍保证工期,不变标价。

大成公司听说业主认为他们在水工隧洞方面的施工经验不及前田公司,他们立即大量递交大成公司的工程履历,又单方面地做出了与前田公司的施工经历对比表,以争取业主的信任。由于三家实力雄厚的承包商之间竞争激烈,按业主的意图不断改进各自的不足,差距不断缩小,形势发展越来越对业主有利。在这期间,业主对三家承包商的投标函进行了认真、全面的比较和分析。

①标价的比较分析,即总价、单价比较及计日工作单价的比较。从商家实际支出考虑,把标价中的工商税扣除作为分离依据,并考虑各家现金流不同及上涨率和利息等因素,比较后相差虽然微弱,但原标序仍未变。

②有关优惠条件的比较分析,即对施工设备赠与、软贷款、钢管分包、技术协作和转让、标后联营等问题逐项作具体分析。对此既要考虑国家的实际利益,又要符合国际招标中的惯例和世界银行所规定的有关规则。经反复分析,认为英波吉洛公司的标后贷款在评标中不予考虑。日本大成公司和英波吉洛公司提出的与昆水公司标后联营也不予考虑。而对大成公司和前田公司的设备赠与、技术协作和免费培训及钢管分包则应当在评标中作为考虑因素。

③有关财务实力的比较分析,即对三家公司的财务状况和财务指标即外币支付利息进行比较。三家承包商中大成公司的资金最雄厚。但不论哪一家公司都有足够资金承担本项工程。

④有关施工能力和经历的比较分析,三家承包商都是国际上较有信誉的大承包商,都有足够的能力、设备和经验来完成工程。如从水工隧洞的施工经验来比较,20世纪60年代以来,英波吉洛公司共完成内径6 m以上的水工隧洞34条,全长4万余米,前田公司是17条,1.8万余米,大成公司为6条,0.6万余米。从投入本工程的施工设备来看,前田公司最强,在满足施工强度,应付意外情况的能力方面处于优势。

⑤有关施工进度和方法的比较分析。

日本两家公司施工方法类似,对引水隧道都采用全断面圆形开挖和全断面初砌,而英波吉洛公司的开挖按传统的方法分两阶段施工。在施工工期方面,三家均可按期完成工程项目。但前田公司主要施工设备数量多,质量好,所以对工期的保证程度与应变能力最高。而英波吉洛公司由于施工程序多,强度大,工期较为紧张,应变能力差,大成公司在施工工期方面居中。

通过有关问题的澄清和综合分析,认为英波吉洛公司标价高,所提的附加优惠条件不符合招标条件,已失去竞争优势,所以首先予以淘汰。对日本两家承包商,评审意见不一。经过有关方面反复研究讨论,为了尽快完成招标,以利于现场施工的正常进行,最后选定最低标价的日本大成公司为中标承包商。

以上评价工作,始终是有组织地进行。以原经贸部与原水电部组成协调小组为决策单位,下设水电总局为主的评价小组为具体工作机关,鲁布革工程管理局、昆明水电勘察设计院、水电总局有关处以及澳大利亚SMFC公司咨询组都参加了这次评标工作。

1984年4月13日评标结束,业主于1984年4月17日正式通知世界银行。同时鲁布革工程管理局、水电第十四工程局分别与大成公司举行谈判,草签了设备赠与和技术合作的有关协议,以及劳务、当地材料、钢管分包、生活服务等有关备忘录。世界银行于1984年6月9日回电表示对评标结果无异议。业主于1984年6月16日向日本大成公司发出中标通知书。至此评标工作结束。

1984年7月14日,业主和日本大成公司签订了鲁布革电站引水系统功能工程的承包合同。1984年7月31日,由鲁布革工程管理局向日本大成公司正式发布了开工命令。

(4)招标效果

日本大成公司采用总承包制,管理及技术人员仅30人左右,雇佣我国某公司为分包单位,采用科学的项目管理方法。合同工期为1 597天,竣工工期为1 475天,提前122天。工程质量综合评价为优良。包括除汇率风险以外的设计变更、物价涨落、索赔及附加工程量等增加费用在内的工程初步结算为9 100万元,仅为标底的60.8%,比合同价增加了7.53%。

11.3.3 项目采购合同订立方法

项目所需资源的采购是通过询价、报价、邀约、承诺和谈判等过程,最后签订项目采购合同的方式从外部获得各种项目所需资源的,所以在项目所需资源的采购工作计划出台后,人们就需要按照该计划开展询价、报价、邀约、承诺和签约等项目采购过程和工作。项目所需劳务或服务的采购是通过招标、投标、中标等过程,最后签订项目采购合同的方式从外部获得项目所需劳务或服务的,所以在项目所需劳务或服务的采购工作计划出台后,人们就需要按照该计划开展招标、投标、中标和签订合同的项目采购过程和工作。

项目采购合同订立方法是项目采购管理过程中一个非常关键的技术和方法。项目资源或劳务的采购都需要签署采购合同,而为了使双方通过项目尽量获得最大的利益和减少日后的纠纷,项目资源或劳务采购的买卖双方需要运用合同谈判技术和方法认真地进行采购合同条款的谈判,因为这是双方利益分配和双方履约与合作的基础性工作。

1. 项目采购合同谈判的过程

项目采购管理中的采购合同谈判过程一般分为以下几个阶段。

(1)合同初步洽谈阶段

合同初步洽谈阶段又分为前期准备和初步接洽两个具体阶段。在前期准备阶段中要求采购合同谈判双方做好市场调查、签约资格审查、信用审查等工作(签约资格审查指的是对签约者的法人地位、资产财务状况、企业技术装备和能力以及企业信用和业绩等方面所做的评审),在初步洽谈阶段项目采购买卖双方一般为达到预期效果都会就各自关心的事项向对方提出要求说明并澄清的一些问题和情况(主要包括项目的规模、任务、目标和要求,买卖双方的主体性质、资质状况和信誉,项目已具备的实施条件等)。

(2)合同实质性谈判阶段

合同实质性谈判阶段是指项目采购的买卖双方在取得一定程度相互了解的基础上,进一步开展的项目采购合同正式谈判阶段。在项目采购合同的实质性谈判中,人们要对项目所需资源或劳务及其采购的合同条款进行全面的谈判。这主要包括项目采购合同双方的责任和权利、采购合同中应用的术语说明、项目采购合同所适用的法律、在项目资源或劳务提供过程中所使用的纠纷解决手段和管理方法、项目采购合同的方式以及价格等。

(3)合同签约阶段

项目资源或劳务采购的买卖双方在完成项目采购合同谈判之后就进入了项目采购合同的签约阶段,此时所签订的项目采购合同要尽可能明确、具体,条款完备,双方权利、义务清楚,避免使用含混不清的词句和条款。一般应严格控制项目采购合同中的开放性条款,要明确规定项目采购合同生效的条件、有效期以及延长、中止和变更的条件与程序等,对纠纷仲裁和法律诉讼适用条款也要做出说明和规定,对仲裁和诉讼的选择要做出明确规定。另外,在项目采购合同正式签订之前,有时需要借助有关专业人员和顾问(如会计师、律师等)对项目采购合同进行必要的审查,以确保项目采购合同没有歧义、问题或违反法律的地方。

2. 项目采购合同谈判的内容

在项目采购合同的谈判中买卖双方需要针对项目采购合同的条件进行逐条逐款的协商,包括项目采购合同的标的、质量、数量、价格、支付办法、履约要求、验收、违约责任等都需要仔细谈判,有关这方面的情况说明如下。

(1)项目采购的标的

这是项目所要采购的商品或劳务,在项目采购合同中必须对其进行严格的规定,必须做到完整、详细、准确与合法。项目采购买卖双方有必要对项目采购合同中涉及采购标的术语进行约定和说明,使双方对采购合同的标的有相互一致的认识和承诺。

(2)项目采购的质量和数量

这是对项目采购合同中标的质量和数量要求的描述,其中项目采购质量要求是对于项目所采购标的品质规定,而项目采购数量要求则是对于项目所采购标的多少的规定。很显然,这些规定也必须明确、规范、清晰和没有歧义,必须是采购买卖双方达成的共识。

(3)项目采购价格和支付办法

这是事关项目采购买卖双方直接利益和价值的问题,所以其是项目采购合同谈判中主要的议题。其中,项目采购支付办法涉及各种结算方面的办法,包括结算时间、方式、预付金额以及支付使用的币种和支付预结算的具体手续等。

(4)采购合同履行时间、地点和方式

项目采购合同履行时间、地点和方式不仅直接关系到项目采购买卖双方的利益,而且关系到项目采购合同发生纠纷时的法律管辖地点和时效期等问题。在项目采购合同谈判中,还必须确定相关的交货方式、运输方式和条件以及运杂费、保险费如何担负等问题。

(5)项目采购的验收与交付

项目采购的资源或劳务大多需要在采购合同中规定合同的验收时间、验收标准、验收方法、验收人员或机构等内容,这些都必须在项目采购合同的实质性谈判阶段达成一致意见。另外,有关商品或劳务(成果)的最终交付办法也需要谈判决定。

(6)违约责任

项目资源的买卖双方当事人应就在合同履行期间可能出现的错误或失误,以及由此引发的各种问题和违约责任问题订立违约责任条款并明确双方的违约责任。这方面的具体约定必须符合相关法律有关违约责任和赔偿责任的规定。

(7)项目采购和谈判的其他事项

项目采购合同谈判还有一些其他事项需要商定,包括特定项目采购合同所特有的条款、项目终止和中止条款等,这些都需要根据采购标的要求来确定。例如,项目采购合同是否合乎有关政府的规定和要求,采用的是标准合同格式还是专用合同格式等。

3. 项目采购合同谈判的技巧

项目采购合同的谈判需要高度人际关系和专业技能,因为合同谈判中最基本的工作就是对上述各个方面进行讨价还价,在谈判过程中会涉及谈判个人和组织的需求、动机、行为以及大量的心理因素。所以项目采购合同的谈判有其自己的技术与方法,借助这些技术和方法才能获得有利的谈判地位或在谈判中获得实际利益。

(1)努力将谈判地点放在己方所在地

努力将项目采购合同的谈判放在自己或组织的所在地,这样将会有"主场"的优势,而使对方在"作客"的谈判环境中产生一种压力。例如,可以准备一个庄严、舒适、光线充足、不受干扰的承发包合同谈判会场,将自己的谈判小组安排在首席位置上,并争取把对方小组的成员分散开来安排等。同时,按照《合同法》规定,如果将来发生合同诉讼,合同签约地也是项目纠纷诉讼的管辖地点之一,这将对己方有利。

(2)尽量让对方在谈判中多发言

在项目采购合同的谈判中并不是谁说得多谁就占据谈判的优势地位,由于多说的一方不但容易说错,而且容易说出自己的底线而导致各种各样的让步。所以在项目采购合同谈判中人们应尽可能让对方先对自己的价格和交易要求进行解释和说明,如果人们的做法和态度恰当,通常这种合同谈判的对方可能会在连自己也意想不到的情况下,由于多说而透漏出很多有用的信息,最终导致更多的让步或损失。

(3)发言必须要有条理

项目采购合同谈判前,必须很好地准备各种资料、信息和谈判方案,在谈判发言中不能把项目采购买或卖的情况和数字搞得杂乱无章,那样在谈判发言中容易无意地泄漏己方的某些重要信息和数据。所以在项目采购合同谈判的发言中要清楚、谨慎、有条理,不泄漏信息,使对方因为缺乏信息和不了解内情而在心理上处于不利的境地。

(4)在谈判中采用"双赢"的谈判策略

在项目采购合同谈判中绝对不能有"只考虑自己利益,不顾对方死活"的想法和做法,必须本着实现"双赢"的目的和采用双赢策略。

(5)双方要相互顾全体面

如果项目采购合同的一方在某一点上做出了让步,一定要顾全他的体面。例如,如果发现对方在成本估算和报价中有些错误,一定不要指责他欺诈或无能,妥当的办法是建议他做出修改,因为那种指责对实现项目合同谈判的目标不但没有帮助,反而有害。

(6)一定要避免过早摊牌

在项目采购合同谈判中一定要避免过早摊牌,因为一旦摊牌谈判双方就很难再作进一步的让步了。不要逼对方说:"这就是我的条件,要么就接受,要么就拉倒",这会导致谈判破裂。因此,在进行最后的让步和摊牌之前,要确认是否已经到了想要的最后结局。

11.4 项目合同履约管理

在项目所需资源和劳务的采购合同签订之后,项目采购管理工作就进入了项目合同履约管理的阶段。项目合同履约管理是为管理和确保项目资源供应商或项目劳务承包商履行合同义务、兑现合同责任、提供合格的项目所需资源与劳务的工作。在较大项目的采购中会有多个项目所需资源供应商与项目劳务承包商,此时项目合同履约管理就成为项目采购管理中十分关键的任务,因为只有管理好这些项目所需资源的供应商和项目所需劳务的承包商的履约行为,项目的实施才会有足够的资源。

11.4.1 项目合同的履行

项目合同的履行是指合同的当事人根据项目合同的规定,在适当的时间、地点,以适当的方式全面完成自己所承担的责任和义务的过程。

严格履行项目合同是双方当事人的义务,因此项目合同的当事人必须共同按计划履行合同,实现项目合同所要达到的各类预定目标。项目合同的履行分为实际履行和适当履行两种形式。

1. 项目合同的实际履行

项目合同的实际履行,就是要求项目合同的当事人按照合同规定的目标来履行。实际履行是合同法规的一个基本原则。由于项目合同的标的物大都为指定物,因此不得以支付违约金或赔偿经济损失来免除项目合同一方当事人继续履行合同规定的义务。如果允许合同当事人一方可用货币代偿合同规定的标的,那么项目合同当事人的另一方可能在经济上蒙受更大的损失或无法计算的间接损失,特别是一些涉及国计民生、社会公益的项目。所以实际履行的正确含义只能是按照项目合同规定的标的履行。

当然还存在另一种情况,当实际履行不仅在客观上不可能,而且还会给项目合同的另一方当事人和社会利益造成更大的损失,这时应当允许用支付违约金和赔偿损失的办法代替合同的实际履行。

2. 项目合同的适当履行

项目合同的适当履行,即项目合同的当事人按照法律和项目合同条款规定的标的,按质、按量、按时地履行。合同的当事人不得以次充好,以假乱真,否则,项目合同的另一方当事人有权拒绝接受。所以在签订项目合同时,必须对标的物的规格、数量、质量等方面做出具体规定,以便当事人按规定履行,另一方当事人在项目结束时也能按规定验收。

合同履行的期限,是指承包人向业主履行义务的时间或时间范围。双方当事人应当在合同中明确规定年月日,不能明确规定的,也必须注明某年、某季或某年的上半年等。合同履行的地点在合同中也应明确规定。合同履行的方法应当符合权利人的利益,同时也应当有利于义务的履行。

11.4.2 项目合同的变更和解除

由于一定的法律事实,可能会导致项目合同发生变更。在项目合同变更时,当事人必须协商一致,这将会使合同的内容和标的发生变更。合同变更的法律后果是将产生新的权利和义务关系。

1. 项目合同变更的特征

项目合同的变更通常是指由于一定的法律事实而更改合同的内容和标的的法律行为。它具有如下主要特征:

(1)项目合同的双方当事人必须协商一致。

(2)改变合同的内容和标的。

(3)合同变更的法律后果是将产生新的债权和债务关系。

2. 项目合同解除的特征

项目合同的解除是指消灭既存的合同效力的法律行为,其主要特征有如下三点:

(1)项目合同的双方当事人必须协商一致。

(2)合同当事人应负合同解除前的义务和赔偿责任,必要时还应负恢复原状的义务。

(3)项目合同解除的法律后果是消灭原合同的效力。

合同的变更和解除,属于两种法律行为,但也有其共同之处,即都是经项目合同双方当事人协商一致,改变原合同的法律关系。其不同的地方是,前者产生新法律关系,后果是消灭原合同关系。

3. 合同变更或解除的条件

根据我国现行的法律,从有关的合同法规以及经济生活与司法实践来看,一般必须具备下列条件才能变更和解除项目合同:

(1)双方当事人确实自愿协商同意,并且不会因此损害国家利益和社会公共利益。

(2)由于不可抗力致使项目合同的全部义务不能履行。

(3)由于另一方在合同约定的期限内没有履行合同,且在被允许的推迟履行的合理期限内仍未履行。

(4)由于项目合同当事人的一方违反合同,以致严重影响订立项目合同时所期望实现的目的或致使项目合同的履行成为不必要。

(5)项目合同约定的解除合同的条件已经出现。

当项目合同的一方当事人要求变更、解除项目合同时,应当及时通知另一方当事人。因变更或解除项目合同使一方当事人遭受损失的,除依法可以免除的责任之外,应由责任方负责赔偿。当事人一方发生合并、分立时,由变更后的当事人承担或者分别承担项目合同的义务,并享受相应的权利。

4. 项目合同变更或解除的程序

项目合同的变更或解除需要一定的程序。根据我国目前的有关法规和司法实践,一般为:

(1)当事人一方要求变更或解除项目合同时,应当事先向另一方以书面的形式提出。

(2)另一方当事人在接到有关变更或解除项目合同的建议后,应及时做出书面答复,如同意,则项目合同的变更或解除发生法律效力。

实际上,以上两点同合同订立的程序基本相同,即一方提出要约,另一方做出承诺或接受,其区别在于合同的变更和解除是在原合同的基础上进行的。

(3)变更和解除项目合同的建议与答复,必须在双方协议的期限之内或者在法律或法令规定的期限之内。

(4)项目合同的变更和解除如涉及国家指令性工程项目时,必须在变更或解除项目合同之前报请有关主管部门批准。

(5)因变更和解除项目合同发生的纠纷依双方约定的解决方式或法定的解决方式处理。

除由于不可抗力致使项目合同的全部义务不能履行,或者由于项目合同的另一方当事人违反合同,以致严重影响订立合同所期望实现目的的情况之外,在协议尚未达成之前,原项目合同仍然有效。任何一方不得以变更或解除为借口而逃避责任和义务,否则仍要承担法律上的后果。

5. 项目合同的违约责任

违反合同必须负赔偿责任,合同关系是一种法律关系。合同依法成立之时,即具有法律上的约束力。因此,当项目合同的一方当事人不履行项目合同时另一方当事人有权请求他履行合同,并支付违约金或者赔偿损失。支付违约金或者赔偿损失,是对不履行合同的一方的一种法律制裁。如果项目合同的一方当事人不履行合同,合同的另一方当事人可向仲裁机关和人民法院提出申请和起诉,要求在必要时采取强制措施,强制其履行合同和赔偿损失。

追究不履行合同行为,需具备以下条件:

(1)要有不履行合同的行为,当事人一方不履行或不适当履行既定的义务都是一种不履行合同的行为。

(2)要有不履行合同的过错。过错是指不履行合同一方的主观心理状态,包括故意和过失。故意和过失是承担法律责任的一个必要条件。法律只对故意和过失给予制裁,因此,故意和过失是行为人,即不履行或不适当履行项目合同的当事人承担法律责任的主观条件。根据过错原则,违反合同的不管是谁,合同的一方当事人也好,合同双方当事人也好,或者合同以外的第三方,都必须承担赔偿责任。

(3)要有不履行合同造成损失的事实。不履行或不适当履行项目合同必然会给项目合同的另一方当事人造成一定的经济损失。一般来说,经济损失包括直接的经济损失和间接的经济损失,而间接损失在实际的经济生活中很难计算,多不采用。不过,法律法令另有规定或项目双方当事人另有约定的除外。

法律只要求行为人对其故意和过失行为造成不履行项目合同负赔偿责任,而对于无法预知和防止事故致使合同不能履行时,则不能要求合同当事人承担责任,所以在下列情况下,可以免除合同当事人不履行项目合同的赔偿责任。

(1)合同当事人不履行或不适当履行,是由于当事人无法预知和防止的事故所造成时,可免除赔偿责任,这种事由在法律上称为不可抗力,即个人或法人无法抗拒的力量。

(2)法律规定和合同约定有免责条件,当发生这些条件时,可不承担责任。

(3)由于一方的故意和过失造成不能履行合同,另一方不仅可以免除责任,而且还有权要求赔偿损失。

11.4.3 项目合同纠纷的解决方式

1. 合同的不履行和违约处理

(1)合同的不履行

在某种情况下,合同当事人一方或双方认为不能或不应该履行合同,称为合同的不履行。当一方对合同不履行时,一般应承担法律责任;另一方有权要求其支付违约金,如有损失还可要求赔偿。工程承包合同的不履行有以下三种情况。

①全部不履行。指当事人完全没有履行自己的义务。

②部分不履行。指履行合同过程中在某些方面出现不符合合同要求的情况,例如承包商完成的部分工程项目质量低劣。这种部分不履行也要承担违约责任和相应的赔偿。

③到期不履行。指当事人不能按时履行合同,例如业主不按时付款或不按时验收已完工程;承包商未按规定的进度及时完成项目等。到期不履行一方应承担违约责任。

若当事人一方有理由认为对方可能不履约时,有权要求对方在一定时间内做出履约保证,否则可视为违约。

(2) 违约的处理方式

①违约罚款。违约罚款(default fines)一般有两种:一种是具有惩罚性质的罚款金,是对违约一方的制裁;另一种是作为预定损失赔偿的违约款。一般来说,违约罚款的支付并不免除违约人继续履行合同和完成工程的义务。例如承包商延误工期既要支付罚款,又要继续完成工程。

②损害赔偿。构成损害(damage)赔偿责任成立的条件为:必须有损害的事实;必须是因承包人过失而导致损害行为的发生;损害发生的原因与损害之间必须是因果关系。损害包括建筑物、设备、财产的损坏或造成的损失,及人身伤害等。赔偿的方式可以是赔偿金或对损坏物的修复。

2. 合同纠纷发生的原因

在合同履行过程中,合同双方发生纠纷不可避免,这些纠纷发生的原因可能是各种各样的。例如,因工期索赔或经济索赔而发生争执;因中途停止施工而追究责任归属而发生争执;因对承包商提供的材料、设备的性能、质量、估价不同而发生争执;因终止合同而追究责任争执等。除了业主和承包商的纠纷以外,还经常发生承包商同监理工程师之间的争端。例如,承包商对监理工程师的决定或意见表示反对,对监理工程师关于合同双方的争端的建议不能接受,对监理工程师确定的新单价不能同意等。但争端发生的根源在于工程承包业务存在的客观缺陷和多变因素,主要可归纳如下:

(1) 合同双方的权利和地位不平等。由于"买方市场"的原则,业主在合同的制定和实施过程中处于主导地位,往往把承包商约束得很死,要求他承担过多的风险,稍有不慎,就会亏损。

(2) 双方对合同文件的理解不相同。由于对合同条款的解释不同,合同双方经常会发生分歧。而对合同的解释权总是属于监理工程师,实际上是业主一方。不合理的解释合同必然引起承包商的权益遭受损失。

(3) 业主付款的拖期。这是产生合同争端最常见的,在工程项目实施中,尤其是国际工程项目中,业主按时付款是少见的,大多数是寻求借口拖数月不付,特别是发展中国家自筹资金的项目。业主对承包商的扣款,往往自作主张,从承包商的每月进度款中扣除。

(4) 施工条件的变化多端。土建工程,尤其是大型水利枢纽、煤矿工程,施工条件涉及天文地理,经常遭受难以预测的天灾和人祸,无论是施工现场的自然条件的重大变化,还是工程所在国的任何重大社会条件变化,都会对工程的施工造成严重障碍,引起合同双方的争端。有时,由于施工条件的变化,引起设计上的重大修改,提出大量的工程变更指令,影响到工期和造价的变化,亦易引起纠纷。

3. 合同纠纷的解决方式

通常解决工程项目合同纠纷主要有四种方式,即协商解决、调解解决、仲裁解决和诉讼解决。

(1)协商。协商是指双方当事人进行磋商,在相互谅解的基础上,为了促进双方的关系,为了今后双方之间的业务继续往来与发展,相互都怀有诚意做出一些有利于实际解决纠纷的让步,并在彼此都认为可以接受的基础上达成和解协议。

(2)调解。调解是由第三者从中调停,促进双方当事人和解。调解可以在交付仲裁和诉讼前进行,也可以在仲裁和诉讼过程中进行。通过调解达成和解后,即不可再求助于仲裁和诉讼。

(3)仲裁。仲裁是指双方当事人把纠纷提交仲裁机构,由其依照一定的程序做出判决或裁决。仲裁是一种措施,是维护合同法律效力的必要手段。

(4)诉讼。项目合同当事人因合同纠纷在其他方式都无法解决时,可以向法院提起诉讼。根据合同的特殊情况,还可能必须由专门的法院对一些合同纠纷案进行审理,如铁路运输法院、水上运输法院、森林法院以及海事法院等。

11.4.4 索赔

1. 索赔的概念

所谓索赔,是指在项目采购合同的履行过程中,合同一方因另一方不履行或没有恰当履行合同所设定的义务而遭受损失时,向对方所提出的赔偿要求或补偿要求。索赔是维护合同签约者合法利益的一项根本性管理措施。索赔的性质属于经济补偿行为,而不是惩罚。索赔在一般情况下都可以通过协商方式友好解决,若双方无法达成妥协时,争议可通过仲裁或诉讼解决。

在项目采购管理中,索赔的种类繁多,其中建设工程项目索赔最为复杂且具有代表性,本节以工程索赔为例进行介绍。

2. 索赔的特征

从索赔的基本含义,可以看出索赔具有以下基本特征:

(1)索赔是双向的。不仅承包人可以向发包人索赔,发包人同样也可以向承包人索赔。由于实践中发包人向承包人索赔发生的频率相对较低,而且在索赔处理中,发包人始终处于主动和有利地位,对承包人的违约行为可以直接从应付工程款中扣抵、扣留保留金或通过履约保函向银行索赔来实现索赔要求。

(2)只有实际发生了经济损失或权利损害,一方才能向对方索赔。经济损失是指因对方因素造成合同外的额外支出,如人工费、材料费、机械费、管理费等额外开支;权利损害是指虽然没有经济上的损失,但造成了一方权利上的损害,如由于恶劣气候条件对工程进度的不利影响,承包人有权要求工期延长等。因此发生了实际的经济损失或权利损害,应是一方提出索赔的一个基本前提条件。

(3)索赔是一种未经对方确认的单方行为。它与我们通常所说的工程签证不同。在施工过程中签证是承发包双方就额外费用补偿或工期延长等达成一致的书面证明材料和补充协议,它可以直接作为工程款结算或最终增减工程造价的依据,而索赔则是单方面行为,对对方尚未形成约束力,这种索赔要求必须通过确认(如双方协商、谈判、调解或仲裁、诉讼)后才能实现。

3. 索赔培的起因

引起工程索赔的原因繁多且复杂,主要是由于工程项目的特殊性、内外部环境的复杂性和多变性、参与工程建设主体的多元性、工程合同的复杂性及易出错性等方面原因而导致索赔。

(1)工程项目的特殊性

现代工程规模大,技术性强,投资额大,工期长,材料设备价格变化快,再加上工程项目的差异性大,综合性强,风险大,使得工程项目在实施过程中存在许多不确定变化因素,而合同则必须在工程开始前签订,它不可能对工程项目所有的问题都做出合理的预见和规定,而且发包人在实施过程中还会有许多新的决策,这一切使得合同变更极为频繁,而合同变更必然会导致项目工期和成本的变化。

(2)内外部环境的复杂性和多变性

工程项目的技术环境、经济环境、社会环境、法律环境的变化,诸如地质条件变化,材料价格上涨,货币贬值,国家政策、法规的变化等,会在工程实施过程中经常发生,使得工程的计划实施过程与实际情况不一致,这些因素同样会导致工程工期和费用的为变化。

(3)参与工程建设主体的多元性

由于工程参与单位多,一个工程项目往往会有发包人、总包人、工程师、分包人、指定分包人、材料设备供应商等众多参加单位。各方面的技术、经济关系错综复杂,相互联系又相互影响,只要一方失误,不仅会造成自己的损失,而且会影响其他合作者,造成他人损失,从而导致索赔。

(4)工程合同的复杂性及易出错性

工程合同文件多且复杂,经常会出现措辞不当、缺陷、图纸错误,以及合同文件前后自相矛盾或者可作不同解释等问题,容易造成合同双方对合同文件理解不一致,从而出现索赔。

以上这些问题会随着工程的逐步开展而不断暴露出来,必然使工程项目受到影响,导致工程项目成本和工期的变化,这就是索赔形成的根源。因此,索赔的发生,不仅是一个索赔意识或合同观念的问题,从本质上讲,索赔也是一种客观存在。

4. 索赔的一般程序

当引起索赔的事件发生后,受损失一方的当事人应该按照恰当的程序进行索赔。

(1)收集材料

当引起索赔的事件发生时,受损方应尽可能收集和保存另一方违约的相关记录和证据,以作为以后提出索赔的证明材料。证明材料应该尽可能详尽有力,促使索赔进程加快,以较早拿到索赔款。记录的内容主要包括:事件发生时及过程中现场实际状况;导致现场人员和设备的闲置清单;对工期的延误;对工程的损害程度;导致费用增加的项目;所用的人员、机械、材料数量等。证据的内容主要包括现场照片、录音资料、录像资料,相关人员的签字、盖章,有效票据等。做记录和收集证据的工作需要一直进行,直到索赔事件处理结束。

(2)提出索赔要求

受损方向违约方发出索赔通知书和相关的证明材料。索赔通知书的基本内容包括索赔编号和索赔名称、索赔依据的合同条款、索赔的法律证据、索赔的事实依据及索赔的大致款额。证明材料一般以索赔通知书附件的形式出现,作为要求索赔证据,来论证所提出索赔的合理性。

(3)审查及协商谈判

被索赔方对"索赔通知书"的合理性进行审查,或者接受索赔要求,或者向索赔方提出异议,并阐明理由和提供证明资料。一般情况下,被索赔方都不会立刻接受索赔要求,需要双方进行协商或谈判。在协商谈判中,双方可以进一步拿出详细的证明材料,以求得最后一致意见,包括赔款额、支付方式等。索赔谈判与一般的谈判不同,一般的谈判是互利互惠的,力求双赢的过程,而索赔谈判是一种竞争性和对抗性的谈判。所以,应该注意一些索赔谈判的原则和技巧。

(4)签订协议及支付赔款

通过索赔方与被索赔方的协商谈判,一般情况下能达成一致意见。这时候,双方就要签订索赔协议,违约方以约定的方式和数额向索赔方支付赔款,并且做好记录和备案。如果协商和谈判没有成功,则可采用第三方调解、仲裁、诉讼等方式进行解决。

11.5 项目采购收尾

11.5.1 项目采购收尾的含义

项目采购收尾(Project Close Procurements)是指采购全部履行完毕或采购因故终止所需进行的一系列管理工作,如采购结算、索取保险赔偿金和违约金等。

项目组织和供应商均按照采购合同履行了各自的义务后,采购过程就此终止。采购合同一旦签订就不能随意终止,但是当出现一些特殊情况时,合同可能提前终止。具体如下:

(1)合同因行政关系而终止。项目合同的双方当事人根据国家计划或行政指令而建立的合同关系,可因国家计划的变更或行政指令的取消而终止。

(2)合同因不可抗力的原因而终止。项目合同由于某种不可抗力的原因而致使合同义务不能履行的,应当终止合同。

(3)当事人双方混同一人而终止。法律上对权利人和义务人合为同一人的现象称为混同。既然要发生项目合同当事人合并为一人的情况,那么原来的合同已无履行的必要或已不需要依靠这种契约关系而维系项目的实施,因而项目合同自行终止。

(4)合同因双方当事人协商同意而终止。项目合同的当事人双方可以通过协议来变更和终止合同关系,如项目组织和供应商通过协商达成一致意见,供应商不再提供货物,项目组织也不继续付款,此时合同就终止了。通过双方当事人协议而解除合同关系或者免除义务人的义务,也是终止项目合同的一种方法。

11.5.2 项目采购收尾的工具和方法

1. 项目采购审计

项目采购审计是项目采购收尾的主要方法,采购审计是指根据有关法律和标准对从采购计划的编制到采购收尾的整个采购过程所进行的结构性审查。项目采购审计的目的在于确认项目组织采购过程中的成绩与不足之处,是否存在违法现象,以便吸取经验和教训。

2. 档案管理系统

项目经理使用档案管理系统对合同文件和记录进行管理。

11.5.3 项目采购收尾的结果

1. 采购收尾

对项目采购过程中的所有合同文件要进行整理并建立索引记录,以便日后备查,它是整个项目记录的一部分。

2. 更新组织积累的相关资源

(1)采购文档。一套完整的编有索引的合同文件(包括已收尾的合同),并将其纳入项目最终档案之中。

(2)可交付成果验收。项目组织通过其授权的合同管理员向供应商发出可交付成果被验收或被拒收的正式书面通知。合同条款中一般规定可交付成果的正式验收要求,以及如何解决不符合要求的可交付成果的程序。

(3)经验教训记录。进行经验教训分析并提出过程改进建议,以供将来的采购规划和实施过程借鉴。

本章提要

本章从项目组织的角度对项目采购管理进行介绍。项目采购管理由制定项目采购计划、实施项目采购计划、项目采购合同的履约管理和项目采购收尾四个工作过程组成。在项目采购计划的制定中,详尽地阐述了采购计划编制的依据、工具和方法以及结果。项目采购按照采购的方式分为项目资源采购和项目劳务采购,这两种采购方式都有各自的程序。项目合同谈判主要有三阶段,谈判时要注意技巧。项目采购合同的履约管理主要阐述了合同履行、合同变更、合同解除、合同终止、合同纠纷及索赔等方面内容。项目采购收尾是指采购全部履行完毕或采购因故终止所需进行的一系列管理工作。

关键概念

- 项目采购计划(project procurement planning)
- 供方选择(source selection)
- 合同管理(contract management)
- 项目采购收尾(project close procurements)
- 自制或外购分析(make or buy analysis)
- 合同类型分析(the type of contract analysis)
- 经济订货量分析(analysis of economic order quantity)

- 合同履行(contract fulfillment)
- 合同变更(contract modification)
- 合同终止(contract termination)
- 合同纠纷(contract dispute)
- 索赔(claim indemnity)

思考习题

1. 简述项目采购的分类。
2. 项目采购计划编制主要应解决哪些问题?
3. 项目采购合同履约管理有哪些主要工作内容和做法?
4. 选择供应商时,要考虑哪些因素?
5. 劳务采购的主要过程有哪些?
6. 以例子说明合同应该包括哪些内容。
7. 项目组织与供应商签订了一个奖励合同,合同目标成本是30万元,目标利润是5万元,并且按照7:3的比例买卖双方共同分担。

①如果供应商履行合同完毕时的实际成本是25万元,项目组织将支付给供应商多少利润?支付的总金额是多少?

②如果供应商履行合同完毕时的实际成本是36万元,项目组织将支付给供应商多少利润?支付的总金额是多少?

③如果供应商履行合同完毕时的实际成本是50万元,项目组织将支付给供应商多少利润?

8. 你认为项目采购合同管理中最难的工作是什么?

案例分析

某政府采购

一、案例背景

随着浦东新区政府采购制度不断深入,采购项目不断扩展,原各部门自行采购的项目逐步纳入政府采购。教室用挂壁式搪瓷书写绿板(以下简称绿板)就是其中具有代表性的一例,新区每年更新的绿板数量非常可观。集中采购可以最大限度地发挥批量采购的价格效应,降低采购成本和保证采购质量,节省财政支出,有利于加强政府采购的管理和监督,规范采购活动。

二、拟定采购方案

1. 确定采购目标

根据绿板的特点,借助集中采购可批量生产的优势,在保证学校正常需要的前提下降低采购价格,提高绿板的质量,延长绿板的使用寿命是本次采购的目标。

2. 选择采购方式

本次采购中心委托某社会中介机构进行,中心派员参加对各个环节进行把关。本次采购绿板数量较大,达1 190块,财政拨款金额达数百万元,根据《××市政府采购管理办法》

第十五条，单项采购金额或者一次批量采购总额在规定限额以上的应当实行招标采购。本次招标金额已超出批量限额，采购时间较紧，故采用有限竞争性招标(邀请招标)采购方式择优选定供应商。

三、招标过程

该社会中介机构根据使用单位确定的绿板的技术及有关交货期等商务要求编制招标文件，本次邀请招标共邀请五家供应商，分别为A、B、C、D、E。7月27日发标，发标当天售出标书三份，D、E因无此进口原料产品未来购买标书，8月3日投标截止时间仅收到A公司的一份标书，B、C退出投标。根据《××市政府采购招标投标暂行办法》第十二条第一款规定，招标采购必须有三份以上(含三份)的有效投标方为有效；对少于三份有效投标的应宣布本次招标终止，并按本办法另行组织招标采购。这样本次绿板招标终止。当天采购中心会同有关部门协商达成统一意见，重新组织招标。

第二次招标又邀请了F、G与A共同投标。F因无法满足8月25日之前交货的招标要求而放弃投标，G在投标时间截止前未给予明确答复。至此有效投标仍为A。根据《××市政府采购招标投标暂行办法》第十二条第二款规定采用竞争性谈判采购方式，连续两次招标采购无效的，可申请要求定向采购。由于本项目满足条件，且项目不允许延迟交货，为此预算单位特向采购中心打报告要求定向采购，采购中心将此情况以签报形式上报采管办得到批准。最后采购方以204.442万元中标，节约资金4.19%。

四、综合分析

1. 招标时间紧

该项目计划在当年6月中旬下达，根据项目的性质采购中心委托社会中介机构操作，由于该项目要求在暑假完成以保证新学期的使用，社会中介机构和预算单位以项目的轻重缓急排序，先操作了其他项目，再操作绿板、多媒体及实验室。至7月24日社会中介机构收到预算单位提供的绿板的技术要求，距8月25日交货期仅一个月的时间，在这一个月的时间内包括招标选择供应商、供应商产品的生产及1 190块绿板送到各个学校，这样一来招标的时间就压缩得很紧。

2. 技术要求高

本次招标的绿板为进口材料技术要求如下：

①板面材料：P3珐琅书写搪瓷板材料，面板带磁性，板面材料厚度大于0.40 mm以上。

②表面珐琅层厚度95 μm。

③背面珐琅层厚度35 μm。

④钢板总厚度0.4~0.6 mm。

⑤表面平滑度2%~14%。

⑥表面硬度EM-DIN101(测试标准)，MIN3。

⑦背钢板：优质镀锌板，厚度不小于0.34 mm。

⑧中间采用10 mm瓦楞板或机制板。

⑨框架：铝合金材料，表面氧化处理采用银白亚光或古铜亚光框架，铝合金壁厚度大于1.5 mm，笔槽铝合金壁厚度大于2 mm。

⑩质量要求：书写流畅，光泽度低，清晰易擦，色面牢固，耐腐蚀，耐酸碱，耐磨，不反光，无刺眼等。使用年限为15年以上。

3. 供应商选择余地小

由于时间紧，P3绿板又要求为进口原料，供应商的交货期往往无法满足，因为从原料的进口到绿板的生产需要时间，从而供应商选择余地就很小。

五、经验体会

从以上分析来看，两次的招标失败不得不采用定向采购的主要原因是招标至供货期的时间很紧，导致供应商无法满足招标要求而放弃投标，这次投标A公司是在不知其他投标单位退出投标的情况下报价的，否则一家供应商的价格很难控制，集中采购的批量效应难于实现。

该社会中介机构所拥有的供应商信息量不足，在招标时已将所有的供应商邀请到，但数量还是偏少。要弥补这一点，一是在工作中逐步积累；二是采用公开招标的形式，在媒体发布信息招募供应商。而这些都需要以时间为前提。

在项目采购中应抓紧每一个环节，尽可能地提早做好采购项目计划的申报、审批及下达，给予招标充裕的时间，让供应商有竞争的机会和条件，从而择优选定供应商。

问题：

该项目采购过程对项目管理者有哪些启示？

参考文献

[1] 骆珣. 项目管理教程[M]. 北京：机械工业出版社，2010.

[2] 白丽君，傅培华. 项目采购管理[M]. 北京：中国物资出版社，2009.

[3] 赖一飞，张清，余群舟. 项目采购与合同管理[M]. 北京：机械工业出版社，2008.

[4] 戚安邦. 项目管理学[M]. 北京：科学出版社，2012.

[5] 吴芳，胡季英. 工程项目采购管理[M]. 北京：中国建筑工业出版社，2008.

[6] 张卓. 项目管理[M]. 北京：科学出版社，2007.

[7] 赵振宇. 项目管理案例分析[M]. 北京：北京大学出版社，2013.

第 12 章 项目结束

【本章学习要点】

1. 理解项目正常结束和非正常终止的区别;

2. 了解项目验收的概念和一般程序;

3. 了解项目审计的意义,掌握项目竣工审计的主要内容;

4. 熟悉项目后评价的主要内容,及编制项目后评价报告的一般体例。

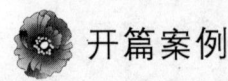

中科院启动重大项目"后评估"制度

项目通过验收,不等于画上句号。7月13日,"电动汽车电气系统研究开发"这个4年前顺利通过验收的项目再次接受专家的评估。这是中国科学院首次对重大项目开展"后评估",这一形式以后将形成制度。

中科院"九五"重大项目"电动汽车电气系统研究开发"项目早在2003年就顺利通过验收。但项目负责人中科院电工研究所研究员温旭辉及其团队当天再次迎来国家"863"计划新能源汽车重大项目首席科学家、清华大学汽车工程系主任欧阳明高等项目评估专家的考评。

组织此次后评估的中科院项目评估监理中心主任陈泮勤指出,"电动汽车电气系统研究开发"项目是中科院第一个开展后评估的项目。他说:"我们将综合中心评估意见和专家评估意见,写成报告递交院党组。"以后,重大项目将根据基础性项目、有产业化趋势等不同类别,一一接受后评估。中科院希望通过这种结题几年后的评估,检查当初立项的目标是否达到,立项是否具有前瞻性和战略性,项目后续研究是否取得显著突破,项目组织管理有何独到之处,为是否继续支持提供依据,更为之后其他立项的组织提供借鉴经验。

资料来源:陈志斌.项目评估学.南京:南京大学出版社.2007:381

问题:
1. 开展项目后评估的意义何在?
2. 如果您是项目评估专家,您将如何组织项目后评估?从哪些方面进行评估?

12.1 项目结束概述

12.1.1 项目结束概述

任何一个项目均是有生命周期的,要经过启动、计划、实施、控制和结束五个基本的过程,当某项目的规划目标已经实现,或者能够清晰地判断即使持续该项目,其目标也不可能达到时,则该项目就应该适时终止,使项目进入结束阶段。项目的结束阶段是一般项目生命周期的第四阶段,即最后一个阶段。在这一阶段,仍然需要对项目进行有效的管理,恰当做出正确的结束决策,总结分析该项目的经验教训,为今后的项目管理工作提供有益的经验,总结具有普遍意义上的管理规律。

当某一项目出现下列情形之时,就应适时终止,使项目进入结束阶段:
1. 项目的目标已经成功地实现,项目的结果(产品或服务)已经可以交付给项目投资人或转移给第三方;
2. 项目严重地偏离了其进度、成本或性能目标而且即使采取措施也无法实现预定的

目标;

3. 项目投资人的战略发生了改变,该项目必须舍弃;
4. 项目无法继续获得足够的资源以保证项目的持续;
5. 项目的外部环境发生剧烈变化,使项目失去了继续下去的意义或根本无法持续下去;
6. 项目因为政策、法律或一些项目组无法控制的因素而被迫无限期地延长;
7. 项目的关键成员成为不受欢迎的人,而又无法找到替代者;
8. 项目目标已无望实现,项目工作开始放慢或已经停止。

项目实施过程中可能会出现以上这些情景中的一种或多种,而有时候各种情景的界限并不总是那么清晰。这些情景只是为找到不可避免的项目结束问题提供了一个框架。

项目的最后执行结果只有两个状态:成功与失败。相应地,项目进入结束阶段后,需要采用两种方式来结束项目:正常结束和非正常终止。在项目进入正常结束阶段时,应对项目进行项目竣工验收和后评价,实现项目的移交和清算。当采用非正常终止方式对项目进行收尾时,要综合考虑影响终止项目的决定因素,制定并执行项目终止决策,处理好终止后的事务。

12.1.2 正常结束(竣工)

当项目的预定目标已经实现,该项目就取得了成功。项目成功是指项目已经达到了其费用、进度和性能目标并融入投资人、业主或项目所有人的组织中,促进其组织的发展。一个成功的项目意味着组织成功地定位了自己的未来,设计和实施了一个具体的战略。

项目为什么会成功? 遵循以下的原则,项目将更有可能获得成功:

1. 在同项目投资人、业主或项目所有人充分交流的基础上规划出了一份真实、可行的项目计划,它符合项目投资人、业主或项目所有人的需求;
2. 项目的冲突得到了有效的控制和解决;
3. 项目目标简明易懂,项目协作各方都能充分地理解;
4. 项目目标从启动到结束都处于有效的控制和跟踪状态;
5. 在规定的时间内,有足够的队员来完成既定的工作任务;
6. 在项目实施之前,98%的工作任务已得到界定,资源已配置齐全;
7. 项目经理经常与项目团队交流,倾听他们的建议,帮助他们解决问题,掌握了项目进展的第一手资料;
8. 项目经理注意研究已终止的类似项目,善于从中吸取经验和教训。

项目在工程实施完成后,进入了项目收尾阶段——总结和后评价阶段。项目后评价的实施是以项目建设实施过程中的监测、监督资料和施工管理信息为基础,分自我评价和独立评价两个步骤来完成的。

12.1.3 非正常终止(下马)

不同的项目有不同的经验教训和启示。对那些失败的项目,研究错误出现在哪里,为什么项目的目标不能实现,从中可以得到许多有益的启示。

当项目可能因为政治原因、经济原因、管理原因,没有办法维持时,或项目目标不可能实现时,高层管理人员应考虑终止项目的执行,避免进一步的损失。例如,东南亚金融危机,使得泰国大量在建的建设项目由于资金被抽回而被迫停止。项目失败意味着项目没有达到其费用、进度和技术性能目标,或者它不能适应组织的未来,因此失败是一个相对的因素。

由于不可预见的因素而导致失败的项目并非是真正的失败项目,由于环境变化、组织变化、目标变化而失败的项目也非真正的失败项目,虽然这些能使项目投资人、业主或项目所有人信服,获得项目的款项。因为从某种意义上来说,这些因素是人力不可控制的。只有那些因为管理问题、决策问题而使预算超支、进度推迟、资源严重浪费的项目才是失败的项目。

有一些基本的原因决定着项目的目标难以实现,这些原因恰好与成功项目的原因相反:

1. 项目计划太简单,或者过于复杂,甚至脱离实际,难以操作;
2. 项目的主要冲突无法解决,浪费了过多的时间和资源;
3. 项目经理或经理班子的管理水平、领导艺术欠佳;
4. 项目各方对最初的项目目标理解有分歧;
5. 在项目进程中,项目监控不充分,从而不能预见即将要发生的问题,当问题出现时,又不能被适当地解决;
6. 项目团队成员不充足且工作效率低下;
7. 项目经理与主管单位之间缺乏有效、充分的沟通;
8. 优柔寡断的决策;
9. 项目中所需的资源供应缓慢,导致项目进度一再拖延。

对项目终止问题的探讨,需要考虑决定项目终止的因素有哪些,如何做出项目终止决策,以及决策制定后,如何来执行决策和处理终止后的行动。

12.2 项目验收

12.2.1 项目验收概述

1. 项目验收的概念

项目验收是指项目结束或项目阶段性结束时,项目承包单位将其成果交付给使用者之前,项目接收方会同项目承包方、项目监理等有关方面对项目的工作成果进行审查,查核项目计划规定范围内的各项工作或活动是否已经完成,应交付的成果是否令人满意。若验收合格,将项目成果交付给项目接收方,实现投资转入生产、使用和运营。同时,总结经验教训,为后续项目做准备。

对非正常终止的项目,通过验收查明哪些工作已经完成,完成到什么程度,哪些原因造成项目不能正常结束,并将核查结果记录在案,形成文件以供决策。

2. 项目验收的作用

当项目结束时,及时对项目进行验收,对项目参与各方均有重要的作用,主要表现在:

(1)项目验收是项目结束(或阶段性结束)的标志。任何项目不通过验收,项目就无法移交,业主就不能正式地使用项目,就不能达到项目建设或投资的目的,也不能获得其预期的收益(或效用)。对某些时效性非常强的产品和服务,很可能由于验收的延误,而造成项目成果的失效,失去项目存在的意义。

（2）项目验收是项目参与各方获得应得利益的前提。若项目顺利地通过验收,项目的当事人就可以终止各自的义务和责任,从而获得相应的权益。同时,也意味着项目团队的全部或部分任务的完成,项目团队可以总结经验,接受新的项目任务;项目成员可以回到各自原来的工作岗位或安排合适的工作。

（3）项目验收是提高项目质量的手段。项目的竣工验收,是保证合同任务完成,提高质量水平的最后关口。通过竣工验收,全面考查工程质量,保证交付项目符合设计标准、规范等规定的质量标准要求,并能及时发现和解决一些影响正常生产使用的问题,确保项目能按设计要求的技术、经济指标正常地投入生产并交付使用。

（4）项目验收是促进项目尽快投入运营的基础。对于基本建设项目和投资项目,通过竣工验收,促进投资项目及时投入生产和交付使用,将基本建设投资及时转入固定资产,发挥投资效益,避免基建项目由于延期不能投入使用而造成的资金、时间价值的损失。通过项目竣工验收,整理档案资料,可为投产企业的经营管理、生产技术和固定资产的保养、维修提供全面系统的技术经济文件、资料和图样。

3. 项目验收的分类

（1）按验收时项目所处的时点分类

按验收时项目所处的时点,可分为前期验收、中间验收和竣工验收。

前期验收,是指项目团队依据项目目标、项目范围、项目资源等编制出项目进度计划、项目质量标准、成本预算等项目目标文件后,项目业主针对目标文件进行论证验收,签订具有法律效力的合同,以此作为项目启动的依据和项目完成后进行评价的标准。

中间验收,是在项目实施过程中,由业主、项目团队、监理部门等根据项目的进度情况对项目进行适时的跟踪检查,以保证能在规定时间内,按预算成本达到项目目标。尤其对在实施过程中遇到困难、有较大变动的项目,中间验收可以促进各方当事人进一步了解项目情况,以保证项目顺利完成。对工程建设项目进行中间验收,是工程建设的国际惯例。我国在投贷项目建设中,也特别强调中间验收的必要性。随着我国经济与世界经济的融合,项目建设与国际惯例接轨,中间验收更显重要。

竣工验收,是指项目基本完成,在项目成功正式交付使用前,由项目业主会同项目团队、项目监理等有关方面对项目的工作成果进行审查和接收,是项目质量检查的最后关口,也是对项目的总体验收。本章节所指的验收主要就是指竣工验收。

（2）按项目验收的范围分类

按项目验收的范围分类,可分为部分验收和全部验收。

部分验收,亦称单项工程验收,是指项目取得阶段性成果后,项目接收方或其委托人对阶段性成果进行检验。对那些明显地分出阶段性成果的项目,进行部分验收,可充分有效地利用资源。此外,部分验收还可为后续的全部验收奠定基础。对工程建设项目,部分验收多数为单项工程验收,即投资项目全部验收前,承包商完成其承建的单项工程施工任务以后向建设单位（或项目业主）交工,接受其验收的过程。单项工程验收的程序是:①建设项目的某个单项工程已按设计要求完成,施工单位就可以向建设单位发出交工通知。同时,施工单位按照国家规定,整理好文件、技术资料,作为验收依据交给建设单位。②建设单位接受交工通知后,在做好验收准备的基础上,组织施工、设计及使用等有关单位共同进行交工验收,对设备应按试车规程进行单体试车、无负荷联动试车和负荷联动试车等。③验收合格,建设单位与施工单位应签订《交工验收证书》,否则拒绝接收。

全部验收,亦称整体验收,指项目全部完成后,对取得的成果进行全面、综合的考核,以便为项目的终结做出合理的结论。所有的项目都必须有全部验收的过程。对于大型综合项目,可通过综合各个子项目的部分验收来完成全部验收;对于小型项目,可直接进行全部验收。建设项目的全部验收又称整体工程验收或动用验收,简称竣工验收,指建设单位(或项目业主)在建设项目按批准的设计文件规定的内容全部建成后,交工、接受验收的过程。

(3)按项目的性质分类

按项目的性质分类,可分为投资建设项目验收、生产性项目验收、R&D项目验收、系统开发项目验收和服务项目验收等。

投资建设项目验收,主要从工程质量是否达到要求,工程图样、资料是否齐全,工期是否得到保证,成本控制等方面进行验收。

生产性项目验收,主要考核项目交工使用后,生产能力能否达到设计要求,产品质量是否能得到保证等。

R&D项目的验收,重点检查项目成果是否达到预期的性能指标,如果项目失败,则应分析失败的原因。由于R&D项目本身风险较大,所以相对性能指标而言,项目工期和成本处于验收的次要位置。

系统开发项目,主要验收项目运行是否稳定,项目能否达到项目投资人、业主或项目所有人要求的功能,项目说明书是否清楚、全面等。

服务性项目,由于涉及面比较广,因而主要依据项目合同要求进行检查验收。

(4)按项目验收的内容分类

按项目验收的内容,主要分为质量验收和文件验收。质量验收和文件验收是一般项目验收的两大部分,也是比较全面、准确地把握项目验收的基础。关于质量验收和文件验收将在下面详尽介绍。

12.2.2 项目验收的范围、方法和结果

1. 项目验收范围

项目验收范围是指项目验收中要验收的内容和方面,即在项目验收时,需要对哪些子项进行验收和对项目的哪些方面、哪些内容进行验收。通常,项目验收范围确认主要依据项目合同、项目成果文档和工作成果等。

项目验收范围的确认是指对需要验收的内容进行科学、合理的界定,以保障项目各方的权益和明确各方的责任。要确认验收范围,不仅要明确项目的起点和终点,还要明确项目的最终成果以及标志这些成果的各个子项。

从项目层次来看,原则上一切完整的项目子项或单元都应列入项目验收的范围,但项目的业主方不同,项目性质不同,其验收的形式也可能不同。对于所有列入固定资产投资计划的建设项目或单项工程,只要已经按国家批准的设计文件所规定的内容建成;或工业投资项目经负荷试车考核,试生产期间能够正常生产出合格产品,或非工业投资项目符合设计要求,能够正常使用的,不论是属于哪种建设性质,都应及时组织验收,办理固定资产移交。

从项目验收的内容来划分,项目验收范围通常包括工程质量验收和文件资料验收。

2. 项目验收的方法

项目验收应根据项目的特点不同,灵活地采用不同的方法,常用的方法有观测、试运行、抽样统计分析等。对于生产性项目,可采用试生产的方法,检验生产设备或试制件是否能达到设计要求;对于系统开发项目,用试运行方式检验项目成果的性能;对 R&D 项目,可通过测试成果的各项物理、化学、生化等性能指标来检验;对服务性项目,一般通过考核其经社会效益来验收。为了核实项目或项目阶段是否已按规定完成,往往在验收时需要进行必要的测量、考查和试验等活动。

3. 项目验收的结果

项目验收完毕后,如果验收合格,项目参与各方应签署项目验收鉴定书。

如果验收的成果符合项目目标规定的标准和相关的合同条款及法律法规,参加验收的项目团队和项目接收方人员应在事先准备好的验收鉴定书上签字,表示接收方已正式认可并验收全部或部分阶段性成果。一般情况下,这种认可和验收可以附有条件,如软件开发项目在移交和验收时,可规定若在使用中发现软件有问题,软件使用者仍可以要求该软件项目开发人员协助解决。

对于投资建设项目,项目验收合格要签署竣工验收鉴定书。竣工验收鉴定书是表示建设项目已经竣工,并交付使用的重要文件,它是全部固定资产交付使用和建设项目正式动用的依据,也是承包商对建设项目消除法律责任的证件。通常,竣工验收鉴定书应包括工程名称、地点、验收委员会成员、工程总说明、工程据以建设的设计文件、预算造价和实际造价、结论以及验收委员会对工程动用时的意见和要求等主要内容。同时,竣工验收鉴定书应附有下列文件:

(1)验收委员会进行检查性试车的记录;
(2)验收委员会认为可以允许的建筑安装工程和设备偏差一览表;
(3)建筑安装工程质量评定表;
(4)动用的固定资产一览表等。

验收委员会在进行正式全部验收工作后,有关负责人需在竣工验收鉴定书中签署姓名和意见。竣工验收鉴定书如表 12-1 所示。

表 12-1 竣工验收鉴定书

工程名称		工程地点		
工程范围		建筑面积		
工程造价				
开工日期		竣工日期		
日历工作天		实际工作天		
验收意见				
建议单位				
验收人				
建设单位	(公章) 年 月 日	监理意见	(公章) 年 月 日	施工单位	工程负责人:(公章) 公司负责人:(公章) 年 月 日

12.2.3 项目验收的标准及依据

1. 项目验收的一般标准

项目验收标准是判断项目成果是否达到目标要求的依据,因而应具有科学性和权威性。只有制定科学的标准,才能有效地验收项目结果。作为项目验收的标准,一般选用项目合同书、国家标准、行业标准、相关的政策法规、国际惯例等。

项目合同书规定了在项目实施过程中各项工作应遵守的标准、项目要达到的目标、项目成果的形式以及对项目成果的要求等,是项目进行验收的最基本的标准。

国家标准、行业标准和相关的政策法规是比较科学的、被普遍接受的标准。项目验收时,如无特殊的规定,可参照国家标准、行业标准以及相关的政策法规进行验收。

国际惯例是针对一些常识性的内容而言的,如无特殊说明,可参照国际惯例进行验收。

2. 投资建设项目竣工验收的一般标准

进行投资建设项目验收时,由于项目所在行业不同,验收标准也不完全相同,但一般必须符合以下标准:

(1)生产性项目和辅助性公用设施,已按设计要求完成,能满足生产使用;

(2)主要工艺设备配套设施经联动负荷试车合格,形成生产能力,能够生产出设计文件所规定的产品;

(3)必要的生活设施,已按设计要求及规定的质量标准建成;

(4)生产准备工作能适应投产的需要;

(5)环境保护设施、劳动安全卫生设施、消防设施已按设计要求与主体工程同时建成使用。

有的投资建设项目基本符合竣工验收标准,只是零星子项和少数非主要工作未按设计规定的内容全部建成,但不影响正常生产,亦应办理竣工验收手续。对剩余工程,应按设计留足投资,限期完成。

若投资建设项目或单项工程已形成部分生产能力,或部分工程已经投入生活中使用,近期不能按原设计规模续建的,应从实际情况出发缩小规模,报主管部门(公司)批准后,对已完成的工程和设备,应尽快组织验收,移交固定资产。

国外引进设备项目,需按照合同规定,在完成负荷调试、设备考核合格后,进行竣工验收。其他类型项目在验收前是否需要安排试生产阶段,可按照各个行业的规定执行。

按照我国有关规定,已具备竣工验收条件的项目(工程),在规定的期限内不办理验收投产和移交固定资产手续的,取消企业和主管部门(或地方)的基建试车收入分成,由银行监督全部上缴财政。如在规定期限内办理竣工验收确有困难,经验收主管部门批准,可以适当延长期限。

3. 生产性投资项目土建、安装、管道等工程的验收标准

生产性投资项目,如工业项目、一般土建工程、安装工程、人防工程、通信工程等,其施工和竣工验收,必须按国家批准的《中华人民共和国国家标准××工程施工及验收规范》和主管部门批准的《中华人民共和国行业标准××工程施工及验收规范》执行。

4. 项目验收的依据

项目验收的主要依据是项目的工作成果和成果文档。工作成果是项目实施后的结果,

项目结束应当提供出一个令人满意的工作成果。因此，项目验收重点是针对工作成果进行检验和接收。工作成果验收合格，项目实施才可能最终完结。同时，项目团队必须向验收组或接收方出示说明项目(或项目阶段)成果的文档，如项目计划、技术要求说明书、技术文件、图样等，以供审查。对不同类型的项目，成果文档包含的文件不同。

12.2.4 项目验收的组织和程序

1. 项目验收的组织及其职责

项目验收的组织是指对项目成果进行验收的组成人员及其组织。一般由项目接收方、项目团队和监理人员构成。但由于项目性质的不同，项目验收的组织构成差异较大，如对一般小型服务性项目，只由项目接收人员验收即可，甚至对内部项目，仅由项目经理就可验收。

按国家发改委、建设委员会关于《建设项目(工程)竣工验收办法》的规定，大中型和限额以上基本建设和技术改造项目(工程)，由国家发改委或由国家发改委委托项目主管部门、地方政府部门组织验收。小型和限额以下技术改造项目(工程)，由项目(工程)主管部门或地方政府部门组织验收。竣工验收要根据工程规模大小、复杂程度组成验收委员会或验收组。验收委员会或验收组应由投资方、银行、环保、劳动、消防及其他有关部门的人员组成，接管单位、施工单位、勘察设计单位应参加验收工作。

验收委员会或验收组的主要职责是：

(1)审查预验收情况报告和移交生产准备情况报告；

(2)审查各种技术资料，如项目可行性研究报告、设计文件、概(预)算，有关项目建设的重要会议记录，以及各种合同、协议、工程技术经济档案等；

(3)对项目主要生产设备和公用设施进行复验和技术鉴定，审查试车规格，检查试车准备工作，监督检查生产系统的全部带负荷运转，评定工程质量；

(4)处理交接验收过程中出现的有关问题；

(5)核定移交工程清单，签订交工验收证书；

(6)提交竣工验收工作的总结报告和国家验收鉴定书。

2. 项目验收的程序

项目验收依据项目的大小、性质、特点的不同其程序也不尽相同。一般，大型建设项目由于验收环节较多，内容繁杂，因而验收的程序也相对复杂。而像程序设计、软件开发或咨询等小型项目，验收则相对简单一些。项目验收一般应由下面过程所组成：

(1)前期准备工作

①做好项目的收尾工作。当项目接近尾声时，大量复杂的工作已经完成，但还有部分分散的、零星的工作需要耐心细致处理。这些工作看似较轻，但如果处理不好，将直接影响项目的进行。同时，临近项目的结束，项目团队成员通常有松懈的心理，这就要求项目负责人把握全局，正确处理好团队成员的工作情绪，保质保量地将收尾工作做好，做到项目的善始善终。

②准备项目验收材料。项目验收的重要依据之一是项目的成果材料。因此，项目团队在项目的全过程中，就应及时做好各种项目文件的收集工作，编制必要的图样、说明书、合格验收证、测试材料、相关的论文、研究报告等。在项目验收的前期准备阶段，应将分阶段、分部分的材料汇总、整理、装订入档，形成一整套清晰、完整客观的验收材料，这是项目验收的

前提,也是顺利通过项目验收的必要保证。

③项目自检。在项目成果交付验收之前,项目经理应组织项目团队进行必要的自检自查,找出问题和漏洞以尽快解决。

④提出验收申请,报送验收材料。项目自检合格后,项目团队应向项目接受方提交申请验收的请求报告,并同时附送验收的相关材料,以备项目接受方组织人员进行验收。

(2)验收方验收

①组成验收班子。项目业主(接收方)应会同项目监理方、政府部门的相关人员,如有必要还可吸收注册会计师、律师、审计师、行业专家等人员,组成验收工作组或验收委员会。项目验收班子应坚持公正、公平、科学、客观、负责的态度对项目进行全面验收。

②项目材料验收。项目验收班子对项目团队送交的验收材料进行审查,如有缺项、不全、不合格的材料应立即通知项目团队,令其限期补交,以保证项目验收的顺利进行。

③现场(实物)初步验收。项目验收班子根据项目团队送交的验收申请报告,可组织验收人员对项目成果现场或项目成果进行初步检查,以形成对项目成果的总体把握,如果检查不符合项目目标要求,应及时通知项目团队尽快整改。

④正式验收。项目验收班子在对项目验收材料和项目初审合格,组织人员对项目进行全面、细致的正式验收,正式验收还可依据项目的特点,实行单项工程验收、整体工程验收,或部分验收、全面验收等。如果验收合格,签署验收报告;如果验收不合格,通知项目团队进行整改后再做验收。如在验收中发现较严重的问题,双方可以协商或通过法律途径加以解决。

⑤签发项目验收合格文件。对验收合格的项目,验收班子签发项目验收合格文件,标志项目团队的工作圆满结束,项目由接收方使用,投入下一阶段的生产运营中去。

⑥办理固定资产形成和增列手续。对于投资性项目,当项目验收合格后,应立即办理项目移交,对形成的固定资产办理固定资产增列手续。

12.2.5 项目质量验收

项目质量是考查和评价项目成功与否的重要方面。一个项目的最终目的是满足项目投资人、业主或项目所有人的需求,这种需求是以质量保证为前提,对于投资的基本建设项目,保证质量更有十分重要的意义。基本建设是百年大计,但是在我国基本建设领域工程出现重大质量问题却屡见不鲜,甚至出现"豆腐渣"工程,所以必须从项目计划、项目控制、项目验收等不同环节严把质量关。而项目质量验收尤其是关键,只有做好质量验收,项目才能圆满移交。

1. 项目质量验收的概念

项目质量验收是依据质量计划中的范围划分、指标要求和采购合同中的质量条款,遵循相关的质量评定标准,对项目的质量进行认可评定和办理验收交接手续的过程。质量验收是控制项目最终质量的重要手段,也是项目验收的重要内容。

项目质量验收,首先要对项目质量有正确的认识。《项目管理知识体系指南》里指出,"质量是实体中能够满足明确需求和隐含需要的能力的特性的总和";赵铁生在《工程质量管理》中认为,工程项目质量是指坚固、耐久、经济、适用、美观等这些能够满足社会和人们需要的自然属性和技术性能。通常,项目质量包括项目产品实体(有形产品)和服务(无形产品)

两个方面的质量。

项目的最终质量是由项目过程形成的,要确保项目质量,必须应首先保证过程工作质量。因而,应强调项目全过程的质量管理、质量控制,TQM、ISO 9000 质量保证体系便应运而生。由此,质量验收也是质量的全过程验收,在项目的规划、项目的实施、项目的竣工等不同时期对项目的质量都要进行验收,以保证最终获得一个合格的项目。

2. 项目质量验收的范围

项目质量验收包括项目概念、规划、实施和竣工各阶段的质量验收。

(1)项目概念阶段的质量验收

概念阶段是项目整个生命周期的起始阶段,这一阶段的工作好坏直接影响到项目后期的实施问题。同时,项目概念阶段的质量目标决策是项目规划、设计阶段质量验收范围与标准设计的依据和前提。

概念阶段各项工作的主要目的是确定项目的可行性,对项目所涉及的领域、投资及其效益、技术可行性、环境影响、融资措施、社会效益等进行全方位的评估,从而明确项目在技术上、经济上的可行性和投资价值。这阶段的主要工作包括一般机会研究、特定项目机会研究、方案策划、初步可行性研究、详细可行性研究、项目评估及商业计划书的编写等。

项目概念阶段的质量验收是整个项目质量验收的开端,其重点是对可行性研究的科学性进行把关。这阶段的质量验收,主要是检查项目可行性研究和机会研究时是否收集到足够的和准确的信息;使用的方法是否合理;项目评估是否科学;评估的内容是否全面;是否考虑了项目的进度、成本与质量三者之间的制约关系;对项目投资人、业主或项目所有人的需求是否有科学、可行、量化的描述;对项目的质量目标与要求是否做出整体性、原则性的规定和决策等。

(2)项目规划阶段的质量验收

规划阶段是项目实施的前期准备阶段,主要对项目的实施过程进行全面、系统的描述和安排。规划阶段的主要工作包括确定项目目标,规划和定义项目范围,编制进度计划、资源计划、费用计划和质量安全计划等。

这一阶段的质量验收主要检验设计文件的质量,包括以下内容:

①检验项目目标定位是否准确,目标描述是否清晰;;

②范围规划是否全面,使用的工具和技术是否科学;

③工作分解是否细致,使用的方法和工具是否科学,结果能否达到目的;

④工作排序是否符合逻辑性和最优化思想,工具和方法是否科学;

⑤工作延续时间估计是否准确,考虑影响工作延续的可能因素是否全面;

⑥进度安排是否合理,使用的方法和工具是否科学,是否考虑到资源的相互制约;

⑦资源计划涉及的内容是否考虑全面,费用估计的依据是否可信,方法和工具是否科学;

⑧费用预算是否精确,系数选择是否合理;

⑨质量计划是如何安排的,质量计划的标准和规划是否实际可行,制约质量计划的方法和技术是否科学;

⑩质量保证是否完善,是否切实可行,质量保证的依据是否真实,使用的工具和方法是

否科学等。

另外,该阶段要检验项目的全部质量标准及验收依据是否完成,即检验质量验收评定标准与依据的合理性、完备性和可操作性等。项目规划阶段质量验收的标准与依据是根据概念阶段决策的质量目标进行分解,并在相应的设计文件上指出达到质量目标的途径和方法。

项目规划阶段必须指明项目竣工验收时质量验收评定的范围、标准与依据以及质量事故处理程序和奖惩措施等。项目规划阶段给出的质量验收范围与适用标准是项目实施阶段每个工序实体质量控制和评定的依据。

(3)项目实施阶段质量验收

项目实施阶段是项目质量管理、质量控制的具体执行,它占据了项目生命周期的大部分时间,涉及的工作内容最多、时间最长,耗费大量资源,是项目能否取得成功的关键阶段。项目实施阶段的质量验收要根据范围规划、工作分解和质量规划对每一道工序进行单个评定和验收。

项目实施阶段的主要管理工作包括采购规划、招标采购的实施、合同管理基础、合同履行和收尾、实施计划、安全计划、项目进展报告、进度控制、费用控制、质量控制、安全控制、范围变更控制、生产要素管理及现场管理与环境保护等。项目实施阶段的质量验收,既要对上述主要工作的过程进行检验,又要对工作结果进行验收。

项目实施阶段的质量验收要针对单个工序依据规划阶段所制定的质量验收评估标准、范围和依据来进行,并对验收结果进行汇总、统计,形成上道工序的质量结果(合格率或优良率),以检验项目质量的等级,依此类推,最终形成全部项目质量的验收结果。项目实施阶段对质量的验收将形成质量的四个等级:不合格、合格、良好、优秀。

(4)项目收尾阶段的质量验收

项目收尾阶段是整个项目生命周期的最后阶段,是项目质量的最后把关,关系到项目能否顺利交接及能否进入正常使用阶段。因而这阶段的质量验收,无论对项目团队还是对项目接受方都是非常重要的。

对于大型、复杂项目的质量验收,可采用对项目实施阶段中每个工序的质量验收结果进行汇总、统计、澄清,得出项目最终的、整体的质量验收结果;对于比较简单的项目和特殊要求的项目(如系统软件等),收尾阶段的质量验收要以项目规划阶段制定的"项目竣工质量验收评定的范围、标准与依据"为准,彻底进行检验,以保证项目质量。

收尾阶段项目验收的结果将产生质量验收评定报告。

3. 项目质量验收的方法

项目质量验收的方法依据项目阶段和项目类型的不同而不同,如在项目概念、规划等阶段,质量验收多采用审阅的方法,即主要对项目文件进行审阅。对于一般项目通常采用文件审阅、实物观测、性能测试或进行特殊试验等方法。对于大型投资建设项目,除采用上述验收方法外,还要进行试生产等验收。

4. 项目质量验收的结果形式

项目质量验收的结果是质量验收评定报告和项目技术资料。

项目质量验收评定报告的主要内容有:详细评定项目各组成部分的质量等级;综合项目

不同时期的质量检验结果;对项目质量给出最终的评价;对于验收不合格的项目,提出问题所在并限定达标的期限及组织再验收的规定;对合格的项目,确定质量等级(一般分为"合格"和"优良"两级)。

在项目的不同阶段验收中,都应形成验收评定报告,这些报告翔实记录了项目进程中各时期的工作状况,将这些资料汇总,就形成相应的验收技术资料。这些技术资料既是前期工作的记录,也是后期工作评定的依据,是项目资料的重要组成内容。项目技术资料要按《技术档案法》妥善保管,以备在项目引进、项目评估和项目后评价及未来新项目中查阅使用。

12.2.6 项目文件验收

项目文件是项目整个生命周期的详细记录,是项目成果的重要展示形式。项目文件既作为项目评价和验收的标准,也是项目交接、维护和后评价的重要原始凭证。因而,项目文件在项目验收工作中起着十分重要的作用。

项目文件验收是项目竣工验收的前提。因此,项目团队必须首先将整理好的、真实的项目资料交给项目验收方,项目验收方只有在对资料验收合格后,才能开始项目竣工验收工作。

项目验收合格后,接收方应将项目成果及项目文件一同接收,并妥善保管,备查阅和参考。

1. 项目文件验收的范围与内容

项目的不同阶段,形成文件的范围与内容也不同,具体见表12-2所示。

表12-2 项目文件验收、移交和归档的资料清单

概念阶段	规划阶段	实施阶段	收尾阶段
1. 项目机会研究报告及相关附件 2. 项目初步可行性研究报告及相关附件 3. 项目详细可行性研究报告及相关附件 4. 项目方案及论证报告 5. 项目评估与决策报告	1. 项目背景概况 2. 项目目标文件 3. 项目范围规划说明书 4. 项目范围管理计划 5. 项目计划分解结构 6. 项目计划资料	1. 全部项目的采购计划及工程说明 2. 全部项目采购合同的招标书和投标书 3. 全部合格供应商资料 4. 完整的合同文件 5. 全部合同变更文件、现场签证和设计变更等 6. 项目实施计划、项目安全计划等 7. 完整的项目进度报告 8. 质量记录、会议记录、备忘录、各类通知等 9. 进度、质量、费用、安全、范围等变更控制申请及签证 10. 现场环境报告 11. 质量事故、安全事故调查资料和处理报告等 12. 第三方所做的各类试验、检验证明、报告等	1. 项目竣工图 2. 项目竣工报告 3. 项目质量验收报告 4. 项目后评价资料 5. 项目审计报告 6. 项目交接报告

项目文件验收的依据主要为：合同中有关资料的条款要求；国家关于项目资料档案的法规、政策性规定和要求；国际惯例等。

2. 项目文件验收的程序

项目团队依据项目进行的不同时期，按合同条款有关资料验收的范围及清单，准备完整的项目文件。文件准备完毕后，由项目经理组织项目团队进行自检和预验收。合格后将文件装订成册，按文档管理方式妥善保管，并送交项目验收方进行验收。

项目验收班子在收到项目团队送交的验收申请报告和所有相关的项目文件后，应组织人员按合同资料清单或档案法规的要求，对项目文件进行验收、清点。对验收合格的项目文件立卷、归档；对验收不合格或有缺损的文件，要通知项目团队采取措施进行修改或补充。只有项目文件验收完全合格后，才能进行项目的整体验收。

当所有的项目文件全部验收合格时，项目团队与项目接收方对项目文件验收报告进行确认和签证，形成项目文件验收结果。

3. 项目文件验收的结果

项目文件验收结果一般包括项目文件档案和项目文件验收报告。

项目文件档案既是项目文件的卷宗，也是项目文件的结果。一套完整的项目文件档案就是一个项目的历史。

项目文件验收报告表明了对项目文件质量的客观评价，也构成了项目验收的主要内容。对于某些咨询类、策划类的项目，项目文件验收就是项目的成果验收，因而合格的项目文件验收结果非常重要。

12.3 项目决算与审计

12.3.1 项目决算

1. 项目决算的概念

项目决算是以实物量和货币为单位，综合反映项目实际投入和投资效益，核定交付使用财产和固定资产价值的文件，是项目的财务总结，是竣工验收报告的重要组成部分。

项目决算是由项目业主编制的，所需的资料由项目团队提供。项目决算是指项目从筹建开始到项目结束交付使用为止的全部费用的确定。

2. 项目决算的依据

项目决算依据主要是合同、合同的变更。原始资料包括：

(1) 各原始概（预）算；

(2) 设计图样交底或图样会审的会议纪要；

(3) 设计变更记录；

(4) 施工记录或施工签证单；

(5) 各种验收资料；

(6) 停工（复工）报告；

(7) 竣工图；

(8)材料、设备等调差价记录；

(9)其他施工中发生的费用记录。

3. 项目决算的内容及结果

项目决算的内容包括项目生命周期各个阶段支付的全部费用。

项目决算的结果形成项目决算书，经项目各参与方共同签字后成为项目的核心文件。决算书由文字说明和决算报表两个部分组成。文字说明主要包括工程概况、设计概算、实施计划和执行情况、各项技术经济指标的完成情况、项目成本和投资效益分析、项目实施过程中的主要经验、存在的问题、解决意见等。

决算报表分大中型项目和小型项目两种，大中型项目的决算表包括竣工项目概况表、财务决算表、交付使用财产总表、交付使用财产明细表；小型项目决算表按上述内容简化为小型项目决算总表和交付使用财产明细表。

12.3.2 项目审计

1. 项目审计的意义

项目审计是指审计机构依据国家的法令和财务制度、企业的经营方针、管理标准和规章制度，对项目的活动用科学的方法和程序进行审核检查，判断其是否合法、合理和有效，借以发现错误、纠正弊端、防止舞弊、改善管理、保证项目目标顺利实现的一种活动。项目审计是整个项目管理系统的重要组成部分。

2. 项目审计的特征

项目审计有以下三个特征：

(1)独立性。项目审计独立于项目组织之外，其工作不受项目管理人员的制约，审计人员与项目无任何直接的行政或经济关系。审计人员的权力由国家或委托方授予，代表国家或委托方对项目实施审计监督并评价其经济责任，客观地向国家或委托方报告审计结果。

(2)权威性。项目审计依据的是国家法律、法规和标准，具有高度的权威性。法律法规是指法律、法令、条例、规章制度以及方针政策等。标准则是指各种技术标准和管理标准。因此，项目审计不是体现决策者的权力和意志，而是以原则和权威为依据。

(3)科学性。项目审计的科学性表现在它不仅在审计实施的过程中具有科学的程序，而且还运用各种科学的方法。审计的科学性是其独立性和权威性的基础和保证。

3. 项目审计的职能

审计因对象的不同、具体内容的不同，其职能也有区别。就项目建设而言，审计主要有如下职能：

(1)经济监督

经济监督是指对项目的全部或部分建设活动进行监察和督促。具体来讲，就是把项目的实施情况与其目标、计划和规章制度、各种标准以及法律、法令、投资政策、经营方针等进行对比，把那些不合法规的经济活动找出来，确定哪些项目活动应予以支持，哪些应予以禁止，从而保证项目建设沿着正常的轨道进行。

项目的审计监督主要包括两个方面：一是对项目管理人员的监督；二是对建设项目的各种活动进行监督。因此，项目审计要充分发挥其监督职能，必须具备两个条件：其一，项目审计要由企业或国家的审计机关实施，这是发挥审计监督职能的先决条件；其二，项目审计要有严格的标准和明确的界限,只有这样,才能保证审计结果的严肃、公平和客观。

(2)经济评价

经济评价是指通过审计和检查,评定项目的投资决策及项目建设期间的重大决策是否正确,项目计划是否科学、完备和可行,实施状况是否满足工程进度、工期和质量目标的要求,资源利用是否优化,以及控制系统是否健全、有效,机构运行是否合理等。

项目审计的评价功能就是查明建设项目的真相,并对照标准进行分析研究,从而肯定成绩并发现问题。因此,评价的实现既包括为投资决策者了解项目的建设情况和管理状况提供简明可靠的资料,为新的决策提供依据,也包括对项目管理人员的鞭策和鼓励。同样,项目审计的评价职能包括对管理人员业绩的评价和对建设活动的评价两个方面。

(3)经济鉴证

经济鉴证是指通过审查项目建设和管理的实际情况,确定相关资料是否符合实际,并在认真鉴定的基础上做出书面的证明。

在建设项目中,需要在审计中予以鉴证的资料很多,但最主要的不外乎进度报告、质量报告、成本报告、会计记录、财务报表、物资领用记录和报表等。通常,经济鉴证需要做大量艰苦细致的工作。比如,对项目会计记录和财务报表做鉴证,就需要对鉴证期限中的所有账目和单据进行审核,只有这样才能使最终的证明正确无误。然而,在项目审计中,并不一定要对所有的资料都进行鉴证,可以选择其中某些既重要而又可能存在问题的领域开展工作。

审计的鉴证职能依赖于审计工作的权威性。这种权威性来自于两个方面:其一,审计部门拥有国家或企业授予的足够的权力;其二,参与审计的人员在所审查的范围内是业务上的专家。两者缺一不可。

(4)项目促进

项目促进是指通过实施审计,提出改进项目组织、提高工作效率、改善管理方法的途径,帮助项目组织者在遵守法规的前提下更合理地利用现有资源,更高效率地实现建设项目的目标。

从本质上讲,审计者和项目组织的根本利益是一致的,其工作目标也是一致的。因此,项目审计在发挥监督职能的同时还必须发挥支持职能,促使和帮助项目组织更好地开展工作。

项目审计的支持职能是由项目建设的特殊性所决定的。现代项目的建设涉及大量复杂的管理和技术问题,其中有些问题可能是全新的。这样,尽管项目经理经过精心挑选,他们也不一定精通项目涉及的所有问题,从而不可避免地出现差错与失误,所以通过项目审计提供支持就十分重要。

4. 项目审计的范围

原则上,项目审计的范围包含项目的所有内容并贯穿于项目的整个生命周期之中,但在实际项目的进程中,审计人员往往依据项目目标的特点和具体出现的问题,有重点地选择项目的不同内容、不同时期进行审计,一般常见的审计按内容不同分为工程质量审计、资金使用审计、合同审计等;按项目周期分类,分为项目前期审计、项目实施审计、项目竣工审计。

12.3.3 项目的竣工审计

工程项目经过系统建设达到既定的投资目标之后,就要组织试运行和验收,交付使用。

为了对项目结束期间的经济活动进行监督和对整个项目的建设与管理状况做出评价,必须加强这一时期的审计工作。

1. 竣工验收审计

项目完成有形建设直至交付使用后还有大量的工作要做。其间的审计工作主要有以下几方面:

(1)审查剩余物资、设备的处理情况。项目结束后,要及时清理施工现场和仓库,做好剩余物资和设备的清点和处理工作。该部分审计的重点是审查剩余物资和设备的处理是否合乎规定,处理剩余物资和设备的收入是否已按规定上交,有无违反国家规定、财经纪律以及贪污盗窃等现象,发现线索要彻底清查,严肃处理。

(2)审查项目的试运行情况。主要检查项目完成之后试运行的结果,对运行中暴露出的问题的补救措施,试运行时间和交工时间的执行情况,以及销售试产产品的行为等。

(3)审查项目建设资料的归档和移交。主要检查项目组织是否系统整理了项目建设的各种资料,图样、记录、文件、合同及其他资料是否齐全,是否已分类归档,资料处理是否符合保密要求等。同时,还要检查各种技术资料向项目使用单位的移交情况。

(4)审查索赔问题。审核甲乙双方因对方未履行合同条款或建设期间发生意外而产生的索赔问题,要逐一核查索赔是否合法、合理,处理结果如何,有无勾结作弊现象,赔偿的技术和法律依据是否充分等问题,防止因失误造成经济损失和个别人趁项目结束时放松管理钻空子。

(5)审查人员复员情况。审查复员费用与计划的偏差,包括复员费用是否合法、复员人员安置是否合理,总结人员复员工作的经验和不足,提出改进建议。

(6)项目验收审计。审查项目验收是否符合规范,验收工作是否认真、严格,对特殊环节的验收是否按规定做了检验和计算,验收的手续和资料是否齐全,是否有行贿受贿、敷衍应付、弄虚作假等现象。

2. 竣工决算审计

竣工决算是由项目组织或建设单位编制的综合反映竣工项目的建设成果和财务情况的总结性报告文件,对竣工决算的审计主要从以下几方面进行:

(1)审查项目预算的执行情况。审查建设内容与批准的预算和建设计划是否相符,有无擅自改变建设内容的情况,及乱摊成本和搞计划外工程的现象。

(2)审查项目的全部资金来源和资金运用是否正常。要认真审核竣工财务决算表和竣工决算总表是否正确,其所反映的全部资金来源和资金占用情况是否正常,有没有建设资金和专用基金等其他资金相互挪用的问题,有没有技术方面的问题等。

(3)审查交付使用财产总表和明细表是否正确。交付使用财产总表反映大、中型建设项目建成后新增固定资产和流动资产的价值,审查时要与各子项目或单项工程的交付使用财产明细表对比进行,看两者有无差异,交付使用财产价值的计算是否准确、可靠,有无虚列、重报等现象。

(4)审查竣工情况说明书的编制是否真实。竣工情况说明书是对竣工决算报表做进一步分析和补充说明的文件,主要应审查其内容与编制的竣工决算表是否一致,与实际情况是否相符。

(5)审查竣工决算的编报是否及时。项目竣工验收交付使用后一个月编制好竣工决算,并按规定上报。审计人员要检查有无拖延编报期或未将编制好的竣工决算及时送交相关部门等现象的发生,检查经审查批复的竣工决算是否及时办理了调整和结束工作。

3. 项目建设经济效益审计

项目建设的经济效益体现在成本降低、工期缩短和质量提高三个方面,因而,审计工作也要紧密围绕这三者展开。

(1)项目工期审计。对照项目计划审查项目的开工日期和竣工日期,以及各分项工程的开工日期和竣工日期,查明有无拖延开工和拖延工期的现象,找出原因并提出整改建议,查明有无工期提前的情况并总结经验等。

(2)项目成本审计。对照项目预算审核实际成本的发生情况。如果超支,要查明是因成本控制不利还是因擅自扩大项目范围或乱摊成本所致;如果节约,则要查明是否缩小了建设范围或降低了建设标准,若成本节约源于有效利用资源,要及时肯定和推广经验。

(3)项目质量审计。审查建设质量是否达到验收规范和设计标准,查明其中有无不合格的建设内容和重大质量事故,评定建设项目的质量等级,督促施工单位对质量低劣的部分进行加固补修或返工。对于报废工程或重大质量事故,要追究相关人员的责任,并总结教训,引以为戒。

(4)投资决策审计。项目建成之后,对照项目前期对投资收益的预测,审查投资效果是否达到设计能力以及满足建设需要的程度,对投资决策及投资收益做出综合评价。

4. 项目人员业绩评价

项目完成后,要对项目参与人员做出全面真实的评价,以确定他们在项目建设期间的业绩及其对职责的履行状况。做好这项工作,对于激励员工和培养项目组织优秀的管理人员具有重要意义。

(1)准确评价项目经理的业绩。要根据任命书评价项目经理的业绩,并根据项目经理履行既定的责任、对部下的有效激励、对资源的合理利用、对意外事件的正确处理、对技术问题的判断能力,以及创造性成果等,按照优秀、很好、好、一般、差来评定项目经理的业绩。

(2)合理评价主要项目管理人员的业绩。对项目主要管理人员的业绩评价主要集中在评价他们的业务能力、工作的主动性和适应性、与他人合作的程度,以及工作习惯和对项目建设做出的贡献等方面。

(3)全面评价一般工作人员的表现。主要包括工作态度、工作质量和工作主动性等方面。在评价项目参与人员业绩的工作中,一要注意征求相关部门负责人的意见,避免所做的评价带有片面性;二要不以成败论英雄,有些项目虽然不太成功,但参与人员已付出了最大努力,这时也要做出正确评价;三要将评价与精神和物质鼓励结合起来。

12.4 项目交接与清算

12.4.1 项目交接

1. 项目交接的概念

项目交接是指全部合同收尾后,在政府项目监管部门或社会第三方中介组织协助下,项目业主与全部项目参与方之间进行项目所有权移交的过程。

项目竣工、项目竣工验收和项目交接是项目收尾阶段的三项重要工作。它们三者之间紧密联系，但又是不同的概念和过程。项目竣工是对项目团队而言的，它表示项目团队按合同完成了任务，项目团队的自检表明，项目的工期、进度、质量、费用等均已满足合同的要求。项目竣工验收是指项目团队与项目承接方、项目监理和与项目有关的人员组成的验收班子，对竣工的项目进行验收、检查的过程。当项目通过验收后，项目团队将项目成果的所有权交给项目接收方，这个过程就是项目的交接。

项目交接后，项目接收方负责对整个项目进行管理，并对项目成果进行使用。这时，项目团队与项目业主的项目合同关系基本结束，项目团队的任务转入对项目的保修阶段。由此可见，项目竣工验收是项目交接的前提，交接是项目收尾的最后工作内容，是项目管理的完结。

2. 项目交接的范围与依据

对于不同行业、不同类型的项目，国家或相应的行业主管部门出台了各类项目交接的规程或规范。以下分别就个人投资项目、企（事）业投资项目和国家投资项目的交接范围与依据进行讨论。

(1)个人投资项目交接的范围与依据。对于个人投资项目，一旦验收完毕，应由项目团队与项目业主按合同进行移交。移交的范围是合同规定的项目成果、完整的项目文件、项目合格证书、项目产权证书等。

(2)企（事）业投资项目交接的范围与依据。对于企（事）业单位投资项目，应由企（事）业的法人代表出面代表项目业主进行项目交接。移交的范围是合同规定的项目成果、完整的项目文件、项目合格证书、项目产权证书等。移交的依据是项目合同。

(3)国家投资项目交接的范围与依据。对于国家投资项目，投资主体是国家，并通过国有资产的代表实施投资行为。对中、小型项目，一般由地方政府的部门担任业主的角色，如城市建委、城建局或其他单位等。对大型项目，通常可委托地方政府的某个部门担任建设单位（项目业主）的角色，但建成后的所有权属于国家（中央）。此时，由于项目的使用者（业主）与项目的所有者（国家）不是一体的，因而，竣工验收和移交要分两个层次进行：①项目团队向项目业主进行项目验收和移交。一般是项目通过验收班子的竣工验收之后，由监理工程师协助项目团队向项目业主进行项目所有权的交接。②项目业主向国家进行的验收与交接。通常由国家有关部委组成验收工作小组，在项目竣工验收试运行一年左右时间后进驻项目现场，在全面检查项目的质量、档案、环保、财务、预算、安全及项目实际运行的性能指标、参数等情况之后，办理项目交接手续。交接在项目法人与国家有关部委或国有资产授权代表之间进行。

3. 项目交接的内容

项目经竣工验收合格后，便可办理交接手续，将项目所有权移交给业主。项目的移交包括项目实体移交和项目文件移交两部分。以工程项目移交为例，移交的内容如下：

(1)实体移交。实体移交的繁简程度随工程项目承发包模式的不同及工程项目本身的具体情况不同而各不相同。一般，凡是合同上规定属于用户在生产过程中使用的备品备件及专用工具，均应由项目团队向项目接受方移交。

(2)文件移交。移交时要编制《工程档案资料移交清单》，详见表12-3。项目团队和业主按清单查阅并认可后,双方在移交清单上签字盖章。移交清单一式两份,双方各自保存一份,以备查对。

表 12-3　工程档案资料移交清单

编号	专业	档案资料内容	人员数	备注

(项目团队)签章	(接收单位)签章	说明:
经办人:	经办人:	

(3)竣工决算书。在办理工程项目交接前,项目团队要编制竣工结算书,并据此向项目业主结算最终拨付的工程价款。而竣工结算书通过监理工程师审核、确认并签证后,才能通知银行与项目团队办理工程价款的拨付手续。

当实体移交、文件移交和项目款项结清后,项目移交方和项目接收方将在项目移交报告上签字,形成项目交接报告,并据此构成项目交接的结果。

12.4.2 项目清算

1. 项目清算的概念

在项目结尾阶段,如果项目达到预期的成果,就会形成正常的项目竣工、验收、移交过程;如果项目没有达到预期的效果,并且由于种种原因已不可能达到预期的效果,项目已没有必要再进行下去了,就此终止项目,这种项目的结尾方式就是项目清算。项目清算是非正常的项目终止过程。

通常,如果项目存在下列情况之一(但不限于下列情况),便应果断进行清算:

(1)项目决策失误,由于在项目概念阶段工作有误,比如可行性研究报告依据的信息不准确,市场预测失误,重要的经济预测有偏差等原因造成项目决策失误,导致项目失败的,必须及时清算;

(2)项目规划、设计中出现重大技术方向错误,造成项目的计划不可能实现的,也应进行清算;

(3)项目实施过程中出现重大质量事故,并且不能挽回,项目无法再经济地实现的,立即进行清算是明智的选择;

(4)项目虽然顺利进行了交接,但在项目试运行过程中发现项目的技术性能指标或经济效益无法达到项目概念设计的目标,项目的经济或社会价值无法实现的,必须进行项目

清算;

(5)因为资金无法到位并且无法确定可能到位的具体期限,出现"烂尾项目"的,有时也只好进行清算;

(6)由于制约项目运行的相关新政策的出台(如环保政策等),使项目的继续成为不能,也必须进行清算;

(7)其他不可预见因素,造成项目清算。

项目清算是项目业主和项目团队都不希望出现的事件,但是,如果出现项目不能顺利进行的情况,及时、果断地进行项目清算无论对业主、项目团队,还是国家都是必要的。此时,对于项目业主,项目清算是最大限度减少损失的唯一方法和途径;对于项目团队,促使项目业主尽快清算,可减轻对项目承担的责任,使项目团队尽快转移到新项目中去;对于国家,当项目无意义时,尽快清算,结束项目,可减少对资源的占用和浪费。因此,对不能成功的项目,要根据情况,尽快进行清算。

与项目竣工不同,项目清算是由项目业主召集项目团队及其相关人员组成清算班子执行清算的。

2. 项目清算的依据和程序

(1)项目清算的依据

项目清算主要以合同为依据。在清算时,按照合同的有关条款,确定相应的责任和损失。

(2)项目清算的程序

①由业主召集项目团队、工程监理等相关人员组成项目清算小组。

②项目清算小组对项目执行的现状及已完成的部分,依据合同逐条进行检查。对项目已经进行的,并且符合合同要求的,免除相关部门和人员责任;对项目中不符合合同目标的,并有可能造成项目失败的工作,依合同条款进行责任确认,同时就损失估算、索赔方案拟定等事宜进行协商。

③找出造成项目失败的所有原因,总结经验。

④明确责任,确定损失,协商索赔方案,形成项目清算报告,合同各方在清算报告上签章,使之生效。

⑤如协商不成则按合同的约定提请仲裁,或直接向项目所在地的人民法院提起诉讼。

项目清算对于及时结束不可能成功的项目、保证国家资源得到合理使用、增强社会法律意识都起到重要作用。项目各方应树立实事求是的观念,对于无法完成的项目就应及时、客观地进行清算。

12.5 项目后评价

12.5.1 项目后评价概述

1. 项目后评价的概念

项目论证是指分析研究拟议中的项目应该采用什么技术、规模做多大、项目需要多少资金、市场前景如何,也就是说,要解决项目应该做成什么样什么目的。那么,项目的后评价就是要分析研究已经开始运营的项目究竟怎么样,回头看看当时采用的技术是不是先进的,规模是不是适宜的,投融资措施是不是恰当的。

随着整个社会越来越关注投资效益问题,越来越强调科学决策观,许多项目特别是投资巨大、社会影响面广的投资项目,不仅在投资决策前要进行项目的可行性研究,也需要在项目完成并投入使用后的一定时期内,结合实际运营情况,对项目进行后评价。

一般地,项目后评价是指对已完成并投入运营的项目的投资背景和目的、建设或实施过程、投资执行情况、运营情况、配套及服务设施情况、建成后的作用与效益、社会经济与环境影响以及项目的可持续性所进行的系统的、客观的和全面的分析研究过程。

2. 项目后评价的作用

现代项目管理理论指出,项目竣工验收和交接并不是项目生命周期的结束,项目投入运营后应该根据实际情况进行后评价,通过对项目运营情况的检查总结,确定项目预期的目标是否达到,项目是否合理有效,项目的主要运营指标是否实现等。

(1)项目后评价是总结经验教训,提升项目计划与控制能力的重要途径。如前所述,项目后评价是指对已完成并投入运营的项目进行的系统、客观而全面的分析研究,通过提炼项目在实施及运营过程中有益的经验,发现规律性的科学方法,反思在实施及运营过程中出现的失误和教训,使项目的投资人、决策者、管理者和建设者学习到更加科学合理的方法和策略,提升项目全过程的管理能力。

(2)项目后评价是促进项目实施全过程参与各方责任心的重要手段。由于项目后评价具有现实、客观、公正等特点,通过对项目实施全过程的成绩和失误进行科学客观的分析研究,可以准确地判断投资人、决策者、管理者和建设者在工作中实际存在的主要问题,使项目参与各方清醒地认识到任何决策上、执行中和管理层面的失误给项目带来的危害,进而增强其责任心。

(3)项目后评价是支持投资决策的重要步骤。虽然后评价对完善已建项目、改进在建项目有重要作用,但更重要的是为待建项目或拟议中的项目的投资决策提供支持。

(4)项目后评价具有重要的监督功能。后评价既是一个向实践学习的过程,又是一个对投资活动的监督过程。项目后评价的监督功能与项目的前期评估、实施监督结合在一起,构成了对投资活动的监督机制。

3. 项目后评价与项目评估的区别

项目后评价与项目评估,在评价原则和方法上没有太大的区别,采用的都是定量与定性相结合的方法。但是,由于两者是项目生命周期中不同时点上进行的两种不同的评价活动,也存在一些区别。

(1)目的不同

项目评估的目的是审查项目可行性研究的可靠性、真实性和客观性,为企业的融资决策、银行的贷款决策以及行政主管部门的审批决策提供科学依据。

后评价则是在项目完成并投入运营以后,总结项目执行情况,并通过利用已经运营阶段的数据来预测项目的未来趋势,其目的是为了总结经验教训,以改进决策和管理服务。所以,后评价要同时进行项目的回顾总结和前景预测。

(2)起点不同

项目评估是指在项目可行性研究完成后,从项目对企业、对社会贡献的各个角度对拟建项目进行全面的经济、技术论证和评价并给出评价结果的过程。而项目后评价是站在项目已经建成的时点上,对项目实施全过程的成绩和失误进行科学客观的分析研究。

(3) 判别标准不同

项目评估的重要判别标准是投资者期望达到的收益水平,如投资利润率和投资回收期。而后评价的判别标准则重点是对比项目可行性研究和项目评估的结论,采用前后对比的方法,分析项目实际运行中是否已经达到当初的预计。

4. 项目后评价的特点

由项目后评价的概念、作用可以看出,项目后评价具有以下一些特点:

(1) 现实性

项目后评价是以实际执行和运行情况为出发点,对项目建议、运营的实际情况、产生的数据进行分析研究,所以具有现实性的特点。项目论证与评估是预测性的评价,它所使用的数据为通过对市场分析以后预测得来的数据,而项目后评价是以项目投入运营后的短期实际数据为依据。

(2) 客观性

客观性是项目后评价的一条基本原则。客观性表示在后评价时,应该从实际执行情况和运营数据出发,始终保持客观的立场对待评价工作。进行后评价的机构应尽量是独立的第三方,以确保客观公正的立场。

(3) 全面性

项目后评价是对项目实践的全面评价,它是对项目立项决策、设计施工、生产运营等全过程进行的系统评价。这种评价不仅涉及项目生命周期的各阶段,而且还涉及项目的方方面面;不仅包括经济效益、社会影响、环境影响,还包括项目的管理效率、可持续性等许多方面。

(4) 反馈性

项目后评价的结果需要反馈到决策部门,作为新项目立项和评估的基础以及调整投资计划和政策的依据,这是后评价的最终目标。

12.5.2 项目后评价的主要内容

项目后评价是以项目可行性研究、评估与决策过程所确定的目标和各方面指标与项目实际执行和运营情况之间的对比为基础的,因此,项目后评价的主要内容与项目论证及评估的内容是基本相同的。

1. 项目目标评价

项目后评价所要完成的一个重要任务是评定项目立项时原来预定的目的和目标的实现程度。因此,项目后评价要对照原定目标完成的主要指标,检查项目实际实现的情况和变化,分析实际发生改变的原因,以判断目标的实现程度。另外,目标评价要对项目原定决策目标的正确性、合理性和实践性进行分析评价。有些项目原定的目标不明确,或不符合实际情况,项目实施过程中可能会发生重大变化,项目后评价要给予重新分析和评价。

2. 项目实施过程评价

项目的过程评价应对照立项评价或可行性研究报告时所预计的情况和实际执行的过程

进行比较和分析，找出差别，分析原因。

过程评价一般要分析以下几个方面：

(1) 前期工作情况和评价；

(2) 项目实施情况和评价；

(3) 投资执行情况和评价；

(4) 运营情况和评价；

(5) 项目的管理和机制。

3. 项目效益评价

项目的效益评价指财务评价和经济评价，主要分析指标还是内部收益率、净现值和贷款偿还期等项目盈利能力和清偿能力的指标，但项目后评价时有以下几点需加以说明：

(1) 项目前评价采用的是预测值，项目后评价则对已发生的财务现金流量和经济流量采用实际值，并按统计学原理加以处理，对后评价时点以后的流量做出新的预测。

❀ 知识链接 12-1

财务内部收益率

财务内部收益率(FIRR)是指项目在整个计算期内各年财务净现金流量的现值之和等于零时的折现率，也就是使项目的财务净现值等于零时的折现率。

内部收益率的经济含义是投资方案占用的尚未回收资金的获利能力，是项目到计算期末正好将未收回的资金全部收回来的折现率。它取决于项目内部，反映项目自身的盈利能力，值越高，方案的经济性越好。

财务内部收益率不是初始投资在整个计算期内的盈利率，因而它不仅受项目初始投资规模的影响，而且受项目计算期内各年净收益大小的影响。

对常规投资项目，财务内部收益率其实质就是使投资方案在计算期内各年净现金流量的现值累计等于零时的折现率。

---

(2) 当财务现金流量来自财务报表时，对应收而未实际收到的债权和非倾向资金都不可计为现金流入，只有当实际收到时才作为现金流入；同理，应付而实际未付的债务资金不能计为现金流出，只有当实际支付时才作为现金流出。必要时，要对实际财务数据做出调整。

(3) 实际发生的财务会计数据都含有物价通货膨胀的因素，而通常采用的盈利能力指标是不含通货膨胀水分的。因此，对项目后评价采用的财务数据要剔除物价上涨的因素，以实现前后的一致性和可比性。

❀ 知识链接 12-2

动态投资回收期

动态投资回收期是指在考虑货币时间价值的条件下，以投资项目净现金流量的现值抵偿原始投资现值所需要的全部时间,即动态投资回收期是项目从投资开始起,到累计折现现金流量等于零时所需的时间。

求出的动态投资回收期也要与行业标准动态投资回收期或行业平均动态投资回收期进行比较,低于相应的标准认为项目可行。

投资者一般都十分关心投资的回收速度,为了减少投资风险,都希望越早收回投资越好。动态投资回收期是一个常用的经济评价指标。动态投资回收期弥补了静态投资回收期没有考虑资金的时间价值这一缺点,使其更符合实际情况。

4. 项目影响评价

项目的影响评价内容包括经济影响、环境影响和社会影响几个方面:

(1)经济影响评价。主要分析评价项目对所在地区、所属行业和国家所产生的经济方面的影响。经济影响评价要注意把项目效益评价中的经济分析区别开来。评价的内容主要包括分配、就业、国内资源成本(或换汇成本)、技术进步等。由于经济影响评价的部分因素难以量化,一般只能做定性分析,一些国家和组织把这部分内容并入社会影响评价的范畴。

(2)环境影响评价。对照项目前期评价时批准的"环境影响评价",重新审定项目环境影响的实际结果,审核项目环境管理的决策、规定、规范、参数的可靠性和实际效果。由于各国的环保法的规定细则不尽相同,评价的内容也有区别,项目的环境影响评价一般包括项目的污染控制、地区环境质量、自然资源利用和保护、区域生态平衡和环境管理等几个方面。

(3)社会影响评价。从社会发展的观点来看,项目的社会影响评价是对项目在社会的经济发展方面的有形和无形的效益和结果的一种分析,重点评价项目对所在地区和社区的影响。社会影响评价一般包括贫困、平等、参与和妇女等内容。

5. 项目持续性评价

项目的持续性是指在项目的建设资金投入完成之后,项目的既定目标是否还能继续,项目是否可以持续地发展下去,接受投资的项目业主是否愿意并可能依靠自己的力量继续去实现既定目标,项目是否具有可重复性,即是否可在未来以同样的方式建设同类项目。持续性评价一般可作为项目影响评价的一部分,但是世界银行和亚洲开发银行等组织把项目的可持续性视为其援助项目成败的关键之一,因此,要求援助项目在前评价和后评价中进行单独的持续性分析和评价。项目持续性的影响因素一般包括本国政府的政策,管理、组织和地方参与,财务因素、技术因素、社会文化因素、环境和生态因素、外部因素等。

上述后评价的内容是目前在进行项目后评价实践中普遍采用的范围。不同的项目其侧重点是不一样的,有些项目重点评价项目建成后对就业、居民生活条件改善,收入和生活水平提高,文教卫生、体育、商业等公用设施增加和质量提高等方面带来的影响;而一些项目将评价重点放在项目建成后为本地区经济发展、社会繁荣和城市建设、交通便利等方面所产生的实际影响;另外一些项目则着眼于项目对产业结构的调整、生产力布局的改善、资源优化配置等方面产生的作用和影响。

12.5.3 项目后评价的程序

1. 项目后评价的阶段

(1)项目自评阶段

由项目业主会同执行管理机构按照行业标准、国家标准或世界金融机构的要求编写项目的自我评价报告,报相应的投资部门或投资决策部门。后评价项目的自我评价是从项目业主或项目主管部门的角度对项目的实施进行全面的总结,为开展项目后评价做好准备。

项目自我评价的内容基本上与项目完工报告相同,侧重找出项目在实施过程中的变化,以及变化对项目效益等各方面的影响,并分析变化的原因,总结经验教训。在我国,由于国际金融组织(如世界银行、亚洲开发银行)、国家发展和改革委员会和国家开发银行及各部门和地方对项目后评价的目的、要求和任务不尽相同,因此,项目自我评价报告的格式也有区别。根据国家有关规定,从1998年起利用国内商业银行贷款的项目,凡是投资总额超过两亿元以上的,在项目完工以后必须进行后评价。因此,项目单位需要在银行评价之前提交一份项目执行自我评价报告。

(2)行业或地方初审阶段

在行业或地方初审阶段,由行业或省级主管部门对项目自评报告进行初步审查,提出意见,一并上报。

(3)正式后评价阶段

在正式后评价阶段,由相对独立的第三方后评价机构组织专家对项目实施后评价,通过资料收集、现场调查、统计分析和综合判断,编制项目的后评价报告,这一阶段也称为项目的独立后评价。项目的独立后评价要保证评价的客观公正性,同时要及时将评价结果报告委托单位。世界银行、亚洲开发银行的项目独立后评价由其行内专门的评价机构来完成,称这种评价为项目执行审核评价。为了达到后评价总结经验教训的目的,项目独立后评价的主要任务是,在分析项目完工报告、项目自我评价报告或项目竣工验收报告的基础上,通过实地考察和调查研究,评价项目的结果和项目的执行情况。

(4)成果反馈阶段

反馈是后评价的主要特点,评价成果反馈的好坏是后评价能否达到其最终目的的关键之一。在项目后评价报告的编写过程中应该广泛征求各方面意见,在报告完成之后要以召开座谈会等形式进行发布,同时散发成果报告。反馈是后评价体系中的一个决定性环节,是一个传达和公布评价成果信息的动态过程,可以保证这些成果在新建或已有项目中以及其他开发活动中得到采纳和应用.

2. 项目后评价的程序

(1)后评价项目的选定

选择后评价项目有两条基本原则,即特殊的项目和规划计划总结需要的项目。一般来讲,选定后评价项目有以下几条标准:

①由于项目实施而引起运营中出现重大问题的项目;

②一些非常规的项目,如规模过大、建设内容复杂或带有试验性的新技术项目;

③发生重大变化的项目,如建设内容、外部条件、厂址布局等发生了重大变化的项目;

④急迫需要了解项目作用和影响的项目;

⑤可为即将实施的国家预算、宏观战略和规划原则提供信息的相关投资活动和项目;

⑥为投资规划计划确定未来发展方向的有代表性的项目;

⑦对开展行业部门或地区后评价研究有重要意义的项目。

(2)制定项目后评价计划

选定进行后评价的项目之后,需要制定项目后评价的计划,以便项目管理者和执行者在项目实施过程中注意收集资料。严格来说,项目后评价本身也是一个项目,同样需要制定周密、详细的实施计划。

(3)项目后评价范围的确定

一般而言,项目的影响面是非常广泛的,所以,在进行后评价时应该把后评价的内容限定在一定的内容范围内,主要是项目直接影响的范围之内。评价范围通常在委托合同中确定,委托者要把评价任务的目的、内容、深度、时间和费用等,特别是那些在本次任务中必须完成的特定要求,交代得十分明确具体。

(4)项目后评价机构的选择

在项目后评价阶段,通常需要委托一个独立的评价咨询机构去实施,或由银行内部相对独立的后评价专门机构去实施,如世界银行的业务评价局,项目后评价往往由这两类机构来完成。

(5)项目后评价的执行

在项目后评价任务委托、专家聘用后,后评价即可开始执行。一般而言,项目后评价执行中需要做的工作包括:

第一,资料信息的收集。项目后评价的基本资料应包括项目自身的资料、项目所在地区的资料、评价方法的有关规定和指导原则等。

项目自身的资料一般应包括:项目自我评价报告、项目完工报告、项目竣工验收报告;项目决算审计报告、项目概算调整报告及其批复文件;项目开工报告及其批复文件、项目初步设计及其批复文件;项目评估报告、项目可行性研究报告及其批复文件等。

项目所在地区资料包括国家和地区的统计资料、物价信息等。

项目后评价方法规定的资料则应根据委托者的要求进行收集。目前已经颁布项目后评价方法指导原则或手册的国内外主要机构有联合国开发署、世界银行、亚洲开发银行、经济和合作发展组织、英国海外开发署、日本海外协力基金、中国国家发改委、中国国际工程咨询公司、国家开发银行等。

第二,后评价现场调查。项目后评价现场调查应事先做好充分准备,明确调查任务,制定调查提纲。调查任务一般应回答以下问题:①项目基本情况;②目标实现程度;③作用和影响。

第三,分析和结论。后评价项目现场调查后,应对资料进行全面认真的分析,回答以下主要问题:①总体结果;②可持续性;③方案比选;④经验教训。

(6)编制项目后评价的报告

项目后评价报告是评价结果的汇总,是反馈经验教训的重要文件。后评价报告必须反映真实情况,报告的文字要准确、简练,尽可能不用过分生疏的专业词汇;报告内容的结论、建议要和问题分析相对应,并把评价结果与将来规划和政策的制定、修改相联系。

后评价报告包括摘要、项目概况、评价内容、主要变化和问题、原因分析、经验教训、结论和建议、基础数据和评价方法说明等。具体的后评价报告的内容见下面的叙述。

12.5.4 项目后评价报告

1. 项目后评价报告的编写要求

项目后评价报告是评价结果的汇总,应真实反映情况,客观分析问题,认真总结经验。另一方面,后评价报告是反馈经验教训的主要文件形式,必须满足信息反馈的需要,而且后者显得更为重要。因此,后评价报告要有相对固定的内容格式,便于分解,便于计算机输录。对项目后评价报告编写有以下要求:

报告文字准确清晰,尽可能不用过分专业化的词汇。报告应包括摘要、项目概况、评价内容、主要变化和问题、原因分析、经验教训、结论和建议、评价方法说明等。这些内容既可以形成一份报告,也可以单独成文上报。

报告的发现和结论要与问题和分析相对应,经验教训和建议要把评价的结果与将来规划和政策的制定、修改联系起来。

2. 项目后评价报告的内容

一般项目后评价报告的内容包括项目背景、实施评价、效果评价和结论建议等几个部分,具体如下:

(1)项目背景

项目背景主要应说明以下几点:

①项目的目标和目的。简单描述立项时社会和发展对本项目的需求情况和立项的必要性,项目的宏观目标,与国家、部门或地方产业政策布局规划和发展策略的相关性,建设项目的具体目标和目的,市场前景预测等。

②项目建设内容。项目可行性研究报告和评估提出主要产品、运营或服务的规模、品种、内容,项目的主要投入和产出,投资总额,效益测算情况,风险分析等。

③项目工期。项目原计划工期,实际发生的开工、完工、投产、竣工验收、达到设计能力以及后评价时间。

④资金来源与安排。项目批复时所安排的主要资金来源、贷款条件、资本金比例以及项目全投资加权综合贷款利率等。

⑤项目后评价。项目后评价的任务来源和要求,项目自我评价报告完成时间,后评价时间程序,后评价执行者,后评价的依据、方法和评价时点。

(2)项目实施评价

项目实施评价应简单说明项目实施的基本特点,对照可行性研究评估找出主要变化,分析变化对项目效益影响的原因,讨论和评价这些因素及影响。世界银行、亚洲开发银行项目还要就变化所引起的对其主要政策可能产生的影响进行分析,如环保、扶贫等。

①设计。评价设计的水平、项目选用的技术装备水平,特别是规模的合理性。对照可行性研究和评估,找出并分析项目涉及重大变更的原因及其影响,提出在可行性研究阶段预防这些变更的措施。

②合同。评价项目的招投标、合同签约、合同执行和合同管理方面的实施情况,包括工程承包商、设备材料供货商、工程咨询专家和监理工程师等。对照合同承诺条款,分析和评价实施中的变化和违约及其对项目的影响。

③组织管理。组织管理的评价包括对项目执行机构、借款单位和投资者三方在项目实

施过程中的表现和作用的评价。如果项目执行得不好,评价要认真分析相关的组织机构、运作机制、管理信息系统、决策程序、管理人员能力、监督检查机制等因素。

④投资和融资。分析项目总投资的变化,找出变化的原因,分清内部原因还是外部原因,例如,是汇率变化、通货膨胀等政策性因素,还是项目管理的问题,以及投资变化对项目效益的影响程度。评价要认真分析项目主要资金来源和融资成本的变化,讨论原因及影响,重新测算项目的全投资加权综合利率,作为项目实际财务效益的对比指标。如果政策性因素占主导,应对这些政策的变化提出意见、对策及建议。

⑤项目进度。对比项目计划工期与实际进度的差别,包括项目准备期、施工建设期和投产达产期。分析工期延误的主要原因,及其对项目总投资、财务效益、借款偿还和产品市场占有率的影响,同时还要提出今后避免进度延误的措施建议。

⑥其他。包括银行资金的到位和使用,世界银行、亚洲开发银行安排的技术援助,贷款协议的承诺和违约,借款人和担保者的资信等。

(3)效果评价

效果评价应分析项目所达到和实现的实际结果,根据项目运营和未来发展以及可能实现的效益、作用和影响,评价项目的成果和作用,但在内容和文字上不要与上一节重复。

①项目运营和管理评价。根据项目评价时的运营情况,预测出未来项目的发展,包括产量、运营量等。对照可行性研究评估的目标,找出差别,分析原因。分析评价项目内部和外部条件的变化及制约条件,如市场变化、体制变化、政策变化、设备设施的维护保养、管理制度、管理者水平、技术人员和熟练工的短缺、原材料供应、产品运输等。

②财务状况分析。根据上述项目运营及预测情况,按照财务程序和财务分析标准,分析项目的财务状况。主要应评价项目债务的偿还能力和维持日常运营的财务能力。在可能的情况下,要分析项目的资本构成、债务比例,需要投资者、政府和其他方面提供的政策和资金,如资本重组、税收优惠、增加流动资金等。

③财务和经济效益的重新评价。一般的项目在后评价阶段都必须对项目的财务效益和经济效益进行重新测算。要用重新测算得出的数据与项目可行性研究评估时的指标进行对比分析,找出差别和原因。还要与后评价计算的项目全投资加权综合利率相比,确定其财务清偿能力。同时,评价根据未来市场、价格等条件,进行风险分析和敏感性分析。

④环境和社会效果评价。环境和社会效果及影响评价的内容、指标和方法已在前面的小节中做过介绍。这部分评价的一个关键是项目受益者,即项目对受益者产生了什么样影响。一般应评价项目的社会经济、文化、环境影响和污染防治等,如人均收入、就业机会、移民安置、社区发展、妇女地位、卫生与健康、扶贫作用、自然资源利用、环境质量、生态平衡、污染治理等。

⑤可持续发展状况。项目可持续性主要是指项目固定资产、人力资源和组织机构在外部投入结束之后持续发展的可能性。评价应考虑以下几个方面:①技术装备与当地条件的适用性;②项目与当地受益者及社会文化环境的一致性;③项目组织机构、管理水平、受益者参与的充分性;④维持项目正常运营、资产折旧等方面的资金来源;⑤政府为实现项目目标所承诺提供的政策措施是否得力;⑥防止环境质量下降的管理措施和控制手段的可靠性;⑦对项目外部地质、经济及其他不利因素防范的对策措施。

(4)结论和经验教训

项目独立后评价报告的最后一部分内容包括项目的综合评价、结论、经验教训、建议对策等。

①项目的综合评价和评价结论。综合评价应汇总以上报告内容,以便得出项目实施和成果的定性结论。综合评价要做出项目的逻辑框架图,以评定项目目标的合理性、实现程度及其外部条件。同时,评价还要列出项目主要效益指标,评定项目的投入产出结果。在此评定的基础上,综合评价采取分项打分的办法,即成功度评价。一般项目独立后评价的定性结论分为成功的、部分成功的和不成功三个等级。

②主要经验教训。经验教训主要是两个方面的,一是项目具有本身特点的重要的收获和教训;另一方面是可供其他项目借鉴的经验教训,特别是可供项目决策者、投资者、借款者和执行者在项目决策、程序、管理和实施中借鉴的经验教训,目的是为决策和新项目服务。

③建议和措施。根据项目的问题、评价结论和经验教训,提出相对应的建议和措施。

3. 项目后评价报告的范例

下面以我国《公路建设项目后评价报告文本格式及内容要求》为基础来说明项目后评价报告的基本格式。

第一章 概述

一、建设项目概况

项目的起讫点(位置),项目主项、决策、设计、开工、竣工、通车时间等,突出反映项目的特点。

附图:项目竣工平纵面缩图(比例为 1/10 万~1/20 万,内容同初步设计文件要求)。

二、建设标准、规模及主要技术经济指标

三、建设项目各阶段主要指标的变化情况

四、资金来源及使用情况

五、主要结论

第二章 建设项目过程评价

一、前期工作情况和评价

(一)前期工作基本情况。

(二)项目建设的必要性。

(三)前期工作各阶段审批文件的主要内容。

(四)前期工作各阶段主要指标的变化分析。

二、项目实施情况和评价

(一)施工图设计和项目实施情况:包括施工图设计单位及施工单位的选择、建设环境及施工条件、施工监理和施工质量检验、施工计划与实际进度的比较分析等。

(二)项目开工、竣工、验收等文件内容。

(三)工程验收的主要结论。

(四)实施阶段主要指标的变化分析:包括变更设计原因、施工难易、投资增减、工程质量、工期进度的影响等情况分析。

三、投资执行情况和评价

(一)建设资金筹措。若有变化,分析其变化的原因及影响。

(二)施工期各年度资金到位情况及投资完成情况(内资、外资数额及当年利率或汇率)。

(三)工程竣工决算与初步设计概算、立项决策估算的比较分析(按单项工程分内资和外资)。

(四)工程投资节余或超支的原因分析。

四、运营情况和评价

(一)运营情况:包括运营交通量(含路段及各互通立交出入交通量)、车速等运行参数的调查情况。

(二)运营评价:评价建设项目是否达到预期的效果,分析实际交通量与预测交通量的差别及其原因,并对项目达到预期目标的情况进行分析。

五、管理、配套及服务设施情况和评价

(一)管理情况和评价:包括项目前期至实施全过程的各阶段各项制度、规定和程序的管理情况,各种管理机构的设备及其功能、组织形式和作用,并对其管理效果进行评价。

(二)配套及服务设施情况和评价:建设项目配套及服务设施(包括通信、收费、管理所、服务区、停车场、安全防护设施、标志标线、监控系统等)的设计、方案及其实施情况,并对其设置的必要性和适宜性进行分析评价。

第三章 建设项目效益评价

一、国民经济效益评价

参照《公路建设项目经济评价方法》,根据通车运营的实际车速、经济成本等各项数据,评价项目的国民经济效益,并与决策阶段预测的结论比较,分析其差别及原因。

二、财务效益评价

(一)对于收费公路(包括独立大桥、隧道),根据实际财务成本和实际收费收入,进行项目的财务效益分析,并与决策阶段预测的结论比较,分析其差别和原因。

(二)进一步做出收费分析,明确贷款偿还能力,并分析物价上涨、汇率变化及收费标准变化对财务效益产生的影响。

三、资金筹措方式评价

根据建设资金来源、投资执行情况及财务效益分析,对项目的资金筹措方式进行评价。

第四章 建设项目影响评价

一、社会经济影响评价

分析项目对所在地区社会经济发展所产生的影响,包括土地利用、就业、地方社区发展、生产力布局、扶贫、技术进步等方面的影响和评价。

二、环境影响评价

对照项目前评估时批准的《环境影响报告书》,重点从项目建设所引起的区域生态平衡、环境质量变化及自然资源的利用和文物保护等方面评价项目环境影响的实际效果。

第五章 建设项目目标持续性评价

一、外部条件对项目目标持续性的影响:包括社会经济发展、管理体制、公路网状况、配套设施建设、政策法规等外部条件。

二、内部条件对项目目标持续性的影响:包括运行机制、内部管理、服务情况、公路收费、运营状况等内部条件。

第六章 结论

一、结论

二、存在问题

三、经验与教训

四、措施与建议

其他类型项目的后评价报告的基本格式是类同的,也主要包括:①报告封面(包括编号、密级、后评价者名称、日期等);②封面内页(世界银行、亚洲开发银行要求说明汇率、英文缩写、权重指标及其他说明);③项目基础数据;④地图;⑤报告摘要;⑥报告正文,包括项目背景、项目实施评价、效果评价、结论和经验教训;⑦附件;⑧附表(图)。

本章提要

项目的结束阶段是一般项目生命周期的第四阶段,即最后一个阶段。当某项目的规划目标已经实现,或者能够清晰地判断即使持续该项目,其目标也不可能达到时,则该项目就应该适时终止,项目进入结束阶段。

在项目结束或项目阶段性结束时,项目承包单位将其成果交付给使用者之前,项目接收方会同项目承包方、项目监理等有关方面进行项目验收。项目验收的标准一般选用项目合同书、国家标准、行业标准、相关的政策法规、国际惯例等,项目验收范围通常包括工程质量验收和文件资料验收。项目结束后还需进行项目决算和项目竣工审计。项目全部合同收尾后,项目业主与全部项目参与方进行项目交接。

项目投入运营后要根据实际情况进行项目后评价,主要内容包括项目目标评价、项目实施过程评价、项目效益评价、项目影响评价和项目持续性评价。项目后评价应遵循相关程序,并编写项目后评价报告。

关键概念

- 项目结束(project closure)
- 项目验收(project acceptance)
- 项目质量验收(project quality acceptance)
- 项目文件验收(project file acceptance)
- 项目决算(project final accounts)
- 项目审计(feasibility audit)
- 项目清算(project settlement)
- 项目后评价(project post evaluation)
- 项目后评价报告(project post evaluation report)

思考习题

1. 项目处于什么样的情况下,应该进入到项目结束阶段?
2. 项目正常结束和非正常终止的主要区别有哪些?
3. 什么是项目验收?项目验收有什么作用?如何分类?
4. 简述项目验收的一般程序。
5. 项目质量验收和文件验收各自的主要内容是什么?

6. 项目质量验收的结果是什么？
7. 项目文件验收的程序有哪些？
8. 项目决算的主要内容是什么？
9. 项目审计有什么作用？
10. 项目竣工审计的主要内容有哪些？
11. 简述项目交接的程序和内容。
12. 项目清算要经过哪些步骤？
13. 项目后评价和项目论证的主要区别是什么？
14. 如何编制项目后评价报告？项目后评价要遵循什么样的流程？

案例分析

SC 移动通信有限公司 B 项目的后评估总结

SC 移动通信有限公司 B 项目运行一段时间后开展了项目后评估，现对后评估做一简单总结。

首先，后评估是一项跨部门协调配合的综合性日常工作，因此需要公司建立必要和固定的组织机构加以保障。后评估工作的开展，首先需要牵头部门和人员。作为主管网络投资的公司领导和主要承担投资计划管理职能的部门，义不容辞地应该承担起项目后评估的领导和组织职责。其次，需要配合部门和人员。各项目需求、建设、使用维护单位，以及各专业网投资项目主管（电信投资项目一般按照各种专业网进行分类管理）作为投资项目的执行层面，自然是后评估工作的主要配合部门。再者，需要项目信息、数据的提供部门和人员。公司的财务部、市场部、网管中心等作为公司主要运营数据的收集汇总部门，也应纳入公司后评估组织体系中。由于后评估工作会涉及多个部门，协调配合范围较广，所以组织机构设计应兼顾灵活性和集中性。所谓灵活性，就是要以公司主管领导和各主要职能部门领导为核心，组建松散型的后评估领导小组，负责后评估工作的指导、审批；所谓集中性，是以投资计划主管部门牵头，各相关部门配合成立常设的后评估工作组，是后评估工作的组织、管理、协调机构。这种兼顾灵活和集中的组织形式，有利于各参与部门、人员在思想和行动上形成统一，并降低后评估过程中的沟通、协调成本。

其次，后评估流程及工作内容应融入公司目前的投资计划管理流程之中。由于电信运营企业每年投资项目种类、数量繁多，对承担投资计划管理主要职能的部门，如各运营商的计划部、计划财务部、计划发展部等，每年有大量投资项目的计划编制、管理、执行工作，已经使他们忙得不可开交。所以，如果不把项目后评估的流程和工作内容融入现行投资计划管理过程，而是作为一个完整的模块与投资计划管理工作的其他模块并列，将会大大增加执行部门和人员的工作内容，使得后评估工作的成本过高，在企业内部难以有效实施。因此，在现行投资计划管理流程中，在不同阶段引入不同的后评估工作内容，同时保障后评估工作在流程上前后衔接，将是更加可取的项目后评估实施思路。

那么，如何将后评估真正融入公司投资计划管理过程中呢？如图 12-1 所示。

第一，在年度投资计划管理初期，即每年 1—5 月份，投资项目立项审批和投资计划编制的同时，选取年度后评估项目并确定后评估指标、权重。这是因为，电信运营企业每年的投

项目管理

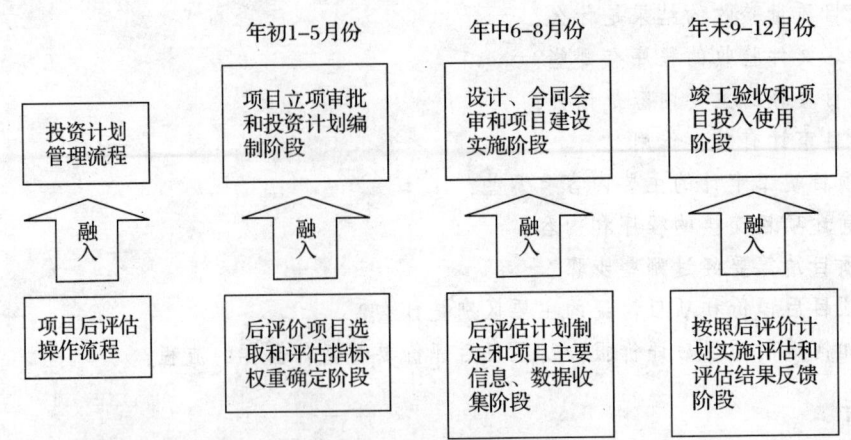

图 12-1　后评估工作流程图

资项目规模庞大，种类繁多，如果每个项目都进行后评估将是非常复杂的事情，得不偿失。所以，有重点的根据需要选取项目进行评估是明智之举。另外，在项目后评估中，对项目设计的目标进行评估，评价其实现程度和未来实现可能，是后评估的最主要内容，所以，在投资项目立项审批和投资计划编制中，提前明确日后要评估的指标和权重，是项目后评估工作顺利开展的基础。

第二，在年度投资计划管理中期，即每年 6—8 月份，在投资项目设计、合同会审和建设实施的同时，制定年度后评估计划，并在项目执行过程中，注意做好后评估项目相关信息、数据资料的备案管理工作。年度后评估计划是公司后评估工作顺利开展的重要保证，是各相关部门、人员协调配合的主要依据，所以后评估计划制定是后评估工作的重中之重。制定后评估计划的过程，是后评估工作组与各配合部门、各信息提供部门充分沟通、协商的结果，所以，在后评估计划制定中应统一各部门之间信息传递的模板，从而降低信息交流过程中的沟通成本。另外，在后评估计划中还需要明确后评估项目相关信息、数据资料收集备案的方式和要求。

第三，在年度投资计划管理末期，即每年 9—12 月份，投资项目竣工验收和投入使用的同时，应按照后评估计划安排，各相关部门协调配合开展项目评估工作，并将项目评估结果最终以后评估报告形式尽快反馈公司投资决策和管理部门。同时，后评估报告应在公司后评估工作组备案，作为今后类似投资项目筛选时的重要依据。一般说来，项目后评估主要包括三种形式：对项目建设目标实现程度的评估、对项目建设实施过程的评估，以及通过专家打分形式对项目作出的综合评价。三种评估形式相辅相成，形成一个有机的整体。然而，考虑到电信投资项目的复杂和特殊性，以及后评估本身的成本和目的，在实践中对目标实现程度的评估应该成为电信投资项目后评估的重点，即后评估工作的主要内容；建设实施过程后评估以及综合成功度评估往往根据评估需要灵活决定是否进行。

在电信投资项目后评估过程中，细节问题往往影响后评估结果的准确性，甚至影响到后评估工作能否顺利进行。因此，在实践中，值得国内电信运营企业注意并妥善处理。

首先是后评估时点的选择问题。虽然后评估时点，从总体上应该选择在项目竣工验收或投入使用之后。但是，由于不同类电信投资项目，其建设期、回收期往往存在较大的差异；即使对同一类项目，其短期收益和长期收益也会有所不同，所以，后评估时点应根据不同项目的特点灵活选取。这时,后评估时点选择得当与否,就成为影响后评估结果有效性的关键因素。例如,对目前的许多新业务投资项目,在短期内看,实际效果往往与设计目标存在较大差距,但从长远看,其投资具有明显的战略意义和竞争意味,那么,选择什么时候进行后评估,就成为影响这类项目后评估结果好坏的关键因素。笔者建议,对这类项目可以进行有时间间隔的多次后评估,第一次后评估的时点最好选在项目建成投产后的1~2年之间。

其次是后评估项目的相关信息、数据资料的收集问题。后评估工作能否顺利进行,评估结果是否全面、准确,一个关键的影响因素是项目相关信息资料是否完整。这些资料不仅包括项目前评估的相关书面资料,以及建设实施、竣工验收过程保留下来的文字资料,还应该包括项目建设过程和投入使用过程中外部环境变化的相关记录,甚至是必要的市场调查资料。对于前者,公司需要建立规范的项目资料收集以及备案管理制度加以保证;而对于后者,则需要公司通过建立必要的战略环境预警系统和经营分析系统来获得。

再次是后评估操作的独立性问题。保持后评估工作的相对独立性,避免后评估结果受前评估人员、项目执行人员的干扰,是决定后评估结果是否客观、准确的关键所在。为了实现评估过程的独立性,电信运营企业可以有两种选择。第一种是尽量减少项目前评估人员和执行人员在后评估过程中的直接参与程度,同时坚持评估人员直接从财务、市场、网管中心等综合信息收集部门获得有关项目实施效果的一手资料;第二种是聘请独立的第三方咨询机构或专家进行后评估,也可以由公司后评估工作组牵头,组织独立专家(组)共同完成后评估。两种方式比较,前者给后评估工作组增添了更多的工作内容,而后者则增加了后评估工作的成本。如何选择,电信运营企业应酌情把握。

资料来源:秦锐,郭鹏顺.企业如何有效开展项目后评估.http://www.cnii.com.cn/20050508/ca296920.htm,2014.6

问题:

电信运营企业应如何开展项目后评估?电信投资项目后评估过程中应该注意哪些问题?

西南地区某水利水电工程项目后评价过程与报告摘要

一、项目建设概况

1. 项目立项

改革开放以来,随着我国经济的高速增长,电力供应出现了地区性、结构性甚至普遍性的短缺,特别是20世纪90年代以来,珠江三角洲地区出现了严重的"电荒"。同时西南地区是我国水力资源最丰富的地区,特别适合实施水电工程。本报告涉及的水利水电工程项目地处少数民族居住区,项目的建设有利于该地区的扶贫发展,增强民族团结,实现少数民族地区经济发展和社会进步,也符合党中央、国务院提出的实施"西部地区大开发"和"西电东送"的战略任务。1988年,当地政府和国家电力部门委托某水利水电规划设计总院承担了该水利水电工程项目预可行性研究报告的编制工作,1990年6月国家计委批复了该项目建议书。

2. 项目投入

该水利水电工程项目建设征用土地3 500余亩,使用钢材54 000吨,木材6万立方米,水泥150万吨。工程全部费用按枢纽工程、移民安置、输变电工程三部分预算,根据1990年物价水平,共计投资102亿元,其中枢纽工程78亿元、移民安置11亿元、输变电工程13亿元。在投资总额中利用日本基金贷款196亿日元,用于设备、土建施工采购和聘请国外咨询专家。项目于1991年4月开工建设,1997年4月第一台机组发电,1998年12月全面竣工。该工程历时七年零八个月,实际工期比计划工期提前近一年,实际投资比概算投资多出12亿元。该项目由某水利水电规划设计院设计,南方某电力公司和工程涉及的当地政府联合成立的建设指挥部实施管理。另外还聘请日本某工程咨询公司等国际组织机构作为施工顾问,并负责审核设计方案。

3. 项目产出

该水利水电工程项目位于西南地区某流域水力资源最丰富、开发条件相对较好、移民动迁工程量相对较少的两省交界处,由混凝土面板堆石坝、开敞式溢道、放空隧道、系统组成。工程以发电为主,总装机120万千瓦,年发电量52.26亿千瓦时。工程水库正常蓄水位为780米,死水位731米,水库面积为173.7平方千米,总库容102.57亿立方米(校核洪水位),具有多年调节性能。工程大坝坝顶长825米,坝高95米。同时工程建成后还具有解决当地少数民族地区水利灌溉、生态环境保护、成为新的旅游景点等功能。

大坝工程造型美观,库区生态保护较好。发电、通信、监控、输送电、导流、防地质灾害等系统设备先进,性能可靠,功能完善,还建有近5万平方米的附属生活设施和大型输送电变压系统。1999年项目经国家验收委员会验收,一致认为该工程项目建于西南高原岩溶发育强烈区,地质条件复杂,施工难度之大,技术要求之高,在水电建设史上实属罕见。该项目代表着我国同类地质条件下水利水电工程建设的新水平,质量等级评定为优良。

二、建设标准、规模及主要技术经济指标

1. 项目直接目的

该水利水电工程项目是国家"八五"和"九五"期间重点建设项目,是西南地区某流域十个梯级的龙头电站,是西电东输的大型骨干电源,是国家与地方合资办电的第一个大型项目,在西电东输上起到举足轻重的作用。4台机组总装机容量为120万千瓦,年发电量80亿千瓦时,自1997年首台机组发电至今,已累计发电255亿千瓦时。

2. 项目宏观目标

该水利水电工程项目的建成,缓解了珠江三角洲经济发达地区长期电力供应紧张的局面,极大地促进了区域经济的发展。作为该流域梯级开发的龙头工程,在高原岩溶发育强烈、地质条件复杂、施工难度大、技术要求高的地区进行工程建设,取得了较高的建设质量。同时,建设中合理地利用了外资,引进了国际组织机构作为施工顾问,为正在进行的其和今后将要进行的水利水电工程项目的建设起到了很好的示范作用,积累了宝贵的经验。

工程的建成极大地促进了当地区域经济的发展。水库形成后,水域扩大,库区周边地区湿度增大,库区环境由干热向湿热转化,对经济作物、养殖、旅游发展均十分有利。

由于该工程是国家和该区域三省区共同投资兴建的,不仅提升和改造了南方地区部分电网的输送效率,而且加强和促进了该地区三省区之间的经济联系。

3. 建设规模与主要技术指标

该工程项目是南方电网的重要组成部分,是"西电东输"的一项宏大工程。其主要技术指标见表12-4。

对照可研报告中的目标,以5个等级来划分项目目标的实现程度,即:A——全部实现,B——大部分实现,C——部分实现,D——小部分实现,E——没有实现。该工程项目全部实现了预期目标,评定等级为A;单项工程质量一次合格率100%,优良率90%(高于部标5个百分点)。

表12-4 工程主要特征指标

项目	特征值	备注
1. 水库		
正常蓄水位	780 米	初期 765 米
防洪限制水位	740 米	初期 735 米,亦称汛期限制水位
枯季消落最低水位	731 米	初期 731 米
100 年一遇洪水位	768 米	100 年一遇洪水位
设计洪水位	780 米	100 年一遇洪水位加 10%
总库容	102.57 亿立方米	
防洪库容	41.5 亿立方米	
兴利调节库容	65 亿立方米	
水库库面面积	173.7 亿立方米	20 年一遇移民迁建线以下淹没面积
枯季调节流量	1 680 亿立方米	初期 1 200 立方米/秒
改善库区航道里程	5 065 亿立方米	
2. 主要建筑物		
(1)混凝土重力坝		
坝顶主程	825 米	
最大坝高	95 米	
坝轴线长度	787 米	
(2)坝后式厂房		
装机容量	120 万千瓦	初期 36 万千瓦
保证出力	405.2 兆瓦	初期 100 兆瓦
年平均发电量	52.26 亿千瓦时	
单机容量	30 万千瓦	
装机台数	4 台	
3. 水库淹没		
淹没耕田	3.65 万亩	含旱地、水田、菜地
淹没河滩地	0.21 万亩	
淹没园地	0.64 万亩	含香蕉地及其他园地
淹没林地	6.18 万亩	含经济林、用材地
淹没线以下人口	3.75 万人	
其中农业人口	3.31 万人	
非农业人口	0.42 万人	
淹没房屋	38.4 万平方米	
淹没公路	173.48 千米	
淹没涉及工矿企业	11 个	

续表

项目	特征值	备注
4. 枢纽主体工程施工		
(1) 工程量		
土石方开挖量	84 万平方米	
土石方填挖量	31 万平方米	
混凝土浇筑量	75 万平方米	
钢材	5.8 万吨	
钢筋	2.8 万吨	
(2) 工期		
总工期	8 年	
第 1 批机组发电工期	6 年	

三、建设项目各阶段主要指标的变化情况

(1) 在工程预可行性研究报告中设计发电装机容量为 100 万千瓦，在工程可行性研究报告中，把装机容量改为 120 万千瓦，实际建设按照装机容量 120 万千瓦进行。按照库区总库容，国家对电力的急迫需求和地区经济建设对电力需求的增加速度，这一修改是完全合理的，它适应了经济发展和国家能源战略发展规划的要求，最大限度地发挥了该流域的水力资源。

(2) 水库坝址有变动。工程可行性研究报告中建议的坝址在原来可行性研究建议坝址的下游 450 米，实际建设的坝址按照可行性报告的建议方案实施。这种变动主要是由于装机容量的变化以及专家经过反复论证，从地质条件、建设条件等多方面综合考虑而做出的改变。

(3) 正常蓄水位由 778 米增加为 780 米，使得总库容增加到 102.57 亿立方米，这些变化。主要是考虑扩大了装机容量，加大了保证出力；同时也使得水利可灌溉面积大大增加，为地区经济发展起到了一定的促进作用。

(4) 在增加正常蓄水位的同时，也使得库区淹没面积加大，移民量实际建设后比预可行性研究报告大大增加，从 2.1 万人增加到 3.73 万人。

(5) 随着建设规模的扩大，总投资从预可行性研究的 81 亿元到可行性研究的 90 亿元，最后实际完成投资 102 亿元。

四、资金来源及使用情况

略。

五、评价目的和主要任务

1. 项目后评价研究目的

本水利水电工程项目的建设是根据国家经济建设的需要，遵照国家能源战略发展规划，其建设工作获得了很高的评价。在项目建成并运行后，对本项目建设的成果及运行管理进行全面、系统地评价主要基于以下目的：

(1) 对该水利水电工程项目的运行机制和组织管理提出有较大实际参考价值、能够切实提高项目运行绩效的建设性意见；

(2)对政府主管部门如何通过有效行政管理,切实保证该流域梯级开发顺利进行,充分发挥项目的投资效益,促进地方经济社会发展提出可操作的对策建议;

(3)对国家进一步加强重大建设项目管理提供可资借鉴的经验,推动重大水利水电建设项目投资决策和组织管理的科学化;

(4)对重大建设项目后评价工作的全面展开提供可资借鉴的范例,为促进该领域乃至全国其他工程建设领域的后评价工作逐步走上科学化、规范化的轨道做出积极贡献;

(5)通过本项目的后评价工作,充实和完善水利水电投资项目的评价理论、方法和指导体系。

2. 项目后评价的主要任务

开展本水利水电项目后评价就是要针对项目的规划目的、建设过程、企业效益、社会效益、建成后的作用和影响进行系统的、客观的分析和评价。其主要研究任务如下:

(1)项目立项目标及其实现程度的评价。即对照项目立项目标所要完成的主要指标,检查工程建成后实际实现情况和变化情况,分析发生变化的主要原因,判断原定目标的实现程度。

(2)项目建设过程的评价。即对照立项报告或可行性研究报告的工作计划,从以下几个方面分析项目实际建设过程:①项目的前期准备和立项评估;②项目建设内容和建设规模;③工程进度和实施情况;④配套设施及服务条件;⑤受益者范围及其反应;⑥项目管理与运行机制;⑦项目财务计划执行情况。

(3)项目运行效益评价。主要分析内部收益率、净现值、贷款偿还期等有关项目盈利能力和偿贷能力。运用预测方法,建立动态数学模型,对工程项目未来的收益进行科学预测。

(4)项目的经济影响评价。主要分析项目对库区及周边地区的经济影响。

(5)项目的安全评价。主要分析地区地质变化情况对工程的影响。

(6)项目的环境影响评价。分析项目对社会进步和生态环境产生的有形或无形的、正面或负面的影响。

(7)项目的持续性评价。通过对政府政策和地方行政干预、项目组织管理以及财务、技术、社会文化等内外因素的综合分析,对项目的持续性进行评价。

六、主要结论

1. 过程后评价

(1)项目建设必要性

①从能源资源的特点看本水电水利工程项目的必要性

我国的常规能源资源由煤炭、水电、石油、天然气组成。根据有关统计资料,到2004年底,煤炭探明储量为114.5亿吨,占世界总量的12.6%,居第三位。储产比为59年,远低于世界平均的164年。石油探明储量为23亿吨,占世界总量的1.4%,居第十三位。储产比为13.4年,低于世界平均的40.5年。天然气探明储量为22 300亿立方米,占世界总量的1.2%,居第十七位。储产比为54.7年,低于世界平均的66.7年。根据全国水力资源复查成果,我国水力资源技术可开发装机5.41亿千瓦,技术可开发电量2.47万亿千瓦时;经济可开发装机4.02亿千瓦,经济可开发电量1.75万亿千瓦时,居世界首位,可以永续利用。

2004年我国一次能源生产情况:原煤产量为19.56亿吨,原油产量为1.75亿吨,天然气产量为415亿立方米,年发电量21 870亿千瓦时,其中火电18 073亿千瓦时(消耗原煤

9.59亿吨),一次能源生产合计(折合标准煤)18.46亿吨。2004年我国一次能源消费情况:原煤18.7亿吨,原油3.2亿吨,天然气415亿立方米,水电3 280亿千瓦时,核电501亿千瓦时,合计(折合标准煤)19.86亿吨。我国2004年人均能源消费为1.5吨标准煤,为世界2003年人均能源消费2.2吨标准煤的68.2%,为美国2003年人均能源消费11.7吨标准煤的12.8%。

我国一次能源生产和消费结构均是以煤炭为主,煤炭所占比例为67.3%~75.7%,超过了煤炭在常规能源剩余可开采资源的比例55.2%。然而,在常规能源剩余可开采资源中占有40%比例的水力资源(按100年计),在一次能源生产和消费总量中却仅占6.2%~6.7%。挪威水电在其一次能源消费总量中占63.3%,巴西水电在其一次能源消费总量中占38.6%,加拿大水电在其一次能源消费总量中占24.9%。水电是可再生能源,所占的比例越大,能源利用就更加具有可持续性。

所以,根据能源、资源和国情等情况,我国应该大力开发水电。

②从我国西南地区气候特点看本工程建设的必要性

我国西南受季风气候的影响,降雨的季节性十分明显,一般情况下汛期为5个月,水量约占全年的70%~80%,如果没有水库调蓄,一年中大部分水量都随几场洪水流走了,水库对于我国库区人民的生存和发展至关重要,不可或缺。按水法规定,水利水电规划要遵循"全面规划、统筹兼顾、合理开发、综合利用"的原则,大坝建设除了供水外,必须考虑防洪、发电、灌溉、航运、水土保持和生态环境保护。

(2)项目组织实施

工程于1991年4月18日正式开工,项目建设过程中,工程建设指挥部以强化工程管理为重点,严格实行项目法人制、工程投标制、合同管理制和工程监理制,以质量、速度、投资三大控制为中心,以保证工程质量。

1997年4月8日工程首台发电机组试运行,同年8月并网发电,1998年12月28日全部4台机组并网发电,实际工期比国家核批工期提前近12个月,工程质量优良。1999年6月18日通过国家竣工验收,工程质量等级被评为优良,综合得分为94.2分。

2. 运行效益评价

本工程项目建成后三年运营效益良好,实际运营情况与可行性研究的预测相比基本一致,在保证出力上还有3%以上的增长。

总体财务效果较好。根据对流量及其他运营参数的预测和计算,得出该项目的财务净现值为24.5亿元(折现率为10%),财务内部收益率为14.2%,静态投资回收期为8.2年,动态投资回收期为12.1年(折现率为10%),较可行性研究的结果稍高,总体财务效果较好。

国民经济效果高于预计。经分析计算,该项目的经济净现值为26.34亿元,高于项目研究报告的预期指标;经济投资回收期为11年,低于可行性研究报告的15年,降低了该项目未来不可预知的风险,这主要是因为可行性研究报告中对养护管理的经济费用估计过高所致。

从整体上看,项目后评价较可行性报告的结论为优,表明本水利水电工程项目具有良好的财务效果和国民经济效果。

3. 经济影响评价

本水利水电工程项目促进了珠江三角洲乃至整个泛珠江三角洲经济圈的经济发展,大大缓解了该地区电力供应紧张的局面,顺应了我国西部大开发战略和"西电东送"的能源战略发展要求,在一定程度上改善了该流域少数民族地区经济发展长期落后的情况。

主要表现在:①改善了生态环境和灌溉条件,为当地农业生产和农村产业结构调整提供了一个良好的平台;②改善交通环境,二级公路的修通拉近了大山与经济发达地区的距离;③响应了国家西部大开发战略;④顺应了国家"西电东送"、"能源多元化"等能源发展规划,一定程度上缓解了珠江三角洲由于高速发展面临的能源短缺的窘境;⑤带动当地旅游业发展;⑥增加就业机会,支持相关产业发展;⑦推动水电站特别是大坝建设的技术创新;⑧培养了工程建设项目管理人才。

4. 安全影响评价

本工程项目地处西南高原岩溶发育强烈、地质条件十分复杂的某流域,确保水库和大坝的安全至关重要。大坝在设计和建设中充分考虑了泥石流和突发性高强度洪水可能带来的影响,按照100年一遇再加10%的洪水标准进行设计,安全系数足够大。

水库上游也在建设过程中进行了彻底的安全隐患排查,对可能发生的滑坡、崩塌山体进行了技术处理;水土流失严重的区域也采取了相应措施。应该说这些措施是科学合理的,但是同时应该加强安全监控。

5. 环境影响评价

按照国家有关环境保护的法律法规,该项目在可行性研究阶段进行了环境影响评价,履行了建设项目环境影响审批手续。工程相应的环境保护设施与主体工程同时设计、同步施工、同时投入使用,如固体废弃物处理、处置措施及噪声防治措施基本落实,施工期和运行期采取水土保持措施等。

国家电力公司某设计研究院负责本工程的环保措施设计,针对电站的建设、运行特点,制定了一系列环保规章制度。针对各种污染治理设施,制定了严格的作业指导书。试生产和验收监测期间,各项污染治理设施管理、运行正常。

(1) 地表水质监测。委托某环境监测站于2004年3月11日至14日,对本项目进行了建设项目环境保护监测。地表水水质监测结果表明,水库水质2004年3月份符合《地表水环境质量标准》(GB3838-2002)中的Ⅲ类标准的要求,主要超标因子为总氮、总磷。

(2) 生活污水监测结果。委托某环境监测站于2003年4月1日对5个生活污水排放口进行建设项目竣工环境保护验收监测。监测因子为pH、悬浮物、BOD_5 和氨氮等,监测数据表明,水库入库生活污水各项指标基本达到《污水综合排放标准》(GB8978-1996)中的一级标准和初步设计要求,其中 BOD_5 为主要超标因子。

(3) 固体废弃物处理。工程的固体废弃物主要为固体垃圾和施工期间的石渣。对固体垃圾,按环保措施设计方案有序收集,并集中处理。施工期间开挖的石渣已按环保措施设计合理设置弃渣场和存料场,并在施工期和运行期采取水土保持措施,目前绝大多数存弃渣场已平整复耕。

6. 目标持续性评价

本水利水电工程项目目标持续能力态势总体良好,呈较为稳定的攀升态势。在首台机组并网发电到整个机组并网发电期间,由于仍然处于建设阶段,保证出力受到一定限制,特别是输送电系统没有完全建设好,使得整体运行效益有一些影响。但是从完全建成使用后的4年(1999—2002),目标的持续能力上升较快;据预测,2003—2012年项目目标持续能力将呈逐步攀升态势;2013年待其他梯级电站建设成功后,项目目标持续能力将会得到进一步增强。主要结论如下:

(1)整体工程项目建成后的前4年目标持续能力增长较快。据预测,在未来,随着梯级电站的建设,项目目标持续能力将获得明显的增长。

(2)在未来较长一段时期内,本工程项目的保证出力都将保持较高的水平。

(3)组织结构合理、管理体制完善、人员素质过硬的电站和库区管理队伍使项目目标持续保持在一个较高的水平。本水利水电工程项目的运营管理实践必将为在建和拟建的该流域其他梯级电站提供宝贵的经验。

七、项目存在的问题及建议

1. 存在的问题

本水利水电工程项目作为国家"八五"和"九五"重点建设项目,工程规模大,技术含量高,施工难度大。全体建设者艰苦奋斗,以高标准、高质量、高速度完成了任务,比预定的9年工期提前近12个月,工程质量优良。工程建设确保了高质量的同时,节约了经费,为项目的总体效益做出了贡献,值得后建项目借鉴和学习。但是也存在一些值得思考的问题:

(1)枯水季节保证出力会受到较大影响

本水利水电工程项目所处流域一般有长达5~7个月的枯水期,在这期间整个发电机组的保证出力主要靠汛期的蓄水形成的库容,但是在梯级电站开发完成之前,102亿多的总库容的有效发电库容只能维持4个月左右的保证出力时间。如果遇到秋冬季节长期不降水,电站的保证出力就会受到相当大的影响。

(2)项目还没有真正对当地经济建设发挥应有的作用

由于项目的主要产出是电能,全部电能通过高压输送电系统直接送往珠江三角洲地区,当地少数民族聚居区的经济并没有直接受益。项目在改善灌溉条件起到了一些作用,但是在解决当地就业人口、形成旅游新热点等方面还有待进一步加强。地方政府和项目主管的电力公司还需要进一步沟通,切实找到促进地区经济发展的新思路和新举措。

(3)随着使用年限的增加,维修费用会相应增加

随着项目使用年限的增加、自然力的影响与破坏,质量状况呈逐步下降的趋势,需要进行日常维护、小修和中修;当运营到一定的阶段,库区就需要大面积的清理,发电机组需要轮流大修理,其维护和修理费用会随着使用年限的延长而增加较快。

2. 建议

(1)加强项目的论证研究

一是在采用各种模型预测业务量时,应注重特殊性,实事求是地分析当地的经济发展水平、旅游资源、综合开发环境等因素,提高科学性;二是水利水电项目建设具有社会公益性、基础设施和经营性三者结合,一次性投入大,回收期长的特点,其建设必须遵守经济规律,才能保证投资效益,使项目运营实现良性循环;三是加强项目的风险分析,研究各种风险的防范措施。

(2)广开渠道、多种形式解决资金来源

水利水电项目建设初始投资量大,只有得到政府特别是中央政府的大力支持或是通过大型金融机构的借贷,投资才得以顺利进行。本工程建设项目规模较大,在项目实际投资的

102亿元中,有196亿日元来自于日本基金借款,64亿来自国内金融机构借款,造成财务费用较高,债务负担过重。因此,广开渠道、多种形式解决资金来源是克服债务负担过重的途径。如通过新的融资方式和金融工具,打通民间资本大规模进入水利水电基本设施的渠道;通过明确的中央和地方政府"政策投入",刺激国内外各类投资者投资于水利水电项目。

(3)合理剥离社会公共性工程

项目建设和运行需要大量公共性工程,如职工生活区,进入库区新修的二级公路等是项目的配套、附属工程,属公益性项目。进入库区新修建的二级公路对施工的顺利进行起到了非常重要的作用,也大力地缓解了当地少数民族聚居区长期交通不便的窘境。同时,水电站的近2 000名职工的生活区也就近建设,应尽快移交给当地政府。专门成立的水电站旅游公司,为该领域增添了观赏性和游览价值,不仅增加了项目的社会价值,也为当地的旅游做出了贡献。但是这些社会公共性工程应明确政策、合理剥离,为其经营创造必要的条件。

(4)加强工程的安全、环境监控工作

由于本水利水电工程项目建于西南高原岩溶发育强烈区,地质条件复杂,地质灾害时有发生。比如突发性大强度的洪水、大面积的泥石流、岩溶快速发育等都有可能给大坝和库区带来灾难性的破坏。应时刻加强安全和环境监控工作。

(本案例根据公开材料撰写而成,项目为虚拟。)

问题:

通过分析本案例,谈谈你对项目后评价主要内容的认识。

参考文献

[1]张卓.项目管理[M].北京:科学出版社,2007.

[2]戚安邦.项目管理学[M].北京:科学出版社,2012.

[3]骆珣.项目管理教程[M].北京:机械工业出版社,2010.

[4]陈志斌.项目评估学[M].南京:南京大学出版社,2007.

[5]张宇.项目评估实务[M].北京:中国金融出版社,2011.

图书在版编目(CIP)数据

项目管理/颜明健主编. —厦门:厦门大学出版社,2014.8
ISBN 978-7-5615-5090-8

Ⅰ.①项… Ⅱ.①颜… Ⅲ.①项目管理 Ⅳ.①F224.5

中国版本图书馆 CIP 数据核字(2014)第 180777 号

厦门大学出版社出版发行

(地址:厦门市软件园二期望海路 39 号　邮编:361008)

http://www.xmupress.com

xmup@xmupress.com

沙县方圆印刷有限公司印刷

2014 年 8 月第 1 版　2014 年 8 月第 1 次印刷

开本:787×1092　1/16　印张:26　插页:2

字数:632 千字　印数:1～3 000 册

定价:48.00 元

如有印装质量问题请寄本社营销中心调换